GUIDE CULTUREL
DE L'IRAN

Ringgenberg, Patrick

رینگنبرگ، پاتریک، ۱۹۷۰ - م
(گید کولتورل دو لـایران)

Guide Culturel de l'Iran/ texte et photographies Patrick Ringgenberg. –

تهران: روزنه، ۱۳۸۴=۲۰۰۵ م.
۵۱۲ ص، مصور (رنگی)، نقشه، عکس.

ISBN: 978-964-334-242-5

ص. ع. به فارسی: راهنمای فرهنگی ایران، فرانسه.
فهرست‌نویسی براساس اطلاعات فیپا.
کتابنامه: ص. ۵۱۲.
۱. ایران -- کتاب‌های راهنما. ۲. ایران -- تاریخ. الف. عنوان: Guide Culturel de l'Iran

۰۰۴۲/۹۵۵
۸۴-۱۸۳۹۷م

DCR ۸ / ۹گ۹
کتابخانۀ ملی ایران

GUIDE CULTUREL DE L'IRAN

Texte et photographies: Patrick Ringgenberg
Mise en page: Oksana Beheshti
Conception de la couverture: Reza Abedini
Peintures 3D: Maryam Hasankhani, Gholamreza Zabeh
Photographies additionnelles: ● S. A. Hamid Beheshti,■ Sousan Khayam,♦ Keivan Jourabchi et Archive Ganjnameh, ► Archives Rowzaneh / Musées / Wikimedia Commons,⊙ Naser Mizbani, ✚ Babak Farahmand, ✳ Said Sadeqi, ◍ Georg Gerster, ⋈ Nasrollah Kasraiyan, ◊ A. Gansser, ✳ Navid K., ↝ Mardetanha, ↝ Fereidoon Najafitabar, ◆ Massud Nozari, ◄ Hamed Saber, ₵ Pentocelo, ◄ Zhangzhugang, ◹ Jacopo188, ₡ Elmju, □ ©Trustees of the British Museum, ◄ Morholt, △ Islamelsalvador-Ourmedia, ► Soroush90gh, ● Payampak, ‡ Jean-Pierre Dalbéra, ⚓ yewatzup, ▷ Ali Estefadehjou, ◒ IrfanAhsan, ⊛ Marius Arnesen, ❖Nadia Najmi, ✂ Hadi Adelkhani, ≈ Saeed Mohammadi, ✿ Nicola e Pina, ✻ Afshin Iranpour, ❀ Klaus-Peter Simon, ✄Alireza Nasrabadi, Ω Meysam Jalali, ✗ M. R. Dastafkan, ψ Örlygur Hnefill
Retouche des images: Iman Barabadi, Hadi Adelkhani
Cartes: Pouya Darabi, Iman Barabadi, S. Alireza Beheshti
Plans: Nahal Sharifi, Kaveh Saber, S. Alireza Beheshti, S. Arman Beheshti

Quatrième édition revue 2016 (1re édition 2006).
ISBN 978-964-334-242-5
Copyright 2016 © Rowzaneh Publications

Tous les efforts ont été faits pour contacter les détenteurs de copyrights. Néanmoins, l'éditeur s'excuse d'avance pour les omissions involontaires et prie les institutions ou les personnes qui auraient été oubliées de se faire connaître.

Rowzaneh Publication
Avenue Motahari, Mirzâ Shirâzi n°202, 3e étage
Tehran, Iran - Tél.: 0098-21-88853730

TABLES DES MATIERES

Préface   5

Comment utiliser ce Guide?   8

Invitation au voyage   11
Les voyages en Perse   11
La Route de la Soie   14
Voyager aujourd'hui en Iran   15
Le départ   19

Visages d'un pays   21
Fiche signalétique   21
Le drapeau   21
La géographie   21
Le climat   23
L'hydrographie   24
Les peuples   26
La faune   27
La flore   29
Les ressources naturelles et l'économie   30

Histoire de la civilisation iranienne   35
Du néolithique aux Proto-Elamites   35
Les Elamites   37
L'arrivée des Indo-Européens   38
Les Mèdes   39
Les Achéménides   40

Alexandre le Grand 43
Les Séleucides 45
Les Parthes 45
Les Sassanides 47
L'Islam et les Omeyyades 50
Les Abbassides 51
Les Samanides, les Bouyides
et les Ghaznavides 53
Les Seldjoukides 54
Les Shâhs du Khwârazm 56
Les Mongols et les Ilkhânides 56
Tamerlan et les Timourides 58
Les Turcomans du «Mouton Noir»
et du «Mouton Blanc» 59
Les Safavides 60
Les Afghans, le règne de Nâder Shâh
et les Zands 62
Les Qâdjârs 62
Les Pahlavis 65
La Révolution et la République
islamiques 68

Les religions de l'Iran 75
La religion de l'Elam 75
Le Mazdéisme et le Zoroastrisme 76
Le Mithriacisme 80
Le Manichéisme 82
Le Judaïsme 84
Le Christianisme nestorien 86
Le Christianisme arménien 86
Le monde de l'Islam 89
Le Prophète Muhammad 89
Le Coran et les hadiths 91
Les cinq Piliers 92
Chiisme et sunnisme 93
La théologie 96
Le droit 97
Le soufisme 97
La philosophie 104
Les sciences 107

Les arts et la culture
Les arts de l'Iran préislamique 115
Du néolithique aux Mèdes 115
Les Achéménides 119
Les Séleucides 121
Les Parthes 121
Les Sassanides 124
La culture arménienne 127
Les arts de l'Iran islamique 129
Les arts de l'Islam 129
Le décor 131
L'artiste-artisan 135

L'architecture 137
La ville 138
La mosquée 139
La madrasa 143
Le mausolée 144
Le hosseyniyeh – le tekiyeh –
le khânqâh 145
Le palais 146
La maison 147
Le bazar 149
Le caravansérail 150
Le hammam (le bain) 151
Le jardin 152
Bâdgir – yakhdân – citernes 154
Les tentes 155
Les principaux sites 156
Les arts plastiques 157
La calligraphie 157
La peinture 161
La céramique 166
Les textiles 171
Les tapis 173
Le métal 180
Le verre 181
Le bois 181
Les principaux musées 182
La littérature 183
Histoire 183
Les genres poétiques 188
Quelques grands auteurs 188
Ferdowsi 189
Omar Khayyâm 192
Bâbâ Tâher 193
Attâr 193
Nezâmi 194
Djalâl-od-Din Rumi 196
Sa'di 198
Hâfez 199
Djâmi 201
Mollâ Nasr Eddin 202
**La musique – Le théâtre
– Le cinéma** 203
La musique 203
Le théâtre 208
La danse 211
Le cinéma 212
L'art de vivre 217
Les langues 217
Les calendriers 223
Les fêtes 224
Le cycle de la vie 226
Les sports et les jeux 230
La cuisine 233

Villes et régions d'Iran

Tehrân et sa province 241
    Tehrân 242
    La province de Tehrân 257

L'ouest de l'Iran 263
    La province d'Azarbâidjân
    occidental 264
    La province
    d'Azarbâidjân oriental 270
    La province d'Ardabil 278
    La province du Kordestân 282
    La province de Zandjân 284
    La province de Qazvin 288
    La province de Kermânshâh 292
    La province de Hamadân 300
    La province de Markazi 304
    La province de Lorestân 306
    La province du Khuzestân 308
    Les provinces de Chahârmahâl
    et de Kohgiluyeh 320
    La province d'Ilâm 321

Le centre de l'Iran 323
    La province de Qom 324
    La province d'Esfahân 328
    La province de Yazd 356
    La province du Fârs 364

L'est de l'Iran 395
    La province du Golestân 396
    La province de Semnân 398
    La province du Khorâsân 404
    La province de Kermân 416
    La province du Sistân va
    Baluchestân 426

Au bord de la mer Caspienne 431
    La province du Gilân 432
    La province du Mâzandarân 435

Le golfe Persique 439
    La province de Bushehr 440
    La province de Hormozgân 443

Annexes 447
    Bibliographie 447
    L'art iranien hors d'Iran 458
    L'Iran sur l'Internet 460
    Glossaire 461
    Repères chronologiques 476
    Index des thèmes 492
    Index des noms 495
    Index des lieux 505

PREFACE

La Perse, que l'Occident appelle l'Iran depuis 1935, est l'une des régions clés de 9000 ans de civilisation. A la charnière de l'Occident et de l'Asie, elle a été un trait d'union, un carrefour et un relais. Comme la Mésopotamie, sa voisine devenue l'Irak, elle a vu apparaître les premiers villages de l'humanité puis les premières villes. Elle est entrée dans l'histoire mondiale avec l'Empire achéménide, qui, au VIe s. avant notre ère, unifiait plus de vingt pays de la Méditerranée à l'Indus. Conquise par les Arabes, elle a toujours constitué une culture à part et une culture majeure dans la civilisation musulmane. Aujourd'hui, l'Iran est une puissance régionale incontournable, appelée à jouer un rôle central au Moyen-Orient.

Comme ces étoiles qui ornent les tapis ou les céramiques, la civilisation iranienne a rayonné loin autour de ses frontières actuelles: en Asie centrale (Samarkand, Boukhara), en Afghanistan (Hérat), en Inde du Nord (l'Empire moghol), et une Perse légendaire a longtemps habité l'Occident. Ce que les savants nomment le monde iranien est un espace culturel qui s'étend de l'Inde du Nord à l'est de l'Irak en passant par l'Asie centrale: de ce monde, l'Iran en est le noyau historique et le cœur battant.

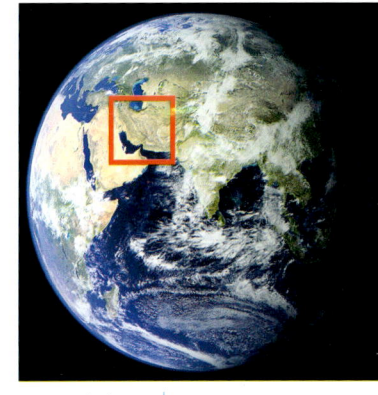

L'Iran n'est pas un seul pays: il en réunit plusieurs dans ses frontières. Il a eu aussi plusieurs vies, toujours visibles: les mosquées coexistent avec des temples venus de la nuit des temps, des provinces où le temps s'est arrêté vivent dans le même calendrier que des villes ouvertes à l'Occident, la richesse du pétrole côtoie des villages encore traditionnels, les vestiges de la monarchie voisinent avec les emblèmes de la République islamique. L'Iran est aussi un trésor de peuples et d'humanités. Alexandre le Grand disait des Iraniennes qu'elles sont «un tourment pour les yeux», et elles le sont encore aujourd'hui. Une histoire millénaire,

«Le Monde est corps. La Perse en est le cœur.»

Nezâmi (XIIe s.)

Province du Fârs.

et la fierté de son héritage, ont raffiné l'âme iranienne comme un métal précieux. Jalouse de son identité, elle conjugue une noblesse fière et une gentillesse parfois malicieuse à une joie de vivre rayonnante et à une intériorité subtile, dont la poésie semble être la deuxième langue maternelle. Terre multiple, l'Iran réunit plusieurs climats dans ses horizons: des mers, des déserts, des forêts, des steppes. Des paysages lunaires et sauvages fraternisent avec des oasis et des jardins. Les montagnes souveraines, vagues figées ou forteresses immémoriales, semblent sorties de songes ou travaillées par des géants: livres ouverts, calligraphiés par les millénaires, elles abritent des villes aux couleurs du sol et des roches, des coupoles azurées qui flamboient comme des gouttes de couleur. L'immensité des plaines porte souvent le regard si loin qu'il en devient presque intérieur, et dans les lointains, un ciel pur transfigure des montagnes multicolores, en apesanteur dans la lumière.

Pays de contrastes rares, puissants ou subtils, l'Iran est aussi un pays de continuité. Plus qu'un territoire ou une nation, l'Iran est un état d'esprit, un sens de l'homme. Son identité durable, reconnaissable au cours des millénaires, est une part de son mystère. Son art a toujours ébloui les sens pour mieux faire voir des beautés plus essentielles et invisibles. La Perse a su conserver une relation vivante avec son passé, diffuser son génie et ouvrir de nouvelles voies. Elle fut envahie (par Alexandre le Grand ou les Arabes), ravagée (par les Mongols et Tamerlan), mise sous tutelle (par les Anglais ou les Russes), mais jamais elle ne fut colonisée ou anéantie. Très ouvert aux influences extérieures (de l'époque mésopotamienne à la modernité occidentale), l'Iran n'a jamais cessé d'être iranien, et il a iranisé tout ce qu'il a reçu. Pays des dieux et des mystiques, la Perse fut aussi un territoire élu. De l'Elam à l'Islam, ses civilisations ont toujours inscrit l'homme dans un ordre à la fois terrestre et céleste. Les montagnes d'Iran ne sont pas seulement des amas de cailloux, mais des frontières entre l'homme et l'Invisible, des lieux d'apparition des dieux ou des anges. Les oasis, diraient les soufis, sont comme le miracle de l'Amour dans la terre

◁Dunes de Marandjâb, désert du Kavir.

brûlée de l'âme. L'histoire spirituelle de l'Iran semble placée sous le signe d'une lumière qui n'a changé que pour rester immuable. Sans doute n'est-ce pas un hasard, si, depuis presque 3000 ans, la Perse a vénéré la lumière divine à travers le feu du Zoroastrisme, si elle a vu vivre quelques-uns des plus grands mystiques de l'Islam et si, à la fin du XXe s., elle a accueilli une Révolution qui fait du gouvernement le représentant d'une présence invisible. Qu'il soit sunnite ou chiite, l'Islam a trouvé en Iran des expressions poétiques,

Province de Yazd.

mystiques et philosophiques parmi les plus hautes et les plus subtiles de son univers religieux.

●Désert du Lut, près de Kermân.

Les guides touristiques parlent trop des morts et de la poussière des siècles, mais l'Iran est un pays vivant, coloré, à la fois chaleureux et secret. Dans l'amour de la poésie, dans une spiritualité complexe et profonde, dans le goût pour les beautés de la vie et la noblesse des relations, la culture iranienne est un parfum et une présence qui n'a pas disparu, et qui n'a pas été reléguée dans un passé lointain et perdu.

Elle se vit encore comme un art de l'homme et une contemplation à fleur de peau.
Et aujourd'hui? Admirée pendant des siècles, la culture iranienne est une grande méconnue: on cite Darius ou Xerxès sans les connaître, la peinture persane n'est qu'une image imprécise, on confond les Arabes et les Persans, et l'on se souvient à peine que le Christ enfant fut visité par des mages venant de Perse. Si après la Révolution islamique, l'Iran semble s'être fermé à l'Occident, l'Occident s'est également fermé à l'Iran, oubliant

Province du Khorâsân.

tout ce que fut la Perse et tout ce qu'est l'Iran aujourd'hui. L'Iran ne fut jamais un pays à la mode, et on peut souhaiter qu'il ne le devienne jamais, pour le préserver; mais pour les amoureux de l'histoire et de l'art, des jardins secrets et des hauts lieux de spiritualité, la Perse demeure l'une des plus belles (re) découvertes que l'on puisse faire aujourd'hui.

Le Mont Damâvand.

COMMENT UTILISER CE GUIDE?

Ce livre est à la fois une synthèse de la culture iranienne, et un répertoire aussi ample que possible de ses principaux témoignages en Iran.
Il comprend trois parties:

- Un panorama de la civilisation iranienne: pays, histoire, religions, arts et culture.
- Un guide répertoriant les villes et sites principaux de l'Iran. Les lieux sont groupés par régions (Tehrân, ouest, centre, est, nord, sud) puis par provinces et enfin par localités.
- Des annexes comprenant notamment une bibliographie, un glossaire, des repères chronologiques, des index.

Les transcriptions

Ecrite avec les lettres arabes, la langue persane peut se transcrire de plusieurs façons dans l'alphabet latin. Aucun système de transcription n'est tout à fait précis et satisfaisant, et il peut varier d'un ouvrage à l'autre. Isfahan ou Ispahan se transcrit littéralement Esfahân. Pour les noms des villes et des sites, nous avons généralement repris la transcription des cartes publiées par Gitâ Shenâsi, le principal producteur de cartes iranien. L'index propose certaines concordances qui posent problème: le lecteur cherchant Ispahan sera renvoyé à Esfahân. Nous avons conservé certains mots francisés (bazar, caravansérail, chah, imam, etc.), sauf dans les noms de lieux (Meydân-e Shâh: la place royale à Esfahân). Pour les autres mots et noms, nous avons repris l'une des transcriptions proposées dans les livres publiés, en les simplifiant et en cherchant parfois à les accorder pour éviter des contradictions trop gênantes. On trouvera des détails sur la transcription des lettres arabo-persanes en page 221.

►La Perse. Jacob d'Angelo, *Cosmographia Claudii Ptolomaei Alexandrini*, 1467. Bibliothèque Nationale, Varsovie.

Toutes les dates indiquées appartiennent à l'ère chrétienne. Les dates antérieures à la naissance du Christ sont marquées du signe ~ (exemple: ~Ve s. = Ve siècle avant notre ère). Les abréviations «s.» et «mil.» désignent respectivement les siècles et les millénaires. Les dates mentionnées entre parenthèses après les noms des souverains sont celles de leur règne, alors que les dates citées après les noms des artistes, des savants ou des écrivains sont celles de leur vie. Pour faciliter la recherche des informations, l'ouvrage comporte un index des thèmes, un index des noms et un index des lieux. A l'intérieur du livre, un système de renvois permet de retrouver au mieux certaines informations. Les termes ou les noms suivis d'un nombre entre parenthèses et en italique (exemple: *(88)*) signifient qu'une explication supplémentaire ou une illustration se trouvent dans le guide à la page 88. Les mots suivis d'un * font l'objet d'une explication dans le glossaire (exemple: hypostyle*).

Signes et conventions

Un guide des monuments et des sites n'est jamais qu'une anthologie. Il est impossible de citer toutes les forteresses juchées sur les montagnes, tous les caravansérails jalonnant les routes, toutes les maisons traditionnelles ou tous les édifices religieux dispersés dans les villes ou cachés dans des lieux reculés. L'Iran est un pays immense et beaucoup de monuments doivent encore être mis en valeur, parfois étudiés et décrits. Tous les sites importants figurent dans ce livre: sur place, ils sont souvent bien balisés et aisément repérables. D'autres, non moins intéressants, peuvent être plus difficiles à dénicher et à visiter: il est parfois nécessaire d'être accompagné par un guide local, d'attendre un gardien providentiel, de se perdre pour trouver ce que l'on cherche, d'oser prendre son temps. L'Iran est un pays inépuisable en découvertes et en surprises: ce guide est autant une somme de connaissances qu'une invitation vers l'inconnu.

Le choix des sites

►La Perse, vue d'Europe au XVIIe s. Carte hollandaise de Joan Blaeu, 1662. Bibliothèque Koninklijke, La Hague.

En dépit de notre attention et des vérifications de l'éditeur, le texte peut contenir des erreurs pour lesquelles nous demandons l'indulgence des lecteurs. Ce livre n'étant pas destiné aux spécialistes, ceux-ci voudront bien en pardonner les insuffisances. «Dieu seul est parfait» dit-on en Islam, et les savants ont coutume de conclure leurs livres par la formule «Dieu est plus savant».

Errata

INVITATION AU VOYAGE

Les voyages en Perse

C'est d'abord à travers des auteurs antiques que l'Occident découvre la Perse. Les *Enquêtes* d'Hérodote (~Ve s.), le «père de l'histoire», racontent les guerres médiques qui mirent aux prises l'Empire aché-ménide et la Grèce. Ses interprétations ne sont pas toujours dénuées de partis pris, et elles donnent de la Perse une image consciencieuse, mais lointaine. Ces mêmes guerres médiques inspirèrent à Eschyle sa tragédie *Les Perses*, donnée en ~472, et qui évoque la victoire grecque de Salamine contre les «Barbares». Il faut attendre la conquête d'Alexandre le Grand pour que des Occidentaux découvrent réelle-ment le territoire iranien, avec ses villes (Suse, Persépolis), ses peuples et ses richesses. Le conquérant débarque en Asie Mineure en ~334, franchit l'Euphrate et le Tigre en ~331, et devient le nouveau roi de Perse en ~330. Des chroniqueurs l'accompagnent: son lieutenant Ptolémée, l'amiral Néarque, Callisthène, neveu d'Aristote, et d'autres. Au fur et à mesure d'une avancée foudroyante, ils consignent leurs observations dans des œuvres dont il ne nous reste que des fragments, mais qui serviront aux futurs historiens latins (Quinte-Curce, Justin) et grecs (Arrien, Diodore de Sicile, Plutarque). L'idée d'Alexandre d'unir l'Orient et l'Occident s'effondre à sa mort. Ses successeurs se déchirent, puis la Perse est à nouveau dominée par des dynasties iraniennes (les Parthes et les Sassanides) qui s'opposent à l'Empire romain puis à Byzance. Née vers la fin du ~IIe s., la route terrestre de la soie fait de la Perse un lieu de passage pour les

►Fouilles de Tapeh Hissar en 1931.

commerçants et les aventuriers européens qui cherchent à gagner l'Asie. Pourtant, nous ne possédons aucune relation de voyage d'un Occidental avant le XIIIe s., date du voyage de Marco Polo. Lorsque la route terrestre de la soie perd de son importance un siècle plus tard, les voyageurs d'Occident se font de plus en plus rares ou inexistants.

«Tant que tu resteras dans ta boutique ou ta maison, jamais tu ne seras vraiment un homme; pars, promène-toi dans le monde, avant ce jour où tu quitteras le monde.»

Sa'di (XIIIe s.)

◄ Portail de la mosquée du Vendredi, Yazd, XIVe s.

L'époque safavide voit renaître les relations entre la Perse et l'Europe. Shâh Abbâs Ier encourage les contacts diplomatiques et commerciaux avec l'étranger: en 1598, une ambassade perse est en Europe, et les Européens affluent en Perse à partir du XVIIe s.

La Perse et l'art occidental

Par le biais des récits de voyages ou des traductions de la littérature persane, la Perse a alors inspiré des compositeurs, des écrivains ou des peintres européens. De leurs œuvres jaillit un Orient plus fantasmé que réel, et toujours occidental malgré ses idéaux : elles nous renseignent plus sur les aspirations et les incompréhensions de l'Europe que sur la Perse elle-même. Voici quelques jalons de ces voyages et de ces influences:

Européens. Peinture murale du palais Chehel Sotun, Esfahân, XVIIe s.

1298: le *Livre des Merveilles*, récit de voyage de Marco Polo (*15*).

1380: fresques d'Agnolo Gaddi sur la Vraie Croix volée par le roi sassanide Khosrow II, Santa Croce, Florence (*16, 49*).

1529: *La Victoire d'Alexandre le Grand*, tableau d'Albrecht Altdorfer sur la bataille d'Issos (*43*).

1565: *La Famille de Darius devant Alexandre*, tableau de Véronèse (*44*).

1587: *Tamerlan*, tragédie de Christopher Marlowe (*58-59*).

1634: première traduction française du *Jardin des roses* de Saʿdi, par André Du Ryer (*198*).

1654: *Xerse*, opéra de Francesco Cavalli (*41*).

1660: *L'Estat de la Perse*, du Père Raphaël du Mans, moine et mathématicien.

1673: *Mithridate*, tragédie de Jean Racine (*45-46*).

1681: *Les six voyages en Turquie et en Perse*, de Jean-Baptiste Tavernier.

1686: *Voyages en Perse*, du marchand et érudit Jean Chardin.

1689: *Esther*, tragédie de Jean Racine (*301*).

1704: publication du premier volume des *Mille et une Nuits*, contes d'origine indo-persane, traduits en français par Antoine Galland (*183*).

1712: *Amoenitatum exoticarum politico physico-medicarum*, du médecin allemand Engelbert Kaempfer, récit illustré d'un séjour à Esfahân.

1715: *Persan assis*, portrait d'un ambassadeur persan arrivé à Paris par Jean-Antoine Watteau.

1717: *Le Couronnement de Darius*, opéra d'Antonio Vivaldi (*41*).

1721: *Les Lettres persanes* de Montesquieu, roman allégorique.

1728: création de *Siroe, Re di Persia* de Georg Friedrich Haendel (*40*).

1729: *Artaxerxes*, livret d'opéra de Métastase mis en musique par Hasse, Jommelli, Arne ou J. C. Bach (*41*).

1738: *Serse*, opéra de Georg Friedrich Haendel (*41*).

1748: *Zadig*, conte philosophique de Voltaire.

1749: *Zoroastre*, opéra de Jean-Philippe Rameau (*77*).

1768-1771: Anquetil-Duperron traduit en français *l'Avesta*, livre sacré du Zoroastrisme (*77, 80*).

1770: *Mithridate, roi du Pont*, opéra de Wolfgang Amadeus Mozart

▶Homme en habit persan, peint à l'européenne. Peinture à l'huile safavide. Musée des Beaux-Arts, Saʿd Abâd, Tehrân.

(inspiré de Racine) (*45-46*).

1787: *Fidélité d'un satrape de Darius*, tableau de Lagrenée.

1814-1819: poèmes du *West-Oestlicher Diwan* (le *Divan*), de Johann Wolfgang Goethe (*199*).

1824: *Les Aventures de Hadji Baba d'Ispahan*, roman de James Morier.

1838-1878: publication de la traduction française de Jules Mohl du *Livre des rois* de Ferdowsi (*189*).

1859: *Trois ans en Asie*, du comte Arthur de Gobineau, diplomate.

1859: Edward Fitzgerald fait paraître une adaption anglaise des *Quatrains* d'Omar Khayyâm (*192*).

1867: *Monuments modernes de la Perse*, recueil d'illustrations publiées par l'architecte Pascal Coste (*341*).

1883-85: *Ainsi parlait Zarathoustra*, texte philosophique de Friedrich Nietzsche (*77*).

1888: *Shéhérazade*, suite symphonique de Rimski-Korsakov, inspirée des *Mille et une Nuits*.

1870: *Les Nuits persanes*, poèmes d'Armand Renaud.

1896: *Ainsi parlait Zarathoustra*, poème symphonique de Richard Strauss, inspiré de F. Nietzsche.

1904: *Vers Ispahan*, récit de voyage de Pierre Loti (*328*).

1912: *La Péri*, poème dansé de Paul Dukas, inspiré d'une légende persane.

1914: *Chants d'amour de Hâfez*, pour voix et orchestre de Karol Szymanowski (*199*).

1921: *Les Heures persanes*, pièces pour orchestre de Charles Koechlin, inspirées de Pierre Loti.

1924: *Turandot*, opéra de Giacomo Puccini, inspiré d'une légende persane.

Plafond peint de scènes à l'européenne. Maison Nârendjestân-Qavâm, Shirâz, 1879-1886.

La redécouverte de la Perse

Les Iraniens n'ont jamais oublié leur passé, même si leur mémoire s'est assoupie ou a été voilée par l'ignorance. Dans la tradition populaire, les vestiges achéménides et sassanides, devenus incompréhensibles, furent attribués à des figures littéraires, plus ou moins réelles ou légendaires. L'exploration systématique de la culture iranienne a été menée par des Occidentaux: des archéologues (A. U. Pope, E. Herzfeld, A. Godard, R. Ghirshman) ou des orientalistes (Henry Corbin) ont inauguré des recherches poursuivies par des universitaires iraniens. Les grandes expéditions archéologiques commencent au XIXᵉ s. En 1884-1886, un ingénieur français et son épouse, Marcel et Jane Dieulafoy, fouillent pour la première fois la cité de Suse. Jacques de Morgan, leur successeur, fonde la «Délégation archéologique en Perse» en 1897. Pendant plusieurs années, il obtient du gouvernement iranien le monopole des fouilles en Perse pour la France. Au XXᵉ s., des équipes principalement française, anglaise, américaine et allemande se succèdent: elles travaillent sur les grands sites de la Perse préislamique, en découvrent de nouveaux, et enrichissent les musées occidentaux de leurs découvertes. Intéressés par la Perse d'avant l'Islam, les rois Pahlavi suscitent de nombreuses études sur ses vestiges. A la Révolution islamique (1979), les délégations étrangères ne sont plus autorisées à travailler.

Peinture murale d'inspiration occidentale. Palais du Golestân, Tehrân, XIXᵉ s.

La guerre Iran-Irak provoque la destruction de précieux vestiges et les fouilles clandestines se multiplient, mais les archéologues iraniens continuent malgré tout d'explorer, de préserver et de restaurer ce qui peut l'être. La paix revenue, les prospections et les travaux de conservation continuent. A la fin des années 1990, l'archéologie iranienne connaît une activité à nouveau régulière et croissante. Depuis 1986, une seule organisation d'Etat, Sâzmân-e Mirâs-e Farhangi (Organisation du Patrimoine Culturel), chapeaute les recherches archéologiques, les musées, la conservation et la promotion du patrimoine.

La Route de la Soie

De toutes les routes du monde, celle de la soie est la plus fameuse. L'expression est pourtant récente, elle a été forgée au XIXe s. par un géographe allemand (Ferdinand von Richthofen), et elle est inexacte: il n'y eut pas une seule, mais plusieurs routes, et la soie ne fut pas la seule marchandise transportée. Elle fut également une route des épices, des pierres précieuses, des idées, des arts et des techniques. Elle créa un art du voyage, où un commerce souvent audacieux et éclairé favorisa une rencontre des religions, des esthétiques et des humanités. C'est par ces routes marchandes que le Bouddhisme, mais également le Mazdéisme, le Judaïsme, le Christianisme nestorien, le Manichéisme et l'Islam ont atteint la Chine. Les influences culturelles ont circulé par le même chemin. C'est à la cour de Chine que les descendants du dernier roi sassanide trouvèrent refuge après l'invasion des Arabes, et sous la dynastie des Tang (VIIe-IXe s.), le polo, la musique, la cuisine et les vêtements persans étaient à l'honneur. En Iran, les villes de Tabriz, Shirâz, Esfahân, Mashhad, Yazd, Rey (près de l'actuelle Tehrân) ont été des relais de cette route.

Grandeur et déclin d'une route

Avant le ~Ier mil., une voie maritime reliait déjà, par l'Asie du sud, la Chine, l'Asie centrale et l'Iran. Une autre route traversait les steppes du Nord, et elle a permis la circulation d'objets perses, chinois et grecs jusqu'en Sibérie. La route continentale de la soie apparaît aux deux derniers siècles avant notre ère. A son origine, un conflit entre l'Empire du Milieu et des nomades du Nord, les Hiong-nou. Pour s'en protéger, la Chine construisit la Grande Muraille; elle leur offrait aussi des cadeaux, notamment des soieries, dont certaines parvinrent en Occident. Puis, à la fin du ~IIe s., l'empereur Wou des Han envoya un ambassadeur à la recherche d'alliés à l'ouest. Après vingt ans de péripéties, il revint en Chine et révéla à l'empereur les contrées inconnues qu'il avait visitées: la route d'échanges vers l'Occident était née. Depuis la Chine, des ambassades et des missions marchandes sont ensuite envoyées

▶Darius Ier, roi achéménide, à Suse, imaginé par Maurice Pillet, architecte français. Peinture de 1913.

vers l'Empire parthe, le golfe Persique, l'Inde. En sens inverse, une ambassade parthe en Chine est signalée en 87, puis des ambassades sassanides au long des Ve et VIe s. Au nord et au sud, les routes se

Itinéraires des routes de la soie.

constituent, ponctuées d'oasis et de relais, traversant l'Asie centrale et la Perse, pour atteindre les rives de la Méditerranée.

C'est à des moines bouddhistes chinois, au IVe et au VIIe s., que nous devons les premières informations détaillées sur les étapes de la partie orientale de la route. L'histoire n'a retenu aucun récit de voyage entre l'Occident et la Chine avant le XIIIe s. Le pape Innocent IV et le roi Saint Louis envoient des ambassades chez les Mongols. A la suite de l'un de ces voyages, un franciscain italien écrit une *Histoire des Mongols*. Le voyageur le plus illustre demeure pourtant Marco Polo. Avec son père et son oncle marchands, il part de Venise en 1271, alors qu'il n'a que quinze ans. En Chine, il devient un émissaire du Grand Khan Kubilai, qui l'envoie en Inde, au Tonkin, en Perse, au Tibet. Il ne rentre à Venise qu'en 1295 et dicte le récit de son périple: le *Devisement du monde* (ou *Le livre des merveilles*). A mi-chemin entre rêve et reportage, ouï-dire et observations, conte et encyclopédie, ce livre eut un retentissement considérable. De la Perse, Marco Polo évoque les villes qu'il a traversées comme Yazd, Kermân ou Hormoz.

Avec l'avènement de la dynastie Ming, en 1368, les contacts entre la Chine et l'Occident sont interrompus. Pour les Européens, la découverte des routes maritimes ouvre de nouveaux champs d'exploration et de possibilités commerciales. Les Persans, en revanche, continuent d'utiliser l'antique route, comme en témoignent le *Journal de voyage* et le *Traité de la Chine*, dus respectivement à un ambassadeur et à un marchand persans, aux XVe-XVIe s. Ce n'est qu'au XIXe s., avec les explorations géographiques et archéologiques, que la route de la soie a trouvé un nom, une mémoire et un héritage.

Décor de céramique influencé par le baroque européen. Palais du Golestân, Tehrân, XIXe s.

Voyager aujourd'hui en Iran

L'Iran fut un pays relativement peu touristique et moyennement visité pendant l'époque du dernier chah, dans les années 1950 à 1970.

Le tourisme au début des années 2000

«Qui se connaît et connaît les autres,
Reconnaîtra aussi ceci:
L'Orient et l'Occident
Ne peuvent plus être
séparés.

Entre deux mondes,
Se laisser bercer par la
méditation, je l'accepte.
Entre deux mondes,
Se mouvoir ainsi, que cela
soit pour le mieux.»

Goethe, Le Divan, 1814-19.

«L'an du Seigneur 615, Dieu permit que son peuple fût affligé par les mauvais traitements des païens, quand Chosroès [Khosrow II], roi des Perses, soumit à sa domination tous les royaumes de la terre. Lorsqu'il vint à Jérusalem, il sortit effrayé du sépulcre du Seigneur, mais pourtant il emporta la partie de la Sainte Croix que sainte Hélène y avait laissée. Or, sa volonté étant de se faire adorer par tous ses sujets comme un dieu, il fit construire une tour d'or et d'argent entremêlés de pierres précieuses, dans laquelle il plaça les images du soleil, de la lune et des étoiles. A l'aide de conduits minces et cachés, il faisait tomber la pluie d'en haut comme Dieu, et dans un souterrain, il plaça des chevaux qui traînaient des chariots en tournant, comme pour ébranler la tour et simuler le tonnerre.»

Jacques de Voragine, La légende dorée, XIIIe s.

L'activité touristique chuta brutalement avec la Révolution de 1979. Depuis les années 1990, et en particulier avec l'ère réformatrice du président Khâtami, le tourisme a repris à nouveau, lentement mais sûrement. Si les voyages en individuel ne comportent pas de risques ou de difficultés insurmontables, beaucoup de voyageurs préfèrent effectuer un circuit organisé pour une première visite du pays. L'Iran compte des hôtels de haute catégorie, des restaurants à foison, un bon réseau aérien de vols intérieurs, des routes principales de qualité, des hôpitaux modernes, et des magasins qui, à Tehrân surtout, offrent tous les produits utiles. Le pays est sûr, propre (l'eau est potable partout) et en général bon marché. Les déplacements, les boissons, les repas, les produits de première nécessité sont d'un coût modique pour un portemonnaie européen. Le gouvernement iranien a aussi facilité certaines conditions de voyage: des formalités douanières réduites, des déplacements libres à l'intérieur du pays, la permission de photographier et de filmer partout, à l'exception des sites militaires ou stratégiques, de certains lieux saints et de quelques musées. Pour les étrangères, le tchador n'est pas obligatoire (sauf dans certains mausolées), pas plus qu'il ne l'est pour les Iraniennes, mais on leur demande de porter un léger foulard dissimulant les cheveux et une blouse à longues manches descendant jusqu'aux genoux.

Pourtant, sur le plan de l'attractivité, de la mise en valeur du patrimoine, de la promotion du pays, beaucoup reste à faire. Les monuments majeurs sont généralement bien aménagés et des villes comme Esfahân ont repris leur rôle de capitale culturelle. Les inscriptions routières et officielles sont bilingues (anglais et persan), mais pour peu que l'on s'éloigne des grands lieux touristiques, tout est en persan et rares sont les personnes sachant l'anglais. Dans certaines régions excentrées, les hôtels de bonne catégorie manquent cruellement. Conséquence de l'isolement international du pays, les cartes de crédit ne sont acceptées nulle part, sauf dans certains magasins de tapis et de luxe. Lorsqu'il y en a, les offices touristiques ne ressemblent que de nom à ceux que nous connaissons en Occident et leur personnel est souvent aussi aimable qu'inefficace. L'accès à des événements culturels (concerts, expositions, etc.) est difficile, car l'information est confidentielle, presque impossible à trouver sans aide, et jamais conçue pour les touristes. Dans les musées ou sur les sites historiques, rien ou presque n'est fait pour les étrangers, alors que ceux-ci doivent parfois s'acquitter d'un prix d'entrée (entre 1,5 $ et 5 $ en 2014) cinq à dix fois supérieur à celui payé par les Iraniens. Dans les hôtels, également, le tarif payé par les étrangers est souvent plus élevé que pour les indigènes: généralement trop chères pour leur qualité réelle, les chambres peuvent parfois être aussi coûteuses que dans les hôtels européens.

Paradoxalement, l'Iran est plus ou moins dépourvu de culture touristique, alors que le pays possède une longue tradition d'hospitalité. Dans les hôtels, les restaurants ou sur les sites culturels, l'accueil est souvent froid, peu serviable et le service médiocre ou insuffisant. Les agences de voyages privées sont nombreuses, mais trop souvent plus intéressées à engranger des commissions et des devises qu'à développer la qualité des voyages et faire fructifier les possibilités offertes par le pays. Essentiellement culturel, le tourisme iranien demeure aussi élitiste et peu populaire. En raison des difficultés économiques, même les Iraniens voyagent peu dans leur pays, si ce n'est dans les lieux célèbres, et les gens fortunés préfèrent se rendre à l'étranger, où ils préfèrent le «shopping» aux monuments et aux musées. Louables, les efforts du gouvernement pour attirer les voyageurs étrangers demeurent timides, parcellaires et parfois peu cohérents. Il faut enfin regretter que, chez les voyagistes européens, les informations sur l'Iran soient souvent imprécises, inadéquates ou même erronées: elles ne dissipent guère les préjugés et les ignorances sur un pays qui, beaucoup plus à tort qu'à raison, pâtit depuis des décennies d'une mauvaise image dans les médias occidentaux.

A l'avenir, le développement d'un tourisme de qualité passera par une meilleure connaissance de la spécificité du tourisme iranien et de la richesse du pays, des attentes et des besoins des voyageurs étrangers, des adéquations à trouver entre le développement touristique et la préservation du patrimoine culturel et écologique. Ensuite, par une meilleure formation des guides touristiques, du personnel hôtelier, des chauffeurs et des personnes ayant un contact direct et obligé avec les touristes (apprentissage des langues, connaissance du pays, sens de l'accueil et de la disponibilité, etc.). Enfin, par des mises en œuvre concrètes dans le pays: construction d'hôtels et amélioration de leurs prestations dans certaines villes ou régions, élargissement de l'offre de transports (cars, voitures privées), aménagement de certains sites, développement des offices de tourisme, publication d'une documentation fiable et facilement disponible (brochures, livres, cartes) sur les conditions de visite, de voyage et de séjour en Iran.

Les voyageurs qui s'attendraient à un pays fermé, triste ou oppressant, seront les premiers surpris de rencontrer un pays ouvert et lumineux. Mais en dépit de certaines apparences, l'Iran demeure un pays complexe, souvent insaisissable et paradoxal. Au temps d'une mondialisation qui ne concerne guère que l'économie, et dans un monde où l'Internet donne l'illusion de la proximité, on oublie qu'une culture plusieurs fois millénaire ne se comprend ni en un clin d'œil ni en un seul voyage. Les Iraniens disent volontiers que nous n'avons qu'une seule bouche, mais deux oreilles. Ecouter est la première vertu, et comprendre une autre culture demande de lui laisser la place qu'il faut: on ne voit que ce que l'on sait et on ne connaît bien que ce que l'on aime.

La vraie vie iranienne n'est pas dans la rue, mais à l'intérieur des maisons, où les réunions de famille, les fêtes, les discussions, les rencontres poétiques ou musicales donnent la mesure d'une sociabilité cachée à l'extérieur par les codes sociaux et musulmans. Aujourd'hui encore, la **famille** demeure le pilier de la vie, un état d'esprit et un ciment de la société. L'**hospitalité** est un autre fondement de la culture iranienne: l'invité est un ami de Dieu, disent les Iraniens. La gentillesse, la serviabilité et le dévouement des Iraniens sont proverbiaux, et les heureux invités d'une famille iranienne sont toujours reçus avec un raffinement et une générosité spontanés et naturels. L'Islam apporte cependant des restrictions aux relations. Si les hommes s'embrassent

«*LE CHŒUR: L'impérieux monarque de l'Asie populeuse pousse à la conquête du monde son monstrueux troupeau humain [...]*
LE MESSAGER: O cités de l'Asie entière, ô terre de Perse, havre de richesse infinie, voici donc, d'un seul coup, anéanti un immense bonheur, abattue et détruite la fleur de la Perse !
[...]
XERXES: Certes ! Dans mon armée d'abord, mon innombrable armée, je me suis vu frappé.
LE CHŒUR: Qu'en a-t-il survécu? Elle était grande, la puissance des Perses.»

Eschyle, Les Perses, ~472.

Etre l'hôte de l'Iran

Peinture d'inspiration européenne. Palais du Golestân, Tehrân, XIXe s.

«Le peuple d'Iran est le plus poète du monde, et les mendiants de Tabriz savent par centaines ces vers de Hafiz ou de Nizhami qui parlent d'amour, de vin mystique, du soleil de mai dans les saules.»

Nicolas Bouvier, L'usage du monde, 1953.

►Rezâ Abbâsi, *Deux amants*. Peinture sur papier, Esfahân, 1630. Metropolitan Museum of Art, New York.

«Un personnage aussi célèbre par ses principes & par ses actions, les révolutions qu'il a causé dans les esprits, la puissance surnaturelle que les traditions anciennes lui attribuent, les biens sans nombre qu'il a répandu sur l'humanité, ont paru le champ le plus fertile pour un théâtre qui mériterait d'être mieux connu, & auquel l'opinion commune semble prescrire des bornes que l'art a craint trop longtems de franchir.»

Évocation de Zoroastre, en préambule au livret de l'opéra Zoroastre de Jean-Philippe Rameau, 1749.

facilement, les contacts physiques entre les femmes et les hommes étrangers à la famille sont interdits. En principe, un homme ne serre pas la main d'une femme, à moins qu'elle ne lui tende la sienne d'abord. Dans les lieux publics, les couples peuvent se prendre la main, mais non s'embrasser.

L'Iran est le pays du «ta'ârof», un terme intraduisible que l'on peut essayer de rendre par «l'art de la politesse». Le ta'ârof est à la vie ce que les céramiques émaillées sont au mur de briques qu'elles recouvrent. Un langage soigné, un sourire, des compliments et des manières embellissent les relations et créent un climat de courtoisie parfois sucrée. Toute la culture iranienne est fondée sur le symbole, la poésie, la métaphore: c'est un art du voilement et du dévoilement, dont le port du manteau islamique n'est qu'une manifestation parmi d'autres. La parabole peut tout exprimer sans le dire, et elle pénètre d'autant plus l'intelligence et la sensibilité qu'elle peut se lire à différents niveaux, sans jamais être captive d'une interprétation unilatérale et réductrice. Les Iraniens évoquent la terre pour parler du ciel, et leur affabilité laisse croire qu'ils se révèlent, alors que la politesse est un jeu de miroirs et de masques. La spontanéité de leurs sentiments se conjugue avec des formules de politesse presque machinales et avec une pudeur qui cache comme un trésor leur véritable pensée. Dans ses travers, le ta'ârof est une hypocrisie, où l'on peut préférer un beau mensonge à une vérité laide, acquiescer à une erreur de l'interlocuteur pour ne pas le froisser, proposer une invitation sans la vouloir, ou (chez des marchands) faire mine de refuser l'argent d'un achat. L'art des siècles passés peut être aussi un voile (ou un mensonge) de beauté: qui soupçonnerait la cruauté des souverains en voyant l'élégance de l'art dont ils s'entouraient et qu'ils se devaient de patronner?

Avec le *ta'ârof*, le **pourboire** est une autre clé magique pour débloquer une situation, transformer un non en oui, s'assurer d'un dévouement ou voir s'ouvrir des portes fermées. Dans un pays où les salaires vont généralement du modeste au misérable, le bakhshish est à la fois une reconnaissance, un cadeau, une aide et une coutume.

L'agitation des grandes villes cache mal un Iran traditionnel qui a le **temps** et qui le prend, qui laisse venir les événements plutôt que d'aller vers eux. L'affabilité des Iraniens transporte souvent l'Occidental dans un flou artistique, où tout se dit mais rien ne se fait, où un sourire et un verre de thé remplacent les décisions et les réponses. Tout est toujours pour demain (*fardâ*): l'obtention d'un visa, l'ouverture d'un bureau ou le retour de l'Imam caché. Un rendez-vous à 2h signifie entre 2h et 2h30. La ligne droite n'est pas le plus court chemin, et la vie ressemble parfois à une spirale sur laquelle les événements semblent se répéter, sans jamais être identiques. Ce qu'on obtient un jour, on le perd le lendemain, ou inversement. Dans un pays où rien ne paraît changer, il existe une versatilité imprévisible. Dans les administrations, demain est en réalité après-demain, et on y fait toujours la semaine suivante ce que l'on aurait pu faire hier. Si une heure a la même durée partout, le temps n'est jamais le même pour tous. L'Iran demande de se hâter lentement, et l'étranger est souvent trop pressé pour voir ou trop lent pour apprendre à comprendre.

Pour l'Occidental habitué à l'efficacité, à la franchise et à la transparence de sa vie quotidienne et des rapports humains, la **mentalité orientale** semblera tortueuse, compliquée et incompréhensible. La logique iranienne n'est pas illogique ou irréaliste, mais elle n'obéit pas à notre rationalisme. Elle est plus fluide, secrète, mobile et pluridimensionnelle. Elle rappelle que le monde est relatif et illusoire et qu'il ne se laisse pas capturer dans des notions trop affirmatives et rigides. Dans les grandes comme dans les petites choses, rien n'est jamais tout à fait décisif et définitif: un oui peut être un oui non, un non n'est pas forcément négatif, tout peut être à la fois ouvert et fermé. En Iran, beaucoup de choses semblent à la fois possibles et impossibles, permises et interdites, vraies et fausses.

Vision idéale d'un art de vivre: le jardin printanier, le vin, la beauté, l'amour. Palais Chehel Sotun, Esfahân, XVIIᵉ s.

Dans leur immense majorité, les Iraniens n'ont rien des fanatiques religieux qu'on s'est plu à imaginer après la Révolution, mais ils demeurent profondément attachés à leur héritage spirituel et à une foi qui s'exprime dans tous les aspects du quotidien. Les mosquées, même transformées en musées, et surtout les mausolées, demandent une attitude digne et discrète. Les hommes doivent conserver une distance polie vis-à-vis des épouses, et ne jamais tenter de séduire les filles non mariées. Les Iraniens ont généralement un grand souci de l'hygiène, surtout dans les maisons privées, le plus souvent très bien tenues et impeccables. D'autres formes de politesse peuvent paraître secondaires, mais ont leur importance: on ne se mouche pas en public, et surtout pas à table. On ne photographie pas les personnes en train de prier et il est nécessaire de demander la permission aux femmes avant de les photographier. Des vertus demandées au voyageur, les plus essentielles sont sans doute la patience, l'attention, le naturel et le respect. De tout temps, le voyage a été considéré comme un résumé de la vie humaine et une voie d'accès au sens même de l'homme. La culture iranienne et musulmane aime rappeler que l'homme sur terre n'est qu'un nomade et un passant, et la terre elle-même n'est que la partie émergée de la Réalité. L'idéologie du tourisme est loin de ces idéaux, mais l'Iran demeure le lieu privilégié d'un art de voyager et de vivre, où le regard, éveillé et affiné au contact de l'invisible, peut découvrir ses miroirs intérieurs les plus profonds.

«Ah! ah! Monsieur est Persan? c'est une chose bien extraordinaire! Comment peut-on être Persan?»

Montesquieu, *Les Lettres persanes*, 1721.

Le départ

Dans les familles traditionnelles, un petit cérémonial marque le départ d'un voyageur. On dispose sur un plateau un Coran, un bol d'eau, un miroir et un plat de farine de froment. Le voyageur passe trois fois de suite sous le plateau, et les musulmans embrassent le Coran à chaque passage. Le miroir, dans lequel le voyageur se regarde, symbolise la lumière de la desti-

● Porte du Coran. Shirâz, XVIIIᵉ s., 1949.

née, mais on peut y lire d'autres sens: le voyage est à l'image de l'âme, et la transparence de l'eau et du miroir évoque la pureté du cœur et la vision que Dieu a du voyage de l'homme vers Lui. La farine est un signe de prospérité et de succès. On répand ensuite l'eau sur le sol lorsque le voyageur a franchi le seuil de la porte (*370*).

VISAGES D'UN PAYS

Le drapeau

Le drapeau iranien se compose de trois bandes de couleurs superposées: verte (couleur de l'Islam), blanche (symbole de paix), rouge (le sang des martyrs). Au centre, le nom de Dieu stylisé (Allâh) en forme de tulipe, emblème du martyre. Sur les bandes verte et rouge est répétée la formule coranique «Dieu est plus grand» («Allâh akbar») en caractère koufique*. Les 22 mentions de Allâh font allusion au 22 bahman, jour de la Révolution islamique.

La géographie

Situé entre la Mésopotamie et l'Asie, l'Iran est un immense plateau montagneux d'une altitude moyenne de 1000 m. Son centre est occupé par deux déserts secs et arides de sable, de pierraille et de sel, rythmé par des montagnes austères, souvent taillées comme des couteaux: le **Dasht-e Kavir**, parsemé de très rares oasis, et le **Kavir-e Lut**, l'un des déserts les plus inhospitaliers du monde. Ce plateau est encadré par deux dépressions: la mer Caspienne au nord, le golfe Persique au sud.

Deux chaînes montagneuses délimitent le plateau. L'**Alborz**, au nord, a une hauteur moyenne d'environ 3100 m et culmine avec un volcan éteint, le Mont Damâvand (5647 m). S'inscrivant dans la structure des Alpes européennes, sa forme en croissant suit la courbe de la Caspienne et crée une barrière entre le plateau et les terres côtières, qui sont les plus fertiles du pays. A l'est, l'Alborz s'étend jusqu'au Khorâsân, lieu de passage des populations venant d'Asie centrale et région riche en vallées fertiles; à l'ouest, il touche l'Azarbâidjân, une région agricole où s'installèrent de nombreux peuples qui ont fait l'histoire iranienne: Perses, Mèdes, Kurdes ou Mongols.

Très riche en pétrole et en gaz, la chaîne du **Zâgros** s'étend en diagonale du nord-ouest au sud-ouest sur plus de 1000 km. Large de 200 km, ses sommets dépassent les 4000 m. De nombreux peuples s'installèrent sur ses hauts plateaux et dans ses vallées. Au sud-est et à l'est

Fiche signalétique
République Islamique d'Iran
Capitale: Tehrân
Superficie: 1'643'509 km²
Population: env. 75'000'000 d'habitants en 2011
Principale ethnie: iranienne
Religion: Islam chiite (90% de la population)
Climat: continental
Fuseau horaire: GMT + 3h30 (hiver) ou + 2h30 (été)
Monnaie: rial (10 rial = 1 toman)
Langue officielle: persan (*fârsi*)

Le drapeau de la République Islamique d'Iran.

▶ Tapis de laine, Tabriz (Kâshân?), XVIᵉ s. Musée du Tapis, Tehrân.

du pays, les chaînes du Makrân, du Baluchestân et du Sistân forment comme une frontière avec le Pakistan et l'Afghanistan.

Deux grandes **plaines** se tiennent à l'ombre de ces chaînes montagneuses. Celle du Khuzestân, au sud-ouest, s'étend de la côte du golfe Persique jusqu'aux contreforts du Zâgros. Traversée par des fleuves (le Kârun, le Dez, le Karkheh), elle forme l'extrémité orientale de la plaine mésopotamienne qui vit naître les plus anciennes civilisations sédentaires auxquelles l'Iran liera souvent son destin: Sumer, Ur, Akkad, l'Assyrie, Babylone. Au nord, entre l'Alborz et la Caspienne, s'épanouit une zone humide de forêts, de marécages et de cultures florissantes qui débouche sur les steppes turkmènes au nord-est.

La formation des **chaînes de montagnes** remonte essentiellement à la période pré-crétacé, antérieure de 141 millions d'années à notre ère. Les plissements qui ont donné les chaînes de l'Alborz et du Zâgros sont nées du rapprochement des plaques tectoniques de l'Arabie et de l'Eurasie (Caucase et plaine du Turan*), alors que les monts du Makrân, du Baluchestân et du Sistân sont nés, plus ou moins directement, du rapprochement des plaques de l'Inde et de l'Eurasie. Ces plaques se déplacent encore, si bien que les tremblements de terre sont relativement fréquents en Iran: deux séismes détruisirent les cités traditionnelles de Tabas en 1978 et de Bam en 2003, un autre provoqua la mort d'environ 40'000 personnes en 1990, au nord-ouest du pays.

Frontières et provinces

Les frontières actuelles de l'Iran ont été fixées au XIXe et au XXe s. Dans cet Orient du Milieu, l'Iran possède, après la chute de l'U.R.S.S. en 1991, l'un des plus grands nombres de pays frontaliers. Au nord, il est entouré par les anciennes Républiques soviétiques, dont les territoires, dans l'histoire antique ou islamique, ont parfois fait partie de la

Perse: l'Arménie, l'Azerbaïdjan, le Turkménistan. Les frontières occidentales sont occupées par l'Irak, qui recouvre l'ancienne Mésopotamie et la capitale des califes abbassides (Bagdad), et par la Turquie, qui fut le centre du dernier grand empire musulman (le sultanat ottoman). A l'est, l'Iran est le voisin de l'Afghanistan et du Pakistan, qui ont tous deux subi l'influence de la culture persane et qui forment une barrière entre l'Iran et la Chine et l'Inde.

Au sud, par-delà le golfe Persique, s'étend la péninsule Arabique, patrie originelle de l'Islam, alors qu'au nord, la mer Caspienne met en relation l'Iran avec la Russie et le Kazakhstan.

A l'intérieur, le pays est divisé en trente provinces pourvues chacune d'une capitale. Leur nombre a varié ces dernières années: la ville de Qom faisait auparavant partie de la province de Tehrân, mais elle est aujourd'hui la capitale d'une province qui porte son nom. Chaque province est divisée en départements, en arrondissements, en cantons et en villages.

❶ La province de Tehrân.
❷ La province d'Azarbâidjân occidental.
❸ La province d'Azarbâidjân oriental.
❹ La province d'Ardabil.
❺ La province du Kordestân.
❻ La province de Zandjân.
❼ La province de Qazvin.
❽ La province de Kermânshâh.
❾ La province de Hamadân.
❿ La province de Markazi.
⓫ La province du Lorestân.
⓬ La province du Khuzestân.
⓭ La province de Chahârmahâl et Bakhtyâri.
⓮ La province d'Ilâm.
⓯ La province de Kohgiluyeh et Boyrâhmad.
⓰ La province de Qom.
⓱ La province d'Esfahân.
⓲ La province de Yazd.
⓳ La province du Fârs.
⓴ La province du Golestân.
㉑ La province de Semnân.
㉒ La province du Khorâsân du Nord.
㉓ La province du Khorâsân Razavi.
㉔ La province du Khorâsân du Sud.
㉕ La province de Kermân.
㉖ La province du Sistân va Baluchestân.
㉗ La province du Gilân.
㉘ La province du Mâzandarân.
㉙ La province de Bushehr.
㉚ La province de Hormozgân.

Le climat

Jusqu'à la fin de l'époque paléolithique vers ~10'000, les glaciations successives ont provoqué une alternance de périodes sèches et froides et de périodes humides et chaudes. Le climat a trouvé sa stabilité il y a environ ~15'000 ans. Situé au-dessus du tropique du Cancer, l'Iran subit des conditions climatiques très différentes: régime tempéré au nord-ouest, climat tropical ou subtropical au sud, régime de mousson propre à l'Inde dans l'est ou le sud-est. Le climat comprend des extrêmes, des régions chaudes et humides du nord au désert sec et aride du centre en passant par les froides régions de montagne. On dit de l'Iran qu'il est le pays des quatre saisons, car quel que soit le moment de l'année, l'une de ses régions possède un climat caractéristique de l'une d'elles. En certains endroits, il semble n'y en avoir que deux: l'été et l'hiver. Cette différenciation est notamment due aux variations de latitude et d'altitude: les villes du plateau sont souvent à plus de 1000 m: Tehrân est à 1190 m (altitude moyenne), Shirâz à 1530 m, Kermân à 1749 m. Schématiquement, les **températures** décroissent du sud-est au

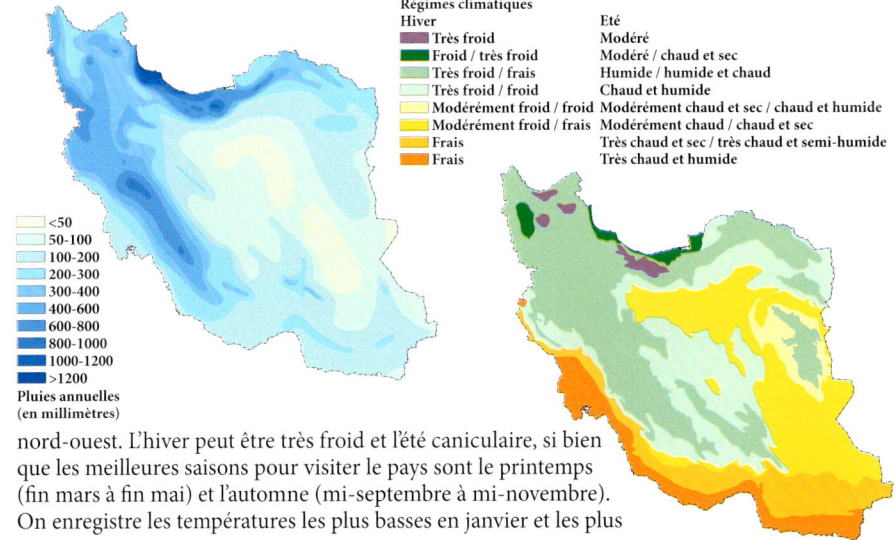

Régimes climatiques
Hiver	Eté
Très froid	Modéré
Froid / très froid	Modéré / chaud et sec
Très froid / frais	Humide / humide et chaud
Très froid / froid	Chaud et humide
Modérément froid / froid	Modérément chaud et sec / chaud et humide
Modérément froid / frais	Modérément chaud / chaud et sec
Frais	Très chaud et sec / très chaud et semi-humide
Frais	Très chaud et humide

<50
50-100
100-200
200-300
300-400
400-600
600-800
800-1000
1000-1200
>1200
Pluies annuelles
(en millimètres)

nord-ouest. L'hiver peut être très froid et l'été caniculaire, si bien que les meilleures saisons pour visiter le pays sont le printemps (fin mars à fin mai) et l'automne (mi-septembre à mi-novembre). On enregistre les températures les plus basses en janvier et les plus

«C'est Lui qui, du ciel fait descendre l'eau avec laquelle Nous faisons croître la végétation de toute plante.»

Coran VI, 99

hautes en juillet et en août. A Esfahân, les températures maxima et minima peuvent osciller entre -16°C (janvier) et 42°C (juillet), et à Tabriz entre -25°C (janvier) et 40°C (juillet). Le printemps est court, l'automne très long. Pendant l'hiver, des vents soufflent régulièrement depuis l'est ou le nord-est, apportant de l'air continental froid sur le plateau.

Pour l'ensemble de l'Iran, l'hiver est la saison des pluies. A cette époque, le sud reçoit 75% ou plus de ses précipitations. Inversement, l'été est la saison sèche, sauf dans la région de la mer Caspienne, la plus humide du pays durant toute l'année. Le printemps et l'automne offrent un tableau des pluies variable, mais, en règle générale, le volume de précipitations diminue du nord au sud et d'ouest en est.

L'hydrographie

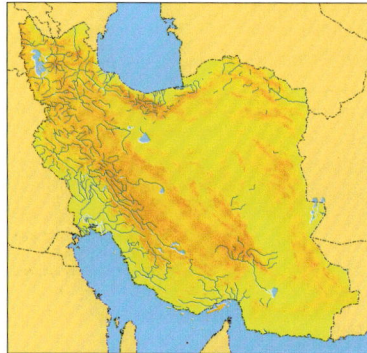

L'eau fut toujours vénérée en Iran: le roi achéménide faisait pleuvoir en priant les dieux, on attribue l'apparition des sources à des saints et aux Imams, et offrir de l'eau est toujours une marque d'hospitalité et un acte presque religieux. Dans un pays de déserts et de marais salés, les disponibilités de l'or bleu ont profondément déterminé les activités humaines: leur répartition, leur nature, leur intensité et leur histoire. La civilisation iranienne ne pouvait se développer que dans les vallées de l'Alborz et du Zâgros, dans les piémonts qui retiennent l'eau des montagnes ou dans les oasis dispersées en bordure des déserts. 67% de la population se concentre sur seulement 27% du pays, principalement au nord et à l'ouest.

Lacs, rivières et marais d'Iran.

Les ressources

La neige et les glaciers des hautes chaînes montagneuses sont la principale source en eau, car les pluies ne sont jamais ou rarement en surplus: elles sont saisonnières, irrégulières, variables d'une année et d'une région à l'autre, et généralement insuffisantes. En été, le sud n'en reçoit aucune. L'humidité se concentre à la périphérie du pays: dans le Khuzestân veiné par trois fleuves, et au nord, entre la mer Caspienne et les montagnes de l'Alborz.

Les **fleuves** et les **rivières** d'Iran sont relativement modestes et ne sont généralement pas navigables. Leurs eaux sont faibles, ou trop fortes

Tempête de sable à Bam.

lorsqu'elles sont hautes, et leur parcours accidenté peut traverser des gorges infranchissables pour les navires. Seul le Kârun (920 km), qui passe par Ahvâz, peut être partiellement utilisé pour la navigation. Dans la plaine du Khuzestân, des inondations provoquent parfois des dégâts considérables. Aux abords des villes-oasis, comme Esfahân, Shirâz, Kâshân, Qom ou Yazd, s'étendent des lacs salés ou des marais asséchés. Les monticules de sel ressemblent parfois à des icebergs au milieu d'une eau qui prend une allure de mirage dans le soleil. En raison de l'évaporation, les lacs sont souvent secs l'été, pleins l'hiver, et leurs dimensions changent au cours des mois. Dans l'Azarbâidjân, le lac d'Orumiyeh est le plus grand lac du pays.

La gestion de l'eau

Pour satisfaire les besoins en eau, de vastes systèmes hydrauliques ont été construits depuis l'Antiquité (puits, barrages, digues, canaux). Les premiers canaux d'irrigation connus datent de l'âge du bronze. Sous les Achéménides (~VIe-~IVe s.), des canaux et des réservoirs dans la plaine de Persépolis témoignent d'une politique de l'eau aussi cohérente que vitale. Avant les pompes modernes, plusieurs techniques ont été utilisées pour remonter l'eau des puits ou des rivières: l'une des plus simples emploie un seau relié à un bœuf par une corde; les plus sophistiquées sont des roues à godets actionnées par la seule eau courante (ce sont les norias), par l'homme ou un animal. Dans le Khuzestân, les Sassanides (IIIe-VIIe s.) créérent des ponts-barrages à vannes mobiles, permettant de réguler les débits des rivières et de conduire l'eau dans les plaines agricoles. Au XXe s., plusieurs barrages ont été construits à l'époque du dernier roi Pahlavi pour réguler les courants, irriguer les champs et alimenter les villes. Les champs sont généralement irrigués, sauf dans le nord où les pluies sont suffisantes et où l'on produit le quart de la production agricole totale. La distribution de l'eau aux paysans, selon la taille de leur champ, fait l'objet d'un protocole et de règles précises, surveillés par un «maître de l'eau».

Palmiers dattiers. Province du Fârs.

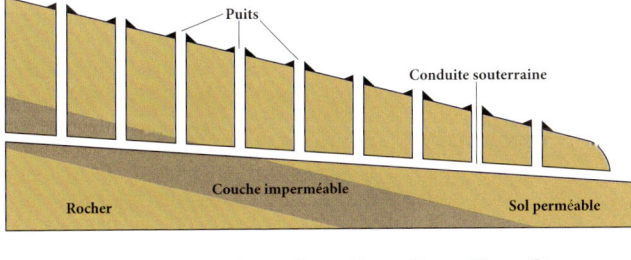
Coupe et vue aérienne schématiques d'un qanât.

Le qanât

L'ouvrage hydraulique le plus typique de Perse est le *qanât*: un canal souterrain, relié à la surface par des puits, et qui amène à la plaine l'eau des montagnes. Développée d'abord à l'ouest de l'Iran, sa technique remonte à l'époque d'Urartu (~VIIIe s.) et fut diffusée à l'époque achéménide en Egypte et en Arabie, puis au début de l'Islam, dans le Maghreb. La longueur de ces galeries varie: 1,5 ou 3 km pour les plus courtes, 16 ou même 30 à 60 km pour les plus importantes. A la surface, ils sont reconnaissables par des trous, entourés d'un grand bourrelet de terre et séparés les uns des autres par plusieurs dizaines de mètres. Au milieu du XXe s., une étude des Nations Unies estimait que 75% de l'eau utilisée en Iran provenait de ces galeries. Ils demeurent en activité aujourd'hui encore, même s'ils sont remplacés par des installations modernes.

Puits d'un qanât dans la province de Yazd.

«Les hommes sont les membres d'un même corps, ils furent créés à partir de la même essence.»

Sa'dî (XIIIᵉ s.)

Les peuples

Pont et voie de passage, l'Iran a toujours été un pays multiethnique et multiculturel. Hérodote disait déjà que «les Perses sont le peuple le plus ouvert aux coutumes étrangères» (I, 135). La variété des paysages, des modes de vie, des racines historiques, des conditions de vie, des modes et des types de travail, des langues et des religions a créé une mosaïque humaine et un arc-en-ciel de cultures, pourtant unifiés par l'identité iranienne.

■Kurde de Sanandadj (Kordestân).

Les ethnies

D'origine indo-européenne, l'ethnie iranienne forme un peu plus de la moitié de la population. L'Iran compte plusieurs ethnies, sédentaires ou nomades, comme les Lors et les Arabes à l'ouest, les Kurdes à l'ouest et au nord-est, les Azéris au nord-ouest, les Turkmènes au nord-est ou les Baloutches au sud-est. Certaines sont transfrontalières: les Baloutches sont à cheval sur l'Iran et le Pakistan, alors que les Kurdes sont partagés entre l'Irak, l'Iran et la Turquie.

Les nomades

Avec les paysans et les citadins, les nomades sont une composante essentielle de la société iranienne, de sa culture et de son histoire. En 1987, l'Iran comptait environ 1'200'000 nomades et 96 tribus. Ils n'occupent pas les déserts, mais les montagnes, et principalement le Zâgros. Les tribus Bakhtyâris, Qashqâ'is, Baloutches, Turkmènes, Kurdes, Mamasânis ou Shâhsavans vivent essentiellement de l'élevage de moutons et de chèvres, puis de chevaux, d'ânes, de mulets, de bœufs ou de chameaux. Ils tirent également un revenu de petites cultures et de la vente de tapis de laine. Chaque tribu est divisée en clans puis en lignages; chacune possède une hiérarchie sociale qui lui est propre, dominée par un chef (khân) qui rend la justice, dirige les déplacements de la communauté et la représente vis-à-vis de la société et du gouvernement.

Pour l'essentiel, la situation actuelle des nomades trouve son origine au XIIIᵉ s. Devant l'invasion mongole, des nomades en majorité turcs fuirent d'Asie centrale en Iran, où ils modifièrent la vie semi-nomade des populations de montagne. Dès la dynastie qâdjâre (XVIIIᵉ s.), les nomades forment de véritables «Etats dans l'Etat». Ils prennent une part croissante à la poli-

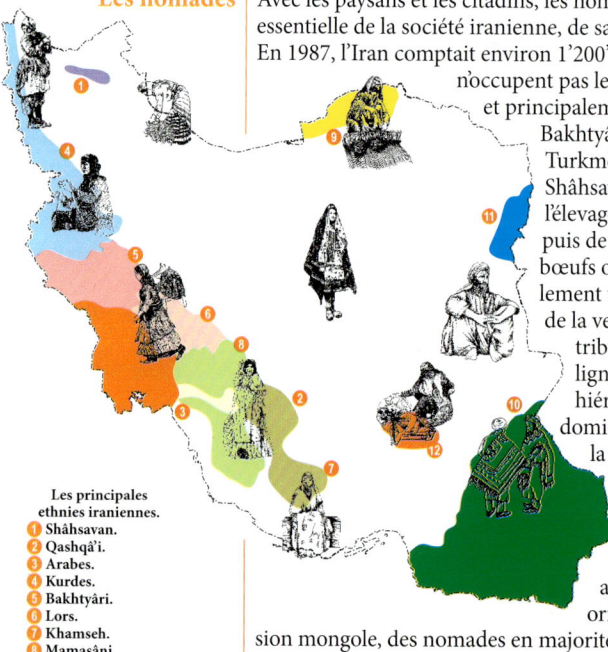

Les principales ethnies iraniennes.
1. Shâhsavan.
2. Qashqâ'i.
3. Arabes.
4. Kurdes.
5. Bakhtyâri.
6. Lors.
7. Khamseh.
8. Mamasâni.
9. Turkmènes.
10. Baloutches.
11. Afshâr.
12. Hazâra.

tique et aux affaires du pays, tantôt opposants, tantôt alliés, tantôt concurrents du pouvoir à Tehrân. Aux XIXᵉ et XXᵉ s., les puissances occidentales ont fréquemment manipulé les tribus pour étendre leur influence et contrôler les événements et les rapports de force. Sous le règne des Pahlavis, des campagnes de sédentarisation forcée, directe ou indirecte, sont menées, mais se soldent par des échecs. Aujourd'hui, pourtant, les nomades sont presque tous sédentarisés. Ils cultivent des parcelles de terre et leurs mouvements sont principalement des transhumances: avec leurs troupeaux et leur maigre bagage transporté à dos d'âne, ils montent des plaines aux montagnes au printemps et descendent des montagnes aux plaines en automne.

■Femmes de Bandar-e Abbâs (golfe Persique).

La faune

Partiellement peu étudiée et peu observée, la faune de l'Iran est à l'image du pays, à la fois riche et variée.

On trouve environ 129 espèces de mammifères, dont 48 de rongeurs, 28 de carnivores, 21 de chiroptères et 15 d'insectivores. Certaines (environ 18%) sont propres au pays; les autres sont venues d'Afrique ou d'Inde.

■Dans une tente turkmène. Gonbad (nord-est de l'Iran).

Plusieurs carnivores sont en voie d'extinction, essentiellement par la faute de l'homme. La jungle au nord de l'Alborz accueille des ours et des panthères, mais on y aperçoit très rarement le tigre. Le lion, que l'on voit sur des bas-reliefs de Persépolis, a pratiquement disparu. Les hyènes, les chacals (notre mot vient du persan *shoqâl*), les renards, les chats ou les léopards sont parmi les carnivores les plus répandus. Chassé par les nomades, le loup est encore présent, surtout dans l'Alborz, en Azarbâidjân et au Kordestân. Parmi les ongulés, aux pieds pourvus de corne, il faut mentionner les onagres, des ânes sauvages vivant en bordure du désert central: symboles de la passion amoureuse dans la poésie, ils furent un gibier prisé des chasses royales. Si les gazelles sont plus menacées sur le terrain que dans la poésie – où elles sont une image de l'amante –, les cerfs et les chevreuils s'ébattent encore dans les forêts au-dessous de la mer Caspienne.

La plupart des rongeurs sont des rats ou des rongeurs du désert. On dénombre 5 espèces de tortues et 93 espèces de lézards: les espèces propres à l'Iran sont répandues sur le plateau, et leur diversité témoigne de contacts avec les faunes notamment indienne, centre-asiatique, nord-africaine et européenne.

●Qashqâ'i. Fârs.

Les plus répandus sont les chevaux, les ânes, le buffle indien, les chameaux, les moutons, les vaches. Autrefois employés dans les caravanes marchandes, les dromadaires se trouvent surtout à l'est du pays, dans les provinces du Khorâsân et du Sistân va Baluchestân. Marco Polo louait les ânes iraniens, vendus plus chers que les chevaux, parce qu'ils «mangent peu, portent lourdes charges et font long chemin en

Les animaux domestiques

un jour». De races très mélangées, les chiens sont considérés comme impurs par l'Islam: les familles n'en possèdent presque jamais, si bien qu'on les voit errer dans les villes ou accompagner des bergers nomades et leurs troupeaux. Bien que plus appréciés, les chats sont généralement sauvages, mais le chat à long poil que les Occidentaux appellent «persan» est pratiquement inexistant, tant dans le pays que dans la culture iranienne.

Les oiseaux | La grande majorité des oiseaux, résidents ou migrants, est proche de ceux que l'on voit en Europe. A la croisée des faunes paléarctique occidentale et paléarctique orientale, l'Iran compte plus de 490 espèces d'oiseaux. Les oiseaux sauvages sont concentrés dans les provinces

bordant la mer Caspienne et la province du Sistân va Baluchestân, où ils apparaissent souvent en hiver. Les échassiers sont nombreux, comme les hérons ou les flamants, et les nids de cigognes ornent les minarets des mosquées du Nord. Les rives ou les îles du golfe Persique et de la mer Caspienne abritent des oiseaux de mer, comme les

▶Récipient en céramique,
Suse, ~Vᵉ–~IIᵉ s.
Musée National de l'Iran, Tehrân.

goélands, les mouettes, plusieurs sortes d'hirondelles de mer, les pélicans. A l'époque safavide (1501-1732), la colombophilie était à l'honneur dans les milieux aristocratiques. Les oiseaux de proie sont présents dans tout le pays. Il y a sept espèces d'aigles: certaines utilisées avec des lévriers pour chasser des gazelles dans le sud désertique. Les vautours sont largement répandus dans les zones montagneuses. La fauconnerie était un art royal: elle est encore pratiquée par des tribus nomades du Sud, qui utilisent de préférence le faucon pèlerin.

▶Coupe, Mâzandarân, IXᵉ-Xᵉ s.
Musée National de
l'Iran, Tehrân.

La flore

Les quelques 10'000 espèces de plantes recensées en Iran se rattachent à des groupes différents. A la confluence de plusieurs zones et climats, l'Iran possède une flore commune avec l'Asie centrale dans ses plaines intérieures et ses hautes terres, avec l'Europe et la Sibérie sur les rives de la Caspienne, avec l'Afrique sur les bords du golfe Persique et du Makrân, avec le monde indien et himalayen dans ses forêts du nord-est, et quelques plantes appartenant aux groupes méditerranéen, saharien et arabique.

La végétation a sans doute connu ses meilleures périodes trois ou deux mille ans avant notre ère, à l'époque où les premiers Indo-Européens arrivent en Iran. Au cours des millénaires, les interventions de l'homme ou des phénomènes naturels ont plus ou moins profondément modifié la flore. Les changements de climat et la désertification, puis l'abattage de bois, l'agriculture et les animaux des nomades ont progressivement réduit les zones boisées et fait disparaître des couches herbeuses. Les cultures ont souvent remplacé les oasis naturelles par des oasis artificielles. Les forêts et les pâturages ont été nationalisés en 1963 et l'Iran possède aujourd'hui plusieurs réserves et parcs naturels.

Province d'Azarbâidjân.

Les forêts

La végétation de l'Iran offre un dégradé de zones humides, semi-humides ou semi-arides, et arides (déserts et steppes). Sur les basses terres qui bordent la mer Caspienne se trouve la seule **forêt humide** du pays, qui s'étend à l'est au Khorâsân et à l'ouest vers la Turquie, et qui reçoit de la pluie toute l'année. Appelée la «forêt hyrcanienne» par des botanistes, elle est un vestige de l'immense forêt chaude qui couvrait à l'époque tertiaire l'Europe et l'Asie du Nord. Malgré de larges parties endommagées, elle offre le spectacle de grands arbres vigoureux, serrés et disposés en gradins. On y trouve des frênes, des tilleuls, des érables, des ormes, des noyers, une variété de tek, et diverses espèces d'arbustes.

Province du Fârs.

▶Paysage mystique. Peinture
sur livre, Fârs, 1398.
Musée des Arts Turcs et
Islamiques, Istanbul.

Plusieurs vastes régions sont occupées par des **forêts semi-humides**. La plus importante est une large bande, qui s'étend de l'Est anatolien au Fârs en passant par le Kurdistan iranien et irakien. Elle se compose principalement de plusieurs variétés de chênes, peu élevés et espacés, d'ormes, d'érables, de noyers, d'amandiers, de pistachiers et d'une grande quantité de buissons. Ses ravins humides accueillent des peupliers, des saules, des aulnes, des ormes, des frênes, des platanes et des plantes grimpantes.

Une **forêt aride** de genévriers couvrait anciennement les versants sud de l'Alborz. Elle se situe maintenant en dessous des forêts humides des provinces du nord et dans le Khorâsân. Les genévriers sont entourés par des arbustes et par des arbres comme le pistachier, le berbéris, le cotonéaster ou l'aubépine. Un second type de forêt aride borde la forêt semi-humide du Zâgros. Anciennement beaucoup plus vaste, ses arbres et ses arbustes sont surtout des pistachiers, des érables, des amandiers et des genévriers.

Les ressources naturelles et l'économie

L'agriculture

«Le premier homme qui cultiva la terre, ce fut Adam, et après lui de nombreux prophètes et saints ont fait de même» écrivait Râzi, un théologien iranien du XIIᵉ s. Apparue avec les sédentarisations du

Dans l'Alborz, près de Dizin.

néolithique*, l'agriculture utilisa l'irrigation dès le ~VIIᵉ mil. Depuis cette époque, et jusqu'au XIXᵉ s., elle constitua la principale source de revenus de l'Iran, dont profitaient à la fois l'Etat, les propriétaires fonciers et les religieux. Le domaine cultivable ne couvre pas plus de 10% du territoire, mais les produits cultivés sont divers en raison de la diversité même des climats et des sols. Les plaines de la Caspienne produisent du thé, du tabac, des oléagineux et l'essentiel du riz. Le sud produit surtout des orangers et des palmiers dattiers, alors que l'orge, le blé, les oléagineux, les pommiers ou la vigne sont cultivés un peu partout, mais en des quantités qui varient fortement selon les régions.

L'agriculture iranienne suffirait en principe aux besoins du pays, d'autant qu'elle exporte des pistaches et des fruits secs en Europe, des légumes et des fruits aux Emirats Arabes. En fait, l'Iran doit importer de la nourriture pour compenser notamment un manque de viande et de lait. Les ressources en viande viennent du cheptel des nomades ou des paysans, et des élevages industriels de vaches et de volailles. Le caviar, réputé et exporté partout, est la richesse de la Caspienne, et la pêche industrielle

Mâzandarán.

s'est développée dans le golfe Persique.

Au XXᵉ s., le dernier roi Pahlavi institua des réformes agraires qui entendaient supprimer le «féodalisme» et le «servage». Auparavant détenues par une minorité de propriétaires fonciers, les terres furent redistribuées aux paysans. Il en résulta des effets contrastés, souvent négatifs (les riches le restèrent, et les pauvres aussi), mais qui déterminèrent une mutation profonde de la production agricole, du monde paysan et de l'organisation des biens et des champs. La République islamique fit beaucoup pour aménager les campagnes (eau, électricité, gaz, téléphone, routes) et améliorer la vie des paysans, mais leur situation, compliquée par les modifications de la politique de la Révolution, n'a pas beaucoup évolué. L'agro-industrie n'a été que partiellement développée et de nombreuses régions attendent une modernisation de leur agriculture. Le Sistân va Baluchestân, par exemple, demeure pauvre et sans avenir sûr, en comparaison des riches provinces du Gilân, du Mâzandarân et de Tehrân.

▶Bœufs en bronze, Iran central, 1ʳᵉ partie du ~Iᵉʳ mil. Musée National de l'Iran, Tehrân.

L'Iran demeure un pays rural, même si le pétrole est la principale production du pays et si les industries et les services ont connu un fort

Les industries et les services

développement au XXe s. En 1999, 27,4% de la population travaillait dans l'agriculture, 42% dans les services et 30,6% dans l'industrie. Les industries se concentrent surtout dans la région de Tehrân. L'Iran possède plusieurs raffineries de pétrole, des sites nucléaires en construction, et une importante industrie chimique, pharmaceutique, textile, automobile et électroménagère. Cette production, cependant, n'est destinée qu'au marché intérieur, dont elle ne couvre pas tous les besoins, et elle ne s'exporte pas.

Le pétrole et le gaz

Au début du XXe s, l'Iran ne possédait aucune usine et presque aucune infrastructure moderne. Tout changea avec la découverte du pétrole en 1908. Sa commercialisation va permettre à l'Iran de prendre son essor après deux siècles

▶Plateforme pétrolière dans le golfe Persique.

de déclin ou de stagnation. Terminé en 1938, le chemin de fer transiranien relie Ahvâz, capitale du pétrole, à Tehrân, capitale politique. On construit la raffinerie d'Abâdân, l'une des plus grandes du monde. Dans un premier temps, pourtant, l'Iran ne retire qu'une rente dérisoire de l'exploitation, car les bénéfices du pétrole reviennent surtout à l'Anglo-Iranian Oil Company, une société créée en 1909 par les Anglais. Après des décennies de conflits avec l'Angleterre, le pétrole est nationalisé en 1951 par le Dr Mosaddeq, qui est renversé deux ans plus tard par un coup d'Etat américain. En 1954, un accord plus favorable à l'Iran fait du pétrole une propriété iranienne, mais exploitée et gérée par un consortium de sociétés anglaise, américaine et française. Quatrième producteur de pétrole mondial, l'Iran

▶Le roi Key Kâvus monte dans le ciel sur un trône tiré par quatre aigles. Illustration du *Livre des rois*, Tabriz, vers 1520-1530. Metropolitan Museum of Art, New York.

cofonde l'O.P.E.P. (l'Organisation des Pays Exportateurs de Pétrole) en 1960. Aujourd'hui comme hier, l'Iran tient son indépendance grâce à l'or noir, exporté en Europe et en Asie. Le pays est également doté de la deuxième réserve de gaz naturel du monde, située principalement dans les monts Zâgros et appelée à devenir une source de revenu majeure à l'avenir. Dans la province de Bushehr, le site d'Asaluyeh est le plus grand centre de traitement du gaz du pays.

Les déplacements dans le pays

L'Iran est le plus souvent un désert montagneux tacheté d'oasis, séparées les unes des autres par des distances considérables. A l'époque islamique, les charrettes et les chars à roue étaient rares, inexistants ou en usage dans certaines régions limitées. Le chameau était privilégié pour les transports d'hommes et de marchandises. Aujourd'hui, l'avion est le meilleur moyen pour se déplacer d'une grande ville à l'autre. Le réseau de vols intérieurs est bien développé, et la plupart des capitales de province sont reliées à la capitale. Tehrân possède le seul aéroport international possédant des liaisons avec l'Occident. Iran Air est la principale compagnie aérienne du pays: étatisée, elle assure des vols intérieurs et internationaux (*375*).

×Pont de Veresk (Mâzandarân), 1936.

Le **réseau ferroviaire** est relativement modeste, en regard de la grandeur du pays. La principale ligne de chemin de fer est le transiranien, construit de 1927 à 1938. Longue de 1400 km, elle relie la mer Caspienne au golfe Persique, en passant par Tehrân et Ahvâz. Une autre ligne relie Tehrân à Bandar-e Abbâs, qui s'est imposé, après la guerre Iran-Irak, comme un nouveau pôle économique du pétrole. Deux autres lignes importantes relient Tehrân à Mashhad, ville relais vers l'Asie centrale, et à Tabriz, porte vers la Turquie et le Caucase. Les locomotives fonctionnent avec des moteurs diesel et les wagons voyageurs sont de 1re, de 2e ou parfois de 3e classe.

Des **bus** circulent entre toutes les villes d'Iran, et des minibus sillonnent les campagnes. Les billets sont bon marché, mais les trajets sont longs, les arrêts très rares, le confort parfois précaire. Il existe des taxis collectifs entre les villes distantes de quelques dizaines de kilomètres. L'auto-stop est une pratique très rare en Iran et très dangereuse pour les femmes seules.

A l'achat, une **voiture** peut être aussi chère en Iran qu'en Europe, mais on fait le plein d'essence pour quelques dollars. Jusqu'au début des années 2000, la grande majorité des voitures était des Paykan blanches, construites en Iran dans les années 1960 d'après la Hillman Hunter anglaise, mais le parc automobile s'est, dans les années 2000, considérablement diversifié, avec notamment des Kia et des Daewoo, de marque coréenne, des Peugeot, construites sous licence par le principal constructeur iranien, Irân Khodro, ou des Samand, de conception iranienne. La circulation est sans doute le seul endroit où la politesse iranienne disparaît sans laisser de trace: elle semble être parfois la métaphore d'une société où règne un ordre sans ordre, où les priorités et les règles n'existent que pour être ignorées ou contournées, où rien ne s'obtient sans forcer le passage.

Dans les villes, des **taxis** dépourvus de compteur fonctionnent selon deux principes: taxi personnel, hêlé pour une destination précise, ou taxi collectif. Les taxis collectifs parcourent la ville en passant par des lieux clés et en acceptant les passagers dont la destination se trouve sur leur itinéraire. Ils prennent jusqu'à cinq personnes (trois sur le siège arrière, autrefois deux sur le siège avant). Chacun ne paie que le cinquième du prix qu'un passager seul paierait dans un taxi réservé à son usage. En ville, le bus est le moyen le plus économique; à l'intérieur des véhicules, conformément à la loi musulmane, les hommes et les femmes sont séparés. Au début du XXIe s., seule Tehrân possède un réseau important de lignes de **métro**.

Réseau féroviaire.

►Alexandre le Grand sur la mer de Chine. Illustration de Nezâmi, Shirâz, vers 1550. Institut d'Études Orientales, Saint-Pétersbourg.

►Caravane iranienne attaquée par des Bédouins. Peinture sur livre ottomane, Istanbul, 1581. Palais du Topkapi, Istanbul

HISTOIRE DE LA CIVILISATION IRANIENNE

Du néolithique aux Proto-Elamites

A l'ouest de l'Iran, l'Elam est un haut pays montagneux qui côtoie la plaine de Mésopotamie*. Mentionné à plusieurs reprises dans la Bible, il correspond à la plaine de la Susiane et aux montagnes du Zâgros qui la bordent. Il marque l'extrémité orientale du Croissant Fertile*, qui s'étend de la Syrie au Zâgros: c'est là, dans cette jonction géographique de l'Europe et de l'Asie, que se trouvent les premiers témoignages d'une civilisation sédentaire, agricole et urbaine.

La préhistoire iranienne est encore mal connue. Des silex taillés attestent de la présence de l'homme paléolithique* venu d'Afrique en Iran il y a au moins ~50'000 ans. Dans l'histoire de l'humanité, des changements profonds interviennent dès le ~IXe mil. et sont l'aboutissement d'une longue évolution antérieure. Alors que les populations nomades vivaient de chasse et de cueillette, elles se sédentarisent, domestiquent des animaux (les moutons, les chèvres, puis les bovins) et construisent des villages en pisé* puis en brique crue. Au ~IXe mil. les premières céréales (l'orge et le blé) sont cultivées. L'agriculture, avec son économie et son mode de vie, se met en place et influence l'organisation des villages et de la société. Dans tout le Moyen-Orient, la céramique (terre cuite) se répand au ~VIIe mil.

C'est pas à pas, au fil des vestiges, que nous pouvons suivre cette «révolution» néolithique*, qui marque le passage à une économie villageoise, sédentaire et agricole. Les sites fouillés en Anatolie (Chatal Hüyük), en Cisjordanie (Jéricho), en Syrie (Tell Halaf), en Mésopotamie (El Obeid), nous renseignent sur les étapes d'un développement lent, graduel et diversifié. En Iran, de nombreux villages apparaissent dans la vallée de la Susiane et sur le Plateau: les ruines superposées de leurs constructions forment aujourd'hui des collines artificielles (tapeh*).

En Mésopotamie comme en Iran, une autre étape est franchie entre le ~IVe et le ~IIIe mil.: l'urbanisation.

«On mutilera en vain la Perse, on la divisera, on lui pourra ôter son nom, elle restera la Perse et ne saurait mourir.»

Arthur de Gobineau (XIXe s.)

L'apparition des villages agricoles

Maison du Zâgros, vers ~6000.

◄── Tombe de Cyrus II le Grand, Pasargades, ~VIe s.

Des villages aux villes

▶Sceau en pierre et son impression, ~IIIᵉ mil. Musée National de l'Iran, Tehrân.

En Mésopotamie, où des Sumériens et des Sémites se sont installés dans les plaines traversées par le Tigre et l'Euphrate, le développement de la société et du commerce favorise la naissance de la ville. Alors que les maisons des villages néolithiques étaient construites sans plan précis, les édifices des villes sont organisés en fonction des besoins et de la structure de la vie religieuse, politique et économique. Fortement hiérarchisée, l'organisation sociale est couronnée par un roi-prêtre qui fait communier la population avec le Divin. Des administrations sont constituées, des sceaux et des tablettes comptables sont employés pour les échanges commerciaux. A la fin du ~IVᵉ mil., l'écriture apparaît: d'abord le cunéiforme en Mésopotamie, puis les hiéroglyphes en Egypte. Au millénaire suivant, les textes (archives administratives, hymnes religieux, récits mythiques) se multiplient et permettent de nommer les dynasties, de connaître la religion, de suivre la mémoire des événements: l'histoire est née.

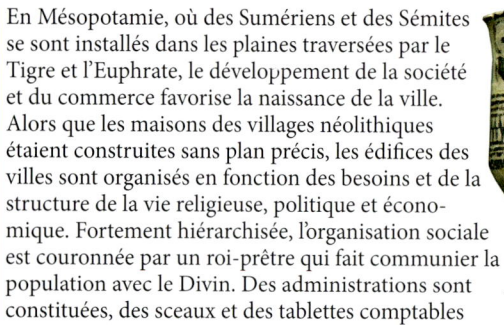

▶Vase en céramique, Tapeh Sialk, ~IVᵉ mil. Musée National de l'Iran, Tehrân.

Les cités se développent aussi bien en Mésopotamie (époque d'Uruk) qu'en Elam. En Iran, Suse, l'une des plus anciennes villes du monde, témoigne de ces transformations et constitue la référence de l'histoire ancienne du pays. D'abord village néolithique fondé vers ~4000, elle se transforme en ville au tournant des ~IVᵉ et ~IIIᵉ mil. De la ville sumérienne d'Uruk, Suse emprunte le sceau-cylindre et une comptabilité écrite.

Les Proto-Elamites (v. ~3100-~2700)

La dynastie élamite n'est pas iranienne et son origine est obscure. C'est pourtant avec elle que l'on fait débuter l'histoire culturelle de l'Iran, car on lui doit la fondation de la première civilisation urbaine et historique.

En Elam, des montagnards nomades, venus du Fârs vers ~3000, se sédentarisent dans la Susiane. Après la disparition de la domination d'Uruk sur l'Elam, ils s'emparent de Suse et fondent Anshân, une ville située près de Shirâz et redécouverte seulement en 1970. Relativement peu inspirés par la Mésopotamie, les Proto-Elamites créent un art à l'esthétique dite archaïque, dans laquelle les figures humaines sont rares et où prédominent des représentations stylisées d'animaux. Au début du ~IIIᵉ mil., leur langue était écrite dans un système pictographique que l'on n'a pas encore entièrement déchiffré, et qui, dès le ~XVIᵉ s., empruntera les

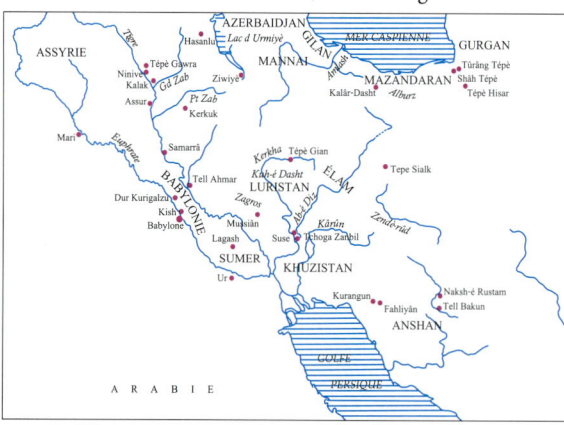

L'Iran durant les périodes néolithitique et élamite.

caractères cunéiformes de l'écriture akkadienne de Mésopotamie. Le développement des voies commerciales met
en relation l'Elam avec des civilisations lointaines, situées
à l'est de l'Iran et que des historiens modernes appellent
«trans-élamites*». Ce commerce de pierres et de métaux
constitue un vaste réseau d'échanges «inter-iraniens»: dès
le ~IIIe mil., il s'épanouit de la Mésopotamie à la vallée
de l'Indus et ne s'éteindra qu'au ~XVII^{e}s. Les populations
recommencent à nomadiser vers ~2800 et abandonnent
Suse. C'est la fin d'une période «proto-élamite», dont le
développement urbain, religieux et social préfigure celui de la civilisation élamite quelques siècles plus tard.

Colline artificielle de Tapeh
Sialk, Kâshân, occupée
dès la fin du ~VIe mil.

Les Elamites (~2500-~640)

Vers ~2700, et pendant plusieurs siècles, Suse revient sous la domination de la Mésopotamie qui voit apparaître les premières dynasties
dont l'histoire a retenu les noms et les dates: les dynasties archaïques
d'abord (~2800-~2350), puis le royaume d'Akkad ou Agadé (~2350-
~2200), fondé en Babylonie par Sargon. C'est le début de ce processus,
moteur de l'histoire, qui voit des empires se constituer à partir de
cités, lesquelles tendront à conquérir ou annexer les territoires limi-
trophes. De la Mésopotamie, Suse emprunte alors la langue et l'écriture cunéiforme, le panthéon des dieux, les temples et l'esthétique.

《Relief élamite de
Shikaft-e Salmân.

Après l'effondrement du royaume mésopotamien d'Akkad, Puzur-
Inshushinak, un roi de Suse (v. ~2100) de la dynastie d'Awan, tente
de s'émanciper et de créer un vaste royaume en Elam. La IIIe dynastie
d'Ur (~2212-~2004) reprend pourtant le contrôle de la Susiane. Environ un siècle après cette tentative, des tribus montagnardes de langue
élamite (Elamites, Kassites, Lullubis, Gutis) s'unissent. Elles chassent
les rois d'Ur et créent un royaume qui réunit la plaine de la Susiane
à l'arrière-pays montagneux. Les souverains se proclament «rois

**Ombres et
lumières du
royaume élamite**

d'Anshân et de Suse». Continuant peut-être à nomadiser,
ils entrent fréquemment en
conflit avec la Mésopotamie,
dont ils subissent pourtant
l'influence culturelle. Suse
prospère grâce au commerce
avec la Mésopotamie et avec les
civilisations trans-élamites.
Entre la disparition des Proto-
Elamites et la naissance du
royaume d'Elam, d'autres
civilisations ont continué
leur développement, comme
les cités trans-élamites dans
le Kermân, au Sistân et en

Le royaume élamite.

Bactriane (dans l'actuel Afghanistan). Au cœur des monts Zâgros, la
civilisation semi-nomade du Lorestân est connue pour ses productions

Ziggurat de Choghâ Zanbil,
2e moitié du ~XIVe s.

de bronze et ses nécropoles. Les civilisations trans-éla-mites disparaissent pourtant au ~XVIIe s.: le commerce inter-iranien prend fin, la ville d'Anshân est abandon-née et l'Elam tombe dans une relative obscurité. Dès le ~XVe s., des dynasties vont redonner un nouveau lustre au royaume élamite, en particulier le roi Untash-Napirisha (v. ~1340-~1300), qui fait construire la ville sacrée de Choghâ Zanbil. Avec la dynastie des Shutrukides (~1200-~1100), l'Elam atteint son apogée avant son crépuscule: son premier roi pille Babylone et met fin à la domination des Kassites. Il rapporte à Suse un butin extraordinaire, dont fait partie le code des lois d'Hammurabi, le plus ancien système législatif complet de Mésopo-tamie (~XVIIIe s.). En représailles, Nabuchodo-nosor Ier (~1126-~1105), probable constructeur de la ziggurat* évoquant la Tour de Babel, pille

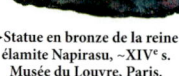

▶**Statue en bronze de la reine**
élamite Napirasu, ~XIVe s.
Musée du Louvre, Paris.

Suse. Les habitants de l'Elam nomadisent alors à nouveau et aban-donnent plusieurs cités. La civilisation élamite disparaît de l'histoire pour plusieurs siècles. Entre ~750 et ~640 environ, elle connut une renaissance tardive, mais qui fut précaire et dura peu. Le roi assyrien Assurbanipal envahit et détruisit le royaume d'Elam en ~640.

Les autres cultures d'Iran

Au Lorestân, la civilisation semi-nomade, qui s'était éteinte vers ~1700, renaît dès le ~XIIIe s. et offre une seconde floraison d'objets en bronze. Au nord, à partir du milieu du ~IIe mil., des sédentaires nomadisent et créent des cultures que nous connaissons grâce à des nécropoles isolées: la plus importante, Marlik, est située au-dessous de la Caspienne. Elle a créé des céramiques et des bronzes inspirés de l'Elam et de la Mésopotamie. Sa civilisation marque l'avènement de «l'âge du fer» – une expression trompeuse, car le fer ne fut réellement dominé en Anatolie qu'au ~XIIIe s. Au début du ~Ier mil., plusieurs royaumes se constituent aux abords de l'Iran. En Mésopotamie, un nouvel empire assyrien va, dans sa plus grande puissance, s'étendre de l'Iran à l'Egypte. En Arménie, en Iran et en Turquie, se forme le royaume d'Urartu, qui combattra sans cesse l'Assyrie.

▶**Hache en bronze du**
Lorestân, ~1100-~900.
Musée National de
l'Iran, Tehrân.

▶**Céramique de Marlik,**
début du ~Ier mil.
Musée National de l'Iran, Tehrân.

L'arrivée des Indo-Européens au ~IIe et au ~Ier mil.

Les Indo-Européens sont un ensemble de peuples unis par une culture commune, et dont on localise généralement l'origine dans les steppes de l'Asie centrale. A des dates et pour des raisons plus ou moins inconnues, ils essaimèrent autant vers le Moyen-Orient et l'Occident que vers l'Inde. Les Indo-Européens installés en Inde et en Iran sont nommés Aryens (de l'irano-sanscrit: *Aryas*), et on les distingue des Indo-Européens installés en Occident, comme les Celtes, les Germains, les Grecs et les Romains. Etudiée au XXᵉ s. par Georges Dumézil, leur idéologie se caractérise par une organisation tripartite de la société (prêtres, guerriers, producteurs / éleveurs), des langues aux racines identiques ou analogues, des religions aux nombreux points communs dans les mythes, les rites, l'eschatologie et la métaphysique. Ainsi, le vieux perse ressemble au sanscrit, le Mazdéisme à la religion hindoue, et la société iranienne préislamique présente une hiérarchie de fonctions plus ou moins analogues aux castes de l'Inde et à la division médiévale des clercs, des guerriers et des paysans. Les Indo-Européens avaient déjà pénétré au Proche-Orient au ~IIᵉ mil.

►Cavalier scythe. Ornement scythe en or, Crimée, ~IVᵉ s. Musée de l'Hermitage, Saint-Pétersbourg.

►Céramique, Suse, 2ᵉ moitié du ~IIᵉ mil. Musée National de l'Iran, Tehrân.

Ils avaient certainement influencé les Hourrites et la création du royaume de Mitanni (v. ~1500-~1370), qui dominait la Turquie et le sud de l'Arménie. Peut-être avaient-ils aussi formé la noblesse guerrière des Kassites (~1525-~1171), une tribu des monts Zâgros qui régna plusieurs siècles à Babylone et qui répandit le cheval et le char de guerre.

C'est la dernière vague des migrations indo-euro-péennes qui vit apparaître les peuples à l'origine de la civilisation iranienne: les **Mèdes** et les **Perses**. Venus sans doute à travers le Caucase, ces nomades pasteurs s'installent sur le plateau iranien et s'imposent parmi les peuplades autochtones. Leurs noms sont mentionnés pour la première fois dans des annales assyriennes du ~IXᵉ s., à l'occasion de campagnes militaires du roi Salmanazar III, qui se heurta au royaume mède au sud-est du lac d'Oru-miyeh, puis au royaume perse au sud et à l'ouest de ce lac. D'autres peuples nomades d'origine iranienne ont joué un rôle dans l'histoire du Croissant Fertile: les Scythes, dont l'art nomade sera influencé par les Achéménides et la Grèce, détruisirent le royaume d'Urartu (~VIIIᵉ s.) et guerroyèrent avec les Assyriens contre les Mèdes. Egalement apparus au ~VIIIᵉ s., les **Cimmériens** envahirent l'Urartu et l'Asie mineure avant d'être anéantis.

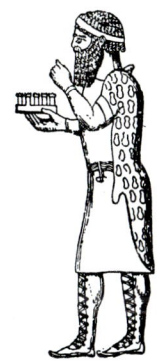

Prince mède tenant une citadelle miniature, symbole de son royaume et de son pouvoir, d'après un bas-relief assyrien du ~VIIIᵉ s.

Les Mèdes (~VIIᵉ-~VIᵉ s.)

Installés dans l'actuel Kordestân iranien, les Mèdes se heurtent régulièrement à l'Assyrie, qui effectue d'abord des raids réguliers dans la région, avant d'en faire des provinces assyriennes dès le règne de Sargon II (~722-~705). Au ~VIIᵉ s., les tribus mèdes décident de se fédérer et de constituer un Etat uni sous un seul roi pour se délivrer de la tutelle assyrienne. Cette unité fut l'œuvre de Déiokès, fondateur de la dynastie mède et de la ville d'Ecbatane (Hamadân), et de son descendant Phraortès Iᵉʳ. Les Mèdes furent vaincus par les Scythes, alliés des Assyriens, et qui dominèrent la Médie pendant vingt-huit ans. Puis le roi mède Cyaxare délivra son royaume et s'allia aux Babyloniens, grâce au mariage de sa fille avec Nabuchodonosor II. Les Mèdes prennent Assur (~614) puis, avec les Babyloniens, Ninive (~612). Cyaxare occupe aussi le royaume occupé par les Perses, qui

Les Mèdes. Bas-relief de Persépolis, ~Vᵉ s.

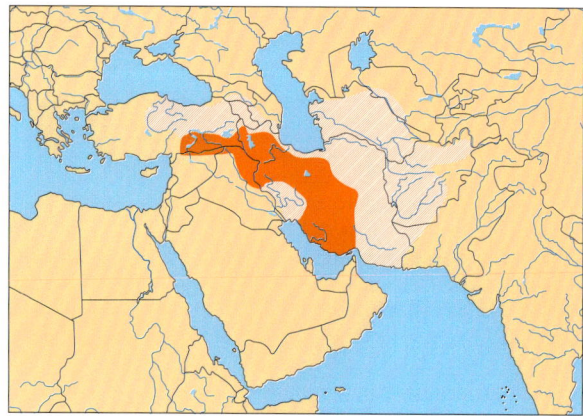
Le royaume mède.

avaient émigré du nord-ouest au sud-ouest, pour s'installer sur l'ancien territoire de l'Elam. Il attaque le royaume d'Urartu et parvient jusqu'à la frontière du royaume de Lydie, en Asie mineure, avec lequel il signe un traité de paix. A l'est, le royaume mède étend son influence jusqu'en Asie centrale et aux portes de l'actuel Afghanistan.

Malgré sa richesse, alimentée par le commerce, l'élevage, l'artisanat et le butin des guerres, ce royaume ne dura pas. Il ne semble pas avoir constitué un réel empire, faute d'une organisation administrative et d'un pouvoir centralisés. Au ~VIᵉ s., les Mèdes sont absorbés par l'Empire achéménide fondé par les Perses, et au sein duquel ils conserveront néanmoins un rôle privilégié: sur les bas-reliefs de Persépolis, des gardes perses et mèdes se tiennent côte à côte, et les guerres entre la Perse et les Grecs sont appelées «médiques».

Les Achéménides (~559-~330)

Cette dynastie perse ne nous a laissé aucune histoire écrite de son empire. Hormis les traces archéologiques et les inscriptions officielles des rois, nos informations viennent surtout des historiens antiques, comme Hérodote, qui nous ont laissé une vision parfois entachée de préjugés.

Perse. Bas-relief de Persépolis, ~Vᵉ s.

L'origine de la dynastie achéménide est obscure. Elle descendrait de Achéménès (~VIIᵉ s.), un roi dont le fils avait conquis le pays de Parsa (le Fârs) et s'était proclamé roi d'Anshân, une ville de fondation élamite. D'une partie de sa descendance est issu Cyrus II dit le Grand, fils de Cambyse Iᵉʳ et – peut-être – de la fille du dernier roi mède Astyage (~585/4-~550). Après avoir vaincu Astyage et pris la ville d'Ecbatane (aujourd'hui Hamadân), Cyrus II devient le nouveau roi des Mèdes. Il poursuit ses conquêtes et se rend maître de la Babylonie (539) et du royaume de Lydie en Asie mineure (547). Dans le Fârs, il fonde Pasargades, une capitale de palais où se trouve son tombeau.

Lorsque Cyrus II meurt en ~530, son empire est le plus grand jamais vu. Son fils Cambyse II poursuit l'œuvre du père: il s'empare de l'Egypte, mais écrase le peuple sous les impôts et les levées de soldats. Après sa mort, son frère Bardiya lui succède quelques mois, mais une politique opposée aux intérêts de l'aristocratie lui vaut d'être assassiné. Survient alors un épisode particulièrement obscur de l'histoire achéménide. Un imposteur s'était emparé du trône, se faisant passer pour Bardiya. Avec six conjurés, Darius

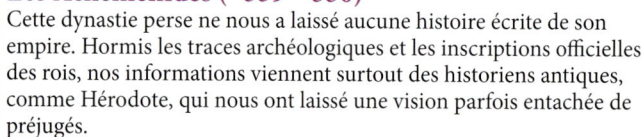
► Epée en or, ~VIᵉ-~Vᵉ s. Musée National de l'Iran, Tehrân.

▶Tablette en or, gravée d'un texte en cunéiforme. Époque de Darius Iᵉʳ.

Colonne de Persépolis, ~Vᵉ s.

Iᵉʳ le tue. Puis, raconte Hérodote (I, 84-88), les sept hommes décidèrent d'accorder la royauté à celui dont le cheval hennirait en premier: grâce à la ruse de son palefrenier, Darius Iᵉʳ obtient le trône.

Darius Iᵉʳ (~522-~486) se prétend le descendant de Achéménès, mais, bien qu'il ne soit ni un imposteur ni un usurpateur, des doutes subsistent quant à sa véritable identité. Toujours est-il qu'il est l'un des plus grands rois achéménides. Gardien de l'empire, il mâte les révoltes et l'insubordination des satrapes, réforme l'administration; grand conquérant, il donne à l'empire sa grandeur maximale, en l'étendant jusqu'aux rives du Danube, de l'Indus et du Sirdarya. Remarquable organisateur, il est aussi un grand constructeur: il fonde des palais à Suse et à Persépolis. Pendant son règne, les guerres médiques éclatent: après une révolte en Ionie, Darius Iᵉʳ attaque les cités grecques, mais il est vaincu à la bataille de Marathon (~490). Son fils Xerxès Iᵉʳ (~486-~465) maintient l'empire, poursuit des constructions, doit réprimer des révoltes. Il subit les défaites de Salamine et de Platée face aux Grecs. Suivent Artaxerxès Iᵉʳ (~465-~424), le fils – arta – de Xerxès Iᵉʳ, deux rois éphémères (Sogdianos et Xerxès II), Darius II (~423-~404), Artaxerxès II (~404-~358), Artaxerxès III (~358-~338) et finalement Darius III (~336-~330), qui fut vaincu par Alexandre le Grand.

Au plus fort de sa splendeur, l'Empire achéménide s'étendait de la mer Egée à l'Indus et réunissait plus de vingt peuples. Son organisation bénéficia de l'expérience des peuples et des régions conquis, comme l'Assyrie ou la Babylonie. Divisé en une vingtaine de provinces (les satrapies*), l'empire était traversé par des routes royales et veiné de routes secondaires, soigneusement entretenues et gardées. Elles étaient ponctuées de relais, de magasins et d'hôtelleries, qui permettaient des déplacements rapides et sûrs.

Berceau des Perses, qui se considéraient comme supérieurs aux autres peuples, la province du Fârs et la Médie* demeurèrent toujours le cœur de l'empire. Les postes importants de l'administration furent généralement donnés à des Perses, et la royauté demeura aux mains de la famille achéménide, au sein de laquelle les mariages entre parents étaient fréquents. La cour du grand roi constituait le modèle symbolique et esthétique des cours des satrapes. L'économie était aux mains du pouvoir royal et de son administration et les impôts prélevés dans chaque

Le premier empire universel

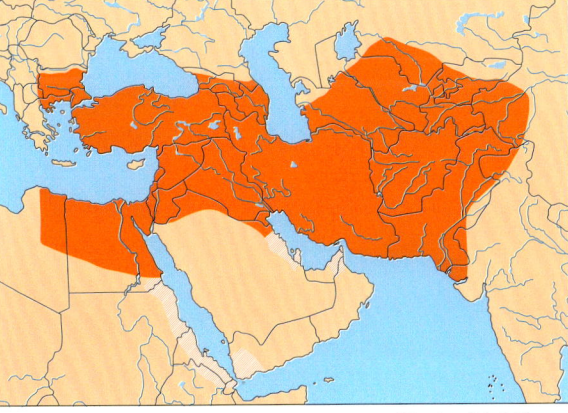

L'Empire achéménide.

Lanciers perses et mèdes.
Bas-relief de Persépolis, ~Vᵉ s.

satrapie étaient concentrés dans les trésoreries royales des villes perses. Pilier de la Perse et de son unité jusqu'à nos jours, l'administration utilisait la langue araméenne et apparaît rigoureuse et précise, sinon pointilleuse. L'armée était constituée des peuples de l'empire, et la noblesse perse fournissait une cavalerie d'une puissance unique et redoutable. Le roi disposait de dix mille gardes surnommés «les Immortels», car un guerrier disparu était immédiatement remplacé, en sorte que leur nombre restait toujours de dix mille.

Sur chaque province, régnait un satrape qui possédait des troupes pour assurer la paix et la sécurité et qui devait rendre compte de ses actions au roi des rois. Les Achéménides eurent l'intelligence de laisser chaque région pratiquer sa religion, parler sa langue, suivre ses coutumes, même si les peuples conquis n'avaient d'autre choix que de se soumettre et de verser un tribut. Le Mazdéisme et la langue perse ne furent jamais imposés à l'extérieur de la Perse. Cette politique habile fut une raison de la longévité de l'empire, mais aussi son talon d'Achille: l'unité était seulement garantie par le roi, et les provinces étaient sans cesse tentées par des velléités d'indépendance.

Le roi des rois

A la tête de l'empire, le roi achéménide est le roi des rois, qui domine les satrapies et les peuples. En Perse même, son pouvoir repose sur l'aristocratie, liée au roi par le sang ou l'honneur. Elle détient d'immenses propriétés foncières et assure le roi de sa fidélité en échange de la protection et des faveurs royales. Le roi possède des palais à Pasargades, Persépolis et Suse, où il était entouré d'eunuques, de plusieurs épouses, et de concubines, chanteuses et musiciennes, qui assuraient ses divertissements. Avec sa cour, il se déplaçait également entre les cités importantes de l'empire, pour se montrer au peuple et répondre à ses requêtes, manifester sa gloire et rappeler sa domination aux régions traversées.

Le roi et deux serviteurs.
Bas-relief de Persépolis, ~Vᵉ s.

Les inscriptions achéménides, à Bisutun ou à Persépolis, nous révèlent une conception sacrée de la royauté. Le roi tient son trône et son rayonnement de Ahura Mazda*: c'est le dieu même qui accorde les victoires à la guerre, l'autorité sur les peuples, la pérennité de l'empire. Au sommet de la pyramide sociale, le roi est aussi l'intermédiaire entre la Divinité et les hommes: il incarne sur terre une souveraineté transcendante, si bien qu'une révolte contre le roi équivaut à une rébellion contre le Créateur de l'univers. Reliant terre et ciel, le roi est le garant d'un ordre suprême qui ne soumet les peuples que pour les pacifier. Centre de certains cultes, il prie les dieux pour qu'ils protègent la Perse et fait de l'empire le miroir d'un ordre divin qui réconcilie les hommes, leur assure la prospérité et les régit par la justice. Sans être un dieu, le roi agit au nom de la Divinité, si bien que ses actions revêtent un caractère magique: il assure la fertilité des campagnes

☐ Le cylindre de
Cyrus le Grand, ~539.
British Museum, Londres.

▶Partie supérieure en or
d'une canne, ~VIᵉ-~Vᵉ s.
Musée National de l'Iran, Téhran.

et transforme les déserts en jardins. Ses qualités physiques et morales sont des reflets de qualités divines. Il est l'archétype du guerrier:

Le roi sur son trône, soutenu par les représentants des peuples de l'empire. Bas-relief de Persépolis, ~Ve s.

excellent chasseur, cavalier émérite, il est un meneur d'hommes qui gagne des guerres pour faire triompher la volonté éternelle du Divin. Dans ses jugements, le roi participe de l'objectivité divine qui voit tout: défenseur du faible, protecteur du fort menacé par le faible, il récompense ou punit chacun selon ce qui lui est dû, avec mesure et équanimité.

Pour expliquer la victoire si rapide d'Alexandre le Grand sur le dernier roi des rois, les Grecs ont imposé l'image d'un Empire achéménide décadent, de rois perses affaiblis et amollis par le luxe. En réalité, pendant les deux siècles de son existence,

La fin de l'Empire perse

l'Empire perse demeura stable, malgré les intrigues de cour qui voient un eunuque (Bagoas) empoisonner deux rois (Artaxerxès III et Oarses), les luttes fratricides (une guerre opposa Artaxerxès II à son frère Cyrus le Jeune), les révoltes ponctuelles des provinces et des satrapes (en Asie Mineure et en Egypte au ~IVe s.), les conflits intermittents avec les cités grecques. Alexandre fut un génie stratégique, qui bénéficia de troupes mobiles et motivées. Il sut aussi tirer parti des faiblesses de l'Empire achéménide: sa grandeur incontrôlable, son morcellement en peuples et en cultures hétérogènes et l'usure relative de l'unité impériale. Si Darius III commit des erreurs d'appréciation en affrontant Alexandre, il avait surtout perdu l'aide des dieux: ces dieux ou ce Dieu au nom desquels toutes les civilisations iraniennes ont été créées et ont demeuré.

▶Fragment d'un plat en bronze, ~VIe-~Ve s. Musée National de l'Iran, Tehrän.

Alexandre le Grand (~330-~323)

Lasse de la domination perse, les cités grecques unissent leurs forces pour s'en délivrer. Alexandre, qui succède à son père Philippe assassiné, mène les opérations militaires. Roi de Macédoine à vingt ans, il a reçu une éducation guerrière et politique, mais aussi philosophique et littéraire, grâce à son précepteur Aristote. En ~334, il débarque avec près de 50'000 hommes en Asie mineure. Il y remporte sa première victoire sur les Perses. Puis il prend possession des villes grecques de la côte: Ephèse, Milet, Halicarnasse, où se trouvait l'une des merveilles

du monde (le mausolée du satrape Mausole). Il hiverne à Gordion, près de l'actuelle Ankara, où il tranche le nœud gordien. La bataille d'Issos (en Cilicie), en ~333, est un tournant: l'armée perse, commandée par Darius III lui-même, est défaite, et le roi des rois doit s'enfuir. Victorieusement, Alexandre le Grand descend en Phénicie et gagne l'Egypte (~332). A Memphis, il se fait sacrer pharaon, puis il fonde Alexandrie.

▶Alexandre le Grand...

... et Darius III à la bataille d'Issos. Mosaïque de Pompéi (Italie), ~IIe-~Ier s.

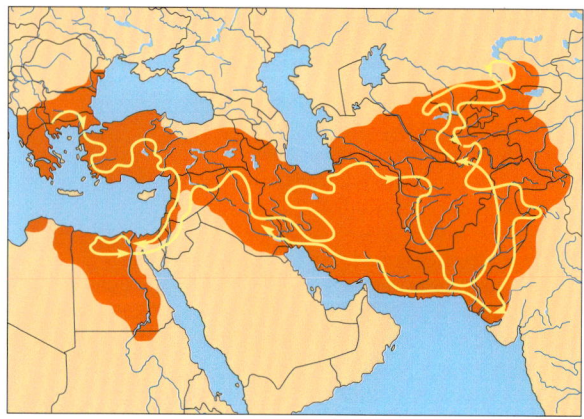

Le périple et l'empire d'Alexandre le Grand.

En ~331, le conquérant grec et ses troupes partent pour la Mésopotamie. Ils traversent l'Euphrate et le Tigre, et vainquent l'immense armée de Darius III à Gaugamèles. Une à une, et sans combats, les cités achéménides sont prises, avec leur trésorerie immense, leur prestige et leur importance stratégique: Babylone, Suse, Persépolis, qu'Alexandre fait incendier en ~330, et Pasargades, où se trouve le tombeau de Cyrus II. Réfugié à Ecbatane (Hamadân), Darius III lève une nouvelle armée, mais les difficultés l'obligent à fuir à nouveau vers l'est. Un complot, mené par le satrape Bessos, le fait finalement assassiner. Alexandre peut alors se proclamer le nouveau roi de l'Empire perse et se poser comme un héritier lointain de son fondateur.

Les dernières campagnes

Après avoir rassemblé de nouvelles troupes (grecques et perses), Alexandre part pour la Bactriane et la Sogdiane (l'Afghanistan) en ~330. Il s'empare de Samarkand (~328) et pénètre dans la vallée de l'Indus (~326). La même année, il vainc le roi indien Poros, à qui, par sagesse politique, il laisse la vie et le trône. Aidé des soldats et des éléphants de Poros, le conquérant s'apprête à mener une campagne en Inde. Mais, sur les rives du fleuve Hyphase, l'armée grecque refuse de poursuivre et aspire à rentrer dans sa patrie. Après un périple long de huit ans et de 20'000 km, Alexandre descend l'Indus jusqu'à Pattala, d'où il retourne en Perse par voie de terre, alors qu'une autre partie de son armée emprunte la voie de mer, par les golfes d'Oman et Persique. Circulant entre les anciennes capitales achéménides, Alexandre renforce son pouvoir, châtie les satrapes et les généraux indignes ou rebelles, prend des mesures administratives, renforce la collaboration des Grecs et des Perses. Il meurt à Babylone, en ~323, alors qu'il préparait la conquête de l'Arabie et sans doute de Carthage et de Rome. Le corps d'Alexandre est emmené à Alexandrie, en Egypte, où on ne l'a jamais découvert.

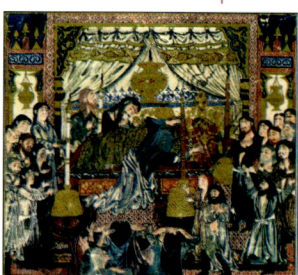

►La mort d'Alexandre le Grand. Illustration du *Livre des rois* de Ferdowsi. Tabriz, 1320-1336. Freer Gallery of Art, Washington.

L'héritage du conquérant

Pour unir les cultures hellénistiques et perses, rallier les élites du pays, asseoir son autorité, Alexandre avait puni les meurtriers de Darius III et fait enterrer dignement le dernier roi des rois à Persépolis. Il avait aussi adopté la vie et les rituels de cour achéménides, donné une éducation macédonienne à des recrues perses, organisé des mariages entre des Grecs et des femmes perses ou mèdes et épousé lui-même la princesse Roxane (~328-~327). Mais ses compagnons grecs lui reprochèrent de se transformer en despote oriental, d'oublier les coutumes macédoniennes, et de traiter les vainqueurs grecs en égal des vaincus perses. Alexandre ne résoudra guère ces motifs de discorde, pas plus qu'il ne pourra éviter la fin de son empire.

D'Alexandre le Grand, la Perse retiendra deux images: d'abord celle d'un conquérant impitoyable, orgueilleux, assoiffé de pouvoir, qui a anéanti l'Empire perse; ensuite, dès l'époque islamique, Alexandre devient au contraire un roi-prophète, qui cherche la sagesse et la répand dans le monde. Dans le Coran (XVIII, 83-99), il est cité comme un héros royal, qui vainc des peuples maléfiques et se rend aux confins du monde en quête de la connaissance. Au XIIe s., Nezâmî écrira un *Livre d'Alexandre*, où sont unis ce qu'aucune politique ne put unir: un Orient devenu musulman, une Perse toujours enracinée dans son passé, et la culture hellénistique apportée par le conquérant.

▶Statue en céramique de Zeus, époque séleucide. Musée National de l'Iran, Tehrân.

Les Séleucides (~312-~64)

Diodore raconte qu'Alexandre prédit à ses amis qu'ils se livreraient à un «grand combat funèbre» en son honneur et pour la possession de son royaume. En effet, les généraux successeurs d'Alexandre, les «diadoques», se font la guerre pendant quarante-deux ans. Puis l'empire est divisé en trois: la Macédoine revient aux Antigonides, l'Egypte aux Lagides, l'Asie aux Séleucides.

Fondateur des Séleucides, Seleucos Ier Nicator («le victorieux») (~312-~281) est un ancien satrape de Babylone, marié à une noble perse, Apamée. Il prend le pouvoir à la suite de la bataille d'Ipsos (~301) et fonde Séleucie du Tigre, en Irak. Son royaume, presque aussi grand que celui des Achéménides, ne cessera d'échapper au contrôle de

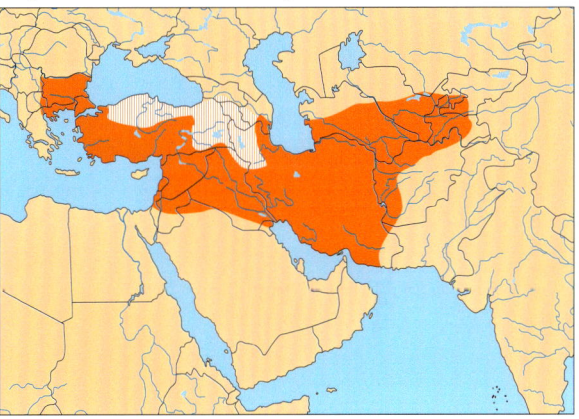

L'Empire séleucide.

ses successeurs et de se morceler. A l'est, la Bactriane et la Sogdiane forment les Etats «gréco-bactriens», qui seront plus tard inclus dans le vaste empire des Kushans. En Perse, les Séleucides doivent progressivement laisser la place à une dynastie iranienne imprégnée de culture grecque: les Parthes.

Les Parthes (~247-224)

La civilisation parthe est surtout connue à travers des historiens romains, car à l'exception des monnaies, les sources archéologiques sont pauvres.

D'origine indo-iranienne et sans doute scythe, les Parthes sont une tribu nomade établie au nord-est de l'Iran. Leur nom (Parthava) signifierait «cavalier» et «guerrier». Au ~IIIe s., leur chef Arsace Ier s'empare de la Parthie, une satrapie orientale de l'Empire séleucide, et fonde la dynastie arsacide. C'est avec Mithridate Ier (~171-~138) que le royaume parthe va s'étendre vers l'ouest. Profitant de la faiblesse

▶Mithridate Ier sur une monnaie parthe.

politique des Séleucides, il conquiert en vingt ans une large partie de l'Iran et soumet Babylone, Séleucie et Uruk. Ses successeurs affrontent les Séleucides, qui reconquièrent la Mésopotamie, et les Saces, une tribu scythe qui envahit l'est de la Perse. Mithridate II (~123-~88) reprend les provinces perdues et rétablit l'unité de l'empire.

Les guerres avec Rome

En s'attaquant à l'Arménie vers ~110, Mithridate II se heurte aux Romains, avec lesquels les Parthes connaîtront trois siècles de tensions et de conflits intermittents. Les Parthes désirent accéder à la Méditerranée en conquérant la Syrie, qui devient une province romaine avec Pompée, alors que Rome est attirée par les territoires orientaux des

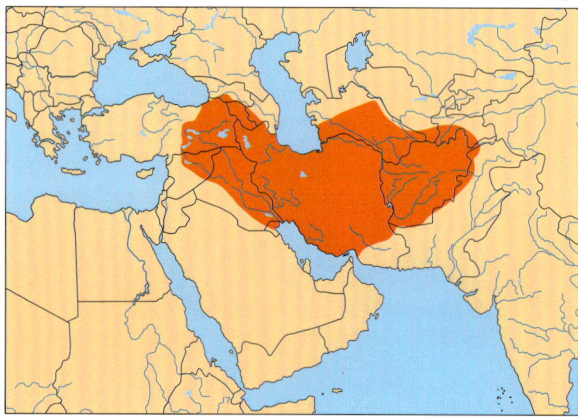

L'Empire parthe.

Parthes. L'Euphrate marque la frontière entre les deux ennemis. En ~53, le général Crassus subit une lourde défaite à Carrhae (aujourd'hui Harrân), en tentant de prendre la Mésopotamie. Quelques années plus tard, la Syrie et la Judée sont ravies par les Parthes et vite reprises par les Romains. Le terrain d'affrontement se déplace alors en Arménie, Etat-tampon dont le contrôle devient l'enjeu de guerres comme de manœuvres politiques. En ~36, Antoine y mène une campagne qui s'achève par un désastre (il aurait perdu trente-cinq mille hommes) et qui lui coûtera presque la vie; puis, sur le trône d'Arménie, Romains et Parthes placent, en alternance, des princes qui leur sont soumis. Mais l'Empire parthe doit faire face à d'autres problèmes. A l'est, des tribus iraniennes venant d'Asie centrale s'installent en Afghanistan, en Asie centrale et en Inde: elles adoptent le Bouddhisme et fondent, au Ier s., l'Empire Kushan.

L'Empire parthe

Fluctuantes au cours de l'histoire, les frontières de l'Empire parthe ont embrassé l'Asie centrale, la Perse, la Mésopotamie et la Syrie orientale.

Nisa, ancienne capitale parthe. Turkménistan.

Il a connu plusieurs capitales: Nisa (Turkménistan) et Ctésiphon (Irak), notamment. Le pouvoir du roi parthe n'était pas héréditaire et tenait d'un équilibre difficile à maintenir. Le souverain était élu par les hauts dignitaires, qui pouvaient peser lourdement sur le destin d'un empire morcelé en une constellation de petits royaumes aspirant à l'indépendance et se révoltant fréquemment contre leur suzerain. Les gouverneurs des provinces appartenaient à la famille royale ou à l'une des six nobles familles, qui constituaient le pilier économique et militaire de l'empire. Le roi ne pouvait gouverner sans les nobles, qui lui fournissaient des hommes de guerre et les richesses, mais il devait néanmoins les dominer et leur imposer son autorité. Les luttes pour le pouvoir ensanglantaient régulièrement la famille royale, affaiblissant d'autant le pouvoir impérial.

Avec Vologèse Ier (51-78), l'Empire parthe connaît son apogée avant le déclin. Il triomphe des Romains et assoit son autorité en Arménie, où il fait introniser son frère Tiridate Ier. Il fonde près de Séleucie une capitale du commerce, Vologesias (Irak). Mais au IIe s., l'empereur romain Trajan, comme ses prédécesseurs, se lance à l'attaque du royaume parthe. Il entend viser ses centres administratifs, politiques et économiques, et prend l'Arménie et la Mésopotamie (114-117). Malgré quelques revers, ses successeurs, Lucius Verus et Septime Sévère, confortent ces conquêtes. Les contre-offensives et la politique parthes ne suffisent pas à rétablir la situation, même si aucun des adversaires ne parvient à prendre un avantage définitif. C'est dans ce climat de conflits extérieurs stagnants et de querelles intestines que va pouvoir s'imposer la dynastie des Sassanides

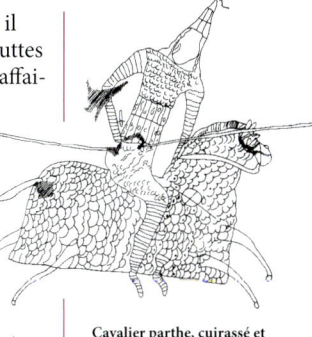

Cavalier parthe, cuirassé et armé d'une lance. D'après un graffito de Dura Europos (Syrie), IIe-IIIe s.

Les Sassanides (224-651)

L'histoire des Sassanides est malaisée à reconstituer. Les inscriptions sassanides sont rares et les vestiges archéologiques d'une interprétation difficile. Nos informations viennent surtout de sources extérieures ou postérieures à l'Empire sassanide, comme les historiens arméniens ou la littérature arabe et persane d'époque islamique.

Ardashir Ier (à gauche) reçoit le pouvoir de Ahura Mazda. Basrelief de Naqsh-e Rostam, IIIe s.

De Sassan, le fondateur éponyme de la dynastie, nous savons seulement qu'il était un prêtre du temple d'Anahita à Istakhr, dans le Fârs. Ardashir Ier (224-241), premier «roi des rois» sassanide, est son petit-fils. Né dans le Fârs, déjà berceau des Achéménides, il prend le pouvoir à Istakhr et fonde la ville de Firuzâbâd. Puis il se

La création de l'empire

révolte contre son suzerain, le dernier roi parthe Artaban IV, qu'il vainc en 224. Il poursuit ses conquêtes et étend sa domination sur plusieurs provinces et la Babylonie. Son fils, Shapur Ier (241-272), s'attaque à l'Empire Kushan à l'est, pénètre en Asie centrale (Samarkand, Tachkent), en Bactriane et dans la vallée de l'Indus. En Mésopotamie et en Syrie, il est plusieurs fois victorieux des Romains: en 260, l'empereur Valérien et 70'000 légionnaires sont emmenés

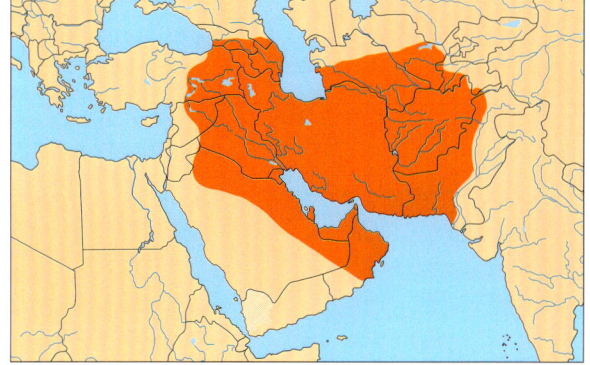

L'Empire sassanide.

en Perse, où ils construiront des barrages, des ponts et des routes et laisseront quelques descendants dans le Khuzestân: des Iraniens aux cheveux blonds et aux yeux bleus. Shapur Ier adopte le titre de «roi des rois d'Iran et du non-Iran». Fondé sur les anciennes structures parthes, l'empire se constitue, ses institutions sont réorganisées, des villes sont fondées, l'art se développe. Dotée d'une armée puissante, d'une administration efficace et d'un pouvoir centralisé, l'Empire sassanide est la dernière grande manifestation de l'Iran préislamique: une bonne part de l'Iran musulman n'aurait jamais été ce qu'il est sans les Sassanides.

▶Vase en argent doré, époque sassanide. Musée National de l'Iran, Tehrân.

Le roi et la religion

●Kartir. Bas-relief de Naqsh-e Radjab, IIIe s.

●Temple du feu de Zohr-e Shir dans le Fârs.

Comme chez les Achéménides, dont les Sassanides se voulaient les descendants et les continuateurs, le roi tient son pouvoir du Divin. La succession des rois se faisait de père en fils, parfois entre frères. Leur pouvoir reposait sur sept grandes familles aristocratiques. Dans une société fortement structurée et réglementée, le roi dominait les rois des provinces, les princes de la famille royale, les dignitaires et les nobles. Sa vie était partagée entre les plaisirs de la cour et des campagnes militaires qui pouvaient durer plusieurs années. Le souverain comme l'aristocratie sont liés au pouvoir spirituel des prêtres, auxquels ils font des donations importantes.

Si les historiens discernent mal la place du Mazdéisme à l'époque achéménide, celui-ci devient la religion officielle de l'Empire sassanide. Cette puissance nouvelle du clergé et du culte fut essentiellement l'œuvre de Kartir (IIIe s.). De simple prêtre, il devint un chef religieux suprême, un conseiller et un «gardien de l'âme» des rois. Dans une inscription de Naqsh-e Rostam, il dit avoir affermi la religion, établi de nombreux autels du feu, renforcé la présence des sages et puni les hérétiques. Auparavant tolérant à l'égard des autres religions, le clergé mazdéen persécute régulièrement les manichéens, les chrétiens, les juifs, les bouddhistes et les tenants de certains courants marginaux du Mazdéisme (comme le zurvanisme).

▶Autel du feu sur une monnaie sassanide.

Les temps troublés

Bahram V (421-439) est l'un des rois sassanides les plus célèbres. Connu pour ses talents de chasseur, il fut surnommé «Gur» («l'Onagre»). Il parvient à contrer les Hephtalites et s'accorde avec Byzance pour lutter contre les Huns qui, du Caucase, menacent l'Arménie, la Cappadoce et la Syrie.

Le ciel s'assombrit pourtant pour l'empire. Les famines éprouvent cruellement les populations, les guerres ont vidé les caisses de l'État, l'art connaît une période de déclin ou d'éclipse. Pendant cinquante ans, Péroz (459-484) est obligé de verser un tribut aux Hephtalites, qui retiennent même son fils Kavad Ier (488-497) en otage. Lorsque ce dernier monte sur le trône, le pays est ruiné, épuisé et divisé. Les difficultés économiques du petit peuple favori

ΩHephtalites sur le bas-relief sassanide de Bandiân.

sèrent un mouvement révolutionnaire, influencé par le Manichéisme, et que l'on a qualifié à tort de «communiste» et de «socialiste». A sa tête, Mazdak prône le partage des richesses et même des femmes, une meilleure justice et une plus grande égalité. Ces idées se heurtent à la noblesse et à l'essence même de la société, fondée sur une stricte hiérarchie et sur une richesse qui sert à soutenir la puissance et l'intégrité du pouvoir. L'aristocratie favorisait également les mariages incestueux afin de garantir la pureté de la lignée et la conservation des héritages. Pour affaiblir l'aristocratie ou sauvegarder l'équilibre social, Kavad Ier soutient Mazdak: il aurait distribué de la nourriture, modifié la taxation des impôts (dont étaient exemptés les nobles, les hauts fonctionnaires et les soldats), encouragé des mariages moins contraignants. Après avoir été renversé et emprisonné, Kavad Ier revient au pouvoir (499-531) grâce à une armée hephtalite. Il met fin au mazdakisme, qui avait basculé dans la violence, sans pour autant étouffer ses idées, qui réapparaîtront dans certains mouvements contestataires jusqu'au IXe s.

Avec Khosrow Ier Anushirvan («à l'âme immortelle») (531-579), l'empire retrouve non seulement une stabilité, mais un nouveau souffle. Un siècle avant la conquête arabe, la dynastie va connaître un ultime rayonnement sous le règne des deux Khosrow. Pour la Perse musulmane, tous deux vont incarner l'idéal du roi bienveillant et sage, même si la réalité fut souvent moins belle. Héritant d'un pays meurtri et troublé, Khosrow Ier répare les torts causés par Mazdak en redistribuant les richesses spoliées, en s'occupant des femmes et des enfants enlevés, en restaurant la vie économique des campagnes. Tirant la leçon des événements passés, il redéfinit le régime fiscal en le rendant plus juste, grâce à une division précise des terres et à une meilleure adaptation de l'impôt aux classes et aux individus. Les arts, la littérature et la philosophie sont encouragés. A l'extérieur, il fait la paix avec Byzance, abat la puissance des Huns Hephtalites et prend le Yémen.

Salle à coupole de la forteresse de Qal'eh-ye Dokhtar, entre 220 et 241.

Les derniers feux

▶Coupe de Khosrow, VIe-VIIe s. (?). Bibliothèque Nationale, Paris.

▶Plat en argent, époque sassanide. Musée National de l'Iran, Tehrân.

Hormizd IV (579-590), le fils de Khosrow Ier, est renversé par un coup d'Etat mené par un général. Forcé de se réfugier à Byzance, Khosrow II Parviz (591-628) parvient à reconquérir le pouvoir grâce à une aide de l'empereur byzantin Maurice et en échange de l'Arménie. Son règne est demeuré célèbre pour les fastes ruineux de sa cour, et pour son mariage avec une princesse chrétienne (Shirin), qui devint, sous la plume de poètes musulmans, l'un des plus beaux romans d'amour. Ses conquêtes le mènent au nord-ouest de l'Inde puis en Arménie, en Cappadoce, en Syrie, jusqu'à Jérusalem, dont il ramène la relique la plus précieuse du Christianisme: la Vraie Croix du Christ. Ces succès donnent à l'empire une extension immense, mais ne parviennent pas à cacher ses problèmes intérieurs: un peuple écrasé par les impôts

▶Palais de Ctésiphon (Irak), IIIe ou plutôt VIe s. Photographie de 1884.

▸Yazdegerd III conseille à son fils de s'entraîner pour la guerre contre les Arabes. Illustration du *Livre des rois* de Ferdowsi, 1430 (Manuscrit Bâysonqori). Bibliothèque du palais du Golestân, Tehrân.

et le recrutement forcé de soldats, de nouvelles persécutions contre les chrétiens, un trésor dilapidé par le train de vie de la cour et les guerres. L'empereur byzantin Héraclius reprend l'Arménie, entre en Mésopotamie et arrive à Ctésiphon en Irak. En fuite, Khosrow II est assassiné. L'empire affaibli n'est plus que l'ombre de lui-même. Plusieurs rois se succèdent en quelques années: sans autorité, ils ne peuvent freiner le morcellement du pays en petits Etat autonomes. Yazdegerd III (632-651), le dernier roi, affronte sans succès une religion conquérante, née en Arabie, et qui va bouleverser la Perse dans sa chair et dans son âme: l'Islam.

L'Islam et les Omeyyades (661-750)

L'Islam et les Omeyyades (661-750) Dès la mort du Prophète Muhammad en 632, les quatre califes qui lui succèdent à la tête de la communauté musulmane inaugurent la conquête du monde. Vers l'ouest, les armées arabo-musulmanes prennent la Syrie et l'Egypte à l'empire byzantin (636-640), envahissent l'Afrique du Nord, parviennent en Espagne en 711; à l'est, elles renversent les Sassanides, pénètrent en Asie centrale et en Afghanistan, et atteignent les rives de l'Indus en 712. En 634, le calife Umar avait envoyé une ambassade à Ctésiphon, demandant la conversion de la Perse à l'Islam. Deux ans plus tard, les Arabes triomphent des Perses à la bataille d'al-Qadisiya et Ctésiphon tombe en 637. Yazdegerd III est assassiné et ses descendants se réfugient en Chine.

▸Le Prophète Muhammad, peint par Sani ol-Molk, XIXᵉ s. Musée National de l'Iran, Tehrân.

Naissance d'une civilisation musulmane

En quelques décennies, une poignée de musulmans venus des déserts d'Arabie vont non seulement conquérir un territoire immense, mais le convertir à la nouvelle religion et fonder une civilisation aujourd'hui riche de plus d'un milliard de personnes.

La première dynastie musulmane, les Omeyyades, est issue d'une famille aristocratique de La Mecque, les Qurayshs. Mu'awiya (661-680), fondateur de la lignée, est un parent d'Uthman, le troisième calife de l'Islam. Gouverneur de Syrie, il s'empare du pouvoir après l'assassinat d'Ali, le quatrième calife. Ayant obtenu l'allégeance des tribus et vaincu les partisans d'Ali, il inaugure un type de souveraineté despotique et héréditaire, à laquelle s'opposent les chiites* et les khâridjites*, actifs en Irak et en Iran. De leur capitale Damas, les Omeyyades régnèrent moins d'un siècle, mais ils posèrent les bases de la civilisation musulmane. Ils eurent leurs heures de gloire avec Abd al-Malik (684-705), al-Walid Iᵉʳ (705- 715) ou Hisham (724-743), mais plusieurs califes furent haïs par le peuple et les religieux. Mécènes actifs, éblouis par la riche civilisation byzantine du Proche-Orient, ils favorisèrent les arts, les poètes et une culture urbaine imprégnée de sensibilité bédouine. Dans des palais à la lisière des déserts, ils menaient une vie de plaisirs, inspirée par la cour des rois sassanides, et partagée entre la musique, la

▸Coran, Esfahân, 1705. Bibliothèque du palais du Golestân, Tehrân.

poésie, les chasses et le vin. Sous leur domination pourtant contestée, la gestion des régions conquises s'organise, les armées et les administrations sont formées ou restructurées, des villes sont créées ou développées. Les conversions modifient peu à peu le visage religieux des pays. Sur terre et sur mer, un commerce intense s'épanouit et bénéficie d'un empire plus vaste que l'Empire achéménide et qu'aucune frontière ne morcelle. Si elle interdit l'usure et recommande un commerce équitable, la loi musulmane favorise elle-même le développement économique pour permettre à l'Islam de fructifier à l'intérieur d'une société économiquement forte, équilibrée et dynamique. L'art musulman prend forme, inspiré par les œuvres antiques, byzantines ou perses. A Damas, une Grande Mosquée, la première construite en Islam, est fondée en 706: jusqu'à nos jours, elle est demeurée un modèle des mosquées dites arabes. A la fin du VIIe s., l'arabe commence à remplacer les langues locales dans l'administration et devient la langue des élites. L'aumône demandée aux musulmans, l'impôt prélevé sur les non-musulmans et le butin des guerres permettent de financer la construction de mosquées, de canaux, de réservoirs d'eau et de palais. Le pèlerinage annuel à La Mecque fait se rencontrer des musulmans de tous les pays et de toutes conditions. En dépit des rivalités politiques et des divisions religieuses, l'unité apportée par la loi musulmane et la langue arabe favorisent la circulation des idées, la diffusion du savoir et l'émulation religieuse.

Minaret. Mosquée du
Vendredi, Kâshân, 1073.

En Iran, l'islamisation fut lente et parfois difficile. Les régions de la Caspienne résistèrent pendant deux siècles à la conversion. Durant des décennies, des révoltes se dirigèrent contre les Arabes ou contre l'Islam, telle celle de Bâbak en Azarbâidjân (IXe s.), en partie inspirée par le mazdakisme. La population adopta généralement le sunnisme*, bien que plusieurs régions demeurèrent chiites, comme Qom, Kâshân ou Rey. La culture de l'ancienne Perse ne disparut pourtant pas dans le nouvel ordre musulman qui s'imposa dans tous les domaines de la société, mais ne put jamais abolir les traditions locales et certains cultes et symboles préislamiques. De l'Empire sassanide, les Arabes conservent en grande partie le système administratif et le calcul de l'impôt foncier. La monnaie islamique (le dirham) s'inspire du drahm sassanide. La culture sassanide, enfin, va largement déterminer l'architecture, la céramique, l'orfèvrerie, les textiles ou encore la littérature et la musique.

Mosquée Tārikhâneh,
Dâmghân, vers 750 ou IXe s.

Les Abbassides (750-1258)

Durant toute son existence, la famille omeyyade fut divisée par des rivalités internes et dut faire face à des conflits entre les tribus arabes de Syrie. A l'est, deux mouvements à la fois spirituels et politiques s'opposèrent à son califat: les khâridjites, d'une part, minoritaires et durement réprimés; les chiites, d'autre part, qui menèrent des actions de révolte dès 680. Mu'awiya s'était opposé à Ali, premier Imam des chiites, et avait vaincu ses partisans à la bataille de Siffin (657). Le fils du calife Mu'awiya avait tué Hosseyn, l'un des deux fils d'Ali devenu le IIIe Imam (680). Les Omeyyades furent également accusés par les religieux d'avoir adopté un mode de vie licencieux, dispendieux et

Mihrab, Esfahân, XIe s.
Musée National de
l'Iran, Tehrân.

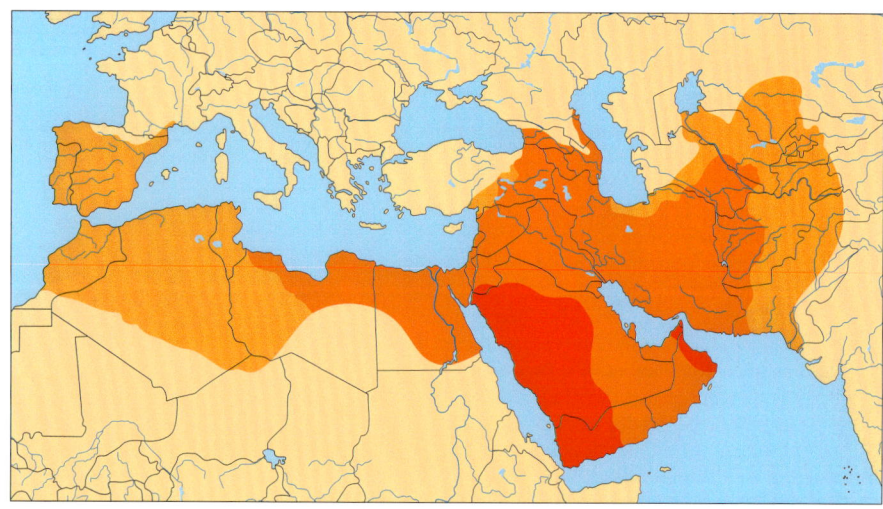

L'expansion de l'Islam.
🟥 Le Prophète (622-632).
🟧 Les quatre califes (632-661).
🟧 Les Omeyyades (661-750).

► La conquête de Bagdad par les Mongols. Peinture sur livre, 1ᵉʳ quart du XIVᵉ s. Staatsbibliothek, Berlin.

Bagdad

► Monnaie des premiers siècles de l'Islam.

profane. Les populations orientales, enfin, ne pouvaient accepter la domination des Syriens et des Arabes, leur mise à l'écart du pouvoir et leur relégation à la périphérie du monde musulman. Commencée au Khorâsân, une insurrection est menée par un Persan, Abu Muslim (mort en 775), au nom d'une lignée abbasside qui remontait à Abbâs, un oncle du Prophète. Dès 747, les armées abbassides traversent l'Iran d'est en ouest, vainquent les armées omeyyades et prennent le pouvoir en 750. Le premier calife de la nouvelle dynastie est al-Saffâh, mais la première grande figure des Abbassides est al-Mansur (754-775). Fondateur de la nouvelle capitale du monde musulman, Bagdad, il fait assassiner Abu Muslim, devenu un gouverneur trop puissant du Khorâsân. Deux autres califes ont laissé une marque profonde dans l'histoire: Harun al-Rashid (786-809), rendu populaire par les contes des *Mille et une Nuits*, et al-Ma'mun (813-833), qui développa l'étude des sciences et favorisa les traductions des textes grecs de l'Antiquité. Prolongeant l'œuvre des Omeyyades, les deux premiers siècles de l'ère abbasside sont une période faste de la culture musulmane. En transférant leur capitale de la Syrie à l'Irak, la vie culturelle et politique de l'Orient islamique tombe plus directement sous l'influence de la Perse.

Fondée en 762, Bagdad («la ville de la paix») devient la reine de l'Orient, le centre culturel et intellectuel d'un monde musulman qui est maintenant installé de l'Espagne à l'Inde. Des fonctionnaires persans sont employés dans les administrations, et les califes empruntent à la Perse sassanide la vie de cour et la conception d'un roi détenteur d'un mandat divin. Al-Djâhiz (IXᵉ s.) écrivait que c'est aux souverains perses que le monde arabo-mu-

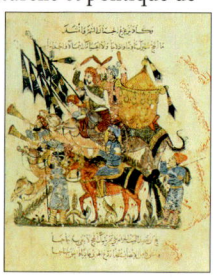

► Caravane en route pour La Mecque. Illustration des *Séances* de Hariri, Bagdad, 1237. Bibliothèque Nationale, Paris.

sulman a emprunté «les règles observées dans le gouvernement du royaume, ainsi que le classement de l'aristocratie et de la roture, l'art de gouverner le peuple et l'attribution à chaque classe des droits qui lui reviennent strictement, d'après son caractère propre».
Florissante, l'économie repose sur le grand commerce entre la Perse, l'Asie, l'Afrique et la Méditerranée, puis sur l'agriculture, l'artisanat, les transactions locales. Héritière de la forte administration sassanide, l'administration abbasside devient de plus en plus lourde. Aux VIIIe et IXe s. naissent les principales écoles juridiques: malikite, hanafite, chaféite, hanbalite. A la même époque, l'héritage scientifique et philosophique de l'Antiquité grecque est traduit en arabe ou en syriaque. Toujours plus influencé par la Perse, l'art acquiert sa maturité, ses esthétiques se diversifient, de nouvelles techniques sont créées. La littérature, en arabe, connaît une première et extraordinaire floraison. A Bagdad, des mécènes entretiennent des poètes, qui, inspirés par la poésie arabe préislamique, développent et codifient les genres et les symboles d'une poésie subtile et complexe. Héritière de l'Arabie, de la Grèce, de Byzance et de la Perse sassanide, la musique savante s'épanouit et devient une dimension essentielle des classes cultivées.

A la place du pouvoir exclusivement arabe, aristocratique et mondain des Omeyyades, les Abbassides entendaient revenir à une société plus musulmane et fraternelle, enracinée dans l'héritage du Prophète. Mais cet idéal ne se réalisa guère, et à leur tour, les Abbassides font face à des révoltes, qui secouent surtout la Perse et qui sont animées par des partis déçus par la nouvelle dynastie et par leur exclusion du pouvoir. Au IXe s., impopulaires à Bagdad, les califes déplacent leur capitale à Samarra, une ville de palais au nord de Bagdad. Peu à peu, le pouvoir abbasside est affaibli, même si les califes, «Commandeurs des Croyants», demeurent un fort symbole d'unité et de rassemblement de la communauté musulmane et sunnite. A l'ouest comme à l'est du monde islamique, des royaumes indépendants apparaissent et réduisent peu à peu les califes en faire-valoir ou en paravents. Au cœur de leur empire, les Abbassides vont devenir de plus en plus dépendants des soldats turcs qu'ils avaient engagés pour leur sécurité, mais qui vont souvent gouverner à la place de leurs maîtres.

►Scène de fête. Illustration du *Divan* de Hâfez. Tabriz, vers 1526.

La longue éclipse des Abbassides

►Textile des premiers siècles de l'Islam, inspiré par l'art sassanide. Musée National de l'Iran, Tehrân.

Les Samanides (819-1005), les Bouyides (932-1055) et les Ghaznavides (977-1186)

Officiellement, les Abbassides ont régné jusqu'en 1258, date à laquelle les Mongols détruisent Bagdad et mettent un terme définitif à la dynastie. En réalité, dès le IXe s., en Perse et en Asie centrale, des dynasties locales forment des royaumes plus ou moins autonomes. Le plus souvent, elles favorisèrent un épanouissement culturel qui toucha aussi bien les arts et les lettres que les sciences. Les Tahirides règnent au Khorâsân, de 821 à 873, avec pour capitale Neyshâbur. Dynastie iranienne, les Samanides dominent l'Asie centrale et le

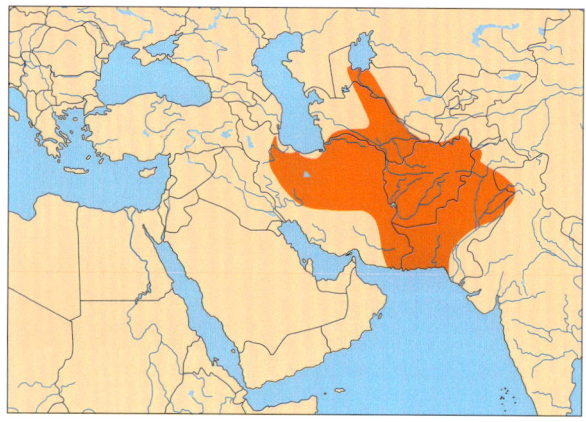

L'Empire ghaznavide.

nord-ouest de la Perse de 819 à 1005. Leur capitale Boukhara connaît son premier âge d'or culturel, et sous leur règne la langue persane devient peu à peu la langue de culture la plus importante après l'arabe. De 867 à la fin du XVe s., les Saffarides gouvernent le Sistân, et deviendront au fil du temps les vassaux des Samanides, des Ghaznavides puis des Mongols. Rivaux des Samanides, les Bouyides sont une dynastie chiite iranienne qui occupe Bagdad en 945 et crée le premier royaume musulman iranien. Ses différentes branches règnent sur l'Irak, le Khuzestân, le Fârs et le Plateau iranien. Entre 997 et 1030, Mahmud de Ghazna, un nomade turc et sunnite, fonde l'Empire ghaznavide, qui couvre le Khorâsân, l'Afghanistan et le nord de l'Inde.

Les Seldjoukides (1038-1194)

Les Seldjoukides sont des nomades turcs originaires des steppes d'Asie centrale. Islamisés au contact de tribus aux alentours de Boukhara, ils vont profiter du morcellement du pouvoir abbasside pour conquérir un empire immense, qui marque un tournant dans l'histoire du monde oriental. Déjà présents dans les armées abbassides, les Turcs, réputés pour leurs qualités guerrières, vont introduire dans le monde musulman une nouvelle sensibilité qui se conjuguera avec l'esprit persan et arabe.

▶Sculpture seldjoukide, XIIe-XIIIe s. Metropolitan Museum of Art, New York.

L'Empire seldjoukide

L'un des premiers chefs, Seldjuk (Xe s.), donne son nom à la dynastie. Tout au long de la première moitié du XIe s., les Seldjoukides, dirigés par deux frères (Chagri Beg et Tughril Ier Beg), enlèvent le Khorâsân aux Ghaznavides, prennent Neyshâbur, le Khwârazm*, puis l'ouest de l'Iran. En 1055, Tughril Ier entre dans Bagdad et ravit le pouvoir aux Bouyides. Il met le calife de Bagdad sous sa tutelle et épouse sa fille pour mieux conforter son pouvoir. Successeur de Tughril Ier, Alp Arslan conquiert l'Arménie (1064), entre en Asie mineure, où il affronte les Byzantins, et en Syrie. Puis il revient en Transoxiane, où il meurt en 1072. Son fils, Malik Shâh, lui succède. Il conquiert de nouveaux territoires (la Transoxiane*), consolide sa domination en Syrie et en Arabie, réprime une révolte indépendantiste dans le Kermân. Son règne est culturellement très riche, mais à sa mort en 1092 l'empire se divise en quatre royaumes indépendants:

Caravansérail de Robât-e Sharaf, Khorâsân, XIIe s.

la dynastie des Grands Seldjoukides domine jusqu'en 1194 le Khorâsân, la Perse et l'Irak; une autre constitue un royaume dans le Kermân jusqu'en 1222; un royaume se forme en Syrie, avec pour capitales Alep et Damas; une dernière dynastie règne en Anatolie jusqu'au début du XIVe s. Au Khorâsân, le sultan Sandjar (1118-1157) réussit, après avoir brisé la rébellion de ses neveux, à étendre son autorité en Transoxiane* et au Khwâra-zm*, mais plusieurs défaites démantelèrent son royaume. A l'intérieur de leur empire, les Seldjoukides durent combattre une secte chiite ismaélienne, les «Assassins». Installés depuis le XIe s. dans plusieurs forteresses inexpugnables, ils contrôlaient de vastes régions et organisaient des assassinats de personnalités opposées au chiisme.

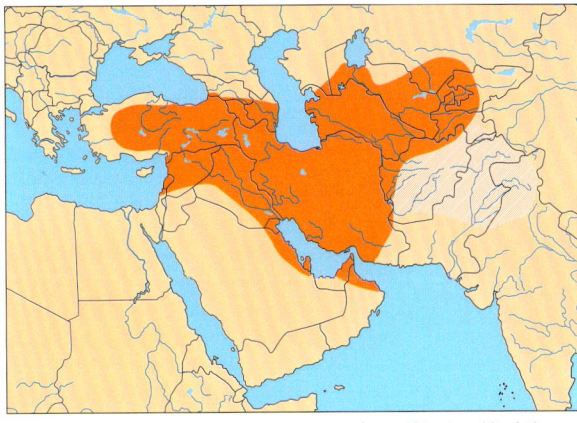

L'Empire seldjoukide.

Alp Arslan avait nommé comme vizir un Persan sunnite, Nizam al-Molk (1018-1092), qui joua un rôle pionnier dans l'organisation d'un pouvoir centralisateur, fort et efficace. Auteur d'un *Traité de gouvernement* destiné à l'éducation des princes, il acquit plus de pouvoir encore sous Malik Shâh et fut tué par les Assassins. Pour unifier le droit musulman, former les administrateurs et consolider les assises religieuses, administratives et politiques de l'empire, Nizam al-Molk fit construire des madrasas* dans tout l'empire, de la Syrie à l'Afghanistan. Il mit en pratique une conception du gouvernement qui servira longtemps de modèle. Alors que le califat abbasside avait imposé l'idée d'un souverain détenteur d'une légitimité transcendante, le souverain de Nizam al-Molk doit, par son autorité et la force, faire régner la shari'a*, assurer la paix militaire, chercher la satisfaction des populations. En Islam, les juristes et les théologiens n'ont pas de fonction législatrice, puisque la Loi est donnée par le Coran et les hadiths, mais d'exégèse, d'application et d'apologétique. Le souverain, par conséquent, doit faire respecter l'ordre social pour permettre à la religion de s'épanouir dans la communauté, afin que les êtres puissent trouver leur voie en Dieu ici-bas et atteindre l'état paradisiaque promis par le Coran dans l'au-delà. Sous l'autorité du sultan, le vizir dirigeait l'administration, dans laquelle travaillaient des Arabes ou des Persans spécialement formés. L'armée, aux ordres du sultan, était essentiellement composée de Turcs qui, au long de l'histoire orientale, occuperont généralement les postes de pouvoir et des fonctions militaires. Défenseur de l'Islam sunnite, les Seldjoukides menèrent campagne contre le chiisme, aussi bien par des guerres (contre les Bouyides chiites ou les Assassins) que par l'enseignement du sunnisme dans les madrasas.

Pouvoir et administration

Cour de la mosquée du Vendredi, Ardestân, XIIe s.

►Mausolée du sultan Sandjar, Merv (Turkménistan), années 1140. Photographie de 1924-25.

►Vase en verre, XIIe s. Musée du Verre et de la Céramique, Tehrân.

◆Tours funéraires de Kharaqân, fin du XIe s.

La culture | En redonnant une unité et un nouveau souffle à l'Orient musulman, les Seldjoukides permirent le renouvellement, l'épanouissement et la diffusion de la culture persane. Plusieurs innovations architecturales font leur apparition entre le XIe et le XIIe s.: les madrasas, des centres d'enseignement supérieur que l'on retrouvera très vite dans l'ensemble du monde musulman, et le type de la mosquée persane, qui emprunte son esthétique à la Perse parthe et sassanide. Plusieurs motifs décoratifs connaissent un développement important, comme les muqarnas* et les éléments de céramique émaillée ponctuant les décors de briques. Le XIe s. marque aussi le début de la littérature mystique, avec des poètes comme Sanâ'i et Nâsir-e Khosrow. Al-Ghazâli (1058-1111), un soufi et théologien qui enseigna à Bagdad, écrivit une œuvre qui réconcilie la théologie et la mystique. A Neyshâbur, Omar Khayyâm (v. 1048-v. 1123) partagea sa vie entre les sciences et la poésie.

Kohna Urgench (Turkménistan), capitale des Khwârazmshâhs.

Les Shâhs du Khwârazm (1194-1231)

Inclus dans l'Empire seldjoukide, le Khwârazm* est dirigé par des souverains turcs, qui se rendent indépendants entre le XIe et le XIIe s. Cette région de steppes et d'oasis, aujourd'hui partagée entre le Turkménistan et l'Ouzbékistan, constitue alors un Etat puissant et prospère. Au XIIe s., ses souverains profitent de l'affaiblissement du pouvoir seldjoukide, meurtri par les guerres fratricides que se livrent les fils de Malik Shâh, pour conquérir la Perse. Pendant quelques années, le royaume du Khwârazm est l'un des plus grands de l'histoire musulmane, même si

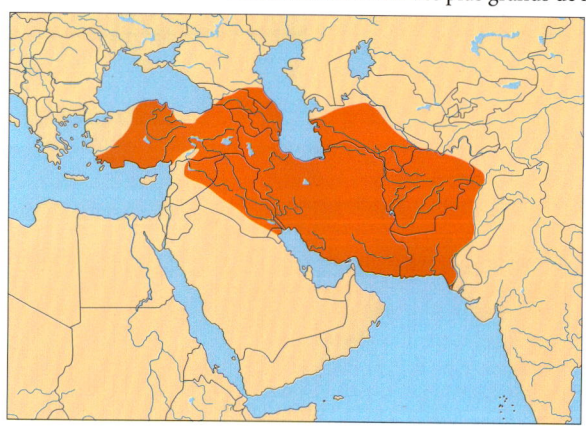

L'Empire ilkhânide.

ses rois (les Khwârazmshâhs) n'eurent pas le temps de consolider leur autorité en Perse. En 1218, un incident diplomatique fait basculer l'histoire: des marchands et un émissaire envoyés par Gengis Khan sont assassinés avec l'accord du shâh du Khwârazm. Le chef mongol, qui règne depuis peu sur la Chine du Nord, lance ses hordes de cavaliers en représailles. En quelques années, les Mongols ravagent et soumettent l'Asie centrale et la Perse.

Les Mongols et les Ilkhânides (1215-1353)

Pasteurs nomades des steppes, les Mongols dominent au XIIIe s. un empire qui va du Pacifique à la Perse et à la Mer noire et qui va se dissoudre aussi rapidement qu'il s'est formé. Leur succès tient à leur supériorité militaire, à leur force de terreur et à une stratégie foudroyante. Il s'explique aussi par le morcellement des territoires en fiefs, dominés par des roitelets ou des seigneurs de la guerre, par la division des villes en couches sociales aux intérêts contradictoires et aux collaborations fluctuantes, par une société partagée entre nomades et sédentaires. Il a suffi aux Mongols de briser l'unité politique donnée par le shâh du Khwârazm* pour pouvoir s'imposer.

Après la mort de Gengis Khan en 1227, son empire est divisé en quatre khânats, qui reviennent à ses fils puis à ses petits-fils. Le Grand Khan mongol règne sur la Chine, alors que la Horde d'Or domine les steppes de Russie et le Caucase, et les Chagatayides la Transoxiane* et l'Afghanistan. En Perse, Hulagu détruit Bagdad en 1258, met définitivement fin aux Abbassides et soumet les Assassins. Petit-fils de Gengis Khan, il prend le nom de «Ilkhân» («khân subalterne»), par allégeance à son frère, Kubilai, le Grand Khan. Sédentarisés, les Ilkhânides se convertissent finalement à l'Islam à la fin du XIIIᵉ s. et s'iranisent graduellement. En 1335, le dernier Ilkhân meurt sans héritier. L'empire se morcèle en petits Etats indépendants, que seul Tamerlan, quelques décennies plus tard, réunifiera par la violence: l'Etat chiite des Sarbedârs au Khorâsân, les Djalairides en Irak, en Azarbâidjân et au Kordestân, les Mozaffarides dans le Fârs et le Kermân.

►Les Mongols assiègent la ville chinoise de Chengdu. Peinture sur livre indo-persane, 1596. Bibliothèque du palais du Golestân, Tehrân.

L'héritage mongol

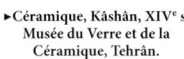

L'épopée mongole appartient à ces phénomènes qu'il est difficile d'apprécier avec impartialité, tant ses conséquences sont contrastées. Du point de vue iranien, elle apparaît essentiellement négative. Les massacres et la dureté du nouveau régime ont dépeuplé des régions entières, réduit des villes à des villages, brûlé des bibliothèques inestimables, détruit des témoignages artistiques, exploité les populations, entraîné une misère qui a nourri le brigandage, les guerres, l'insécurité et la détresse morale. Devant l'invasion mongole, des nomades turcs ont quitté l'Asie centrale et

►Céramique, Kâshân, XIVᵉ s. Musée du Verre et de la Céramique, Tehrân.

se sont installés en Iran, où, pour des siècles, ils ont augmenté le nomadisme de la population, durci la division entre sédentaires et semi-nomades, et freiné le développement de l'agriculture et des villes.

Pourtant, le tableau n'est pas uniformément sombre, et comme toujours, l'Iran a su approfondir et redécouvrir son identité à travers l'épreuve d'une domination étrangère. Grâce aux administrateurs persans employés par les Mongols, la culture persane a pu être préservée et s'épanouir dans des capitales comme Tabriz, Soltâniyeh et Marâgheh. En rétablissant une stabilité politique sur d'immenses espaces, les Mongols ont permis la diffusion de l'Islam jusqu'en Chine et le développement du commerce entre l'Occident, la Chine et l'Inde. C'est à l'époque mongole que des voyageurs comme Marco Polo, des missionnaires ou des commerçants rapportent en Europe des produits d'Extrême-Orient. Bouddhistes, chamanistes ou chrétiens convertis plus tard à l'Islam, les Mongols furent connus pour leur tolérance religieuse: le Judaïsme et le Christianisme ont vécu en paix, sunnites et chiites purent coexister de façon égale et des Ilkhâns favorisèrent

●Mausolée d'Uldjâitu, Soltâniyeh, 1307-1313.

même le chiisme. Si les Mongols ont progressivement adopté l'art persan, ils ont apporté en Perse une influence chinoise qui va marquer les arts décoratifs, les tapis et la miniature. Les bouleversements de l'ère mongole ont aussi provoqué un regain de spiritualité. On assiste au XIIIᵉ s. à un développement important de la piété populaire, de la vénération des sheikhs* et des ordres soufis, qui forment parfois de véritables forces politiques. L'un d'eux prendra le pouvoir au XVIᵉ s.: l'ordre safavide fondé par Safi al-Din, un maître spirituel mort en 1334.

Tamerlan et les Timourides (1370-1506)

Tamerlan

Si Tamerlan est devenu un héros national en Ouzbékistan, son souvenir est peu glorieux en Iran, où l'on se souvient surtout de sa cruauté et des tours de crânes qu'il faisait ériger. Tamerlan (ou Timur Lang) est né en 1336 dans une famille turque près de Samarkand. Il boitait (d'où son surnom de «Lang»: boiteux) et Timur («homme de fer»). Personnage complexe, irréductible et, pour nous, contradictoire, Tamerlan semble unir l'inconciliable: une barbarie inouïe à un haut sens culturel, une forte piété sunnite à une dureté aveugle pour qui ne se soumettait pas à lui. Capable de sacrifier des villes entières, il épargnait pourtant les artistes et les descendants du Prophète. Lettré, il parlait le persan et aimait s'entourer de poètes et de savants: il accueillit à Bagdad le fameux historien Ibn Khaldun. Stratège et chef remarquable, il n'eut pourtant pas de sens politique et administratif à la hauteur de ses talents de conquérant. Son administration mélangeait des institutions islamiques et mongoles, mais son règne était turc et sa culture, partiellement influencée par la Chine, était surtout persane. Même si Tamerlan assura la sécurité des routes commerciales, son empire n'eut jamais d'unité profonde et il éclata en morceaux au lendemain de sa mort.

►Tamerlan à Samarkand. Peinture sur livre de Behzâd, 1529. Bibliothèque du palais du Golestân, Tehrân.

Histoire d'une ambition

Grâce à la situation politique instable de la Transoxiane*, au morcellement des territoires en petits royaumes, aux rivalités des prétendants, à ses talents militaires et à des alliances opportunistes, Tamerlan prend le pouvoir dans la région. Devenu roi en 1370, il ne va cesser depuis lors de mener des guerres de conquêtes ou de représailles, afin d'étendre ou de conserver un empire pour lequel il n'a guère de vision politique. Il s'empare du Khwârazm*, de l'Afghanistan, de la Perse, de la Mésopotamie. Après sa victoire sur les Mongols islamiques de la Horde d'Or, il prend possession de larges

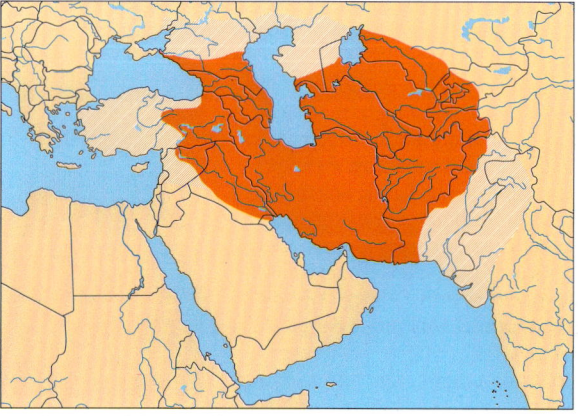

L'Empire timouride.

territoires de la Russie (1391). Il fait une incursion en Inde et pille

Delhi en 1398. Avec la bénédiction des Européens menacés par les Ottomans, il vainc le sultan Bayazid Ier à la bataille d'Ankara (1402). En Asie centrale, il fait de Samarkand, une ville autrefois rasée par les Mongols, une capitale politique, commerciale et artistique. Il y déporte des artisans capturés au cours de ses conquêtes et qui vont créer des mosquées et des mausolées que l'on peut admirer encore aujourd'hui. Tamerlan se marie en 1397 avec la fille du dernier khân Chagataïdes. Mort lors d'une expédition contre la Chine, il est enterré à Samarkand.

Mausolée de Tamerlan, Samarkand (Ouzbékistan), 1404.

Se présentant comme le continuateur des Mongols, Tamerlan souhaitait reconstituer l'empire de Gengis Khan et refaire l'unité de l'Asie, mais en 1405 ses fils et petit-fils se partagent les lambeaux de son empire. Au XVe s., ils firent fructifier l'esthétique persane au cœur de l'Asie centrale et en Afghanistan. Shâhrukh (1405-1447), fils cadet

Les Timourides

Mosquée de type persan de Bibi Khanum. Samarkand (Ouzbékistan), 1398-1405.

de Tamerlan, est son principal héritier. Mécène célébré par les savants et les artistes, il donne la Transoxiane* à son fils Ulugh Beg et règne lui-même en Perse orientale. De la lignée qui gouverna dans les Turkménistan et Ouzbékistan actuels, deux figures se détachent: Ulugh Beg (1447-1449), bibliophile et astronome qui enrichit Samarkand d'une madrasa et d'un observatoire astronomique, et Bâbur qui, chassé de son royaume de Ferghana par les invasions ouzbèkes, part fonder en Inde l'Empire moghol. Au Khorâsân, Shâhrukh puis Hosseyn Bayqara (1470-1506) font de Hérat une «Florence» de l'Orient: on y construit des mosquées et des madrasas aux décors de céramiques émaillées, des poètes comme Djâmi écrivent en persan et en tchaghataï (turc oriental), des calligraphes et des peintres (tel Behzâd) composent de splendides manuscrits illustrés.

⊚Coupole du mausolée de Gowharshâd, Hérat (Afghanistan), 1432.

Les Turcomans du «Mouton Noir» (1360-1468) et du «Mouton Blanc» (1378-1508)

Au XVe s., deux tribus turques règnent successivement et pour quelques décennies à l'ouest de l'Iran. Apparues dans l'histoire au XIVe s., elles sont surnommées les «Moutons Noirs» et les «Moutons Blancs», pour des raisons sans doute symboliques. Les «Moutons Noirs» ou Qara Qoyyunlu s'installent en Irak et font de Tabriz leur capitale. Ambitieux, ils combattent le Timouride Shâhrukh pour étendre leur domination à l'est, mais ils sont défaits à plusieurs reprises. En 1468, Uzun Hassan, souverain de la branche rivale des «Moutons Blancs» ou Aq Qoyyunlu, tue le dernier des «Moutons Noirs». Il prend à son tour le pouvoir, conserve Tabriz comme capitale et mène une politique habile et culturellement riche. Pour combattre les Ottomans, il s'allie avec les derniers Byzantins, Venise et le Pape, mais ses deux descendants ne parviennent pas à conserver un royaume qui s'effrite.

Madrasa d'Ulugh Beg, Samarkand (Ouzbékistan), 1417-21.

GUIDE CULTUREL DE L'IRAN

Istanbul, capitale ottomane.

Au XVIe s., la carte de l'Orient est entièrement recomposée. En Asie centrale et dans le Khorâsân, les Ouzbeks Sheyba-nides ont renversé les Timourides et promeuvent dans leur capitale Boukhara une culture fortement influencée par la Perse. En Asie mineure, les Turcs ottomans ont pris Constantinople en 1453, puis conquis un empire qui s'étend des portes de Vienne à la frontière mésopotamienne de la Perse. En Inde, l'Empire moghol fondé par Bâbur donne naissance à une culture indo-persane qui marque aussi bien la littérature que l'architecture et la peinture. En Perse, la dynastie safavide vainc les Turcs du «Mouton Blanc» et donne au pays une identité nationale et religieuse dont l'Iran est aujourd'hui l'héritier lointain mais direct.

Les Safavides (1501-1722)

Le fondateur

Fondateur de la lignée safavide, Shâh Ismâil Ier est d'origine turque et naît en 1487. Son ancêtre est un maître soufi mort en 1334 et enterré à Arda-bil, Safi al-Din. Couronné à Tabriz en 1501, il refait par des conquêtes l'unité politique et territoriale de l'Iran. Pour la première fois depuis sa conversion à l'Islam, le pays acquiert une autonomie politique, qui marque le début d'un nationalisme solidaire de la religion et d'une spéci-ficité culturelle qui ira en s'affirmant au long des siècles. Se présentant comme «le noble descendant d'Ali», Shâh Ismâil Ier proclame le chiisme duodécimain religion officielle, pour des raisons à la fois spirituelles et politiques. La nouvelle foi per-mettait d'unifier les populations à travers une spiritualité originale et neuve, qui se distinguait de l'Islam sunnite des royaumes entourant la

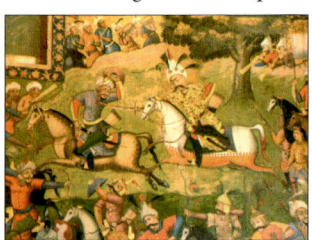

●Shâh Ismâil Ier. Peinture du palais Chehel Sotun, Esfahân, XVIIe s.

¤ Mausolée de Safi al-Din, Ardabil, vers 1334-44.

Perse. Si, à l'époque safavide, le chiisme donnait une nouvelle dimension à la guerre contre les Ottomans sunnites, dans les temps modernes, il donnera à l'Iran une identité distincte des pays arabes. Shâh Ismâil Ier redonne une nouvelle force au pouvoir royal, en associant étroitement la loi islamique à une dimension mystique. Il est à la fois un maître spiri-tuel, vénéré par les confréries, un chef religieux, instigateur du chiisme, et un souverain, gouvernant le pays et unifiant ses populations. Admiré pour ses qualités, craint pour sa cruauté, Shâh Ismâil Ier meurt en 1524.

Les gloires d'une dynastie

Successeur de Shâh Ismâil Ier, Shâh Tahmâsp Ier (1524-1576) enlève au gouvernement certains caractères théocratiques que lui avait donnés son prédécesseur. A l'intérieur du pays, il doit faire face à des rivalités tribales; à l'extérieur, il conquiert la Géorgie, affronte les Ottomans en Azarbâidjân et en Arménie, combat les Turcs ouzbeks qui règnent en Asie centrale et dans le Khorâsân. Après sa mort, deux rois incompétents déstabilisent le royaume, qui sera redressé par le créateur de la splendeur safavide: Shâh Abbâs Ier (1587-1629), dit le Grand. Il réorganise l'armée, composée notamment de Caucasiens payés par le trésor royal et placés sous son commandement direct. Il se lance dans une série de conquêtes, qui reprennent le Khorâsân aux Ouzbeks, l'Azarbâidjân et l'Irak aux Ottomans. Il s'empare de l'Arménie, de la Géorgie, de la totalité du Kordestân, de l'île de Bahrein. A l'intérieur, sa politique centralisatrice stabilise le pays, et favorise une iranisation homogène du territoire. Il redistribue des postes de pouvoir et place les provinces sous une administration unique qui enlève du pouvoir aux régents locaux. A la suite de Shâh

L'Empire safavide.

Tahmâsp Ier, il poursuit la séparation de l'Etat et du pouvoir religieux, et sa politique envers les non-musulmans est tolérante. Il développe le commerce, grâce à l'apport de Caucasiens et d'Arméniens amenés dans le pays à la suite de ses expéditions militaires. Il entretient des contacts avec l'Europe, l'Inde des Moghols, la Russie des Tsars, et transforme Esfahân, sa nouvelle capitale, en ville d'art et de philosophie.

Shâh Abbâs Ier. Peinture du palais Chehel Sotun, Esfahân, XVIIe s.

Les réussites de Shâh Abbâs Ier ont leur part d'ombre. Le roi, qui fit assassiner plusieurs de ses fils et petits-fils, ne prépara pas sa succession. En enfermant les princes dans le harem et des vies de plaisir, il les priva d'enseignement politique. Alcoolique et maladif, Shâh Safi Ier (1629-1642) se retira des affaires, non sans avoir fait assassiner des membres de sa famille, de l'armée et de l'administration, et c'est le vizir Mirzâ Taqi qui assura la sauvegarde du royaume. Souverain actif et de qualité, Shâh Abbâs II (1642-1666) rattacha une partie de l'Afghanistan à la Perse, favorisa le commerce, sécurisa le royaume, assainit la justice. Shâh Safi II ou Suleymân (1666-1694) et Shâh Husseyn (1694-1722) laissèrent en revanche le royaume à l'abandon, progressivement sapé par une administration et une armée qui s'affaiblissaient, les luttes de harem et les conflits de succession.

Grandeur et misère

Souvent vaincus par l'alcool et les drogues, à la merci du harem, sans compétence politique ni sens des responsabilités, les derniers Safavides abandonnent le pouvoir à des fonctionnaires de plus en plus corrompus, aux courtisanes et aux eunuques. La politique désastreuse de Shâh Husseyn, un homme religieux, mais intolérant et

La place royale d'Esfahân, début du XVIIe s.

Madrasa de la Mère du Shâh,
Esfahân, 1704-1714.

fanatique, accélèrent la fin. Il fait prélever des impôts trop lourds, et sous l'influence d'un clergé devenu très puissant depuis le XVIe s., il fait persécuter les sunnites, les non-musulmans et les philosophes. Finalement, une tribu afghane, les Ghalzais, se rebelle et envahit la Perse de 1719 à 1722.

Dans le domaine culturel, l'époque safavide fut en quelque sorte un crépuscule qui aurait l'éclat de l'aube: avec elle, l'architecture, les revêtements de céramiques, les tapis ou les peintures atteignirent une forme d'idéal, mais cette apothéose était comme une rose qui se fana rapidement, après avoir enivré et magnifié les sens. L'histoire de l'Iran ne cesse pas d'être fascinante, ni émaillée de réussites et de renouveaux, mais les périodes créatrices et fondatrices appartiennent désormais au passé.

Les Afghans (1722-1729), le règne de Nâder Shâh (1736-1747) et les Zands (1750-1794)

Les Afghans s'emparent d'Esfahân en 1722 et mettent fin à la dynastie safavide. Leur règne fut court (sept ans), et leur domination fragile ne s'étendit jamais à l'ouest et au nord de l'Iran. En 1729, un chef de tribu turc partisan des Safavides détrône les Afghans d'Esfahân. Il se fait couronner en 1736 sous le nom de Nâder Shâh et fonde la dynastie des Afshars. Excellent soldat mais piètre administrateur et politicien, il va entraîner l'Iran dans une suite de guerres et de conquêtes, qui voulaient redonner au royaume l'unité territoriale de l'époque safavide et le préserver des menaces ottomane et russe. Ses entreprises ne furent qu'une demi-réussite et affaiblirent l'administration, laminèrent les caisses de l'Etat et provoquèrent des troubles sociaux. Comme Tamerlan, son modèle, il fait campagne en Inde, pille Delhi en 1739, et ramène en Iran les trésors de la Couronne. La folie du pouvoir, un caractère de plus en plus colérique et maladif marquèrent les dernières années de Nâder Shâh, qui fut assassiné en 1747.

►Le couronnement de Nâder Shâh sur un tapis du XVIIIe s. Musée du Tapis, Tehrân.

Au sud, Karim Khân fonda la dynastie kurde des Zands et choisit Shirâz pour capitale. Régent (*vakil*) de cette ville, son gouvernement (1750-1779) fut éclairé, pacifique et actif, mais son héritage politique ne survécut pas à sa mort.

Les Qâdjârs (1779-1925)

Après ces quelque soixante années ponctuées d'anarchie, de guerres civiles et d'incertitudes, l'Iran retrouva une

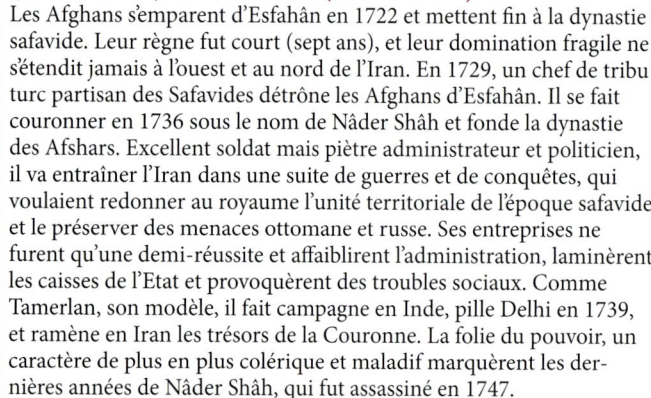

L'empire de Nâder Shâh.

dynastie stable avec les Qâdjârs, une tribu turcomane qui avait aidé les Safavides à prendre le pouvoir.

Aqâ Muhammad, son premier souverain, est couronné en 1795, après avoir éliminé ses rivaux et renversé les Zands. Il transfert sa capitale à Tehrân, qui devient, et demeure aujourd'hui encore, le centre politique et culturel du pays. Excellent administrateur, il unifia l'Iran et lui redonna la paix et la sécurité. Ses mérites ne suffisent pas à masquer les travers d'une personnalité cruelle, qui avait été castrée dans son enfance, et qui domina par la terreur et le meurtre.

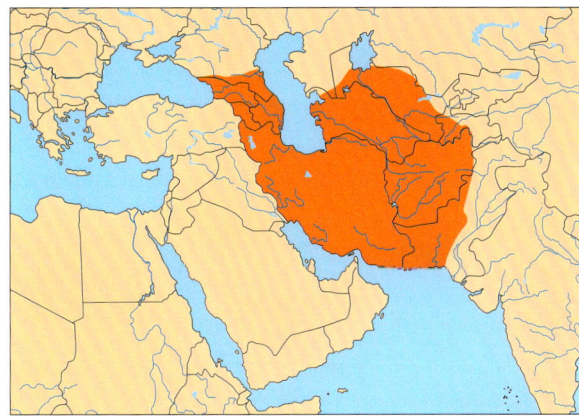

L'Iran sous les Qâdjârs.

Il fut assassiné en 1797, et son neveu, Fath Ali Shâh (1797-1834), monta sur le trône. Sous son règne, et celui de son petit-fils Muhammad Shâh (1834-1848), l'Iran devient la proie et le terrain d'affrontements de la Russie et de la Grande-Bretagne. Depuis le XVIIIe s., la première n'avait cessé de s'avancer en Asie centrale et dans le Caucase; la seconde, qui avait colonisé l'Inde au XVIIIe s., avait fait de l'Afghanistan la chasse gardée de ses intérêts. L'incompétence politique des Qâdjârs et l'infériorité de leur armée font perdre à l'Iran ses territoires d'antan pour dessiner peu à peu les frontières d'aujourd'hui. Par les traités de Golestân et de Turkomânshây (1813 et 1828), l'Iran doit céder aux Russes les provinces du Caucase, et notamment l'Arménie; en 1856, le traité de Paris le force à accepter l'indépendance de l'Afghanistan et l'abandon de Hérat, l'un des hauts lieux de la culture persane sous les Timourides et les Safavides.

Nâser od-Din Shâh (1848-1896) accéléra la mainmise économique de la Grande-Bretagne et de la Russie, en bradant des concessions: la Russie obtint le monopole du caviar, la Grande-Bretagne celui des industries et des mines, plus tard du pétrole. L'attribution, en 1890, du monopole du tabac à un Anglais provoqua des émeutes et cristallisa une opposition populaire massive contre le chah, qui dut annuler la concession. En 1908, du pétrole découvert dans le Khuzestân est exploité au profit de l'Angleterre, qui ne verse qu'une faible participation au gouvernement iranien.

►Fath Ali Shâh.

Les Iraniens ne conservent qu'un souvenir mitigé de la dynastie qâdjâre, qui compte aujourd'hui de nombreux descendants. Impopulaires, despotiques, victimes de courtisans corrompus comme des puissances occidentales, réputés ne s'intéresser qu'aux plaisirs, les Qâdjârs n'ont guère freiné le déclin de l'Iran au XIXe s.

►Aigrette de Nâser od-Din Shâh. Musée National des Joyaux, Tehrân.

Quelques personnalités se signalèrent pourtant par leurs qualités: Abbâs Mirzâ (1789-1833), fils de Fath Ali Shâh et gouverneur de l'Azarbâidjân,

►Nâser od-Din Shâh.

et Amir Kabir (v. 1807-1852), un homme d'Etat réformateur exceptionnel, qui inaugura une modernisation du pays mais fut assassiné à Kâshân.

La création du Parlement et la Révolution constitutionaliste

Au XIXᵉ s., les idées européennes pénètrent en force chez les élites iraniennes, qui souhaitent copier les techniques, les arts et les développements sociaux et politiques de l'Occident. Des intellectuels, des religieux et des commerçants s'allient contre le despotisme du roi, la corruption des ministres, le pillage de l'Iran par les puissances étrangères. Suite à des émeutes, le roi Mozaffar od-Din (1896-1907) crée une Assemblée consultative en 1906, qui marque un premier pas dans la création d'une république iranienne. Dans ce Parlement (Madjles) siègent des représentants de différentes catégories sociales: artisans, paysans, fonctionnaires, commerçants, propriétaires terriens, nobles, théologiens et membres de la famille royale qâdjâre. Déjà, s'y affrontent les réformistes laïcs et les conservateurs religieux. La même année, une Constitution de monarchie constitution-nelle est écrite. Elle responsabilise des ministres

►Ancien Parlement, Tehrân, fin du XIXᵉ s. Bibliothèque du palais du Golestân, Tehrân.

souvent incompétents et corrompus, entend contrôler les emprunts de l'Etat pour limiter les dépenses du chah, réclame une participation du peuple au pouvoir, et revendique le droit à la liberté d'opinion et à une meilleure justice sociale. Cette révolution constitutionaliste et les efforts de réforme n'améliorèrent pas la situation du pays. Démembré par des chefs locaux qui règnent sur les provinces, l'Iran continue d'être dominé par les Anglais et les Russes, qui contrôlent l'armée et l'économie. En 1907, ceux-ci partagent leur influence sur le pays: les Russes s'arrogent le nord, les Anglais le sud.

La fin des Qâdjârs et l'entrée dans la modernité

Officiellement neutre pendant la Première Guerre Mondiale, l'Iran devient néanmoins un terrain de rivalités. Si la France tente sans succès d'y étendre son influence, la Russie affronte l'Empire ottoman, allié des Allemands, en Azarbâidjân. L'Angleterre, qui met l'Iran sous protectorat en 1919, s'accroche aux réserves pétrolières dont elle a besoin pour ses navires: elle fait de l'Iran une barrière entre les Indes et les ambitions turques et allemandes. L'Allemagne organise des actions de sabotage contre les Anglais, en détruisant des infrastructures et en soulevant des tribus. La Russie se retire de l'Iran après la Révolution d'octobre (1917): dans un traité irano-russe signé en 1921, elle déclare, au moins théoriquement, renoncer à ses visées sur la Perse.

Palais du Golestân, Tehrân, XIXᵉ s.

Après la Première Guerre Mondiale, l'Iran est ruiné et épuisé. Le pays est aussi traversé par des révoltes, dont la plus célèbre est celle des Djangalis, des indépendantistes dans le Gilân, de 1915 à 1921. Pourtant, les germes et les moteurs de la modernité sont là: l'industrie pétrolière, pilier économique de l'Iran

moderne, le nationalisme, né par réaction contre les dominations
étrangères, l'adhésion à la Société des Nations (S.D.N.) en 1920, qui
assura la présence de l'Iran dans le concert des nations, et enfin la présence active des idéologies libérales, démocratiques et communistes
dans le pays. C'est avec la dynastie Pahlavi que l'Iran entre définitivement dans l'ère moderne et industrielle. Son fondateur, Rezâ Khân,
est né en 1878. Ministre de la Guerre sous les Qâdjârs, il commandait
une unité cosaque, les meilleures troupes de l'armée iranienne. Grâce
à un coup d'Etat soutenu par les Anglais, il prend le pouvoir en 1921.
En 1925, il fait déposer le dernier roi qâdjâr (Ahmad Shâh) puis se
fait couronner sous le nom de Pahlavi.

Reste d'une statue de Rezâ Shâh,
Palais de Sa'd Abâd, Tehrân.

Les Pahlavis (1925-1979)

Rezâ Shâh

Rezâ Shâh inaugure de vastes réformes qui remodèlent le pays,
transforment les mentalités et redonnent peu à peu à l'Iran un statut
central en Orient. A l'exception du pétrole qui reste aux Anglais, il
abolit en 1928 les concessions faites aux pays étrangers. Plusieurs
banques sont fondées: Melli («Nationale») et Sepah, plus tard Sâderât.
Très rares jusque-là, les industries se développent dès 1934
et donnent une impulsion forte et définitive à l'économie,
à l'épanouissement des techniques et à la construction des
infrastructures. Le chemin de fer transiranien et un important réseau routier sont construits. Rezâ Shâh bouscule les
structures traditionnelles de la société en l'occidentalisant.
La justice, auparavant aux mains exclusives des religieux,
se laïcise et suit un Code civil inspiré de l'Europe. Le bazar,
économie traditionnelle pendant des siècles, est peu à peu
mis à l'écart par une économie et une industrialisation étatisées. Une
poste iranienne, rattaché à l'Union Postale Internationale, est créée
dès 1922 et remplace un service de distribution auparavant assuré par
les Anglais.

Palais Vert, Sa'd Abâd,
Tehrân, construit par
Rezâ Shâh en 1922-29.

Parallèlement aux écoles et aux madrasas dirigées par les religieux,
une éducation moderne est dispensée dans des institutions publiques

Ecolières à l'entrée des palais de Sa'd
Abâd, Tehrân (novembre 2002).

et laïques, calquées sur des
modèles européens. L'Université
de Tehrân est fondée en 1935 (les
universités de province seront
créées dès 1950) et la scolarisation
atteint les villages. On crée des
registres d'état civil, dans lesquels
les personnes sont reconnues par
leurs nom et prénom, et non plus
par leur lignée et leur lieu d'habitation. En 1935, sur demande de
l'Etat iranien, les chancelleries occidentales adoptent le nom persan
«Iran*» au lieu du nom «Perse*», issu du grec. En réaménageant
la capitale Tehrân selon un plan d'urbanisme moderne, Rezâ Shâh
inaugure la construction ou la refonte des villes selon les exigences du
développement industriel et occidental. Minée par le favoritisme, le
népotisme et la corruption, l'administration est modernisée, restruc-

►Les fêtes de Persépolis,
en 1971.

turée et fondée sur de nouvelles bases. Une armée nationale est créée et un service militaire obligatoire de deux ans est instauré.

Vitales et urgentes, ces réformes furent néanmoins imposées de façon autoritaire, unilatérale, parfois irréfléchie. Elles revêtirent souvent un caractère anti-religieux (le roi interdit le tchador* en 1936) et provoquèrent des réactions vives des milieux traditionnels. Impopulaire, Rezâ Shâh

●Canon utilisé pour l'enterrement
de Rezâ Shâh.
Musée Militaire de Shirâz.

détruisit toute opposition et n'admit que les flatteurs qui l'aveuglaient.

Mohammad-Rezâ Pahlavi

►Couronne de
Mohammad-Rezâ Pahlavi.
Musée National des
Joyaux, Tehrân.

Lorsque la Deuxième Guerre Mondiale éclata, l'Iran déclara à nouveau sa neutralité, mais sa position stratégique était trop importante pour être ignorée. Rezâ Shâh, qui accueillait des techniciens allemands et entretenait des contacts avec l'Allemagne hitlérienne, hésita à choisir son camp. Les Anglais et les Russes envahirent alors le sud et le nord de l'Iran en 1941. Ils destituèrent le premier des Pahlavis, qui abdiqua pour son fils Mohammad-Rezâ et mourut en exil en Afrique du Sud en 1944.

Marié à la sœur du roi d'Egypte (Faruzia), plus tard à Sorayâ, issue de la tribu Bakhtyâri, le nouveau souverain est né en 1919. Il fait ses études en Suisse, son service militaire en Iran, avant de recevoir le pouvoir de son père. Il ne s'impose véritablement qu'après la Seconde Guerre Mondiale, et ne sera couronné qu'en 1967, en présence du fils que lui avait donné sa troisième épouse, Farah. De son père, il hérite d'un pays meurtri par l'occupation des Alliés, mais néanmoins unifié et en voie de développement. L'Iran continue pourtant de subir la rivalité anglo-russe et tombe sous l'influence des Etats-Unis: des conseillers américains aident le gouvernement iranien à planifier les programmes de développement. A travers le parti communiste (Tudeh) fondé en 1942, l'U.R.S.S. intervient dans les affaires iraniennes. En 1945 et en 1946, elle soutient des mouvements indépendantistes de l'Azarbâidjân et du Kordestân, qui menacèrent l'unité du pays, mais la situation put être rétablie au prix de concessions pétrolières accordées à l'U.R.S.S.

Le nationalisme anti-anglais et l'enjeu du pétrole provoquent une grave crise en 1951. Le Dr Mosaddeq, cofondateur du Front National (1949) et élu Premier Ministre, nationalise le pétrole exploité par une compagnie anglaise: l'Anglo-Iranian Oil Company. Le conflit est mené devant la Cour de la Haye, puis devant l'ONU. Finalement, la C.I.A. fomente un coup d'Etat qui renverse Mosaddeq et qui ramène au pouvoir le chah parti en exil. Un compromis est trouvé: le pétrole est nationalisé, mais son exploitation est dominée par des compagnies étrangères, qui versent à l'Iran une rente.

Mohammad-Rezâ poursuit l'œuvre de modernisation de son père. Il fait construire des barrages, des

►Musée d'Art Contemporain,
Tehrân, 1977.

routes, des aéroports et des usines. L'armée est équipée des armements les plus modernes et devient l'une des premières du monde. Dès 1962, le roi lance une «révolution blanche», plébiscitée par un référendum, et qui propose un ensemble de réformes: une redistribution des terres aux paysans pour mettre fin à la domination des grands propriétaires, une nationalisation des forêts, des pâturages et de l'eau, l'alphabétisation dans les villages, le droit de vote aux femmes, la privatisation d'industries appartenant à l'Etat, une réforme de l'administration et de la justice, un aménagement des villes et des campagnes pour supprimer les bidonvilles. Tournée vers les Etats-Unis, sa politique soutient Israël et se détourne des pays arabes, notamment de l'Egypte de Nasser sous influence soviétique. En faisant grimper le prix du pétrole, le choc pétrolier de 1973 permet au chah de lancer de nouveaux projets industriels, qui accélèrent l'occidentalisation de l'Iran, mais aussi la crise sociale et identitaire de sa population.

►Place Hassan Abâd, Tehrân. Elle fut construite en 1929 d'après un modèle européen.

Déconnecté de la réalité iranienne et populaire, apparemment brillant dans ses rapports internationaux, le chah poursuivit des projets parfois mégalomanes et souvent mal planifiés. Les réformes n'empêchaient pas la corruption, le favoritisme, la scission entre une majorité pauvre et une richesse partagée entre plusieurs grandes familles. Comme son père, qui choisit son nom dynastique (Pahlavi) par référence à la langue pehlevi*, Mohammad-Rezâ exaltait l'ère achéménide. Les fêtes de Persépolis (1971), d'où les Iraniens avaient été exclus, furent le couronnement d'un culte qui ignorait une part essentielle de l'Iran musulman et traditionnel. En contradiction avec les principes de modernité, le chah excluait et réprimait l'opposition, à travers une police politique féroce et tentaculaire, la SAVAK créée en 1957. Face à une occidentalisation à outrance, les milieux religieux formèrent une opposition à la fois intellectuelle, culturelle et spirituelle. L'une de leurs figures de proue, Ruhollâh Khomeyni, fut exilé en Irak en 1964. Dès les années 1960, des groupes d'opposition armés avaient également fait leur apparition: les Fédayines et les Modjahédines du peuple, tous deux inspirés par le marxisme, et qui organisèrent plusieurs actions terroristes.

Les contradictions d'une modernisation

►Barrage sur le Dez, 1963.

Les dernières années du dernier roi

En 1977, le chah tenta de donner un caractère plus libéral à son régime, mais qui n'apporta aucune solution profonde au malaise social et au manque de liberté d'expression. Elle ne freina pas non plus une résistance révolutionnaire qui s'organisait secrètement dans la société, menée par les mollâs, et par le biais d'associations et de cercles privés. En 1978, des manifestations de plus en plus importantes éclatent, systématiquement réprimées, et qui font de nombreux morts à Qom, Tabriz, Yazd, Mashhad, Esfahân et Tehrân. Peu à peu, toutes les couches de la population s'étaient ralliées au mouvement de révolte, dépourvu de cohésion politique, mais motivé par le clergé, unifié à la fois par l'opposition au chah, le chiisme et la quête d'une nouvelle aspiration spirituelle et nationale. Le 31 décembre, le chah tente de prévoir des réformes et nomme un opposant, Shâpur Bakhtiâr, au poste de Premier Ministre, mais il est trop tard. Il doit partir en exil le 16 janvier 1979. Atteint d'un cancer, il meurt au Caire en 1980.

La Révolution et la République islamiques (1979-…)

Par ses implications, ses réflexions et son action, la Révolution islamique constitue sans doute l'un des événements majeurs du XXᵉ s. Née d'un mouvement essentiellement jeune, citadin et populaire, son

★ Jour de révolution, 1979.

triomphe fut l'œuvre d'un homme: Ruhollâh Khomeyni, un âyatollâh★ à qui l'on donna le titre honorifique d'Imam par référence à l'Imam caché. Né en 1902 dans le centre de l'Iran, il étudia à Qom. Il fut d'abord intéressé par la philosophie et la mystique, avant de devenir, dès l'avènement de Mohammad-Rezâ Pahlavi, le principal défenseur du clergé et un opposant aux réformes modernistes du chah. En 1964, il est expulsé d'Iran: il se réfugie en Turquie puis en Irak, et en 1978, à Neauphle-le-Château près de Paris. Autour de lui se cristallise l'opposition au chah, composée d'intellectuels laïcs, de jeunes religieux, de clercs conservateurs et de mouvements d'extrême-gauche. Soutenu par la population iranienne, Khomeyni mène à l'étranger une campagne médiatique puissante et efficace. Deux semaines après le départ du chah, il arrive à Tehrân, où il est accueilli par un million de personnes. Le Parti de la République islamique, fondé tout de suite après la Révolution et présidé par Ali Khâmene'i, s'imposa comme le nouveau pouvoir et la nouvelle unité du pays. Il écarta ou domina les autres tendances, auparavant unies par leur opposition au chah, mais dont les divergences éclatèrent au grand jour après la chute du régime monarchique.

La République islamique

Proclamée le 1ᵉʳ avril 1979, la République islamique est un mélange de démocratie à l'occidentale et de valeurs islamiques. Selon sa Constitution, elle repose sur la foi en un Dieu unique, la Révélation de Dieu, les Imams, le jour du Jugement dernier, la fonction et la valeur suprême de l'homme. Un Président et un Parlement (Madjles ou Assemblée consultative) sont élus tous les quatre ans par le suffrage universel. Le Parlement est surveillé par un Conseil constitutionnel, qui

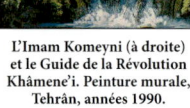

L'Imam Komeyni (à droite) et le Guide de la Révolution Khâmene'i. Peinture murale, Tehrân, années 1990.

veille à la conformité des lois avec l'Islam. Au sommet de l'Etat, le Guide Suprême de la Révolution incarne une autorité spirituelle, qui veille sur l'orientation islamique du gouvernement et la réalisation d'une société musulmane. Le pouvoir suprême du Guide tient sa légitimité d'un principe chiite, la *welâyat★-e faqih*, selon lequel un maître en loi religieuse est un héritier du Prophète et participe à la présence sainte de l'Imam caché★. En vertu de cette filiation historique et de ce rattachement spirituel, il a le droit de guider les hommes et de se constituer en référence de la loi.

Le nouveau pouvoir prend le contre-pied de la politique du chah : anti-américain, il s'oppose à Israël (l'Etat sioniste) et défend la cause des Palestiniens; musulman chiite, il islamise la société, la politique, la justice et la culture et interdit les divertissements jugés corrupteurs (musique pop, casinos, discothèques, pornographie, etc.); rejetant la culture agnostique et laïque de l'Occident, il affirme aussi sa différence vis-à-vis du monde arabe sunnite; nationaliste, il ferme le pays aux influences étrangères, qui dominèrent l'Iran au cours des deux derniers siècles. A l'Occident jugé décadent, individualiste et sans valeurs, la République islamique n'emprunte que la technologie et limite les relations internationales à des contacts économiques.

Basidji*. Peinture murale, Tehrân, années 1990.

Le temps des épreuves

Les premières années de la République sont sombres et difficiles. Les anciens partisans du chah sont emprisonnés ou condamnés à mort, puis des campagnes de plus en plus violentes sont menées contre les politiciens de gauche, le parti communiste, les Fédayines et les Modjahédines du peuple, le Front national, les intellectuels. En 1979, sont créés «les Gardiens de la Révolution» (*pâsdârân*), une force militaire qui s'illustra dans la guerre Iran-Irak, et qui servit également à maintenir l'ordre islamique dans la rue. La fuite des Iraniens à l'étranger provoque une importante fuite des capitaux et des cerveaux. Des grèves, l'inexpérience politique et les bouleversements bloquent ou freinent l'économie et la marche du pays. Bani-Sadr, premier président, est limogé en 1981: accusé de s'opposer au clergé, il se réfugie en France. La même année une bombe fait 74 morts parmi les membres du Parti de la République islamique. De 1980 à 1984, une guerre civile déchire le Kordestân, et voit s'affronter les forces gouvernementales et les combattants kurdes (les peshmergas). Les relations internationales sont également tendues et critiques. En novembre 1979, des étudiants envahissent l'ambassade américaine de Tehrân et prennent son personnel en otage. L'occupation, qui dura 444 jours, voulait dénoncer l'impérialisme américain et demander l'extradition du chah. Mais c'est la longue guerre avec l'Irak qui va profondément meurtrir l'Iran.

*La guerre Iran-Irak.

La guerre Iran-Irak ou la «Guerre imposée»

Sous domination ottomane jusqu'au début du XXᵉ s, l'Irak s'extrait peu à peu de l'influence britannique pour devenir une monarchie puis une république indépendantes (1958). Berceau des plus anciennes civilisations, elle contient aussi les tombeaux des Imams Ali et Hosseyn à Nadjaf et à Karbala. Sa montée en puissance avait déjà inquiété l'Iran à l'époque du dernier chah. Dans les années 1960, l'Irak et l'Iran utilisèrent chacun les combattants kurdes (opposants irakiens ou iraniens) pour déstabiliser le pays voisin, jusqu'à ce que l'accord d'Alger (1975) rétablisse la situation au détriment des Kurdes. En 1980, Saddam Hussein décide d'envahir l'Iran, pour empêcher la Révolution iranienne de déborder sur son pays et pour s'emparer du pétrole du Khuzestân. Comptant sur le désordre régnant en Iran, sur

●**Martyrs de la guerre Iran-Irak. Cimetière de Golestân-e Shohadâ, Esfahân.**

le silence des pays occidentaux que l'Iran s'est aliénés, soutenu par les pays arabes du Golfe, il conquiert rapidement l'ouest du Kordestân et du Khuzestân.

Face à l'agression irakienne, les Iraniens font front et trouvent une nouvelle énergie. En 1981, ils reprennent le Kordestân, Dezful, Suse, le port de Khorramshahr et infligent à l'Irak, qui se retire, une défaite retentissante. La guerre aurait pu s'arrêter là, mais l'Iran, déçu par le règlement du conflit par l'ONU, reprend l'offensive. L'enjeu: la région de Shatt Al-Arab, réserve irakienne de pétrole, et les lieux saints du chiisme, que l'Iran espère conquérir. Commence alors une guerre meurtrière et enlisée, au cours de laquelle les Irakiens feront usage de l'arme chimique, lanceront des missiles sur les villes iraniennes (Tehrân, Esfahân, Kermânshâh, Dezful), attaqueront des navires dans le Golfe. Du côté iranien, des milliers de jeunes volontaires (les basidjis*) sont envoyés sur le front, où ils mourront dans des combats que l'on a pu comparer à ceux de Verdun. Discrètement, les grandes puissances aident aussi bien l'Irak que l'Iran: la France, l'Amérique, l'U.R.S.S. vendent des armes à l'un et à l'autre, au prix de contradictions et parfois de scandales, comme l'*Irangate* en Amérique.

A la fin de la guerre, alors que l'Iran essuie une série de revers après ses succès initiaux, l'affrontement avec les Américains devient plus direct. En 1988, ces derniers détruisent la flotte iranienne et abattent un avion de ligne d'Iran Air. Finalement, devant l'aggravation et l'internationalisation du conflit, un cessez-le-feu est signé le 20 août 1988, sans qu'un vainqueur se soit dessiné, et sans que les frontières aient changé. Deux ans plus tard, une coalition internationale menée par les Etats-Unis attaque l'Irak, en réponse à l'invasion irakienne du Koweït. Le 16 août 1990, l'Iran signe la paix avec son voisin, mettant fin à l'un des derniers épisodes d'un conflit plusieurs fois millénaire entre la Perse et la Mésopotamie.

Une ère nouvelle

Le bilan de huit ans de guerre est lourd: entre 300'000 et 400'000 morts, des invalides et des veuves par milliers, des villes (Abâdân, Khorramshahr) détruites, des dizaines de milliards de dollars engloutis, des blessures morales encore vives aujourd'hui. La guerre empêcha l'épanouissement de la République, gela les développements économiques, appauvrit une majorité d'Iraniens, mais elle solidarisa aussi la population et fortifia le régime.

L'Imam Khomeyni meurt en 1989 et Ali Khâmene'i lui succède comme Guide de la Révolution. De l'Imam Khomeyni, dont le portrait est suspendu dans tous les édifices publics, les Iraniens conservent le souvenir d'un homme à qui ils doivent la fondation d'une république, une nouvelle identité spirituelle et la fin de la dictature du chah.

Après les excès révolutionnaires et la guerre, une nouvelle politique est adoptée. Elle privilégie le réalisme économique plutôt que l'idéologie islamique, recherche de meilleures rela-

▶Le Parlement iranien.

tions internationales, allège la censure. Les industries étrangères reviennent, timidement. Alors que la Révolution avait étatisé tous les secteurs importants (banques, industries fondamentales, énergie, etc.), le gouvernement veut à nouveau privatiser, mais sans grand succès. Longtemps sans dettes, l'Iran, qui a vécu du pétrole pendant la guerre, est endetté. Son développement économique souffre de l'immobilisme d'une bourgeoisie vivant de rentes et peu disposée à investir, d'investisseurs trop voraces et pressés, de manque de relations internationales et de règles commerciales claires et stables, de la médiocrité ou de l'insuffisance des produits fabriqués en Iran.

Tehrân, vue depuis les contreforts de l'Alborz.

L'Iran des années 1990 et 2000

Les années 1990 seront celles des changements. L'Iran, dont la moitié de la population a moins de vingt ans, est en pleine mutation. Après deux mandats présidentiels d'Ali Khâmene'i (1981 à 1989), deux mandats d'Ali Rafsandjâni (1989 à 1997), Mohammad Khâtami, un président réformateur, est élu deux fois, en 1997 et en 2001, avec près de 80% des voix. A l'intérieur, il inaugure des réformes difficiles, lentes, parfois superficielles, qui touchent aussi bien la politique que la société et la culture. A l'étranger, il donne de l'Iran une image plus positive. Majoritaires au Parlement, les réformateurs s'opposent à des conservateurs, qui détiennent les postes clés du pouvoir, l'armée et la justice. Dans un pays grand comme trois fois la France, le gouvernement iranien doit affronter des problèmes intérieurs immenses. Problème culturel et

Mausolée de l'Imam Khomeyni. Tehrân, années 1990.

politique, d'abord. Les réformateurs souhaitent laïciser certaines institutions de la République, dépolitiser la religion et libéraliser la culture, une tendance que les conservateurs considèrent comme une occidentalisation néfaste, sinon comme une subversion de l'Islam et une menace contre l'Etat. Le projet de démocratie religieuse soutenu par le Président Khâtami sera l'enjeu du futur: comment associer des valeurs spirituelles et chiites à un système politique qui représente la volonté populaire? La Tehrân moderne et occidentalisée s'oppose souvent aux provinces plus traditionnelles et conservatrices. Fortement majoritaire, souvent contradictoire dans ses idéaux et ses intérêts, la jeunesse est fascinée par la technologie moderne, l'Internet, et un mode de vie occidental qu'elle idéalise: elle ignore pourtant la culture européenne et tend à oublier ses propres racines traditionnelles. La naissance d'une classe moyenne de fonctionnaires et d'intellectuels a modifié les rapports auparavant traditionnels entre le pouvoir, les religieux et les bazaris. Le conflit entre tradition et modernité est souvent au centre des conflits de générations et de classes sociales.

Problème économique, ensuite. Fortement étatisée, l'économie repose sur les devises du pétrole. La mainmise de l'Etat étouffe plus ou moins

Tour de Bordj-e Milâd (hauteur: 435 m), Tehrân, 1997-2008.

les initiatives privées, et le gouvernement ne peut contrôler le développement des marchés noir et gris. La lourdeur de certaines structures traditionnelles, la corruption (seul moyen, souvent, de survivre), les disparités sociales, la récession et l'inflation (au moins 15 à 20% chaque année) empêchent ou retardent les grands travaux nécessaires à l'épanouissement du pays. La centralisation délaisse certaines provinces, et les beaux quartiers de Tehrân, où des appartements se vendent aussi chers qu'à New York, cohabitent avec le sous-développement de certaines régions à peine industrialisées. Les

Jour de deuil religieux à Tehrân. Sur l'affiche de gauche, le visage féminin a été recouvert d'un voile noir, parfois légèrement soulevé par le vent.

banlieues des grandes villes deviennent chaque jour un problème plus aigu et les prix des logements et des terrains explosent. Des gens toujours plus riches sont des exceptions au milieu d'une population qui vit avec un salaire mensuel moyen oscillant entre 150 et 300 dollars US. Un taux de chômage important affecte une jeunesse qui désespère de n'avoir aucun travail à sa sortie de l'université. Certains produits ne se paient qu'en dollars, alors que les salaires sont payés dans la monnaie iranienne qui a connu une forte dévaluation: en 1962, 1 dollar valait 76 rials contre 8200 rials en

Peinture murale de Tehrân. Le texte dit: «Les réserves de pétrole ne sont pas inépuisables. En vue de l'avenir, consommons raisonnablement.»

2003 et 30'000 rials en 2014. Directement ou non, l'Etat subventionne le logement, aide les nécessiteux et les martyrs de la guerre, soutient les prix à la consommation, essaie de réduire les écarts de niveaux de vie entre classes sociales et entre les mondes urbain et rural.

L'avenir | Puissance régionale, l'Iran entretient des contacts de plus en plus étroits avec l'Asie centrale et la Russie, épisodiques avec l'Europe, mais tendus avec les Etats-Unis qui lui imposent depuis 1996 un embargo économique. L'Iran détient plusieurs atouts, qui en font le pays le plus favorisé du Moyen-Orient. Riche, industrialisé, modernisé, il compte une population jeune et éduquée. Il possède d'immenses ressources naturelles (gaz, pétrole, métaux) et de nombreuses possibilités de développements économiques (exportations, tourisme, accords internationaux). L'Iran entre-

Entrée du Grand Bazar de Tehrân.

tient de bons rapports avec la plupart de ses voisins, et il n'est pour le moment menacé par aucune division interne, ethnique ou religieuse. Le taux de criminalité est bas, malgré le développement inquiétant de la prostitution et de la toxicomanie.

Tehrân, la nuit.

Synthèse de l'Islam chiite, de la culture iranienne, du nationalisme et de l'Occident, l'Iran a souvent innové: centre du premier empire universel (les Achéménides), d'une originalité rayonnante en art, pionnier de l'exportation de pétrole, novateur en politique (la Constitution de 1906, la Révolution islamique), il occupe une position à part dans le monde musulman grâce au chiisme, à son histoire et à son identité. L'avenir, quel qu'il soit, réservera certainement des surprises.

LES RELIGIONS DE L'IRAN

L'Iran a accueilli et accueille toujours plusieurs religions sur son sol. Certaines, comme la religion élamite, le Manichéisme et le Mithriacisme, ont disparu; d'autres sont encore vivantes, et plusieurs villes ont des quartiers arméniens, juifs et zoroastriens. Pour le Coran, les anciens prophètes, dont Muhammad est à la fois la synthèse et le couronnement, ont chacun reçu une «lumière» de Dieu. Aussi, l'Islam respecte-t-il les «gens du Livre» (les juifs, les chrétiens, les zoroastriens), qui ont un statut de *dhimmi* (de protégé). Dans la société musulmane, leur indépendance religieuse est donc admise et garantie, mais le prosélytisme leur est interdit. Dans la République islamique, ils ont chacun un représentant à l'Assemblée consultative.

«Partout est la maison de l'Amour, la synagogue aussi bien que la mosquée.»

Hâfez (XIVᵉ s.)

La religion de l'Elam

Nous ne savons que peu de choses de la religion élamite, même si elle nous montre un enracinement profond de la société dans le sacré. Elle ressemble à celles de Sumer et de Babylone, dont l'Elam a subi l'influence culturelle, mais elle a sa spécificité. La ziggurat* de Choghâ Zanbil (~XIVᵉ s.) constitue son témoignage cultuel le plus impressionnant. Une ziggurat se trouvait également à Suse. Elle était faite de briques recouvertes de lapis-lazuli et surmontée de cornes en cuivre qui symbolisaient la puissance divine. En ~646, Assurbanipal la détruisit et emmena à Assur «ces dieux et ces déesses, avec leurs parures, leurs richesses, leurs mobiliers, avec les prêtres».

La religion élamite nous est surtout connue à travers la statuaire et divers objets cultuels découverts dans les fouilles, car les textes élamites sont rares et certains encore aujourd'hui indéchiffrables. Beaucoup de sceaux et de cylindres présentent des divinités, des compositions mythologiques, un rituel royal, des orants et une forme de culte du feu, mais leur interprétation demeure conjecturale. Certaines

►Scène rituelle. Maquette en bronze, Suse, ~XIIᵉ s. Musée du Louvre, Paris.

◄ Ziggurat de Choghâ Zanbil, 2ᵉ moitié du ~XIVᵉ s.

images montrent une figure anthropomorphique, appelée par convention le «Maître des animaux», entourée de quadrupèdes et de serpents. Fréquemment représenté, le serpent tient une grande place dans le symbolisme: il est associé au dieu élamite Napirisha et au dieu de Suse Inshushinak. Les dieux de l'Elam ne sont pas tant des personnifications de la nature que des forces métaphysiques. Les déesses sont nombreuses et semblent souvent prédominer. Pinikir, reine du Ciel, est mentionnée au ~IIIe mil. Elle fut supplantée au ~IIe

La ziggurat de Suse d'après un relief assyrien de Ninive.

mil. par Humpan (appelé aussi Napirisha et GAL) et son épouse Kiririsha («la Déesse Grande»), mère d'Hutran. Fille du dieu des eaux, Lakamar règne sur le monde infernal, où elle juge et guide les morts: elle est mentionnée dans la Bible, dans le nom du roi

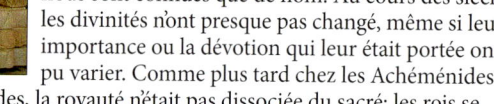

►Divinité élamite, Suse, ~IIe mil. Musée du Louvre, Paris.

d'Elam «Kedor-Laomer» (Genèse XIV, 9). Nahunte, dieu solaire et de justice, Inshushinak, dieu de Suse, Simut, dieu de l'Elam, sont d'autres divinités importantes du panthéon, mais beaucoup d'autres ne nous sont connues que de nom. Au cours des siècles, les divinités n'ont presque pas changé, même si leur importance ou la dévotion qui leur était portée ont pu varier. Comme plus tard chez les Achéménides

Hommes-taureaux et déesses d'intercession. Mur de briques moulées, Suse, ~XIIe s. Musée du Louvre, Paris.

et les Sassanides, la royauté n'était pas dissociée du sacré: les rois se proclamaient «messager de dieu, père et roi».

Le Mazdéisme et le Zoroastrisme

Le Mazdéisme, réformé par Zarathushtra, Zoroastre (en grec) ou Zardosht (en persan), est l'une des religions les plus importantes du monde oriental. Pourtant, ses contenus et son évolution historiques sont difficiles à cerner et ils font l'objet de profondes divergences parmi les spécialistes. On ne sait pas exactement quand et où son prophète Zoroastre a vécu: les dates proposées oscillent entre le ~IIe mil. et le ~VIe s. Le dieu Ahura Mazda est mentionné dans les inscriptions des rois achéménides, et on peut sans doute voir son symbole gravé à Persépolis et sur les tombeaux royaux. L'architecture sacrée, en revanche, a presque entièrement disparu. Hérodote disait des Perses qu'ils n'élèvent aux dieux «ni statues, ni temples, ni autels» (I, 131). De la période achéménide demeurent des monuments à la signification controversée, comme les «cubes de Zoroastre» (381). Les rares temples du feu qui subsistent datent de l'époque sassanide, où le Mazdéisme devint la religion d'empire (IIIe-VIIe s.) (393). Le Mazdéisme subit également une éclipse pendant l'époque séleucide et parthe, entre le ~IIIe s. et le Ier s., alors que l'Iran est influencé par l'hellénisme.

Le roi achéménide adorant le feu sacré. Naqsh-e Rostam, ~Ve s.

La principale source du Zoroastrisme est l'**Avesta**, dont il nous manque les trois quarts. Transmis oralement pendant au moins un millénaire, il n'a été mis par écrit que dans les premiers siècles de notre ère, grâce à un alphabet (dit avestique) dérivé de l'araméen. Il comprend des hymnes aux divinités, des règles de prière et du culte. La partie la plus ancienne sont les gathas, des dialogues entre le Seigneur Sage et Zoroastre, qui remonteraient à Zoroastre lui-même. A l'époque sassanide ou au début de la période islamique, ont été rédigés des exposés en pehlevi* sur la théologie, l'eschatologie, la vie de Zoroastre, les rituels et la spiritualité, le droit et la royauté. Le *Denkart*, qui présente un panorama global de la religion, et le *Bundahishn*, consacré à la cosmologie, sont les plus importants.

L'histoire de la religion mazdéenne commence avec les Indo-Européens, un peuple semi-nomade, dont on localise l'origine dans les steppes du sud de la Russie. Au cours des siècles, leur langue, leur religion et leurs coutumes se diversifièrent et se répandirent en Europe, au Moyen-Orient et en Inde.

On ne possède qu'une connaissance imprécise de la religion mazdéenne antérieure à l'apport de Zoroastre. Elle combine des éléments originaux à des traits communs à l'Inde, comme le sacrifice d'animaux et l'usage d'une boisson (le *haoma**) aux propriétés hallucinogènes, symbole d'immortalité. On y distingue deux catégories d'êtres divins: les ahuras et les daivas.

Entre la fin du ~II⁰ mil. et le ~VI⁰ s., apparaît un prophète, un mage, un visionnaire du nom de Zoroastre. Il opère une sorte de réforme du Mazdéisme, dont il est malaisé de percevoir la nature et les conséquences exactes. Il semble s'opposer aux sacrifices sanglants de bovins, aux orgies causées par le haoma et impose la vénération du feu. Fils de nobles, Zoroastre naît en riant, un jour de printemps au nord-ouest de l'Iran. Sa vie, racontée par des textes hagiographiques, est traversée de miracles: enfant, il échappe à des meurtriers et grandit très vite en sainteté et en sagesse. Il gagne l'Afghanistan et y prêche une doctrine reçue de Dieu même. Il convertit Vishtâspa, souverain de Balkh, en guérissant son cheval noir et en déjouant le complot de ses ennemis. La religion se propagea alors dans le royaume. Marié, Zoroastre mourut assassiné à l'âge de soixante-dix ans.

Les livres sacrés

►Ahura Mazda tenant un anneau de pouvoir et disque ailé (d'inspiration égyptienne). Bisutun, v. ~520.

Zoroastre

Image moderne de Zoroastre. Temple du feu de Yazd, XX⁰ s.

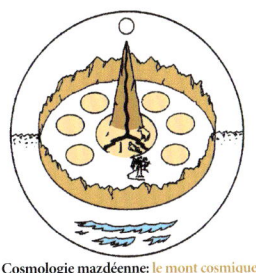

Cosmologie mazdéenne: le mont cosmique, les sept régions, la chaîne montagneuse entourant le monde (Alborz), l'eau.

Théologie

Ahura Mazda est le Dieu suprême, transcendant et infini. Créateur du cosmos, il a deux fils: l'un bénéfique et véridique (Spenta Mainyu ou Ohrmazd: l'Esprit bienfaisant); l'autre, opposé à la vie, est l'instigateur du désordre et du mensonge (Angra Mainyu ou Ahriman: l'Esprit négateur). Cette dualité métaphysique détermine la théologie, la cosmologie et l'anthropologie zoroastriennes. L'homme, doué de libre-arbitre, peut suivre les voies du bien ou du

Reconstitution du temple
du feu sassanide d'Abyâneh,
construit entre le Vᵉ et le VIIᵉ s.

La déesse Anahita (à droite),
remettant l'anneau de pouvoir
au roi Narseh. Bas-relief de
Naqsh-e Rostam, IIIᵉ s.

mal par sa pensée, sa parole ou son action.

Autour d'Ahura Mazda se tiennent six Ameshas Spentas ou «Immortels bienfaisants»: Bonne Pensée, Ordre, Seigneurie, Dévotion, Intégrité, Immortalité. Ils sont à la fois des aspects du Dieu suprême, des archétypes autonomes qui régissent l'ordre du cosmos, des types d'action du Divin dans la création et des qualités de l'homme saint.

Le khvarnah* (farr en persan moderne) est la lumière rayonnante de la Divinité: elle transfigure, spiritualise, auréole les saints et fortifie le pouvoir et l'intelligence des rois. La couronne des rois sassanides, qui a souvent varié de forme, est un symbole du khvarnah.

On trouve d'autres figures dans le panthéon, comme la déesse Anahita («l'Immaculée»), peut-être d'origine élamite, et qui fit l'objet d'un culte populaire, aux époques parthe et sassanide. Sur des cachets d'époque achéménide, on peut la voir représentée debout sur un lion, entourée d'un nimbe, tenant une fleur, un bâton et une colombe. Vayu est le dieu du vent, du souffle de vie, de la guerre contre les démons. Mithra, qui donna naissance à une religion à part entière, est le protecteur des contrats, de la vérité, de la guerre pour le bien. Zurvan est le «Temps infini» et, selon certains mythes, un démiurge androgyne qui donne naissance à Ohrmazd et à Ahriman. A l'époque sassanide (IIIᵉ-VIIᵉ s.), ce dieu occasionna un culte particulier (le zurvanisme), qu'il est impossible de reconstituer, mais dont la doctrine s'apparente à un dualisme proche du Manichéisme. A l'inverse de l'Inde, le Zoroastrisme fait des ahuras des dieux de vérité, et des daivas des démons influencés par le mal et l'erreur (la Druj).

Comme toutes les cosmogonies anciennes, celle du Zoroastrisme ne s'intéresse pas seulement à l'origine du monde physique, mais à la créativité divine. L'histoire de l'univers est cyclique. Un mythe raconte que Ohrmazd conclut un marché avec Ahriman: ils se battront en duel durant un cycle de 12'000 ans, dans un monde incréé puis dans la création terrestre, si bien que le mal ne pourra agir que dans un espace et un temps limités. Un autre mythe divise cette histoire métaphysique en trois phases: 1) Dieu crée l'univers; 2) les hommes affrontent le mal au sein de la création; 3) l'univers est définitivement régénéré par la Divinité. A la fin des temps, un Sauveur (le Saoshyant) tuera les adversaires de la vérité, puis le monde sera purifié par le feu céleste. Si les élus seront transfigurés d'abord, tous les hommes, finalement, retrouveront la lumière divine.

Les rites et le culte

La vie des zoroastriens est ponctuée de cérémonies, où la pureté rituelle et intérieure est primordiale. Trois exigences modèlent le comportement et mettent l'homme en harmonie avec Dieu et avec l'univers: bonne pensée, bonne parole, bonne action. La cérémonie du Naojote consacre l'appartenance de l'adolescent à la communauté. Célébré par des prêtres, le mariage est obligatoire, mais les zoroastriens ne se marient qu'au sein de leur communauté.

Le cœur liturgique du Mazdéisme est le culte du feu, qui remonte à la période indo-européenne et qui fut déjà à l'honneur chez les Elamites. Symbolisant le Protecteur de l'ordre cosmique, le Témoin de vérité, la gloire divine, le feu est un support rituel et un signe intercesseur entre la Divinité et l'homme. Depuis les temps achéménides, on construisait de petits édifices pour abriter un feu brûlant dans un vase de métal et rituellement alimenté par des prêtres. Ces temples ne sont pas comparables à un temple grec ou romain (puisqu'ils ne contiennent pas d'images ou de statues de la divinité), et ne peuvent être assimilés à une église ou à une mosquée (car il n'y pas d'espace pour les fidèles). Ils sont un lieu sacré, un mémorial témoignant, à travers le symbole du feu, de la présence divine dans le monde. Chaque famille zoroastrienne possède un feu perpétuel, le plus souvent sous forme de lampe à huile. A l'ère achéménide, les mages s'occupent des autels du feu, chantent des hymnes, font les sacrifices, interprètent les présages. Précepteurs des enfants des rois, ils connaissent les vertus médicinales des plantes et des pierres. A l'époque sassanide, le Mazdéisme devint progressivement une religion d'empire: hiérarchisé, solidaire du roi et de l'aristocratie, détenteur de l'autorité spirituelle, le clergé acquit alors un pouvoir considérable qui ne disparut qu'à la conquête arabe.

De gauche à droite: couronnes des rois sassanides Shapur Ier, Yazdegerd Ier et Khosrow II.

Astodans près de Naqsh-e Rostam. Epoque islamique.

La mort

Le mort n'était pas enterré ou brûlé: il était déposé nu dans une tour du silence (*dakhmeh**). Construit en briques ou en pierre, cet édifice circulaire est dépourvu de toit. Les vautours dévoraient le cadavre et les ossements, considérés comme purs, étaient ensuite placés dans un ossuaire (un *astodan**). Ce rituel funéraire est aujourd'hui abandonné. Après la mort, l'homme juste est accueilli par les dieux dans un monde de lumière et de parfums. Il y rencontre son âme et sa propre spiritualité sous la forme d'une jeune fille noble, lumineuse et désirable (la *daena*). L'âme doit passer sur le pont Cinvat, «le pont du trieur», qui sépare les bonnes des mauvaises âmes, et elle est pesée au moyen d'une balance

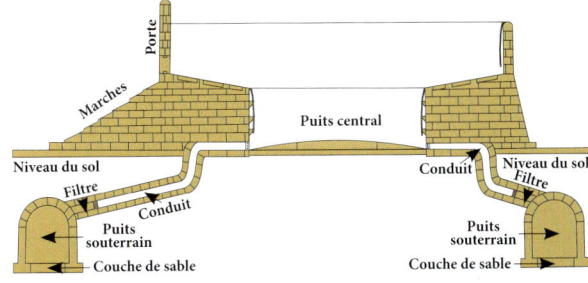

Coupe d'une tour du silence.

d'or. Il y a une hiérarchie des paradis et il existe aussi une forme de purgatoire. L'enfer est un lieu obscur comme une fumée sans feu, où les damnés ne cessent de mourir dans la torture.

Le Mazdéisme après l'Islam

Si le Zoroastrisme est encore vivant en Iran, ses fidèles (les parsis) sont très peu nombreux. On les trouve principalement à Yazd et à Kermân. Beaucoup de parsis émigrèrent en Inde du Nord-Ouest au Xe s. Ils étaient 130'000 en 1976, dont 25'000 en Iran et 77'000 en Inde, où une forte communauté, émigrée au XVIIIe s., se trouve à Bombay. Le Mazdéisme a non seulement survécu à l'Islam, il a aussi influencé des

►Nicholas Roerich,
Zoroastre, 1931.

✹Statue d'Apollon-Mithra.
Nemrud Dag, Turquie, ~Iᵉʳ s.

soufis et des sectes musulmanes. Au XIIᵉ s., Shihâbod-din Yahyâ Sohravardi réunit des idées mazdéennes, néoplatoniciennes et soufies pour créer une philosophie de la lumière divine. La fête toujours actuelle du Nouvel An (Nowruz) est d'origine zoroastrienne, tout comme le calendrier utilisé par l'Iran moderne. Dans l'Antiquité, les Grecs avaient un grand respect pour Zoroastre, même s'ils ne le connaissaient qu'à travers des légendes. Ils lui attribuaient plusieurs textes, en réalité largement apocryphes, mais qui, sous le nom d'*Oracles chaldaïques*, furent également lus des siècles plus tard par les humanistes de la Renaissance. Le Zoroastrisme éveilla aussi la curiosité du Siècle des Lumières. Au XVIIIᵉ s., Rameau composa un opéra sur Zoroastre (*18*), et Anquetil-Duperron proposa la première traduction française de l'Avesta après avoir séjourné chez les parsis de l'Inde. Au XIXᵉ s., Nietzsche écrivit *Ainsi parlait Zarathoustra*, qui n'entretient que peu de rapport avec le sage perse et qui inspira l'un des poèmes symphoniques les plus célèbres de Richard Strauss.

Le Mithriacisme

En Occident, le Mithriacisme (la religion de Mithra) fut l'une des religions les plus répandues dans les premiers siècles de notre ère. Le culte de Mithra fut importé de Perse, et la Perse elle-même l'avait hérité des Indo-Européens.

De l'Inde à l'Iran

En Inde, Mithra est associé à Varuna: tous deux sont des «Seigneurs du Ciel et de la Terre», des «gardiens de l'Ordre aux justes ordonnances» (hymne du Rig Véda). Dans le Zoroastrisme, les fonctions de Mithra-Varuna se retrouvent dans deux des six Ameshas Spentas, les «Immortels bienfaisants» qui entourent Ahura Mazda: «Bonne Pensée» et «Ordre». Pourtant, dans la période achéménide, Mithra et son nom n'apparaissent que tardivement: Artaxerxès II (~404-~358) le

Mithra (à gauche) sur un
bas-relief de Tâq-e Bostân, IVᵉ s.

mentionne dans une inscription à l'occasion de la reconstruction du palais de Suse. Un hymne de l'Avesta lui est entièrement consacré (Mihir Yasht). Selon les auteurs antiques, les Perses donnaient au soleil le nom de Mithra: Darius III priait «le Soleil, Mithra et le feu éternel» pour donner aux soldats du courage. Dieu de lumière et souverain des armées, le nom même de Mithra suggère l'échange, le lien et l'amitié. Veilleur de lumière, il incarne l'immanence active et combative du Divin. «Maître des vastes campagnes», il assure le bon ordre de l'univers, car il voit et entend tout: il guerroie contre le mal et le mensonge, favorise la fécondité des animaux et des plantes, protège et donne la souveraineté aux rois loyaux et justes. Plusieurs rois parthes ont adopté le nom de «Mithridate», qui signifie «donné par Mithra». En Turquie, au ~Iᵉʳ s., le roi Antiochos de Commagène érigea à Nemrud Dag des statues colossales représentant des synthèses de dieux iraniens et grecs: Apollon-Mithra ou Zeus-Ahura Mazda. A l'époque sassanide, Mithra (appelé Mihr) est un dieu solaire, et on le voit figuré sur un relief rupestre à Tâq-e Bostân. Mani l'a intégré à son panthéon, et après la conquête musulmane, le dieu s'est maintenu dans le cadre du Zoroastrisme. Jusqu'au XXᵉ s., une fête (Mehrgân), aujourd'hui abandonnée, célébrait Mithra à l'équinoxe d'automne, le 21 septembre.

Mithra en Occident

On ignore comment exactement le Mithriacisme a passé de l'Iran en Europe. Il a sans doute été apporté par des légionnaires romains depuis l'Asie Mineure, où des contacts entre les cultures perse et hellénistique ont pu se faire. Quoi qu'il en soit, le Mithriacisme est installé au Iᵉʳ s. à Rome, et il n'a cessé d'étendre son influence les deux siècles suivants, attirant des hommes de classes sociales et de professions très différentes. On a trouvé des lieux et des objets de culte en Ecosse, en France, en Germanie, en Italie, dans les régions du Danube, en Afrique du Nord et en Asie Mineure. Le Mithriacisme gréco-romain est une synthèse d'éléments indo-iraniens, d'astrologie grecque ou mésopotamienne et d'éthique romaine. Plusieurs de ses symboles ressemblent à ceux du Christianisme, comme le banquet, l'idée du Sauveur ou la Lumière, mais ces deux religions demeurent foncièrement différentes dans leur signification rituelle, spirituelle et métaphysique. On ne possède aucun texte mithriaciste décrivant la doctrine et la religion de Mithra. Notre information vient surtout des images cultuelles (peintures ou sculptures) qui ont échappé aux destructions, et des textes des polémistes chrétiens qui ont combattu le dieu perse. En Occident, le Mithriacisme décline au IVᵉ s., au moment où le Christianisme devient la religion officielle et exclusive de l'Empire romain: les rites païens sont proscrits, les temples détruits et les fidèles de Mithra discrédités.

►Mithra sacrifiant le taureau.
Peinture murale du Mithraeum
de Marino (Italie), IIᵉ s.

Mythe et culte

Selon le mythe, Mithra est né miraculeusement un 25 décembre, jour du solstice d'hiver: il jaillit d'un rocher, porteur d'un flambeau et d'un poignard. Il est le maître de l'univers et le «soleil invaincu» (*sol invictus*). Il accomplit plusieurs miracles: il fait jaillir de l'eau d'un rocher, chasse le mal invinciblement et sacrifie un taureau. Par le sang versé, qui symbolise une vitalité transcendante, le dieu régénère le monde, préserve son équilibre et sa relation avec le Divin, vivifie ceux qui l'adorent. Dans une caverne, Mithra consomme la chair du taureau avec Sol (le Soleil). C'est ce repas métaphysique que les initiés commémoraient à travers un banquet rituel. Fréquemment représentée dans les temples d'Occident, la mise à mort du taureau est absente de l'art iranien, mais il ne semble pas que les mithriacistes aient sacrifié des animaux.

Le Mithriacisme était réservé à des sociétés d'hommes, d'où les femmes étaient exclues. Religion à mystère, il reposait sur une initiation secrète, au cours de laquelle le candidat devait subir plusieurs épreuves. Il existait sept grades initiatiques, qui corres-

●Grottes de Niâsar, dans
la province d'Esfahân.
Creusées à l'époque parthe,
elles accueillaient des
cultes mithriaques.

Banquet de Mithra avec le
Soleil. Relief mithriaque,
Rome (Italie), IIᵉ-IIIᵉ s.
Musée du Louvre, Paris.

pondaient aux planètes astrologiques et qui symbolisaient des états spirituels: Corbeau (Mercure), Epousé (Vénus), Soldat (Mars), Lion (Jupiter), Perse (Lune), Messager du soleil (Soleil), Père (Saturne). Les liturgies se déroulaient dans des mithraea (sing. mithraeum*). On en a retrouvé plusieurs en Europe (Rome, Londres, Deutsch-Altenburg, etc.) et un à Dura-Europos, en Syrie, décoré de peintures murales (IIᵉ-IIIᵉ s.). Situés près d'une source d'eau, ils comprenaient une grande salle, avec un couloir central et des banquettes sur les côtés, destinées aux banquets. Le plafond représentait la voûte céleste et l'ensemble imitait une grotte. Le mithraeum symbolisait à la fois la geste initiatique du dieu, l'univers terrestre et céleste, et les niveaux spirituels de l'homme. En Iran même, les temples de Mithra sont rares, d'une architecture rudimentaire, et leur attribution à cette religion est parfois sujette à controverses (*276-277, 351*).

Le Manichéisme

Aujourd'hui disparu, le Manichéisme présente un visage paradoxal: il est une religion sans être une Révélation comme peuvent l'être la Thora ou le Coran; le mot «manichéen» a passé dans le langage courant pour désigner une vision schématique et simpliste du monde, et pourtant le Manichéisme originel n'était pas «manichéen» dans ce sens; le Manichéisme a disparu, mais ses idées, souvent déformées, sont en filigrane de bien des manifestations religieuses, encore actuelles; en Iran même, le Mazdéisme et l'Islam ne l'ont jamais accepté, mais Mani est considéré comme un fondateur mythique de la peinture persane et ses idées ont survécu à l'intérieur de quelques sectes musulmanes. Pendant longtemps, les doctrines manichéennes n'ont été connues qu'à travers leurs adversaires, zoroastriens, chrétiens ou musulmans. Ce n'est qu'au XXᵉ s. que des découvertes archéologiques ont exhumé des textes originaux: dans la région de Turfan (Turkestan chinois), en Algérie et en Egypte.

►Mage. Peinture de Dura-
Europos, IIᵉ-IIIᵉ s.
Yale Gallery of Fine
Art, New Haven.

Mani

Issu vraisemblablement d'une famille parthe, le «prophète» du Manichéisme est né en 216 en Babylonie. Dans sa jeunesse, il fréquente des elkhasaïtes, une communauté judéo-chrétienne. A douze, puis à vingt-quatre ans, il reçoit une révélation de l'Esprit Saint (du Paraclet), qui le sacre «Apôtre de la Lumière» et «Illuminateur» d'une nouvelle foi. Mani formule alors une doctrine de salut, qui entend récapituler et dépasser les religions précédentes. Il obtient du roi sassanide Shapur Iᵉʳ le droit de propager sa religion. Il voyage aux quatre coins de l'empire iranien, convertit et crée des communautés, envoie des missions en Egypte, en Syrie et au nord de l'Arabie. Sous le règne de Bahram Iᵉʳ, le Mazdéisme, devenu une religion d'empire, persécute les autres cultes. Mani est arrêté puis supplicié en 275, au cours d'une «Passion» ou «Crucifixion» qui dure vingt-six jours. La communauté manichéenne survit pourtant en Iran, au gré des tolérances ou des intolérances du pouvoir. Son centre spirituel se trouve à Séleucie-Ctésiphon (Irak), où siège le pontife de l'Eglise manichéenne. Le Manichéisme influence le révolutionnaire religieux Mazdak au Vᵉ s. A l'arrivée de l'Islam, les manichéens de Mésopotamie connaissent des heures de paix sous les Omeyyades, suivies

►Mani peint un chien mort.
Peinture sur livre, illustrant
le *Khamseh* de Nezâmi,
vers 1457-1460.
Musée du Topkapi, Istanbul.

d'une persécution violente sous les Abbassides. C'est hors d'Iran que le Manichéisme va fructifier, parfois temporairement, et sans jamais cesser d'être réfuté et combattu.

La diffusion du Manichéisme

Au VIIe s., par la route de la Soie, le Manichéisme atteint la Chine, où il est connu comme la «religion de la lumière». Dans le Xinjiang (Turkestan chinois), un souverain turc Ouïgour se convertit au Manichéisme en 763 et en fait la religion officielle de son royaume. C'est dans sa capitale, Khocho, dans l'oasis de Turfan, que l'on a retrouvé en 1905 de remarquables peintures manichéennes. Elles illustrent des

◄Temple bouddhique de Cao'an (Chine), fondé par des manichéens au XIIe s.

livres rédigés en plusieurs langues (turc ouïgour, chinois, moyen-perse, parthe et sogdien). Datant des VIIIe-IXe s., leur esthétique imite les images et les symboles du Bouddhisme, auquel le Manichéisme a emprunté nombre de concepts. Le royaume ouïgour s'effondre en 840, et les manichéens sont dispersés. En Chine, le Manichéisme est proscrit à la même époque: ses temples sont fermés et ses richesses confisquées, mais il semble avoir survécu partiellement à l'intérieur de courants taoïstes. A l'ouest, le Manichéisme atteint l'Afrique du Nord via l'Egypte. Avant sa conversion au Christianisme, saint Augustin (354-430) est pendant neuf ans un «Auditeur» d'une communauté manichéenne. Par la suite, il combattra ses idées dans des livres qui nous fournissent nombre d'informations, malgré leur caractère polémique. En Arménie, les idées manichéennes vont influencer le paulicianisme, une secte apparue au VIe s. Persécutés, ses membres sont exilés en Thrace, où ils influencent le bogomilisme, créé au Xe s. par un pope de l'Eglise byzantine, Bogomil. De Bulgarie, le bogomilisme se répand dans les Balkans et jusqu'en Russie. Il influence à son tour les cathares, qui s'implantent dans le Midi de la France, mais sont anéantis dans une croisade menée entre 1208 et 1213.

La doctrine manichéenne

Le Manichéisme est un syncrétisme d'idées zoroastriennes, bouddhiques, gnostiques et chrétiennes. On attribue à Mani la rédaction de sept livres exposant sa doctrine, et qui forment le Canon manichéen. Pour enseigner sa religion, il peignit également un recueil d'images, appelé *Ardahang*: il ne nous est pas parvenu, mais sa beauté a été louée par tous les contemporains. La tradition persane a fait de Mani le maître peintre, au talent magique et presque surnaturel. Le Manichéisme repose sur deux idées fondamentales: le conflit de la lumière et des ténèbres, et le salut de l'homme grâce à la lumière de l'Esprit révélée par la doctrine manichéenne. Mani a conçu un mythe complexe pour expliquer comment et pourquoi nous vivons dans un monde dans lequel le Bien et le Mal sont inextricablement mêlés. Ce drame à l'échelle de Dieu et de l'univers se déroule en trois

►Scribes manichéens. Miniature de Turfan, VIIIe-IXe s. Museum für Indische Kunst, Berlin.

actes: 1) Lumière et Ténèbres sont séparées; 2) Lumière et Ténèbres sont mélangées dans la création; 3) Lumière et Ténèbres sont à nouveau distinctes, mais le Mal ne peut plus s'attaquer au Bien. Avant la création du monde, les Ténèbres (la Matière, le Mal) voulurent attaquer la Lumière divine (le Bien, la Vérité); pour se défendre, celle-ci envoya un Homme Primordial, qui guerroya contre les Ténèbres, mais qui dut laisser son Ame dans le territoire de l'Ennemi. Pour la sauver, le Démiurge créa le cosmos. L'Ame et la Matière, le Bien et le Mal se trouvèrent ainsi mêlés et dispersés dans des proportions variables dans les animaux, les végétaux et l'espèce humaine. L'histoire universelle est alors un conflit entre le Bien et le Mal, de plus en plus subtilement et profondément mélangés. La diffusion du second est aggravée par les péchés des hommes, la concupiscence, le meurtre, la méchanceté et l'ignorance. A la fin des temps, une apocalypse séparera définitivement le Mal (la Matière, les damnés, les démons) de la Lumière (les élus, l'Esprit).

La vie religieuse

Prisonnier de ce monde ambigu et corrupteur, l'homme a pour vocation de se purifier du Mal et de revenir au Bien. Comment? En faisant grandir la lumière spirituelle qui est en lui: l'Esprit (en grec: le *noûs*) est une parcelle du Bien, qui sauve l'homme de lui-même et lui permet de sauver la création et les autres. La gnose (la connaissance) de Mani est une émanation de la Lumière: elle entend délivrer l'homme des ténèbres, en illuminant son âme et en lui imposant une ascèse qui le purifie. Mani exigeait un renoncement total au monde, que tous ses adversaires ont jugé excessif et irréaliste: jeûne, abstention de tout vice, refus de la sexualité et de la procréation qui perpétuent le monde, et donc le mélange du Mal et du Bien. Seule la mort délivre tout à fait l'homme. Selon leurs spiritualités, les manichéens se divisaient en deux catégories: les «élus» étaient les «Parfaits», en voie de délivrance, et ils étaient vêtus de blanc; les «auditeurs» étaient les novices, qui ne pouvaient suivre toutes les rigueurs de la doctrine. L'Eglise manichéenne comprenait une autre hiérarchie, placée sous l'autorité d'un pontife suprême: elle distinguait symboliquement, et de haut en bas, les Maîtres, les Evêques, les Prêtres, les Elus et les Auditeurs. La prière, le jeûne et l'aumône étaient les rites essentiels, pratiqués différemment par les fidèles, selon leurs statuts spirituels. La liturgie utilisait beaucoup la musique et les images sacrées. On n'a retrouvé que de rares vestiges de sanctuaires manichéens en Asie centrale.

▶Elus manichéens. Miniature de Turfan, VIIIᵉ-IXᵉ s. Museum für Indische Kunst, Berlin.

Le Judaïsme

De nombreux juifs ont émigré vers les Etats-Unis et Israël après la Révolution, si bien que la communauté juive d'Iran est aujourd'hui minuscule. En 2011, on recensait 8756 fidèles, installés principalement à Tehrân, Shirâz et Esfahân. Le Judaïsme traverse pourtant toute l'histoire iranienne, au moins depuis la création de l'Empire achéménide jusqu'au conflit idéologique entre la République islamique et Israël. Rattachée depuis le XIXᵉ s. à la tradition rituelle séfarade (du nom médiéval de l'Espagne), la communauté juive de Perse eut également une importance culturelle fondamentale: on lui doit le Talmud de Babylone et une vaste littérature écrite en judéo-perse (du persan écrit avec des lettres hébraïques).

Tombeau d'Esther et de Mardochée. Hamadân, fondé au ~Vᵉ s. (?).

Si la Perse habite la culture occidentale, c'est aussi grâce à la Bible qui évoque à plusieurs reprises l'histoire ancienne de la Perse. Des prophètes, comme Isaïe (XXII, 6) ou Jérémie (IL, 34-38), ont lancé des anathèmes contre les Elamites, dont les guerriers, aux ordres des royaumes assyriens puis néo-babyloniens, participèrent à plusieurs expéditions en Palestine. En ~587, Nabuchodonosor II, roi de Babylone, réprime une révolte des Israélites. Le temple et le palais royal de Jérusalem, construits par Salomon (~Xᵉ s.), sont pillés et incendiés. Une partie de la population est exilée en Mésopotamie, dans la région de Nippur (Irak). Ils y forment une communauté organisée, perpétuant les traditions et l'espoir nostalgique d'un retour. Leur libération vient avec Cyrus II le Grand, qui abat l'Empire néo-babylonien et dont Isaïe fait un berger de Dieu et un serviteur de la volonté divine (Isaïe XLI, 2-4; XLIV, 28). Isaïe prédisait ainsi la prise de Babylone par les Perses et leurs alliés: «Monte, Elam, assiège, Mède» (Isaïe XXI, 2). Dès ~538, un édit de Cyrus II, confirmé plus tard par Darius Iᵉʳ, autorise les juifs à rentrer dans leur pays et à reconstruire le temple de Jérusalem. Tous ne firent pas le voyage du retour: plusieurs communautés demeurèrent en Babylonie et en Assyrie. De la période achéménide, la Bible conserve un récit célèbre, plus légendaire qu'historique, raconté dans le Livre d'Esther (301). Après la domination d'Alexandre le Grand et des Séleucides, la communauté juive a vécu au moins deux siècles de paix et de prospérité sous les Parthes. Deux frères issus de Babylonie fondèrent même un éphémère Etat juif (de 20 à 35) sur le territoire parthe. La communauté juive avait à sa tête un exilarque (un «chef de l'Exil»), qui la représentait vis-à-vis du pouvoir en place, et qui avait également la compétence pour collecter les impôts et exercer la justice. Sous les Sassanides, la situation des juifs fut plus précaire, même si le roi Yazdegerd Iᵉʳ (399-421) prit une épouse juive. Le Mazdéisme persécuta surtout les chrétiens, assimilés à des ennemis politiques, mais les juifs ne furent pas épargnés par les restrictions de leur culte et de leurs droits, aux Vᵉ et VIᵉ s. surtout. C'est pourtant dans cette dernière période que fut rédigé, en hébreu et en araméen, le Talmud de Babylone, qui, comme l'ancien Talmud de Jérusalem, consigne la loi orale donnée par Moïse et ses commentaires.

Les Dix Commandements. Tombeau d'Esther et de Mardochée, Hamadân.

►Thora conservée dans le tombeau d'Esther et de Mardochée à Hamadân.

Avec l'arrivée de l'Islam, les juifs sont respectés comme les représentants du premier monothéisme. Le Coran leur reproche néanmoins d'avoir accaparé la Révélation et de réduire une spiritualité qui doit être universelle à un seul peuple. Le respect des religions non-musulmanes a sensiblement varié selon le pouvoir politique, les autorités religieuses et les environnements culturels et sociaux. A la tolérance des Omeyyades a succédé l'intolérance des Abbassides. Aux XVIᵉ et XVIIᵉ s., le chiisme devient la religion officielle de la Perse safavide et suscite des vagues de persécutions. Au XXᵉ s., le régime des Pahlavis reconnaît l'Etat d'Israël, alors que la République islamique rompt avec l'«Etat sioniste» et soutient les revendications des Palestiniens.

Le Christianisme nestorien

L'Eglise nestorienne ou l'Eglise syrienne orientale est la plus ancienne d'Orient. On l'appelle «nestorienne» ou nestorianisme depuis son adhésion à «l'hérésie» de Nestorius en 484.

►Ricoldo de Montecroce et des nestoriens. Peinture de 1410-12. Bibliothèque Nationale, Paris.

Selon une tradition plus légendaire qu'historique, l'Eglise doit sa fondation à l'apôtre Thomas et à ses disciples, mais c'est seulement au IIIᵉ s. qu'elle s'épanouit en communautés organisées, implantées au nord-ouest de l'Iran et en Irak, alors sous domination sassanide. Elle y est plusieurs fois persécutée, notamment sous Shapur II (309-379) et Yazdegerd II (439-457), qui voient en elle la religion de leur ennemi, l'Empire romain. Ayant à sa tête un catholicos (un patriarche), l'Eglise se rend indépendante du patriarcat d'Antioche en 424 et voit s'améliorer ses relations avec le pouvoir sassanide. A la fin du Vᵉ s., elle adopte la doctrine de Nestorius: au contraire du Credo de Nicée (381), qui affirme la fusion sans confusion de l'humain et du divin dans Jésus-Christ, le nestorianisme distingue radicalement la nature surnaturelle et la nature créée du Christ. Au siècle suivant, plusieurs nestoriens se font connaître par des traités philosophiques. Des missions d'évangélisation sont organisées depuis la Perse: déjà présent au sud de l'Inde (IIIᵉ s.), le nestorianisme se répand en Asie centrale, en Chine, au Tibet, à Java. Des Ouïgours, des Turcs et des Mongols se convertissent au nestorianisme. L'Eglise nestorienne connaît généralement la paix sous le nouveau régime musulman. Son catholicos quitte Séleucie-Ctésiphon pour s'installer à Bagdad, la capitale des califes abbassides. Aux IXᵉ et Xᵉ s., des nestoriens participent, avec des savants musulmans, à la traduction de l'héritage scientifique et philosophique de l'Antiquité.

►Peinture murale d'un temple nestorien, Khocho, 683-770. Museum für Indische Kunst, Berlin.

Le XIIIᵉ s. marque à la fois l'apogée et le début du déclin de l'Eglise nestorienne. La conversion des Mongols à l'Islam et les destructions de Tamerlan portent un coup fatal à de nombreux évêchés d'Asie. L'Eglise, dont les fidèles se nomment «Assyriens», survit surtout dans le Nord de l'Irak et parmi les Kurdes aux abords du lac d'Orumiyeh. Elle est durement persécutée par les Kurdes et les Turcs aux XIXᵉ et XXᵉ s., obligeant leur catholicos à s'établir à Chicago en 1940. On recensait environ 80'000 fidèles en 1970.

En 1552, des «dissidents» nestoriens avaient créé l'Eglise dite chaldéenne, d'obédience catholique. Elle existe toujours et forme un autre versant du nestorianisme. En 1970, elle comptait environ 1'700'000 membres, dont 1'500'000 en Inde. Malgré son histoire remarquable, l'Eglise nestorienne est aujourd'hui décimée, isolée et dépourvue d'influence dans le concert des Eglises.

Le Christianisme arménien

Les Arméniens. Bas-relief de Persépolis, ~Vᵉ s.

Les Arméniens forment la plus forte communauté chrétienne d'Iran. Leur longue histoire est fortement liée à celle de l'Iran: jusqu'au début du XIXᵉ s, l'Arménie faisait encore partie de la Perse, et de nombreuses églises historiques se trouvent en Azarbâidjân et à Esfahân. Les Arméniens sont un peuple indo-européen, qui s'implanta au ~VIIᵉ s. dans le royaume d'Urartu, à l'ouest de l'Iran. Peu à peu, ils y imposèrent leur langue et leur culture. Inclu dans l'Empire achéménide au ~VIe s., le territoire arménien devient un royaume relativement indépendant après les Séleucides, puis l'enjeu d'une rivalité entre l'Empire romain et les Parthes Arsacides. En 301, l'Arménie devient le premier pays chrétien. Saint Grégoire l'Illuminateur baptise le roi Tiridate II et sa cour, fait détruire les temples païens et fonde les premières églises. Vers 387, l'Arménie est partagée entre Byzance, dont elle refuse la domination religieuse, et les Sassanides,

►La Crucifixion. Peinture sur livre du XVIIe s. Bibliothèque du palais du Golestân, Tehrân.

qui règnent sur la majeure partie de son territoire. Les catholicos (patriarches) consolident l'Eglise, qui devient un ferment d'unité et un moteur de la culture, et arbitrent souvent les conflits entre la noblesse et les rois. Au début du Ve s., l'alphabet arménien est créé, la Bible est traduite et une littérature spirituelle et nationale se forme. Suspects de collaboration avec un Empire romain devenu chrétien au IVe s., les Arméniens sont victimes de persécutions intermittentes. Au Ve s., le roi sassanide Yazdegerd II cherche à convertir de force l'Arménie au Mazdéisme, finalement sans succès. En 591, l'Arménie est à nouveau partagée entre la

Cathédrale de Vank, Esfahân, 1658-1662.

Perse et Byzance, au profit de cette dernière, avant d'être conquise par les armées arabo-musulmanes entre 640 et 661. Dès la fin du IXe s., l'Arménie recouvre une certaine autonomie et connaît une importante activité culturelle, freinée au XIe s. Le pays est annexé par les Byzantins (1045), puis envahi par les Turcs seldjoukides (1064). Au XIIIe puis au XIVe s., les invasions mongoles et timourides détruisent toujours plus ses structures et sa vitalité. Peu à peu, les Arméniens quittent les campagnes pour se regrouper dans des villes de Turquie, d'Iran et de Russie, où ils recréent des foyers culturels parfois brillants. Dès le XVIe s., l'Arménie fait partie du royaume safavide et voit s'affronter sur son sol Perses et Ottomans. Pour contrer les offensives turques, Shâh Abbâs Ier évacue les régions centrales de l'Arménie et déporte les Arméniens par vagues dans plusieurs villes d'Iran. Ils y forment encore aujourd'hui des communautés vivantes: la plus importante, et la plus riche culturellement, est à Esfahân. En 1828, la Russie tsariste prend l'est de l'Arménie à la Perse. Pendant la Première Guerre Mondiale, beaucoup d'Arméniens se réfugient en Iran pour échapper au génocide perpétré par les Turcs. Devenue une république de l'U.R.S.S. en 1920, l'Arménie recouvre son indépendance en 1991.

►Table des Canons, Arménie, 1256. J. Paul Getty Museum, Los Angeles.

L'Eglise arménienne

Eglise de Saint Sarkis, Tehrân, 1964-70.

Le Christianisme arménien reconnaît les trois premiers conciles, mais rejette celui de Chalcédoine (451), qui avait affirmé la double nature (humaine et divine) du Christ. Egalement opposé au diophysisme de l'Eglise nestorienne, il a privilégié la nature divine du Christ et minimisé sa nature humaine, si bien qu'on l'a accusé d'adopter l'hérésie monophysite, qui ne reconnaît qu'une seule nature au Christ. Séparé des Eglises grecque et latine, son isolement politique et géographique a rendu difficiles ou impossibles les tentatives d'assimilation de l'Arménie par l'Empire byzantin ainsi que les rapprochements avec l'Eglise de Rome. Le clergé arménien se compose d'évêques, de prêtres mariés et de moines. Le patriarcat d'Etchmiadzine, en Arménie, constitue aujourd'hui le centre spirituel et l'Eglise-mère d'environ neuf millions de fidèles dispersés dans le monde.

LE MONDE DE L'ISLAM

Religion du livre, l'Islam s'inscrit dans la tradition monothéiste inaugurée par Abraham, dont les Arabes disent descendre à travers Ismaël, fils du patriarche et de sa servante Agar. Loin de rejeter les prophètes juifs et le Christ, il se présente comme une synthèse et un renouvellement des Révélations précédentes. Du Christianisme, il rejette pourtant la Trinité, les notions d'Incarnation et de Fils de Dieu, et ne peut admettre que la religion ne se transmette que par la naissance, comme dans le Judaïsme.

Le Prophète Muhammad
Muhammad naît vers 571 à La Mecque, dans la péninsule Arabique. Il est issu de la tribu commerçante de Qurayshs, l'une des familles aristocratiques de La Mecque, une ville connue pour un sanctuaire païen qui deviendra le symbole du dernier monothéisme: la Kaaba. Orphelin très tôt, il est recueilli par son oncle et travaille dès sa jeunesse, sillonnant l'Arabie avec des caravanes marchandes. A l'âge de 29 ans, il épouse Khadidja, une riche veuve, qui lui assure une situation aisée et lui donnera quatre filles, dont Fatima la future épouse du calife et Imam Ali. Vers 610, dans la nuit du 26 au 27 ramadan, Muhammad reçoit les premières révélations de la Parole divine. Sur le mont Hira, non loin de La Mecque, l'ange Gabriel lui demande de réciter un message divin qui va constituer le Coran, livre sacré de l'Islam. Autour de Muhammad se constitue une petite communauté de convertis, formée d'abord par des proches comme Khadidja, Ali et Abu Bakr, et par des hommes issus de classes sociales défavorisées. Mais cette nouvelle religion, qui condamne l'idolâtrie, proclame un Dieu unique, prévient d'un Jugement divin, supprime les hiérarchies sociales au nom de l'égalité des hommes devant Dieu, qui impose la soumission, la prière et l'ascèse, suscite l'hostilité des habitants de La Mecque. Menacé et privé de soutien, Muhammad doit

▶Mi'râdj du Prophète Muhammad. Illustration du *Khamseh* de Nezâmi, 1539-1543. British Library, Londres.

►La Kaaba de La Mecque.

émigrer avec ses compagnons à Médine: l'année de ce départ (622) symbolise la rupture avec la religion païenne des Arabes et marque le début du calendrier lunaire musulman. A Médine, Muhammad arbitre les rivalités tribales, poursuit sa révélation du Coran, convertit les populations. Il substitue à l'organisation tribale de la société un nouvel ordre fondé sur la loi musulmane, la fraternité des croyants (*umma**), la soumission (*islâm*) à Dieu, une spiritualisation de la vie. Pour assurer des alliances politiques, Muhammad contracte plusieurs mariages. Il mène aussi de nombreuses guerres qui ont une valeur autant historique et politique que spirituelle. En 630, il revient triomphalement à La Mecque, dont il fait le centre symbolique de l'Islam et le lieu d'un pèlerinage annuel. Il meurt en 632.

Homme parmi les hommes, le Prophète Muhammad est un messager de Dieu, non une Incarnation du Verbe comme le Christ pour les chrétiens. Il représente néanmoins l'homme parfait, la sainteté suprême et insurpassable, le sceau des prophètes. Enonciateur du Coran, ses actions et ses paroles constituent pour tout musulman une norme de vie et d'attitudes (une *sunna**) à imiter et à suivre. Après la fin des temps, le Prophète Muhammad intercédera pour sa communauté au Jugement dernier.

►Coran, IXᵉ s.
Musée National de
l'Iran, Tehrân.

Les quatre califes

A la mort du Prophète, et avant la première dynastie royale du monde musulman (les Omeyyades), quatre califes se succèdent à la tête de la communauté musulmane. Pendant trente ans, ils vont jeter les bases d'une civilisation islamique. **Abu Bakr** (632-634), beau-père de Muhammad, réprime une dangereuse sédition et inaugure la conquête musulmane des territoires byzantins et perses. **Umar** (634-644) poursuit la conquête du Proche-Orient, la conversion des populations et affermit le jeune empire musulman en expansion. Parent du fondateur des Omeyyades, **Uthman** (644-656) ordonne une édition normative du Coran. Il distribue des fiefs à des membres de sa famille, ce qui suscite un mécontentement et lui vaut d'être assassiné. Gendre du Prophète, **Ali** (656-661) doit faire face à l'inimitié de Aisha, fille d'Abu Bakr et troisième épouse du Prophète, et de Mu'âwiya, calife omeyyade qui conquiert le Proche-Orient et fait de Damas la capitale du monde islamique. Malgré sa victoire à la «bataille du Chameau», Ali ne règne qu'en Irak et est finalement assassiné. A sa mort, la communauté musulmane est irrémédiablement divisée par des dissensions religieuses (sunnisme et chiisme), des conflits politiques et des tensions ethniques.

Pour les sunnites*, les quatre premiers califes sont les «bien dirigés» et ils marquent l'âge d'or de l'Islam. Pour les chiites*, qui ne reconnaissent généralement pas la légitimité des trois premiers califes, Ali est le seul digne successeur du Prophète; il est aussi le premier des Imams qui constituent l'axe et l'essence de la spiritualité chiite.

►Coran, 1904.
Bibliothèque du palais
du Golestân, Tehrân.

Le Coran et les hadiths

Le **Coran** est aux musulmans ce que la Thora est aux juifs et les paroles du Christ aux chrétiens: un enseignement universel, inspiré par Dieu, à la source de la mystique, de la théologie, du droit, des rites et de la vie de tous les jours. Ecrit en langue arabe, il se compose de 114 sourates* divisées en versets. Après une première et courte sourate, qui synthétise l'essentiel du message coranique, les sourates sont disposées selon un ordre de grandeur décroissant: la plus longue est au début, les plus courtes à la fin. Unique par son style et sa langue, le Coran n'est pas un discours théologique (comme les Epîtres du Nouveau Testament) ou un recueil de sentences et d'actions du Prophète (à l'image des Evangiles), ni un livre d'histoire comme certains récits de la Bible. Il est une mosaïque et une polyphonie d'injonctions, d'incantations, de paraboles, d'images poétiques, d'anecdotes, d'allusions bibliques et de récits, transmis dans une langue pure, complexe, intense et poignante. Tout en énonçant des règles spirituelles et sociales, le Coran combat le polythéisme, menace les mécréants du Jugement dernier, insiste sur l'unité, la transcendance et l'omniscience de Dieu. Muhammad n'énonça pas le Coran en une seule traite, mais verset par verset, au fil des événements. D'abord mémorisées ou rédigées sur des os ou du cuir, les sourates du Coran furent ensuite réunies en un texte unifié et définitif sous le califat d'Uthman (644-656). Le Coran accompagne toute la vie du musulman: l'appel à la prière est soufflé dans l'oreille du nourrisson, et des versets sont chantés sur le mort. Le Coran est sans cesse récité, appris par cœur, calligraphié, commenté: il rythme les jours, harmonise les collectivités, guide l'âme et fait contempler l'intelligence. Parole divine incarnée dans un langage d'homme, le Coran est inimitable et intraduisible. Son langage fait appel à des images concrètes (l'oasis, les astres, les animaux, etc.) qui forment une galaxie de symboles. Le sens littéral des versets dissimule comme des rideaux de multiples significations sociales, psychologiques, spirituelles et métaphysiques.

Les **hadiths** sont une autre source de la loi et de la spiritualité musulmanes. Au nombre de plusieurs milliers, ils rapportent les gestes et les paroles du Prophète, qui ont valeur de modèle et de référence pour la communauté. Complétant le Coran, ils contiennent des indications touchant tous les aspects de la vie religieuse et sociale. Certains ont même une valeur sacrée et mystique. Les hadiths ont d'abord été transmis oralement par des chaînes de témoins, puis compilés au IXe s. dans six recueils dits canoniques, dont les plus connus sont ceux d'al-Bukhâri (810-870), savant iranien d'Asie centrale, et de Muslim (817-875), originaire de Neyshâbur.

«Au nom de Dieu le Clément le Miséricordieux. Oui, nous t'avons accordé l'abondance. Prie donc ton Seigneur et sacrifie! Celui qui te hait: voilà celui qui n'aura jamais de postérité»

Coran CVIII, 1-3
(Trad. D. Masson)

Motif carré rempli de versets coraniques en koufi*. En bas, les versets disposés en lignes avec leur traduction. Mosquée Bleue, Tabriz, 1465.

Les cinq Piliers

La pratique de l'Islam repose sur cinq obligations, appelées les «cinq Piliers»:

La **profession de foi** ou *shahâda**. Elle comprend deux formules: «Il n'y a pas de divinité si ce n'est Dieu» et «Muhammad est l'envoyé de Dieu». La première partie proclame la nature unique et absolue de

**Mur de la qibla.
Mosquée-madrasa Seyyed,
Esfahân, années 1830.**

Dieu, et le caractère illusoire ou trompeur de la création et des dieux païens. La seconde partie reconnaît la révélation du Prophète Muhammad comme moyen de vivre en conformité avec le Divin. Il suffit de prononcer la *shahâda* pour devenir musulman.

La **prière** canonique et rituelle (*salât*), cinq fois par jour, à heures fixes (à l'aube, à midi, au milieu de l'après-midi, au crépuscule, la nuit). Avant la prière, le musulman se lave les mains, le visage, les bras et les pieds avec de l'eau – une purification du corps qui symbolise celle de l'âme. Il prie en se tournant vers La Mecque. La prière comprend un cycle de gestes immuables, accompagnés par des versets coraniques, la profession de foi et des courtes formules: station debout, inclination, agenouillement et prosternation, qui symbolisent différentes attitudes de soumission à Dieu. Les chiites iraniens font trois prières: le matin, à midi, le soir. En se prosternant, ils posent leur front sur une petite rondelle de terre cuite, souvent empruntée à une terre sacrée: elle rappelle aux croyants qu'ils sont nés de la terre et qu'ils y retourneront. Le vendredi à midi une prière collective est dirigée par un imam* dans une grande mosquée dite du Vendredi: les croyants, hommes et femmes séparés, sont alignés en rangs serrés et accomplissent la prière en chœur.

**Les positions de la
prière musulmane.**

Le **jeûne** (ramadan*). Pendant le mois lunaire du ramadan, le musulman doit s'abstenir de nourriture, de boisson, de fumée et de rapports sexuels du lever au coucher du soleil. En solidarisant riches et pauvres, en unissant rituellement la communauté dans un même rythme d'abstention et de célébrations, le jeûne a une fonction sociale et fédératrice. Il possède aussi une signification spirituelle: s'abstenir pour Dieu et retrouver une forme de dénuement à travers la maîtrise de soi et la rupture des habitudes ordinaires.

Le **pèlerinage** rituel (*hadj**) à La Mecque. Chaque musulman doit l'effectuer au moins une fois dans sa vie s'il en a les moyens et la possibilité. Le pèlerinage a lieu du 7 au 13 zul-hidja, dernier mois de l'année musulmane. Vêtus de deux pièces d'étoffe sans coutures, les pèlerins suivent des règles de sacralisation et un rituel établi: girations autour de la Kaaba, parcours initiatique entre deux monticules, arrêt dans la plaine d'Arafat, lapidation de stèles symbolisant Satan, sacrifice d'un animal en souvenir de l'épreuve que Dieu avait imposée à Abraham (le sacrifice de son fils: Ismaël dans la tradition arabe, Isaac dans la Bible). La **dîme** ou l'**aumône** légale (*zakât*). Elle est prélevée pour aider les pauvres et les nécessiteux, soutenir un chef spirituel, aider la diffusion de la religion. Elle symbolise le don que l'homme doit faire à Dieu: don de ses biens ou de sa vie. En Iran, le clergé chiite est économiquement indépendant de l'Etat et vit directement des aumônes des fidèles.

◆Minaret de la mosquée du Vendredi de Semnân, 1030-35.

Chiisme et sunnisme

L'Islam chiite fut proclamé religion officielle de l'Iran par le roi safavide Shâh Ismâil Ier en 1501. Auparavant sunnite dans sa majorité, l'Iran devint le seul pays chiite du monde musulman. Avec le sunnisme (majoritaire), le chiisme (env. 10% à 15% des musulmans) est l'une des deux confessions principales de l'Islam. Le chiisme se divise lui-même en plusieurs branches, mais la plus importante – celle de l'Iran actuel – est le chiisme duodécimain⋆. Le sunnisme est surtout répandu parmi les Kurdes, les Arabes, les Baloutches et les Turkmènes: à la Révolution, il comptait environ 10'000'000 de fidèles.

Sunnisme et chiisme apparurent lors de la succession du Prophète à la tête de la communauté musulmane. Pour les chiites, le successeur du Prophète devait appartenir à sa famille et réunir en lui une compétence à la fois politique et spirituelle, afin de refléter l'autorité royale et prophétique de Muhammad. Ce dernier ne laissant aucun fils, un seul homme remplissait cette condition: **Ali**, qui avait épousé **Fatima**, la fille du Prophète. Les chiites s'instaurèrent en partisans (*shiah*, d'où chiisme) d'Ali, alors que la majorité des musulmans choisit Abu Bakr, l'un des premiers convertis à l'Islam. Ali fut seulement le quatrième calife, après Abu Bakr, Umar et Uthman. En butte aux divisions de l'Islam naissant, Ali est assassiné en 661. C'est dans sa descendance que les chiites duodécimains reconnaissent onze Imams se succédant de père en fils. Chacun d'eux est le dépositaire d'une connaissance et d'une fonction spirituelles remontant jusqu'à Muhammad par Ali.

L'origine d'une division

Les deux fils de Ali et de Fatima furent les IIe et IIIe Imams: **Hassan** (625-670), qui renonça au califat après le meurtre de son père, et **Hosseyn** (626-680), que les troupes omeyyades massacrèrent en Irak et qui devint la figure emblématique du martyre. La tradition iranienne a fait du IVe Imam, **Ali Zeyn al-Abedin al-Sadjâd** (656/659-713), le fils de Hosseyn et d'une fille de Yazdegerd III, le dernier roi sassanide. Le VIe Imam, **Djafar al-Sâdeq** (699/702-765), fut un maître de théologie et d'ésotérisme. **Ali al-Rezâ** (770-818), le VIIIe Imam, est le seul Imam enterré en Iran, à Mashhad. Le **XIIe Imam** est le fils du XIe Imam et – selon une

▶Le Prophète Muhammad désigne Ali comme son successeur. Peinture sur livre de 1588. Bibliothèque du palais du Golestân, Tehrân.

◆Mausolée du VIIIᵉ Imam Rezâ, Mashhad, fondé au IXᵉ s.

légende – de la fille de l'empereur byzantin. Il disparut mysté-rieusement en 874, mais il doit revenir à la fin des temps pour rétablir l'ordre dans un monde corrompu et injuste. Depuis sa «Grande Occultation» en 941, début d'un cycle ultime de l'histoire, cet Imam caché* ou Imam de la Résurrection est spi-rituellement présent, bien qu'invisible: les clercs chiites peuvent guider la communauté en son nom sans pouvoir usurper son titre et sa fonction.

Presque tous situés en Irak ou en Arabie, les tombeaux des Imams font l'objet de pèlerinages fréquents, en particulier celui de Hosseyn à Karbala et de Ali à Nadjaf, tous deux en Irak. Les membres de la famille des Imams sont également vénérés: dispersés dans tout l'Iran, leurs tombeaux (les Imâmzâdehs*) constituent, avec les tombes des saints soufis, une véritable géographie spirituelle. Le plus important, à Qom, appartient à Fatima, fille du VIIᵉ Imam et sœur du VIIIᵉ Imam.

L'Imam des chiites

Les Imams Ali, Hassan et Hosseyn. Peinture murale, tombe de Hârun Velâyat, Esfahân, époque qâdjâre.

Pour le sunnisme, l'imam est la personne qui dirige la prière dans les mosquées et qui officie lors des mariages et des enterrements. Mais pour les chiites, l'Imam est la personnification et le détenteur d'une connaissance à la fois exotérique et ésotérique. Les douze Imams ne sont pas seulement des figures historiques, mais des archétypes éternels de l'Esprit. Invisibles mais toujours présents au cœur des croyants, ils sont des guides spirituels et des intercesseurs entre l'homme et Dieu. Les Imams sont des initiateurs, qui possèdent un pouvoir de sanctification et le don de révéler les significations ultimes de la prophétie de Muhammad. Si le Coran a révélé une parole de Dieu lisible par tous, ce sont les Imams, et en premier lieu Ali, qui détiennent le sens caché et vivant des versets coraniques. Ces conceptions sont refusées par le sunnisme, qui ne peut admettre un intermédiaire entre Dieu et l'homme et qui accentue la transcendance de Dieu. Le calife des sunnites est une autorité essentiellement tempo-relle, héritière du Prophète comme chef de la communauté musul-mane, alors que l'Imam chiite possède une sorte de royauté sacrée et de fonction sacerdotale.

Les courants chiites

Comme les sunnites, les chiites respectent la profession de foi musulmane, vénèrent le Coran, obéissent aux cinq Piliers de l'Islam. Toutefois, au Coran et aux hadiths, ils ajoutent les enseignements des Imams. Le plus important est «La Voie du mieux-dire», un recueil de paroles de l'Imam Ali, transmises oralement puis rédigées au Xᵉ s. par l'un de ses descendants. On peut y lire des textes d'une grande force oratoire et d'une profondeur à la fois concrète et symbolique, sur Dieu, la prophétie, l'univers, la spiritualité, la politique et les relations humaines. Le Prophète avait dit: «Je suis la ville de la science; Ali en est la porte».

⊙Le mausolée de Fatima, sœur du VIIIᵉ Imam, Qom, fondé au IXᵉ s.

Outre l'Islam et la spiritualité des Imams, le chiisme a intégré plu-sieurs horizons intellectuels: la philosophie grecque néoplatonicienne

(Platon, Plotin), certaines idées du Mazdéisme (la périodisation symbolique de l'histoire universelle), l'hermétisme, l'alchimie et l'astrologie de l'Antiquité gréco-égyptienne. Le chiisme a aussi reçu l'influence du soufisme à travers les métaphysiques d'Ibn Arabi (1165-1240) ou de Shihâboddin Yahyâ Sohravardi (1155-1191).

Les divergences entres les courants du chiisme reposent essentiellement sur le nombre reconnu des Imams: les duodécimains en reconnaissent douze, les ismaéliens sept, les zeydites cinq.

Tombeau de Bibi Shahrbânu, princesse sassanide et épouse de l'Imam Hosseyn. Rey.

Ismail est le fils de Djafar al-Sâdeq, le VIe Imam. Il mourut prématurément en 755, mais devint le fondateur symbolique des **ismaéliens**, qui donnèrent naissance à plusieurs dynasties politiques et courants spirituels. Les Fatimides (descendants de Fatima) fondèrent Le Caire et le califat fatimide en 969: ils sont à l'origine d'une période culturelle à la fois riche et novatrice. Dans le Liban et la Syrie d'aujourd'hui, les druzes forment une petite communauté fermée et initiatique. Surnommés les «Assassins» (290), les nizarites constituèrent, dans l'ouest de l'Iran, un pouvoir qui dura du XIe s. jusqu'à l'invasion mongole. Les ismaéliens sont à l'origine d'une somme métaphysique écrite au Xe s. et à l'influence considérable: l'*Encyclopédie des* **Frères de la Pureté** (Ikhwân al-Safâ'), qui entrecroise des influences néoplatoniciennes, pythagoriciennes et hermétiques.

Les **zeydites*** revendiquent leur rattachement à Zeyd (mort en 740), demi-frère du Ve Imam. Ils soutinrent nombre de révoltes de l'ère abbasside et fondèrent le royaume du Yémen au IXe s. Ils favorisèrent la rédaction des premiers écrits spirituels chiites. En 864, un zeydite fonda un royaume chiite dans la province du Mâzandarân qui dura plusieurs siècles et favorisa la diffusion de l'Islam dans les régions de la Caspienne.

Le nom d'Ali calligraphié sous forme de svastika. Mosquée du Vendredi de Kermân, XVIe s.

Longtemps mal compris, sinon mal aimé, le chiisme a été véritablement étudié en profondeur au XXe s. Les travaux d'Henry Corbin, en particulier, ont redessiné une autre vision d'un Islam que l'on réduisait souvent au sunnisme, et d'un monde iranien dont on sous-estimait la vitalité spirituelle et intellectuelle.

Le chiisme: une foi mystique

Minoritaire, souvent persécuté, le chiisme présente quelques traits analogues au Christianisme, comme la commémoration de ses martyrs sous forme de «Passions», une relation à Dieu plus personnelle à travers l'Imam, ou encore une accentuation des mystères initiatiques. Le chiisme insiste sur le caractère surnaturel des Imams, la supériorité du sens spirituel des textes sur leur sens littéral, le secret de sa doctrine et de sa foi. Il s'intéresse moins à l'histoire visible qu'à l'histoire spirituelle, invisible, mais dont les effets affleurent ici et là dans les événements. Le retour de l'Imam caché à la fin des temps fonde une eschatologie et une mystique de l'histoire absentes du sunnisme. Celles-ci animent aussi une doctrine politique, à l'origine de nombreuses

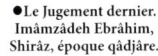

●Le Jugement dernier. Imâmzâdeh Ebrâhim, Shirâz, époque qâdjâre.

►Leila et Madjnun dans une madrasa. Illustration du *Khamseh* de Nezâmi, Shirâz, 1491.

rébellions contre les pouvoirs et qui inspira la Révolution islamique de 1979. Pour les sunnites, la Révélation est close avec le Prophète Muhammad. Pour les chiites, elle s'est prolongée à travers les douze Imams, et elle est toujours vivante à travers le XIIᵉ Imam, mystérieusement présent, et qui reviendra sur terre pour instaurer un monde spirituel et révéler la signification universelle des Révélations. Même dans sa spiritualité sociale, le chiisme comporte une dimension mystique, sacrificielle, initiatique, plus ou moins inconnue du sunnisme. Le chiite a le droit de dissimuler sa foi et sa pensée pour la préserver ou se protéger, si bien que sa spiritualité est souvent insaisissable et irréductible. Dans l'Islam sunnite, l'ésotérisme prend la forme du soufisme, qui fut, au long de l'histoire, le miroir, l'allié ou le concurrent du chiisme.

La théologie

Dans l'Islam sunnite, il n'existe pas de clergé constitué ou l'équivalent du pape dans le Christianisme. Dans le chiisme, en revanche, les mollâs sont considérés comme les détenteurs de la tradition des Imams et de sa juste interprétation et forment un clergé hiérarchisé. Ces docteurs en religion assument une fonction de juge, de philosophe et de conseiller spirituel. Ils accomplissent également les rites importants de la vie musulmane (circoncision, mariage, enterrement) et conduisent la prière collective dans les mosquées. Ils étudient dans les madrasas et reçoivent graduellement des licences attestant de leurs compétences. Modjtahed, hodjat ol-eslâm et âyatollâh sont des titres plus ou moins honorifiques qui signalent le degré de connaissance et d'autorité du docteur en religion et en jurisprudence. La théologie musulmane accepte différents courants de pensée, pour répondre à la complexité des situations humaines et des interprétations possibles de la Révélation. «Les divergences des savants sont une bénédiction», disait le Prophète Muhammad. Unis par un fond commun – le Coran et les hadiths –, les principaux courants théologiques sunnites sont nés dans les premiers siècles de l'Islam, comme le **mu'tazilisme***(VIIIᵉ s.) ou l'**ash'arisme***, fondé par Ash'ari (873-935). La théologie réfléchit sur ses propres fondements – la prophétie – et sur les grands problèmes de la relation entre l'homme, la religion et Dieu. L'action et les attributs de Dieu, le déterminisme et la liberté humaine, les moyens de connaître la Divinité, la nature de la parole divine, sont quelques-uns des thèmes de débats qui traversent l'histoire théologique de l'Islam. Après la période mongole, la théologie a eu tendance à se replier sur elle-même et à se figer dans un formalisme conservateur.

L'essentiel de la théologie chiite concerne l'Imam, à la fois intercesseur spirituel, maître d'initiation et figure eschatologique. La nature ésotérique du chiisme fait de ses doctrines une sagesse spirituelle plus qu'une théologie, telle qu'elle se manifeste dans le sunnisme. Les principales écoles théologiques se trouvent à Mashhad, Qom, Tehrân et, en Irak, à Nadjaf.

Mollâs à Qom, dans le mausolée de Fatima.

Le droit

L'Islam sunnite connaît quatre grandes écoles de jurisprudence
religieuse, fondées aux VIIIᵉ-IXᵉ s. Le rite malikite* est né à Médine
et domine aujourd'hui l'Afrique du Nord. Issu des villes irakiennes de
Bassorah et de Bagdad, le rite hanafite* fut employé par les Abbassides, les Seldjoukides et les Ottomans. Le rite chaféite* est né à Bagdad
et se répandit notamment en Irak, en Iran, en Egypte et en Syrie.
Aujourd'hui répandu en Arabie, le rite hanbalite* influence le wahha-
bisme, la pensée la plus rigoriste de l'Islam contemporain.
A la fois code de la vie et code de la loi, ces écoles légifèrent dans les
domaines religieux, politique et social. Reposant comme la théologie
sur le Coran et les hadiths, elles apportent des réponses à des problèmes, particuliers ou collectifs, auxquels ne répondent pas directement
la Révélation divine ou les paroles du Prophète. Les écoles divergent
par des méthodes de réflexion, l'emploi de la tradition, les manières de
poser les problèmes et d'orienter leur solution. Leurs exégèses et leurs
perspectives peuvent être plus ou moins rationalistes et littéralistes.
Elles emploient différent les démarches intellectuelles employées
pour trouver des solutions qui ne se trouvent pas explicitement dans
le Coran ou les hadiths: le raisonnement par analogie et par déduc-
tion (qiyas), l'avis personnel (ra'y), l'effort de recherche, de compréhension et de réflexion personnelles (l'idjtihâd) ou le consensus des
savants et de la communauté (l'idjmâ). Pour expliquer et approfondir
les sources de la loi, elles font appel à plusieurs sciences éclairant les
subtilités de l'arabe coranique et la valeur des hadiths transmis: la
grammaire, la philologie, la lexicographie ou l'histoire (biographie du
Prophète).
Analogue ou même identique au droit sunnite, la jurisprudence chiite
s'en distingue néanmoins par certaines positions doctrinales caractéristiques de sa spiritualité, centrée sur une foi pure et secrète dans
les Imams et contestant plus ou moins la valeur des autres pratiques
religieuses musulmanes.

Chambre d'étudiants de
la madrasa Sepahsâlâr
(Motahhari), Tehrân,
construite en 1879-90.

Le soufisme

Le soufisme est la réalité mystique de l'Islam principalement sunnite.
Le mot «soufi» viendrait de l'arabe suf, qui désigne la laine ou la robe
de laine, l'habit des prophètes. Le soufi est aussi appelé le derviche*
ou le faqir* et un même mot, tariqa*, évoque la voie spirituelle et la
confrérie.
Né avec l'Islam, le soufisme ne s'est inscrit que progressivement dans
l'histoire. Pendant les premiers siècles, il fut une spiritualité discrète et
ascétique, sans nom et sans statut social clair et reconnu, ne s'exprimant guère par des écrits. Les premiers mystiques furent des compagnons du Prophète, qui désiraient approfondir leur foi et vivre la soumission à Dieu jusqu'à l'extinction totale en Lui. L'un des plus anciens
traités soufis écrits en arabe, dû à Kalâbâdhi, ne date que de la fin du
Xᵉ s. Encore aujourd'hui, l'essentiel de l'enseignement se transmet de
bouche à oreille, et non par des textes.
C'est au IXᵉ s., en Irak, que les soufis se regroupent autour de maîtres
comme **Djunayd**. A Bagdad, **Hallâdj**, un mystique d'origine persane,

Cellule pour la méditation
dans le mausolée d'Abu Yazid
Bistâmi, Bistâm, fondé au IXᵉ s.

Histoire

*«Il y a des cieux dans
le royaume de l'âme qui
gouvernent les cieux de ce
monde.»*

Sanâ'i (XIᵉ-XIIᵉ s.)

Mausolée de Ni'mat Allâh
Vali, Mâhân, fondé en 1437.

est condamné et crucifié en 922, après avoir révélé une vérité scandaleuse pour les théologiens et tenue secrète par les soufis. Son effacement en Dieu l'avait poussé à dire: «Je suis la Vérité», autrement dit: il n'y a que Dieu, si bien que l'homme est fondamentalement un avec l'Unité divine. Né et mort à Bistâm, au nord-est de l'Iran, **Abu Yazid Bistâmi** (IXe s.) est l'auteur de maximes évoquant l'identité de l'homme et de Dieu et le mystère spirituel du saint.

Dans les premiers siècles de l'Islam, le soufisme fut souvent combattu par les théologiens, qui l'accusaient d'hétérodoxie et de libertinage. Mais au XIe s., le théologien **al-Ghazâli**, suite à une crise intérieure, trouva son salut dans la voie et la spiritualité soufies. Il opéra alors la jonction entre la théologie et la mystique: si elle ne mit pas fin aux tensions entre religieux et soufis, cette conciliation favorisa leur rapprochement intellectuel. Le soufisme a connu ses grandes «sommes» aux XIIe-XIIIe s., avec les œuvres de **Ibn Arabi** (1165-1240) et de **Rumi** ou **Mowlânâ** (1207-1273). Représentants respectifs des versants occidental et oriental du soufisme, ils ont synthétisé l'essentiel de la tradition soufie, alimentée par plusieurs siècles d'expériences spirituelles. Ibn Arabi est né en Espagne et mort à Damas. On lui doit les traités métaphysiques parmi les plus profonds et les plus amples, tels *Le livre des conquêtes spirituelles mecquoises* et *Le Livre des chatons de sagesse* qui influencèrent des penseurs aussi bien chiites que sunnites. Rumi est né à Balkh (Afghanistan) et mort à Konya (Turquie). Fondateur des «derviches tourneurs» (aujourd'hui en Turquie), il a écrit un immense mathnawi* surnommé le «Coran persan», dans lequel une spiritualité d'amour et de contemplation s'exprime à travers un fleuve de poésie et de contes.

Portail d'un ancien khânqâh,
Natanz, 1316-17.

Le monde persan est un haut lieu du soufisme. Il s'y implanta profondément au Xe s. et devint très puissant le siècle suivant. Il ne cessa par la suite de s'étendre dans la société et d'imprégner la vie et la poésie, jusqu'à la prise de pouvoir des Safavides et à la conversion du pays au chiisme en 1501. Dans l'âge d'or du soufisme persan, aux XIIe et XIIIe s., **Attâr**, **Ruzbehân Baqli Shirâzi**, **Nezâmi**, **Omar Sohravardi**, **Shihâboddin Yahyâ Sohravardi**, **Sa'di** ou **Semnâni** ont laissé des poèmes, des traités, et surtout des témoignages de spiritualité qui ont traversé les siècles. En poésie mystique, le XIVe s. est dominé par **Hâfez** et le XVe s. par **Djâmi**. Lorsque le chiisme devient la foi officielle de la Perse safavide, le soufisme est déclinant et certaines de ses tendances libertaires sont combattues par les chiites. La dévotion portée aux derviches se reporta sur les Imams, et en particulier Ali et Hosseyn. Tombé en décadence aux XVIe et XVIIe s., dispersé et parfois persécuté, le soufisme connut un certain renouveau avec **Nur Ali Shâh** (v. 1748-1798). Né à Esfahân, on lui doit une somme sur les doctrines du soufisme, dont il ne put terminer que le quart. Aujourd'hui, les confréries mystiques, de tendance sunnite ou chiite, sont toujours présentes et actives en Iran.

Enraciné dans la prophétie musulmane, issu d'un même tronc (l'époque du Prophète), le soufisme s'est ramifié en plusieurs lignées de maîtres, qui ont fait fructifier différents types de spiritualité. Dès le XIIᵉ s., les soufis se sont constitués en confréries organisées autour d'un maître fondateur. Scindées en plusieurs sous-branches, beaucoup sont encore vivantes aujourd'hui et parfois répandues d'un bout à l'autre du monde musulman. Parmi les plus importantes, on peut citer les ordres Qalamdariyya, Ni'mat-Allâhiyya, Kobrâwiyya, Naqshbandiyya ou Sohravardiyya. Une confrérie peut comprendre des dizaines voire des milliers de disciples, dispersés dans plusieurs pays. Ils se réunissent dans des «loges» ou khânqâh*. Pourvus d'une salle à coupole et de plusieurs pièces adjacentes, ces édifices permettent une vie spirituelle communautaire et des retraites, et peuvent aussi abriter un mausolée et accueillir des pèlerins. On y pratique des rites collectifs où alternent psalmodie coranique, chants mystiques, discours du maître. Aristocratiques ou populaires, les communautés soufies peuvent aussi être des centres de pouvoir, contrôlés par le souverain ou solidaires de son règne, et dont l'importance politique a pu être considérable. Les confréries, qui peuvent accueillir des femmes, vivent grâce aux dons des disciples ou à des fondations pieuses.

Les confréries

Portail d'un ancien khânqâh,
Natanz, 1316-17.

Les doctrines du soufisme

Présentées sous forme philosophique ou à travers des poèmes, les doctrines soufies sont d'une grande diversité. Elles comprennent la psychologie spirituelle, la connaissance des états initiatiques, la cosmologie, des sciences comme l'alchimie ou l'astrologie, et une métaphysique qui, s'abîmant dans le mystère divin, voit plus loin que la théologie. La sagesse soufie n'est pas le fruit d'un raisonnement, mais d'une vision contemplative que le soufi acquiert au fur et à mesure de sa progression spirituelle. L'Imam Ali formulait ainsi le principe de la connaissance spirituelle: «Je connais Dieu par Dieu, et je connais ce qui n'est pas Dieu par la lumière de Dieu». Si la pensée ne peut atteindre Dieu, l'âme peut le contempler en s'unissant à Lui. Au centre de l'âme, le cœur est comme un miroir noirci par les passions et les vices. Une fois purifié, la lumière divine l'envahit et illumine l'âme et le corps d'une certitude et d'une paix contemplatives. L'homme, alors, connaît Dieu à travers la connaissance que Dieu a de Lui et de l'âme.

Tout comme il y a plusieurs tendances en Islam, il existe plusieurs types de soufisme. Chacun décline un genre de spiritualité, où l'amour de Dieu, l'ascèse, la connaissance contemplative, la pratique des vertus, les méthodes de prière, s'articulent de façon différente. Il existe aussi un soufisme populaire, dénué de métaphysique, pieux et fervent, parfois adepte de cérémonies spectaculaires. Les enseignements soufis reposent sur un même corpus de vérités premières. Dieu seul est réel, alors que le monde et l'ego sont des illusions. Mais si le monde n'est qu'une ombre de l'Infini, il est également un symbole de l'Invisible. La création est à la fois un voile qui cache Dieu, et un vitrail qui révèle

Portail d'un ancien khânqâh,
Natanz, 1316-17.

►Chute d'Adam.
Illustration de Djâmi,
Boukhara, milieu du XVIIᵉ s.

sa Lumière. Entre la terre est l'Unité divine, il y a une multitude de mondes, semblables à des rideaux cachant la Lumière éternelle. La théologie met souvent l'accent sur la nature inaccessible de Dieu, alors que le soufisme révèle son immanence: la vérité ultime est la proximité de Dieu. Issu de Dieu, l'homme est appelé à revenir à son Origine: l'existence est un voyage de Dieu à Dieu. Doué de raison et de volonté, l'homme est un petit monde qui peut devenir un reflet de la connaissance divine par sa spiritualité. L'univers (le macrocosme) et l'homme (le microcosme) se correspondent: le corps, l'âme et l'Esprit sont en relation avec le monde sensible, l'âme cosmique et l'Esprit universel. La religion révélée, avec ses rites et ses lois, est le seul moyen de vivre en conformité avec la nature suprême de l'homme et avec Dieu. Toutefois, si la religion est un moyen de sainteté, elle n'est pas une fin en soi: les soufis l'approfondissent jusqu'à la dépasser par l'union à Dieu. Musulman, le soufi sait aussi que Dieu est le soleil de tous les rayons: aussi peut-il voir toutes les religions comme autant de paroles de Dieu, autant de chemins vers l'Unité.

Unité et transcendance divines. Eternité, Infini, Essence, Absolu. Divinité non-exprimable et inconnaissable.

Esprit ou Intelligence divins. Degré des Noms et des Attributs divins. Lumière muhammadienne. Créateur du cosmos. Parole divine. Coran incréé.

Mondes créés invisibles, immortels, illimités, spirituels et faits de pure lumière: anges, paradis, archétypes, Intelligences.

Mondes intermédiaires, animiques, immatériels, atemporels, pourvus de corps et de formes: paradis inférieurs, mondes de l'âme, univers de l'imagination mystique, «Monde imaginal» (H. Corbin).

Monde terrestre, conditionné par l'espace, le temps, la matière, les couleurs, les nombres, l'énergie physique, la dualité du bien et du mal, la présence de la mort. En dessous de la terre se trouvent symboliquement les enfers.

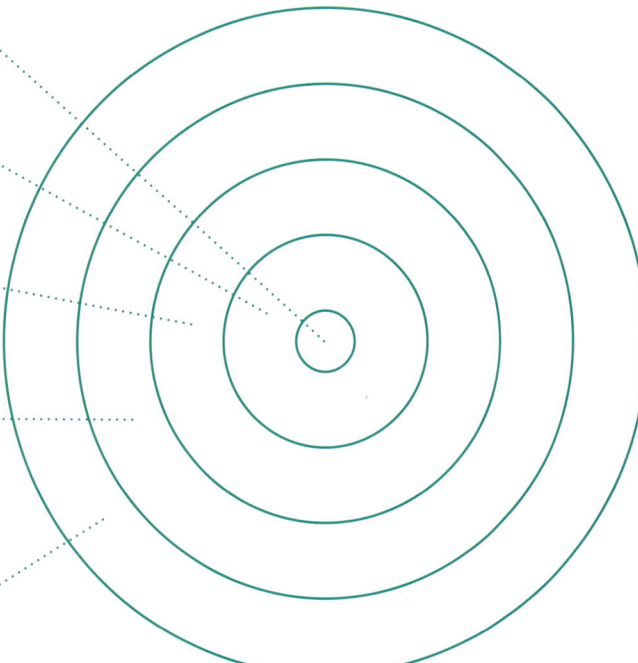

Représentation schématique des principaux degrés de la réalité divine et cosmique dans la philosophie et la mystiques persanes.

La conception du monde et de l'homme

Pour la tradition musulmane et persane, le cosmos terrestre est l'écorce visible d'une réalité infinie et le premier échelon d'une hiérarchie d'univers immatériels, spirituels ou divins. La réalité suprême est l'Unité divine, qui est ineffable, inexprimable, inconnaissable. Transcendante, elle embrasse aussi tout ce qui est. Eternellement, l'Unité donne naissance à sa propre Connaissance, à sa propre Intelligence d'elle-même, que les mystiques et les philosophes symbolisent par le Calame, le Trône, l'Esprit premier ou la Lumière muhammadienne. Comparable au Verbe dans le Christianisme, cet Intellect divin peut correspondre aux 99 Noms de Dieu, généralement donnés par le Coran: ils définissent les attributs, les qualités et les activités exprimables de l'Absolu, telles que la Puissance, la Miséricorde, la Sagesse, l'Omniscience, la Royauté ou la Créativité. Par son Intellect, Dieu crée les sept cieux (le monde angélique), le monde immatériel des âmes, la terre, les djinns, l'enfer. Dans la conception de Fârâbi et d'Avicenne, l'Intellect divin donne naissance à neuf Intelligences et à neuf Ames célestes. Leur hiérarchie est symbolisée par les sphères célestes de l'astrologie (de haut en bas): le ciel sans étoiles, le ciel des étoiles fixes, Saturne, Jupiter, Mars, Soleil, Vénus, Mercure, Lune. Les Intelligences représentent à la fois des univers spirituels et des degrés de la connaissance, rayonnant la lumière unique de Dieu. Les Ames sont les matrices amoureuses des Intelligences et les moteurs des astres. La dixième et dernière Intelligence est l'Intelligence spirituelle (l'Intellect agent) qui, dans l'homme, illumine le cœur d'une intuition de Dieu. Par la contemplation, et à travers la hiérarchie des Intelligences, l'homme est ainsi enraciné dans l'Intelligence et le Ciel divins.

►Le prophète Elie et Khezr à la Source de Vie. Peinture sur livre, XVᵉ s. Freer Gallery of Art, Washington.

Les coupoles

Dans l'art persan, comme dans d'autres cultures, la coupole est une image du Ciel, des cycles, de l'harmonie universelle, de l'éternité et de l'infini. Toujours fondé sur le rapport entre le centre et la circonférence, le décor des coupoles illustre différents rapports entre le mystère divin et les mondes créés. Le motif central, souvent en forme de médaillon ou de motif rayonnant et solaire, évoque l'Unité, la Parole ou la Lumière divines. Dans la circonférence, des motifs floraux ou géométriques symbolisent les archétypes, les sphères célestes ou les paradis jaillissant de Dieu et déterminant l'ordre de la création.

Mosquée de l'Imam, Esfahân, 1612-1627.

Mosquée du Vendredi, Esfahân, XIIᵉ s.

Mosquée du Vendredi, Yazd, XIVᵉ s.

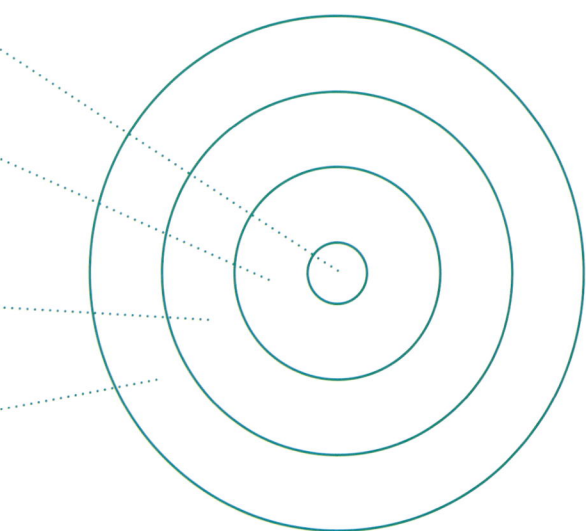

Esprit ou Intelligence spirituelle (Intellect agent)
Réalité spirituelle, reliée à l'Intellect divin. Elle illumine l'âme et la raison par des intuitions contemplatives.

Cœur
Noyau de l'âme, organe de la perception contemplative, miroir de l'Esprit. Purifié, il est le réceptacle de la Présence divine.

Âme
Réalité psychique, passionnelle et subconsciente, capable de mal, mais susceptible d'être purifiée. Elle comprend les facultés mentales (raison, mémoire, imagination).

Corps
Enveloppe physique périssable.

Représentation schématique des niveaux de l'homme dans la philosophie et la mystique persanes.

La voie spirituelle

● Pour les soufis, le monde est un tapis de beauté qui révèle la Beauté divine, tout en cachant son essence. Décor de céramique. Mosquée de l'Imam, Esfahân, 1612-1627.

Pourquoi Dieu a-t-il créé le monde et l'homme? Un hadith sacré fait dire à Dieu: «J'étais un Trésor caché, J'ai désiré être connu et pour cela J'ai créé le monde». Dieu désira manifester sa splendeur dans les mondes, afin que les créatures connaissent Dieu dans le miroir de la création et qu'à travers l'univers visible elles accèdent à l'Intelligence de Dieu. Se rendre à Dieu en renonçant au monde, telle est la voie du soufi. Le monde est né d'un désir de Dieu de se faire connaître et c'est par l'amour que l'homme est emporté vers Dieu et vers l'union spirituelle. Le corps est une prison, qui ne doit pas être rejeté, mais dominé. Tout soufi suit la direction d'un maître (un sheikh*), car on ne peut aller vers Dieu sans guide et sans obéissance à un enseignement. Une initiation marque l'entrée du disciple dans la confrérie et dans une voie qu'il est appelé à suivre jusqu'à la fin de sa vie et même au-delà.

Entre Dieu et l'homme, il n'y a qu'un obstacle: l'égocentrisme, qui doit être purifié par des pratiques spirituelles, des vertus et la pauvreté. La vie du soufi est rythmée par des méditations, des retraites et des oraisons, qui lavent l'âme de l'orgueil et de la mondanité et qui ouvrent l'intelligence à la contemplation. Les derviches aiment mendier, errer de ville en ville, exercer des activités humbles, se fondre dans l'anonymat ou même attirer la réprobation, pour mieux s'abandonner à la volonté divine. Dans les peintures, le soufi est représenté portant des objets à la fois pratiques et symboliques: un bol à aumônes (*kashkul**), une hache (protection contre les animaux et les voleurs et symbole de la guerre spirituelle contre les passions), un chapelet, un sac, une couverture, une trompette en corne. Dans son voyage vers Dieu, le mystique passe par différents états (*hâl*) et stations (*maqâm*) spirituels, parfois par des extases et des visions surnaturelles, qui sont autant d'étapes et de degrés d'une graduelle unification de l'âme et du Divin. Les miracles, pourtant, ne constituent nullement des critères ou les buts d'une spiritualité qui ne cherche que Dieu seul.

A l'origine de l'Islam, chiisme et soufisme furent profondément liés. Ils se distancèrent l'un de l'autre au IXe s., puis se rapprochèrent à nouveau durant l'époque mongole (XIIIe s.). Malgré leurs divergences de méthodes et de langages, soufisme et chiisme suivent une même filiation initiatique de maître à disciple, qui remonte au Prophète et finalement à Dieu à travers l'ange Gabriel. Pour tous deux, Ali est un maître de l'ésotérisme, et plusieurs confréries soufies remontent à l'un des Imams chiites. Un maître persan du XIVe s. a pu dire qu'un vrai soufi est un chiite, et un vrai chiite est un soufi.

Toutefois, les chiites et les soufis ont pu également s'opposer, pour des raisons souvent politiques, mais aussi doctrinales et spirituelles. La dynastie safavide (1501-1732) fut à l'origine un ordre soufi qui adopta le chiisme et en fit la religion de la Perse en 1501. Elle réprima de façon intermittente certains ordres soufis, jugés trop libertins et hétérodoxes. Pour le chiisme, la foi dans les Imams suffit pour parvenir à la connaissance de Dieu et à la sainteté, si bien que sa spiritualité peut considérer le soufisme comme une secte inutile, extérieure au cœur de l'Islam (les Imams), et même subversive par son indépendance et ses idées.

Chiisme et soufisme

Derviches. Tekiyeh Moaven ol-Molk, Kermânshâh, 1920.

Populaire et respecté, le soufi montre l'exemple d'un amour authentique pour Dieu et d'une intelligence spirituelle, désintéressée et libérée des passions. Il rappelle aux rois que leur pouvoir n'est qu'un vent du désert, et aux docteurs en religion que la lettre de la loi n'est rien sans son Esprit. Dans les premiers siècles de l'Islam, les populations se convertirent souvent grâce aux derviches. Comme le chiisme, le soufisme a exercé une grande influence sur les confréries d'artisans et les ordres de chevalerie (futuwwa*). Les plus grands poètes iraniens furent des mystiques: Ferdowsi, Nezâmi, Attâr, Rumi, Sa'di, Hâfez, Djâmi. Parfois condamnée par les juristes, la musique joue un rôle central dans certains ordres soufis, et les poèmes chantés aujourd'hui sont généralement empruntés à Hâfez et Rumi. Au sein de la société, les confréries mystiques sont une présence de spiritualité indispensable, comme le sont les moines en terre chrétienne. Centres de recueillement et de prière, les tombeaux des saints ont fait naître une riche tradition de pèlerinages, reflets d'un cheminement vers Dieu. Chez les princes comme dans les classes sociales modestes, le soufisme a modelé une spiritualité et une sagesse de vie que l'on retrouve encore aujourd'hui. Tous les Iraniens ne sont pas religieux, mais beaucoup partagent une sensibilité mystique qu'ils tiennent de leur lecture parfois quotidienne de Hâfez, de Sa'di ou de Rumi.

L'influence du soufisme

Mur de la qibla. Mosquée de la madrasa de la Mère du Shâh, Esfahân, 1704-1714.

● Pour les soufis, la beauté féminine est le symbole le plus transparent de la Beauté divine et une voie de contemplation pour accéder à l'Invisible. Peinture murale. Palais Ali Qâpu, Esfahân, XVIIᵉ s.

La philosophie

Depuis la Renaissance et le Siècle des Lumières, la pensée européenne a donné une signification particulière à l'activité philosophique, en développant des types de pensée rationaliste, agnostique et psychanalytique inexistants dans la civilisation musulmane. La philosophie persane ne repose pas sur le seul exercice de la raison, comme la pensée européenne depuis Descartes. Elle est aussi issue d'une perception contemplative et d'une conscience de la Réalité divine. Si elle peut être plus ou moins indépendante de la théologie, elle ne devint jamais, comme en Europe, un positivisme agnostique ou un intellectualisme engagé.

Il n'y a pas non plus de pensée musulmane sans acceptation de la Parole révélée: le Coran est le point de départ de toutes les spéculations, des plus littérales aux plus métaphysiques. Pour l'Islam, une pensée athée ou agnostique ampute l'homme de l'Esprit: nul autre que Dieu ne peut faire connaître le Divin, et l'essence de l'intelligence est la connaissance de l'Intelligence divine. Il peut y avoir une philosophie plus ou moins ancrée dans la mystique, une mystique qui s'exprime par des voies philosophiques, une théologie plus ou moins rationaliste, mais leurs démarches, parfois divergentes, peuvent néanmoins s'inscrire dans une unité de foi et un héritage homogène. Une pensée philosophique va également de pair avec une spiritualité et une éthique de l'âme, car l'intelligence contemplative ne se développe que dans une âme apaisée et équilibrée. D'où l'importance des voies mystiques, qui éveillent l'œil du cœur en spiritualisant l'âme, et, plus généralement, de la morale philosophique, qui enseigne la maîtrise des passions et l'exercice des vertus.

Histoire

La vocation philosophique de l'Iran commence dès l'époque sassanide. Le roi Khosrow Iᵉʳ (531-579) accueille les derniers grands maîtres de la philosophie néoplatonicienne: Simplicius et Damascius, obligés de s'exiler à la suite de la fermeture de l'Ecole d'Athènes par l'empereur byzantin Justinien. La force spirituelle de l'Islam naissant crée un formidable mouvement d'étude. La philosophie musulmane se développe, peu après la théologie, à partir de la philosophie grecque et des traductions syriaques ou arabes qui en sont faites. A Bagdad, dès le VIIIᵉ s., on traduit les œuvres presque complètes d'Aristote et de plusieurs de ses commentateurs grecs,

► Solon et des étudiants. Peinture sur livre, Syrie, 1ʳᵉ moitié du XIIIᵉ s. Palais du Topkapi, Istanbul.

ainsi que des œuvres de Platon, de Plotin (des extraits de ses *Ennéades* furent connues sous le nom de *Théologie d'Aristote*) et de Proclus. De ces traductions et des écrits des philosophes musulmans, ne nous sont généralement parvenus que des fragments.

Les premiers philosophes

Le premier philosophe fut **al-Kindi** (v. 801-v. 866), un Arabe de noble lignage, surnommé le «philosophe des Arabes» et œuvrant à Bagdad. Erudit universel, il affirmait qu'il «fallait chercher la vérité où qu'elle soit, même chez des philosophes d'autres nations». Il a autant écrit sur Aristote, Platon et le Coran que sur les mathématiques, l'astrologie ou les médicaments. Il a concilié la Révélation musulmane, la philosophie et l'héritage grec. Chez lui, la religion n'est pas dissociée de la philosophie: les prophètes ont révélé des vérités que le philosophe développe au moyen de la raison. Il influença plusieurs philosophes aux IXe et Xe s., comme al-Bahli et al-Amiri.

Né en Transoxiane et mort à Damas, le Persan **al-Fârâbi** (870-950) est considéré comme le premier grand philosophe de l'Islam. Il fut surnommé le «second maître» (le premier étant Aristote). Commentateur d'Aristote et de Platon, il a montré l'accord qui lie la démarche plus rationaliste du premier à la sagesse contemplative du second. Cette harmonisation du platonisme et de l'aristotélisme eut une influence considérable, aussi bien en terre d'Islam (Avicenne, Averroès) que dans l'Occident médiéval. On doit aussi à Fârâbi des textes politiques: la conception platonicienne d'un philosophe régnant sur la cité y est associée à la vision musulmane d'une société gouvernée par la prophétie et la sagesse.

Médecin réputé, le Persan **Ibn Sinâ** ou **Avicenne** (980-1037) est aussi l'auteur d'œuvres philosophiques et mystiques, et d'une somme magistrale, le *Livre de la guérison*, consacrée à la logique, à la physique, aux mathématiques et à la métaphysique. Génie précoce, d'une culture encyclopédique, il est né près de Boukhara, en Ouzbékistan, et passa sa vie à voyager, d'une cour princière à l'autre, dans le nord et le centre de l'Iran. Son influence est immense sur des penseurs musulmans (S. Y. Sohravardi, Ecole d'Esfahân), mais aussi juifs (Maimonide) et chrétiens (l'avicennisme fut fondamental pour la philosophie médiévale du XIIe au XIVe s.). Il est enterré à Hamadân.

Né dans le Khwârazm*, le Persan **al-Biruni** (973- après 1050), polyglotte et encyclopédiste, étudia presque toutes les sciences de son temps: il s'intéressa à l'étude comparée des religions et voyagea en Inde lors des conquêtes de Mahmud de Ghazna. Il écrivit également sur l'astronomie et l'astrologie, les chiffres indiens, la géographie ou la minéralogie.

Dans cette même période, on citera encore **Miskawayh** (932-1030), écrivain né à Rey, connu surtout pour un célèbre traité d'éthique et des ouvrages historique et anthologique à caractère moralisant.

Né en Espagne, **Ibn Rushd** ou **Averroès** (1126-1198) fut un médecin, un juriste et un grand commentateur d'Aristote. On le considère souvent comme le dernier représentant d'une philosophie musulmane qui aurait pratiquement disparu après le XIIIe s. En réalité, la philosophie n'a jamais cessé d'exister en terre d'Islam, et l'Iran est demeuré des siècles durant son principal foyer. Influencée par le néoplatonisme, le soufisme et le chiisme, la philosophie persane est essentiellement une théosophie: une sagesse du Divin. Ses principaux sujets sont la métaphysique, la prophétie et l'Imamat, la connaissance contemplative et l'histoire cachée. Ses philosophes ne sont pas seulement des penseurs, mais également des spirituels qui ne dissocient pas la spiritualité de l'activité intellectuelle et la raison de la contemplation.

Plusieurs soufis ont écrit, en persan ou en arabe, de vastes œuvres de métaphysique, souvent sous la forme de contes et de poésies: Rumi, Attâr, Djâmi. Mort en affrontant les Mongols, **Nadjmoddin**

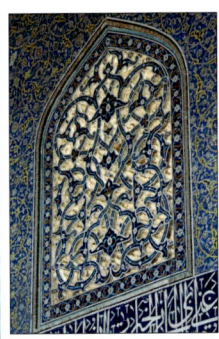

Pour la vision mystique, l'univers, de la terre à Dieu, est un jeu gradué de voilements et de dévoilements: toute pensée se fonde ainsi sur la relation entre l'apparent et le caché, la hiérarchie du sens littéral (exotérique) et du sens spirituel (ésotérique), l'interaction entre le visible et l'invisible. «Jour» et «contre-jour» des fenêtres ajourées de la mosquée Lotfollâh, Esfahân, 1602-1619.

Une sagesse du Divin

Kobrâ (1146-1221) est un soufi d'Asie centrale. Il fonda l'Ordre des Kobrâwiyya, qui compta quelques grands spirituels, dont le père de Rumi, Azizoddin Nasafi (XIIIᵉ s.), Semnâni (1261-1336) ou Ali Hamadâni (1314-1385). **Omar Sohravardi** (1145-1234/35) fut un maître célèbre à Bagdad et un conseiller du calife abbasside. Il est notamment l'auteur d'un traité du soufisme devenu classique.

Madrasa du Khân, Shirâz, 1615.
Le philosophe Mollâ Sadrâ
Shirâzi y enseigna.

Des soufis ont présenté une doctrine de l'amour d'une profondeur et d'une subtilité exceptionnelles, où l'expérience mystique se combine au platonisme: Ahmad Ghazâli, frère du théologien al-Ghazâli, Erâqi (1213-1289), l'un des grands soufis de son temps, ou **Ruzbehân Baqli Shirâzi** (1128-1209), qui reçut des visions spirituelles dès son enfance et qui écrivit un *Jasmin des fidèles d'amour*. La relation de l'Unité divine avec les créatures y est présentée comme un jeu infini de miroirs, une dynamique de secrets et de révélations, des échelles d'amour et de contemplation fusionnelle avec le Divin.

Né près de Tabriz, mort à l'âge de trente-trois ans, **Shabestari** (1288-1320) est réputé pour sa *Roseraie du Mystère*, un mathnawi* d'une beauté hermétique, qui concentre les principaux thèmes doctrinaux et spirituels du soufisme. Ce texte fit l'objet de nombreux commentaires, dont le principal est celui de **Lahidji** (mort en 1506), un grand maître de son époque.

Madrasa Aqâ Bozorg,
Kâshân, 1834-1849.

Une place particulière est souvent réservée à **Shihâboddin Yahyâ Sohravardi** (1155-1191), fondateur d'un courant philosophique et spirituel qui unit l'héritage des mages zoroastriens et des platoniciens à la spiritualité soufie. Il décrit la Divinité comme une lumière infinie, et les mondes créés comme autant de lumières jaillies de son rayonnement. La remontée de l'homme vers Dieu est une ascension illuminante, depuis l'obscurité terrestre jusqu'à une Divinité qui est lumière sur lumière. Son œuvre fut commentée pendant des siècles, jusqu'à notre époque. Dans l'Inde moghole, elle influença la vision universaliste de l'empereur Akbar (1542-1605), qui rêvait d'unir les religions à travers leurs vérités communes et dans une foi universelle.

Des Safavides à aujourd'hui

Avec les Safavides, la pensée chiite triomphe dans la philosophie. Un courant de pensée éclot dans la nouvelle capitale: l'école dite d'Esfahân (XVIᵉ-XIXᵉ s.) se nourrit de Shihâboddin Yahyâ Sohravardi, du platonisme et d'Aristote et écrit les dernières grandes synthèses d'une métaphysique contemplative. Parmi ses représentants, il faut citer en particulier **Mir Dâmâd** (mort en 1631), son premier grand maître qui eut de nombreux disciples, et **Mollâ Sadrâ Shirâzi** (1572-1640), un élève du précédent, dont l'œuvre monumentale et novatrice est encore lue aujourd'hui. Promue capitale en 1786, Tehrân devient le nouveau centre intellectuel. Parallèlement à l'Ecole d'Esfahân, d'autres courants de pensée s'épanouissent sous les Qâdjârs: l'école shaykhie à Kermân (XVIIIᵉ-XIXᵉ s.), qui centra son enseignement sur la fidélité aux Imams, le maître **Hâdi Sabzavâri** (1797-1878), qui enseigna au Khorâsân et fut surnommé «le Platon de son temps», sans oublier l'intense activité des centres religieux traditionnels tels que Mashhad ou Qom.

Au XXᵉ s., les madrasas et les universités diffusent encore un enseignement principalement hérité de Mollâ Sadrâ. Les bouleversements de la modernité et l'influence des idéologies occidentales ont fait apparaître des penseurs plus politisés et parfois «laïcs». Réfléchissant sur les rapports entre l'Orient et l'Occident, ils sont amenés à redéfinir les valeurs spirituelles de l'Iran et à les opposer au matérialisme et à l'individualisme occidentaux. Les développements contemporains des sciences humaines ont enrichi le champ de la réflexion philosophique, mais aussi complexifié les rapports entre la modernité et la tradition, les cultures occidentale et iranienne. Les madrasas ont conservé l'enseignement théologique, alors que les universités proposent des domaines d'études calqués sur le modèle occidental et plus ou moins islamisés depuis la Révolution.

La pensée iranienne a fleuri au XXᵉ siècle, grâce à plusieurs universitaires et orientalistes. Le Français **Henry Corbin** (1903-1978) est connu pour ses remarquables études de l'Islam iranien et du chiisme. Deux philosophes et universitaires iraniens ont beaucoup contribué à faire connaître la culture musulmane et persane en Occident: seyyed Hossein Nasr et Dariush Shayegan.

Les sciences

Dans son dialogue tendu avec l'Islam, l'Occident oublie trop souvent tout ce que sa science et sa philosophie doivent au monde musulman. Héritier des sciences grecque, indienne, persane, mésopotamienne et égyptienne, le monde musulman a non seulement synthétisé les apports de l'Occident et de l'Orient, il les a aussi fait fructifier avant que l'Europe ne les connaisse.

En Iran, les sciences ont une longue histoire, bien que l'on possède peu d'informations sur leur état avant la conquête musulmane. L'Empire sassanide fut une fois de plus un relais, et la ville de Gondishapur fut un centre intellectuel renommé pour les sciences (*317*). Le roi Khosrow II (591-628) accueillit à sa cour des savants et des philosophes, notamment les néoplatoniciens qui quittèrent Byzance après la fermeture de l'Académie d'Athènes. Il semble également avoir demandé des traductions en pehlevi* d'ouvrages grecs et sanscrits. Après la conquête musulmane, l'essor des sciences commence à Bagdad, centre d'un âge d'or de la culture du VIIIᵉ au Xᵉ s. Capitale du nouveau pouvoir abbasside, elle accueille des savants, des philosophes, des traducteurs. Le calife al-Ma'mun fonde une «Maison de la sagesse» en 832. Les livres circulent, les auteurs grecs (philosophes ou scientifiques) sont traduits en arabe ou en syriaque, et les premiers travaux, sur la chimie et l'astronomie, sont écrits à la fin du VIIIᵉ s.

Les sciences étaient enseignées dans des mosquées, des madrasas et des institutions privées ou publiques, soutenues par le mécénat du roi, du prince ou d'un particulier. En terre d'Islam, le scientifique est croyant: non que la foi soit nécessaire pour résoudre une équation, mais parce que le sens de la physique est métaphysique. Il est aussi

▶Sheikh méditant dans un pavillon. Illustration de *Haft owrang* de Djâmi. Mashhad, Qazvin et Hérat, 1556-1565. Freer Gallery of Art, Washington.

Histoire

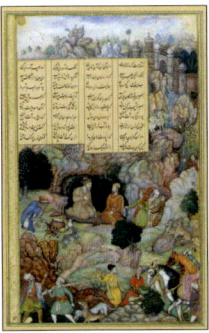

▶Alexandre le Grand rend visite à Platon. Peinture moghole de 1597-98. Metropolitan Museum of Art, New York.

un humaniste complet, qui ne sépare pas l'âme du corps, l'Esprit de l'homme, le cosmos du Divin. Des savants furent en même temps médecin, astronome, juriste, poète, musicien et soufi.

Langue du Coran, comprise de l'Espagne à l'Inde, l'arabe est la langue principale de transmission du savoir: c'est la raison pour laquelle on parle de «science arabe», même si on trouve une vaste littérature scientifique écrite en persan et si la grande majorité des savants musulmans est d'origine persane. Beaucoup de nos termes techniques sont dérivés de l'arabe ou du persan: alchimie (arabe: *al-kimiyâ*), chiffre (arabe: *sifr*), algèbre (arabe: *al-djabr*), élixir (arabe: *al-iksir*), alcool (arabe: *al-kohl*), zénith (arabe: *samt*).

L'Europe médiévale a connu la science et la philosophie grecques à travers les traductions en arabe, apportées notamment à Cordoue et à Tolède. Retraduites en latin, elles vont, en Europe, nourrir l'extraordinaire épanouissement intellectuel des XIIᵉ et XIIIᵉ s. Beaucoup de savants musulmans sont ainsi connus sous leur nom latin: Geber (Djâbir), Razès (al-Râzi), Avicenne (Ibn Sinâ). La science musulmane a décliné alors que s'affirmait celle de l'Europe. La révolution industrielle et les progrès technologiques de l'Occident ont contribué à creuser le fossé culturel entre la Perse et le monde européen. L'Iran a pu combler son retard scientifique au XXᵉ s., mais il reste fortement dépendant de la technologie occidentale.

▶Globe céleste en cuivre, 1140. Musée National de l'Iran, Tehrân.

La géographie

C'est à un Iranien du IXᵉ s., **Ibn Khordâdhbeh**, que l'on doit le premier ouvrage de géographie du monde musulman. Intitulé «Traité des routes et des royaumes», il décrit les routes caravanières qui traversaient à cette époque l'Empire abbasside. Il fonda toute une tradition de livres descriptifs, recensant les pays, les villes et les routes, et destinés essentiellement aux administrations et aux gouverneurs. On englobe également dans la littérature géographique deux types d'écrits: le récit de voyage, recueil d'observations et de souvenirs ou compilation de récits imaginaires et fabuleux, et la cosmographie, ou «description du cosmos». Le représentant le plus célèbre de ce dernier genre est **al-Qazvini** (v. 1203-1283), originaire – comme son nom l'indique – de Qazvin. Dans son livre «Les Merveilles des choses créées», il dresse un panorama de l'univers connu, aussi bien céleste que terrestre. Dans un premier temps, il parle des planètes, des constellations,

▶Illustration de l'*Histoire universelle* de Rashid al-Din, Tabriz, vers 1330. Bibliothèque Nationale, Paris.

des anges, des calendriers et des questions de chronologie. Puis, il évoque la division symbolique de la terre en sept climats* et décrit les mers, les cours d'eau, les montagnes, les populations, les plantes, les animaux, les monstres.

L'histoire

Si la vie des prophètes bibliques ou même du Christ est entachée d'obscurités, celle du Prophète Muhammad est en revanche beaucoup mieux documentée. Les faits et gestes de Muhammad rapportés dans les hadiths ont fondé une biographie du Prophète (*sira*), archétype du récit historico-religieux, dans lequel les événements indiscutés portent une signification atemporelle. Modèle de vie et de spiritualité pour tout musulman, la *sira* est aussi une source de connaissance de la loi pour les exégètes et les juristes. L'histoire, à l'origine, est ainsi née d'une préoccupation religieuse: connaître les événements de la vie du Prophète à partir des hadiths* et des témoignages de ses contemporains. L'examen des traditions, de leur valeur et de la fiabilité des témoins, à donné naissance à une démarche critique rigoureuse, qui a également servi à l'histoire plus «profane» des dynasties.

Si les récits à connotation religieuse (vie du Prophète, des Imams chiites, des saints) constituent une large part de la production historique, celle-ci n'en connaît pas moins de nombreux textes ou dictionnaires consacrés à l'histoire des règnes et des royaumes, des villes et des régions, et de personnages divers. Un genre souvent pratiqué est l'histoire universelle. Le premier grand ouvrage de ce type, chef-d'œuvre souvent imité, est dû à un Persan, **al-Tabari** (839-923), également auteur d'un vaste commentaire du Coran. Son histoire commence à la création du monde, évoque les anciens prophètes bibliques, la Perse sassanide, la vie de Muhammad et de la communauté musulmane, puis le règne des souverains omeyyades et abbassides jusqu'au début du Xe s. Un autre auteur célèbre, le Persan **Rashid al-Din** (v. 1247-1318), vécut à la cour mongole. Il composa également une *Histoire universelle*, dans laquelle il parle aussi bien des Mongols et de Gengis Khan que de l'histoire préislamique et de la naissance de l'Islam.

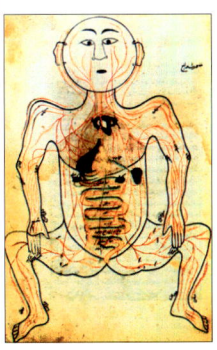

▶Mansur ben Eliyâs Shirâzi, *L'anatomie du corps*. Peinture sur livre, centre de l'Iran, vers 1425-1450. Bibliothèque Nationale, Paris.

La médecine

Une tradition médicale et hospitalière existait déjà à l'époque sassanide, si bien que la médecine d'époque musulmane a repris beaucoup de termes persans, à commencer par le mot *bimâristân* («hôpital»). Le calife abbasside Harun al-Rashid (786-809) fonda un hôpital à Bagdad, dans lequel travaillèrent des médecins formés dans la cité sassanide de Gondishapur (*317*). Le Persan **Abu Bakr al-Râzi** (v. 854-925/35) y a travaillé, après avoir dirigé l'hôpital de Rey, près de Tehrân. Appelé **Razès** par le Moyen Age, il fut le médecin le plus important de son époque. On lui doit une encyclopédie de la médecine, traduite en latin au XIIe s., un *Traité de la variole et de la rougeole*, utilisé en Europe jusqu'au XIXe s., ainsi que des textes sur la préparation d'un «laboratoire» de chimie ou la distillation. En Iran, des hôpitaux se trouvaient à Rey, Esfahân, Shirâz, Neyshâbur ou Tabriz. Né près de Boukhara (Ouzbékistan), **Ibn Sinâ** ou **Avicenne** (980-1037) écrivit un *Canon de médecine*, qui fut en Europe un livre de base jusqu'au XVIIe s. L'intérêt pour la médecine remonte au Prophète Muhammad, auquel on attribue un ensemble de recommandations sur l'hygiène et la nourriture, des prières à vertu curative, et même des procédés magiques. Les savants musulmans ont développé la pharmacopée grecque, en l'enrichissant de médicaments conçus à partir de plantes, d'animaux ou de minéraux. Héritiers d'Hippocrate (v. ~460-v. ~377) et de Galien (v. 131-v. 201), ils voyaient le corps gouverné par **quatre humeurs** (le flegme, le sang, la bile jaune, la bile noire), auxquelles ils faisaient correspondre les quatre éléments de l'alchimie (la terre, l'eau,

▶Avicenne soigne une femme. Peinture sur livre, entre 1524 et 1576. Bibliothèque du palais du Golestân, Tehrân.

►Astrolabe en cuivre, 1162.
Musée National de
l'Iran, Tehrân.

l'air, le feu) et leurs propriétés (froid, humide, sec, chaud). La santé ou la maladie résultaient de l'équilibre ou du déséquilibre de ces quatre humeurs. La médecine musulmane accordait une grande importance à l'hygiène, mais elle ne pratiquait pas la dissection et ses progrès en chirurgie sont difficiles à évaluer. En Iran, une Ecole de médecine occidentale fut fondée en 1905 et un Institut Pasteur en 1924. Moyens ou assez bons dans les hôpitaux publics, les soins sont aujourd'hui de bonne ou d'excellente qualité dans les établissements privés. Il existe également une riche tradition de médecine populaire, souvent per-pétuée par des femmes ou des derviches, employant des prières, des moyens psychologiques ou des recettes plus ou moins empiriques.

L'astronomie

La religion islamique elle-même favorisa le développement de l'astro-nomie. Pour orienter les mosquées vers La Mecque, déterminer l'heure des prières et la période du ramadan, établir le calendrier lunaire arabe, il fallut améliorer l'observation et les méthodes de calcul. Avec l'Espagne aux XIᵉ-XIIᵉ s., l'Iran et l'Asie centrale furent les principaux foyers des progrès en astronomie, entre le IXᵉ et le XVᵉ s., qu'il s'agisse de l'amélioration des tables astronomiques, de l'élabora-tion des modèles planétaires ou du perfectionnement des outils arithmétiques et géométriques. Au VIIIᵉ s., des astronomes per-sans étudièrent l'astronomie, les mathématiques et l'arithmétique indiennes. Originaire de Rey, l'astronome **Abd al-Rahmân al-Sufi** (903-986) travailla à Shirâz et écrivit un *Traité des étoiles fixes*. Le premier grand observatoire astronomique fut construit en Iran, à Marâgheh au XIIIᵉ s. (*275*). Il fut fondé et dirigé par **Nâsir al-Din Tusi**, un astronome qui fut aussi philosophe et qui écrivit sur des domaines aussi variés que la minéralogie, l'astrolabe, la logique, la loi, la jurisprudence et la poésie. La plupart des savants se basaient sur le modèle de Ptolémée (v. 90-v. 168), qui plaçait la terre au centre de l'univers, mais plusieurs contestèrent ce géocentrisme et tentèrent d'envisager un autre modèle: leurs travaux, parvenus en Europe, ont sans doute influencé les astronomes européens, et notamment Copernic qui publia en 1543 un livre sur l'hélio-centrisme. **Al-Biruni** (XIᵉ s.) et d'autres envisagèrent également

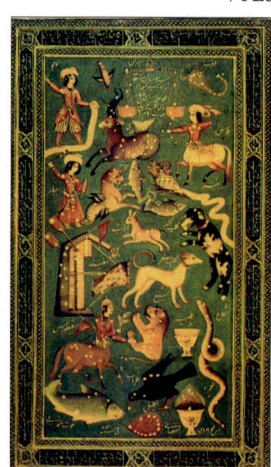

►Constellations et signes
zodiacaux. Peinture à
l'huile laquée, XIXᵉ s.
Musée National de
l'Iran, Tehrân.

l'hypothèse d'une rotation de la terre sur elle-même. Les astronomes reconnaissaient généralement l'existence de neuf sphères célestes: les sept planètes, le ciel des étoiles fixes et le ciel sans étoiles ou «sphère des sphères». Des instruments de mesure ont été créés ou perfection-nés par les savants musulmans, comme l'astrolabe ou le cadran solaire.

L'astrologie

Originaire de Mésopotamie, l'astrologie n'était pas dissociée de l'astro-nomie, ni considérée comme une «pseudo-science». Si elle fut contes-tée par des savants et des théologiens pour ses prétentions divina-toires, elle s'enracinait aussi dans une conception métaphysique. Tout est déterminé par Dieu: les cycles terrestres symbolisent des essences atemporelles, et l'espace-temps est un cadre de projection des inten-tions divines. L'astrologie interprétait les mouvements des astres et les configurations planétaires comme les symboles de cycles spirituels et de réalités cachées (psychiques ou surnaturelles). Selon les situations

►Zodiaque.
Tapis d'Esfahân, XIXᵉ s.
Musée du Tapis, Tehrân.

astrales, l'astrologue pouvait prévoir les jours fastes et néfastes, en vue d'une attaque militaire ou d'une construction. Les souverains entretenaient des astrologues à leur cour. Dans la conception transmise notamment par Fârâbi et Avicenne, les planètes symbolisent des niveaux immatériels ou spirituels de l'univers et de l'âme (les Intelligences et leurs Âmes). Elles sont associées à des métaux et à des couleurs: Saturne (plomb; noir), Jupiter (étain; brun santal), Mars (fer; rouge), Soleil (or; jaune), Vénus (cuivre; blanc), Mercure (vif-argent; turquoise ou bleu), Lune (argent; vert). L'astrologie est intimement liée à plusieurs autres sciences, comme la médecine, l'alchimie ou la musique. A travers les couleurs, la signification des métaux et les signes du Zodiaque, le symbolisme astrologique est très fréquent dans les arts décoratifs et la littérature.

►Un astrologue, un astrolabe à la main, détermine le moment favorable pour une attaque. Illustration du *Khamseh* de Nezâmi, Shirâz, 1491.

Dans l'histoire des sciences, les innovations en mathématique, en géométrie et en arithmétique sont souvent considérées comme les principaux apports du monde musulman. Les savants ont poursuivi les recherches des Grecs (Euclide, Archimède, etc.), résolu des problèmes ou inauguré d'autres solutions, approfondi l'étude des nombres et des figures, étendu le concept de nombre et de forme géométrique pour permettre de nouvelles possibilités de calculs et de nouvelles théories. La trigonométrie, l'analyse combinatoire, l'algèbre, le renouvellement de la théorie grecque des nombres sont les domaines où la science musulmane a le plus brillé. La géométrie trouva de nombreuses applications pratiques: en astronomie, en architecture, en optique ou en arpentage.

Les scientifiques persans occupent une place de choix dans ces développements. L'algèbre a été créée par **al-Khwârazmi** (v. 800-v. 847), originaire de Khiva, aujourd'hui en Ouzbékistan. Au IXᵉ s. également, al-Neyrizi de Shirâz commenta Euclide et Ptolémée, et al-Mâhâni s'attacha notamment à résoudre le problème, posé par Archimède, d'une division de la sphère par une équation cubique. Abul Wafâ al-Buzadjâni (940-998) est connu pour des travaux importants sur la trigonométrie, de même que, plus tard, l'astronome al-Tusi au XIIIᵉ s. Surtout connu pour ses quatrains, **Omar Khayyâm** (v. 1048-v. 1123) apporta des solutions géométriques à la résolution des équations du deuxième et du troisième degré: il parvint à certains résultats que l'on attribue à tort à Descartes.

C'est à travers le monde musulman que l'Occident a hérité nos chiffres actuels, ceux-là même que l'on dit arabes, et qui ont ouvert la voie de toutes les percées technologiques. Les Arabes eux-mêmes les avaient empruntés à l'Inde au VIIIᵉ s. La graphie des chiffres

Les mathématiques

4	24	23	8	6
19	12	17	10	7
21	11	13	15	5
1	16	9	14	25
20	2	3	18	22

Carré magique.
La somme des nombres dans chaque ligne, verticale et horizontale, donne 65. Jeu mathématique, utilisé dans la magie, le carré magique est aussi un symbole de l'harmonie cosmique et de l'unité divine de l'univers. De nombreux savants iraniens se sont illustrés dans leur création.

Les chiffres

«Le un est l'origine des nombres et ce qui les génère, leur commencement et leur fin, de même Dieu est la cause de toutes choses et leur Créateur.»

Ikhwân al-Safâ' (Xᵉ s.)

indiens a été transformée pour donner les chiffres que l'on voit encore aujourd'hui dans le monde musulman: ٠(0), ١ (1), ٢ (2), ٣ (3), ٤ (4), ٥ (5), ٦ (6), ٧ (7), ٨ (8), ٩ (9), ١٠ (10). D'Orient, ces chiffres sont passés en Afrique du Nord et en Espagne musulmane. Le zéro, les chiffres arabes et la méthode de calcul venus d'Inde ont commencé à se répandre en Europe au XIIᵉ s., à la suite des échanges culturels nés des croisades et de la Reconquista en Espagne. Dérivée des graphies indo-arabes, la graphie des chiffres occidentaux a été définitivement fixée au XVᵉ s. avec l'invention de l'imprimerie. Les scientifiques musulmans ont également utilisé un autre système de numération au moyen de l'alphabet arabe. Chaque lettre arabe correspond en effet à un nombre: 1 = ا, 2 = ب, 10 = ى, 300 = ش, etc.

Chimie et alchimie

En arabe, un même mot les désigne: *kimiyâ*. Les pratiques alchimistes sont souvent perçues tantôt comme du charlatanisme, tantôt comme un balbutiement de la chimie moderne. Or, il faut distinguer deux dimensions de l'alchimie: l'une technique, dont certaines expériences en pharmacopée ou en métallurgie sont à l'origine de notre science de la matière; l'autre, spirituelle, qui n'est pas un ancêtre de notre positivisme, mais une science de l'âme, qui prend pour support symbolique une opération chimique ou la pratique d'un métier (céramique, métallurgie ou autres). L'alchimie repose sur la correspondance entre la transformation d'une matière et une recréation spirituelle du psychisme et du corps. L'accomplissement spirituel est une transmutation: l'âme, impure comme du plomb, devient pure et lumineuse comme de l'or.

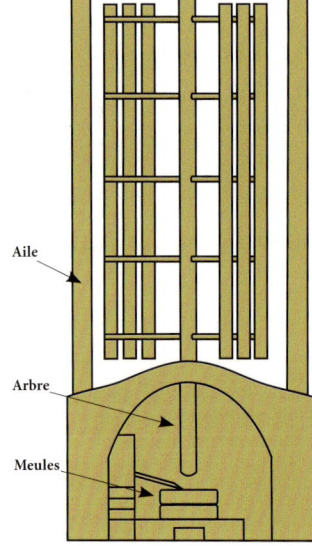

Aile

Arbre

Meules

Coupe d'un moulin
à vent du Sistân.

Héritée de l'Antiquité, la distillation a été perfectionnée par les savants musulmans. Les connaissances chimiques ont permis la création du savon, des huiles essentielles, des cosmétiques. Le pétrole ou le naphte, que l'on pouvait trouver affleurant au sol, était déjà exploité depuis l'Antiquité. Le pétrole était alors utilisé pour calfater les navires, imperméabiliser des constructions ou rendre les flèches inflammables. Des lampes à pétrole du ~IIᵉ mil. ont été retrouvées à Dezful. **Djâbir ibn Hayyân** est l'un des alchimistes les plus connus. Surnommé **Geber** par le Moyen Age, il vécut en Irak au VIIIᵉ s. Le VIᵉ Imam des chiites (Djafar) aurait été son maître. On lui attribue des centaines de traités sur les arts techniques et hermétiques et plusieurs inventions, comme l'acide nitrique, le sel alcali ou le nitrate d'argent. Mais pour lui, l'alchimie est surtout une connaissance spirituelle de la création, de l'âme et de Dieu. Elle repose notamment sur la notion de «Balance», exprimant l'idée d'un équilibre universel de proportions et de mesures harmonieuses, régissant aussi bien la nature et les mondes spirituels que l'homme et son langage.

Machines et techniques

Avant le développement industriel de l'Iran, le machinisme reposait sur la force hydraulique, animale ou humaine. La richesse d'une ville était évaluée à son nombre de moulins, utilisés principalement pour produire de la farine, du sucre ou des huiles, surtout l'huile de sésame, plus rarement l'huile d'olive. Ils étaient actionnés par l'eau, un animal (chameau ou mulet), l'homme, exceptionnellement par le vent (*318*).

Avant le XXᵉ s., les inventions technologiques ne sont apparues que progressivement et ponctuellement en Iran. Des savants musulmans, tels que les frères Banu Musâ (IXᵉ s.) à Bagdad et al-Djazari (XIIᵉ s.) en Mésopotamie, ont élaboré des automates et des horloges hydrauliques, en s'inspirant parfois des inventions développées, à l'origine, à Alexandrie pendant l'époque hellénistique. En Iran, comme à Yazd (*358*), ces machineries souvent astucieuses, mais conçues comme des divertissements plus que comme des instruments scientifiques, ont entièrement disparu. La première horloge mécanique fut construite au XVᵉ siècle par un Iranien à partir d'un modèle européen, mais cette première tentative resta longtemps sans suite.

►Le roi mythique Djamshid enseigne les arts et métiers au peuple. Illustration du *Livre des rois* de Ferdowsi, 1430 (Manuscrit Bâysonqori). Bibliothèque du palais du Golestân, Tehrân.

Les arts et les sciences appliquées se transmettaient surtout oralement, au cours d'un enseignement pratique donné directement de maître à apprenti. «Aucun confiseur n'est passé maître avant d'avoir été garçon de magasin dans une sucrerie» dit un proverbe. Là aussi, le XXᵉ s. a bouleversé les enjeux. La modernisation de l'Etat a accéléré le développement technologique, auparavant freiné par les mentalités et l'organisation traditionnelles de la société. En transformant le travail et la vie des populations, l'industrialisation a aussi modifié ou érodé les valeurs spirituelles des métiers, le vécu et la compréhension des traditions. L'imprimerie et la création d'écoles modernes, enfin, ont changé le mode de diffusion et parfois la nature d'un savoir qui s'écrit, s'enseigne publiquement et se trouve dégagé d'un enracinement métaphysique et d'implications religieuses.

►Dessin de muqarnas dans le «rouleau du Topkapi», époque timouride. Palais du Topkapi, Istanbul.

LES ARTS DE L'IRAN PREISLAMIQUE

Du néolithique aux Mèdes

Les premiers **villages** néolithiques apparaissent entre ~7500 et ~5500. Les maisons sont d'abord des huttes de branchages, un matériau remplacé plus tard par le pisé*, puis par la brique crue, seulement séchée au soleil, ou par la brique cuite dans un four. De forme plus ou moins quadrangulaire ou circulaire, couvertes par un toit plat en branchages, elles sont pourvues de fenêtres et de portes et peintes à l'intérieur. Dans les villages, elles sont d'une conception uniforme et disposées sans ordonnance précise. Au tournant des ~IVe et ~IIIe mil., la ville apparaît en Mésopotamie (époque d'Uruk) et en Elam (Suse). L'articulation et la conception des maisons répondent dès lors à un plan structuré qui reflète le mode de vie d'une société hiérarchisée, fondée sur le commerce, régie par une administration et un pouvoir central dominé par un roi-prêtre. Proche de la Mésopotamie, l'Iran a subi son influence dans le domaine architectural, comme les pièces disposées autour d'une cour à ciel ouvert. La **ziggurat** élamite de Choghâ Zanbil, édifiée dans la 2e moitié du ~XIVe s., a sans doute aussi été inspirée par les ziggurats de Mésopotamie, ces temples à étages dont le plus ancien exemple connu à ce jour se trouve à Ur et date du ~XXIe s. Toutefois, la découverte de constructions à étages en Asie centrale, comme celle d'Altyn Tapeh au Turkménistan, suggère que ce type d'architecture pourrait aussi trouver l'une de ses origines à l'est du monde iranien.

Maisons circulaires de Yanik Tapeh, Azarbâidjân, ~IIIe mil.

L'architecture

«*La Perse est une des plus anciennes et des plus puissantes nations du monde, une de celles qui ont laissé les plus grands vestiges sur la terre.*»

Ibn Khaldun (XIVe s.)

«*Ce palais qui d'arrogance côtoyait le ciel jaloux Et dont la salle d'audience mettait les rois à genoux, Nous y vîmes un ramier sur les créneaux de l'enceinte Qui roucoulait une plainte incessante: Où? Où? Où? Où?*»

Omar Khayyâm (XIe-XIIe s.)

► Frontispice d'un Coran avec traduction persane entre les lignes du texte arabe, Esfahân, 1808. Bibliothèque du palais du Golestân, Tehrân.

Construction à étages (ziggurat?) d'Altyn Tapeh (Turkménistan), ~IIIᵉ mil.

C'est en Mésopotamie et en Iran que se développent les **voûtes** en berceau, dont la technique fut maîtrisée au début du ~IIIᵉ mil. Elles sont construites le plus souvent en briques crues, plus rarement en pisé et moellons de pierre, soudés par du mortier, du bitume, du plâtre ou de la chaux. Suivant leurs formes, elles sont réalisées avec ou sans utilisation d'un cintre en bois, en plâtre ou en terre structurée par des roseaux. Des constructions circulaires coiffées d'une **coupole** conique en pisé sont attestées en Irak au ~Vᵉ mil. Au long des millénaires, les exemples de coupole sur des constructions circulaires ou quadrangulaires sont rares. Le premier exemple de coupole sur salle carrée, avec un système de trompes d'angles* dans les coins, se trouve dans le palais sassanide de Firuzâbâd (IIIᵉ s.). A l'époque parthe (Iᵉʳ-IIᵉ s.), la longue tradition des salles voûtées donnera naissance à l'iwan*, que l'on retrouvera jusqu'à nos jours dans l'architecture islamique. A la fin du ~IIᵉ mil., les peuples de l'Iran sont essentiellement nomades, mais des seigneurs locaux ont construit des **forteresses**, telle celle d'Hasanlu en Azarbâidjân. Elles étaient pourvues de salles de réunion avec des colonnes de bois, munies d'un portique et d'un escalier menant à l'étage, disposées autour d'une cour. Parfois d'influence étrangère (syrienne ou mésopotamienne), ces diverses architectures connaîtront une extraordinaire longévité et seront utilisées jusqu'à l'époque islamique et moderne. L'architecture des **Mèdes** (~VIIᵉ-~VIᵉ s.) est peu connue. Ils nous ont laissé des forteresses datant du ~VIIIᵉ s. (Godin Tapeh, Tapeh Nush-i Djân) qui poursuivent la tradition des salles à colonnes. Leurs pièces sont organisées en fonction d'un plan et dans des grandeurs typiques d'un art montagnard, moins grandiose et ambitieux que les réalisations des cités mésopotamiennes. Les **tombes** ont adopté des formes variables, suivant les époques et les régions: caches placées sous les maisons ou creusées en dehors des cités, fosses recouvertes de pierres (comme les nécropoles du Lorestân du ~IIIᵉ mil.) ou voûtées de briques (à Suse au ~IIᵉ mil. ou à Haft Tapeh au ~XVᵉ s.). On attribue aux Mèdes une série de tombes creusées dans des parois rocheuses, localisées essentiellement dans la province de Kermânshâh. Les morts étaient enterrés avec un grand nombre d'objets (céramiques, armes, bijoux, etc.) qui fournissent l'essentiel des trouvailles archéologiques.

Ziggurat de Choghâ Zanbil, 2ᵉ moitié du ~XIVᵉ s.

Voûte créée par la pose de briques en tranches.

Coupole construite par la pose de briques en anneaux.

Voûte en encorbellement.

Constructions du niveau IV de Hasanlu, Azarbâidjân, ~1100-~800.

Les images ont été gravées sur des os ou des sceaux, peintes sur des céramiques, sculptées dans de l'argile, façonnées dans du métal. On peut y voir des animaux, des divinités, des scènes de chasse et de guerre: autant de scènes symboliques, plus ou moins descriptives et narratives. D'un point de vue esthétique, on notera une oscillation fréquente entre un certain réalisme, imité

Relief du roi Anubanini. Sar-e Pol-e Zahâb, vers ~2000-~1900.

des arts dits «humanistes» développés en Mésopotamie, et un style dit archaïque propre aux pasteurs montagnards de l'Iran, qui fait preuve d'une plus grande stylisation abstraite des formes. Depuis le ~VIIe mil., de nombreux animaux ont été représentés et ont donné à l'art iranien l'une de ses spécificités jusqu'à nos jours: bouquetins, serpents, oiseaux, taureaux, lions, etc. Modelées dans de l'argile, les premières figurines féminines sont apparues au cours du même millénaire, dans les monts Zâgros et le Kordestân. Depuis la fin du ~IIIe mil. jusqu'au ~VIIe-~VIe s., les Elamites ont gravé plusieurs reliefs sur des rochers: cet art sera repris par les Achéménides (~VIe-~IVe s.) et les Sassanides (IIIe-VIIe s.), et même, après l'arrivée de l'Islam, par la dynastie qâdjâre (XIXe s.).

Apparus au ~Ve mil. en Mésopotamie, les sceaux et les cylindres sont un matériau précieux pour l'historien et l'archéologue. Taillés dans des pierres, ils servaient à imprimer des sceaux d'argile mouillée. En scellant des marchandises, des documents et des traités, ils en garantissaient la validité et l'authenticité. Leur usage se généralisa avec l'organisation des cités et du commerce. Le sceau en forme de cylindre remplaça le cachet dès la fin du ~IVe mil. Les scènes représentées (images religieuses, guerrières ou de chasse) sont à la fois une histoire esthétique et une histoire des symboles et des sociétés.

Destinée à fabriquer des briques ou des récipients, l'argile était séchée au soleil: on en a retrouvé des exemples à Gandj Dâreh daté de ~7000. Puis la cuisson de l'argile a donné naissance à la céramique, qui s'est généralisée au Moyen-Orient vers ~6500 et qui a permis de créer des récipients solides et résistants. D'abord réalisées à la main, les céramiques furent ensuite créées avec une tournette puis avec un

L'image figurative

▶Figure féminine. Tapeh Sârâb, Kermânshâh, ~VIe mil. Musée National de l'Iran, Tehrân.

▶Cachet et son impression, Suse, ~2100-~1900. Musée National de l'Iran, Tehrân.

La glyptique

La céramique

▶Vase à bec verseur, Tapeh Sialk, ~900-~800. Musée National de l'Iran, Tehrân.

Thèmes décoratifs des céramiques de Suse I, vers ~4000.

▶ Anneau en or, Ardjân, ~750.
Musée National de
l'Iran, Tehrân.

tour. Les premières céramiques décorées sont des poteries blanches ou noires, grossières ou décorées d'un réseau de lignes. Un type plus tardif présente un décor d'animaux stylisés (bouquetins, oiseaux, sangliers) et de motifs géométriques, peints en noir sur fond rouge. Les figurations humaines sont très rares et toujours fortement stylisées. L'apparition d'une céramique gris-noir et non peinte, au ~IIe mil., est sans doute liée à l'arrivée des Indo-Européens en Iran. Au ~IIe mil., la céramique recouverte d'une glaçure colorée est répandue dans tout le Moyen-Orient. Pour l'archéologue, les céramiques ont une importance primordiale: elles sont les objets les plus représentatifs de l'évolution sociale et du développement technique du néolithique. Les poteries, les sculptures animalières, les assiettes, etc., retrouvées aux différents niveaux des fouilles sont aussi d'excellents indices pour dater les édifices, connaître la culture de ses habitants, comparer plusieurs sites et civilisations.

La métallurgie Au ~V^e mil., alors que les pierres taillées et les os sculptés prédominent, le **cuivre**, non fondu et martelé, fait une timide apparition. Le métal occupe une place grandissante au ~IVe mil.: le cuivre est alors fondu et coulé dans des moules de pierre (*464*), et cette nouvelle technique permet de créer des poignards, des épingles ou des miroirs. Au ~IIIe mil., des métaux trouvés dans les montagnes du Zâgros font de l'Iran la source d'une importante production d'objets en or, en étain ou en cuivre. L'art du métal prend alors son essor et des tombes ont livré de nombreux bijoux en or et en argent. La civilisation nomade du Lorestân, dans les monts Zâgros au sud de Kermânshâh, est connue pour ses remarquables objets en **bronze**, travaillé selon la technique de la cire perdue*. Ils connaîtront deux floraisons: de ~2600 à ~1700, puis du ~XIIIe au ~VIe s. Ses artisans ont produit des armes, des éléments de harnachement, des parures, des récipients, des figurines, d'une esthétique éclectique, le plus souvent animalière et symboliste, d'une rare vigueur et d'une stylisation étonnante. Au nord de l'Iran, le site de Marlik a fourni nombre d'objets en métal précieux, où le décor animalier, inspiré notamment de la Mésopotamie, influença par la suite l'art achéménide puis sassanide. A la culture de Marlik est associé l'avènement de «l'âge du fer», alors que le fer ne jouait aucun rôle prépondérant à cette période et se développera surtout au ~Ier mil. Cet art ancien du métal va se perpétuer bien au-delà des premiers royaumes perses. Par leur goût du symbolisme et du décor animalier, les artisans musulmans seront les lointains héritiers des métallurgistes du Lorestân et d'ailleurs.

Bronzes du Lorestân,
~XIe–~VIIe s.
De haut en bas et de gauche à droite: manche, tête d'épingle, divinité, hache, mors.

Principaux sites et musées **Sites**: Godin Tapeh (*298*); Tapeh Giyân (*303*); Tapeh Sialk (*347*); Turang Tapeh (*397*); Tapeh Hissar (*400*); Tapeh Yahya (*424*); Shahr-e Sukhteh (*428*); Djiroft (*424*); Tapeh Hasanlu (*265*).
Architecture élamite: Suse (*308*); Choghâ Zanbil (*312*); Haft Tapeh (*314*).

Reliefs rupestres élamites: Sar-e Pol-e Zahâb (*294*); Izeh / Malamir (*314*); Kurangun (*372*); Naqsh-e Rostam (*380*).
Architecture mède: Hamadân (*301*); Nush-i Djân (*302*).
Tombes mèdes: province de Kermânshâh (*298*).
Royaume d'Urartu: province d'Azarbâidjân occidental (*267*).
Musées: Musée National de l'Iran, Tehrân (*252*); Musée Rezâ Abbâsi, Tehrân (*254*).

Les Achéménides

Dès la constitution du royaume perse par Cyrus II (~VIᵉ s.), l'art se forme rapidement et trouve sa maturité sous le règne de Darius Iᵉʳ (~522-~486). Lieu de naissance et cœur de l'Empire achéménide, la Perse (le Fârs) fut le foyer créateur d'une esthétique royale et symbolique, que les cours des satrapes*, de l'Asie centrale au Proche-Orient, ont imité à leur mesure et dans des styles divers.

Archer. Décor de briques émaillées du palais de Darius 1ᵉʳ (~522-~486) à Suse.

Hormis les palais et les tombes royales, il ne reste presque rien des constructions achéménides. Si la **tombe** de Cyrus II à Pasargades est une formule originale, les tombeaux de Naqsh-e Rostam et de Persépolis sont des caveaux taillés dans la roche et précédés d'une façade cruciforme. Quant aux palais, leurs vestiges se trouvent dans les trois capitales de l'empire: à Pasargades, créée par Cyrus II, à Suse et surtout à Persépolis, toutes deux fondées par Darius Iᵉʳ. Construits en pierre et en briques, les **palais** sont dépourvus de coupoles, les voûtes sont rares, et leur architecture privilégie les formes quadrangulaires, les lignes verticales et horizontales, les toits plats. Ils s'inspirent des traditions iraniennes pour les salles à colonnades et des palais mésopotamiens pour les pièces disposées autour d'une cour à ciel ouvert. Leur décor et ses techniques, en revanche, sont composites et ont fondu dans un creuset iranien des apports divers: le monumental et les constructions en terrasse viennent de Mésopotamie; le rôle dévolu à la pierre taillée du royaume d'Urartu; le rendu des draperies dans le bas-relief et les cannelures des colonnes de la Grèce; la base campaniforme des colonnes de l'Egypte; les animaux de l'Elam et de la Mésopotamie. Cette conjonction des styles ne produit pas de syncrétisme hétéroclite: elle symbolise l'unité multiple des cultures vivant dans l'empire. L'esthétique achéménide unifie des styles divers sans les confondre, tout comme le roi des rois, reflet du Dieu des dieux, unifie les peuples en respectant leur identité.

L'architecture

Vue générale de Persépolis.

Colonnes de palais achéménides.

Les décors des palais

Bouquetin ailé en argent et en or utilisé comme anse de vase, ~VIᵉ-~Vᵉ s. Musée du Louvre, Paris.

Le **bas-relief** et les **briques émaillées** forment l'essentiel du décor des palais. Nous possédons très peu d'informations sur le sens possible des couleurs, mais leur fonction symbolique ne laisse aucun doute. Un thème presque unique détermine la mise en scène du décor: la fonction spirituelle et politique du roi, sa soumission à la Divinité et sa souveraineté sur les peuples de l'empire. Inspiré de l'étiquette de cour créée par Cyrus II, cet art a aussi emprunté des modèles iconographiques étrangers (assyriens, ioniens, égyptiens). Les artistes devaient obéir à des canons stricts, qui excluaient la fantaisie ou l'arbitraire. Le roi représenté n'est pas un portrait, mais plutôt le symbole d'une royauté immuable. Les soldats perses et les peuples de l'empire, sculptés à Persépolis, ont une esthétique plus symbolique que narrative: la psychologie est absente des personnages, et leur beauté hiératique reflète une harmonie atemporelle. A côté de cet art royal, qui revêt un caractère presque sacré, des animaux ont été sculptés sur les murs ou au-dessus des chapiteaux. Certains sont empruntés à la nature (taureaux, lions ou bouquetins), d'autres à des conceptions mythiques et héraldiques (lions cornus, griffons*, taureaux à tête d'homme).

Les inscriptions royales

Les rois, et principalement Darius Iᵉʳ, ont laissé plusieurs **inscriptions** sur les palais et les tombes ou dans des lieux isolés, comme à Bisutun. Rédigés en cunéiforme, ces textes sont presque toujours trilingues: vieux perse, babylonien, élamite. Leur contenu, presque toujours identique, parle de la relation du roi avec le Divin, de sa domination sur les peuples, de sa puissance guerrière, de sa justice et de sa sagesse.

Les objets

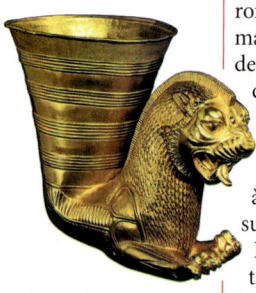

▶Rhyton, Hamadân, ~Vᵉ s. Musée National de l'Iran, Tehrân.

Lorsque Alexandre le Grand s'empara de la tente de Darius III, il admira ses objets de luxe et s'exclama: «Voilà, paraît-il, ce qu'est d'être roi». Leur richesse, dont les vestiges ne parlent que trop peu, devait manifester le pouvoir et la légitimité divine du roi. Nous possédons de remarquables objets en or ou en argent, principalement des vases, des bijoux, des rhytons*, des plaques de fondation et des armes. Leur style vigoureux reprend des animaux déjà présents dans l'art monumental. Le bronze était utilisé pour le décor du mobilier ou des statuettes votives. Ces œuvres sont surtout connues grâce à deux découvertes archéologiques: le trésor de l'Oxus, mis à jour sur une rive du fleuve Oxus (Amou Darya) au Tadjikistan, et le trésor de Hamadân, trouvé dans l'antique Ecbatane. Les rares statues en ronde-bosse sont souvent de petites dimensions, comme ces têtes de princes en pierre ou en lapis-lazuli hautes de quelques centimètres.

L'héritage des Achéménides

Dans l'art décoratif, l'influence achéménide traverse toute l'histoire iranienne jusqu'à l'invasion arabe du VIIᵉ s. Au XXᵉ s., la dynastie Pahlavi créa un style architectural néo-achéménide: plusieurs édifices officiels de Tehrân imitent les colonnes et même les bas-reliefs de Persépolis.

▶Support en bronze, ~Vᵉ s. Musée National de l'Iran, Tehrân.

Palais: Persépolis (*372*); Suse (*310*); Pasargades (*381*).
Tombes: Pasargades (*382*); Naqsh-e Rostam (*378*); Persépolis (*378*).
Inscriptions: Bisutun (*295*); Gandj Nâmeh (*302*).
Musées: Musée National de l'Iran, Tehrân (*253*); Musée de Persépolis (*378*); Musée de Suse (*312*).

Les Séleucides

Si la conquête d'Alexandre a bouleversé l'histoire, marié des cultures,

Dieu Héraklès, Bisutun, ~148.

repoussé les limites des conceptions du monde, elle n'a pas pu helléniser la Perse en profondeur, et la domination séleucide fut relativement courte. Les témoins de l'art grec sont rarissimes et leur datation souvent controversée. Outre des **inscriptions** en grec, découvertes surtout en Médie*, on a retrouvé des **statuettes** et des **pièces d'orfèvrerie**, exécutées par des artisans locaux ou des émigrés grecs. Deux statues monumentales seulement remontent à l'époque grecque: le dieu Héraklès (Hercule) à Bisutun, authentifié par une inscription, et un lion à Hamadân, de datation controversée. En revanche, il n'existe que peu de traces d'**architecture**: plusieurs sites attribués anciennement aux Séleucides (le temple de Anahita à Kangâvar ou le site de Khorheh) sont maintenant datés d'une époque ultérieure. Les Séleucides ont fondé plusieurs villes sur des sites déjà occupés (Hamadân / Ecbatane, Suse, Rey, etc.), mais ces cités n'adoptaient que partiellement l'urbanisme et l'architecture hellénistiques. Après l'époque séleucide, la culture grecque va entrer dans la composition de l'art parthe, mais c'est en Afghanistan, au Gandhara, que l'épopée d'Alexandre a laissé les traces les plus saillantes: dans les premiers siècles de notre ère, la rencontre des esthétiques indienne et grecque y a donné naissance à l'art gréco-bouddhique, première manifestation d'un art bouddhique figurant le Bouddha.

►Tête d'un roi en bronze, Shami, ~IIe s. Musée National de l'Iran, Tehrân.

Statues: Bisutun (*296*); Hamadân (*301*).
Temples (datation incertaine): Izeh / Malamir (*315*).
Musée: Musée National de l'Iran, Tehrân (*253*).

Les Parthes

Plus nombreux que les témoins de la culture séleucide, les arts parthes ne sont pas sans poser des problèmes. Les fouilles archéologique sont insuffisantes, et les vestiges dispersés et souvent mal conservés.

Principaux sites et musées

►Tête de prince achéménide en lapis-lazuli, Persépolis, ~Ve s. Musée National de l'Iran, Tehrân.

Lion de pierre (Shir-e sangi), Hamadân, époque d'Alexandre le Grand.

Principaux sites et musées

►Statue parthe de Shami,
~Iᵉʳ ou Iᵉʳ s. Musée National
de l'Iran, Tehrân.

La plupart des grands sites se trouvent hors d'Iran: en Irak (Hatra, Assur), en Syrie (Palmyre, Dura-Europos), au Turkménistan (Nisa). Longtemps confondue avec l'art sassanide, l'esthétique parthe est également difficile à définir: elle mêle des influences gréco-romaines, mésopotamiennes et perses, qui varient selon les régions. Rétrospectivement, elle est considérée comme un moment intermédiaire entre l'hellénisme des Séleucides et la culture iranienne des

Hatra (Irak), IIᵉ s.

Sassanides. Contrairement à l'art achéménide, dont l'unité reflétait celle du roi et de l'empire, les arts d'époque parthe sont une mosaïque culturelle: ils témoignent d'un empire moins unifié et centralisé, et divisé en petits royaumes plus ou moins autonomes.

L'architecture

Dans les cités conquises (Séleucie sur le Tigre, Dura-Europos, Suse ou Uruk), parfois fondées ou refondées par Alexandre ou les Séleucides, les Parthes conservèrent l'organisation grecque de la vie sociale et économique. Tout en restant largement fidèles à l'héritage hellénistique, ils vont progressivement introduire dans l'architecture et son décor une sensibilité plus orientale. Aux Iᵉʳ-IIᵉ s., ils créent une nouvelle forme: l'**iwan**, une salle voûtée fermée sur trois côtés. Elle est utilisée aussi bien pour les temples que pour les palais, et sera reprise par les Sassanides et la Perse musulmane. Ses premiers exemples sont à Assur (Irak) et

Reconstitution d'une façade
sur cour du palais parthe
d'Assur (Irak), Iᵉʳ s.

à Kuh-e Khwâdjeh. Le **décor** est un mélange d'influences: merlons en pierre d'inspiration assyrienne et achéménide; animaux fantastiques empruntés à la symbolique babylonienne et achéménide; colonnes d'ordre corinthien, feuilles d'acanthe, frises naturalistes et scènes mythologiques d'inspiration gréco-romaine. Ces styles sont conjugués à des inventions parthes, comme des terres cuites émaillées de vert, des motifs royaux (lions, ancres, carquois), des personnages vêtus en guerriers, et surtout des décors en **stuc**, un art que les Sassanides puis l'Islam perpétueront.

►Roi et divinité sur
une monnaie parthe.

La peinture et la sculpture

L'art figuratif parthe ne cherche pas tant à imiter les apparences qu'à créer une image symbolique. Dans la peinture et la sculpture, le naturalisme de l'Antiquité est abandonné

▶Peinture murale de Kuh-e Khwâdjeh, Sistân,
Ier-IIIe s. Musée National de l'Iran, Tehrân.

au profit d'une représentation plus stylisée, moins réaliste et psychologique. Les volumes et les clairs-obscurs ne sont guère accentués, les personnages ne sont pas individualisés et leur anatomie n'est pas détaillée. Les dieux comme les hommes sont souvent vêtus «à la parthe», avec un pantalon ample et bouffant et une tunique décorée, descendant jusqu'aux cuisses et munie de manches longues. Alors que l'art gréco-romain aime les représentations de trois-quarts ou de profil, les personnages des œuvres parthes sont généralement représentés frontalement. Dans les peintures murales du palais de Kuh-e Khwâdjeh, le mouvement n'est pas représenté, contrairement à l'art gréco-romain: les figures sont statiques, leurs volumes aplatis, les couleurs sont cernées par un trait linéaire. L'essentiel de la **statuaire** en ronde-bosse et en bas-relief se trouve à Hatra (Irak) et à Palmyre (Syrie). En Iran, plusieurs reliefs ont été gravés dans la roche, principalement dans des lieux montagneux isolés de l'Elam, appelée l'Elymaïde depuis l'époque grecque. D'une esthétique assez grossière, ils représentent des personnages princiers, des dignitaires, des chasses ou des investitures de rois.

▶Bouteille de verre,
Azarbâidjân, IIe-IIIe s.
Musée National de
l'Iran, Tehrân.

Bas-relief de l'Elymaïde
(rocher II). Vallée de
Tang-e Sarvak, IIe s.

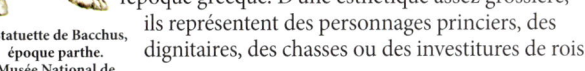

▶Statuette de Bacchus,
époque parthe.
Musée National de
l'Iran, Tehrân.

Les monnaies parthes, en argent ou en bronze, sont une précieuse source d'information pour l'historien. Elles s'inspirent des monnaies séleucides dans la composition, la datation et les légendes, la figuration des rois et les divisions monétaires. L'avers représente le buste du souverain, le revers un symbole sacré (archer évoquant Apollon, astres, etc.) ou un roi recevant le pouvoir d'une divinité. Les arts mobiliers présentent un mélange d'influences diverses. Des statuettes en bronze ou en marbre, par exemple, sont de style grec, alors que des thèmes animaliers s'inspirent notamment de l'art achéménide.

Ville: Shahr-i Qumis (*401*).

Palais / lieux de culte: Kuh-e Khwâdjeh (*427*); Masdjed-e Suleymân (*315*); Hashtrud (*277*).

Reliefs rupestres: Izeh / Malamir (*315*); Tang-e Sarvak (*316*); Bisutun (*297*).

Musée: Musée National de l'Iran, Tehrân (*253*).

Les monnaies et les arts mobiliers

Principaux sites et musées

▶Cruche en
céramique, Ier-IIIe s.
Musée National de
l'Iran, Tehrân.

Les Sassanides

Si les Parthes ont créé une civilisation imprégnée de culture grecque, les Sassanides ont donné à leur empire un caractère plus iranien, à travers une forte identité religieuse et royale, une architecture novatrice et profondément orientale, et une esthétique tournée vers le symbolisme plus que vers le naturalisme.

L'architecture

Palais de Sarvestân,
Vᵉ s. ou plus tardif.

Pendant longtemps, et encore aujourd'hui, l'étude de l'architecture sassanide souffre de problèmes de datation. Nombre d'édifices considérés comme sassanides datent en réalité des débuts de l'Islam. Le legs architectural des Sassanides comprend surtout les temples du feu, les palais et les villes. Les moellons en pierres brutes, la brique cuite et la pierre taillée constituaient le principal matériau de construction. La technique du blocage* était souvent utilisée. Les édifices reprennent, en les développant, des éléments parthes, comme l'iwan* et la voûte en forme de parabole. Peut-être inspirés par des expériences antérieures, les Sassanides ont créé l'architecture de la **coupole sur plan carré**, avec un système de **trompes d'angles*** pour assurer la liaison harmonieuse entre le cercle du dôme et le carré de la salle. Le premier exemple connu se trouve dans le palais de Firuzâbâd, construit sous Ardashir Iᵉʳ entre 220 et 241. Les romains construisaient des coupoles sur des rotondes ou des coupoles

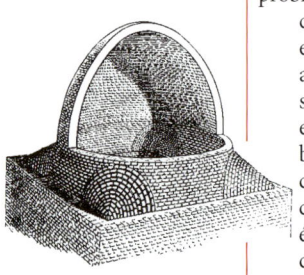

Coupe d'une coupole sassanide.

sur pendentifs*, et les parthes voûtaient les salles carrées. Le monument le plus typique est le **chahâr tâq*** (littéralement: «quatre arcs»), utilisé souvent comme **temple du feu**. Une salle cubique est surmontée d'une coupole haute et large (qui peut avoir environ 14 m de diamètre), reposant sur des

Palais de Firuzâbâd, entre 220 et 241.

trompes d'angles*. Chaque côté de la salle est creusé en son centre d'une niche voûtée, si bien que ces quatre arcs donnent au plan une apparence cruciforme. Cette formule a une longue histoire, difficile à préciser: aux plans cruciformes déjà présents en Iran dans le site mède de Nush-i Djân (~VIIIᵉ s.) s'ajoutent des influences parthes et peut-être romaines Les **palais** sont essentiellement composés de salles officielles et d'appartements privés. La salle du trône se trouvait dans un iwan* ou dans une salle carrée à coupole. L'un des palais les plus impressionnants se trouve à Ctésiphon en Irak: construit sans doute sous le règne de Khosrow Iᵉʳ (VIᵉ s.), il possède un grand iwan couvert d'une voûte cintrée d'environ 35 m de haut (49). Les palais étaient décorés de peintures murales, de tapis, de mosaïques et de pièces de stuc moulées ou sculptées, le plus souvent peintes.

Décors de stuc. Palais de
Bishâpur (Fârs) et de Um-
Z'aatir (Irak), époque sassanide.

La grande partie de ces ornementations a disparu: les rares vestiges datent surtout des Ve et VIe s. et nous montrent des motifs végétaux, des animaux, des bustes de rois ou des figures féminines. Des écrivains d'époque islamique nous ont décrit les peintures murales,

▶Mosaïque du palais de Bishâpur, IIIe s. Musée National de l'Iran, Tehrân.

presque toutes détruites: la plus importante découverte à ce jour se trouve au nord-ouest de l'Afghanistan, à Ghulbiyân.

La sculpture

L'art sassanide n'a guère créé de statues en ronde-bosse (les seules exceptions se trouvent à Mudân et à Tâq-e Bostân), mais il nous a laissé trente-huit **reliefs** gravés dans la roche, situés principalement dans le Fârs. Hormis quelques combats équestres, leur

Bas-relief de
Naqsh-e Radjab, IIIe s.

thème est centré sur la royauté: le roi reçoit le pouvoir d'un Dieu, triomphe d'un ennemi, chasse du gibier, est honoré par sa cour. Plus soignée que les œuvres parthes, leur esthétique est romaine par le modelé des corps, certaines compositions de scènes, et par les visages de profil ou de trois quarts qui abandonnent la frontalité des œuvres parthes. Mais à la différence du naturalisme antique, ces reliefs sont plus symboliques que réalistes: ils immortalisent l'autorité royale et mettent en valeur les archétypes fondateurs de la dynastie et de l'empire.

Les soieries

Imitées par l'art byzantin et islamique, les soieries des Sassanides furent une production prestigieuse et économiquement vitale. Plusieurs églises médiévales et musées européens en possèdent des exemplaires: Sens, Aix-la-Chapelle, Lyon. On doit aux Sassanides l'invention ou le développement de plusieurs techniques: le métier à la tire, par exemple, apparu vers les IVe et Ve s. Il permettait de tisser des soieries plus larges et de composer des samits*, dont la technique se répandit par la suite en Occident et en Asie centrale. Des centres de tissage semblent avoir été créés dès le IIIe s., et la **sériciculture** a sans doute été pratiquée depuis le IVe s. La Perse dominait une large partie de la route terrestre de la soie et y prélevait de lourds droits de douane. Les **décors** utilisés sont variés: on trouve le thème classique de la chasse, le Senmurv*, le bélier avec des rubans flottants (image du Khvarnah*), le cheval ailé (signe d'un dieu protecteur de la Perse, Verethragna), le coq (un animal solaire), les symboles astrologiques liés à des divinités du Mazdéisme et à la fonction royale, des symboles géométriques (médaillon perlé, croissant, étoile, svastika, croix, palmette, etc.).

Vêtement de style sassanide
sur une peinture sogdienne
de Samarkand, VIIe s.

L'orfèvrerie et les monnaies

L'art sassanide nous a légué des objets en verre et en céramique, qui vont influencer les productions d'époque musulmane, mais les œuvres d'**orfèvrerie** constituent l'une de ses parts les plus belles. Décorés de l'image royale, d'animaux, de chasses ou de danseuses, les objets principaux sont des plats, des aiguières, différents types de bols et des

►Coupe en argent, Mâzandarân, VIIᵉ s. Musée National de l'Iran, Tehrân.

rhytons*. En argent repoussé et souvent doré, ils étaient réservés aux membres de la cour et servaient de cadeaux diplomatiques. Comme les **monnaies** parthes, les monnaies sassanides représentent le buste du souverain sur l'avers. Un autel du feu, parfois une scène d'investiture, se trouvent sur le revers. Les inscriptions sont en pehlevi*: elles mentionnent le nom du roi et sa titulature, la date d'émission et le nom de l'atelier. Apparue dès Ardashir Iᵉʳ (224-241), la monnaie était surtout frappée en argent, mais on possède également des pièces d'or, de cuivre, de bronze et de plomb.

►Le roi sur son trône. Coupe en argent doré, VIᵉ s. Musée National de l'Iran, Tehrân.

L'influence sassanide

Reconstitution d'un iwan de la ville d'Iwân-e Karkheh, Khuzestân, IVᵉ s.

Eglise de Tournus, France, XIᵉ s.

Salle à coupole de la mosquée du Vendredi d'Ardestân, XIIᵉ s.

Les quatre siècles sassanides ont laissé un héritage considérable. En Occident, des églises romanes ont manifestement été influencées par les voûtes des palais sassanides: Saint Philibert de Tournus (Bourgogne) ou Saint-Martin du Canigou (Pyrénées Orientales). L'église carolingienne de Germigny-des-Prés ressemble aux temples du feu par son plan et aux décors sassanides par ses mosaïques. Les églises arméniennes ont certainement bénéficié d'un apport sassanide, même si celui-ci est discuté. C'est toutefois dans l'architecture islamique que l'on retrouvera les influences les plus nettes. Les mosquées, les madrasas et les mausolées iraniens ont repris les iwans* et les salles carrées surmontées d'une coupole sur trompes*. Les tissus sassanides ont influencé les textiles d'Egypte, de Syrie, de Byzance et même de Chine. Nombre de thèmes décoratifs sassanides, comme des animaux symboliques sur les soieries, se retrouvent dans la sculpture romane et l'orfèvrerie islamique. On peut constater l'influence des peintures murales sassanides en Asie centrale: dans les fresques d'Afrâsiyab (l'ancienne Samarkand) et de Pendjikent, qui appartiennent à l'ancienne culture de Sogdiane (VIIᵉ-VIIIᵉ s.). Vers l'Orient, plusieurs monastères bouddhiques de la route de la soie ont reçu des éléments esthétiques sassanides: les peintures murales de Dunhuang en Chine (Vᵉ s.) ou de Bâmyân en Afghanistan (VIIᵉ s.). Les tertres funéraires bouddhiques (stupas) d'Afghanistan, avec leur plan carré et leur coupole hémisphérique, sont certainement inspirés des chahâr tâq*.

Principaux sites

Villes: Firuzâbâd (*391*); Bishâpur (*387*); Gondishapur (*317*); Iwân-e Karkheh (*317*).
Palais: Firuzâbâd (*391*); Bishâpur (*388*); Sarvestân (*387*); Qasr-e Shirin (*295*).

Forteresses: Firuzâbâd (*392*); Bishâpur (*389*); Kermân (*416*).
Temples du feu: Takht-e Suleymân (*267*); province du Fârs (*393*);
Esfahân (*345*); Kuh-e Khwâdjeh (*427*); Bishâpur (*388*); Bandiân (*413*).
Reliefs rupestres: Naqsh-e Rostam (*379*); Naqsh-e Radjab (*386*);
Tâq-e Bostân (*293*); Bishâpur (*389*); province du Fârs (*386*).
Ponts / barrages: province de Lorestân (*307*); Shushtar (*318*); Dezful (*318*).
Musée: Musée National de l'Iran, Tehrân (*253*).

La culture arménienne

Monastère de Saint Stephanos, Azarbâidjân, XVIᵉ-XIXᵉ s.

Les frontières fluctuantes du territoire arménien, les migrations successives de sa population et sa diaspora internationale ont essaimé la culture arménienne loin autour des frontières politiques actuelles: en Arménie, en République d'Azerbaïdjan, en Turquie et en Iran. L'art arménien ne se réduit donc pas à l'Arménie actuelle, il est l'expression du peuple arménien, uni par la religion et la langue. L'essentiel de cet art est sacré et chrétien, car la conversion au Christianisme (en 301) a fondé le destin et l'univers historiques et spirituels des Arméniens.

Eglise de Sainte Bethléem, Esfahân, 1628.

Son esthétique est à la croisée de l'Orient et de l'Occident: elle a assimilé et transformé des influences gréco-romaine, byzantine, iranienne, syrienne et européenne, tout en sachant rester elle-même et se renouveler sans se perdre.

L'architecture

Les églises constituent la part majeure de l'architecture arménienne. Cristaux d'une foi et d'une présence de Dieu, elles sont un haut lieu de l'identité arménienne, un signe entre ciel et terre, un symbole de ralliement et un refuge. Elles étaient généralement construites par des moines, dont les compétences embrassaient la théologie, la littérature, les sciences et les arts. Elles présentent un aspect extérieur relativement uniforme et simple, alors que l'espace intérieur, généralement structuré par une croix grecque inscrite (à branches égales), est d'une grande variété. Symbole du Ciel, la coupole a été utilisée systématiquement. Inspirée par l'Iran sassanide, elle a pour origine symbolique une vision de saint Grégoire l'Illuminateur: «Je vis un édifice avec une coupole, en forme de pavillon […]. Venez et élevons des chapelles pour les martyrs».

∗Chapelle de Dzordzor (province d'Azarbâidjân occidental), XIVᵉ s.

L'écriture et les manuscrits enluminés

L'art du livre commence au Vᵉ s. lorsque le prêtre Mesrop Machtots crée un alphabet de trente-six lettres (deux furent ajoutées au XIIIᵉ s.), qui fixa et sauva la langue arménienne. Dans la famille des langues indo-européennes, l'arménien forme une branche isolée, malgré ses affinités avec le moyen perse, le grec et les langues slaves de la Baltique. Il se lit de gauche à droite. Cette langue écrite est appelée classique et elle a été utilisée comme langue littéraire jusqu'au début du XIXᵉ s. L'usage populaire l'a transformée en «arménien moyen», lequel s'est divisé en deux branches à l'origine des deux formes

►La Genèse. Peinture sur livre d'Esfahân, 1662/1663. Musée de la cathédrale Vank, Esfahân.

de l'arménien moderne: l'occidentale, la langue de la diaspora, et l'orientale, parlée actuellement en Arménie et en Iran. Dès le Ve s., les traducteurs, les commentateurs et les historiens traduisent la Bible et les Pères de l'Eglise et créent une riche littérature de textes religieux et de chroniques. Réalisés dans des monastères, parfois dans des paroisses, les manuscrits enluminés ont été hautement vénérés. Ecrits et lus comme une offrande à Dieu, on leur attribuait un pouvoir spirituel et apotropaïque*. Il existe actuellement plus de 20'000 manuscrits, dont une majorité de Bibles et de livres liturgiques, dispersés dans des bibliothèques. L'iconographie et l'esthétique ont été influencées par Byzance, la Syrie, parfois par l'Italie, et ont donné deux principaux types de miniatures. Les unes sont fortement inspirées par l'icône byzantine et son raffinement aristocratique et grec, alors que les autres ont une esthétique plus «populaire», au dessin «naïf» et moins orné, aux couleurs vives et parfois frustes.

Khatchkar. Monastère de Saint Stephanos, XVIe-XVIIe s.

Peintures murales et bas-reliefs

L'art arménien, suivant en cela une tendance de la théologie, a toujours préféré montrer la gloire divine du Christ, et non sa nature humaine et son martyre. Pendant longtemps, la Passion n'a pas été représentée, et son mystère sacrificiel a été symbolisé par la croix seule. Dans les églises, les peintures murales sont donc rares ou tardives: à Esfahân elles datent du XVIIe s. La sculpture est toujours en bas-relief (elle s'est surtout développée aux XIIIe et XIVe s.) et il n'y a aucune statue en ronde-bosse. L'ornementation des édifices est parcimonieuse et sobre, mais elle offre un répertoire très riche d'entrelacs, de thèmes végétaux, de stalactites ou de muqarnas*, inspirés fréquemment de l'art islamique.

Evangiles, Esfahân, 1607. Musée de la cathédrale Vank, Esfahân.

Les «croix-pierres»

Les œuvres sculptées les plus remarquables sont les khatchkars*. Il s'agit de stèles de pierre, généralement rectangulaires, et gravées en bas-relief d'une ou de plusieurs croix. Celles-ci sont entourées par un décor végétal ou géométrique, parfois par des figures de l'histoire sainte ou des inscriptions. Apparues au IXe s., elles peuvent être insérées dans un édifice religieux ou érigées isolément. Leur fonction est essentiellement votive, et on leur prête des vertus apotropaïques*. Portant le signe de la Rédemption et de l'Homme-Dieu, elles sont une image de l'Axe du monde, du Centre, de l'Arbre de Vie.

Principaux sites

Royaume d'Urartu: province d'Azarbâidjân occidental (*267*).
Eglises: Esfahân (*343*); province d'Azarbâidjân oriental (*277*).
Musée: Esfahân (*344*).

LES ARTS DE L'IRAN ISLAMIQUE

Les arts de l'Islam

Deux faits exceptionnels caractérisent la naissance de l'art islamique:
d'abord, la rapidité avec laquelle son esthétique s'est formée, quelques
décennies seulement après la mort du Prophète; ensuite, malgré
les divisions politiques, religieuses et ethniques de la communauté
musulmane, l'unité et la pérennité de ses principes décoratifs et de
ses symboles, qui commandent aujourd'hui encore ses innovations
comme ses traditions. L'art islamique est à la fois varié et homogène:
de l'Espagne musulmane à l'Inde du Nord, on retrouve les mêmes
symboles et les mêmes options esthétiques fondamentales, mais
déclinées dans une constellation de styles, d'interprétations et de
filiations. Dès l'installation de l'Islam dans les pays conquis, ce sont les
rois et les cours qui ont favorisé le développement des arts, par leur
désir de rayonnement, leur goût du luxe et du raffinement. De là, une
division de l'histoire de l'art islamique en périodes dynastiques (arts
omeyyade, seldjoukide, safavide, etc.), qui souligne l'apport de chaque
famille régnante à la créativité et à l'art de vivre. Au sein des arts de
l'Islam, trois ethnies principales ont marqué à divers titres les cultures
et leur histoire: le monde persan a surtout influencé l'Asie centrale,
l'Afghanistan et l'Inde du Nord, alors que la culture arabe domine au
Maghreb et au Proche-Orient et les peuples turcs l'Asie centrale et
l'Asie mineure. La Perse a très vite forgé une esthétique originale, qui
mêle à l'impulsion de l'Islam l'héritage des Sassanides et une profonde
identité culturelle. Si l'art arabe ou turc est parfois austère, martial et
intériorisé, l'art persan incline à une élégance raffinée, au lyrisme, à
une symbolique mystique et à une forme de splendeur contemplative.
Contrairement au reste du monde musulman, le monde persan a
coloré les édifices par des symphonies de céramiques émaillées. La
culture arabe a été généralement réfractaire à l'image figurative, et c'est
en Perse qu'un art du livre illustré et la peinture murale vont connaître
leur plus grand développement. Le génie poétique et mystique des
Iraniens a produit une poésie spirituelle sans équivalent dans la litté-

Minaret de la mosquée
Meydân, Sâveh, 1061-62.

Minaret de la mosquée
Târikhâneh, Dâmghân, 1029.

rature musulmane et même mondiale. Si l'arrivée de l'Islam marque un tournant dans son histoire, la Perse n'a jamais oublié ses racines lointaines. L'architecture montre au mieux comment elle a changé de religion sans renier l'esthétique préislamique: avec leurs salles à coupole, les mosquées ressemblent à des temples du feu transformés.

L'art islamique iranien

Minaret de la mosquée du Vendredi, Natanz, 1325.

Minaret. Mosquée de l'Imam, Esfahân, 1612-1627.

Iwan. Mosquée de l'Imam, Esfahân, 1612-1627.

Pas plus qu'un autre art, l'esthétique musulmane n'a surgi du néant, d'autant que les Arabes étaient dépourvus de grande culture sédentaire. Ses premières influences viennent des contrées conquises par les musulmans: le Proche-Orient byzantin et la Perse sassanide, principalement.

Première dynastie régnante, les Omeyyades patronnent une architecture et un art citadin fortement influencés par l'Antiquité grecque et romaine, Byzance, la Perse sassanide. Si cette première floraison artistique naît dans une atmosphère arabe, la Perse ne va pas tarder à imprimer sa présence dans la littérature, la musique et les arts plastiques. En transférant leur capitale de Damas à Bagdad (VIIIe s.) et en employant des élites persanes, les califes abbassides ont ouvert la voie à une iranisation de l'art oriental. Les œuvres sassanides influencent l'architecture, le décor, la musique et la littérature, et le persan, parallèlement à l'arabe, devient peu à peu une langue de haute culture et de science. Au Xe s., une dynastie iranienne et chiite, les Bouyides, règnent à Bagdad et sur la Perse: elle sème les germes d'une civilisation iranienne qui s'épanouira le siècle suivant avec les Turcs seldjoukides. A l'est, l'empire turc des Ghaznavides favorise la diffusion de la culture persane jusqu'en Inde. Une différence de plus en plus grande apparaît alors entre l'art arabe de l'Islam méditerranéen et proche-oriental, et l'art islamique iranien du Moyen-Orient et de l'Asie centrale. Sous l'influence persane, les Seldjoukides renouvellent l'art, créent une architecture inédite pour la madrasa* et la mosquée, développent la construction des mausolées, inaugurent le décor architectural de céramique. Le XIe s. voit apparaître les premiers chefs-d'œuvre d'une littérature en persan. Les Mongols, qui dévastent le monde oriental au XIIIe s., provoquent une coupure, mais aussi la taille radicale qui favorise une nouvelle éclosion esthétique. Sous les Timourides (XIVe-XVe s.), la culture persane brille également en Asie centrale (Samarkand) et en Afghanistan (Hérat). Des édifices plus monumentaux et élancés se couvrent de céramiques émaillées, la peinture sur livre s'épanouit de Tabriz à Hérat, les Corans se parent de décors toujours plus subtils, et une influence chinoise, apportée par les Mongols, s'installe dans les arts décoratifs. Avec les Safavides (1501-1732), l'esthétique atteint une élégance suprême, faite de clarté, de sensualité et de préciosité. Aujourd'hui encore, les architectures habillées de céramiques, les tapis aux motifs de jardins, les miniatures et les enluminures des Corans semblent matérialiser un rêve de paradis. En Inde, l'Empire moghol fondé au XVIe s. est le cadre d'une culture indo-persane, qui rayonne surtout dans l'architecture, la peinture et la poésie. Le déclin vient au XVIIIe s., malgré des îlots de créativité et des chefs-d'œuvre toujours possibles. Pendant la période qâdjâre (1779-1925), l'art tend à s'assécher dans l'académisme ou un certain passéisme. Sous l'influence occidentale, il a pu tomber dans un éclectisme hétéroclite: le naturalisme envahit la peinture, l'architecture et son décor s'inspirent du baroque européen. Au XXᵉ s., les Pahlavis ont conjugué un modernisme conventionnel avec une esthétique empruntée à la Perse achéménide ou sassanide.

Le décor

L'un des caractères principaux de l'art islamique est le décor qui orne aussi bien l'architecture que les arts mobiliers, selon les mêmes principes de style, de rythme et de thème. L'Islam a proscrit l'image figurative dans les arts spirituels, publics et officiels, tels que les mosquées, les Corans ou les monnaies. Aussi, les artistes ont-ils développé un décor abstrait, qui peut être calligraphique, floral ou géométrique et dans lequel apparaissent ponctuellement des motifs animaliers. Embellissement de la matière, le décor est aussi un réseau de symboles plus ou moins codés. Pour l'Islam, et pour la culture persane depuis des millénaires, tout ce qui vit sous le ciel est symbole de l'Invisible. La fonction du décor prolonge la nature symbolique de notre univers, en transcrivant par la beauté d'une arabesque ou de l'écriture une connaissance de Dieu et de l'Homme. Les symboles peuvent recevoir des interprétations multiples (savantes ou populaires, rationalistes ou mystiques), qui sont toujours le reflet de leur interprète et qui jamais n'épuisent la vie des significations. Les décors sont ainsi des révélateurs de l'âme et un rideau transparent tendu entre l'œil et l'Esprit. Ils sont aussi un miroir de beauté, qui peut dévoiler à chacun la profondeur de son regard et la forme de son amour.

Dans l'architecture, un décor calligraphique est fréquemment sculpté dans le stuc, le bois ou la pierre, composé en mosaïque de céramiques ou peint avec de l'émail sur de la terre cuite. On peut y lire aussi bien des versets coraniques et des noms saints (Allâh, Muhammad, Ali) en arabe, que des poèmes, des proverbes, des formules ou des dédicaces, soit en arabe soit en persan.

Le décor épigraphique

L'art islamique a repris les motifs végétaux de l'art sassanide (palmettes, fleurons), grec et romain (feuilles de vignes ou d'acanthe, rinceaux, etc.), mais il a transformé leur naturalisme en jeu d'arabesques stylisées. Plus qu'une végétation précise, cette polyphonie à la fois cristalline et organique évoque un jardin d'Eden, une musique pure et une floraison contemplative. A l'époque abbasside, la Perse développa un style d'une rare élégance et d'une finesse virtuose. Lorsque les Mongols eurent apporté des échos esthétiques de Chine, les ornements végétaux devinrent plus

Le décor floral

«Au nom de Dieu le Clément le Miséricordieux. Dis: "Lui, Dieu est Un!

Dieu!... L'Impénétrable! Il n'engendre pas; il n'est pas engendré; nul n'est égal à lui!"»

▸Calligraphie du mausolée de Rokn od-Din, Yazd, 1326.

Motifs de fleurs.

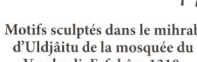

réalistes, moins angulaires et stylisés, et s'enrichirent de motifs chinois comme la pivoine et le lotus. Dès l'époque safavide (XVIᵉ s.), les éléments floraux seront omniprésents dans les tapis et les textiles, les céramiques, les miniatures, les Corans. De cette époque vient une sensibilité toujours actuelle pour des styles ornés, fleuris et délicats. Ces décors floraux sont comme les reflets d'un paradis surnaturel, que le Coran décrit comme un jardin de lumière, où coule de l'eau pure, où rien ne meurt et ne dépérit: un paradis qui est à la fois le monde le plus intime de l'âme, et le rayonnement universel de la beauté divine.

Motifs sculptés dans le mihrab d'Uldjâitu de la mosquée du Vendredi, Esfahân, 1310.

Le décor géométrique

C'est en Iran que le décor géométrique de polygones et d'entrelacs a connu sa première grande expression. Disposés de façon régulière sur les murs ou les objets, ils créent un réseau de motifs abstraits, dont la lecture et l'interprétation sont pluridimensionnelles. Leur géométrie stylisée, à la fois répétitive et variée, n'est pas seulement un jeu mathématique: elle traduit une métaphysique des nombres et des spéculations mystiques qui remontent à Pythagore, à Platon et aux néoplatoniciens. L'Islam a repris et amplifié une telle conception, qui voit dans les figures géométriques (cercle, carré, étoiles, polygones, etc.) et certaines proportions mathématiques, comme le nombre d'or*, un indice de Dieu, une synthèse de l'univers et un support de méditation. Principe de beauté, la symétrie évoque le miroir et sa symbolique: le monde est le reflet du Créateur et le cœur est le miroir du Divin. Le rapport entre le centre et les contours d'un motif évoque la relation du Divin (centre) et du cosmos (périphérie), de l'âme et du corps, du monde caché et du monde apparent. Reflets de l'unité divine dans l'âme et le monde, les nombres fondamentaux sont associés à des figures géométriques et à des notions philosophiques ou mystiques: le 1 et le point peuvent évoquer l'Unité et l'Intellect divins; le 5 et le pentagone, les cinq prières de l'Islam ou la sainte famille chiite (Muhammad, Fatima, Ali, Hassan et Hosseyn); le 6 et l'hexagone, les six jours de la création; le 7 et l'heptagone, les sept planètes astrologiques ou les sept circumambulations autour de la Kaaba; le 12 et le dodécagone, les signes du Zodiaque et les douze Imams chiites.

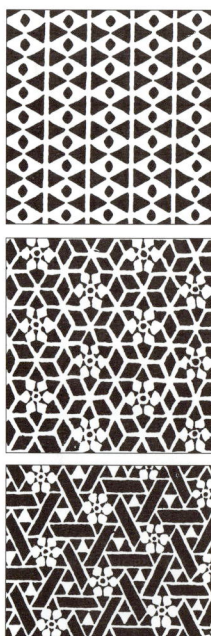

Quelques motifs d'un décor architectural sculpté dans le plâtre.

Le dessin de la plupart des motifs peut s'obtenir par la méthode dite de la division du cercle. Dans un cercle, on inscrit deux carrés. Puis on relie par des droites les points

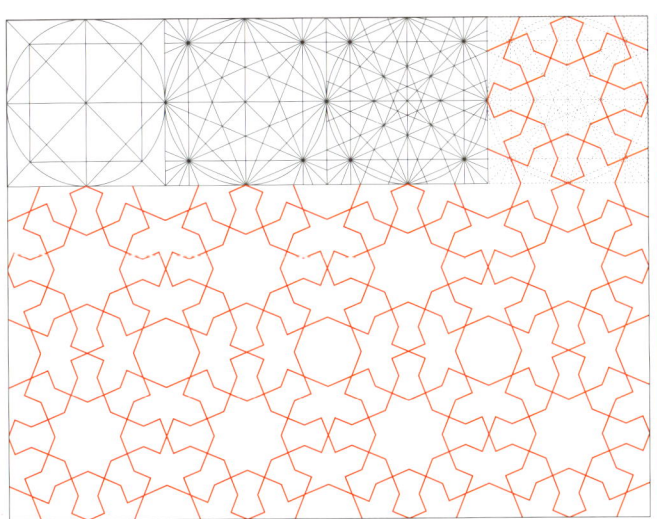

Création d'un motif par
division du cercle.

d'intersection qui sont multipliés par le nombre croissant de lignes et qui permettent de tracer toujours plus de droites. Finalement, on obtient un canevas géométrique, sur lequel, en sélectionnant quelques lignes, on fait apparaître un motif unique, que l'on peut reproduire en série en répétant le même processus.

Cette démarche élémentaire a une portée à la fois pratique et symbolique. La division du cercle marque un passage de l'unité au multiple. La genèse de chaque motif décoratif reproduit ainsi le mystère de la création, dont la complexité a jailli de l'unité divine symbolisée par le point. Né de la géométrie, chaque motif rayonne de l'harmonie universelle et fait écho à l'unité de Dieu présente partout. Les motifs floraux sont également construits en fonction de formes fondamentales (carré, cercle, etc.) et de la symétrie. On retrouve encore ces canevas géométriques dans les tracés directeurs qui servent à dessiner les plans de certains édifices.

Cette présence de la géométrie ne produit pas un art figé et rigide, car elle est toujours compensée par un dessin fluide et la vitalité des couleurs. Le principe de l'esthétique islamique est comparable à ce que l'on peut observer dans la nature: les pétales d'une rose sont une géométrie dilatée et magnifiée par la vie, la lumière et le parfum. Les œuvres musulmanes sont de même l'union d'une l'intelligence qui règle et construit, et de la vie qui fait respirer l'univers et l'homme dans un même souffle.

Coupole de la madrasa
de Khargerd, 1445.

Médaillon d'un tapis.

Le décor animalier

Sous l'influence des cultures persane et turque préislamiques, les tapis, les textiles, les céramiques ou l'orfèvrerie sont peuplés d'animaux stylisés, à la fonction et au sens parfois obscurs. Ils peuvent être réels (oiseaux, lion, cheval, cervidés, etc.) ou mythiques (Simorgh*, dragon, etc.). Figures héraldiques, royales ou hermétiques, ils sont représentés dans des combats d'animaux, des scènes de chasse ou intégrés à des arabesques ornementales. Dans la pensée islamique, les animaux,

►Plat en céramique,
époque safavide.
Musée du Verre et de la
Céramique, Tehrân.

avec leurs comportements spécifiques, sont comme les reflets
d'archétypes divins ou de réalités humaines, positives ou négatives
(vertus, défauts, types d'action). Ils peuvent avoir une signification
spirituelle, astrologique, initiatique, psychologique ou amoureuse.
Les oiseaux sont des messagers de Dieu, une figure de l'âme, de la
sagesse et de l'ascension mystique; le lion est un emblème
du roi et aussi de l'Imam Ali; symbole de
puissances occultes, protectrices ou
dangereuses, le dragon crée aussi les
éclipses en dévorant le soleil et la lune;
la gazelle ou l'onagre sont des images
de l'amante; le Simorgh* symbolise la
Réalité divine; les poissons sont des
symboles d'immortalité et de bonheur.

Décor en mosaïque de céramique
émaillée. Mosquée de l'Imam,
Esfahân, 1612-1627.

Les couleurs

Les décors font appel à une palette
de couleurs pures plus ou moins nuancées. Pour la métaphysique
persane, la lumière de Dieu est incolore, et les couleurs sont issues
de Son rayonnement créateur. Les couleurs de notre monde et de
l'âme sont comme des éclats d'une Divinité incolore: chaque teinte est
enceinte de la lumière divine à l'origine de la création. Les couleurs
symbolisent donc des réalités invisibles et ont des significations
multiples, même s'il est souvent impossible de déceler leur sens précis
dans les œuvres. Elles peuvent symboliser des aspects de Dieu, des
réalités contemplatives, des processus alchimiques, des dimensions
psychologiques, des vertus, des paradigmes sociaux. On leur attribue
des propriétés magiques: le turquoise protégerait du mauvais œil.
Les sept couleurs de la céramique minâi* peuvent être mises en
correspondance avec les sept planètes de l'astrologie. Les céramiques
bleues, turquoise ou vertes des coupoles évoquent la voûte céleste,
reflet visible du Ciel divin, du monde des Intelligences angéliques et
des jardins du paradis.

Décor de stuc peint. Maison
Pirniâ, Nâ'in, vers 1580.

L'esthétique du décor

La richesse, le type et la matière du décor dépendent des possibilités
financières des mécènes, des matériaux locaux, des goûts et du talent
des artistes. Le décor s'est complexifié au cours des siècles. Sobre et
équilibré durant l'âge classique de l'Islam (VIIe-IXe s.), il
s'est épanoui par la suite dans des formes de plus en plus
recherchées, hermétiques ou spectaculaires, sans quitter
ses principes originels et directeurs. Au cours de son
évolution historique, il a toujours obéi à des constantes,
dont la signification déborde l'esthétique pour s'enraciner
dans une vision contemplative et philosophique: l'horreur
du vide (les objets ou les murs sont souvent entièrement
décorés), car aucun atome n'échappe à l'omniprésence de
Dieu; la répétition régulière d'un motif sur un espace délimité, car la
multiplicité n'est qu'une réfraction de l'Unité divine; les variations au
sein même de l'unité du décor, puisque rien ne se répète jamais dans
la nature et que Dieu est infini; la symétrie et l'ordre géométrique,
qui reflètent une création mesurée par l'Intelligence divine; les

Mosquée du Vendredi,
Sâveh, XIVe-XVIe s.

entrelacs et les arabesques témoignent des enchevêtrements, des rythmes et des ondulations de l'univers et de l'âme; un goût pour les jeux de lumière (miroirs, céramiques émaillées, muqarnas*, etc.), car Dieu, nous dit le Coran, est «la lumière des cieux et de la terre» (XXIV, 35); un choix de couleurs pures, non mêlées de noir et de blanc, afin de souligner leur archétype et leur rattachement à la lumière créatrice de Dieu. La composition des motifs décoratifs est comme une musique, avec des alternances, des dynamiques, des successions de contrastes, des polyphonies de thèmes et de sens. Le décor fait alors écho aux rythmes cosmiques, aux pulsations de l'âme et à la respiration de l'univers qu'anime sans cesse le Souffle (la Parole) de Dieu. Pour l'art islamique, le décor n'est donc pas un élément factice, arbitrairement surajouté à l'objet, comme il peut l'être pour l'art occidental, qui considère volontiers «l'art décoratif» comme mineur et superflu. Le décor est porteur d'une signification sociale, contemplative et même métaphysique. «Dieu est beau et il aime la beauté», dit un hadith qui fonde l'esthétique musulmane. Pour l'Islam, Dieu seul est réel et le monde est un rêve fragile. Néanmoins, la beauté est comme un rayon du Divin, un témoignage de Sa clémence à l'égard des créatures et un symbole de Sa vérité. La fonction de la beauté, disent les soufis, est d'éveiller l'amour et l'amour mène à Dieu, là où amour et beauté ne sont qu'un.

Décor en mosaïque de céramique émaillée. Mosquée du Vendredi, Esfahân, entre 1453 et 1478.

Transformation et stylisation contemplatives de la nature, l'art islamique a pour fonction de créer une ambiance symbolique et un art de vivre conformes à l'esprit de l'Islam. Son harmonie révèle l'intimité de l'âme musulmane et sa vision du monde comme de l'Invisible. Les décors de fleurs ou de polygones s'adressent aussi bien aux sens et aux sentiments qu'à l'intelligence, au savant comme à l'homme du peuple: la sensualité d'un tapis ou un poème d'amour n'excluent pas une interprétation mystique. L'Islam ne distingue pas radicalement le spirituel du profane, car aucune activité humaine ne se trouve en dehors de la loi musulmane et de l'unité divine: les versets coraniques ou les poèmes mystiques calligraphiés sur les objets du quotidien expriment une intention d'inclure toutes les dimensions de l'homme dans un vécu spirituel.

Mihrab en marbre de la mosquée Amir Chaqmâq, Yazd, 1436-38.

L'artiste-artisan

Dans l'Iran traditionnel, il n'existe pas de différence entre l'artiste et l'artisan, ni de distinction entre les beaux-arts et les arts mineurs, même si l'architecture ou la calligraphie, notamment, ont une valeur plus éminente que d'autres pratiques. Les artistes ne cherchent pas à exprimer leur imaginaire subjectif, comme dans l'art européen dès la

Marques symboliques de maçons, provenant de Persépolis (~Ve s.) et d'édifices safavides du XVIIe s. (ligne 1), d'édifices safavides seulement (lignes 2 et 3).

Iwan ouest de la mosquée du
Vendredi, Esfahân, 1700-1701.

Renaissance, déterminé par l'individualisme créateur et l'originalité du talent. L'esthétisme, l'art pour l'art ou l'utilitarisme sont inexistants dans la pensée musulmane. L'art islamique se définit par la tradition orale, transmise de maître à apprenti, et dont le respect (qui n'exclut pas l'inventivité et le renouvellement) garantit la qualité de l'art et une continuité de la culture. Ce qu'il y a de personnel dans l'art musulman, est un rattachement spirituel et le respect d'une tradition reçue, réinventée et redonnée. Les restrictions apportées au décor, comme l'absence de figurations sacrées, ne sont pas ressenties comme des limites, mais comme la condition d'un approfondissement des symboles et d'une régénération contemplative de l'esthétique.

Les œuvres ne sont pas forcément anonymes, mais leurs lieux de provenance et leurs dates de fabrication peuvent être imprécis, incertains ou même inconnus. Pour reconnaître des artistes, des poètes ou des scientifiques, on mentionne leur ville d'origine ou parfois le nom de leur mécène: le poète Manuchehri vécut à la cour de Manuchehr, par exemple. Plus profondément, l'humilité de l'artiste reflète sa soumission à Dieu, qui seul est créateur.

Décor de stuc. Mausolée
d'Uldjâitu, Soltâniyeh,
1307-1313.

A l'image des artisans du Moyen Age occidental, les artisans traditionnels sont groupés en confréries, les *futuwwa**. Le métier s'inscrit dans une structure initiatique, qui le rattache à un ensemble de rites symboliques, à un code éthique et à une sagesse à la fois pratique et spirituelle. Le respect du maître, la droiture intérieure, la perfection du travail, la solidarité corporative sont quelques-unes des vertus cardinales demandées aux artisans. En Iran, comme en Egypte ou en Inde, les confréries d'artisans vénèrent un maître: Salmân, un contemporain du Prophète dont l'histoire se fond dans la légende. La tradition dit qu'il est né en Perse. Converti à l'Islam, il devient un proche de Muhammad. Maître des corporations d'artisans et de certains courants spirituels, il

Coupole de la mosquée Lotfollâh,
Esfahân, 1602-1619.

aurait initié les Compagnons du Prophète. Pour les Iraniens, Salmân est un symbole de la vocation spirituelle de la Perse dans le monde musulman.

Portail de l'Imâmzâdeh Darb-e
Imâm, Esfahân, 1453.

Seul le XXe s. a vu la naissance d'artistes inspirés par les techniques, les modes de vie et la créativité de l'Occident. L'arrivée du machinisme, du syndicalisme et du tourisme a bouleversé la création artisanale, qui a décliné, disparu ou a été transformée. Aujourd'hui, de nombreux foyers d'artisanat continuent d'exister, mais la plupart ont dû s'adapter au monde industriel, et le tourisme a parfois induit une production de masse, souvent peu soignée et insignifiante.

L'ARCHITECTURE

Malgré ses horizons montagneux, l'Iran utilisera surtout la brique
pour ses propriétés thermiques, son coût modique,
sa plasticité et ses facilités d'utilisation. Aisée à
fabriquer et à utiliser, elle donne aussi une grande
souplesse aux volumes et aux dessins des édifices,
qui semblent parfois plus modelés que construits. Sa
couleur terre entre également en harmonie avec le
paysage tout en le rehaussant. L'architecture est fidèle
à un certain nombre de formules: la cour centrale
bordée de pièces, la coupole sur plan carré, la coupole
sur trompes*, la coupole à double coque*, l'iwan*, la
salle hypostyle*, l'arc en carène*, les muqarnas*. Pour

Fabrication des briques. Tâybâd.

tous les types d'édifices, on privilégie les structures géométriques et
orthogonales, un agencement axial des espaces, des pièces tournées
vers une cour intérieure à ciel ouvert, la symétrie et la répétition
régulière des plans et de leurs éléments. Le décor des édifices est
essentiellement composé de briques, de céramiques polychromes, de
stuc sculpté et peint, de marqueteries, de mosaïques de miroirs. La
longue histoire de l'architecture iranienne est une variation cohérente
et un renouvellement approfondi de ces formes. A toutes les époques,
elle a manifesté une grande sensibilité à la valeur psychologique
et contemplative des espaces, des volumes et des plans. Les lignes
architecturales ont souvent une qualité calligraphique et plastique: elles
sont comme une écriture à la fois subtile, ferme, délicate, régulière et
claire. Pratiques et fonctionnels, les édifices sont aussi à la mesure de
l'homme et en résonance avec son unité profonde: leur conception
marie toujours les besoins de la vie, l'intelligibilité d'une culture et la
spiritualité des symboles. Comme l'homme, une mosquée, un mausolée
ou une maison est à la fois corps, âme et Esprit.

On pourra parfois s'étonner de trouver des édifices délabrés et laissés
à l'abandon. La nécessité de restaurer le patrimoine historique est une
initiative occidentale et moderne, mais la tradition iranienne estime

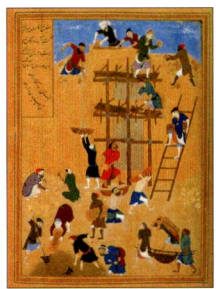

►Un chantier. Peinture
de Behzâd, v. 1494-95.
British Museum, Londres.

Restauration du revêtement de céramiques. Coupole de la madrasa de la Mère du Shâh, Esfahân, 1704-1714.

Construction d'une voûte. Bazar d'Esfahân.

►Une ville dans une illustration du *Khamseh* de Nezâmi, Tabriz, vers 1540. Fogg Art Museum, Harvard.

qu'il faut laisser les constructions vivre leur vie et aussi leur mort. Une superstition était attachée aux maisons des morts, qu'on abandonnait, et la mentalité musulmane répugne à immortaliser des édifices qui doivent s'effacer devant la seule éternité divine.

La ville

La ville traditionnelle se développe et vit à partir de trois pôles: la mosquée, le palais fortifié, le bazar – lieux ou symboles des pouvoirs religieux, séculier et économique. Autrefois entouré par une enceinte et des tours de défense, le tissu urbain est un réseau complexe de rues étroites au tracé sinueux. Elles relient des maisons et des édifices protégés par de hauts murs sans fenêtres ni balcons. La croissance urbaine ne suit pas un plan strict, comme dans l'Antiquité ou l'Europe post-médiévale: les édifices ne sont pas structurés par des rues rectilignes et planifiées, ils s'épanouissent au contraire de façon organique et empirique, mais avec un génie sûr de l'organisation de l'espace, des activités et des besoins. Les grandes places publiques sont inexistantes, car l'Islam ignore la conception du citoyen et la vie politique de l'Occident: les lieux de rencontre sont le bazar, la mosquée, le hammam, la maison de thé ou l'habitat privé. Image des vies quotidiennes, des rythmes sociaux et de la culture religieuse, la ville musulmane est aussi un monde symbolique et une projection de l'âme. La succession de rues étroites et de cours intérieures crée un rythme alchimique de contractions et de dilatations, de dynamiques et de stabilités. L'alternance de formes droites (murs, minarets) et courbes (coupoles, voûtes, arcs) marient le masculin et le féminin, la rigueur et la fluidité. Les entrées, les portails et les iwans marquent des transitions et des changements de fonction, mais révèlent aussi des niveaux d'intériorité, des seuils initiatiques et des différences de comportements. Maisons, mosquées, madrasas, caravansérails sont construits autour d'une cour centrale, invisible depuis l'extérieur. Ils forment des espaces fermés et intimes, dont la juxtaposition, en

►Kâshân au XIXᵉ s.

ville, crée un monde à la fois communautaire et secret, interdépendant et discontinu. Le matériau périssable (briques, pisé) rappelle que la cité est provisoire comme l'homme. Les volumes et les espaces sont mesurés par une géométrie qui n'a rien de rationaliste: elle peut être précise comme une versification, mais elle laisse toujours une place à l'improvisation et à la liberté des adaptations. L'homogénéité des architectures, des matériaux et des décors fait de la cité un univers miniature, à la fois varié dans son unité, unifié dans sa diversité: à l'image de l'homme et de l'Islam, ou à l'image d'une musique dont l'harmonie et la richesse tiennent à quelques modes musicaux sans cesse repris et réinterprétés. Les quelques plans anciens de villes islamiques sont à la fois pratiques et symboliques. Comme la Firuzâbâd sassanide, la ville de Bagdad avait une enceinte circulaire (image du Ciel et des cycles), percée de quatre portes orientées selon les points cardinaux. Le palais du calife et une grande mosquée se trouvaient au centre, alors que les maisons et des édifices administratifs se déployaient dans la périphérie.

Le premier véritable plan d'urbanisme musulman apparaît en Iran à l'époque safavide: Shâh Abbâs Ier (1587-1629) reconstruit sa capitale Esfahân comme un tapis ordonné de jardins, d'édifices et de rues. Dans les années 1930, Tehrân fera l'objet du premier projet d'aménagement moderne. Les travaux de modernisation entrepris après la Deuxième Guerre Mondiale ont mis fin aux modes de vie et à l'âme des villes traditionnelles. Des cités splendides qui ont fait l'histoire et les hommes de l'Iran, il ne reste aujourd'hui que des vestiges plus ou moins éclatés, parfois délabrés et transformés en musées.

Bam.

Plan de Bagdad, fondée en 762.

Les villes ont connu un développement tardif mais spectaculaire dès le milieu du XXe s., si bien qu'aujourd'hui leur population dépasse celle des campagnes. L'urbanisation des campagnes, l'exode rural dans les banlieues, le percement des avenues pour les voitures, la construction d'immeubles et de zones industrielles ont entièrement décomposé et recomposé les villes. Des quartiers anciens et de nombreux édifices historiques ont été remplacés par des immeubles, des banlieues monotones ou des cités-dortoirs, tristes décalques de l'Occident. Depuis les années 1960, et la tendance s'est poursuivie sous la République islamique, les constructions se sont développées dans l'anarchie. L'Etat ne contrôle pas le marché immobilier. Les lois sont inappliquées ou imprécises, le marché est vampirisé par des promoteurs pressés et avides, alors que la progression démographique et les mouvements de populations engendrent un besoin urgent et sans fin de nouveaux logements.

Les villes modernes

La mosquée

Après la conquête d'une ville, les chefs musulmans fondaient une mosquée, pour marquer le nouvel ordre, à la fois religieux et social, de la cité. D'abord destinée à la prière et à la prédication, la mosquée est aussi un lieu de rencontre, un espace d'enseignement et une tribune politique. Une ville comprend des petites mosquées de quartier, utilisées quotidiennement, et une ou plusieurs grandes mosquées (*masdjed-e djâme'*) ou mosquées du Vendredi (*masdjed-e*

Plan schématique du centre de Mashhad. Les avenues modernes, rectilignes et anguleuses, se sont superposées au dédale des anciennes rues.

djom'eh), qui accueillent toute la communauté lors de la prière publique du vendredi midi. A chaque mosquée importante sont attachés un imam*, qui dirige les prières collectives, un muezzin*, qui appelle à la prière, et un gardien.

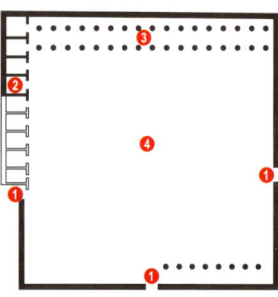

Plan reconstitué de la maison du Prophète à Médine.
1 Portes.
2 Chambres d'habitation.
3 Toit de troncs et de feuilles de palmiers.
4 Cour.

L'origine des mosquées: la maison du Prophète à Médine

On peut distinguer schématiquement trois types de grandes mosquées: **arabe** (dès le VIIe s.), **persane** (dès les XIe-XIIe s.), **ottomane** (dès le XIVe s.). Même si elles se différencient par leur conception et leur décor, elles comportent les mêmes éléments fondamentaux et ont une même origine: la maison du Prophète à Médine, qui servait également de lieu de prière et de réunion. Elle se composait d'une grande cour à ciel ouvert, ceinturée d'une clôture en briques percée de trois portes. Un côté comprenait les chambres d'habitation. Le mur orienté vers La Mecque possédait un toit de feuilles de palmiers soutenues par des colonnes faites de troncs de palmier. Après la mort du Prophète, on construisit sur son emplacement la grande Mosquée de Médine, deuxième lieu saint de l'Islam après La Mecque.

La mosquée arabe

Toutes les mosquées ultérieures vont reprendre ces éléments: une grande cour bordée de portiques à colonnades; une partie couverte d'un toit soutenu par des rangées de colonnes; un mur orienté perpendiculairement vers La Mecque (le mur de la qibla*) vers laquelle se tournent les musulmans en prière. La **grande mosquée de Damas**, fondée en 706, est la première du monde musulman et le prototype de la mosquée dite arabe. Elle se compose d'une cour plus ou moins rectangulaire, entourée de portiques à colonnes et bordée d'une salle de prière hypostyle*. Celle-ci abrite le mur de la qibla, signalé par la présence

Grande mosquée de Damas, 706-715.
1 Cour à ciel ouvert.
2 Salle hypostyle.
3 Mur de la qibla.

d'une niche (le mihrab*) et d'une chaire (le minbar*). Recouverte de tapis pour sacraliser le sol, la salle de prière est divisée en nefs, parallèles ou perpendiculaires au mur de la qibla. Dans la cour ou une pièce, un bassin ou une fontaine aux ablutions permet aux musulmans d'effectuer leurs purifications rituelles. Développé sans doute à l'époque abbasside (IXe s.), un minaret, carré dans le monde arabe et circulaire dans les mondes iranien et turc, flanque la cour ou la salle.

Inspiré des clochers, des phares antiques ou des tours de feu mazdéennes, il est employé par le muezzin pour l'appel à la prière, cinq ou trois fois par jour – un appel aujourd'hui diffusé par haut-parleur. Inspiré partiellement par les basiliques et les palais byzantins, ce premier type de mosquée s'est répandu autour du bassin

Mosquée Târikhâneh, Dâmghân, vers 750 ou IXᵉ s.

méditerranéen et au Proche-Orient. Les premières mosquées iraniennes, comme celles de Nâ'in et de Dâmghân, entre le VIIIᵉ et le XIᵉ s., suivent à peu près le même plan.

Mosquée du Vendredi, Ardestân, XIIᵉ s.

Le plan type de la mosquée persane est apparu à la fin

La mosquée persane

du XIᵉ ou au début du XIIᵉ s. Il influencera également l'Asie centrale, l'Afghanistan, le Pakistan et l'Inde du Nord. Il associe des éléments du plan «arabe» (la cour à ciel ouvert, le mur de la qibla, la salle de prière couverte) à des éléments empruntés à l'architecture parthe et sassanide (l'iwan★, la salle carrée surmontée d'une coupole sur trompes★, les voûtes). Une fois fixé, son plan a peu évolué aux cours des siècles: il se compose d'une cour centrale, plus ou moins rectangulaire, bordée de quatre iwans (parfois de deux en vis-à-vis) et de salles de prière couvertes. La salle principale, qui contient le mur de la qibla, est une salle à coupole, précédée d'un iwan parfois flanqué de deux minarets plus décoratifs que fonctionnels. Au

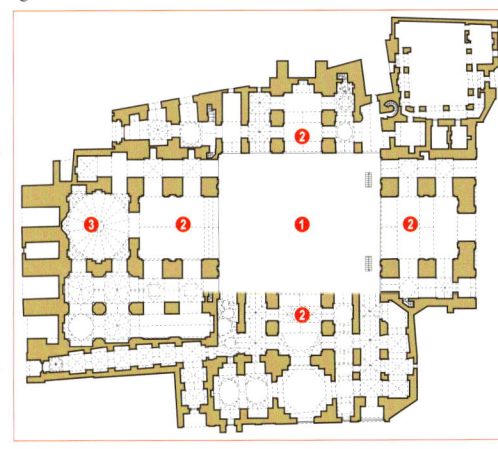

Plan de la mosquée du Vendredi d'Ardestân.
❶ Cour.
❷ Iwans.
❸ Salle à coupole et mur de la qibla.

centre de la cour se trouve un bassin aux ablutions. Généralement, les grandes mosquées possèdent plusieurs entrées.

Le mihrab et le minbar

Deux éléments rituels et symboliques ornent le mur de la qibla: une niche (le mihrab★) et, à sa droite, une chaire (le minbar★). Représenté sur les tapis de prière (177), le mihrab peut symboliser le cœur spirituel, la

Mosquée Nasir ol-Molk, Shirâz, 1876-1887.

porte du paradis, l'union polarisée du Ciel et de la Terre. Décoré de stuc ou de céramiques émaillées, il s'inspire d'un verset coranique (XXIV, 35) qui compare la lumière divine à une lampe en verre dans une niche, alimentée par l'huile inépuisable d'un olivier qui n'est ni d'Orient ni d'Occident. Dans de nombreuses mosquées, une cavité rectangulaire

Mihrab en stuc.
Mosquée du Vendredi.
Esfahân, 1310.

Minbar en bois.
Fârs, 1369.
Musée National de
l'Iran, Tehrân.

se trouve devant le mihrab. Elle est destinée à l'imam* qui dirige la prière et qui, en se plaçant à un niveau inférieur à celui des croyants, ne gêne pas la louange de Dieu. Au temps du Prophète, le minbar avait trois degrés et servait à des discours. Par la suite, on construisit des minbars en bois ou en pierre, pourvus de marches plus nombreuses, parfois surmontés d'un baldaquin et munis d'une porte. Les marches symbolisent la hiérarchie des connaissances spirituelles, alors que le siège évoque l'autorité du Prophète et le Trône divin. Réservé aux prêches de l'imam* lors de la prière du Vendredi, le minbar fut aussi la tribune politique des souverains.

Signification de la mosquée

Si la mosquée n'est pas comparable à une église ou à un temple antique, elle n'en est pas moins un espace spirituel et symbolique. Ses dimensions, ses proportions, ses couleurs et ses décors forment une unité de sens et une enceinte de paix. La mosquée persane est à la fois une image de l'homme et de l'univers. La cour quadrangulaire, avec ses quatre iwans, évoque les différents sens du quaternaire: la structure et les fondements du cosmos (les points cardinaux, les quatre éléments), les polarités métaphysiques de la connaissance (les quatre fleuves paradisiaques cités dans le Coran), les quatre côtés de la Kaaba (maison de Dieu). L'orientation des mosquées vers La Mecque s'inscrit dans une géographie sacrée:

Mosquée de l'Imam,
Esfahân, 1612-1627.

la mosquée est orientée vers la Kaaba comme l'homme l'est vers Dieu. Le caractère unique de cette orientation manifeste l'unicité de la communauté musulmane, de sa foi et de son Dieu. Elément indispensable des mosquées persanes, les salles à coupole résument à elles seules la relation des mondes à leur Créateur. La coupole symbolise le monde divin et angélique, alors que sa base cubique représente l'âme et le cosmos. La coupole elle-même est une image du rayonnement cosmique: son centre est l'Eternité, et sa corolle représente le mystère des anges et des cieux émanant de l'Invisible (101). La mosquée est aussi un livre, grâce aux versets coraniques inscrits sur les céramiques ou sculptés dans le stuc. La parole divine souligne les lignes de l'architecture et anime les murs, comme pour rappeler que l'harmonie et les lois de l'univers sont sous-tendues par la Vérité. Le minaret sert à l'appel à la prière, mais il est aussi un repère pour le voyageur au loin, un signe emblématique de l'Islam, un symbole de la tension de l'homme vers Dieu et de son attention pour la création. Avec son eau courante et toujours pure, le bassin ou la fontaine aux ablutions est comme le ruissellement de la grâce divine qui purifie et transforme l'âme en miroir. Dans ses valeurs les plus profondes, la mosquée est une matrice de la contemplation. Par sa beauté, elle manifeste une vision spirituelle, animée par les significations vivantes qui unissent le visible et l'Invisible.

Mosquée Kalân, de
type persan, Boukhara
(Ouzbékistan), XVᵉ-XVIᵉ s.

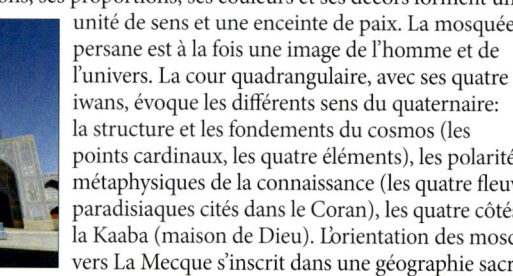

La madrasa

Dans les premiers temps de l'Islam, la théologie et les sciences étaient enseignées dans les mosquées ou des institutions particulières. Au XIe s., les Seldjoukides favorisèrent la construction et le développement de *madrasa* («lieux d'enseignement») indépendantes des mosquées. A l'origine, elles furent conçues pour former les fonctionnaires de l'empire, unifier l'enseignement de l'Islam, et diffuser une théologie sunnite concurrencée par le chiisme de la dynastie bouyide qui, le siècle précédent, avait régné en Iran et en Irak. Le vizir Nizam al-Molk (XIe s.) fit construire plusieurs madrasas et fut le principal artisan de cette rénovation intellectuelle du monde musulman.

Madrasa Mir-i Arab, Boukhara (Ouzbékistan), 1535-36.

Outre les sciences théologiques et le droit, on y enseignait également l'astronomie, les mathématiques, la géométrie ou la littérature. Le plan des madrasas est analogue à celui des mosquées persanes: un édifice rectangulaire, où les locaux, la mosquée et les chambres d'habitation s'ordonnent, sur un ou deux étages, autour d'une cour centrale à ciel ouvert. Un iwan se dresse au milieu de chaque côté d'une cour occupée par un jardin et des bassins.

On possède très peu de madrasas anciennes. Leur évolution architecturale est encore l'objet de controverses, même si leur origine iranienne ne laisse guère de doute. Comme les mosquées, les madrasas iraniennes sont décorées de céramiques émaillées, qui visent autant à embellir qu'à rappeler que la science est l'harmonie même de l'intelligence. Leur architecture privilégie l'intériorité et la concentration: la cour est ouverte sur le ciel et ses étoiles, mais abritée de la vie profane et

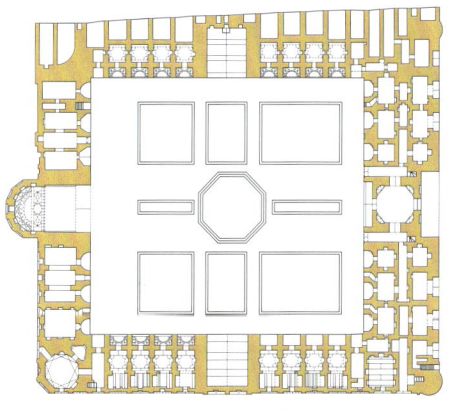

Plan de la madrasa du Khân, Shirâz, 1615.

de l'agitation de la ville. La mosquée qu'elles abritent toujours rappelle qu'il n'y a pas de science sans spiritualité. Les iwans sont une image de la caverne cosmique ou du cœur en lequel résonne la parole divine. On fait parfois correspondre les quatre iwans aux quatre rites du sunnisme (malikite, hanafite, chaféite, hanbalite). En hiver, les cours se donnent dans des salles intérieures, et dans les iwans pendant les saisons chaudes: pour des raisons acoustiques, les étudiants et le professeur s'y assoient en cercle. Souvent construites près de mausolées, d'hôpitaux ou d'un khânqâh*, les madrasas vivent de donations, des revenus d'une fondation pieuse (*waqf**) ou d'un caravansérail. Les grandes mosquées incluent généralement une madrasa dans leur enceinte, comme à Esfahân.

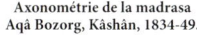

Axonométrie de la madrasa Aqâ Bozorg, Kâshân, 1834-49.

Gonbad-e Kâvus, 1007.

Le mausolée

L'Islam proscrit le culte des morts et les tombeaux somptueux, pour empêcher une idolâtrie du défunt ou les superstitions funéraires. Tout périt, sauf Dieu: la sépulture idéale doit donc être aussi simple et évanescente que possible. Aujourd'hui, les tombes des particuliers sont composées d'une simple dalle, en pierre ou en marbre, ornée de versets coraniques ou de poèmes. Pourtant, dès l'époque abbasside on construit, pour des souverains ou des saints, des mausolées importants: en Irak et surtout en Asie centrale, puis en Iran. Le plus ancien se trouve à Samarra (en Irak) et date du IXe s., mais le **tombeau des Samanides** à Boukhara (vers 900) est le premier qui nous soit parvenu

Mausolée des Samanides, Boukhara (Ouzbékistan), v. 900.

entier. Inspiré de l'architecture sassanide des chahâr tâq*, il se compose d'une salle carrée unique surmontée d'une coupole sur trompes*. Ce type architectural va ensuite se propager en Turquie, en Egypte, en Inde. Sa symbolique est universelle: la coupole évoque le Ciel et le Divin, le cube la Terre et la création. D'autres formes de mausolées apparaissent à la même époque au nord de l'Iran: des tours funéraires au plan étoilé, octogonal ou circulaire, surmontées d'un

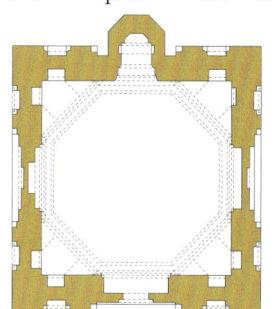

Coupe et plan du mausolée des Douze Imams, Yazd, 1036-37.

cône, d'un cône pyramidal ou d'un dôme. Les coupoles coniques ou même le plan (salle circulaire surmontée d'un dôme) de certains mausolées seraient inspirés de la yourte des nomades turcs ou des tertres funéraires des Scythes (les kourganes) présents en Asie centrale. Avec les Ilkhânides, les mausolées adoptent une architecture plus grandiose et un décor plus riche et diversifié, comme à Soltâniyeh au début du XIVe s. Les Timourides poursuivront cette voie, mais les plus belles œuvres de cette période se trouvent à Samarkand. Les tombeaux safavides prirent souvent la forme de pavillon en forme d'octogone irrégulier, surmonté d'un dôme et paré de céramiques. En Inde, le **Taj**

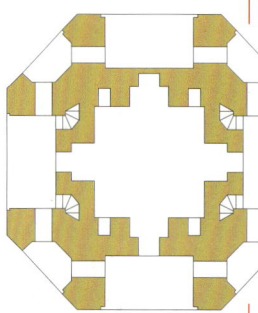

Plan du mausolée de Hassan Kâshi, Soltâniyeh, 1565-66.

Tour funéraire ouest de Kharaqân, Hesar-e Vali-e Asr, 1093.

Mahal (1632-1648) associe les esthétiques persane et indienne et représente le dernier grand chef-d'œuvre funéraire de l'Islam. En Iran, les nombreux mausolées construits à l'époque qâdjâre (1779-1925) adoptent un décor souvent identique: peau de céramique à l'extérieur, principalement sur la coupole et les minarets, et mosaïques de miroirs à l'intérieur.

La spiritualité des mausolées

Le chiisme a joué un rôle important dans la diffusion des mausolées, dans la mesure où sa spiritualité repose sur la vénération des Imams et de leurs descendants, les **Imâmzâdehs***. Leur tombeau perpétue leur souvenir, mais il est surtout un lieu de foi et de prière. Pour la métaphysique musulmane, l'âme du défunt est définitivement en Dieu, mais un aspect du saint peut apparaître en rêve ou dans un miracle terrestre. Sa dépouille est aussi chargée d'une aura spirituelle, car la sainteté transforme à la fois l'âme et la physionomie subtile du corps. Auprès du tombeau d'un saint, les fidèles cherchent une présence spirituelle, qui exaucera leur prière,

Nécropole timouride de Shâh-i Zinda, Samarkand (Ouzbékistan), XIVᵉ-XVᵉ s.

les aidera à accomplir un vœu ou – pour les soufis – leur accordera une connaissance initiatique. Plusieurs mausolées font l'objet d'un pèlerinage régulier, principalement à Mashhad et à Qom. Le plus souvent, les tombeaux sont devenus les centres d'un vaste complexe, qui peut comprendre une mosquée, une madrasa, une bibliothèque, un khânqâh* et des édifices pour les pèlerins. A la fin du XXᵉ s., l'immense mausolée de l'Imam Khomeyni, près de Tehrân, s'inscrit dans une longue tradition à la fois architecturale (avec sa coupole et sa salle quadrangulaire) et spirituelle (comme lieu de pèlerinage et centre culturel) (71).

Le hosseyniyeh – le tekiyeh – le khânqâh

Ces trois édifices ont en commun de servir de cadre à plusieurs manifestations rituelles et spirituelles. Le **hosseyniyeh** est propre au chiisme. Son nom s'inspire de Hosseyn, le IIIᵉ Imam tué en Irak en 680. Généralement, le bâtiment comporte une cour quadrangulaire à ciel ouvert, bordée de terrasses, de loges et de pièces. Situés au cœur des quartiers, entretenus par des donations, les hosseyniyehs sont un pilier de la vie locale en même temps qu'un centre spirituel. Les pauvres peuvent y recevoir de la nourriture, et on y représente le théâtre sacré consacré au martyre de Hosseyn: les ta'ziyehs* (208-210). Parfois synonyme de hosseyniyeh, le **tekiyeh** est un théâtre, composé

Hosseyniyeh. Taft.

d'une grande cour bordée de loges et de gradins. En Iran, il accueille les célébrations de la foi chiite, et principalement les ta'ziyehs*. Généralement composé d'une salle à coupole, de plusieurs pièces et dépendances, le **khânqâh*** est employé par les confréries soufies pour des pratiques spirituelles: retraites, rites d'invocation, prières collectives ou solitaires, concerts spirituels (samâ*), enseignement et étude.

Le palais

Peu de palais musulmans ont survécu aux tourmentes de l'histoire,
et certains ne sont connus qu'à travers des récits ou
des témoignages. Les premiers datent de l'époque
omeyyade (VIIIᵉ s.) et se trouvent dans le désert de
Syrie. Leur plan original s'inspire surtout de l'Antiquité
et de Byzance. Derrière une entrée monumentale et à
l'intérieur d'une muraille, on trouvait, bien ordonnés
autour d'une grande cour quadrangulaire, une salle
d'audience, une mosquée, des appartements, des
bains. Cette architecture de voûtes et d'arcs était
décorée de mosaïques (d'inspiration byzantine), de
peintures murales (d'inspiration antique), de stuc peint
(d'inspiration sassanide).

A l'époque abbasside, dès le VIIIᵉ s., les palais
poursuivent la tradition omeyyade, mais deviennent
plus complexes. Les cours intérieures sont multipliées.

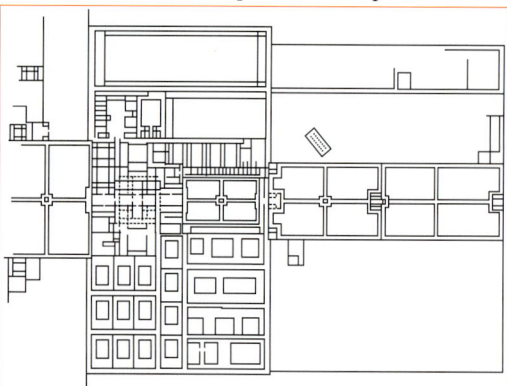

Plan du château omeyyade de Mchatta (Jordanie), 743-744.

La salle d'audience, de plan basilical* en Syrie, adopte l'iwan* des palais
sassanides. Orné de jardins, le palais est une ville royale, autonome et
protégée. Sa richesse est un signe de pouvoir, le symbole d'une fonction
spirituelle et un pôle culturel. A l'intérieur des édifices, des tentures, des
tapis, des objets précieux, les vêtements
de la famille régnante et de la cour
créaient un monde de splendeur,
de solennité et de luxe évoqué par
plusieurs auteurs arabes et persans. Les
palais abbassides (Samarra, Bagdad)
ont été détruits ou ruinés, tout comme
ceux des Mongols. A Shahr-i Sabz, en
Ouzbékistan, il ne reste du palais de
Tamerlan qu'une entrée monumentale
(XIVᵉ s.). Les plus anciens palais
conservés en Iran datent de l'époque
safavide (XVIIᵉ s.) et se trouvent à
Esfahân. Il s'agit surtout de pavillons
et de kiosques, de taille réduite,

Plan du palais abbasside
de Balkuwârâ, Samarra
(Irak), 849-859.

ornés de peintures et de céramiques émaillées, trônant au milieu de
jardins. En Inde, les palais moghols d'Agra, de Fatehpur Sikri et de
Delhi sont inspirés des palais-jardins de Perse. De l'époque des Zands
et des Qâdjârs (1750-1925), il demeure plusieurs palais,
notamment à Tehrân et à Shirâz, où l'architecture associe
des traditions iraniennes à des influences européennes dans
le décor. A Tehrân, l'esthétique et l'aménagement des palais
construits sous les Pahlavis (1925-1979) sont d'inspiration
presque exclusivement occidentale. Les palais étaient le
cadre d'un cérémonial plus ou moins riche, présent dès
les Omeyyades (VIIᵉ s.). Hérité de la Perse sassanide dans
le monde oriental, il a reçu des influences turques dès les
Seldjoukides (XIᵉ-XIIᵉ s.). Un protocole strict régissait les audiences ou
la réception d'un ambassadeur, de même que les attitudes et les relations

Palais Aq Saray, Shahr-i Sabz
(Ouzbékistan), 1379-1396.

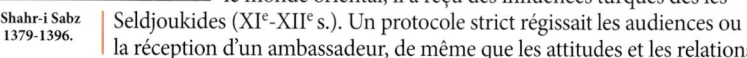

Coupe du palais Chehel
Sotun, Esfahân, XVIIᵉ s.

entre les personnes de la cour (prince héritier, vizir*, commandants militaires, docteurs en religion, courtisans, dignitaires, fonctionnaires, soldats, domestiques). Le souverain lui-même était entouré ou portait des symboles manifestant son statut «d'ombre de Dieu sur la terre» et d'héritier de la fonction royale du Prophète, comme le Coran, des objets ayant appartenu à Muhammad (épée, manteau, bâton), une coupe, une arme ou un mouchoir. Le souverain était assis sur un trône (en forme de chaise ou de lit surélevé), dominé par la voûte de la salle du trône (symbole du Ciel), coiffé d'un turban ou d'une couronne, et un rideau pouvait le séparer de l'audience.

Palais Hasht Behesht,
Esfahân, XVIIᵉ s.

La maison

L'architecture des maisons varie selon les régions, pour s'adapter au climat, au paysage, aux matières disponibles et au mode de vie. Les matériaux de construction sont divers: le premier d'entre eux, et le plus ancien, est la brique, crue ou cuite. On la voit dans les villes du centre et les régions désertiques. Le pisé et les moellons de ciment et de pierre sont utilisés dans les régions périphériques, le bois dans les provinces forestières de la Caspienne. Associé à la brique et à l'acier, le béton est employé dans les villes modernes. Les plus anciennes maisons traditionnelles remontent aux Safavides, aux Zands et aux Qâdjârs (XVIᵉ s.- 1925), mais elles prolongent une architecture souvent millénaire. Les maisons traditionnelles suivent généralement un plan que l'on trouve déjà en Mésopotamie il y a des milliers d'années, mais que l'art musulman a adopté pour en faire l'image même de son mode de vie, de son génie urbain et de sa spiritualité: une cour rectangulaire à ciel ouvert (deux ou trois cours pour les riches maisons), bordée de pièces d'habitation sur un ou deux étages. Ce plan était celui de la maison du Prophète Muhammad à Médine et il a aussi servi à structurer la plupart des édifices de l'Islam (la mosquée, la madrasa, le caravansérail). Dans les

Rue d'Abarkuh. En haut à
droite, les tours d'aération de
la maison Aqâzâdeh, XIXᵉ s.

maisons de la noblesse ou des familles aisées, l'habitation est divisée en deux parties, structurées chacune par une cour et un jardin. L'espace privé s'appelle *andarun** («dedans»): réservé aux femmes, inaccessible aux hommes étrangers à la famille, il est un lieu de loisirs, de vie, de culture, où l'on prend les grandes décisions et où l'on conclut les mariages. Relié à l'*andarun*, l'espace officiel de la maison est nommé *birun** («dehors»). Il comprend des salles de réception, d'accueil et de travail. Les portes d'entrée possédaient deux heurtoirs en métal: un homme frappait avec un marteau, une femme avec un anneau. Les sons différents permettaient à la maîtresse de mai-

Heurtoirs de la porte
d'entrée. Maisons Salmâsi,
Tabriz, XIXᵉ s.

Vestibule d'entrée de la maison
Borudjerdi, Kâshân, XIXᵉ s.

son d'identifier le sexe du visiteur, et ainsi de se voiler avant d'ouvrir s'il s'agissait d'un homme.

Depuis la rue, au sol poussiéreux en été et boueux en hiver, rien n'est visible de la maison. Un haut mur austère, dépourvu de fenêtres, de balcon et de décors, protège comme une enceinte la vie intime de la famille. Les beautés de la maison sont intérieures, tout comme la véritable beauté du monde, qui ne se révèle qu'au-delà des apparences et dans le cœur. Depuis la porte d'entrée, la cour est accessible après une antichambre octogonale (*hashti*) et un corridor coudé: ils forment des passages initiatiques, invitant à l'intimité, à la liberté et à la sécurité. Chaque maison forme une cellule autonome et tournée vers son propre centre (la cour), mais toutes les maisons sont néanmoins reliées entre elles par la continuité serrée du tissu urbain. Plusieurs générations peuvent coexister dans une même résidence. La vie familiale s'articule autour de la cour, ornée de fleurs et d'un bassin: elle offre un asile de paix, d'harmonie et de fraîcheur, loin du bruit, de l'agitation et de la saleté de la ville. La cour est le meilleur moyen d'offrir, en ville, l'impression d'un grand espace en un minimum de place. Elle a aussi une forte connotation symbolique: elle est un territoire de l'âme et une image de paradis par son jardin. Ouverte sur le ciel, bercée de lumière et créatrice d'ombre, elle est un reflet du cœur spirituel, qui accueille le Ciel, s'illumine de Dieu et se tient à l'ombre des paradis. Son bassin est un miroir d'étoiles, un microclimat paradisiaque et une mer miniature de lumière. Sur un côté de la cour, le *tâlâr* est une grande pièce de réception, surélevée pour dominer le jardin et magnifiquement décorée.

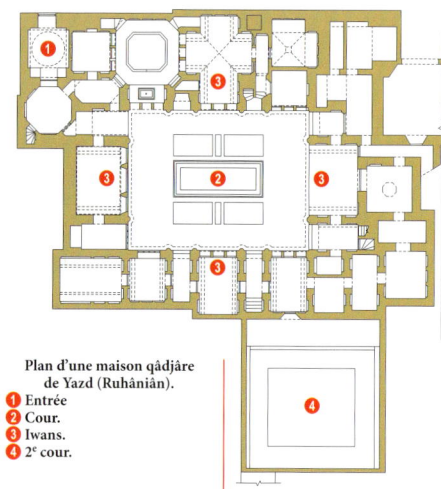

Plan d'une maison qâdjâre
de Yazd (Ruhâniân).
1 Entrée.
2 Cour.
3 Iwans.
4 2ᵉ cour.

La maison traditionnelle ne possède pas de tables, de chaises et de lits: on s'assoit par terre sur un sol couvert de tapis. Des coussins sont posés contre les murs. Des coffres et des niches creusées dans des murs épais et nus servent à entreposer les objets. On dort à même le sol, sur des nattes ou des matelas. Les pièces sont polyvalentes:

Chauffage traditionnel. Musée ethnologique,
Palais du Golestân, Tehrân.

elles peuvent servir de salle à manger, de chambre d'accueil pour les invités, de salle de travail ou de détente, de chambre à coucher. C'est à l'époque qâdjâre que l'ameublement, influencé par l'Europe, fait son apparition et détermine une fonction précise de chaque pièce. Dans

Howz khâneh. Maison
Abbâsiân, Kâshân, XIXᵉ s.

les maisons actuelles des classes moyennes, surtout à Tehrân et dans les grandes villes, l'ameublement est de type occidental. En province, les maisons mêlent quelques meubles à un mode de vie plus traditionnel. La maison est orientée nord-sud: le côté sud de la cour, exposé au soleil, est utilisé en hiver, et le côté nord, plongé dans l'ombre, est employé en été. Les côtés est et ouest sont habités en fonction des moments de l'année et du jour. Selon les saisons et les heures, les habitants migrent dans la maison, pour s'adapter aux modifications du climat. En été, on profite de la fraîcheur des pièces en sous-sol, des salles dotées d'un bassin (les *howz khâneh**), des iwans à l'ombre profonde, des salles ventilées par les tours d'aération, de la lumière tamisée par des baies à vitraux (*orusi*). Les terrasses sont

Maison Nârendjestân-Qavâm, Shirâz, 1879-1886.

utilisées pour dormir durant les nuits chaudes. En hiver, on se tient dans les pièces orientées vers le soleil. Si les riches maisons possèdent des cheminées, le chauffage le plus répandu consiste à placer des braises dans une cavité creusée dans le sol des pièces: au-dessus de cette source de chaleur, on dispose une table basse recouverte d'une couverture, sous laquelle les habitants se glissent jusqu'à la taille. Avant l'installation du gaz et de l'électricité, on s'éclairait avec des lampes à huile. L'urbanisme moderne, l'esthétique occidentale

Cour de la maison Tabâtabâi, Kâshân, 1881.

et les modes de construction moderne ont plus ou moins bouleversé la maison traditionnelle, si fortement liée à la vie familiale et à la culture musulmane. Les banlieues, les villes de province et les villages conservent encore des maisons à l'allure traditionnelle, avec une cour, guère plus de deux ou trois étages, un toit plat et au moins une grande pièce pour les réunions familiales. Dans les riches maisons, les parties publique et privée sont respectivement au rez-de-chaussée et à l'étage. Les habitats modernes sont non seulement inadaptés au climat local par leur plan et leurs matériaux, ils contredisent aussi le mode de vie et la culture iraniens. Les fenêtres et les balcons côté rues ne respectent guère le souci d'intimité, et les appartements compartimentés et exigus correspondent peu à la vie conviviale des familles.

Le bazar

Le bazar (le mot vient du pehlevi* *vacar*) est le centre économique traditionnel d'une cité musulmane. Il abrite les artisans, les vendeurs et les négociants. On y pratique du commerce de gros ou de détail, d'objets utilitaires ou de luxe. Les éléments fonctionnels et commerciaux du bazar ont été hérités de l'Antiquité, mais leur organisation est typiquement musulmane. A côté des bazars principaux au cœur des villes, il existe des bazars de quartier, de banlieue, de campagne ou de pèlerinage (comme à Mashhad). Le bazar est constitué de rues et de ruelles ponctuées de carrefours voûtés et bordées d'échoppes, d'ateliers, d'entrepôts, de caravansérails, de bains et de mosquées. Les artisans et les vendeurs y sont groupés par métiers (orfèvres, verriers, ouvriers sur cuir, etc.), mais certains

Rue du bazar, Bam, époque safavide.

**Rue voûtée du bazar.
Esfahân, époque safavide.**

artisans travaillent à l'extérieur du bazar. Un surveillant veille au respect des règles commerciales et à l'entretien général des lieux. Les rues du bazar sont souvent couvertes de coupoles de briques, parfois ornées de céramiques. Leur architecture actuelle est le fruit d'innombrables transformations effectuées au cours des siècles. La plupart des bazars d'Iran remontent à l'époque safavide, Zand ou qâdjâre (XVIᵉ s.-XIXᵉ s.). Lieu public et donc masculin, le bazar est un lieu de rencontres, de pouvoir politique, de ferment social, d'union de l'économie et du pouvoir religieux. Les dédales de son architecture et les cours protégées des regards sont le miroir des intrigues, des liens familiaux, professionnels ou initiatiques qu'ils cachent et révèlent. Vitrine des richesses d'une ville et d'une ouverture au monde par ses produits, il est un relais des cultures et des échanges d'idées. Le bazar est à lui seul un condensé de la société et du monde. Si des artisans travaillent encore selon d'anciennes techniques, dans les échoppes, des produits industriels ou des marchandises de pacotille ont le plus souvent remplacé les produits artisanaux.

Le déclin des bazars

Déclinants depuis le XIXᵉ s., les bazars ont été détrônés puis bouleversés par l'étatisation de l'économie, l'industrialisation, les circuits de distribution modernes et internationaux, les centres commerciaux à l'occidentale. Hormis dans les quartiers ou les villes secondaires, le bazar est souvent réduit à un «édifice historique»: il est le décor d'un commerce qui a perdu ses valeurs éthiques et sa fonction sociale ancienne. Les bazaris représentent encore un fort lobby politique, mais ils ont dû s'adapter, en mélangeant leur culture traditionnelle aux règles modernes des affaires. Généralement conservateurs, politiquement à droite, volontiers opportunistes, ils sont aujourd'hui liés à l'Etat sans lequel rien ne peut se faire.

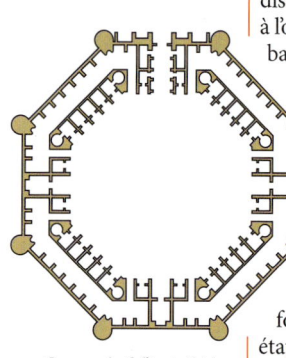

**Caravansérail d'Aminâbâd,
entre Esfahân et Shirâz.**

Le caravansérail

Au long des routes principales, le caravansérail est un gîte fortifié, où les voyageurs, les pèlerins et les marchands font étape. Outre la sécurité, ils peuvent y trouver une hôtellerie, des entrepôts pour leurs marchandises et des écuries pour les animaux. Ces établissements routiers dériveraient des postes-relais qui ponctuaient les routes de l'Empire achéménide. A l'époque safavide, des caravansérails furent spécialement construits au long des routes de pèlerinage vers la tombe du VIIIᵉ Imam à Mashhad. D'autres caravansérails, entre Esfahân et la Caspienne, étaient réservés aux déplacements de la cour et à l'accueil des hôtes de marque étrangers.

Les caravansérails ont le plus souvent un plan carré ou rectangulaire, parfois octogonal. Ils possèdent une muraille extérieure pourvue d'une seule entrée à portique. Des tours circulaires flanquent les angles. Les entrepôts, les logements,

**Caravansérail d'Izad Khwâst,
entre 1587 et 1629.**

les magasins et les écuries se trouvent au rez-de-chaussée: ils sont disposés autour d'une cour à ciel ouvert, dont les quatre côtés possèdent un iwan central. Parfois, un premier étage comporte des logements et des bureaux. Le complexe possède aussi une citerne et une mosquée.

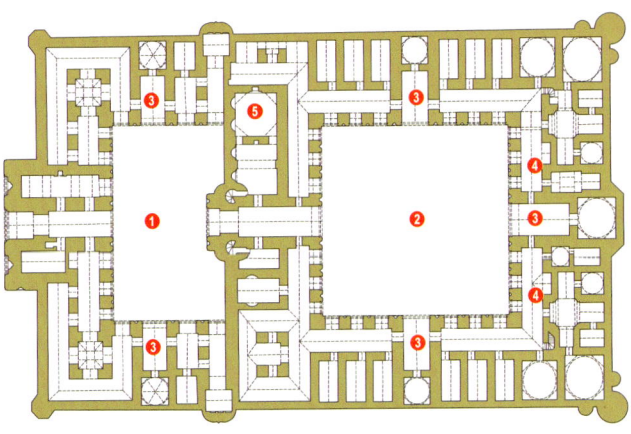

Plan du caravansérail royal
de Robât-e Sharaf, XIIᵉ s.
1. Petite cour.
2. Grande cour.
3. Iwans.
4. Appartements privés du roi.
5. Mosquée.

Comme pour nos hôtels, le prix des séjours dépendait de la qualité des services et de l'offre. Sur les axes principaux, on trouvait un caravansérail environ tous les 30 km, soit une journée de marche. Beaucoup ont été construits à l'époque safavide (1501-1732), au temps d'un commerce florissant en Asie centrale et en Iran: ce sont les plus beaux que l'on puisse voir aujourd'hui. On trouve également des caravansérails dans les villes. Composés d'une cour centrale bordée d'échoppes, ils servaient d'hôtellerie, mais surtout d'entrepôts et de lieux de négoce.

Coupole de la salle d'entrée.
Hammam Gandj-e Ali
Khân, Kermân, 1611-12.

Le hammam (le bain)

L'hygiène est une exigence fondamentale en Islam. Le croyant fait ses ablutions avant de prier, et un hadith dit que Dieu hait le vacarme et la saleté. De l'époque omeyyade (VIIᵉ s.) au début du XXᵉ s., le hammam a joué un rôle social, culturel et religieux considérable. Aujourd'hui, pourtant, les salles de bains privées et les piscines publiques ont réduit son importance ou l'on fait disparaître. L'histoire architecturale des bains en Iran est encore mal connue, faute d'études ou parfois de vestiges suffisants. Dans une première salle munie de banquettes (*bineh*), généralement richement décorée, les clients se déshabillent et couvrent leurs parties intimes d'une serviette. Ils passent ensuite dans des salles de bain (*garmkhâneh*), où se trouvent des étuves et des bassins d'eau tiède ou froide, puis se délassent dans une salle de repos. Un personnel qualifié et attaché au hammam les nettoie, les masse, les rase et les épile. Construit généralement au-dessous du niveau du sol, le hammam comprend également des pièces auxiliaires (*tun*), des chaudières et des réservoirs d'eau. Le portail d'entrée et les portes intérieures forment des sas préservant la chaleur et l'humidité intérieures. Selon sa richesse, l'édifice peut être plus ou moins bien pourvu de salles, de mobilier et de décorations. L'éclairage vient principalement d'oculi en verre incrustés dans les voûtes ou les coupoles. Les hommes et les femmes se baignent

Salle des bains. Hammam
Gandj-e Ali Khân,
Kermân, 1611-12.

Plan du hammam de Gandj-e
Ali Khân, Kermân, 1611-12.
1 Entrée.
2 Salle où l'on se change.
3 Porte intérieure.
4 Salles des bains.

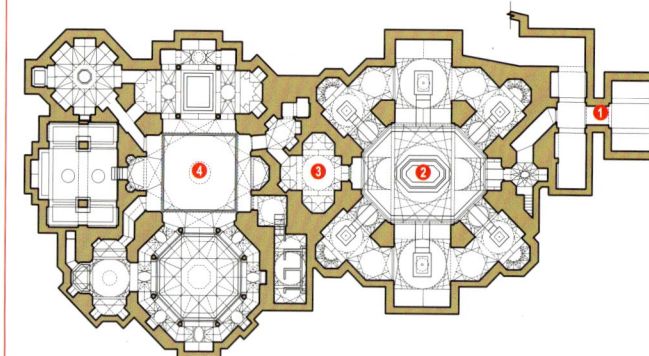

Bassins. Hammam de la
citadelle de Karim Khân,
Shirâz, XVIIIᵉ s.

séparément, et le personnel du hammam est tantôt masculin tantôt féminin. Soigneusement entretenu et nettoyé quotidiennement, le hammam fait l'objet de nombreuses traditions et coutumes.

Le jardin

Selon un hadith*, à l'homme qui plante un arbre, il est compté une bonne action pour chaque fruit cueilli et mangé. Pour un peuple entouré de déserts, le jardin est une présence de paradis, un symbole du miracle de l'existence, une image de paix.

Histoire

Au temps des Achéménides (~VIᵉ-~IVᵉ s.), les rois possédaient des jardins d'acclimatation: les *paradeisos** en grec, d'où vient notre mot «paradis». Soigneusement irrigués, les arbres et les plantes de différentes provenances offraient un condensé des couleurs parfumées de l'univers. Apanage royal, symboles de l'ordre cosmique et de l'harmonie impériale, ces «paradis» étaient un lieu de repos, de banquet et de chasse.

La tradition du jardin s'est perpétuée avec les Sassanides, et la culture persane a transmis au monde musulman l'amour des fleurs et de ces printemps en miniature. Elle a aussi créé un jardin original, appelé *chahâr bâgh* (littéralement: «quatre jardins»). On peut déjà voir son principe à Pasargades, la capitale de Cyrus II au ~VIᵉ s. (*383*). Deux canaux se coupent à angle droit et forment une croix, dont le centre est occupé par un bassin (*186*): des arbres fruitiers et des fleurs s'épanouissent sur les quatre parterres structurés par la croix. Dans les palais ou les riches maisons, un kiosque ou une salle voûtée

Entrée du jardin de Shâhzâdeh,
Mâhân, fin du XIXᵉ s.

surplombent cette musique d'eau et d'efflorescences. Représentés sur des tapis (les «tapis-jardins»: *177*), les chahâr bâgh ont également inspiré l'urbanisme de ville-jardin, comme l'Esfahân des Safavides. Ils puisent leur symbolique dans le Coran (XLVII, 15), qui compare les béatitudes contemplatives du paradis à quatre fleuves et à un jardin parfumé, traversé d'eaux courantes, généreux en fruits. Le bassin central est une image du cœur spirituel, qui s'unit au Divin comme le miroir d'eau au ciel qu'il reflète. Il symbolise également la Source de Vie, dont l'eau (les canaux) se diffuse dans toutes les directions de l'univers. La végétation offre une palette de couleurs, de senteurs et de beautés, mais aussi de significations symboliques et de qualités médicinales. Plusieurs auteurs anciens ont énuméré les arbres, les fruits et les fleurs cultivés dans les jardins aristocratiques: cyprès, grenadiers, platanes, cerisiers, pins, amandiers, orangers, raisins, roses, tulipes, narcisses, violettes, jacinthes, jasmins, œillets, iris, coquelicots, jonquilles, églantines, etc.

Des jardins royaux des premières dynasties musulmanes, ou de la Samarkand de Tamerlan, il ne reste malheureusement que des évocations littéraires. Les jardins les plus anciens datent de l'époque safavide, comme le jardin de Fin à Kâshân. Mais le jardin persan a semé loin à la ronde ses terres du ciel. Son influence se retrouve dans

Mausolée d'Abubakr
Tâybâdi, Tâybâd, 1444-45.

Arbres de Vie (cyprès).
Bas-relief de Persépolis, ~Vᵉ s.

l'Inde moghole du XVIIᵉ s., comme les fameux Shâlimâr de Srinagar (Cachemire), de Delhi et de Lahore, ou les jardins du mausolée du Taj Mahal à Agra. A l'ouest du monde musulman, les jardins privés (les ryads) du Maghreb ou de l'Espagne musulmane sont d'origine persane. Avec sa fontaine et ses quatre rigoles, la cour des lions du palais de l'Alhambra à Grenade (XIVᵉ s.) imite la structure du chahâr bâgh. Le jardin persan a aussi influencé les cloîtres chrétiens et leur fontaine ou leur puits entourés de parterres de fleurs.

La végétation a fourni aux poètes une gamme d'images, de parfums et d'harmonies, susceptibles de traduire les raffinements de l'âme, les profondeurs de la sensualité ou les états mystiques. Les poètes ont donné le titre de «jardin» (golestân ou bustân) à leurs œuvres. La peinture persane aime représenter une nature immatérielle de pureté, plus édénique que naturaliste, qui semble être le visage secret des êtres, une présence de l'Amour divin ou un royaume édénique.

La rose, associée surtout à la ville de Shirâz, résume presque toute une civilisation ou une conscience du monde: image de l'amour, des sciences secrètes ou des subtilités du cœur, elle est l'insigne de la Beauté divine. Pour le soufi, la rose de la connaissance de Dieu se cueille au milieu des épines de l'ascèse et de la mort d'amour. Les Qâdjârs ont aimé peindre le mariage du rossignol et de la rose, symboles de l'amoureux et de la bien-aimée, ou de l'âme et de Dieu.

L'arbre est aussi une image de l'univers («l'Arbre du Monde») ou de la connaissance spirituelle qui rend immortel («l'Arbre de Vie»). Il symbolise l'axe de l'éternité autour duquel tournent les mondes. Le Coran (XIV, 24-25) compare la parole de Dieu à un arbre, dont la ramure céleste est portée par des racines profondes, et qui offre des fruits en toute saison. Arbre aimé des poètes, le cyprès évoque un corps élancé et harmonieux. Un poète écrivait d'une belle: «Ta taille est

Poésie des jardins

►Coupe au palmier,
Irak, IXᵉ-Xᵉ s.
Musée National de
l'Iran, Tehrân.

Jardins du Taj Mahal, Agra
(Inde), 1632-1648.
❶ Mausolée.
❷ Bassin central.
❸ Canaux.
❹ Jardins
❺ Portail d'entrée.
❻ Mosquée funéraire.
❼ Réplique de la mosquée.

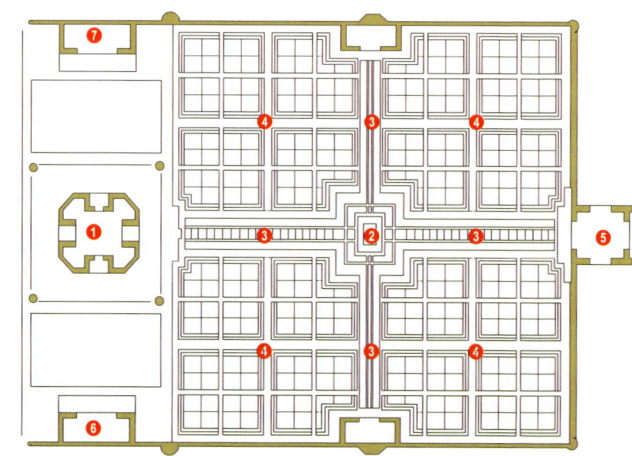

‡**Cour des Lions.
Palais de l'Alhambra,
Grenade (Espagne), XIVᵉ s.**

comme un pin sur le rivage de la mer; le *Touba* [un arbre du paradis]
est jaloux de ta taille semblable au port du cyprès». D'anciens arbres,
parfois proches de mausolées de saints, sont considérés comme sacrés:
sur les branches, les gens nouent des fragments de tissu en espérant voir
leurs vœux exaucés.

Bâdgir – yakhdân – citernes

Dans les cités proches du
désert ou soumises à de fortes
chaleurs, les populations ont
dû développer des architectures
permettant de créer et de
conserver la fraîcheur.

Le cyprès d'Abarkuh, vieux de 4500-5000 ans.

Construits sur les toits, les ***bâdgir*** (littéralement:
«attrape-vent») captent le vent et créent un
courant d'air pour ventiler de l'air frais dans
les pièces. On les voit surtout sur les maisons
et à côté des citernes,
mais aussi sur des
caravansérails ou des
mosquées. Leur forme
peut varier selon les
régions, mais elles se
présentent généralement

**Arbres et oiseaux. Palais Ali
Qâpu, Esfahân, XVIIᵉ s.**

sous la forme de petites tourelles: au sommet,
de fines ouvertures verticales, sur les quatre
faces, laissent entrer l'air. Elles se trouvent le
long du golfe Persique, au Khuzestân et aux
abords des déserts centraux, principalement à
Yazd. Situées à l'extérieur des habitations, les
yakhdân («maisons de glace» ou glacière)

**Citerne qâdjâre aux six
tours d'aération. Yazd.**

ont la forme d'un grand dôme ou d'un large cône, entouré, sur trois côtés, de hauts murs. A l'intérieur, une grande fosse conservait la glace produite de deux manières: soit l'eau était amenée dans la glacière et y gelait pendant les saisons froides, soit elle était produite dans des bassins extérieurs, puis entreposée dans la maison de glace sous la forme de blocs superposés et séparés par de la paille. Grâce à l'ombre projetée par les murs extérieurs, à la fraîcheur du sous-sol, aux murs épais isolants du dôme, l'eau demeurait longtemps glacée et dispensait de la fraîcheur, même en été. De l'extérieur, les **citernes** ressemblent aux yakhdâns. Construit sur le sol, un grand dôme recouvre un puit et le protège de la poussière et de la chaleur. Un escalier descend sous terre et mène à une eau maintenue toujours fraîche. Une ou plusieurs tours d'aération flanquent le dôme pour apporter de la fraîcheur à l'intérieur.

Coupe d'un *bâdgir*.
❶ *Bâdgir*.
❷ Iwan.
❸ Pièce souterraine.

Les tentes

Architecture de voyage des nomades, les tentes ont une valeur historique, symbolique et sociologique considérable. Avant l'Islam, plusieurs populations de l'Iran (Elamites, Lors, etc.) étaient semi-nomades, et les souverains achéménides et sassanides, notamment, passaient parfois plus de temps en voyage que dans leurs palais construits. En Orient, à l'époque islamique, des rois aux origines nomades ont continué d'employer des tentes, même en milieu urbain, pour des cérémonies et des fêtes, en développant leur forme et leur symbolisme: ils entendaient perpétuer un art de vivre et des traditions volontiers considérés comme supérieurs aux modes de vie citadins. Les tentes ont une origine préhistorique, mais en raison de vestiges et de témoignages insuffisants, leur histoire est partiellement mal connue. De taille et de structure variables, les tentes sont généralement circulaires et coiffées d'un dôme plus ou moins plat (Turkmènes, Shâhsavans, Mongols), mais elles peuvent aussi adopter une forme conique ou pyramidale ou un plan quadrangulaire (Asie centrale, Sibérie) (*144*). Construites avec une armature en bois couverte de feutre, elles étaient transportées montées sur des chariots, plus tard pliées et chargées sur des bêtes de somme. Plus ou moins décorées et luxueusement aménagées (*27*), les tentes sont également l'expression d'une identité et un microcosme symbolique. Synonymes de mobilité et donc de survie chez les nomades, elles ont pu symboliser, pour les rois musulmans, leur autorité d'origine divine, leur puissance et leur bonne gouvernance. Depuis l'Antiquité, les tentes sont une image du monde céleste, et des tentes royales, surtout dans l'Inde moghole, répondent à un symbolisme paradisiaque et astrologique. Chez les Achéménides, les tentes royales étaient appelées «cieux», et dans les tentes mongoles, de plan circulaire, le trou central du dôme est vu comme une porte vers le Ciel.

Armature d'une tente de la tribu Shâhsavan (nord-ouest de l'Iran).

Armature de base d'une tente royale. Palais de Khiva (Ouzbékistan), XIXᵉ s.

▶Couronnement de Nâder Shâh sous une tente royale. Peinture sur livre de 1757 (*Târikh-e djahângoshây-e Nâderi*).

Les principaux sites

Villes traditionnelles: Esfahân (*328*); Bam (*421*); Yazd (*356*); Nâ'in (*353*); Kâshân (*347*); Shirâz (*364*); Kermân (*416*); Tabas (*362*); Sirâf (*442*).

Villages traditionnels: Abyâneh (*351*); Kandovân (*275*); Mâsuleh (*432*); Izad Khwâst (*371*); Saryazd (*361*); Orâmân (*283*).

Mosquées de type arabe: Nâ'in (*354*); Dâmghân (*399*); Fahradj (*361*).

Mosquées de type persan:
- Epoque seldjoukide: Esfahân (*337*); Ardestân (*352*); Zavâreh (*353*).
- Epoque mongole et timouride: Yazd (*357*); Mashhad (*406*); Kermân (*418*); Varâmin (*260*); Tabriz (*272*); Sâveh (*304*); Natanz (*352*).
- Epoque safavide: Esfahân (*332*).
- Epoque Zand et qâdjâre: Tehrân (*251*); Shirâz (*366*).

Minarets seldjoukides: Sâveh (*305*); Esfahân (*338, 339, 345*); Kâshân (*348*); Nâ'in (*354*); Dâmghân (*399*); Sabzevâr (*410*); Karat (*414*); Ardestân (*352*); Zavâreh (*353*).

Madrasas: Esfahân (*340*); Shirâz (*368*); Khargerd (*415*); Kâshân (*348*).

Mausolées:
- Epoque seldjoukide: Kharaqân (*291*); Rey (*259*); Marâgheh (*276*); Yazd (*359*); Abarkuh (*362*); Gonbad-e Kâvus (*397*); Dâmghân (*399*); Kermân (*419*).

▶Campement de nomades. Peinture sur livre, Tabriz, 1539-43. Harvard University Art Museum, Cambridge.

- Epoque mongole et timouride: Soltâniyeh (*284*); Qom (*326*); Varâmin (*260*); Hamadân (*301*); Esfahân (*339*); Bistâm (*401*); Râdkân (*412*); Tâybâd (*414*); Sirdjân (*420*); Sarakhs (*413*); Lâhidjân (*434*); Sâri (*435*); Bâbol (*437*).
- Epoque safavide: Mashhad (*410*); Ardabil (*278*); Neyshâbur (*411*); Torbat-e Djâm (*414*); Mâhân (*420*); Amol (*437*).
- Règne de Nâder Shâh, époque Zand et qâdjâre: Qom (*325*); Qazvin (*289*); Kalât (*413*); Kâshân (*350*).

Palais: Esfahân (*341*); Yazd (*360*); Tehrân (*347*).

Maisons: Kâshân (*349*); Esfahân (*342*); Shirâz (*369*); Yazd (*360*); Bushehr (*441*); Tabriz (*274*).

Bazars: Esfahân (*335*); Kâshân (*348*); Kermân (*417*); Shirâz (*366*); Yazd (*359*); Tabriz (*273*).

Caravansérails isolés: Robât-e Sharaf (*412*); Myândasht (*402*); province de Semnân (*398-399*), Esfahân (*346*), Qom (*325*), etc.

Hammams: Kermân (*418*); Arak (*304*); Semnân (*398*); Shirâz (*366*).

Jardins historiques: Kâshân (*350*); Mâhân (*421*); Behshahr (*436*); Dâmghân (*400*).

Ponts: Esfahân (*343*).

Forteresses: Bam (*421*); Khorramâbâd (*306*); Kaleybar (*275*); Furg (*415*); Rud Khân (*433*); Hashtrud (*277*); Esfarâyen (*412*).

Hosseyniyeh – tekiyeh – khânqâh: Kermânshâh (*293*); Qazvin (*289*); Natanz (*352*); Yazd (*359*); Soltâniyeh (*286*).

LES ARTS PLASTIQUES

La calligraphie

Pour le chrétien, l'Incarnation du Verbe fonde l'image (l'icône) du Christ; mais pour le musulman, qui ne reconnaît aucun fils à Dieu, c'est la parole coranique qui symbolise l'intervention divine dans le monde. Dieu ne s'est pas incarné dans Muhammad, mais le Prophète a transmis un message de Dieu rédigé en arabe. La calligraphie des versets coraniques, dans les livres, l'architecture ou sur les objets, forme ainsi l'essence et la spécificité de l'art islamique.

Religion du livre, l'Islam a inscrit l'amour du livre dans sa civilisation. Au long de l'histoire iranienne, et longtemps avant le développement des bibliothèques européennes, des rois, des princes ou des personnages

fortunés ont constitué de vastes bibliothèques, ouvertes aux savants, mais qui ont parfois entièrement disparu dans les cataclysmes de l'histoire. D'abord née de la langue de la Révélation, la calligraphie a aussi mis en forme le persan ou le turc, qui ont emprunté leur écriture à l'alphabet arabe. Si l'imprimerie est venue de l'Occident en terre d'Islam, c'est le monde musulman qui, au Moyen Age et à la Renaissance, a transmis à l'Europe l'usage du papier et de la reliure en cuir.

►Coran, XVIᵉ s.
Musée National de
l'Iran, Tehrân

Le premier foyer créateur de la calligraphie fut l'Irak, où plusieurs calligraphes créèrent des références d'écriture encore utilisées et admirées aujourd'hui. Ibn Muqla (886-940), l'un des plus célèbres, fut un vizir de l'ère abbasside. Ses conflits avec le calife lui valurent d'être amputé de la main droite et jeté en prison. Aucune œuvre de lui ne nous est parvenue. Il codifia les écritures naskhi, muhaqqaq et rihani. Il inventa la mesure des lettres par les points carrés, formés par le bec du calame, et par l'inscription des lettres dans un cercle. Dans un

«Lis au Nom de ton seigneur qui a créé! Il a créé l'homme d'un caillot de sang. Lis!… Car ton Seigneur est le Très-Généreux, qui a instruit l'homme au moyen du calame, et lui a enseigné ce qu'il ignorait.»

Coran XCVI, 1-5

►Coran sur parchemin, IXᵉ-Xᵉ s.
Musée National de
l'Iran, Tehrân.

Histoire

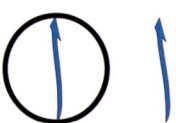
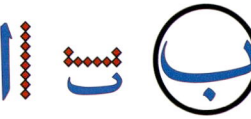

Mesure des lettres *alif* (à gauche) et *bâ* (à droite) par leur inscription dans un cercle ou par les points carrés formés par le bec du calame.

traité, il insiste sur la juste proportion des lettres et leur bonne terminaison, le respect des mouvements (horizontaux, verticaux, obliques, courbes), le rythme des pleins et des déliés.

Disciple de Ibn Muqla, Ibn al-Bawwâb (mort en 1022) a fondé une école, tout comme son lointain héritier Yâqut al-Musta'simi (mort en 1298). Après la floraison calligraphique de Bagdad, ce sont des villes d'Iran qui, au gré des siècles et des pouvoirs, ont constitué des centres de calligraphie en Orient: Hérat (aujourd'hui en Afghanistan), Mashhad, Tabriz, Esfahân, Tehrân. Plusieurs calligraphes sont demeurés célèbres: Mir Ali de Tabriz (XIVᵉ s.), recréateur et maître

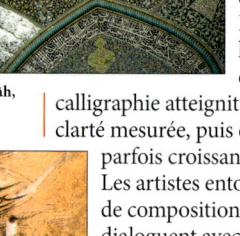

Mosquée Sheikh Lotfollâh, Esfahân, 1602-1619.

d'un nouveau type d'écriture, le nastaliq*; Ali Rezâ Abbâsi (1558-1628), qui travailla pour Shâh Abbâs Iᵉʳ, prit le nom de son souverain («Abbâsi») et décora de nombreux édifices d'une écriture remarquablement claire et élégante; Mir Emâd (1554-1615), qui travailla aussi pour Shâh Abbâs Iᵉʳ et paya de sa mort sa rivalité avec Ali Rezâ Abbâsi. Le développement de la calligraphie et de l'enluminure a suivi l'évolution générale de toute esthétique. Après la formation des styles, la calligraphie atteignit un équilibre classique, fait de raffinement et de clarté mesurée, puis elle s'épanouit ici ou là dans une sophistication

►Calligraphie de F. Pilârâm, années 1970. Musée d'Art Contemporain, Tehrân.

parfois croissante, non dénuée en certains cas de maniérisme. Les artistes entourèrent progressivement les lignes d'écriture de compositions géométriques et d'arabesques colorées, qui dialoguent avec le texte et donnent une seconde vie à la page. Dans le décor architectural, l'écriture oscille volontiers entre une abstraction quasi géométrique et une virtuosité qui entrelace les lettres et des ornements végétaux ou qui superpose les lignes comme une polyphonie. Dans l'art du livre, les enluminures devinrent toujours plus complexes, recherchées et étendues. Sous le règne des Safavides (1501-1732), qui menèrent l'alchimie décorative à ses ultimes limites de finesse et de miniaturisation, les lignes calligraphiées sont encadrées par un tapis élégant et fin, où prédominent le bleu et l'or, et où s'épanouissent des motifs floraux ordonnés par une géométrie délicate. Aujourd'hui, certains calligraphes transforment l'art millénaire d'écrire, en associant à l'héritage traditionnel les expériences modernes des beaux-arts occidentaux.

L'art d'écrire

La calligraphie était un métier rémunéré, mais aussi une œuvre pieuse et un acte de foi. Elle fut pratiquée par des souverains comme par des hommes de lettres. Des bibliothèques pouvaient servir de scriptoriums, et les rois et les princes possédaient leurs propres ateliers de calligraphie et d'illustration. L'instrument du calligraphe est le calame, un roseau taillé au bec fendu. En fonction des styles et des grandeurs de l'écriture, il en existe plusieurs types. L'encre noire était la plus utilisée, mais on pouvait lui associer des encres dorée, jaune, rouge, verte, bleu, argent, etc., créées à l'aide de végétaux ou de minéraux selon diverses recettes de fabrication. L'encre noire pouvait être obtenue avec du noir de fumée, de la gomme arabique et de la noix de galle. Au début de l'Islam, les supports d'écriture étaient variés: os de chameau, parchemin (les plus anciens datent des VIIᵉ-VIIIᵉ s.), cuir ou bois. Du papier était déjà importé de Chine en Perse depuis le VIᵉ s., mais sa production a été introduite en pays musulman au VIIIᵉ s., lorsque des chinois connaissant ses secrets de fabrication furent faits prisonniers à la bataille de Talas (751). Fabriqué avec du lin et du chanvre broyés puis mêlés à de l'eau et à de la colle, le papier devient très vite un support privilégié. On voit se multiplier la production des manuscrits, les librairies, les bibliothèques et les métiers liés au livre (copistes, enlumineurs, relieurs). Le papier influe sur la culture des livres, la diffusion de la connaissance, et il modifie même la création littéraire: les poètes écrivent ce qu'auparavant ils gardaient en mémoire, leurs œuvres laissent une trace et peuvent circuler loin autour d'eux. Le calligraphe s'asseyait sur le sol et écrivait sur ses genoux ou sur une table basse. Si la posture du corps est importante, l'attitude intérieure ne l'est pas moins. Reflet de l'homme et des dynamiques de l'âme, l'écriture doit être ferme sans être rigide, aisée sans vagabondage, sereine dans sa force, à la fois concentrée et dilatée. Bien écrire exigeait des années d'apprentissage et de maturité intérieure. L'importance du geste écrit et la valeur rituelle et spirituelle de la calligraphie expliquent l'apparition tardive de l'imprimerie en Iran. Au XVIIᵉ s., des missionnaires catholiques tentèrent de l'introduire, sans succès. Il faut attendre le début du XIXᵉ s. pour qu'un prince de Tabriz, Abbâs Mirzâ, patronne le développement de la typographie et de la lithographie.

►Le matériel du calligraphe: calame, encrier, plumier.

►Un calligraphe sur une peinture moghole de 1602. Walters Art Museum, Baltimore.

Les styles

Chaque forme d'écriture obéit à des règles qui lui sont propres: la musicalité, la symbolique et la «psychologie» des lettres changent donc d'un style à l'autre. Si les règles sont strictes, l'artiste peut moduler à l'infini le ressort et l'esprit des lettres, car l'écriture est vaste comme l'âme et profonde comme la contemplation.

Il existe une centaine de styles d'écriture, au sein desquels on peut dégager deux esthétiques principales: le koufi, à l'allure plutôt géométrique, et le naskhi, aux formes curvilignes. Le **koufi** ou **koufique**, le plus ancien, est

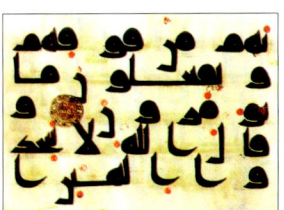

►Kufi.

une écriture anguleuse, dense et hiératique, que l'on fait naître à tort à Kufa en Iraq. En raison de sa majesté, elle fut utilisée dès le début pour le Coran. La tradition dit que le calife et Imam Ali fut le premier à l'écrire. Le koufi tressé, aux lettres entrelacées, et le koufi fleuri, aux lettres terminées par des motifs floraux, sont parmi ses types ornementaux les plus répandus. Le koufi est volontiers utilisé dans le décor architectural, car les lettres, plutôt carrées, peuvent être aisément construites avec des briques (*91*, *279*). Le **naskhi** est une écriture plus cursive et fluide, qui fut

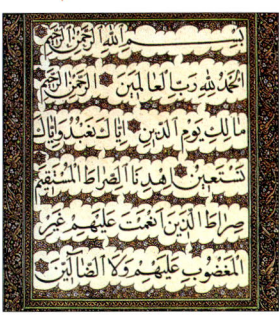

►Naskhi.

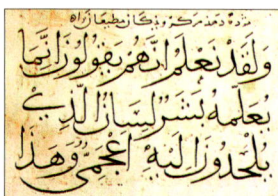

►Muhaqqaq.

►Tauqi.

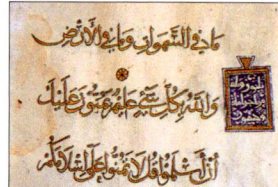

►Thuluth.

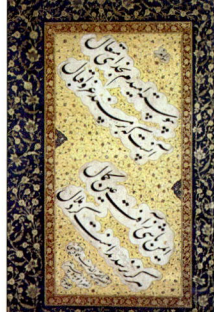

►Nastaliq.

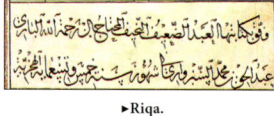

►Riqa.

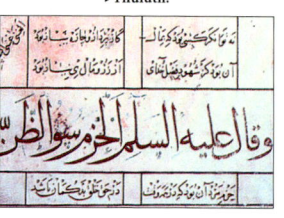

►Rihani ou reyhan.

développée pour l'administration, la correspondance privée et les usages quotidiens. Il concurrença le koufi dès le VIIIᵉ-IXᵉ s. et le supplanta sans le faire disparaître aux alentours du XIᵉ s.

Les autres écritures sont des variations autour et à partir de ces prototypes, comme le **thuluth**, le **rihani**, le **riqa**, le **tauqi** et le **muhaqqaq**, qui, avec le naskhi, forment les «six styles» d'écriture cursive de base. On attribue à Mir Ali (XIVᵉ s.), originaire de Tabriz, un nouveau style calligraphique: le **nastaliq**, utilisé pour les textes persans et souvent écrit en diagonale.

Le sens de l'écriture

Portail de la madrasa de Khargerd, 1445.

Issues de l'arabe, les lettres persanes (*221*) se prêtent très bien à un symbolisme graphique, à des «jeux de lettres» aux multiples possibilités de sens et d'interprétations. Un poète persan évoquait ainsi un visage: «La lettre qui est recourbée comme un *dâl* د sur la page de ta beauté, le *nun* ن de tes sourcils serait (plutôt) un *kâf* ک». Depuis le XVIᵉ s., les calligraphes dessinent des animaux ou même des figures humaines avec des lettres.

La musique de l'écriture repose notamment sur le rythme et le contraste des lettres aux hampes verticales (ا, ط, ک, etc.) et aux formes plutôt horizontales (ت, ر, س, etc.). Leur symbolique rejoint celle du tissage, où la chaîne verticale évoque l'Esprit et la transcendance, et la trame horizontale le monde du devenir et de l'homme. Dans la calligraphie du Coran, l'écriture est un voyage dans une Parole divine toujours vivante dans les richesses stylistiques, rythmiques, sonores et graphiques de l'arabe. La puissance de l'écriture fonde différentes pratiques magiques, médicinales ou divinatoires, reposant sur l'utilisation des noms sacrés ou des valeurs numériques des lettres.

Dans certains courants spirituels, les lettres sont un support de spéculation métaphysique.

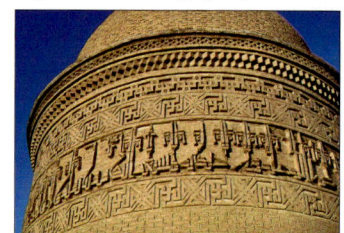

Tour funéraire de Cheheldokhtar, Dâmghân, 1054.

Le développement de cette science des lettres, apparue en milieu chiite, est attribué au VIᵉ Imam Djafar. Les formes et les mouvements de l'écriture révèleraient des secrets du Divin et la morphologie métaphysique de l'univers et de l'homme. Chaque lettre est un symbole. La lettre *alif* (١) par exemple, en forme de trait vertical, est une image du Calame divin, de l'Intelligence créatrice de Dieu, ou de l'Homme universel. Les lettres du nom Allâh (الله: Dieu) ont fait l'objet de nombreux commentaires mystiques.

Mihrab d'Uldjâitu. Mosquée du Vendredi, Esfahân, 1310.

Iwan ouest de la mosquée du Vendredi, Esfahân, 1700-01.

Le rapport entre l'encre et les lettres exprime également un rapport entre Dieu et la création. Le cosmos est comme l'écume de l'océan divin: chaque créature est une lettre dans un Livre éternel, chaque monde est un livre rédigé avec l'encre de l'Infini. Le calame du calligraphe est un symbole de l'Intelligence divine. La calligraphie est comme l'écho d'un acte divin: l'écriture, par Dieu, des destins dans le grand livre de l'univers. L'âme est un livre où sont consignés les mystères de Dieu et de la création. La tradition musulmane dit du Prophète qu'il était illettré, non parce qu'il ignorait l'écriture, mais parce que la connaissance divine lui était innée: son âme était un livre écrit par Dieu.

Khânqâh, Natanz, 1316-17.

La peinture

Dès ses premières réalisations, l'art musulman bannit les représentations humaines et même animales dans les lieux et les arts spirituels ou publics: mosquées, madrasas, mausolées, Corans, livres théologiques, monnaies. Il l'a en revanche permis dans des arts plus profanes (objets en céramique, orfèvrerie, tapis), à l'intérieur des palais et des maisons, et dans l'illustration de livres non sacrés (poésies, épopées, livres scientifiques et historiques).

Une interdiction de l'image figurative ne se trouve pas dans le Coran, mais dans les hadiths*. «Celui qui fabriquera une image, avait dit le Prophète, Dieu le punira jusqu'à ce qu'il lui insuffle une âme: ce qu'il sera à jamais incapable de faire.» Pour l'Islam, reproduire un être vivant, en sculpture ou en peinture, est une atteinte à la souveraineté divine. L'artiste naturaliste peut donner l'illusion de la vie sans pouvoir la créer comme Dieu. D'autre part, Dieu est invisible: nul ne peut le représenter, et toute image du Divin est une tromperie et une idolâtrie. Le Christianisme a justifié l'icône en affirmant que Dieu s'est rendu visible en s'incarnant dans le Christ. Mais pour les musulmans, Muhammad n'est qu'un homme, qui ne peut servir de représentation du Divin. Pour être permise, l'image figurative ne pouvait être sacrée: elle devait rester privée et profane, et renoncer à un naturalisme qui veut rivaliser avec le Créateur en imitant la vie. Dans les livres, les représentations du Prophète et des Imams (ils sont en principe représentés avec un voile sur le visage) sont des illustrations, non du Coran ou des hadiths, mais de textes historiques ou poétiques.

L'image dans l'art islamique

►Portrait du peintre safavide Rezâ Abbâsi, XVIIᵉ s.

Les interdictions théologiques de l'image ne pouvaient guère favoriser le développement de la sculpture, qui, par ses volumes et ses ombres, possède une ambiguïté encore plus forte qu'une image plane. Il y eut toutefois des exceptions: statues de stuc peint d'époque seldjoukide, animaux en céramique ou en orfèvrerie, statues animalières d'époque safavide, bas-reliefs figuratifs qâdjârs (*54*, *180*). Mais ce n'est qu'au XXe s., sous l'influence occidentale, que l'on voit apparaître un art de la sculpture naturaliste en ronde-bosse. San'ati (1916-2006), dont on peut voir des œuvres dans des musées à Tehrân et à Kermân, est l'un des maîtres les plus connus.

Les premiers livres illustrés

►Représentation d'une procession nuptiale sur un plat. Kâshân, v. 1200-1225. Metropolitan Museum of Art, New York.

►Djoneyd, Combat entre Homây et Homâyun. *Divan* de Khâdju Kermâni, Bagdad, 1396. British Library, Londres.

L'épanouissement de la peinture persane

A l'arrivée de l'Islam, la Perse a une longue histoire de l'image figurative: les Achéménides, les Parthes, les Sassanides ont laissé des bas-relief ou des peintures. Pour s'accorder à l'Islam, ce goût pour l'image va surtout se manifester dans les livres, la peinture murale et la céramique. Les Arabes ont hérité des arts du livre déjà développés par les Coptes, les Byzantins, les juifs et les manichéens. Eclose dans un milieu bourgeois et princier, la première école de peinture figurative est souvent appelée «l'école de Bagdad», du nom de son principal centre de production. Cette peinture dite arabe va surtout briller dans la deuxième moitié du XIIe et la première moitié du XIIIe s. Elle a illustré des textes scientifiques, des fables, des poèmes ou des récits, comme les *Séances* (*Al-Maqamat**) de Hariri, un roman satirique arabe. Ces images empruntent leur esthétique au Proche-Orient, à Byzance et à la Perse (*52*).

A la même époque, se développe une école esthétique dite persane, souvent plus subtile que sa consœur arabe, mais les peintures sur livre antérieures au XIIIe s. sont rarissimes et ne permettent pas d'établir une continuité entre les esthétiques sassanide et musulmane. Le premier manuscrit illustré que nous connaissons est le *Traité des étoiles fixes*, de l'astronome Abd al-Rahmân al-Sufi, daté de 1009. Nous possédons également un livre de médecine de 1199: le *Livre de la Thériaque* du Pseudo-Galien. Si des témoignages littéraires évoquent des peintures murales disparues depuis, les scènes figuratives sur des céramiques de Rey (*167*) et de Kâshân permettent de se faire une idée du style persan pratiqué avant l'arrivée des Mongols.

►Khosrow au château de Shirin. *Khamseh* de Nezâmi, Tabriz, 1495. The Keir Collection.

Au XIIIe s., les invasions mongoles interrompirent pour un temps la production des manuscrits, mais leur mécénat, le renouveau de la littérature persane et la régénération des idées et de la spiritualité permirent l'épanouissement rapide de la peinture persane. Plus raffinée que la peinture arabe qui disparaît peu à peu, elle synthétise différents apports: l'icône byzantine, les peintures manichéennes et bouddhiques d'Asie centrale, et surtout l'influence chinoise apportée par les Mongols. Prépondérante, celle-ci est visible dans la forme des montagnes, des arbres ou des nuages, la dynamique et la composition des scènes, les visages mongoloïdes.

Le XIVᵉ s. marque le début d'un âge classique de la peinture persane. Shirâz, Tabriz et Bagdad abritent des ateliers et des courants esthétiques. Un manuscrit illustrant le *Livre des rois* de Ferdowsi (le «Shâhnâmeh Demotte») est l'un des premiers chefs-d'œuvre, tout comme les peintures d'un grand peintre soufi, Djoneyd. A l'époque timouride (XIVᵉ-XVᵉ s.), la peinture sur livre s'épanouit dans une esthétique somptueuse: à Samarkand, d'abord, capitale de Tamerlan, puis à Shirâz et surtout à Hérat, où travaille le célèbre peintre Behzâd (1465-1535), qui introduit plus de réalisme et de sensibilité dans des images parfois académiques. Les Turcomans, qui ont conquis l'Irak et l'ouest de l'Iran au XVᵉ s., fondent une école stylistique qui rayonne principalement de Tabriz et dure plusieurs décennies.

Au XVIᵉ s., avec les Safavides, la peinture va atteindre son plus grand raffinement. Plusieurs écoles régionales coexistent, notamment à

▶Behzâd, Yussuf fuit Zuleykha. *Bustân* de Sa'di, Hérat, 1489. Bibliothèque Nationale, Le Caire.

▶Aqâ Mirak (?), Madjnun au désert. *Khamseh* de Nezâmi, Tabriz, v. 1540. British Library, Londres.

Shirâz, Tabriz et Qazvin. A la même époque, l'esthétique persane influence la peinture ottomane à Istanbul, la peinture moghole dans l'Inde musulmane, et l'école de Boukhara dans l'Asie centrale ouzbèke. Epris de peinture, Shâh Tahmâsp Iᵉʳ fait illustrer par des maîtres remarquables un *Khamseh* de Nezâmi et le *Livre des rois* de Ferdowsi, qui sont les sommets de l'art du livre safavide. Au tournant des XVIᵉ et XVIIᵉ s., Rezâ Abbâsi (1565-1635) imposa un nouveau style de portraits: des jeunes courtisans efféminés, des couples enlacés et des dames élégantes, dans des positions langoureuses et érotiques, tenant des flacons de vin. Au XVIᵉ s., les artistes commencent à peindre des images sur des

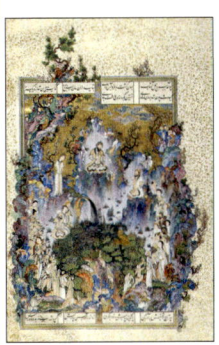

▶Le roi Kyumars. Illustration du *Livre des rois* de Ferdowsi. Tabriz, v. 1522-25. Aga Khan Museum.

feuilles isolées, qui étaient signées et qui trouvaient aisément preneurs parmi les gens qui ne pouvaient s'offrir de grands manuscrits.

Les XVIIᵉ et XVIIIᵉ s. voient le déclin rapide de la miniature, marqué par une multiplication des styles et la forte influence du naturalisme européen, en particulier de l'école flamande du XVIIᵉ s. Les artistes persans construisent les images avec la perspective conçue à la Renaissance, modèlent les corps, jouent avec les clairs-obscurs, et s'inspirent des représentations anatomiques de l'Occident. Le portrait, jusque-là inconnu dans la tradition musulmane, fait son apparition. Les œuvres se présentent souvent comme des syncrétismes étranges entre la sensibilité persane et des techniques occidentales. Mohammad Zamân (XVIIᵉ s.) initia un style européanisant. Plus tard, Sani ol-Molk (1814-1866), peintre de cour connu pour ses portraits, créa un style entièrement naturaliste, qui sera continué par son neveu, le fameux Kamâl ol-Molk (1849-1940) (*247, 349*). Les peintres qâdjârs reprennent les thèmes safavides, comme les fleurs

L'influence du naturalisme européen

▶Un jeune homme mettant ses bottes. Peinture de Rezâ Abbâsi, XVIIᵉ s. Musée Rezâ Abbâsi, Tehrân.

et les oiseaux ou la beauté d'hommes et de femmes jeunes, mais dans un style presque entièrement influencé par l'Europe et qui tend à un maniérisme doucereux, sensuel et sentimental. L'époque qâdjâre connut la vogue des boîtes et des plumiers en papier mâché, peint et laqué. De nombreux portraits de rois et de dignitaires qâdjârs ont été peints à l'huile et sur chevalet. Introduite au XIXᵉ s., l'imprimerie fait disparaître les livres copiés et enluminés à la main. Le dernier grand manuscrit illustré, un recueil des *Mille et une Nuits*, fut commandé par Nâser od-Din Shâh et terminé en 1859 (*184*). Si les techniques de la miniature ont plus ou moins disparu, des peintres (principalement à Esfahân) produisent toujours des images sur des feuilles isolées ou de l'os de chameau. Souvent

►Le diseur de bonne aventure. Peinture à l'huile de Kamâl ol-Molk, 1892. Musée des Beaux-Arts, Sa'd Abâd, Tehrân.

académique, l'esthétique s'inspire surtout de modèles safavides. Au XXᵉ s., des peintres furent influencés par les nouveaux courants picturaux de l'Europe (impressionnisme, symbolisme, etc.) et proposèrent de nouvelles synthèses de l'esthétique traditionnelle et des avant-gardes occidentales. Le plus connu est Hosseyn Behzâd (1894-1968), qui séjourna en France et qui mélange l'héritage iranien, le réalisme et les techniques occidentales. Mahmud Farshchiân s'inscrit dans une même lignée (*210*). Né en 1962, toujours influent, le mouvement Saqqâ-khâneh utilisa dans la peinture et la sculpture des motifs religieux chiites et des motifs décoratifs traditionnels. Aujourd'hui, dans des galeries qui se sont multipliées depuis les années 1990, on peut voir pratiquement tous les genres (portraits, paysages, natures mortes, abstractions) et tous les styles (impressionnisme, cubisme, expressionnisme, surréalisme, etc.). Les grands courants de l'art contemporain (média-mixte, installations, vidéo) sont présents en Iran, tout comme les outils et les références de la critique d'art occidentale moderne.

►Plumier au décor de fleurs et d'oiseaux, époque qâdjâre.

Technique des miniatures

►«Ferdowsi: avec des vers j'ai bâti un palais grandiose…». Œuvre de Hosseyn Behzâd, 1963.

Réalisés avec du papier, les manuscrits illustrés étaient des commandes de rois ou de princes, qui pouvaient entretenir des peintres et de coûteux ateliers. Dirigées par des maîtres artisans, des équipes de peintres, de calligraphes et de relieurs prenaient des années à copier, enluminer et relier des textes poétiques, scientifiques ou historiques. Chaque page était rigoureusement élaborée. La calligraphie précédait généralement les peintures. Des fils de soie tendus sur la page aidaient le calligraphe à écrire un texte régulier. Le miniaturiste construisait son image à l'aide de modules géométriques, fondés notamment sur le nombre d'or*, afin de créer une harmonie à la fois plastique et symbolique. Les couleurs provenaient de pigments d'origine animale, végétale ou minérale: lapis-lazuli pour le bleu, cuivre pour le vert ou safran pour le jaune. Les peintres utilisaient aussi de l'or (pour les ciels) ou de l'argent (pour l'eau) que l'oxydation a rendu noir avec le temps. Le relieur cousait les pages en cahiers, et recouvrait le codex d'une reliure en cuir ou en papier mâché et laqué, également décorée d'une peinture. Jusqu'au XVIIᵉ s., les œuvres sont peu ou pas signées. Le plus souvent, les manuscrits ont été dépecés, si bien que les pages d'un même livre peuvent être dispersées dans plusieurs musées. On peut admirer des miniatures à Tehrân, mais les chefs-d'œuvre de la peinture sur livre se trouvent dans les musées étrangers: à Paris, New York, Londres ou Istanbul.

La peinture persane a illustré les grandes œuvres de la littérature persane, et en particulier le *Livre des rois* (*Shâhnâmeh*) de Ferdowsi (*189*) et le *Khamseh* de Nezâmi (*195*). Son esthétique associe un dessin calligraphique, subtilement structuré par la géométrie, à un art somptueux de la couleur, qui donne leur véritable substance aux compositions. Le traitement de l'espace, des couleurs et des formes n'obéit pas au naturalisme que l'Europe a connu dès la Renaissance: les personnages sont stéréotypés, l'atmosphère est idéaliste, rarement tragique, ponctuée de notations méditatives, ésotériques, érotiques ou humoristiques. Les objets et les personnages sont dessinés en plan: il n'y a pas de modelé tridimensionnel, peu de profondeur spatiale des scènes, et les quelques éléments de perspective ne suivent pas les lois géométriques en usage dans l'académisme européen. Les couleurs ne sont pas modelées par le clair-obscur et sont souvent irréalistes: un tronc d'arbre peut être en violet, des montagnes se teinter des couleurs de l'arc-en-ciel. La lumière semble illuminer l'image de l'intérieur et les contrastes d'ombre et de lumière sont presque inexistants. La miniature baigne dans une sorte de climat paradisiaque et intemporel. Elle ne cherche pas à copier la réalité terrestre, mais à dévoiler un monde de l'âme, spirituel et intime; un monde intermédiaire entre les anges et notre terre, dans lequel la matière est immatérielle, l'espace multidimensionnel, les couleurs pures et la lumière spirituelle. Art profane, aristocratique et courtois, la peinture sur livre est pourtant sous-tendue par un symbolisme soufi et une vision contemplative, qui voit au-delà du terrestre et de l'illusion des rêves. Comme les textes poétiques qu'elle illustre, elle déploie un art subtil de l'allusion, de la métaphore et des niveaux de lecture et de sens. Comme la musique et ses arabesques mélodiques, elle entrelace et fait dialoguer des sentiments complexes, plus ou moins explicites et cachés, terrestres et spirituels. Pour souligner la valeur symbolique de leur art, les peintres et les enlumineurs persans le faisaient remonter à Mani (*83*) et au calife Ali, dont la tradition dit qu'il avait décoré le Coran.

Si la peinture s'est surtout développée dans les livres, des palais étaient ornés de peintures murales exécutées sur du stuc. En Iran, des fragments de peintures murales ont été retrouvés dans un palais de Neyshâbur (IXᵉ s.) et dans les anciens palais des Ghaznavides (XIᵉ-XIIᵉ s.), en Afghanistan. Depuis le XVIIᵉ s., les palais et les riches maisons sont fréquemment décorés avec des images narratives, des scènes de genre ou des portraits, comme au palais Chehel Sotun à Esfahân (*341*). La miniature persane influença aussi, à l'époque qâdjâre, les peintures murales des cafés. Apparus au XVIᵉ s., ils formèrent de

L'esthétique

▶P. Kâlântari, Village dans le Kavir, 1975. Musée des Beaux-Arts, Sa'd Abâd, Tehrân.

▶Couverture laquée d'un Coran, époque qâdjâre. Bibliothèque du palais du Golestân, Tehrân.

Les peintures murales

Cavalier chassant avec un faucon. Peinture murale, Neyshâbur, IXᵉ-Xᵉ s. Musée National de l'Iran, Tehrân.

véritables rendez-vous culturels, où l'on pouvait entendre de la musique et des poésies. Généralement anonymes, les peintres illustraient sur les murs des scènes du *Livre des rois*, l'histoire de Yussuf et Zuleykha ou la vie des Imams, dans une esthétique populaire (*208*). A l'époque qâdjâre (1779-1925), des artistes ont créé de vastes scènes religieuses, peintes ou exécutées en céramique sur les murs des hosseyniyehs, des cafés ou des mausolées. Ces images sont liées à la vénération chiite des Imams et à la commémoration du martyre de l'Imam Hosseyn. Elles ne peuvent être considérées comme des «icônes», au sens chrétien du terme, et elles constituent une entorse relative à l'interdit musulman de la figuration à caractère sacré. Dès les années 1980, la Révolution islamique a donné naissance à un autre type de peinture murale, d'une esthétique plus réaliste et idéologique. Sur des murs ou des façades d'immeubles, ont été représentés les Guides de la Révolution, les martyrs emblématiques de la guerre Iran-Irak, des slogans anti-américains ou le combat des Palestiniens contre l'occupation israélienne (*68-69*).

Peinture murale. Palais Chehel Sotun, Esfahân, vers 1796.

La céramique

La céramique est l'un des plus beaux arts de l'Islam et de l'Iran, parfois largement méconnu et sous-estimé, et qui se mesure aisément aux productions chinoises ou européennes.

Histoire des objets en céramique

▶Jarre en terre cuite glaçée, aux décors en relief. Neyshâbur, IXᵉ s. Musée du Verre et de la Céramique, Tehrân.

La poterie islamique va hériter de multiples apports: égyptien, gréco-romain et byzantin à l'ouest, mésopotamien et perse à l'est. L'influence de la Chine sur les débuts de la céramique islamique est discutée, mais les fouilles de Suse ont mis à jour des pièces qui attestent d'une continuité entre les périodes sassanide et omeyyade.

La céramique musulmane prend son envol sous les Abbassides dès le VIIIᵉ s. Plusieurs techniques révolutionnaires font leur apparition, sans doute à Bagdad: la faïence, la pâte tendre (composée de 75 à 80% de silice), le lustre métallique. Suse, Neyshâbur, Rey, Dâmghân et Sirâf sont quelques-uns des premiers centres de production en Iran. A l'époque seldjoukide, la céramique s'épanouit, les centres de production se multiplient, des innovations se répandent: le lustre métallique, notamment, produit à Kâshân. Entre le XIIᵉ et le XIIIᵉ s., l'Iran crée des pièces typiques appelées *minâi** ou *haft rang*. Elles sont composées de sept couleurs, d'où leur nom (*haft* = sept; *rang* = couleur): le bleu, le vert, le brun, le rouge, le noir, le blanc et l'or, avec des nuances pour les trois premières. Aux XIIIᵉ et XIVᵉ s., les *lâdjvardina* possèdent un décor moins coloré que les minâis, et qui s'épanouit sur un fond généralement bleuté (*lâdjvard* est le bleu du lapis-lazuli).

Malgré les ravages de leur intrusion, les Mongols poursuivent les traditions seldjoukides. Ils introduisent de nouvelles formes: des

LES ARTS ET LA CULTURE

bouteilles en forme de poires à long col et des bols profonds. Ils apportent aussi quelques influences de Chine, comme les céladons (des pièces monochromes vert clair) ou des symboles (le phénix et le lotus). Avec les Timourides (XIVᵉ-XVᵉ s.), le décor architectural en céramique prend son essor, alors que les céramiques objets portent surtout un décor peint en noir ou en bleu. On attribue tantôt à la Chine tantôt au Proche-Orient l'origine d'un modèle portant un décor en bleu sur fond blanc. Ces céramiques «bleu et blanc», aux motifs inspirés souvent de Chine, constitueront une grande partie de la production au temps des Safavides (1501-1732). Durant cette période, on produit également des pièces monochromes, blanches ou céladon, ainsi que des céramiques polychromes, aux thèmes surtout animaliers. A l'époque qâdjâre, le décor «bleu et blanc» décline, les objets s'enrichissent de nombreuses couleurs, et les productions reçoivent l'influence des porcelaines de France, de Vienne ou d'Angleterre.

▶Bol, Neyshâbur, IXᵉ-Xᵉ s. Musée National de l'Iran, Tehrân.

▶Bol (technique *minâi*), Rey, XIIIᵉ s. Musée National de l'Iran, Tehrân.

Le décor des pièces

Le décor des premières poteries (jarres, amphores, bols, lampes, etc.) utilise les techniques de l'Antiquité, comme les incisions, les moulages ou les ajourages. Le décor reprend des modèles sassanides, tels que les rosettes, les palmettes, les animaux ou les cavaliers. Destinée à un usage pratique et quotidien, la grande majorité des pièces est dépourvue de décor et de glaçure. D'autres pièces, en revanche, plus raffinées et complexes, étaient créées dans des ateliers urbains pour les cours royales et la bourgeoisie fortunée. Les esthétiques sont aussi variées que les centres de production. Elles déclinent et entrecroisent des motifs abstraits (coulures, palmettes, rayures, étoiles, etc.), des calligraphies (versets coraniques, poèmes, proverbes, formules) et des éléments figuratifs (personnages, animaux). Le décor est monochrome ou polychrome (bleu, vert, brun sur fond monochrome, blanc ou jaune). Plusieurs céramiques sont même de véritables sculptures animalières: en forme de lion, de coq ou de bouquetin, elles servaient souvent d'aiguière.

▶Plat (*lâdjvardina*), Sâveh, XIVᵉ s. Musée National de l'Iran, Tehrân.

▶Jarre (céramique «bleu et blanc»), Esfahân, XVIᵉ s. Musée National de l'Iran, Tehrân.

Au sein de l'art musulman, c'est le monde iranien qui a donné au décor architectural ses polychromies les plus éclatantes, en transformant les mosquées, les palais ou les mausolées en oasis d'émail. Cependant, cette «peau» de couleur n'a que progressivement recouvert les édifices. Pendant les premiers siècles, le décor est construit avec le matériau de construction: la brique, avec laquelle les artisans dessinent des motifs géométriques. Dès l'ère seldjoukide (XIᵉ-XIIᵉ s.), des céramiques tur-

La céramique dans l'architecture

Gonbad-e Kabud,
Marâgheh, 1196-97.

Mosquée Bleue, Tabriz, 1465.

Mosquée de l'Imam,
Esfahân, 1612-1627.

►Pichet, Rey, XIIIᵉ s.
Musée National de
l'Iran, Tehrân.

quoise sont découpées et incrustées ponctuellement dans ces dessins de briques. Par un contrepoint chromatique, elles en soulignent les contours, en dynamisent les motifs, allègent les masses. Les lettres des calligraphies sont souvent recouvertes d'un émail bleu-turquoise qui augmente leur lisibilité et anime leurs sens.

Dès le XIVᵉ s., à l'époque mongole, d'autres couleurs s'ajoutent au décor: le bleu, le blanc, le noir, puis le jaune. Les surfaces décorées deviennent aussi de plus en plus grandes. Apparus au XIIᵉ s. pour les objets, le minâi* et le lustre métallique* sont employés à l'occasion pour l'architecture. L'époque timouride (XVᵉ-XVᵉ s.) va pousser plus loin encore l'unité et le mariage de l'architecture et du décor. Son esthétique s'inspire de la Perse, mais c'est en Asie centrale que l'on trouve ses principaux chefs-d'œuvre, surtout à Samarkand (59). Sous les Safavides (1501-1732), les céramiques architecturales connaissent leur période la plus grandiose. La majorité des œuvres se concentre à Esfahân. Fruit de plusieurs siècles d'expérience, la grâce de l'architecture se marie à une polyphonie de couleurs, et les céramiques recouvrent presque toutes les surfaces apparentes.

La fin des Safavides amorce un certain déclin du goût et de la qualité des décors. Les revêtements de céramiques sont aussi moins ambitieux et imaginatifs, et l'influence européenne engendre parfois des mélanges esthétiques peu heureux. A Shirâz, capitale de Karim Khân Zand au XVIIIᵉ s., les artistes introduisent la couleur rose dans les céramiques, en hommage aux fameuses roses de la ville. Le décor, où foisonnent les roses et les œillets roses, est charmeur et délicat, mais il n'évite pas la mièvrerie. Sous les Qâdjârs (1779-1925), les harmonies de couleurs sont parfois acides et rudimentaires, ou au contraire doucereuses et précieuses. A côté de belles créations géométriques, les céramiques s'ornent de scènes religieuses, de personnages ou de paysages à l'européenne, dans une esthétique naïve et répétitive, parfois pompeuse et surchargée. Aujourd'hui, des artisans créent toujours des carreaux de céramique émaillée pour décorer

Palais du Golestân, Tehrân, XIXᵉ s.

des maisons ou des édifices religieux, mais l'esthétique assez académique a perdu de sa sève et de sa profondeur.

Mosaïques et carreaux

Deux types de décors en céramique ornent l'architecture. Soit des mosaïques*, dans lesquelles le motif est obtenu par l'assemblage de fragments de couleurs différentes, prédécoupés et cuits séparément. Soit des carreaux, sur lesquels on peint le motif avec différentes couleurs, séparées par une ligne noire pour souligner les contours du dessin et éviter que les couleurs ne se mélangent à la cuisson: les couleurs de la plaque sont alors cuites ensemble, selon le procédé minâi* ou haft rang. La technique de la mosaïque est lente mais techniquement aisée, et elle permet d'obtenir des couleurs possédant chacune leur maturité chromatique. La technique minâi est plus rapide, mais sa cuisson est techniquement plus difficile et les couleurs, cuites ensemble par des températures moyennes, ne possèdent pas toutes la même qualité lumineuse et chromatique.

Les mosaïques sont réalisées selon une technique que l'on trouve aussi bien au Maroc qu'en Asie centrale. On cuit des carreaux émaillés d'une seule couleur, sur lesquels l'artisan dessine et découpe avec un marteau les éléments de la mosaïque: polygones, courbes, droites, etc. Puis ces éléments sont assemblés comme un puzzle, mais à l'envers, la face émaillée tournée vers le sol. Après vérification de la composition, on coule du ciment ou du plâtre sur le dos de la mosaïque. Une fois terminé, l'ensemble est transporté de l'atelier à l'édifice qu'il doit décorer.

Mosquée du Vendredi, Yazd, XIVᵉ s.

D'un point de vue technique, les potiers musulmans ont eu plusieurs siècles d'avance sur l'Europe. On leur doit l'invention du lustre métallique, de la technique du petit feu et d'une pâte tendre que l'Europe n'a connue qu'à partir du XVIᵉ s. Ils ont également créé le procédé de la faïence: un décor d'émail sur une glaçure opaque d'étain, que l'Europe a repris pour créer ses faïences, la majolique ou le Delft.

Nous possédons peu de textes anciens sur la céramique. Le plus important et le plus ancien date de 1301: on le doit à Abu al-Qâsem, un artisan de Kâshân, issu d'une célèbre famille de céramistes.

Art du feu, la céramique a aussi une dimension alchimique, puisque tout artisanat est une sorte de miroir de l'homme. «Cet art est en vérité pareil à l'obtention de la pierre philosophale, *al-eksir*», écrivait Abu al-Qâsem. Le caractère sacré de cet art ne date pas de l'époque musulmane, qui a hérité de l'alchimie gréco-égyptienne. A Choghâ Zanbil, par exemple, les fours des potiers se trouvaient dans l'enceinte sacrée du temple et les artisans sous la responsabilité des prêtres. Un riche symbolisme compare l'âme à une argile qui doit être pétrie et modelée. La cuisson de la céramique symbolise la fixation de l'âme dans un état contemplatif, alors que le décor coloré manifeste la beauté de l'âme régénérée.

Techniques d'un art du feu

► Carreaux de céramique employés comme décor mural. Kâshân, v. 1337. Musée National de l'Iran, Tehrân.

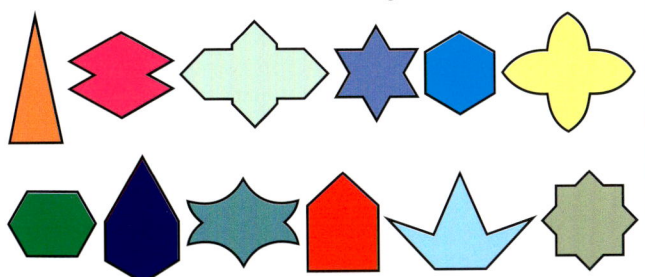

Quelques formes de pièces utilisées dans les mosaïques de céramique.

La pâte

Dans les premiers siècles, les céramistes musulmans ont utilisé une pâte composée essentiellement d'argile. Dès le XIIᵉ s. se répand une pâte contenant surtout de la silice, déjà connue en Egypte ancienne et en Mésopotamie. Plus dure et résistante, elle se prête mieux aux émaux qui doivent être cuits à de hautes températures. D'un point de vue technique, seule la pâte argileuse est une «faïence», mais plusieurs livres sur l'art islamique qualifient indifféremment de faïence les pâtes composées d'argile ou de silice. La porcelaine est une substance composée de kaolin, de feldspath et de silice: l'Iran n'en a réellement produit qu'à la fin du XIXᵉ s.

Un artisan peint les émaux sur une pièce cuite. Esfahân.

Une fois la pâte façonnée et séchée, on la recouvre d'une glaçure, une substance vitreuse qui forme une couche protectrice. On peut la laisser transparente ou la rendre opaque en ajoutant de l'étain: c'est la glaçure dite stannifère, de couleur blanche. Entre la pâte et la glaçure, peut prendre place une substance terreuse, argileuse ou siliceuse: l'engobe. Appliqué sur la pâte crue, il facilite l'adhérence de la glaçure à la pâte, tout en offrant un fond opaque qui peut être blanc, noir ou ocre. Un décor est parfois peint au moyen d'un engobe coloré puis recouvert d'une glaçure transparente: on parle d'un décor «peint à l'engobe» ou «engobé».

Les couleurs

Les pièces les plus simples ne sont pas glacées: leur couleur est celle de leur matériau, et leur décor éventuel est sculpté dans la pâte crue. D'autres pièces sont recouvertes d'une glaçure ou d'un engobe qui leur donnent une teinte monochrome. Les œuvres les plus complexes possèdent un décor polychrome sur une glaçure opaque ou sur l'engobe.
Les couleurs sont obtenues à partir d'oxydes métalliques, qui sont broyés et mêlés à la

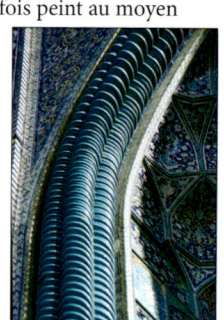

Boyaux torsadés émaillés. Mosquée de l'Imam, Esfahân, 1612-1627.

glaçure: ce sont les émaux. Leur véritable teinte se révèle à la cuisson et lorsqu'ils sont mis en contact avec d'autres oxydes et des substances contenues dans la glaçure. On utilise le cobalt pour le bleu et le turquoise, le cuivre pour des types de vert (turquoise, bleuté ou émeraude), le manganèse pour le violet, l'antimoine pour le jaune, le chrome pour une palette de verts et de jaunes, le fer pour des teintes allant du jaune-orange au vert.

Muqarnas. Portail de la mosquée Lotfollâh, Esfahân, 1602-1619.

Pour créer les minâis*, les potiers ont développé un procédé technique permettant de cuire sur une même pièce des émaux aux températures de cuisson différentes. Une première cuisson à haute température fixe la glaçure, qui peut être blanche, voire bleue, et qui peut comporter des éléments de décor peints avec des oxydes de grand feu (bleu, vert, noir). Sur

Coupes d'un four.

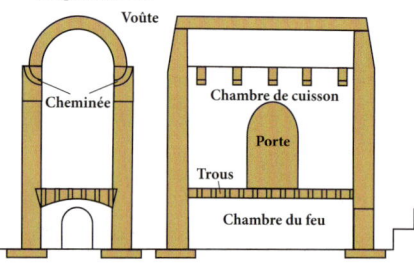

Voûte

Cheminée

Chambre de cuisson

Porte

Trous

Chambre du feu

ce fond, l'artiste ajoute des émaux demandant une température plus basse (or, rouge); puis la pièce subit une deuxième cuisson oxydante et à petit feu. Grâce à ces deux cuissons, l'artisan dispose d'une palette de couleurs plus importante. Apparu certainement en Irak au IXe s., puis répandu en Iran au XIIe s., le lustre métallique consiste à déposer sur une pièce déjà recouverte d'une glaçure une pellicule de métal (oxyde de cuivre ou d'argent). En recuisant la pièce, le métal s'incorpore à la glaçure: il prend alors une teinte qui va du jaune au vert, et donne à la céramique un éclat brillant, irisé et métallisé.

La cuisson à «petit feu» s'effectue avec des températures comprises entre 600° et 750°C, et la cuisson à «grand feu» avec des températures situées entre 750° à 1000°, parfois jusqu'à 1400° C. Certains oxydes (manganèse, fer, cuivre, cobalt) sont cuits à «grand feu», d'autres à «petit feu». Un manque de chaleur empêche la vitrification, alors qu'un excès altère les teintes.

Selon les types de feu, le potier peut provoquer des réactions chimiques, qui vont changer les couleurs ou le degré de fusibilité des émaux. Un feu clair, aéré et sans fumée, amène de l'oxygène aux émaux, alors qu'un four peu aéré et enfumé leur enlève de l'oxygène. Dans le premier cas (cuisson oxydante), l'oxyde de fer devient ferrique (il y a oxydation) et peut prendre une teinte jaune ou rouge; dans le second cas (cuisson réductrice) il devient ferreux et prend une teinte verte ou noire.

On a retrouvé très peu de fours anciens: certains se trouvent à Neyshâbur et à Sirâf. Construits en briques, leurs formes varient en fonction de la grandeur et du genre des céramiques, de la température qu'il faut obtenir, du type d'opération technique ou des matières travaillées. La chambre de cuisson est couverte d'une coupole, dont le sommet est troué pour former une cheminée. Les céramiques sont posées sur un sol en terre cuite percé de trous, placées sur un trépied ou sur des bâtons en terre cuite fichés horizontalement dans les murs. La chambre du feu est souvent enterrée et les flammes atteignent la chambre de cuisson à travers les trous percés dans le sol.

Les textiles

La production de textiles (vêtements, rideaux, couvertures, etc.) fut l'une des principales activités commerciales de l'Orient musulman. Son importance se reflète dans notre vocabulaire, influencé par des mots arabes, persans ou turcs: la mousseline (de la ville irakienne de Mossoul), le cafetan (en persan *kheftân*), ou le taffetas (du persan *taftân*). Aux époques parthe et sassanide, la Perse était renommée pour ses tissages de soie et les Sassanides pratiquèrent la sériciculture venue de Chine: cette longue tradition se poursuivit à l'ère islamique. En raison de leur fragilité, peu de tissus nous sont parvenus, et presque toujours sous forme de fragments. Au Moyen Age, plusieurs soieries sassanides et islamiques ont été rapportées en Europe par des Occidentaux, qui les utilisèrent pour emballer les reliques trouvées en Terre Sainte: elles appartiennent aujourd'hui aux trésors de plusieurs églises médiévales.

La cuisson et ses procédés

▶Céramique peinte et lustrée, de l'Imâmzâdeh Ali Ibn Djafar, Qom, XIVe s.

▶Robe d'Amir Kabir. Laine et broderies d'or et de perles, XIXe s. Musée National des Joyaux, Tehrân.

Filature en «S» (à gauche) et en «Z» (à droite).

Les ateliers d'Iran travaillaient la soie, produite principalement dans les régions de la Caspienne, dans le Fârs et le Khuzestân, et le coton, cultivé dans les régions de la Caspienne, au Khuzestân et au Khorâsân. Les artisans créèrent ou développèrent plusieurs techniques, comme une broderie exécutée au cours du travail, et non sur l'objet fini. Les fibres qui composent le fil travaillé étaient torsadées dans le sens contraire des aiguilles d'une montre: c'est la filature en Z, qui se répandit en Egypte au IXᵉ s. où elle supplanta la filature en S, dans laquelle les fils sont torsadés dans le sens des aiguilles d'une montre. Plusieurs techniques de tissage étaient utilisées. Le lampas* est un textile broché: grâce à une chaîne et à une trame supplémentaires, les artisans ajoutaient sur un tissu de base un motif formant un léger relief, comme un dessin en sergé sur une base en satin. Un autre type de tissage, le samit*, était déjà connu dans l'Empire byzantin et chez les Sassanides. Comparable à du satin lustré, il est composé d'une chaîne principale, recouverte, sur ses deux côtés, d'une chaîne et d'une trame formant le dessin de la pièce et entrelacées selon le principe du sergé (2 lie 1).

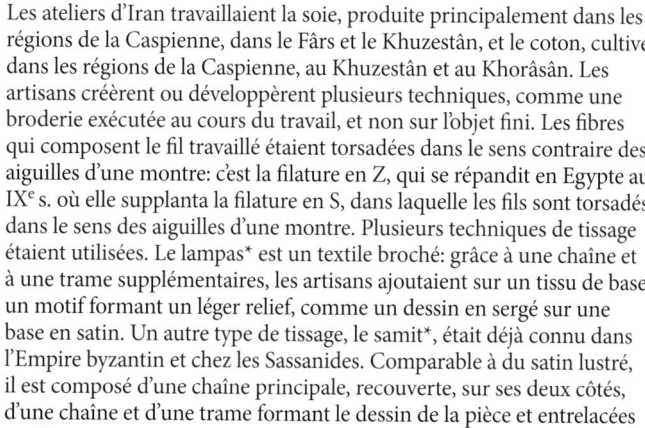

▶**Suaire de Saint Josse. Samit en soie, Iran oriental, milieu du Xᵉ s. Musée du Louvre, Paris.**

Différent du vêtement arabe et de sa tunique rectangulaire, l'**habit persan** traditionnel a employé régulièrement, depuis l'époque pré-achéménide jusqu'au début du XXᵉ s., les mêmes éléments: un manteau plus ou moins ample et long avec des manches, un pantalon long, des bottes serrées et une coiffe souple plus ou moins haute. Les dynasties islamiques successives ont apporté des variations aux costumes et à leur ornementation, en particulier une influence chinoise sous les Mongols ou la vogue des habits européens à la cour des Qâdjârs dès le XIXᵉ s. Le vêtement était un signe de richesse et de prestige, le témoin d'un art de vivre, un emblème social et un symbole de spiritualité. Il adoptait des formes diverses, correspondant au statut social de son propriétaire. Le vêtement islamique a repris plusieurs motifs de l'époque sassanide, comme les animaux affrontés inscrits dans des roues perlées ou les aigles bicéphales, et des habits luxueux, les *tirâz**. Il a enrichi le vocabulaire esthétique et symbolique par une plus grande stylisation des thèmes, l'emploi des calligraphies et des emblèmes héraldiques.

La soie

La sériciculture aurait été inventée en Chine par l'épouse d'un empereur mythique, Houang-ti, au ~IIIᵉ mil., mais les premiers fragments de soieries, découverts dans des tombes royales, remontent à la dynastie Shang (~XVIIᵉ-~XIIᵉ s.). Matière de luxe, la soie a permis de tisser des vêtements somptueux et elle a aussi servi de support à la peinture et à la calligraphie. Elle fut des siècles durant un cadeau diplomatique, un gage de paix, un rappel d'allégeance et un moyen d'échange. En Occident, la soie fut connue dès le ~Iᵉʳ s.: les Romains l'obtinrent de l'Empire parthe, qui contrôlait les caravanes marchandes entre la Chine et le Proche-Orient.

Le **fil de soie** est l'œuvre de la chenille d'un papillon: le *Bombix mori*. Dans un milieu tempéré, les œufs de la femelle donnent naissance à des vers que l'on dispose sur des claies. Ils sont nourris exclusivement de feuilles de mûrier, jour et nuit, et dans des quantités de plus en plus importantes. En cinq semaines, leur taille passe de quelques millimètres

▶**Tapis de soie, Kâshân, XIXᵉ s. Musée du Tapis, Tehrân.**

à quelques centimètres (entre cinq et dix). Une fois achevées ses évolutions successives, la chenille commence à filer et tisse un cocon autour d'elle. En quatre jours, elle peut régurgiter entre un et deux kilomètres de fil de soie. Les cocons sont ensuite placés au-dessus de réchauds, pour tuer le ver avant qu'il ne se transforme en papillon et ne détruise la précieuse coque de fil en s'en échappant. Les cocons sans défauts sont mis dans de l'eau chaude pour dissoudre la matière qui colle les fils et faciliter leur dévidage. Certains vers sont réservés à l'élevage et se transforment en papillons. Avant d'être tissés, les fils de soie sont teints avec des produits d'origine végétale. Le secret de fabrication de la soie fut bien gardé et pendant longtemps. Une légende raconte qu'au Ve s. une princesse chinoise, promise à un roi du Khotan (Turkestan* chinois), fit sortir secrètement de Chine des feuilles de mûrier et des vers à soie en les cachant dans sa coiffure. Du royaume de Khotan, la sériciculture se répandit ensuite vers l'Occident, jusqu'en Arménie et en bordure de la mer Caspienne. La Perse sassanide s'imposa comme l'un des centres de production les plus importants. On commença à y tisser la soie sans doute dès le IIIe s., et le ver à soie fut peut-être cultivé dès le IVe s., avant Byzance qui en aurait reçu la technique de la Perse. En remodelant les cartes politiques et commerciales de l'Asie, la conquête musulmane favorise la diffusion de la sériciculture en Syrie, dans le Maghreb et en Espagne musulmane. Elle apparaît en Sicile au XIIe s., et de là en Italie le siècle suivant. Aujourd'hui, le ver à soie est toujours cultivé en Iran, principalement dans les provinces de la Caspienne.

Impression…

… bain de garance …

Les tissus imprimés (*qalamkâr*)

Venu de l'Inde, cet art fut pratiqué par les Sassanides (IIIe-VIIe s.). Perpétué à l'époque musulmane, on le trouve aujourd'hui à Esfahân, Yazd ou Kâshân. L'artisan utilise plusieurs blocs de bois, gravés de motifs géométriques et floraux qui vont composer le dessin global. Le tissu, en coton assez grossier, est imprimé en plusieurs fois: l'artiste pose les couleurs successivement en enduisant les bois d'une seule couleur. Les tissus imprimés sont ensuite bouillis dans une solution de garance qui développe et fixe les couleurs, puis les pièces sont lavées et séchées. L'imprimeur peut alors ajouter d'autres couleurs sur l'étoffe qui est ensuite bouillie une seconde fois puis séchée à l'air.

… séchage des tissus. Esfahân.

Les tapis

La Perse et le monde turc sont à l'origine des plus belles productions de tapis noués. Signe de son prestige, l'expression «tapis persan» est parfois utilisée – abusivement – pour désigner tous les tapis d'Orient. Il ne s'agit pas d'un art spécifiquement islamique. Le nouage et le tissage étaient déjà pratiqués des centaines voire des milliers d'années avant la naissance de l'Islam, et les motifs et symboles utilisés encore aujourd'hui remontent parfois à la préhistoire. L'Islam va néanmoins permettre son épanouissement et sa diffusion, et créer des formes originales, comme le tapis de prière.

«Là où est mon tapis, là est ma demeure.»

Un nomade iranien

Les Occidentaux voient dans le tapis un objet de luxe, d'un esthétisme gratuit, que l'on marie souvent mal à l'ameublement européen. Mais pour les Iraniens, il est un objet quotidien et pratique et un signe extérieur de richesse. Par ses symboles et sa beauté, il véhicule également des valeurs culturelles et spirituelles. Evoquant les paradis posthumes, le Coran (LV, 76) dit des croyants qu'ils se reposeront sur de splendides tapis. La réalisation d'un tapis est une source de revenu vital pour les nomades et les paysans, et même pour des familles citadines.

Histoire

Les origines du tapis demeurent mystérieuses, et les discussions des spécialistes sont la seule certitude. Le plus ancien tapis connu a été découvert en Sibérie, à Pazyryk dans les monts Altaï. Il appartenait au mobilier d'un tumulus funéraire (un kourgane) d'un prince scythe. Daté du ~V^e ou des ~IVe-~IIIe s., ce tapis est conservé au Musée de l'Hermitage à Saint-Pétersbourg. Mesurant 200 x 183 cm, sa matière de base est la laine, nouée avec une densité de 3600 nœuds symétriques («turcs») au dm^2. Les bordures témoignent d'une influence achéménide: elles montrent un défilé de daims, une frise de cavaliers et des griffons*. Divers témoignages, comme des annales chinoises, parlent de tapis de laine produits en Perse durant la dynastie sassanide. Le tapis le plus célèbre de cette époque a disparu, mais un historien, al-Tabari (839-923), nous en a laissé une description. Appelé le «Printemps de Khosrow», il mesurait environ 30 m^2 et se trouvait dans le palais de Ctésiphon, aujourd'hui en Irak. Créé d'une seule pièce et vraisemblablement tissé plutôt que noué, il représentait un jardin: les plantes étaient des pierres précieuses incrustées dans le tissu, les feuilles tissées de soie, l'eau rendue avec de l'or. Après avoir mis à sac le palais, les Arabes envoyèrent le tapis au calife Umar, puis il fut mis en pièces à Médine.

▶Tapis de Pazyryk, Altaï, ~V^e ou ~IVe-~IIIe s. Musée de l'Hermitage, Saint-Pétersbourg

On sait peu de choses du tapis persan avant le XVIe s., car aucun exemplaire antérieur à cette époque ne nous est parvenu intact. Nos seules sources d'information sont des textes et des miniatures, qui montrent des tapis aux motifs géométriques, souvent proches des tapis turcs de l'ère seldjoukide. A la fin du XVe s., des peintures témoignent d'un changement de style. Les tapis timourides se sont enrichis des motifs chinois (animaux, oiseaux, pivoines, lotus, bandes de nuages) apporté au XIIIe s. par les Mongols. Sous les Safavides, les tapis abandonnent les motifs géométriques, angulaires et rectilignes des tapis turcs et dessinent une harmonie organique de jardins, d'animaux et de petits personnages. Essentiellement floral, le décor est toujours structuré par des canevas géométriques, mais sa composition est souple, élégante, virtuose et empreinte

Nouage d'un tapis. Nâ'in.

▶Reconstitution d'un tapis de Persépolis, période achéménide.

d'un certain naturalisme. Au XVIe s., Shâh Tahmâsp Ier crée des manufactures royales de tapis, notamment à Tabriz, Esfahân, Kâshân et Kermân. De nouveaux modèles de tapis sont créés, qui sont encore aujourd'hui des sources d'inspiration. A travers le commerce de tapis et de soie avec l'Europe, des motifs européens s'introduisent dans les tapis comme dans la peinture. Au XVIIIe s., les décennies suivant la fin des Safavides mettent en veilleuse un art du tapis qui renaît avec les Qâdjârs et qui s'enrichit alors de nouveaux motifs. Le commerce

■Gonbad (région turkmène, nord-est de l'Iran).

fructueux avec la Russie et l'Europe entraîne pourtant un déclin de la qualité. L'usage de colorants chimiques qui déteignaient au lavage et à la lumière, des tapis trop vite faits, une esthétique dénaturée ou édulcorée, sabordèrent un commerce qui ne put reconquérir sa réputation qu'avec le premier roi Pahlavi dans les années 1930. Aujourd'hui, le tapis est le principal artisanat exporté.

A côté de cette production citadine et villageoise existe une très riche création de tapis nomades, noués ou tissés, d'une grande variété. Leur esthétique est sobre et intense, plus stylisée et moins naturaliste. Elle utilise essentiellement des motifs géométriques et une gamme de couleurs limitée. Pour les

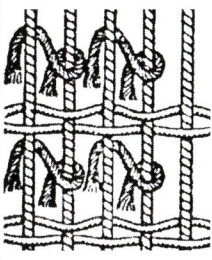

Nœud turc.   Nœud persan.

nomades, le tapis est le meuble mobile par excellence: signe de richesse et de confort, il est aussi le blason d'une société, d'un clan, d'un art de vivre et d'un enracinement passager dans le monde.

Pour les nœuds et pour les fils de chaîne et de trame, les matières premières sont la laine (le plus souvent de mouton, parfois de chèvre), le coton, la soie, et, dans certains tapis luxueux, des fils d'or ou d'argent. Après avoir été tondue, cardée et filée, la laine est teinte avec des produits parfois chimiques, mais le plus souvent naturels et dont l'utilisation remonte parfois à la préhistoire. Le rouge peut être obtenu à partir de la cochenille, du carthame, de racines de garance, de jus de cerise ou de peau de grenade; le jaune du safran, du curcuma, de l'écorce du grenadier; le bleu de l'indigo; le vert du verdet ou vert-de-gris, ou d'une double teinture d'indigo et de jaune; le marron et le noir du brou de noix, du tabac, du thé ou de variétés d'indigo.

Matières et techniques

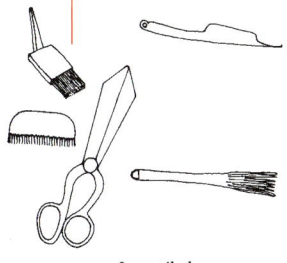

Les outils du noueur: lame munie d'un crochet, peignes, ciseaux.

Les tapis peuvent être réalisés chez des nomades et des semi-nomades, chez des privés ou dans des manufactures. Les nomades utilisent un métier généralement horizontal, de taille modeste, très facile à plier et à transporter. Dans les villages et les villes, les métiers sont verticaux et fixes, plus ou moins grands selon le type de tapis, et munis d'un siège amovible et réglable en hauteur. Pour créer un tapis, on commence par tendre des fils verticaux de la longueur du tapis: c'est la chaîne. Au bas de la chaîne, une bordure est tissée pour

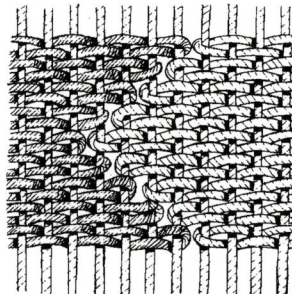

Kelim.

constituer une base solide, alors que quelques fils sont laissés libres de nœuds, à gauche et à droite, afin de créer des lisières latérales. Le nouage se fait ensuite de bas en haut, rangée par rangée, en respectant scrupuleusement le dessin (le carton) qui indique précisément quels nœuds de quelle couleur doivent être placés à tel endroit. Deux types de nœuds sont utilisés: le nœud dit turc ou *gördes*, symétrique, et le nœud dit persan ou *senneh*, asymétrique.

Avec un crochet, l'artisan prend deux fils de chaîne et y noue un fil de couleur. Lorsqu'une rangée est terminée, il glisse, entre les fils de la chaîne, deux fils de trame qu'il tasse à l'aide d'un peigne. Lorsque le nouage est terminé, une bordure tissée vient, comme au début, clore le tapis. Les franges sont des fils de la chaîne. Le velours du tapis est ensuite rasé et égalisé au moyen d'un couteau ou de ciseaux, puis le tapis est lavé à l'eau.

Une autre variante est le tapis nomade tissé ou kelim*. Les fils sont glissés alternativement sur et sous les fils de la chaîne. Contrairement au tapis noué, l'artisan travaille par plage de couleur et non par rangée: il tisse entièrement tel triangle noir avant de tisser sa bordure rouge, et ainsi de suite. Il existe plusieurs méthodes de tissage, selon la complexité des motifs: le dessin ci-dessus à gauche illustre la manière la plus simple de juxtaposer deux surfaces de couleurs différentes.

La symbolique du tapis

La réalisation du tapis possède une signification très riche. Colonne vertébrale du tapis, les fils de chaîne évoquent l'axe immuable et divin du monde, reliant la terre et le Ciel, alors que les fils horizontaux de la trame symbolisent le tissage infini des mondes et des destins. Le tapis est une image de l'univers, où les créatures sont nouées et tissées par Dieu sur la chaîne de son omniscience. Par son décor, il est également une figure abstraite de l'âme, de son équilibre et de sa complexité. Chaque tapis est un monde en réduction et reflète les idéaux, les valeurs et la vie d'une collectivité. Porte vers l'Invisible, seuil de l'âme, il peut devenir le support d'une méditation qui ne cesse de voyager dans les sens entrelacés du tissage. Pour une sensibilité contemplative, les symboles des couleurs et des formes ont des vertus régénérantes, structurantes et illuminatives. Nomades ou citadins, les tapis ont recours aux mêmes archétypes: la composition et les figures géométriques (signes métaphysiques primordiaux), la végétation (image du paradis), les animaux (figures héraldiques), la symbolique de la bordure et du centre qui exprime le rapport entre le corps et le cœur, ou entre notre monde et le paradis. Des poèmes tissés dans des cartouches comparent parfois le tapis à un jardin paradisiaque, toujours fleuri et odorant, à un ciel étoilé, dont la beauté dissipe les soucis et rend jaloux le ciel lui-même. Si certains éléments symboliques se rencontrent partout et toujours, chaque ville et chaque tribu peuvent avoir leur interprétation des signes et leur démarche de stylisation symboliste. Dans le tapis comme dans tous les arts iraniens, le symbole est la relation vivante entre Dieu et l'homme, l'âme et le monde, la société et la nature: ses significations sont à la fois immuables comme l'Esprit, et variées comme les individus, les spiritualités et les connaissances.

►Tapis dans une peinture
sur livre de 1544.
Bibliothèque du palais
du Golestân, Tehrân.

Quelques types de tapis

❶ Tapis dit «polonais»

Noué de soie et broché avec des fils d'or et d'argent, il s'agit d'un tapis floral, dont on possède encore près de 300 exemplaires. Il fut un cadeau diplomatique fréquent au XVIIe s. Son nom vient d'une erreur commise au XIXe s.: on crut qu'il s'agissait d'un tapis fabriqué en Pologne, car certains représentaient les armoiries de la famille princière des Czartoryskis.

❶ ►Tapis de soie, Esfahân, XVIIe s. Musée du Tapis, Tehrân.

❷ ►Tapis de laine, Tabriz, XVIIe s. Musée du Tapis, Tehrân.

❷ Tapis à médaillon

Il se compose d'un médaillon central rayonnant, entouré d'un semis de fleurs, d'arabesques florales, d'animaux ou d'une scène de chasse.

❸ Tapis floral

Il comprend des arbres, des fleurs ou des arabesques florales, disposées de manière régulière dans le champ. Paradis miniature, il évoque autant les plaisirs terrestres qu'un jardin d'Eden et un éternel printemps.

❸ ►Tapis de soie, 1er quart du XVIIe s. Basilique Saint-Marc, Venise.

❹ ►Tapis de soie, Tabriz, 2e partie du XIXe s. Musée du Tapis, Tehrân.

❹ Tapis de vase

Son motif, que l'on trouve également dans la céramique, se compose d'un ou de plusieurs vases, d'où jaillit un riche bouquet.

❺ Tapis de jardin

Il reproduit la structure du jardin iranien appelé *chahâr bâgh* («quatre jardins»). Quatre canaux forment une croix, avec un bassin pour centre: des fleurs, des arbres et des animaux les entourent (*152*).

❻ Tapis de prière

Ce tapis, typiquement musulman, est destiné à la prière. Son décor représente la niche (le mihrab*) qui se trouve dans chaque mosquée sur le mur orienté vers La Mecque. Marquant une direction (contrairement au tapis centré), ce tapis est à la fois une mosquée miniature, une «boussole» spirituelle et, chez les mystiques, un espace sacré de méditation.

❻ ►Tapis de soie, Kâshân, XVIe s. Musée du Tapis, Tehrân.

❺ ►Tapis de laine, nord-ouest de l'Iran, XVIIIe s. Musée National du Koweit.

❼ ►Tapis de soie, Kâshân, XVIIIᵉ s.
Musée du Tapis, Tehrân.

❼ Tapis de chasse

Il reproduit une scène de chasse avec des cavaliers et du gibier, entourés d'arbres et de fleurs.

❽ Tapis figuratifs

Répandus au XIXᵉ s., ces tapis sont composés de scènes figuratives, dont le style naturaliste est directement influencé par les gravures, les peintures et même les photographies européennes. Leurs motifs sont inspirés par la littérature, la vie ou des figures politiques iraniennes.

❽ ►Tapis de laine, Kâshân, XVIIIᵉ s.
Musée du Tapis, Tehrân.

Le répertoire des motifs | Les motifs des bordures et des champs du tapis sont nombreux, mais ceux-ci comptent parmi les plus importants.

Les arabesques *islimi*.

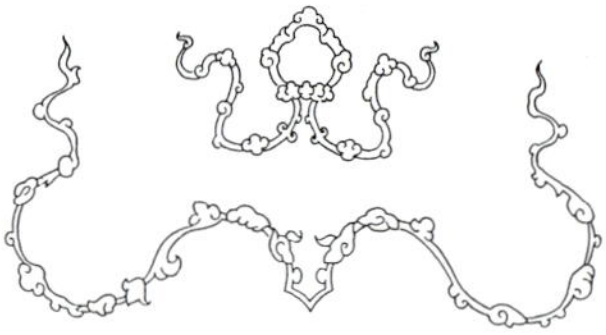

Palmettes de Shâh Abbâs.

Nuages.

Le motif *herati*.

Cartouche.

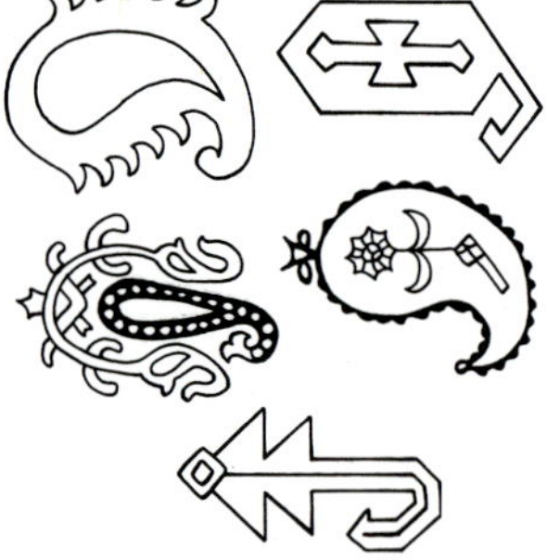

Le motif *boteh*.

Gol ou *gül* (fleur) des tapis turkmènes.

Les tribus, les villes et les régions ont leurs tapis spécifiques. La carte ci-contre indique les principaux centres de production.

Les centres de production

Plusieurs critères définissent la qualité d'un tapis et déterminent son prix: la matière, l'ancienneté, la qualité du travail, la beauté, l'originalité et la rareté du décor. Les indications ci-dessous sont parfois relatives, en ce qu'elles peuvent varier d'un spécialiste

Les qualités du tapis

et d'un ouvrage à un autre. Elles ne sont pas non plus des formules mathématiques infaillibles: un tapis moderne peut être plus réussi qu'un ancien, un tapis grossier plus précieux qu'un tapis fin, et les critères valables pour certains tapis ne peuvent être appliqués à d'autres.

- **La matière.** La valeur du tapis dépend de la valeur des matériaux de base (soie ou laine), mais aussi du soin avec lequel ceux-ci ont été sélectionnés, préparés et teints.

- **Les colorants.** Les colorants peuvent être naturels (avant 1860-70) ou artificiels. Introduits par les Européens, les premiers colorants artificiels durent être interdits par le chah en 1890, car ils endommageaient les fibres et ne résistaient pas bien à la lumière. Aujourd'hui, on obtient de bonnes teintures chimiques, mais les teintures naturelles sont préférées et préférables.

- **L'âge.** Les tapis antérieurs à l'introduction des colorants artificiels dans les années 1870 sont dits antiques; les tapis produits entre 1870 et 1920-1930 sont dits anciens ou semi anciens; les tapis exécutés après 1920-1930 sont qualifiés de modernes.

- **La finesse.** Les tapis plus ou moins grossiers ont entre 15'000 et 60'000 nœuds par m²; les tapis moyennement fins et fins entre 60'000 et 200'000 nœuds par m²; les tapis très fins entre 200'000 et 400'000 nœuds par m²; les plus fins ont plus de 400'000 nœuds par m².

- **Le travail.** Les défauts de fabrication peuvent être divers: médiocrité et disparité des teintures ou de la laine, un velours rugueux ou pelucheux, des nouages trop lâches ou irréguliers, un fini bâclé.

- **L'état.** Le tapis peut avoir subi de multiples dégradations: les couleurs ont pu pâlir, la structure se détendre, des bords s'effilocher et les réparations peuvent être plus ou moins soignées.

- **L'esthétique.** Les défauts d'harmonie peuvent relever à priori de la subjectivité, mais dans un tapis traditionnel, l'agencement des motifs ou des couleurs répond à certains principes stables, dont le respect garantit la valeur culturelle de l'objet. Le tourisme et le goût européen ont malheureusement suscité un certain académisme chez les producteurs, ou une altération du style qui affecte le choix des couleurs, la composition du dessin ou les règles du symbole.

▶Kelim kurde du Khorâsân.

▶Tapis turkmène.
Musée du Tapis, Tehrân.

▶Brûle-parfum en bronze, 1182. Metropolitan Museum of Art, New York.

▶Chandelier en bronze, Khorâsân, v. 1200. Musée National de l'Iran, Tehrân.

Le métal

L'art sassanide était réputé pour son orfèvrerie, et l'Iran islamique a directement hérité de son savoir-faire et de son esthétique. Pendant des siècles, les artisans musulmans reprirent, en les stylisant davantage, des motifs sassanides comme le Senmurv*, des scènes de chasse, des éléments végétaux, ou des formes d'objets, comme les aiguières ou les plats. L'art du métal iranien est relativement peu connu dans les premiers siècles. Réputé depuis l'époque samanide (Xe s.), le Khorâsân s'imposa, surtout depuis le XIe s., comme un important centre de production jusqu'à la conquête mongole. Puis c'est le Fârs qui prit le relais avec une production de qualité, composée surtout de coupes peu hautes, délicatement bombées, sur le corps desquelles des scènes figuratives alternent avec des calligraphies. De tous les objets domestiques de l'aristocratie ou de la bourgeoisie aisée, les œuvres en métal sont les plus nombreuses et les plus variées. Les Omeyyades et les Abbassides étaient connus pour leur goût des bijoux et de la vaisselle en métaux précieux. Les bijoux étaient un gage de richesse, et un bon moyen de la garder sur soi. La vaisselle de métal représentait le niveau de vie d'une famille ou la grandeur d'un souverain. Sur les bijoux, les armes, les récipients, les chandeliers, les heurtoirs, les astrolabes ou les brûle-parfums, la beauté et les symboles du décor magnifient toujours la dimension pratique de l'objet. Les motifs décoratifs sont empruntés à des Corans enluminés, des manuscrits illustrés, des peintures murales ou des textiles: arabesques végétales, entrelacs géométriques, animaux, scènes de chasse, personnages, calligraphies, signes astrologiques, etc. Des dédicaces sont fréquentes sur les pièces d'argenterie, rares sur les bronzes. Aujourd'hui, la fabrication d'objets en métal constitue toujours un artisanat important, mais l'emploi d'outils mécanisés et des productions en série ont fait baisser sa qualité.

Matières et techniques

Les objets peuvent être en bronze, en fer ou en cuivre, et comprendre une forte présence d'étain, de zinc ou de plomb. Le laiton et le cuivre ont souvent été utilisés pour imiter des métaux plus nobles comme l'or ou l'argent. L'Islam est réticent à l'égard des métaux précieux, associés à l'amour dangereux des biens terrestres et à la luxure. Convoités par les pillards, refondus pour faire de la monnaie, peu d'objets en or ou en argent nous sont parvenus.

Les objets étaient généralement coulés selon la technique de la cire perdue*. Dans les pièces composées, les différentes parties de l'objet étaient travaillées dans des feuilles de métal puis soudées les unes aux autres. Le métal pouvait être repoussé pour former un relief. Il était aussi ciselé, gravé, estampé ou ajouré. Les artisans ont employé cette dernière technique pour créer de magnifiques brûle-parfums en forme de lion ou d'oiseau. Sur l'objet refroidi, l'orfèvre ajoutait le plus souvent un décor d'incrustations.

Le mélange des métaux permettait de créer un décor polychrome. Pour obtenir des dorures, on mélangeait l'or à du mercure, puis on chauffait le décor posé sur la pièce: l'or se fixait, alors que le mercure s'évaporait. Déjà utilisée par les Sassanides, le nielle était du sulfure

▶Lampe en verre, XIe s. Musée du Verre et de la Céramique, Tehrân.

d'argent noir: placé dans les creux du décor gravé, on le fixait en chauffant l'objet. Le damasquinage (de «Damasquin»: habitant de Damas) consistait à souder de l'or, de l'argent, du laiton ou du cuivre dans les sillons du dessin d'une pièce.

Le verre

De l'art du verre iranien, nous possédons surtout des bouteilles et des flacons. L'histoire de sa production est

Vitraux. Maison Tabâtabâi, Kâshân, XIXe s.

souvent mal connue, et dans le monde musulman, c'est en Egypte et en Syrie que la production du verre connut son développement le plus important: elle y devint même une sorte de monopole dès le XIIIe s. Après avoir conquis le Proche-Orient, Tamerlan provoqua plus ou moins la fin de l'industrie de Syrie. Il déporta des verriers syriens à Samarkand, mais il ne parvint pas à y installer une production durable. L'époque safavide a connu une certaine renaissance de l'art du verre, influencé par l'Italie. Si les miroirs étaient importés de Venise, Shâh Abbâs Ier (1587-1629) demanda à des verriers vénitiens d'enseigner leur art à Esfahân et à Shirâz.

Les verriers musulmans ont hérité des techniques antiques, qu'ils ont développées et affinées. Au Moyen-Orient, cet art se développa à l'époque hellénistique, et il fut particulièrement à l'honneur chez les Sassanides. Parcouru

Mosaïque de miroirs. Mausolée de Fatima, Qom, époque qâdjâre.

de bulles, le verre était généralement incolore, parfois teinté dans des gammes de jaune, de vert ou de bleu. Jusqu'au IXe s., la plupart des objets en verre soufflé ne présentent que peu de décorations. Par la suite, ils pouvaient être émaillés, dorés ou recouverts de lustre métallique. Certains motifs étaient obtenus en posant sur une pièce de verre incolore des filaments de verres colorés, à chaud. Une autre technique consistait à recouvrir un objet en verre incolore d'une couche de verre coloré, sur laquelle l'artisan dessinait un motif décoratif: on enlevait ensuite à la meule certaines parties du verre coloré pour faire ressortir le verre incolore du dessous et cerner ainsi le dessin coloré du décor. Du VIIIe au XIe s., les verres étaient souvent incisés à l'aide d'un diamant. La Perse musulmane a hérité des Sassanides un décor en forme de rayons de miel, créé en creusant des alvéoles dans le verre. Dans les riches maisons et les mosquées, des verres colorés, sertis dans du plâtre ou du bois, forment des vitraux aux motifs géométriques ou végétaux. Depuis le XVIIe s., des palais et les mausolées sont décorés de mosaïques de miroirs. Tout en augmentant la luminosité des pièces, ils évoquent le miroir de l'âme des soufis, la pureté des paradis, la gloire royale ou le miroir du monde.

Le bois

Dans un pays désertique, où les rares forêts ont été décimées par la construction des navires et les besoins en chauffage, le bois est une matière de luxe, utilisée parcimonieusement. Des lutrins pour Corans, des portes ou des minbars* témoignent d'un remarquable art de la sculpture sur bois. Dans les riches maisons et les palais, le bois

Bois sculpté. Porte, Lâhidjân, 1606. Musée National de l'Iran, Tehrân.

Plafond. Palais Chehel
Sotun, Esfahân, XVIIᵉ s.

a été utilisé pour des plafonds, souvent peints ou marquetés, pour des colonnes, des portes et des armatures de vitraux. L'art iranien a excellé dans la marqueterie, où des arabesques florales et des entrelacs géométriques sont créés par de savantes incrustations de bois, d'os de chameau, d'ivoire ou de nacre (*329*). En Iran, on ne sait rien de cet art avant l'époque safavide (XVIᵉ s.). Shirâz fut un centre de création important. Cette «orfèvrerie» du bois fut même pratiquée par l'aristocratie et l'on disait de Soltân Ebrâhim Mirzâ, un prince safavide, qu'il était très habile «en menuiserie et en marqueterie». La marqueterie déclina après le règne des Safavides, et connut une certaine renaissance sous la dynastie des Pahlavis au XXᵉ s. Aujourd'hui, des artisans continuent de fabriquer des boîtes ou des cadres en marqueterie, de facture souvent médiocre et destinés pour une bonne part aux touristes.

Les principaux musées

Musées généralistes
Musée National de l'Iran, Tehrân (*253*).
Musée Rezâ Abbâsi, Tehrân (*254*).
Musée Malek, Tehrân (*254*).
Musée du Sanctuaire de l'Imam Rezâ, Mashhad (*406*).
Musée du Sanctuaire de Fatima, Qom (*326*).
Musée de l'Azarbâidjân, Tabriz (*274*).

Calligraphie
Musée National de l'Iran, Tehrân (*253*).
Musée Rezâ Abbâsi, Tehrân (*254*).
Musée de la calligraphie Mir Emâd, Palais de Sa'd Abâd, Tehrân (*250*).

Peinture sur livre (miniatures)
Musée National de l'Iran, Tehrân (*253*).
Musée Rezâ Abbâsi, Tehrân (*254*).

Peinture qâdjâre et moderne
Musée Historique, Tehrân.
Musée d'Art Contemporain, Tehrân (*255*).
Palais du Golestân, Tehrân (*247*).
Musée des Beaux-Arts, Palais de Sa'd Abâd, Tehrân (*250*).
Musée d'Art Contemporain, Tehrân (*255*).

Céramique
Musée National de l'Iran, Tehrân (*253*).
Musée Rezâ Abbâsi, Tehrân (*254*).
Musée du Verre et de la Céramique, Tehrân (*255*).

Tapis et textiles
Musée du Tapis, Tehrân (*255*).
Musée du tapis Rassam 'Arabzadeh, Tehrân.
Musée National de l'Iran, Tehrân (*253*).

Métal
Musée National de l'Iran, Tehrân (*253*).
Musée National des Joyaux, Tehrân (*255*).

Verre
Musée du Verre et de la Céramique, Tehrân (*255*).
Musée National de l'Iran, Tehrân (*253*).

Bois
Musée National de l'Iran, Tehrân (*253*).

LA LITTERATURE

Jusqu'à l'arrivée de l'Islam, la poésie et les traditions sont surtout orales. Les temps achéménides, puis les dynasties séleucide et parthe, ne nous ont livré que des inscriptions officielles des rois. De l'époque sassanide, nous possédons surtout des textes religieux, rédigés en moyen perse (pehlevi*) ou en parthe. Les plus anciens témoignages de poésie persane sont les gathas, des hymnes attribués à Zoroastre (~VIe s.?), mais rédigés tardivement. Le Mazdéisme nous a légué des recueils de sagesse, des écrits théologiques, des textes consacrés au roi ou aux lois, parfois mis par écrit au début de l'ère islamique. On a également découvert des poèmes manichéens dans le Turkestan* chinois.

▶Illustration de *Kâlila et Dimna*, 1420-1425. Bibliothèque du palais du Golestân, Tehrân.

De la littérature en pehlevi*, sans doute importante et louée par les premiers écrivains musulmans, nous ne possédons que des lambeaux. Elle eut pourtant une influence déterminante sur la littérature islamique de l'Iran. Au VIe s., par exemple, sous le règne de Khosrow Ier, des textes indiens sont traduits en moyen-perse: notamment le *Livre des deux chacals* qu'un écrivain d'origine persane, Ibn al-Muqaffa (720-756), adaptera plus tard en arabe sous le titre de *Kâlila et Dimna*. Comme dans les Fables d'Esope, ou plus tard dans les fabliaux du Moyen Age occidental, ce livre met en scène les problèmes humains à travers des animaux et inspirera plusieurs fables à La Fontaine. Un autre recueil de contes indiens, dont l'original moyen-perse est également perdu, donnera naissance à la tradition arabe des *Mille et une Nuits*: le recueil que nous connaissons sous ce nom, et qui sera connu en Europe à l'époque de Louis XIV, a été compilé au Caire au XIVe s.

Devenu terre d'Islam au VIIe s., l'Iran va devenir un paradis de la poésie, qui va être écrite, mais surtout chantée et transmise de cœur à cœur. Toujours vivante, elle est, pour les Iraniens, la langue universelle qui embellit le monde, révèle l'essence de l'âme, efface les distinctions sociales. Un Iranien est un poète qui s'ignore rarement, et cette sensibilité s'exprime jusque dans les formules de politesse du quotidien. Polyphonie de peuples et de paysages, l'Iran possède aussi une riche tradition populaire de contes, de chansons, de jeux et d'énigmes, mais qui demeure essentiellement orale. Nous ne possédons que quelques fragments de la littérature persane avant le Xe s. Mort en 940, **Rudaki** est le premier poète d'importance et vivait à la cour des Samanides. Egalement connu comme joueur de luth, il toucha presque tous les genres poétiques, mais son œuvre ne nous est parvenue que très partiellement. A cette époque, la langue persane se substitue au pehlevi: elle s'affine, s'enrichit, s'épanouit, pour devenir progressivement le véhicule des idées les plus subtiles. La littérature persane connaît sa première œuvre flambeau avec **Ferdowsi** (v. 940-v. 1020). Ce maître insurpassé du poème épique écrit un immense *Livre des rois* racontant les règnes des rois iraniens antérieurs à l'invasion arabe. Un autre auteur, **Gorgâni** (XIe s.), a lui aussi uni l'Iran préislamique à l'Iran islamique: son roman *Wis et Râmin* est une épopée initiatique et royale d'amour et de guerre, qui remonte à l'époque parthe et qui influença en partie la tradition occidentale de *Tristan et Yseult*.

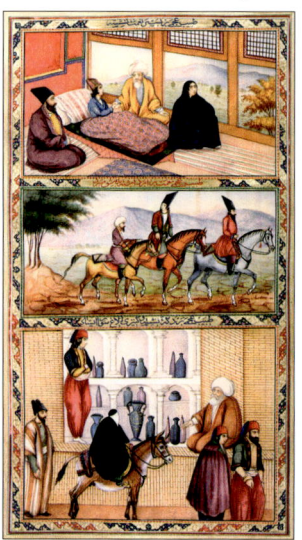

▶Scènes des *Mille et une Nuits*.
Tehrân, 1852-59.
Bibliothèque du palais
du Golestân, Tehrân.

Comme les arts et les sciences, la poésie est favorisée par le mécénat des rois et des princes. Les poètes sont les chantres du souverain. Ciselées de mots précieux et d'images complexes et codifiées, leurs œuvres célèbrent les fêtes, les chasses, les palais et les valeurs de l'aristocratie. La poésie de langue persane n'est pas seulement cultivée en Iran, mais aussi en Asie centrale et en Afghanistan, plus tard en Inde. Entre le Xe et le XIe s., plusieurs cours sont des centres culturels et littéraires: Boukhara (Ouzbékistan) au temps des Samanides, Ghazna en Afghanistan où trois grands poètes tissent leurs vers (Onsori, Farrokhi et Manuchehri), Gorgân et Rey en Iran.

La poésie soufie et l'âge classique

La poésie mystique commence à éclore au XIe s., au moment où le soufisme se répand et s'enracine de plus en plus en Iran. Indépendante des cours et de ses codes mondains, elle crée un nouveau style, moins convenu et artificiel, plus libre et profond. Elle est influencée par l'Ismaélisme*, comme chez **Nâsir-e Khosrow** (1004-1075), ou par le soufisme, comme chez **Sanâ'i** (mort en 1131), qui inaugure l'extraordinaire floraison des mathnawis* soufis.

Lorsque les Seldjoukides conquièrent l'Orient musulman au XIe s., l'unification de vastes territoires favorise la diffusion de la langue persane et la création de centres littéraires, notamment à l'ouest de l'Iran. De cette période, il faut surtout citer **Omar Khayyâm** (v. 1048-v. 1123), savant et poète, **Bâbâ Tâher** (XIe s.), un mystique auteur de poèmes, et **Asadi** (mort en 1072), auteur notamment d'un dictionnaire poétique en persan et d'un très beau poème épique (le *Livre de Garshâsp*).

▶Illustration du roman *Varqe va Golshâh*. Peinture du XIIIe s.
Palais du Topkapi, Istanbul.

Les deux siècles suivants sont un âge d'or de la poésie mystique. Les poèmes de **Attâr**, **Nezâmi**, **Rumi**, **Sa'di** sont un florilège de contes, d'anecdotes, de chants et d'exhortations. On y rencontre les figures du Coran et de la Bible, mais aussi des récits populaires, l'hermétisme, l'alchimie, l'astrologie, l'Inde, la Chine. En chantant une sagesse contemplative et les mystères divins, le soufisme a enrichi la symbolique et approfondi les ressources de la langue. Simple ou raffiné, son style est un univers de références et d'interprétations à multiples dimensions. Compréhensible par la spiritualité plus que par l'érudition, il emploie un grand nombre de symboles dont l'apparence profane et même scandaleuse dissimule une signification mystique: le vin (symbole de l'amour divin ou de la connaissance spirituelle), l'échanson (le maître spirituel ou une présence de Dieu), la taverne (la confrérie ou le corps), la coupe (le cœur qui reçoit le vin de l'amour). Plusieurs poètes s'illustrèrent également dans les cours: Anvari (v. 1126-1190), un panégyriste qui vécut auprès du sultan Sandjar au Khorâsân, Djamâl d'Esfahân (mort en 1192), qui fut également orfèvre et peintre, et Khâqâni (1121-1199), un poète remarquable qui nous laissa, en vers, le premier récit de voyage à La Mecque.

▶Illustration du *Bustân* de Sa'di, Hérat, 1562-63. Bibliothèque du palais du Golestân, Tehrân.

Au XIIIᵉ s., l'invasion mongole dévasta l'Iran, puis, le siècle suivant, Tamerlan refit l'unité d'un empire morcelé. Ces temps troublés donnent naissance à plusieurs textes en prose racontant les événements, comme l'*Histoire universelle* de **Rashid al-Din** (v. 1247-1318). Les Mongols puis les Timourides adoptèrent la culture iranienne et encouragèrent la création littéraire et les sciences. Des poètes œuvrèrent à Marâgheh et à Tabriz sous les Mongols aux XIIIᵉ-XIVᵉ s., puis à Hérat, Samarkand, Esfahân et Shirâz sous les Timourides (XIVᵉ et XVᵉ s.). Dès la fin du XIIIᵉ s., la peinture sur livre prend son essor et illustre les chefs-d'œuvre de Ferdowsi, de Nezâmi et d'autres poètes. C'est au XIVᵉ s., au temps de Tamerlan, que vécut **Hâfez** (v. 1320-v. 1390), un poète soufi dont le divan* est aujourd'hui encore la principale nourriture spirituelle et poétique des Iraniens. Plusieurs poètes du XIVᵉ s. méritent aussi d'être signalés: Owhadi (v. 1281-1338), auteur d'un poème mystique (*La coupe de Djamshid*), et **Khâdju Kermâni** (v. 1290-1352), qui écrivit *Homây et Homâyun*, une histoire d'amour initiatique entre un prince syrien et une princesse de Chine. La fin de l'époque timouride coïncide cependant avec la fin de la littérature persane classique: **Djâmi** (1414-1492) en est le dernier grand représentant.

Les Mongols et les Timourides

▶Un prince mongol étudie le Coran. Illustration de Rashid al-Din, Tabriz (?), XIVᵉ s. Staatsbibliothek, Berlin.

Les Safavides et la littérature persane en Inde

La dynastie safavide brilla dans les arts plastiques, mais elle ne favorisa guère la littérature, bien que Shâh Ismâil Iᵉʳ ait composé des poèmes. Elle instaura un gouvernement centralisé et théocratique, qui, en supprimant les cours locales, éteignit des lieux de création littéraire et l'intérêt pour la poésie courtoise. Le clergé chiite s'opposa également au soufisme, étroitement lié à la poésie depuis des siècles, si bien que les poèmes d'inspiration soufie se desséchèrent générale-

► Un soufi se lamente sur sa jeunesse passée. Peinture moghole de 1597-98. Walters Art Museum, Baltimore.

ment dans les stéréotypes. En revanche, les Safavides suscitèrent une vaste production de poésies religieuses chiites. L'un de ses meilleurs représentants est **Mohtasham Kâshâni** (mort en 1587-8), qui écrivit le plus beau poème sur les Imams (*Haft-band*). On doit aussi aux Safavides le développement des ta'ziyehs*: ces commémorations du martyre de l'Imam Hosseyn devinrent, au XVIIIe s., de véritables pièces de théâtre sacré.

De nombreux poètes émigrèrent en Inde, et participèrent à la vie culturelle de l'Empire moghol, tels Orfi-e Shirâzi (1555-1590), Kalim-e Kâshâni (mort en 1650) ou Sâëb-e Tabrizi (1607-1670). Ils perpétuaient ainsi une longue tradition de la littérature persane en Inde, dont le premier grand représentant est **Amir Khosrow** (1253-1324), poète et mystique qui vécut sous le règne des souverains de Delhi. Encore aux XVIIIe et XIXe s., l'Inde demeura un foyer actif de la culture persane. L'un de ses derniers grands poètes fut **Mohammad Iqbal** (1877-1938): philosophe influencé aussi bien par le soufisme que par l'Occident, il fut le théoricien de la création du Pakistan. Ecrite en persan, la poésie de style indien se caractérise par une grande richesse d'images et d'ornementation. Longtemps jugée décadente, elle influença aussi la poésie de l'Iran. Toutefois, des poètes iraniens du milieu du XVIIIe s. délaissent ce «style indien» pour revenir à l'esthétique et aux symboles des auteurs classiques d'avant les Mongols. Appelé le style «Araghi» (Erâqi), apparu à Esfahân et à Shirâz, il influence encore aujourd'hui la poésie traditionnelle. Moshtâq, Hâtef, Asheq, Azar sont quelques-uns des premiers représentants de ce «néo-classicisme». Ils furent suivis par d'autres poètes des Qâdjârs, comme Sabâ, Medjmar, Neshât ou Sahâb, le fils de Hâtef. Leurs œuvres imitent autant les ghazals* de Hâfez, les mathnawis* mystiques que le poème épique de Ferdowsi. Plusieurs auteurs fondèrent des familles, où l'on devint écrivain de père en fils.

L'influence occidentale

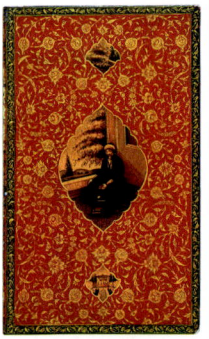

► «Portrait» de Hâfez sur une couverture de livre en carton-pâte laqué. Tehrân, 1860-61. Bibliothèque du palais du Golestân, Tehrân.

Le XIXe s. est un temps de bouleversements et de métamorphoses. Les traditions côtoient les influences de la littérature européenne. Le développement de l'imprimerie fait naître la presse et permet une large diffusion des textes. Les conditions des écrivains changent: les transformations politiques mettent fin aux cours, et donc à la poésie de cour. L'extinction graduelle du monde «féodal» et les enjeux de la modernisation influent sur l'invention littéraire, la vie sociale des poètes, leur rapport à l'art et au monde. Aux XIXe et XXe s., beaucoup de poètes et d'écrivains sont éduqués en Occident et possèdent une culture européenne. En Iran, ils s'impliquent souvent dans la presse, la vie politique et l'enseignement universitaire. Les revues littéraires et politiques foisonnent et dynamisent la vie littéraire. Ainsi de la revue *Sokhan*, fondée par le poète **Parviz Nâtel Khânlari** (1913-1990): de 1943 à 1979, elle réunit des écrivains renommés et fut une colonne vertébrale de la création littéraire.

La littérature se fait l'écho des paradoxes d'un Iran tiraillé entre son histoire et la modernité, la religion et la laïcité, entre l'esthétique classique et les vers libres, la langue écrite et le langage parlé, la soif de liberté et la pression des censeurs. Elle s'engage pour des idéaux sociaux, lutte pour la liberté d'expression et d'opinion (une condition de l'épanouissement de la littérature). Souvent en butte à la censure, les écrivains seront obligés de se cacher, de fuir à l'étranger ou d'écrire dans un style très allégorique.

Des traductions persanes d'auteurs français (Voltaire, Alexandre Dumas, Fénelon, Jules Verne ou la Comtesse de Ségur) offrent des modèles littéraires et des nouvelles visions du monde. Ils vont influencer un nouveau genre: le roman et la nouvelle persans. Apparus à la fin du XIXe s., ils s'épanouissent au début du XXe s. Les premiers romans sont à caractère historique. A travers le temps des Ilkhânides, de Cyrus II ou des Sassanides, des auteurs comme Khosravi, Sanatizâdeh Kermâni ou Nassry évoquent l'Iran des Qâdjârs. D'autres romans, dus à Kâzemi ou Hedjâzi, s'intéressent en revanche à la description réaliste de la société contemporaine. Le maître et le créateur de la nouvelle fut **Djamâlzâdeh** (1893-1997). Egalement auteur de romans, il publia en 1921 un recueil de nouvelles intitulé *Il était une fois*. Il appelait de ses vœux une forme de «démocratie» littéraire, qui favoriserait la création d'œuvres moins élitistes, écrites dans un langage plus populaire, et mettant en scène des gens ordinaires, et non des princes ou des saints. **Sâdeq Hedâyat** (1903-1951), qui se suicida à Paris, écrivit des nouvelles et des romans. Influencées notamment par Kafka, fréquemment censurées, ses œuvres eurent une grande influence sur la littérature postérieure. Son chef-d'œuvre est la *Chouette aveugle*.
Apparue à la fin du XIXe s., la presse devint très vite un support politique. Elle connut un développement bref mais important avec la Révolution constitutionaliste (1906) et l'avènement d'un régime parlementaire. Aujourd'hui, il existe un vaste choix de revues à caractère culturel, éducatif ou sportif et des journaux de sensiblité conservatrice ou réformatrice. Dans la première moitié du XXe s., plusieurs périodiques ont été publiés en langue française, mais aujourd'hui les journaux quotidiens destinés aux étrangers sont en anglais (Iran Daily, Tehran Times, Iran News, Kayhan).

Le XIXe s. voit encore des poètes néo-classiques, plus ou moins rattachés à la cour, comme Foughi (1798-1857), Yaghmâ (v. 1782-1859), Sorush (mort en 1868) ou Sheybâni (1825-1890). Mais sous l'influence de la poésie française (le symbolisme et le surréalisme, notamment), des poètes réinterprètent la tradition et explorent d'autres thèmes et une esthétique différente. L'ère moderne de la poésie commence avec **Nimâ Yushidj** (1897-1960). Publiée en 1922, *La Légende* est un véritable manifeste pour une poésie nouvelle, plus libre et individualiste, moins conventionnelle et passéiste. Plusieurs poètes ont suivi ce courant, comme Ahmad Shâmlu (1925-2000)

▶Sâdeq Chubak.

Le roman, la nouvelle et la presse

▶Sâdeq Hedâyat.

▶Mohammad Djamâlzâdeh.

Une poésie nouvelle

▶Nimâ Yushidj.

►Sohrâb Sepehri.

ou Nâder Nâderpur (né en 1929). Les poètes inventent une nouvelle forme pour dire les choses anciennes, ou reprennent les formes classiques pour raconter leur temps, comme Bahâr (1880-1951) ou Rashid Yâsemi (1896-1951). La poésie se fait moins mythique et mystique. Elle aborde avec plus de réalisme les problèmes politiques, historiques et nationaux. Sa variété la fait toucher à tout, du social au soufisme, de l'amour à l'impressionnisme. Elle se fait plus subjective et expérimentale, moins épique et idéaliste. Le XXe s. compte quelques poétesses, comme Parvin E'tesâmi (1906-1941) ou Foruq Farrokhzâd (1935-1967).

►Parvin E'tesâmi.

Les genres poétiques

Bien que la prose soit abondante (textes philosophiques, théologiques, scientifiques, historiques), la littérature persane est essentiellement poétique. Elle comprend plusieurs genres: l'épopée, la poésie lyrique ou mystique, le poème didactique ou moral. Sa musicalité répond à une métrique et à des rimes plus ou moins souples généralement adaptées de la littérature arabe. L'originalité du poète n'est pas de briser ces règles, mais d'en explorer les variations et les subtilités, d'approfondir les symboles, d'unir la perfection de la forme à un renouvellement des idées. Un bon poète demeure traditionnel dans sa nouveauté, nouveau dans son enracinement. Voici les principaux genres poétiques:

Ghazal – poème lyrique relativement court (environ quinze vers ou moins), qui prit son essor dès le XIIIe jusqu'au XVIIIe s. On y parle d'amour, de vin, de mystique, de la beauté féminine, des secrets de l'âme et du monde. Hâfez est considéré comme le maître du ghazal.

Mathnawi ou ***Masnavi*** – poème à caractère épique, didactique ou mystique, long de plusieurs milliers de vers. Chaque vers a une rime différente, mais ses hémistiches (les deux moitiés du vers) riment. Ferdowsi, Sanâ'i, Nezâmi, Attâr et Rumi ont écrit des mathnawis.

Qasida ou *ghasideh* – poème lyrique ou «ode», d'une longueur maximale de cent vers. Il brilla durant les premiers siècles, pour décliner plus ou moins dès le XIIIe s. Dans les cours royales et princières, la qasida fut surtout un panégyrique, mais elle peut aussi avoir un contenu satirique, élégiaque ou mélancolique.

Rubâ'i (pluriel: ***rubâi'yât***) – poème de quatre vers ou quatrain. Le premier, le second et le dernier vers riment, alors que le troisième est blanc. Le quatrième contient généralement une pointe. Rumi et Khayyâm les ont employés.

Quelques grands auteurs

La littérature persane est comme une longue chaîne de montagnes, où les maîtres sont des sommets à la lumière immuable. Lieux d'unanimité et de vénération, ils aident le lecteur à se repérer dans ses goûts, mesurer la hauteur des inspirations, escalader le sens des symboles, et aimer les poètes moins importants, mais qui ont

«J'ai fait revivre l'Iran avec ce persan.»

Ferdowsi (XIe s.)

«Je suis tellement parfait dans la magie du mot [la poésie] qu'on me nomme miroir de l'Invisible.»

Nezâmi (XIIe s.)

«L'art poétique provoque de grandes choses dans l'ordre du monde.»

Nezâmi Aruzi (XIIe s.)

«Moi, derrière un miroir, tout comme un perroquet, je répète ce que l'Eternel m'a dicté.»

Hâfez (XIVe s.)

contribué à la beauté du paysage littéraire. Voici esquissées les œuvres et la vie des principaux maîtres, toujours présents dans le cœur et les jours des Iraniens.

Ferdowsi (v. 940-v. 1019 ou 1025)

Né à Tus (*412*), dans le Khorâsân, il fut un petit propriétaire terrien. Chiite, il mena une vie humble, dont on ne sait que ce qu'il en a dit dans l'œuvre de sa vie: le *Livre des rois* (*Shâhnâmeh*), une épopée de 50'000 distiques*, racontant la geste des rois anciens de la Perse. Pour l'écrire, Ferdowsi recueillit des traditions épiques, orales ou écrites, remontant aux Parthes, aux Scythes et aux Sassanides. Avant lui, un autre poète, Daqiqi (v. 935/42-976/80) avait commencé une telle entreprise, mais il fut assassiné et ne laissa qu'un millier de distiques que Ferdowsi intégra à son poème. Le nom de Ferdowsi est lié à Mahmud de Ghazna, un souverain turc qui régna entre le Khorâsân et l'Inde du Nord: ce dernier ne donna qu'une faible récompense au poète, qui en éprouva de la rancune (il écrivit contre le souverain un poème satirique resté célèbre) et mourut pauvre.

Le *Livre des rois* est un livre multiforme, unique dans la littérature universelle. Panorama à la fois historique et légendaire, ponctué de maximes et d'anecdotes, il est porté par des vers à la musique puissante. Il a pour toujours enraciné l'Iran musulman dans l'Iran d'avant l'Islam, historique ou mythique, et qui résume à lui seul l'univers créé par Dieu. Le *Livre des rois* se lit comme un manuel de sagesse politique, un code chevaleresque, une épopée de l'âme, un conte initiatique, une vaste fresque sur la logique divine du destin et la fatalité des événements. Les combats – des âmes ou des armées – occupent une large place, mais ils n'étouffent pas la présence de l'amour et la quête de la sagesse. Ferdowsi fut commenté par des soufis, qui voyaient dans les luttes des royaumes les reflets d'une histoire métaphysique et dans les aventures des héros un périple initiatique. Plusieurs épisodes ressemblent aussi à des événements fondateurs de la foi chiite: la disparition de Key Khosrow est analogue à celle du XIIe Imam et la tragédie de Syâvush est comparable au martyre de l'Imam Hosseyn. Toujours lu, conté, chanté, mis en image, le *Livre des rois* a formé la langue persane, conquis toutes les classes sociales, modelé une identité en forgeant un avenir au passé.

Immense, foisonnant, majestueux, le *Livre des rois* ne se résume pas en quelques lignes. Comme une table des matières, on se contentera de donner le plan de l'ouvrage et de citer, ici ou là, les grands personnages qui habitent encore l'imagination des Iraniens.

1) Les temps mythiques: les premiers rois

Après une louange de la sagesse, Ferdowsi raconte la création du monde. Puis l'histoire commence avec les premiers rois mythiques. Le premier, **Kyumars**, créateur du trône et de la royauté, règne sur un âge d'or et un éternel printemps. Lui et ses successeurs (**Hushang**, **Tahmuras**, **Djamshid**) organisent la société et la royauté. Ils

▶Réunion de poètes.
Peinture sur livre indo-persane, début du XVIIe s.
Bibliothèque du palais du Golestân, Tehrân.

▶*Livre des rois* de Ferdowsi, Esfahân (?), XVIIe s.
Bibliothèque du palais du Golestân, Tehrân.

Le *Livre des rois*

►Zahhâk enfermé dans le mont Damâvand. Illustration du *Livre des rois* de Ferdowsi, 1430 (Manuscrit Bâysonqori). Bibliothèque du palais du Golestân, Tehrân.

enseignent aux hommes la fabrication des vêtements et des tapis, la préparation de la nourriture, la domestication des animaux, l'art du feu et du métal.

Le mal ne tarde pas à envahir ce monde et à le transformer en terrain de guerres, de meurtres et de vengeances. **Djamshid**, roi glorieux à qui l'on attribue la fête du Nouvel An (le Nowruz*), tombe dans l'orgueil. Il est alors renversé et tué par **Zahhâk**. Ce tyran démoniaque, sur les épaules duquel vivent deux serpents, plonge l'Iran dans les ténèbres et le chaos. Fereydun, un descendant royal élevé en secret par une vache, prend la tête d'une révolte populaire initiée par Kâveh, un forgeron: il vainc l'armée de Zahhâk et fait enchaîner cette incarnation du mal au sommet du mont Damâvand.

Après un règne de justice et de paix, Fereydun partage l'empire entre ses trois fils: **Salm**, ancêtre des Romains, **Tur**, ancêtre des Turcs, et **Iradj**, ancêtre des Iraniens. Salm obtient l'ouest du Royaume, le pays de Rum* (l'Asie mineure), alors qu'à Tur échoit l'est du royaume, le Turan* (l'Asie centrale). Iradj, le plus sage, reçoit l'Iran, la meilleure part et le centre du monde, si bien que ses frères le jalousent et l'assassinent. C'est le début des conflits entre l'Iran et le Turan (le «pays de Tur»). Riches en épisodes et héros célèbres, ils occupent la partie centrale et la plus longue du *Livre des rois*. Manuchehr venge son grand-père Iradj: il tue Salm et Tur, puis reprend le trône de Fereydun, son arrière-grand-père.

2) Les récits héroïques: les guerres entre l'Iran et le Turan

Après cette première partie, dans laquelle Ferdowsi a raconté l'avènement de la royauté, la naissance de la guerre, l'origine des lois du destin, prend place le récit des guerres intermittentes entre les Turcs de l'Asie centrale et l'Iran. La dynastie iranienne des Keyanides affronte **Afrâssiâb**, roi perfide et cruel du Turan, qui sera finalement vaincu par le roi Key Khosrow, une figure presque messianique. Le *Livre des rois* raconte les batailles, les intrigues, les coups du sort qui frappent les héros iraniens. Les histoires d'amour ne manquent pas: comme celle, mouvementée mais à la fin heureuse, de **Bijen**, guerrier iranien, et de **Manijeh**, princesse du Turan et fille d'Afrâssiâb. Des héros nombreux (Tus, Gudarz, Giv, etc.), on ne peut évoquer que les principaux. **Sâm**, roi du Sistân, a un fils, **Zâl**, qui naît avec des cheveux de vieillard. Honteux, le père abandonne l'enfant dans les monts de l'Alborz. L'oiseau **Simorgh*** le recueille et l'élève, puis le remet, après bien des années, à son père repentant venu le chercher. De sa femme **Rudâbeh**, Zâl a un fils, qui devient le plus grand héros de l'Iran: **Rostam**. Doté d'une force prodigieuse, d'un courage sans borne, juste et droit, Rostam traverse victorieusement de multiples péripéties, dont sept épreuves initiatiques. Parfois secouru par le Simorgh, et aidé par son cheval **Rakhsh** qui le sauve un jour d'un lion, Rostam terrasse aussi bien des démons et des dragons que les soldats du Turan. D'une femme du Turan (Tahmineh), il a un fils, **Sohrâb**, un guerrier exceptionnel, qui devient pourtant l'objet d'un piège sordide. Afrâssiâb réussit à provoquer un duel à mort entre Rostam et Sohrâb, sans que ceux-ci se reconnaissent: le père tue son

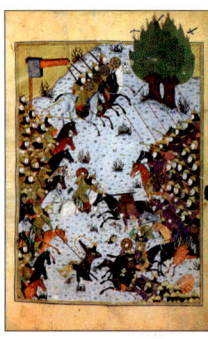

►Bataille entre l'armée de Key Khosrow et l'armée d'Afrâssiâb. Illustration du *Livre des rois* de Ferdowsi, 1430 (Manuscrit Bâysonqori). Bibliothèque du palais du Golestân, Tehrân.

fils. **Syâvush**, fils du roi iranien **Key Kâvus**, est un autre héros célèbre. Jeune homme, il subit une ordalie (traverser un feu à cheval) pour se blanchir d'une accusation, puis il s'en va à la cour d'Afrâssiâb, où il épouse sa fille Farangis. Jaloux, **Garsivaz**, le frère d'Afrâssiâb, pousse ce dernier à faire assassiner le jeune prince d'Iran, prototype de la victime innocente broyée par les complots et la roue de Fortune. Syâvush sera vengé des années plus tard: **Key Khosrow**, le fils qu'il eut de Farangis, retourne en Iran et prend la couronne de son grand-père Key Kâvus. Avec son armée, il attaque ensuite le Turan et tue Afrâssiâb et Garsivaz. Après un règne qui a rétabli la paix et l'intégrité de l'empire, Key Khosrow transmet la royauté à **Lohrâsp** et s'en va dans les montagnes et le désert, où il disparaît sans laisser de trace. Lohrâsb a un fils, **Goshtâsp**, qui part à l'ouest, dans le pays de Rum, où il épouse la fille du César et tue un dragon qui dévastait le pays. Il revient en Iran, monte sur le trône et propage la nouvelle religion de **Zarathoushtra** (Zardosht).

►Ordalie de Syâvush.
Illustration du *Livre des rois* de Ferdowsi, 1re moitié du XVIe s. Bibliothèque du palais du Golestân, Tehrân.

La guerre reprend cependant avec le Turan, qui a un nouveau roi, **Ardjâsp**. **Esfandiâr**, fils de Goshtâsp, lutte courageusement contre les armées du Turan et finit par vaincre le roi Ardjâsp. Mécontent de n'avoir pu obtenir le trône en récompense de ses exploits, le héros s'en plaint à son père: ce dernier demande à son fils de lui ramener Rostam enchaîné, car le héros a fait du Sistân un royaume trop indépendant. Esfandiâr part affronter Rostam qui, grâce à une suggestion du Simorgh, réussit à tuer son adversaire d'une flèche. Mais la loi des cieux est impitoyable: Rostam paye cette victoire de sa mort, en tombant dans une embuscade tendue par son demi-frère.

Le fils d'Esfandiâr accorde le trône à Homay, qui est à la fois sa fille et son épouse. Son fils, Dârâb, épouse la fille du roi du pays de Rum*, Philippe: l'enfant issu de cette union est **Alexandre le Grand** (Iskandar), à qui Ferdowsi attribue ainsi une origine semi-iranienne.

3) La partie historique: d'Alexandre le Grand aux Sassanides

A ce point de son récit, Ferdowsi rejoint l'histoire connue de l'Iran, même si les événements racontés appartiennent souvent à la légende. Il passe sous silence les Achéménides; tout juste évoque-t-il Darius III (Dârâ), vaincu par **Alexandre le Grand**. Plusieurs chapitres sont consacrés au conquérant grec, décrit comme un roi modèle, héritier légitime des Achéménides, et un sage en quête de la connaissance. Alexandre conquiert les pays, rencontre des peuples et des contrées à la frontière du surnaturel, cherche sans succès la Source de Vie qui rend immortel, érige une muraille contre les forces ténébreuses de Gog et Magog, fait un pèlerinage à La Mecque, se rend en Chine et en Inde. Ferdowsi ne parle pas des Séleucides, les successeurs d'Alexandre, et très peu des Parthes (Ashkâniân). La dernière partie de son épopée s'attarde sur les **Sassanides**, qui ont laissé une empreinte indélébile en Iran. **Ardashir** (Ier), fondateur de la dynastie, naît de l'union de Sâssân, un descendant de Dârâ, et de la fille d'un gouverneur du Fârs. Il se révolte

►Esfandiâr tue Ardjâsp dans son château. Illustration du *Livre des rois* de Ferdowsi, 1430 (Manuscrit Bâysonqori). Bibliothèque du palais du Golestân, Tehrân.

contre le roi parthe Ardavân (Artaban IV) et le tue. Devenu roi, il épouse la fille d'Ardavân, qui manque de l'empoisonner. Elle lui donne un fils, **Shâpur** (Ier), qui combat les Romains. Grâce à la fille d'un roi arabe, le deuxième Shâpur s'empare d'une forteresse au Yémen puis

vit des aventures rocambolesques dans le royaume de Rum⋆. Sous son règne, apparaît **Mani**, maître peintre et auteur d'une nouvelle religion: le Manichéisme.

Après la domination tyrannique de Yazdegerd (Ier), **Bahrâm Gur** accède au trône. Connu pour son amour des femmes, et ses talents de chasseur et de tireur à l'arc, il repousse une attaque des Chinois et fait venir des milliers de musiciens tziganes de l'Inde. Plusieurs rois, sans grande envergure, se succèdent ensuite. L'Iran est menacé par les nomades du Turkestan⋆, les Hephtalites, et le peuple est victime d'une grave famine. Le roi **Ghobâd** (Kavad Ier), un moment prisonnier des Hephtalites, adopte la foi révolutionnaire de **Mazdak**, qui prône la répartition des richesses et des femmes. Ghobâd fait distribuer de la nourriture au peuple, mais son fils **Kasrâ** (Khosrow Ier) et un prêtre zoroastrien réfutent publiquement les doctrines de l'hérésiarque qui est ensuite mis à mort. Une fois sur le trône, aidé du sage vizir Bozorgmehr, Kasrâ instaure un règne juste et rayonnant, que Ferdowsi décrit longuement.

▶Ardashir, roi sassanide, et Golnâr, servante d'Ardavân. Illustration du *Livre des rois* de Ferdowsi, 1430 (Manuscrit Bâysonqori). Bibliothèque du palais du Golestân, Tehrân.

L'empire retrouve la paix, la puissance et la prospérité. De l'Inde, le jeu d'échecs est introduit en Iran. Le fils de Kasrâ, Hormozd (Hormizd IV), doit faire face à la révolte d'un général qui le renverse et usurpe le trône. En fuite chez le César de Rum⋆ (l'empereur de Byzance), **Khosrow Parviz**, fils de Hormozd, réussit à revenir au pouvoir. Il prend plusieurs épouses: la fille du César de Rum, puis la sœur du général usurpateur (Gordiya), une guerrière aguerrie, et enfin **Shirin**, une princesse arménienne. Le règne connaît une sombre fin: devenu

tyrannique, Khosrow est assassiné par son fils. Ce dernier veut s'emparer de Shirin, qui meurt en prenant du poison. Le dernier roi sassanide, Yazdegerd (IIIe du nom), doit fuir après la défaite de son armée face aux conquérants arabes envoyés par Umar, le deuxième calife de l'Islam. L'assassinat misérable de Yazdegerd met un point final à la longue histoire préislamique de l'Iran. Ferdowsi termine en écrivant que son œuvre lui apportera un renom immortel. Il ne s'est pas trompé: son *Livre des rois* s'est

Tombeau de Ferdowsi, Tus, 1934.

transmis de génération en génération, et il restera dans les souvenirs tant que l'Iran sera l'Iran.

Omar Khayyâm (v. 1048-v. 1132)

Né et mort à Neyshâbur, Omar Khayyâm fut l'un des plus grands savants de son temps. Il maîtrisait les mathématiques, la physique, l'astronomie, la philosophie et la médecine, mais seuls deux traités scientifiques, sur les quatorze qu'on lui attribue, nous sont parvenus: l'un sur les postulats d'Euclide, l'autre sur des problèmes d'algèbre. On lui doit la réforme du calendrier persan, décidée en 1074 par le sultan seldjoukide Malik Shâh.

En Occident, sa renommée est essentiellement due à son œuvre poétique, depuis que le poète anglais Edward Fitzgerald publia, en 1859, une adaptation très libre mais magistrale de ses quatrains. Depuis lors, son œuvre n'a cessé d'être sujette à la controverse. Des centaines de quatrains attribués à Khayyâm, seuls quelques-uns sont considérés comme authentiques: les autres, apocryphes et anonymes, sont appelés «errants», bien qu'ils soient souvent de haute qualité et participent du même état d'esprit que les «véritables».

Plusieurs thèmes de Khayyâm ont des accents modernes: une forme d'agnosticisme et de pessimisme, des interrogations sur la vanité et les incertitudes de la science, un rejet de la bigoterie, une indépendance d'esprit, une révolte contre le caractère éphémère et absurde du monde, où l'homme est le pion d'un jeu qui lui échappe. Pour remédier à cette condition, Khayyâm propose de boire du vin, de compléter les femmes, de ne s'occuper que du moment présent. «L'astronome qui ne croyait pas au ciel», a-t-on pu dire de Khayyâm. La formule est jolie, mais erronée ou réductrice. Les quatrains de Khayyâm sont d'abord un miroir de l'âme orientale: ils en montrent la face de doute, d'introspection, de rébellion, mais ces sentiments sont équilibrés par un sens de la contemplation. Chez Khayyâm, le fatalisme, le dépit vis-à-vis d'un monde d'illusions, le mépris de la religiosité, l'impuissance de la connaissance sont compensés par une sensibilité proche du soufisme. En buvant le vin de l'union spirituelle, les soufis savent que la religion n'est pas absolue, que le bigot est un ignorant et que la connaissance est forcément relative. La contemplation du moment présent est le meilleur des remèdes, la mystique est plus vraie que la religion, et la beauté féminine est l'une des plus grandes preuves du paradis.

►Tombeau de Omar
Khayyâm, Neyshâbur, 1934.

Bâbâ Tâher (XIᵉ s.)

Ce poète soufi de Hamadân occupe une place à part: sa poésie n'égale pas celle des plus grands, on ne sait pratiquement rien de sa vie, son œuvre restreinte (des quatrains) est écrite dans un dialecte du Lorestân difficilement compréhensible. Pourtant, il est l'un des poètes les plus populaires, en raison de la simplicité rustique et naïve de ses poèmes, où se révèle une vie intérieure ardente et profonde. A travers des images empruntées à la nature et à la vie des campagnes, il chante l'amour mystique, l'errance des derviches, les tourments du cœur, la difficulté de se détacher du monde et la délivrance spirituelle. Bâbâ Tâher est aussi l'auteur de maximes soufies en arabe. Plusieurs légendes entourent le poète, et parlent de ses miracles, de sa sainteté et de son statut initiatique.

►Tombe de Bâbâ Tâher,
Hamadân, 1951.

Attâr (v.1145-v.1221)

Il est l'un des plus grands poètes soufis. De sa vie, nous ne savons presque rien. Fils d'un parfumeur (attâr signifie: le commerçant de parfums et d'épices), il vécut à Neyshâbur, où il est enterré. Il voyagea entre La Mecque et la Transoxiane* et serait mort lorsque les Mongols massacrèrent les habitants de Neyshâbur.

Certains lui ont attribué entre 114 et 190 livres, mais nous n'en connaissons que 25, dont certains semblent apocryphes. Son divan*

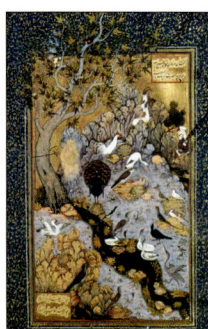

► *Le langage des oiseaux* de
Attâr. Esfahân, vers 1600.
Metropolitan Museum
of Art, New York.

contient quelques ghasidehs et plus de sept cent ghazals*. Attâr est
le chantre de l'amour mystique et de l'itinéraire de l'âme vers Dieu.
Attâr a traversé les sept cités de l'amour, disait Rumi. Ses poèmes, où
alternent exhortations, contes et louanges, sont des guides du voyage
spirituel.

Attâr est surtout connu pour de superbes mathnawis* mystiques,
dont le genre avait été créé par Sanâ'i (mort en 1131). En 40 chapitres,
le *Livre de l'épreuve* décrit le parcours d'un pèlerin mystique, qui
rencontre toutes les réalités spirituelles ou cosmiques émanées de
Dieu: les anges, l'empyrée, l'enfer, le paradis, le Prophète, les djinns.
Tous ces univers sont finalement contenus dans l'âme, si bien que
chercher Dieu, c'est se connaître soi-même. Attâr finit son livre au
seuil d'un autre périple: le voyage en Dieu, qu'il dit tenir caché, car
Dieu seul peut autoriser le dévoilement de ce voyage-là.

Dans le *Livre divin*, un mathnawi* de vingt-deux chants, un roi a six
fils en proie à des tentations que le soufi doit dominer et dépasser:
le premier est victime d'une envie trop charnelle pour la fille du roi
des fées; le second souhaite maîtriser l'art de la magie; le troisième
veut posséder la coupe miraculeuse du roi Djamshid, *Djâm-e Djam*,
une sorte de «Graal» dans lequel l'univers entier peut être contemplé;
le quatrième veut chercher la source d'immortalité; le cinquième
aimerait l'anneau de Salomon, qui commande aux créatures visibles et
invisibles; le sixième veut pratiquer l'alchimie.

Le *Livre des secrets* livre la quintessence de l'enseignement soufi:
l'amour sacrificiel, la retraite en soi et la sortie du monde,
la mort initiatique qui ouvre à la vision du cœur et à
l'union spirituelle.

Tombeau de Attâr,
Neyshâbur, XVIIᵉ s.

Dans son œuvre la plus connue, *Le langage des oiseaux*,
la quête de l'homme vers Dieu est racontée sous forme
allégorique. Plusieurs oiseaux partent à la recherche d'un
oiseau mythique, le Simorgh*, qui symbolise la présence
divine. Chaque oiseau (le rossignol, la huppe, le paon,
etc.) représente un type d'âme, de caractère spirituel,
de volonté et d'intelligence. Après avoir traversé plusieurs vallées
d'épreuves et d'initiations, il reste trente oiseaux qui trouvent enfin le
Simorgh*. Ce dernier leur dévoile le mystère d'une Divinité qui n'est
pas dans le lointain, mais au plus près du cœur. Attâr fait un superbe
jeu de mot pour montrer la fusion de l'homme en Dieu: les trente
oiseaux (en persan *si morgh*) sont le Simorgh.

Nezâmi (v. 1141-1209?)

Né et mort à Gandje, aujourd'hui en République d'Azerbaïdjan,
Nezâmi est le maître du roman versifié. On ignore les dates exactes
de sa naissance et de sa mort. Nezâmi écrivit lui-même que sa mère
était kurde. Orphelin très tôt, élevé par son oncle, il étudia plusieurs
sciences, dont l'astronomie. Il passa sa vie à Gandje, hors des cours,
vivant de ses terres et des dons des rois. Il eut trois épouses successives,
qui moururent chacune avant lui. Soufi et sunnite, la tradition persane
le surnomme le «Miroir de l'Invisible», car ses poèmes ne racontent
que la transformation et l'ascension de l'âme en Dieu.

Moins connues en Europe que les poèmes de Khayyâm ou de Hâfez, ses œuvres sont d'une magnificence du langage inégalée. Leurs manuscrits, copiés de siècle en siècle, ont été abondamment illustrés par les peintres. Dans des vers flamboyants et denses, hermétiques comme un blason, splendides comme des émaux, se déploie un tapis d'images pénétrées d'une connaissance contemplative, parfois teintées d'érotisme et constellées d'un symbolisme alchimique et astrologique. Son esthétique originale, qui eut de nombreux imitateurs, est une épopée de symboles, versifiée dans une musique enivrante, et d'une générosité royale dans son vocabulaire. Il avait pleinement conscience de son génie: sa poésie, écrivait-il, est «un sortilège qui trompe les anges», elle est un temple qui prolonge la parole divine. Soufi sanctifié de son vivant, il choisit son nom «Nezâmi» par référence au vizir Nizam al-Molk, car ses romans se voulaient un enseignement spirituel des rois.

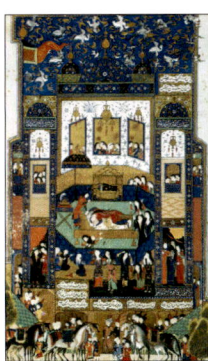

►Mort de Shirin. *Khosrow et Shirin* de Nezâmi. Tabriz, vers 1505. The Keir Collection.

Nezâmi est l'auteur d'un divan*, dont une grande partie est perdue, si bien qu'il doit sa réputation à un poème soufi didactique et à quatre romans versifiés, réunis sous le nom de *Khamseh* (littéralement: «cinq œuvres»).

Le **Trésor des secrets** est un long poème d'inspiration mystique, composé d'un prologue et de vingt discours, entrecoupés d'anecdotes et de contes.

Khosrow et Shirin est une histoire d'amour romancée. Elle raconte les amours semées d'embûches du roi sassanide Khosrow II Parviz («Victorieux») et de la princesse chrétienne et arménienne Shirin (la «Douce»). Khosrow, fils du roi Hormizd, entend parler de Shirin, une princesse d'Arménie: il tombe amoureux d'elle par la seule description de sa beauté. Grâce à un entremetteur, il lui fait apporter son portrait: en voyant l'image de Khosrow, la princesse tombe elle aussi amoureuse et décide de partir pour le palais de Ctésiphon. Menacé par des intrigues politiques, Khosrow doit quitter Ctésiphon et part pour l'Arménie. Par un jeu du destin, il aperçoit en route Shirin en train de se baigner dans une rivière, une scène souvent représentée dans les miniatures: les deux amoureux ne se reconnaissent pourtant pas, si bien que Khosrow reprend sa route pour le royaume d'Arménie, où il pleure Shirin, alors que Shirin se rend à Ctésiphon, où elle est accueillie dans le harem et se désole de l'absence de Khosrow. Devenu roi, Khosrow peut enfin parler avec son aimée au cours d'une chasse, mais la belle refuse ses avances. Par dépit, le roi prend pour épouse la fille de l'empereur byzantin, Maryam. Un sculpteur, Farhâd, tombe alors amoureux de Shirin. Pour prouver son amour, et à la suite d'un contrat avec Khosrow (le roi renonce à Shirin si le sculpteur termine un ouvrage herculéen), Farhâd construit une route dans les montagnes de Bisutun. Jaloux de Farhâd près de réussir, Khosrow lui fait dire que Shirin est morte: ivre de douleur, le sculpteur se jette du haut d'une montagne. Après la mort de Maryam, Khosrow et Shirin se réconcilient à l'écoute d'une musique interprétée par Nakisa et Barbad, deux fameux musiciens de cour. La tragédie suit leur mariage: Khosrow est assassiné la nuit, et Shirin se poignarde le jour des funérailles.

►*Les sept Portraits* de Nezâmi. Shirâz et Tabriz, fin du XVᵉ s. Palais du Topkapi, Istanbul.

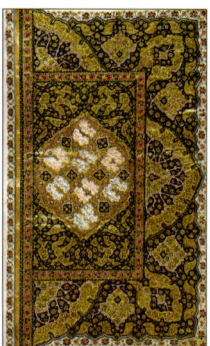

▶*Khamseh* de Nezâmi,
Kashmir, 1834.
Bibliothèque du palais
du Golestân, Tehrân.

▶*Le livre d'Alexandre* de Nezâmi.
Tabriz, début du XVIᵉ s.
Palais du Topkapi, Istanbul.

Leila et Madjnun raconte un amour fou et impossible. Ce roman a été comparé à *Roméo et Juliette* de Shakespeare et au *Tristan et Yseult* médiéval. L'origine de l'histoire est arabe et se déroule chez les Bédouins. Le poète Qays et Leila s'aiment, mais leurs familles appartiennent à des clans rivaux et interdisent leur union. Qays devient fou, et on l'appelle dès lors «*madjnun*» (en arabe: fou). Il part vivre dans le désert parmi les animaux sauvages et meurt d'amour après avoir chanté dans la solitude son désespoir. La fin terrestre est tragique, mais la fin posthume est heureuse. Nezâmi raconte qu'un bédouin vit en songe Madjnun et Leila trônant au milieu d'un paradis aux couleurs de lumière, réunis pour l'éternité en un seul être. Pour les soufis, Leila est une figure du Divin, une image de la Transcendance, à laquelle l'âme amoureuse – Madjnun – cherche à s'unir.

Le livre d'Alexandre est le plus long des romans de Nezâmi (environ 10'500 distiques*). Une première partie raconte les exploits du conquérant, héros qui dépasse l'humanité, roi idéal qui instaure la paix et propage la culture, mais échoue pourtant à trouver l'Eau de Vie qui rend immortel. Une seconde partie évoque notamment les pouvoirs de l'alchimie, de la magie, de l'astrologie et de la musique. Elle raconte un Alexandre (Iskandar) devenu sage et philosophe, investi d'une charge prophétique, et qui découvre une cité parfaite, habitée par une population sans religion ni prophète, mais profondément spirituelle. Dans une trame plus légendaire qu'historique, Nezâmi fait revivre un savoir philosophique, cosmologique, mythique et moral hérité de la Grèce, transformé par l'histoire iranienne, puis redonné dans un monde de symboles à la fois soufis et universels.

Les sept Portraits adopte une structure inspirée des *Mille et une Nuits*. Son personnage central est le roi sassanide Bahrâm V Gur. Il possède sept épouses, filles de sept rois du monde, venant de sept climats* ou pays, et logées dans sept pavillons de couleurs différentes. Ce symbolisme septénaire est astrologique: les couleurs des pavillons correspondent aux planètes, qui symbolisent, sur l'échelle de l'âme, des degrés d'initiation. Chaque jour de la semaine, une épouse raconte une histoire au roi: récits d'aventures, d'épreuves, d'amour et de mort, qui sont autant de variations d'un perfectionnement spirituel.

Djalâl-od-Din Rumi ou Mowlânâ (1207-1273)

Né à Balkh, en Afghanistan, Rumi est tout à la fois l'un des plus grands mystiques et l'un des plus grands poètes de l'Orient soufi. Jeune encore, il fuit avec sa famille devant l'avancée des Mongols. Après un séjour à La Mecque, ils s'installent finalement à Konya (Turquie), alors sous domination seldjoukide. Succédant à son père docteur en religion, Rumi y enseigne la jurisprudence et la loi islamique. En 1244, il rencontre un mystique dont on ne sait presque rien, sinon qu'il va bouleverser sa vie: Shams de Tabriz. Avec ce maître, Rumi apprend l'embrasement d'amour, l'union contemplative, la science cachée. Shams disparaît seize mois plus tard, et fut peut-être assassiné. Rumi crée alors un rituel de musique et de danse qui vaudra à son ordre des Mawlawiya le surnom de «derviches tourneurs». Il meurt à Konya, où son tombeau est un lieu de pèlerinage.

▶Mausolée de Rumi à
Konya (Turquie).

On lui doit des lettres, le ***Livre du dedans*** (un recueil de discours sur la spiritualité soufie), et divers opuscules. En poésie, il disait succéder à Sanâ'i et à Attâr. Il écrivit des **quatrains** (*rubâi'yât*), un recueil d'**Odes** pour son maître Shams (qui comprend plusieurs milliers de ghazals* et de quatrains), et surtout un ***Mathnawi*** de plus de 25'000 vers, toujours vénéré comme une somme persane du soufisme. Sultan Valad, un fils de Rumi, devint le maître de l'ordre Mawlawiya en 1284 et écrivit en persan plusieurs livres poétiques et mystiques.

La poésie de Rumi est une extraordinaire musique de symboles. Ses images ont une beauté concrète qui illumine toutes les directions de l'âme et du monde et renvoie partout la lumière de Dieu. Chaque vers ouvre à la contemplation, réverbère un appel de l'Invisible et semble danser d'extase dans l'amour. Si Rumi s'est exprimé à travers des contes et des anecdotes, c'est pour que l'homme «au cœur aimant mais à l'esprit faible puisse saisir la vérité» (*Mathnawi*). Le soufisme n'est pas destiné aux âmes bouffies d'érudition, mais aux cœurs prêts à mourir et à renaître. Le soufi ne pense pas Dieu: la vraie connaissance est une intuition contemplative qui s'éteint dans l'Ineffable. L'homme est plus que l'homme: entre l'ange et l'animal, il est ce paradoxe d'un morceau d'argile détenteur d'un dépôt divin et calife de la création. «Dans ton âme, il y a une âme: cherche cette âme» (*rubâi'yât*). Connaître Dieu est à la fois une sortie de l'ego et un retour à soi-même. La réponse vient de la source même des questions: la fin de l'homme est son commencement, et tous deux sont Dieu. Aussi, nul ne cherche Dieu avant de L'avoir trouvé, car c'est Dieu qui révèle l'homme à lui-même en Se révélant à lui. Pour se souvenir de l'Invisible, il faut renoncer au visible, déjouer l'illusion du monde: les biens matériels, les ambitions, les orgueils sont un esclavagisme et une liberté empoisonnée. Le soufi mène une guerre contre ses vices, l'oubli de Dieu, les passions. La prière (*dhikr**) enlève la rouille du cœur pour le rendre transparent à Dieu, car seule la beauté voit la beauté, seule l'âme connaît l'âme. L'âme du soufi est brûlée et réduite en cendres par l'amour: elle devient les cieux et la terre, et elle s'unit avec Dieu sans se confondre avec Lui, comme une goutte d'eau s'unit à la mer, ou comme un papillon se consumant dans la flamme d'une chandelle.

►Visite à un derviche. Peinture sur livre, Esfahân, début du XVIIᵉ s. Palais du Topkapi, Istanbul.

La création est un miroir de Dieu, un embrun tiré de son Océan, un jeu d'amour infini entre les créatures et leur Créateur. «Tu as façonné ce *Je* et ce *Nous* afin de pouvoir jouer au jeu de l'adoration avec Toi-même. Afin que tous les *Je* et *Tu* deviennent une seule âme et soient à la fin submergés dans le Bien-Aimé» (*Mathnawi*). Dieu est le seul but: rien n'est hors de lui, autre que lui, sans lui. Chaque brin d'herbe est une parole divine, et il n'est rien qui ne contemple l'Unité divine. Dieu se voit comme en transparence dans la beauté des univers. Le soufi est un nomade, un migrateur regagnant sa patrie originelle. Prisonnière du corps, l'âme est un oiseau en cage. Elle doit répondre à l'attraction de l'amour, puis émigrer vers Dieu. Sous la conduite d'un maître spirituel, elle passe par des brûlures d'amour, des seuils de lumière, des degrés d'intimité avec Dieu. A la mort, le soufi ne meurt pas: c'est un jour de noces, où l'âme, jusque-là empêchée par le corps, voit se

Derviches tourneurs. Tekke de Galata, Istanbul (Turquie).

réaliser l'union parfaite avec Dieu.

Pour Rumi, le saint est un pilier de l'univers: il fait pleuvoir la grâce sur les êtres, maintient la vérité essentielle de la religion et la présence de Dieu. Le maître soufi est «un roi sous son froc»: il règne sur tous les mondes, il est au-delà «de l'impiété et de la religion» (Odes mystiques). Enivré du vin divin, sage sans livres, il est un printemps éternel dans le désert du monde.

Sa'di (1213/19-1292)

Sa'di naquit et mourut à Shirâz, comme plus tard Hâfez, mais contrairement à ce dernier, il passa une grande partie de sa vie à voyager. Jeune, il étudia à Bagdad, où enseignaient alors de grands maîtres. Revenu à Shirâz, il la quitta pour fuir l'invasion mongole, et parcourut pendant près de trente ans la Mésopotamie, l'Asie Mineure, la Syrie, l'Egypte, l'Arabie. Il a raconté ses aventures parfois rocambolesques dans le *Golestân* et le *Bustân*, mais certains épisodes sont peut-être douteux: il fut fait prisonnier par les croisés en Syrie puis délivré contre une rançon et un mariage forcé, il se maria à nouveau au Yémen (à Sanaa), séjourna en Inde.

Sa'di est surtout connu pour deux œuvres, écrites à son retour à Shirâz en 1257-58: le ***Bustân*** («le Verger»), un poème de 4100 distiques, et le ***Golestân*** («Le Jardin des roses»), qui entrecroise des contes en prose et des passages en vers. Ces deux textes comprennent plusieurs chapitres, traitant de la conduite des rois, des âges de la vie, des vertus sociales ou spirituelles, de l'éducation, de l'amour ou des soufis. Le divan* de Sa'di comprend notamment des quatrains, des ghazals, et des panégyriques

▸Frontispice d'un manuscrit du *Golestân* de Sa'di, 1593. Bibliothèque du palais du Golestân, Tehrân.

Tombeau de Sa'di, Shirâz, 1952.

adressés aux gouvernants du Fârs. Encore aujourd'hui, son style est un modèle d'éloquence, d'équilibre et de sobriété classique. Délicatement rythmé, traversé d'humour, riche en images savoureuses et neuves, il est dénué des artifices de beaucoup d'écrivains antérieurs. L'écriture de Sa'di semble couler de source: ce naturel charmeur, souvent imité, est demeuré insurpassé. Les critiques persans parlent d'un style à la facilité inimitable. Populaires, nombre de ses formules sont devenues proverbiales.

Sa'di lui-même disait avoir écrit son œuvre pour aider les hommes à traverser ce monde. Il apparaît moins mystique que Attâr, Rumi ou Hâfez, moins passionné et philosophique que certains soufis. Sa sagesse est à la fois modérée, humaine et pratique. Elle a touché à tous les grands aspects de la vie et de l'homme. Aux riches expériences de voyage et de vie d'un humaniste, elle allie un bon sens souverain et une veine soufie qui fait résonner le texte plus haut que les mots. Sincèrement musulman, Sa'di rejette les excès de piété. Son soufisme discret se veut en harmonie avec la religion et la société. Il loue la patience, le silence, l'honnêteté et la juste mesure. Pour lui, la quête de la science et la pratique du bien font reposer l'âme dans la sérénité et la font servir Dieu. Parfois fataliste et sombre, en raison des troubles de son époque (nous sommes au temps des destructions mongoles), Sa'di fait sourire la plus haute morale: ses contes et ses sentences semblent transformer l'amertume des lois en sucre pour l'âme.

Les œuvres de Saʾdi furent également populaires en Turquie et en Inde. En Occident, il fut traduit dès le XVIIᵉ s. en latin, en allemand et en français. Le Siècle des Lumières voulait voir en lui un déiste philosophe. La Fontaine s'inspira du *Golestân* pour plusieurs de ses *Fables*, et on peut percevoir les traces d'une même influence chez Voltaire (*Zadig*) ou Le Bailly (*Fables*).

Hâfez (v. 1315/25-avant 1392)

Avec Saʾdi et Khayyâm, Hâfez est le plus connu des poètes persans en Europe. Goethe lui a consacré une partie de son *West-Östlicher Diwan*. On connaît peu de sa vie, passée dans ce siècle où Tamerlan ravage l'Iran et l'Asie centrale, et où règne une religiosité obtuse. Il est né et mort à Shirâz, une ville qu'il a aimée toute sa vie et qu'il ne quitta presque jamais. Il étudia la littérature arabe et la théologie. Une tradition (légendaire?) veut qu'il ait rencontré Tamerlan. Son divan* devint populaire dans le peuple comme chez les princes et les savants. Aujourd'hui encore, il est sans cesse lu, commenté, discuté par les Iraniens, toutes couches sociales confondues. «Hâfez» est un surnom qui signifie «connaissant le Coran par cœur». Surnommé «l'interprète des mystères», Hâfez fut le maître du ghazal*, qu'il a mené à un sommet et à une plénitude définitive. Ses vers possèdent une musicalité profonde, suggestive et enivrante et ils sont, avec ceux de Rumi, privilégiés par les chanteurs. Hâfez est un alchimiste des mots et un maître des ressources du langage. Son style fluide et clair est d'un symbolisme souvent obscur, mais c'est son énigme de pouvoir parler à chacun la langue qu'il peut comprendre. Son œuvre, qui comprend plus de 500 poèmes, est la synthèse d'un génie à la fois collectif et personnel. Dans des poèmes à la tonalité variable, écrits en diverses occasions, Hâfez a exprimé les sentiments les plus fins de l'âme iranienne tout en épousant le soufisme le plus profond. Il a rendu compte de la complexité d'un homme tour à tour émerveillé, fou, égaré, humble, ivre du vin mystique et amoureux de la vie. Dans ses poèmes, l'amour, le vin, la nature, l'éternel féminin, la beauté du monde, les images coraniques ou bibliques sont un kaléidoscope de symboles qui rejoignent et transcrivent la plus haute contemplation.

►Tapis de laine décoré de vers de Hâfez, Tabriz, XVIIᵉ s. Musée du Tapis, Tehrân.

Les thèmes (l'union, la séparation, la sérénité, les inquiétudes, la solitude, la nostalgie) s'entrecroisent pour tisser une polyphonie à la fois ouverte, cyclique et inépuisable. Leur sagesse évoque, en tous sens, les relations de l'âme à Dieu, au monde et à elle-même. L'univers y apparaît comme une mosaïque de miroirs, dans lesquels l'homme et l'univers se réfléchissent et se voient à travers mille présences de Dieu, mille formes de l'amour. Sensuelles ou métaphysiques, les métaphores sont comme les vitraux de l'âme et une nostalgie de la beauté de Dieu.

Tombeau de Hâfez, Shirâz, XVIIIᵉ s., 1936.

Chaque vers est un monde en soi relié à l'univers du poème; et tous les vers semblent traversés par un œil spirituel, qui voit tout et qui relie le profane et le sacré, le terrestre et le céleste. Comme tous les soufis, Hâfez rejette les hypocrites et les bigots qui falsifient la religion et frelatent l'Esprit du soufisme.

Le tombeau de Hâfez, la nuit.

La richesse symbolique de sa poésie explique pourquoi les Iraniens s'y ressourcent encore, car chacun peut y lire ce qu'il cherche, trouver qui il est et aimer ce qu'il désire. Dans nombre de familles iraniennes, le divan de Hâfez se tient à côté du Coran.

Tirage au sort

Dans la prééternité[1], l'éclat rayonnant
    de Ta beauté se leva.
L'amour en est né
    et a incendié l'univers.
Ta Face montra Sa splendeur,
    mais l'ange ne connut pas l'amour[2].
Dieu, alors, brûlant dans son amour propre, foudroya
    Adam[3] de tout le feu d'amour.
La raison voulait allumer sa lampe avec ces flammes,
    mais l'éclair de l'amour mit le monde sens dessus dessous.
Le savant profane[4] a voulu venir voir la scène du mystère,
    une main invisible est venue le repousser par la poitrine comme un étranger.
D'autres ont tiré au sort le bonheur sur terre,
    mais mon (notre) cœur souffrant a tiré les peines d'amour.
L'âme supérieure désirait la fossette de Ton menton[5],
    mais elle dut mettre ses mains dans les dédales bouclés de Ta chevelure[6].
Hâfez a écrit le livre de joie de Ton amour,
    le jour où il a rayé de son âme les plaisirs de ce bas monde.

                Hâfez

Transcription phonétique du poème

Dar azal partow-e hosnat ze tadjalli dam zad
    eshgh peidâ shod o âtash be hameh âlam zad
Djelvei kard rokhat did malak eshgh nadâsht
    ein-e âtash shod az in qeirat o bar âdam zad
Aghl mikhâst kaz ân sho'leh cherâgh afruzad
    bargh-e qeirat bederakhshid o djahân bar ham zad
Moddai khâst ke âyad be tamâshâgah-e râz
    dast-e qeib âmad o bar sine-ye nâmahram zad
Digarân ghore'-ye ghesmat hame bar eish zadand
    del-e qamdide-ye mâ bud ke ham bar qam zad
Djân-e olvi havas-e châh-e zenakhdân-e to
    dâsht dast dar halghe-ye ân zolf-e kham andar kham zad
Hâfez ân ruz tarabnâmeh-ye eshgh-e to nevesht
    ke ghalam bar sar-e asbâb-e del-e khorram zad

Notes

1. Avant la création des mondes.
2. L'ange est spirituel, mais il n'est que spirituel: il n'est pas, comme l'homme, une synthèse de l'univers physique, psychique et spirituel.
3. Adam, un prophète selon l'Islam, symbolise l'homme miroir de Dieu.
4. Un homme qui sait beaucoup de choses, mais qui ne comprend rien à l'essentiel.
5. Métaphore pour la beauté de Dieu.

6. Au lieu de contempler la beauté divine, l'âme dut parcourir les méandres d'un destin difficile.

Interprétation possible
Avant l'apparition des univers et des hommes, la beauté de Dieu sortit de la nuit secrète de la transcendance: elle provoqua un embrasement d'amour et l'univers entier brûla d'amour pour sa splendeur. L'ange, pourtant, ne sut pas ce qu'est l'Amour, car il est limité par sa spiritualité: spontanément soumis à Dieu, il ignore le jeu de désir, d'attraction et de séparation entre l'amant et l'aimé. Dieu, alors, remit tout le feu de l'amour dans l'homme. Ce dernier voulut le comprendre grâce à son intelligence rationnelle, mais l'Amour bouleverse les intelligences et les signes et ne laisse pas l'indigne ou le profane découvrir son mystère: seul l'homme de désir, ivre et éperdu, accède à l'Amour et à l'union. L'âme spirituelle désirait contempler la beauté de Dieu, mais elle fut projetée dans une vie difficile, tourmentée par l'amour et les souffrances de la séparation. Sur terre, l'homme est éloigné de Dieu et pour accéder à l'Amour, il lui faut renoncer aux plaisirs éphémères du monde.

Remarque sur la sonorité du poème
Dans les premiers vers surtout, les sonorités en «sh» évoquent le feu et la chaleur et soulignent l'idée d'un feu d'amour embrasant l'univers et la parole même du poète.

Djâmi (1414-1492)
Né près de Djâm (Khorâsân), et mort à Hérat (aujourd'hui en Afghanistan), Djâmi est le dernier grand représentant de l'âge d'or classique de la poésie iranienne. Il étudia notamment la littérature, la théologie, la logique et l'astronomie. Il entra dans la confrérie soufie Naqshbandiyya (dont il deviendra un maître) et fit des pèlerinages à La Mecque et à Mashhad. Dans le XVe s. régi par les Timourides, il participa à l'extraordinaire vie culturelle de Hérat, capitale commerciale, cité de beauté et paradis des sciences et des lettres. A la cour timouride, il fut une autorité intellectuelle et spirituelle incontestée. Son œuvre considérable suit, sans les copier, les modèles instaurés par Nezâmi, Sa'di et Hâfez. Plus didactique que narratif, son style est profondément élaboré, riche en images, novateur et original dans sa fidélité aux anciens. On lui doit notamment trois *Divans*, *Le pays du printemps* (inspiré du *Golestân* de Sa'di), des commentaires sur le Coran et les hadiths et des ouvrages mystiques. Son œuvre principale est *Les sept merveilles* (*Haft owrang*), dont la structure imite le *Khamseh* de Nezâmi. Il se compose de sept textes:
La chaîne d'or traite de questions éthiques, philosophiques et spirituelles. ***Salâmân et Absâl*** est une histoire d'amour initiatique entre un héritier royal, Sâlâmân, et sa nourrice, Absâl. Symbole de l'âme pure, Salâmân s'éprend d'Absâl, symbole des passions mondaines. Après plusieurs péripéties et épreuves ascétiques, Salâmân (l'âme) est purifié: il succède à son père et oublie Absâl pour se tourner vers Vénus, beauté de la Sagesse éternelle. *Le présent offert aux hommes libres* et *Le rosaire des hommes pieux* sont des poèmes didactiques, où

«Ma bien-aimée qui n'a point fréquenté l'école ni ne savait écrire,
D'un clin d'œil enseigna cent maîtres.»

Hâfez

►Fête soufie. Illustration du divan de Hâfez. Tabriz, 1531-33. Metropolitan Museum of Art, New York.

►Des femmes, éblouies par la beauté de Joseph, se blessent avec un couteau. Illustration de Djâmi, Hérat, 1522. Bibliothèque du palais du Golestân, Tehrân.

Zuleykha dans un jardin
(panneau de gauche).
Décor de stuc, maison
Pirniâ, Nâ'in, vers 1580.

des discours à caractère religieux et mystique sont illustrés par des anecdotes. *Yusuf et Zuleykha*, le plus connu des romans de Djâmi, raconte l'histoire biblique de Joseph (Yussuf), mentionnée dans le Coran (XII). Vendu par ses frères, le prophète Joseph est emmené en Egypte, où il devient l'intendant de Putiphar. La femme de ce dernier, Zuleykha dans la tradition arabo-persane, tente de le séduire. Joseph est le prototype de la beauté humaine et un symbole de l'Esprit; Zuleykha est une figure de l'âme qui se consume jusqu'à la folie pour être finalement transfigurée par l'amour. Une scène fut souvent représentée en peinture ou en céramique: surprises et subjuguées par la beauté de Joseph, des femmes se tailladent involontairement les mains avec le couteau qu'elles tenaient pour peler des oranges. *Leila et Madjnun* est un roman d'amour. Son thème d'origine arabe (l'amour impossible de deux jeunes bédouins) avait déjà été traité par Nezâmi (196). Enfin, *Le livre de sagesse d'Alexandre le Grand* est un poème qui poursuit cette longue tradition faisant du conquérant grec un sage en quête de la Lumière divine.

Mollâ Nasr Eddin (? ou de tous les temps)

Comme le Till Eulenspiegel allemand, Nasr Eddin, mollâ de son état, est un bouffon populaire que l'on trouve dans l'ensemble du monde persan et turc. Toujours accompagné de son âne, on ignore s'il fut à l'origine un personnage historique, mais sous son nom circulent des plaisanteries et un esprit universels. Railleuses, satiriques, rusées, profondes ou triviales, les anecdotes et facéties de Nasr Eddin révèlent les travers des sociétés, l'absurdité des lois, la vanité et les défauts des hommes, la vérité trop évidente ou cachée.

Quelques histoires de mollâ Nasr Eddin

Nasr Eddin entend parler de pays d'Afrique où les gens sont nus à cause de la chaleur. «Mais alors, demanda-t-il, comment, sans vêtements, est-il possible de distinguer les hommes des femmes?»

Nasr Eddin emprunta une grande casserole à son voisin. Il la lui rendit avec une petite casserole. «La casserole était enceinte et donna naissance à une petite», dit le mollâ à son voisin étonné. Quelque temps plus tard, Nasr Eddin emprunta à nouveau la casserole à son voisin mais ne la rapporta pas. Le voisin s'enquit auprès de Nasr Eddin, qui lui répondit: «Ta casserole est décédée, j'en suis navré.»

Nasr Eddin voit un miroir sur le sol. Il le prend et, y voyant furtivement son reflet, il le repose en disant: «Oh ! Pardon, je n'avais pas vu que c'était toi!»

Un homme, sans argent et affamé, rôdait près d'un marchand de kabâbs. Méchant et avare, le vendeur voulut faire payer au pauvre homme le fumet de la viande grillée. Nasr Eddin arriva et, après avoir entendu la réclamation du vendeur, il dit vouloir arranger l'affaire. Il sortit de sa poche des pièces de monnaie, les fit tomber sur un plateau en métal, puis les remit dans sa poche en disant au marchand: «Voilà, je t'ai payé l'odeur des kabâbs par le bruit de l'argent!»

Statue de Mollâ Nasr Eddin,
Boukhara (Ouzbékistan), 1979.

LA MUSIQUE
LE THEATRE — LE CINEMA

La musique

Les fouilles archéologiques, en Mésopotamie et en Iran, ont livré plusieurs témoignages sur la musique: des instruments (lyres, harpes, flûtes, claquoirs, etc.), des représentations de musiciens (sur des cylindres ou des terres cuites), et quelques textes à l'interprétation difficile. En revanche, nous n'avons que très peu d'informations sur la musique de l'époque achéménide, mais les remarques succinctes d'auteurs grecs indiquent qu'elle jouait un rôle important. Hérodote évoque des hymnes sacrés chantés par des religieux. Xénophon rapporte que Cyrus II, avant d'attaquer l'armée assyrienne, récita «un hymne héroïque que tout le monde chanta»; une fanfare annonça le début de l'attaque. Dans le Zoroastrisme, les hymnes de l'Avesta étaient (et sont encore) chantés.

►Céramique, Suse, ~IIᵉ mil. Musée National de l'Iran, Tehrân.

Si quelques témoignages archéologiques ou littéraires témoignent d'une vie musicale à l'époque parthe, c'est la musique sassanide (IIIᵉ-VIIᵉ s.) qui est le véritable fondement de la musique iranienne d'époque islamique. Profondément intégrée à la vie religieuse, royale et populaire, la musique faisait alors communier l'homme avec l'ordre divin, les cycles cosmiques et la royauté. Elle rappelait des événements majeurs, délassait les âmes ou accompagnait les cortèges et les chasses royaux. Dans le palais de Bishâpur (IIIᵉ s.), un pavement de mosaïque représente une joueuse de harpe, un instrument déjà présent sur un cylindre du ~IVᵉ mil. retrouvé en Iran. Sur les bas-reliefs de Tâq-e Bostân (VIᵉ-VIIᵉ s.), des musiciennes jouent pendant la chasse du roi. Plusieurs compositeurs et chanteurs célèbres ont vécu à la cour de Khosrow II (591-628). On attribue à l'un d'eux, Barbad, la création ou le perfectionnement de sept systèmes, de trente types de modulations et de trois cent soixante modes (*dastgâh*), qui correspondaient aux

La musique avant l'Islam

►Instrument musical, Lorestân, ~1500-~1200. Musée National de l'Iran, Tehrân.

Chez les Sassanides

Joueuse de harpe. Mosaïque sassanide de Bishâpur, IIIᵉ s. Musée du Louvre, Paris.

jours de la semaine, du mois et de l'année. Des chroniques affirment que le roi Bahram V Gur demanda au roi de l'Inde près de 10'000 musiciens pour égayer le cœur des hommes: des musiciens baloutches, au sud-est de l'Iran, seraient leurs descendants. Mani, le fondateur du Manichéisme au IIIᵉ s., assignait à la musique une origine divine et il l'employait pour la liturgie: les hymnes chantés étaient accompagnés par des instruments aux sonorités aériennes (flûtes, harpes, luths).

Après l'Islam

L'arrivée de l'Islam, au VIIᵉ s., bouleversa la pratique musicale. La musique ne fut tolérée que pour les fêtes de famille, les noces ou des processions militaires. Son usage religieux se limita à la récitation du Coran et à l'appel à la prière, qui constituent en quelque sorte les seules musiques sacrées de l'Islam. Les religieux jetèrent souvent l'anathème sur un art pouvant déchaîner les passions, menacer les bienséances, distraire de la foi et de Dieu, briser les équilibres psychologiques ou mener les révolutions.

Salle de musique. Palais Ali Qâpu, Esfahân, XVIIᵉ s.

Toutefois, ces restrictions ou ces censures ne pouvaient abolir un art aussi indispensable à l'Iranien que la rose au rossignol. Elles favorisèrent l'éclosion d'une musique réduite à la monodie, mais qui se raffina en profondeur et en intériorité, en jouant des ressources les plus subtiles de l'ornementation, des intervalles, des accentuations et des styles de jeu. Les Arabes empruntèrent à l'Antiquité grecque et à la Perse des instruments et des théories musicales, et les cours royales ou princières du monde musulman accueillirent nombre de poètes et de musiciens persans. De grands savants, comme Fârâbi et Avicenne, écrivirent des traités sur la musique. Transmise de maître à disciple et de «poitrine à poitrine», la musique se développa dans des familles de musiciens, les cénacles privés et les cours royales.

Salle de musique: détail du dispositif acoustique. Palais Ali Qâpu, Esfahân, XVIIᵉ s.

Pays multiethnique et multiculturel, l'Iran est une mosaïque de traditions musicales: populaires ou savantes, spirituelles ou profanes, citadines, rurales ou nomades, plus ou moins locales, changeantes et diffusées, elles rythment les grandes étapes de la vie intime, familiale et collective. Dans les provinces frontalières, différentes influences (arabe, turkmène, turque, etc.) sont présentes. La musique est utilisée dans les confréries mystiques, dans un but de contemplation et de prière, pour favoriser ou exprimer des états spirituels ou des extases. La musique est une composante essentielle des ta'ziyehs* (208) et elle accompagne également le sport traditionnel pratiqué dans les zurkhânehs* (231).

Après la Révolution islamique

La Révolution restreignit la diffusion de la musique, et elle interdit les musiques trop excitantes, ainsi que la voix de femme seule pour les auditoires masculins. Elle encouragea, d'autre part, le maintien et la préservation du patrimoine musical iranien, menacé par l'invasion de la musique pop occidentale. Aujourd'hui, la musique est beaucoup pratiquée par les familles, et les jeunes savent souvent jouer d'un instrument, traditionnel ou occidental (piano, guitare, violon).

La musique classique occidentale est appréciée, bien qu'elle soit peu jouée en concert et rare chez les disquaires. L'Orchestre Symphonique de Tehrân fut créé en 1934, et plusieurs compositeurs ont écrit des œuvres symphoniques à l'occidentale. Un nouvel orchestre, Musiqi-ye Now Grand Orchestra of Iranian Music, a été formé en 1994 avec des musiciens jouant sur des instruments aussi bien iraniens qu'occidentaux. La musique traditionnelle est enseignée dans des conservatoires à Tehrân et à Esfahân. Plusieurs festivals sont consacrés chaque année à la musique savante ou populaire. Il existe aussi un vaste répertoire de chansons et une musique pop iranienne, d'inspiration occidentale, très écoutée par la jeunesse, mais proscrite par le gouvernement. Leurs chanteuses et chanteurs vedettes vivent tous à l'étranger et on ne peut trouver leurs enregistrements qu'au marché noir.

Musiciens. Palais Chehel Sotun, Esfahân, XVIIᵉ s.

Contrairement à la musique européenne, qui a développé depuis la Renaissance des harmonies tonales, la musique classique iranienne est modale. Elle repose sur douze modes (en arabe: *maqâm**), qui forment de grands systèmes mélodiques. Chaque mode est composé de plusieurs thèmes mélodiques (*gushe*), qui se succèdent dans un ordre strict et qui sont puisés dans un ensemble de plusieurs centaines de mélodies (entre 300 et 500). Chaque mode porte un nom, parfois hérité de l'époque sassanide, et se caractérise par une échelle de sons spécifique et une atmosphère bien typée: les sept *dastgâh* sont les principaux, les cinq *âvâz* leurs dérivés. Citons, par exemple, le dastgâh-e Mâhur ou l'âvâz-e Afshâri. On appelle *radif* l'ensemble des mélodies (*gushe*) et des modes (*dastgâh*, *âvâz*) qui les englobe. La richesse des répertoires peut varier selon les traditions et les musiciens, et le *radif* a aussi influencé des chansons ou des pièces rythmées qui n'en font pas partie.

L'art du musicien consiste à suivre les séquences mélodiques des modes et à improviser leur épanouissement. Selon son inspiration (son *hâl*: son état spirituel) et en fonction de son auditoire, il peut varier à volonté ses intonations, ses effets et sa virtuosité, afin de revêtir le squelette des modes d'une chaire musicale. Chaque mode correspond à un type de personnalité, de contemplation et de sentiments; chacun se joue à un moment particulier de la journée et en certaines circonstances, et possède sa vertu propre sur l'auditoire. Les noms des mélodies évoquent la lamentation, la mélancolie ou la voie de l'esprit. A l'intérieur des modes, les pièces se suivent dans un ordre déterminé et toujours analogue: Ouverture – Introduction – Pièce rythmée – Mélodie (*gushe*) – Pièce rythmée – Chant – Pièce rythmée finale. Avec ses moments de tension et de repos, ses alternances rythmiques, instrumentales et vocales, la musique emporte les auditeurs dans une dramaturgie intérieure, jouant sur plusieurs registres de l'âme et actualisant une alchimie de sentiments.

Théorie de la musique classique

Dastgâh-e Shur.
1ʳᵉ ligne: échelle des sons.
2ᵉ et 3ᵉ ligne: prélude.

Dastgâh-e Sega.
1ʳᵉ et 2ᵉ ligne: prélude.
3ᵉ ligne: échelle des sons.

►Hossein Alizâdeh (setâr) et Madjid Khaladj (tombak) en 2010.

La gamme iranienne et ses intervalles sonores varient beaucoup et font l'objet de nombreuses discussions parmi les spécialistes. Ce n'est qu'au XXe s. que la musique traditionnelle a été partiellement écrite en partition. Le système de notation occidental est pourtant peu approprié à une musique qui fait essentiellement appel à l'improvisation et dont la sève et les résonances intimes ne peuvent se transmettre que de bouche à oreille.

Les instruments Les orchestres traditionnels sont généralement composés de moins de dix musiciens. Les instruments ont des personnalités sonores qui s'adressent et correspondent à des types d'âmes et de destins. Ils sont des êtres vivants, des médiums de l'Invisible et des confidents: ils ont leurs humeurs, leurs moments de grâce ou d'absence, et il faut les traiter avec amour et compréhension. Ils sont fabriqués avec du noyer ou du mûrier, des peaux d'agneau ou de chèvre.

Le tanbur Forme de luth à deux ou trois cordes pincées. Depuis

►Tanbur.

le XIe s., il est un instrument sacré des Kurdes. Le tanbur est également un nom générique pour les luths à manche long.

Le târ Forme de luth à six cordes pincées. Développé sans doute au XVIIIe s., il est depuis

►Târ.

le XIXe s. l'instrument privilégié de la musique classique, employé en solo ou pour accompagner un chant.

Le setâr Forme de luth à trois cordes pincées; une quatrième corde sert de résonance. Plus petit que

►Setâr.

le târ, joué en solo, la sonorité du setâr est intimiste, recueillie et raffinée: elle est particulièrement appréciée par les milieux mystiques.

Le santur Instrument à cordes frappées. Répandu dans plusieurs pays orientaux (Inde, Chine, Turquie, Grèce, etc.), joué au Moyen Age (le tympanon), il remonte sans doute à une époque très ancienne, peut-être même assyrienne et babylonienne. Il a la forme d'une caisse en trapèze, sur laquelle sont fixées 72 cordes métalliques tendues par des chevalets en bois et frappées avec de fines baguettes en bois. Joué en solo, avec un tombak ou en

►Santur.

accompagnement d'un chant, sa technique faillit disparaître au XXe s. après la mort de son dernier maître (Somâ'i), mais elle fut ressuscitée par Madjid Kiâni.

►Ney.

Le ney Flûte en roseau. Pour Rumi, sa sonorité est un gémissement d'amour: coupée de la jonchaie, elle pleure cette séparation et chante la plainte du soufi lui aussi séparé de Dieu et expirant d'amour pour Lui.

Le zarb ou tombak Instrument de percussion de la musique savante, joué avec les mains nues, en solo ou dans un ensemble. On peut frapper l'instrument au

▶Zarb ou tombak.

centre de la membrane (le son est grave: on l'appelle *tom*), sur le bord (le son est aigu: *bak*), ou entre le bord et le centre. Les types de frappe (coups secs ou roulés, forts ou doux) forment la base d'un répertoire de sentiments et d'expressions mélodiques.

Tambour monté sur un cadre circulaire pourvu de petits anneaux en métal. Joué à l'origine par les soufis du Kordestân et de Kermânshâh, il a été répandu dans les musiques d'ensemble depuis les années 1970.

▶Daf.

Le daf

Forme de vielle jouée avec un archet, qui remonte sans doute au XIIIe s. Encore jouée dans la musique populaire, elle a été peu à peu remplacée par le violon dans la musique classique.

Le kamâncheh

Forme de luth à cordes pincées joué dans le Khorâsân. Doté d'un long manche et de deux cordes, il vient d'une haute antiquité et une tradition veut qu'il ait été créé par l'ange Gabriel avec le bois d'un arbre du paradis, le Touba.

Le dotâr

Les tribus nomades utilisent surtout différents types de percussions (tambours, dulcimers, cymbales, etc.) et des instruments à vent, comme la flûte, le cor, ou le sornâ des Baloutches.

La spiritualité de la musique

Pour les savants musulmans, inspirés par Pythagore et Platon, les harmonies musicales reflètent la musique des sphères célestes. Même si certaines légendes suggèrent une ambiguïté diabolique des sons, la musique et la danse ont été privilégiées par les soufis. Certains ordres préfèrent l'ascèse et le silence et se limitent à la cantillation du Coran ou de poèmes; d'autres, au contraire, ont créé de véritables rituels de musique, où les chants coraniques et les litanies mystiques alternent avec des méditations instrumentales. Les soufis, et en particulier Rumi, ont écrit les plus beaux textes sur la métaphysique des sons. «Dans les cadences de la musique est caché un secret; si je le révélais, il bouleverserait le monde» (Rumi). Ecouter, c'est être réceptif à l'appel éternel de Dieu et à son Ordre créateur. La musique fait entendre l'intimité de Dieu et de l'homme et le mystère de la Parole à l'origine des mondes. Elle provoque un reflux de l'âme vers l'Unité, du monde à la contemplation. Dans l'âme, elle éveille la conscience de l'amour divin et distille la nostalgie de l'union spirituelle. Par le truchement des sons, l'âme se souvient des harmonies entendues en Dieu avant la création et au paradis. De nombreux mythes et traditions évoquent l'inspiration spirituelle de la musique, la solidarité de l'âme et de l'harmonie universelle, la relation entre l'audition et l'écoute contemplative de Dieu. Les soufis ont néanmoins mis en garde contre une musique qui exalte l'égoïsme plutôt qu'elle ne fait trouver Dieu. Jouer, chanter ou écouter exige des vertus et une préparation spirituelles, sans quoi le concert est illégitime: musiciens et auditeurs doivent partager une même connivence de cœur et d'attitude.

▶Danse. Illustration de Djâmi, Hérat, 1522. Bibliothèque du palais du Golestân, Tehrân.

Portail de Amir Chaqmâq, ancien tekiyeh. Yazd, XIXe s.

L'origine divine de la musique et son enracinement dans l'âme explique son efficacité: elle guérit ou tue, endort ou éveille, provoque une extase, rend l'âme à l'amour ou à la sérénité. Sous différentes formes (instrumentale, vocale), la musique est utilisée dans l'exorcisme et la guérison: ainsi chez les Baloutches, au sud-est de l'Iran, ou lors de la cérémonie du *zâr*, dans les provinces du golfe Persique. Des hôpitaux musulmans pratiquaient la musicothérapie pour améliorer ou stabiliser l'état psycho-corporel des patients, en vertu d'une correspondance existant entre les modes musicaux, les humeurs du corps et les tendances de l'âme.

Le théâtre

Le monde musulman n'a guère développé d'art théâtral. L'Iran est le seul pays d'Islam où s'est épanoui un théâtre à caractère spirituel, typiquement islamique, et profondément enraciné dans la culture et la spiritualité chiite: le ta'ziyeh.

Le ta'ziyeh

Le mot signifie littéralement «condoléances». Dans une mise en scène symbolique, les ta'ziyehs commémorent le martyre de l'Imam Hosseyn. Ces représentations sacrées, dont le comte de Gobineau parla longuement au XIXe s., furent filmées vers 1900 par des opérateurs de la société Pathé. Elles s'apparentent aux Passions chrétiennes que l'on peut encore voir en Espagne ou en Amérique du Sud. Dans les deux cas, on trouve une ritualisation d'un événement à la fois historique et spirituel et une ferveur participative du public.

L'origine du drame

Hosseyn est le IIIe Imam des chiites, après son père Ali et son frère Hassan. Ce dernier fut assassiné en 670 sur ordre du calife omeyyade Mu'awiya. Hosseyn refusa de se soumettre au calife Yazid Ier, fils de Mu'awiya et réputé pour son impiété et sa luxure. En 680, à la demande des habitants de Kufa, une ville irakienne qui avait soutenu le parti d'Ali et qui devint plus tard un centre de la révolte abbasside, Hosseyn part de La Mecque avec 72 compagnons pour mener une rébellion contre les Omeyyades. Forcé de s'arrêter près de l'Euphrate, il subit le siège de milliers de soldats. Souffrant de la soif, refusant de se rendre, Hosseyn et ses compagnons sont massacrés un à un: le camp est pillé et incendié, la tête de Hosseyn envoyée à Yazid Ier. Seuls survivront les femmes et les enfants, emmenés en captivité: parmi eux,

al-Sadjâd, fils de Hosseyn et futur IVe Imam. Cette petite bataille se transforma, pour le chiisme, en événement fondateur: elle devint le prototype du sacrifice, de la guerre sainte contre l'injustice, et des vertus du vrai croyant devant mourir au nom de la vie en Dieu. Aujourd'hui encore, la tragédie de Karbala est une référence religieuse et culturelle, plus ou moins politisée. Dans plusieurs villes d'Iran, des musées (Shohada Museum) sont consacrés aux martyrs du XXe s., en particulier les victimes du régime du chah et de la guerre Iran-Irak, lointains disciples, pour la République islamique, de Hosseyn et des siens.

►La tragédie de Karbala. Peinture de café de Qollar Aqâsi (XXe s.). Musée des Beaux-Arts, Sa'd Abâd, Tehrân.

Le souvenir rituel du martyre de Hosseyn fut célébré tout au long des siècles. Tantôt permis, tantôt interdit par les gouvernements, les Bouyides chiites le rendirent officiel au Xᵉ s. Célébré depuis lors dans des assemblées religieuses, ces commémorations devinrent des événements publics et collectifs avec les Safavides (1501-1732) et les Qâdjârs (1779-1925). La tradition attribue la création des ta'ziyehs à Shâh Ismâil Iᵉʳ, fondateur de la dynastie safavide, mais aucun document ne vient le confirmer ou l'infirmer. Ce n'est qu'au XVIIIᵉ s., avec les Qâdjârs, que ces commémorations sont transformées en véritable théâtre, indépendant des autres rituels, et obéissant à une conception globale, fixe et codée. La mode des ta'ziyehs tendit à en faire un divertissement et un lieu de réunion mondains, mais leur succès s'affaiblit au début du XXᵉ s. Auparavant instrumentalisées par les souverains, ces mises en scène rituelles devinrent, à la fin des Qâdjârs, la tribune des opposants aux régimes et des réformistes. Occasionnellement, elles canalisèrent ou attisèrent un fanatisme et un nationalisme excessifs. Interdites par Rezâ Shâh Pahlavi (1925-1941), elles furent à nouveau encouragées sous le règne de Mohammad-Rezâ Shâh: on les présenta à la télévision et au festival de Shirâz. En 1978-1979, elles furent un moyen de s'opposer au régime du chah. Aujourd'hui, ces «Passions» sont données dans les villages et les villes par des troupes professionnelles.

Histoire d'une commémoration

La mort de Hosseyn. Peinture de l'Imâmzâdeh Shâhzâdeh Ebrâhim, Kâshân, 1885.

Les représentations

Les ta'ziyehs ne formaient qu'une partie des commémorations du martyre de Hosseyn: celles-ci comportaient également des assemblées de deuil, animées par des prédicateurs, et plusieurs processions, que l'on peut toujours voir aujourd'hui. Des hommes habillés en noir marchent en cortège et se flagellent avec des chaînes au rythme de chants religieux; certains pouvaient même se blesser volontairement avec des couteaux ou des sabres. Un autre cortège fait défiler le cercueil de Hosseyn, le cheval couvert de flèches de l'Imam, des bannières et des figures symboliques du drame. Ces rituels durent les dix premiers jours du mois arabe de muharram: le dixième est le jour d'âshurâ, le jour du massacre de Karbala.
D'autres événements sont représentés dans les ta'ziyehs, comme la vie de la sainte famille chère à la spiritualité chiite: le Prophète Muhammad, Ali, Fatima (fille du Prophète et épouse d'Ali), Hassan et Hosseyn (tous deux fils d'Ali et de Fatima). On met également en scène les événements qui suivent Karbala (les miracles de la tête décapitée de Hosseyn), l'histoire des survivants, des autres Imams ou de saints locaux.
Les pièces étaient écrites puis récitées par cœur par des comédiens, qui pouvaient être des amateurs membres d'une fraternité religieuse, ou des professionnels patronnés par le souverain ou les nobles.
La production littéraire des ta'ziyehs est riche et contient nombre de passages poétiques et puissants, en dépit des limites et des conventions du genre. Les personnages de l'histoire deviennent des arché-

Bannières de procession. Musée Ethnologique, Golestân, Tehrân.

types intemporels: les Omeyyades sont une figure du mal, Hosseyn le modèle du martyr, ses compagnons des justes écrasés par l'erreur, les

►Le soir d'Ashura. Peinture de Mahmud Farshchiân, 1976.

femmes et les enfants des innocents persécutés par la tyrannie. Le ta'ziyeh opère comme une catharsis sur les spectateurs, qui ne sont pas là pour voir du théâtre, mais pour vivre une tragédie spirituelle qui purifie et sublime les sentiments. Les ta'ziyehs étaient donnés dans la cour des mosquées, près des Imâmzâdehs*, dans des tekiyehs* ou des hosseyniyehs* (*145, 359*). Au XIXᵉ s., ces représentations prirent une dimension de faste unique. Elles étaient alors financées par les nobles et les riches, qui firent construire des tekiyehs* souvent luxueusement décorés: les spectateurs étaient placés en cercle autour d'une estrade centrale, où se jouait le drame. En 1868, le roi qâdjâr Nâser od-Din Shâh fit construire à Tehrân un riche théâtre d'Etat (Tekiyeh Dowlat), situé à côté du palais du Golestân, et qui fut détruit sous les Pahlavis (*474*). On y donnait des représentations spectaculaires, faisant appel à une foule d'acteurs, de cavaliers et de musiciens.

Les autres formes de théâtre

Depuis des siècles, plusieurs formes de théâtres populaires sont pratiquées en Iran. Données par des comédiens et des artistes souvent itinérants,

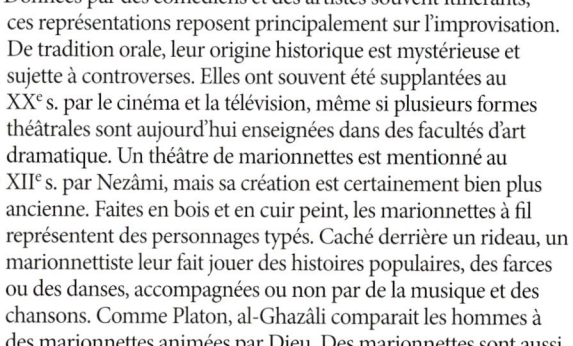

✛ Représentation de la tragédie de Karbala.

ces représentations reposent principalement sur l'improvisation. De tradition orale, leur origine historique est mystérieuse et sujette à controverses. Elles ont souvent été supplantées au XXᵉ s. par le cinéma et la télévision, même si plusieurs formes théâtrales sont aujourd'hui enseignées dans des facultés d'art dramatique. Un théâtre de marionnettes est mentionné au XIIᵉ s. par Nezâmi, mais sa création est certainement bien plus ancienne. Faites en bois et en cuir peint, les marionnettes à fil représentent des personnages typés. Caché derrière un rideau, un marionnettiste leur fait jouer des histoires populaires, des farces ou des danses, accompagnées ou non par de la musique et des chansons. Comme Platon, al-Ghazâli comparait les hommes à des marionnettes animées par Dieu. Des marionnettes sont aussi utilisées dans un théâtre d'ombres, d'origine chinoise, qui a sans doute inspiré le *karageuz*, théâtre traditionnel des Turcs ottomans. Au XIᵉ s., Omar Khayyâm l'a évoqué en comparant les hommes à des silhouettes, dont l'ombre, créée par le soleil, se projette sur la lanterne du monde.

► Spectacle de marionnettes à la cour du roi. Photographie d'Antoin Sevruguin (1830-1933).

Autrefois, on pouvait assister à des représentations mettant en scène des poèmes épiques, centrés sur les aventures de héros comme Rostam. Les acteurs, masqués, jouaient des personnages fortement caractérisés (le soldat turc, le paysan, le citadin, etc.), et pouvaient réciter des vers d'auteurs anciens. Avant l'arrivée des divertissements modernes, des conteurs, des montreurs d'images, des acrobates ou des chanteurs animaient les bazars, les villages et les fêtes des maisons privées. Même si la vie moderne tend à les faire disparaître, des bouffons et des jongleurs présentent toujours des saynètes comiques qui se moquent des défauts humains avec une sagesse terre-à-terre et souvent truculente.

LES ARTS ET LA CULTURE

Au XIXᵉ s., l'influence européenne et la vogue des idées modernes ont favorisé l'apparition d'un théâtre persan à l'occidentale. Les pièces jouées furent d'abord empruntées à Molière et à Gogol et traduites en persan. En 1895, Mirzâ Fath'ali Akhondzâde écrivit des pièces comiques, qui eurent une grande influence sur les auteurs de la fin des Qâdjârs. Au début du XXᵉ s., inspirés par l'esthétique et le répertoire de l'Europe, plusieurs écrivains iraniens créèrent des pièces de qualité, évoquant généralement des problèmes politiques, sociaux, bureaucratiques ou religieux. Un Théâtre national fut créé en 1911-1912, baptisé plus tard Sherketi Komedi Iran. Sous les Pahlavis, le théâtre iranien vit naître plusieurs nouvelles troupes et ne cessa d'améliorer la formation des acteurs, d'affiner les représentations et de s'intéresser aux avant-gardes. L'écriture d'un répertoire iranien connut des hauts et des bas. Après les pionniers de la fin des Qâdjârs, la création n'évolua guère pendant et après la Deuxième Guerre Mondiale, époque durant laquelle les auteurs s'intéressèrent davantage aux mélodrames et aux pièces historiques et patriotiques; elle reprit à la fin des années 1950, puis déclina à nouveau dans les années 1970. Les pièces iraniennes abordent des sujets divers: sociologiques, psychologiques, philosophiques ou religieux. Parallèlement, on représente des adaptations ou des traductions d'œuvres européennes.

Anciennement, le théâtre et la danse étaient enseignés oralement par un maître, souvent au sein d'une confrérie. Aujourd'hui, il existe plusieurs facultés d'art dramatique, à Tehrân et à Kermân, et des festivals de théâtre se tiennent chaque année. S'il y a aujourd'hui des acteurs vedettes, au cinéma, à la télévision ou au théâtre, le métier de comédien a longtemps souffert d'une mauvaise réputation. La tradition musulmane n'apprécie guère que les femmes se produisent devant un public d'hommes étrangers. Jusqu'au début du XXᵉ s. les rôles féminins furent tenus par des travestis ou des Arméniennes. Depuis l'instauration de la République islamique, les actrices doivent jouer avec un manteau et un foulard.

La danse

Grâce à des historiens grecs de l'Antiquité, nous savons que les danses étaient un élément important des rituels royaux des Achéménides (~VIᵉ-~IVᵉ s.). Xénophon évoque la persique, exécutée notamment lors des fêtes consacrées à Mithra. L'époque sassanide nous a laissé des objets et des mosaïques représentant des danseuses (IIIᵉ-VIIᵉ s.). Même si l'Islam limita l'expression de la musique et des manifestations publiques, des témoignages littéraires et des peintures attestent d'une pratique de la danse, parmi le peuple comme dans les cours.

Chaque ethnie de l'Iran possède ses danses, étroitement associées à ses musiques et à ses coutumes. Elles sont exécutées par des nomades, des paysans ou des citadins, par des professionnels ou des amateurs. Leur origine est souvent obscure, et quelques-unes semblent remonter à une époque lointaine. Elles peuvent être de nature guerrière, religieuse, magique,

Le théâtre d'inspiration européenne

Théâtre de la ville, Tehrân, 1971.

▶Danseuse sur un vase sassanide, VIᵉ-VIIᵉ s. Musée National de l'Iran, Tehrân.

Musiciens et danseuses. Palais Chehel Sotun, Esfahân, XVIIᵉ s.

Pas de la danse classique
iranienne, d'après M. Rezvani.

carnavalesque, acrobatique ou érotique. Pratiquées par des tribus, des corporations, des troupes itinérantes, des particuliers ou autrefois par des ballets royaux, ces danses ont parfois disparu. Beaucoup ne se pratiquent aujourd'hui que dans des cercles plus ou moins privés et familiaux, à l'occasion de mariages ou de cérémonies particulières. Il existe une danse iranienne dite classique, dont les nombreuses figures et les genres sont régis par des règles. Elle comprend sept pas principaux (un nombre hautement symbolique), dans lesquels le corps repose sur les hanches et tire sa force des reins. Certains mouvements ressemblent aux danses de l'Antiquité grecque et égyptienne. L'apprentissage du danseur passe par une maîtrise patiente des muscles et d'une gamme de gestes qui va d'une ondulation subtile du corps à des sauts brusques. Au début du XXe s., seuls quelques rares maîtres connaissaient encore cet art, qui périclita à l'époque qâdjâre. Aujourd'hui, la danse constitue un rite majeur de certaines confréries soufies, comme les «derviches tourneurs», fondés par Rumi au XIIIe s. et aujourd'hui en Turquie. Leur danse est circulaire et le danseur tourne sur lui-même, car l'âme spirituelle est la cause des mouvements du corps comme Dieu est le moteur de la danse des mondes.

Le cinéma

Si l'Iran culturel fait aujourd'hui parler de lui en Occident, c'est grâce à son cinéma, régulièrement présent et récompensé dans les festivals étrangers.

Les débuts

Contrairement à ce qui se passa dans d'autres pays, où il conquit les foules avant l'élite, le cinéma fut prisé par la haute société fortunée de l'Iran, pratiquement dès son invention. Le chah Mozaffar od-Din (1896-1907) demanda que l'on filme certains événements de la vie de cour. Le premier cinéma ouvre à Tehrân en 1905 et provoque l'opposition des mollâs. Vingt ans plus tard, la capitale compte plusieurs salles qui projettent des films européens et américains. Pendant les projections, les femmes et les hommes furent d'abord séparés, mais les séances devinrent mixtes après la Seconde Guerre Mondiale.

Durant les premières décennies, la production indigène était constituée de films d'actualité ayant pour trait les événements royaux et politiques. Dans les années 1930, Ohâniân, premier cinéaste iranien et fondateur d'une école d'acteurs, tourne deux comédies et Moradi filme le premier mélodrame. En 1933, sort le premier grand film parlant: *La fille Lor*, tourné en Inde par Abol Hussayn Sepantâ, poète, écrivain et premier cinéaste complet de l'Iran. Le cinéma européen et américain étouffa ensuite les productions locales. De 1937 à 1947 aucun film ne fut tourné en Iran, alors que des dizaines de films étrangers y furent projetés, notamment les films de propagande des Alliés.

▶ *La fille Lor*, d'Abol Hussayn Sepantâ.

La naissance d'une industrie

La première société de production iranienne est fondée en 1947 (Mitrâ-Film) par Esmâil Kushân, également responsable du premier doublage d'un film étranger en persan. Après *Le tourbillon de la vie* (1948), le premier film entièrement réalisé en Iran, il produisit *Le Honteux*, une histoire d'amour entre une fille de la campagne et un jeune homme de la ville. Grâce à la présence d'une chanteuse célèbre (Delkash) et à une bonne sonorisation, le film fut un succès: il provoqua la création de plusieurs sociétés de production (on en comptait vingt-deux en 1957), mais engendra une production conventionnelle et facile de mélodrames au dénouement heureux, où les scènes de genre alternent avec des danses et des chansons. Une cinémathèque est créée en 1949: le Centre National du Film, devenu plus tard Les Archives du Film, conserve la mémoire cinématographique de l'Iran. Dans les années 1950, le cinéma est marqué par des productions commerciales médiocres (surnommées les «films farsis»), des films policiers et des documentaires commandés par l'Etat. Des œuvres mettent en scène des gens du peuple et plusieurs personnages deviennent des emblèmes: le paysan Samad et le truand au grand cœur Djâhel, tous deux héros de nombreux films. Des cinéastes puisent leurs sujets dans des sujets légendaires, historiques ou littéraires. L'histoire d'amour de Leila et Madjnun, par exemple, a été adaptée par A. H. Sepantâ (1936), M. Nurbakhsh (1956) ou I. Z. Ashtiyâni (1970). Plusieurs films se sont inspirés du *Livre des rois* de Ferdowsi, comme *Siavosh à Persépolis* de Fereydun Rahnemâ (1967).

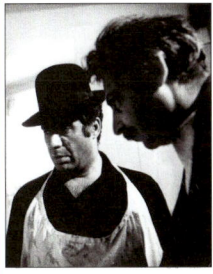

▶*Gheyssar*, de Massud Kimiâi.

Le tournant des années 1960

Les années 1960 sont une époque charnière. Si de nombreux films sont des imitations commerciales de films étrangers (indiens, américains ou égyptiens), plusieurs cinéastes proposent un cinéma plus personnel et techniquement plus soigné, où sont abordés des sujets de société sous un angle plus réaliste et approfondi, souvent pessimiste: *La nuit du bossu* de Farrokh Ghaffâry (1963), qui mélange le cocasse et le tragique; *La brique et le miroir* de Ebrâhim Golestân (1965), sur l'adoption et les orphelins; *Le mari d'Ahou Khanoum* de Dâvud Mollâpur (1968), sur la situation sociale de la femme iranienne; *La vache* de Dâryush Mehrdjui (1969), le premier film iranien à gagner un prix international (Mostra de Venise); *Gheyssar* de Massud Kimiâi (1969), qui tournera également *Reza le motard*, *La terre* et *Les cerfs*. Le cinéma documentaire connaît une évolution semblable. Dans des films le plus souvent censurés ou confisqués par le régime, Nâsser Taghvâi, Kâmrân Shirdel ou Manuchehr Tayab dressent un portrait critique de la société iranienne. Plusieurs institutions soutenant le cinéma sont créées à cette époque: l'Institut Culturel Kânun (1964), l'Ecole Supérieure de la Télévision et du Cinéma (1969), le festival Sepâs de Tehrân (1969). Les années 1970 confirment les nouvelles tendances d'un cinéma «différent» («motafâvet») qui, influencé par le Néoréalisme italien et la Nouvelle Vague française, oscille entre réalisme et symbolisme, description sociale et fable. Dâryush Mehrdjui, Bahrâm Beyzâi, Amir Nâderi, Ali Hâtami, Parviz Kimiâvi, Shahid Sâless dominent ces années, où l'Iran vit une crise d'identité, opprimé par la censure, secoué par des révoltes souterraines et des courants intellectuels qui

▶*La vache*, de Dâryush Mehrdjui.

annoncent et préparent la Révolution. Des cinéastes utilisent le Super-8 pour filmer en liberté, avant que leur production expérimentale ne tombe sous la coupe de la télévision, et donc de la censure d'Etat.

Après la Révolution A la veille de la Révolution, le cinéma traverse une grave crise financière. Lors des troubles qui précèdent la chute du chah, plusieurs cinémas sont incendiés. La République islamique mit un frein, mais non un terme aux productions cinématographiques. Dans un premier temps, elle provoqua l'arrêt de plusieurs tournages et interdit la diffusion de nombreux films, iraniens ou étrangers. Des cinéastes comme Sâless partent en exil et poursuivent leur carrière en Europe ou aux Etats-Unis. Puis la guerre Iran-Irak suscite une vaste production de films de guerre, visant à soutenir le moral de la population, mais qui ne s'exportèrent pas. L'Imam Khomeyni fit un large usage du cinéma et de la télévision, si bien qu'ils devinrent les moyens privilégiés de diffuser la pensée de la Révolution. Pour développer un cinéma en accord avec l'Islam et compenser l'influence des films occidentaux, l'Etat

►*Le coureur*, d'Amir Nâderi.

promeut des films à caractère religieux, finance des productions, permet la création de festivals en Iran et envoie des films dans des manifestations étrangères.
A la fin des années 1980, les mutations et les enjeux de la société iranienne favorisent l'émergence d'un cinéma engagé, profondément humaniste, abordant des thèmes parfois tabous et risqués. En toile de fond d'une société souvent dure, figée et contradictoire, où l'on survit plus qu'on ne vit, leurs films valorisent des sentiments et des valeurs universels (entraide, amitié, compréhension,

Le Bâgh-e Ferdows, à Tehrân (XIXᵉ s.): il accueille depuis 2002 un musée du cinéma.

égalité, tolérance). Le parcours de Mohsen Makhmalbâf (né en 1957) est exemplaire des changements des mentalités. Membre d'une organisation islamique à l'époque du chah, emprisonné plusieurs années puis libéré à la Révolution, il se consacre à la littérature et au cinéma, à travers lequel il pose un regard souvent critique sur les espoirs déçus de la Révolution. Son œuvre remarquable comprend notamment *Le camelot* (1987), *Le cycliste* (1988), *Le temps de l'amour* (1990), *Nasséradin Shah, acteur de cinéma* (1991), *Salam cinéma* (1995), *Gabbeh* (1996). Sa fille Samira, cinéaste douée et précoce, est l'auteur de films prometteurs d'une belle carrière, comme *La pomme* (1997) et *Le tableau noir* (2001). Avec M. Makhmalbâf, Abbâs Kiârostami (né en 1940) est le plus connu des cinéastes iraniens. Il est l'auteur de films empreints de poésie et d'humour: *Où est la maison de mon ami?* (1987), *Close-up* (1989), *Et la vie continue* (1991), *Le goût de la cerise* (1997), *10* (2002). Si ces films ont fait le renom du cinéma iranien à l'étranger, le public, en Iran, est surtout porté vers des mélodrames, des comédies et des films imités des productions occidentales (films policiers ou de guerre). Le cinéma d'art et d'essai rencontre rarement son public. Les œuvres appréciées dans les festivals internationaux ne sont parfois pas projetées en Iran ou sont ignorées par une bourgeoisie occidentalisée qui leur préfère les films et les séries étrangers doublés en persan.

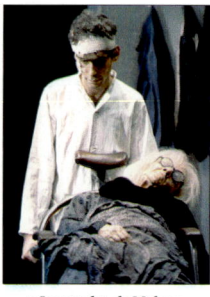

►*Le camelot*, de Mohsen Makhmalbâf.

Au temps de la monarchie comme aujourd'hui sous la République islamique, la censure exerce une forte pression, malgré son assouplissement sous la présidence de Khâtami. Les scènes de sexe et de grande violence sont interdites, les actrices doivent porter le foulard et les films ne peuvent porter de critique contre l'Islam, les prophètes, les Imams, les Guides et les valeurs de la Révolution. Les films étrangers sont interdits ou expurgés avant leur passage à la télévision ou dans les salles. Des tensions fréquentes ponctuent la relation des cinéastes avec les censeurs du Ministère de la Culture et de l'Orientation Islamique, même si l'on assiste à une libéralisation lente et graduelle des permissions de tournage et de la diffusion des films. Malgré tout, les cinéastes ont toujours trouvé des espaces de liberté, et les contraintes ont le plus souvent aiguisé l'imagination et encouragé la qualité allégorique des productions: un phénomène que l'on constate dans toute l'histoire de l'art iranien. Les cinéastes prennent souvent un enfant comme sujet de leur film pour décrire le monde à travers un regard innocent, humble et «objectif», comme dans *Le coureur* d'Amir Nâderi (1985), *Bashu, le petit étranger* de Bahrâm Beyzâi (1986), *Où est la maison de mon ami?* d'Abbâs Kiârostami (1987). Le symbolisme, la fable, la subjectivité du point de vue, le mélange du documentaire et de la fiction sont d'autres moyens d'enrichir les possibilités d'interprétation des œuvres, de révéler l'intimité de l'âme iranienne et de tendre un miroir à l'Iran contemporain. Depuis les premières manifestations de l'art iranien, la dualité de l'apparent et du caché, le jeu savant du voile et du dévoilement est un principe de l'art, de la spiritualité et de la société iraniens: le cinéma n'en est que le prolongement et le reflet.

La station de radio de Tehrân fut inaugurée en 1940, et la télévision apparut en 1958. Toutes deux sont sous le contrôle du gouvernement. Dès ses débuts, la radio a également émis des programmes en anglais, français, allemand, arabe, russe et turc. Aujourd'hui, deux chaînes de télévision diffusent des reportages et des journaux télévisés en plusieurs langues, principalement en anglais. En principe, il est impossible de capter des chaînes de télévision étrangères, dont l'influence est considérée comme négative par le gouvernement. De fait, les antennes paraboliques sont interdites, bien que beaucoup de familles en possèdent une, plus ou moins cachée. Seuls les hôtels de haute catégorie peuvent offrir des chaînes étrangères. La majorité des provinces possède une chaîne de télévision locale. Il existe six chaînes publiques nationales, plus ou moins généralistes. Leurs programmes sont accordés aux valeurs de l'Islam, mais on y trouve, comme en Occident, des séries télévisées et des films iraniens ou étrangers, des programmes religieux, familiaux ou sportifs, des jeux, des documentaires et des actualités.

Etre cinéaste aujourd'hui

▶*Le goût de la cerise,* d'Abbâs Kiârostami.

▶*Bashu, le petit étranger,* de Bahrâm Beyzâi.

La radio et la télévision

Cinéma Azâdi, Tehrân, années 2000.

**Filmographie
sélective**

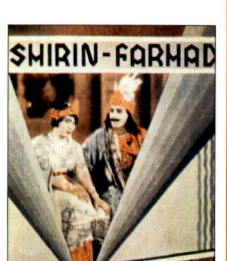

▶Affiche de *Shirin et Farhâd*, de
Abol Hussayn Sepantâ (1935).

1900: premier film iranien, tourné en Belgique par le photographe du chah Mozaffar od-Din, Mirzâ Ibrâhim Khân

1933: *La fille Lor*, premier grand film parlant, de et avec Abol Hussayn Sepantâ. Cette histoire d'amour connut un grand succès, de même que *Les yeux noirs* (1935) du même auteur, qui raconte la conquête de l'Inde par Nâder Shâh.

1948: *Le honteux*, d'Esmâil Kushân, un mélodrame chanté dont le succès fait de nombreux émules.

1954: *Amir Arsalân Nâmdâr*, de Shâpur Yâsemi s'inspire du *Livre des rois* de Ferdowsi et devient l'un des plus grands succès populaires du cinéma iranien.

1954: *Le carrefour des événements*, de Samuel Khachikiân, le «Hitchcock iranien», récompensé lors du premier Festival du Film Iranien de Tehrân.

1964: *Le trésor de Gharon*, de Siâmak Yâssami, un film commercial avec danses, chansons, bagarres et happy end, qui connaît un succès phénoménal et donne naissance à un genre cinématographique: le «gharonisme».

1967: *La nuit où il a plu*, de Kâmrân Shirdel, est un documentaire révélant les dessous troublants d'un fait divers.

1969: *La vache*, de Dâryush Mehrdjui est une métaphore politique à l'inspiration mystique: un homme pauvre s'identifie peu à peu à une vache après que la sienne ait été tuée.

1969: *Gheyssar*, de Massud Kimiâi illustre le thème de la vengeance, très présent dans le cinéma populaire: deux frères vengent leur sœur violée et suicidée.

1973: *Les Mongols*, de Parviz Kimiâvi, offrent une belle réflexion sur le cinéma, en mettant en parallèle l'invasion des Mongols et l'arrivée de la télévision dans une province traditionnelle.

1973: *Un simple événement*, de Shahid Sâless évoque la vie sans issue ni lumière d'un garçon d'une ville de la Caspienne.

1975: *Le cycle*, de Dâryush Mehrdjui, dénonce l'enrichissement frauduleux grâce à un trafic de sang contaminé.

1986: *Bashu, le petit étranger*, de Bahrâm Beyzâi parle des destructions de la guerre Iran-Irak à travers le destin d'un garçon émigré.

1989: *Close-up*, d'Abbâs Kiârostami est basé sur un fait divers et mêle documentaire et fiction: un jeune homme se fait passer pour le cinéaste M. Makhmalbâf et s'immisce dans la vie d'une famille de Tehrân.

1992: *La jarre*, d'Ebrahim Foruzesh: à travers le difficile remplacement d'une jarre brisée dans une école de Yazd, le film est la métaphore d'une société pauvre et rigide.

1997: *Le goût de la cerise*, d'Abbâs Kiârostami évoque le suicide, un thème tabou en Islam et en Iran. Il reçoit la Palme d'Or à Cannes.

1997: *La pomme*, de Samira Makhmalbâf s'inspire d'un fait divers pour filer une métaphore sur la condition féminine en Iran.

2000: *Le cercle*, de Djafar Panâhi, fait le portrait de plusieurs destins de femmes iraniennes enfermées dans le cercle vicieux des traditions.

2012: *Une séparation* d'Asghar Farhâdi reçoit l'Oscar du meilleur film étranger.

▶Affiche de Reza Abedini pour *Rêves de sable* de Sepideh Fârsi (2004).

L'ART DE VIVRE

Les langues

Le persan (*fârsi*) est la langue officielle de l'Iran, également parlée en Afghanistan, au Tadjikistan et dans l'Inde du Nord. L'Iran accueille d'autres langues et une multitude de dialectes: le kurde au Kordestân, des variantes du turc en Azarbâidjân et dans la région turkmène, le baloutchi au Baluchestân, l'arménien chez les chrétiens arméniens, le judéo-perse dans les communautés juives, le gilaki dans les provinces du Gilân et du Mâzandarân, le semnâni à Semnân, ou l'arabe parlé au Khuzestân et qui, pour tout le pays, est la langue de la Révélation coranique et de la prière. Depuis la fin de la Deuxième Guerre Mondiale, l'anglais est devenu la langue internationale officielle, utilisée pour les échanges extérieurs et les administrations; il supplanta le français, qui fut pendant longtemps la langue des élites. Les signalisations routières, les inscriptions des aéroports et des bâtiments officiels, les noms des grandes rues ainsi que les devantures de certains restaurants et magasins sont généralement bilingues: anglais et persan.

Tablette avec écriture proto-élamite, Tapeh Yahya, v. ~3000. Musée National de l'Iran, Tehrân.

Le persan

Dans l'évolution de la langue iranienne, on distingue trois stades:
- le vieux perse, écrit avec des caractères cunéiformes, et qui est arrivé jusqu'à nous à travers les inscriptions des rois achéménides;
- le moyen perse ou pehlevi, écrit dans deux alphabets dérivés de l'araméen, dans lequel sont rédigés les inscriptions sassanides et les textes mazdéens;
- le persan moderne, écrit avec des lettres empruntées à l'alphabet arabe.

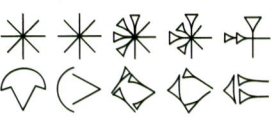

Evolution de deux caractères cunéiformes, du dessin schématique au signe stylisé. En haut: une étoile (signification: le ciel et le dieu). En bas: une tête de vache (signification: la vache).

Le vieux perse Le vieux perse est une langue indo-européenne qui dérive de la même racine que le sanscrit. Le tableau ci-dessous montre les dérivés de la souche indo-iranienne au sein de la famille des langues indo-européennes.

Inscription de Gandj Nâmeh, Hamadân, ~Vᵉ s.

Apparue vers ~3300 à Sumer, le cunéiforme est la plus ancienne écriture connue. Créée et employée à l'origine pour la comptabilité, elle fut d'abord une écriture pictographique et idéographique, dans laquelle les notions sont traduites par un dessin schématique. Par la suite, les signes plus stylisés exprimèrent à la fois une réalité (jardin, main, etc.) et un son. Destiné d'abord aux langues sumériennes, le cunéiforme phonétique et syllabique put alors être emprunté par d'autres langues, comme l'assyrien, l'akkadien et l'élamite, qui l'ont transformé au cours du temps et des usages. Le vieux perse est le dernier à l'avoir emprunté pour graver en Iran, mais

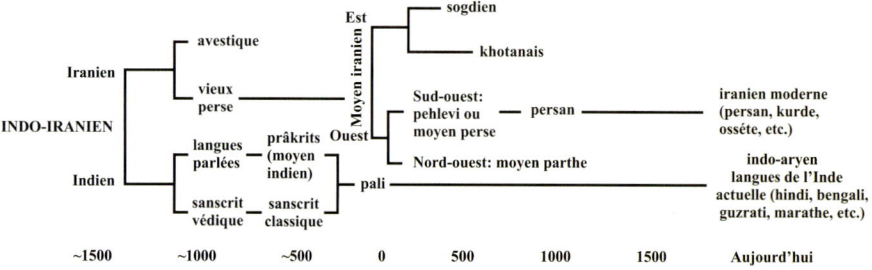

HITTITE
Arménien
Thraco-phrygien
GREC
ILYRIEN
ITALIQUE
CELTIQUE
GERMANIQUE
BALTIQUE
SLAVE

Tableau des langues
indo-européennes
avec évolution de
la branche indo-iranienne.

aussi en Turquie ou en Egypte, les hauts faits des rois achéménides, et surtout de Darius Iᵉʳ. Tombé dans l'oubli au début de l'ère chrétienne, le cunéiforme fut connu en Europe à travers des échantillons au XVIIᵉ s., mais il faut attendre le XIXᵉ s. pour qu'il soit déchiffré, grâce à l'effort conjugué de plusieurs orientalistes. Champollion et les égyptologues disposaient de la pierre de Rosette, autrement dit d'un même texte écrit dans trois langues, dont l'une (le grec) était connue. Mais pour les textes en cunéiforme, il n'y avait rien de tel. Les premières inscriptions étudiées provenaient de Persépolis et de Naqsh-e Rostam. L'un des pères de l'assyriologie – Henry Rawlinson – réussit à copier le texte trilingue inscrit sur la falaise de Bisutun (295) et à en déchiffrer la version élamite. Après bien des hypothèses et des polémiques, on put enfin déclarer l'écriture cunéiforme déchiffrée, rendant la parole aux plus vieilles civilisations historiques.

Auramazdâ	/	vazraka	/	hya	/	maθišta	/	bag
Ahura Mazda	/ grand		/ *pronom relatif* /	le plus grand			/	dieu

Le grand Ahura Mazda, le plus grand des dieux, il créa

anâm	/	hauv	/	Dârayavaum	/	xšâyaθi
(suite du mot) /	il		/	Darius	/	roi

Darius le roi;

𐎹𐎠𐎶 𐎠𐎭𐎠𐎭𐎠 𐏃𐎢𐏁𐎠𐎹 𐎧𐏁𐎿𐎶 𐎳𐎼𐎠𐎲

yam	/	adadâ /	haušaiy /	xšassam /	frâba
roi *(suite du mot)* /	il créa /	il	/ royaume	/ il accorda

il lui accorda le royaume.

𐎼𐎠 𐎺𐏁𐎴𐎠 𐎠𐎢𐎼𐎶𐏀𐎭𐎠𐏃𐎠 𐎭𐎠𐎼𐎹𐎺𐎢

ra	/	vašnâ /	Auramazdâhâ /	Dârayavau
(suite du verbe) /	par la grâce /	Ahura Mazda /	Darius

Par la grâce d'Ahura Mazda, Darius

𐎿 𐎧𐏁𐎠𐎹𐎰𐎡𐎹 𐎰𐎠𐎫𐎡𐎹 𐎭𐎠𐎼𐎹𐎺𐎢𐏁

s	/xšâyaθiya /	θâtiy /	Dârayavauš	/
(suite du nom) / roi	/	il dit /	Darius	/

(est) roi. Darius dit:

Dérivant de l'akkadien, lui-même dérivé du sumérien, l'écriture du vieux perse s'écrit de gauche à droite. Elle comprend trente-six signes, vingt-sept phonèmes et trois voyelles (a, i, u). Un clou oblique sépare les mots. En pages 218 et 219, on lira une inscription de Darius Ier à Persépolis, avec le texte cunéiforme originel, une transcription, une traduction mot à mot, une traduction littéraire. Les signes θ et š transcrivent les sons «s» ou «z» et le «ch» français.

►Monnaie sassanide avec écriture pehlevie, IIIe s. Musée National de l'Iran, Tehrân.

Le pehlevi

Au cours du ~Ier mil., le cunéiforme disparaît progressivement au profit de l'araméen, un alphabet sémitique. Durant les dynasties parthe et sassanide, on utilise une adaptation de cet alphabet pour écrire la langue parthe, le pehlevi (pahlavik) parlé au nord de l'Iran, et le moyen perse (parsik), parlé dans le centre. C'est en moyen perse et en écriture araméenne que sont rédigées les inscriptions officielles sur les rochers ou les monnaies, ainsi que les textes mazdéens, écrits pour la plupart à l'époque de la conquête musulmane. Selon un usage qui peut prêter à confusion, on qualifie de pehlevi le moyen perse littéraire des livres mazdéens. Pendant des siècles, le Mazdéisme a reposé sur une transmission orale de son livre sacré, l'Avesta, écrit dans une langue morte depuis longtemps et proche du védique. Lorsqu'il devient religion d'Etat avec les Sassanides au IIIe s., puis avec la conquête arabo-musulmane au VIIe s., les prêtres ont mis l'Avesta par écrit, à l'aide de signes d'écriture empruntés au pehlevi. Ils le traduisirent également en pehlevi, et rédigèrent, vers les IXe-Xe s., des traités de religion et de sagesse. Ces textes tardifs constituent notre seule source d'information sur cette religion et l'essentiel de la littérature pehlevie.

Inscription en pehlevi de Kartir. Naqsh-e Rostam, IIIe s.

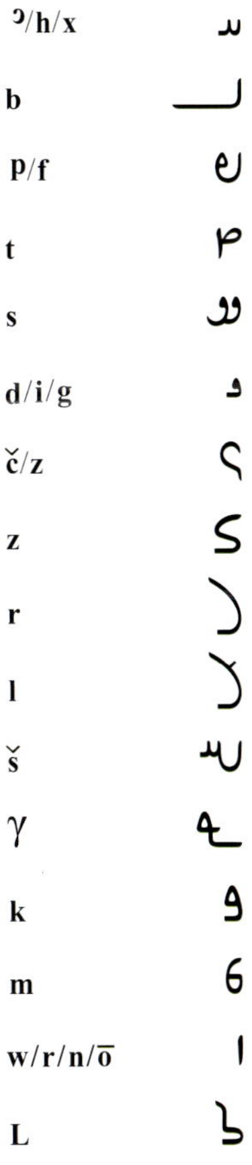

ʔ/h/x	‌ل
b	ل
p/f	ﻉ
t	ﻉ
s	ﺿ
d/i/g	ﺩ
č/z	ح
z	ﻝ
r	ﻝ
l	ﻝ
š	ﻝ
γ	ﻉ
k	ﻭ
m	ﻭ
w/r/n/ō	١
L	ﺏ

Alphabet pehlevi.

Le persan moderne

Calligraphie. Mausolée de Ni'mat Allâh Vali, Mâhân, époque safavide.

Peu après l'époque de rédaction de la tradition mazdéenne, est né celui à qui la langue persane doit à la fois sa survie, sa pureté et une part essentielle de son identité: Ferdowsi. Dans son épopée du *Livre des rois*, il a sauvé la mémoire de l'Iran préislamique en recueillant les traditions zoroastriennes, et il a également redonné à la langue persane, menacée par l'arabe, une unité et une force qui ont perduré jusqu'à nos jours. Ferdowsi a employé peu de mots arabes (ils forment environ 10% des types de son texte) et des mots proches du moyen perse, aujourd'hui inusités et qui rendent son texte difficile pour un lecteur moderne. Du temps de Ferdowsi (XIᵉ s.) à nos jours, la langue a subi relativement peu de modifications: il y a, entre le persan d'il y a mille ans et celui d'aujourd'hui, la différence existant entre le français actuel et celui du XVIᵉ s. Le persan se prononce différemment selon les régions de l'Iran, mais la langue parlée à Tehrân est une sorte de référence.

L'alphabet persan

▶Torche en laiton, vers 1560. Un poème gravé sur l'objet éclaire la symbolique de la flamme, reflet de la lumière divine, expression de la sagesse qui éclaire et de la brûlure d'amour.

L'alphabet persan comprend trente-deux lettres: vingt-huit sont empruntées à l'arabe, quatre ont été créées pour transcrire des sons non utilisés en arabe classique (elles sont imprimées en gras dans le tableau de la page suivante). Plusieurs lettres reproduisent un même son (z, s, t). L'écriture se lit de droite à gauche, alors que les nombres se lisent de gauche à droite. Les lettres prennent une forme différente selon qu'elles se trouvent au début, au milieu ou à la fin d'un mot. Il n'y a pas de majuscules et l'utilisation de la ponctuation est moderne. L'écriture de l'arabe, langue sémitique et consonantique, est mal adaptée au persan, langue indo-européenne: les sons ne sont pas tous écrits et la langue parlée est relativement différente de la langue écrite. A l'intérieur des mots, les voyelles (a, é, o) ne sont presque jamais indiquées. Dans les manuels d'apprentissage du persan, elles sont marquées par des petits signes en dessous ou en dessus de la consonne précédente. Prenons l'exemple du mot «سر» (littéralement: «sr»). Sa signification dépend de la voyelle que l'on prononce entre les deux consonnes «s» et «r»: *sar* (tête), *ser* (secret) ou *sor* (glissade). En persan, le mot «téléphone» est presque identique au français: il se prononce «téléfône», mais s'écrit «tlfn». La prononciation des voyelles peut d'ailleurs fluctuer: le «â» est proche du «o» et parfois se transforme en «ou». Les possibilités d'interprétations, sinon de confusions, sont donc nombreuses, de même que les erreurs de traduction, notamment dans la poésie, dont la langue obéit à une logique de symboles et de jeux de mots. D'autre part, les mots ont souvent des significations très variées: *shir*, par exemple, signifie à la fois le lion, le lait et le robinet.

Les transcriptions

Il existe différentes manières de transcrire les lettres et «d'euro-péaniser» les mots persans, si bien que la recherche d'un mot ou d'un nom dans un dictionnaire peut poser problème. Dans le système anglosaxon (que nous suivons généralement dans ce livre), le son français «ch» est transcrit «sh» (cheikh / sheikh), le son «tch» est transcrit «ch» (Tchoghâ Zanbil / Choghâ Zanbil) et le son «dj» est

Nom de la lettre	Lettre pleine	Son français
Alef	ا	â, a, e, o («â» de «hâte», «a» de «plat», «é» de «été», «o» de «auto»)
Bé	ب	b
Pé	پ	**p**
Té	ت	t
Sé	ث	s («s» de «sur»)
Djim	ج	dj (généralement transcrite «j»)
Ché	چ	**ch** (se prononce «tch»)
Hé	ح	h (aspiré)
Khé	خ	kh (transcrite aussi «x»; à peu près le «ch» allemand de «Nacht» ou le «r» de «quatre»)
Dâl	د	d
Zâl	ذ	z
Ré	ر	r (il est légèrement roulé)
Zé	ز	z
Jé	ژ	**j** (transcrite aussi «zh»; «j» de «jeu»)
Sin	س	s («s» de «sur»)
Shin	ش	sh (correspond au «ch» français)
Sâd	ص	s («s» de «sur»)
Zâd	ض	z
Tâ	ط	t
Zâ	ظ	z
Ein	ع	' marque une occlusion glottale ou un allongement de la voyelle précédente (Saadi = Sa'di)
Ghein	غ	gh (comme un très léger «r»)
Fé	ف	f
Qâf	ق	q (à peu près le «r» de «rue»)
Kâf	ک	k
Gâf	گ	**g** («g» de «gare»)
Lâm	ل	l
Mim	م	m
Nun	ن	n
Vâv	و	v, o, u, ow (le «u» se prononce «ou», le «ow» comme le «blow» anglais)
Hé	ه	h (aspiré), e, a
Yé	ى	y, i, ei (ei ou ey se prononce comme le son «asseyez-vous»)
Hamzé	ء	' (signe d'occlusion)

transcrit «j» (Djâmi / Jâmi). Selon le système de transcription, la prononciation locale ou l'origine du mot (arabe ou persane), les voyelles peuvent connaître des fluctuations: «i» / «e» (Emâmzâdeh / Imâmzâdeh), «ou» / «u» (Ourmiah / Urmia), «o» / «u» (Hormoz / Hormuz), «a» / «e» (Hamedân/ Hamadân). Certaines consonnes ont connu différentes transcriptions: «gh» / «q» (Ghom / Qom), «q»/ «k» (Qazvin / Kazwin), «g» / «j» (Gorgân / Jurjân), etc.

La grammaire

La construction de la phrase ne pose guère de difficultés. Le verbe se place souvent à la fin de la phrase, comme en allemand. Généralement, les mots ne sont précédés d'aucun article. Un phonème (*ezafeh*), prononcé «é» ou «yé», sert de déterminant et lie les noms, les adjectifs ou les pronoms: meydân-*e* shâh = la place du roi; meydân-*e* bozorg = la grande place.

Entre les noms, les pronoms et les adjectifs, il n'y a pas d'accord de pluriel ou de masculin / féminin. Le persan ignore les genres: un même mot signifie «il» ou «elle», «un» ou «une», et seul le contexte de la phrase peut indiquer si l'on parle d'une femme ou d'un homme. Les poètes ont profité de cette ambiguïté: leur poésie d'amour peut s'adresser aussi bien à un homme, à une femme ou à Dieu, sans qu'il soit possible de trancher le sens avec certitude. Un poème d'amour profane peut ainsi cacher un hymne à l'amour mystique, ou inversement.

Si le persan ressemble beaucoup au sanscrit, il y a également des analogies frappantes entre les mots anglais et persans: *bad* / *bad* (mal); *door* / *dar* (la porte); *daughter* / *dokhtar* (la fille); etc. Le français a hérité plusieurs mots persans comme azur, caravane, douane, kiosque, orange ou sérail. Inversement, plusieurs mots français ont été empruntés par le persan: le mot «merci» par exemple, ou des termes médicaux et techniques.

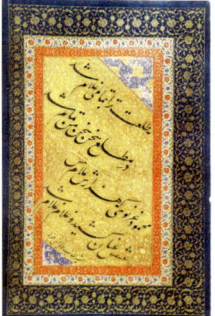

►Calligraphie en style nastaliq de Mir Emâd, 1598-99. Institut d'Etudes Orientales, Saint-Pétersbourg.

L'esprit d'une langue

Au VIIe s., le calife omeyyade Abd al-Malik fit de l'arabe la langue officielle du monde musulman, remplaçant le grec et le persan dans les administrations. Langue du Coran et de la liturgie, l'arabe a conservé une prééminence, mais c'est essentiellement en persan qu'ont été écrits les chefs-d'œuvre de la poésie soufie: Rumi, Hâfez, Nezâmi, Sa'di, Djâmi ont fait de la langue persane une voix seconde de la prophétie. Si le persan a emprunté de nombreux mots arabes, le persan, en sens inverse, a aussi fourni à la langue arabe beaucoup de concepts et de termes relatifs à la vie citadine, à la botanique, à l'équitation, à la parfumerie, à la peinture ou à la poésie.

Décor calligraphique. Mausolée d'Abubakr Tâybâdi, Tâybâd, 1444-45.

Pour peu que l'on soit sensible à la valeur d'âme d'une langue, à ses polyphonies de sens et à sa musicalité, l'apprentissage du persan est une entrée royale pour sentir le génie humain et intellectuel de l'Iran. Avec ses nombreuses formules de politesse et ses métaphores, la langue parlée est une poésie des relations humaines. Le mot «au-revoir» («khodâ hâfez») signifie littéralement «que Dieu vous garde». «Djânam» s'utilise pour dire affectueusement «je suis à vous» et signife «mon âme».

Della Valle, voyageur italien du XVIIe s, écrivait que pour les Persans, leur langue est «très douce et suave» et «pour cela elle est pour les femmes et pour les poèmes». On dit non sans raison que l'arabe est au persan ce que l'espagnol est à l'italien. Formé par le hiératisme de la parole divine, l'arabe a des accents majestueux, rauques et presque désertiques, ponctués par des tonnerres intérieurs ou des sonorités douces. Le persan est plus mélodieux, fluide et sensible, et se déploie comme une calligraphie sonore. Si l'arabe est la langue de la parole divine, le persan est celle du paradis et de la mystique.

Les calendriers

On possède des vestiges de calendriers remontant au ~IIe mil., mais le premier calendrier complet date de l'ère achéménide (~VIe-~IVe s.). L'Iran utilise trois calendriers: persan (utilisé quotidiennement), arabe (utilisé pour les fêtes religieuses), occidental (utilisé dans les relations internationales). Dans les journaux ou les agendas, trois dates sont donc indiquées pour un seul jour.

Le calendrier persan

D'origine préislamique et zoroastrienne, ce calendrier solaire compte 365 jours et douze mois: les six premiers ont 31 jours, les cinq suivants 30 jours, et le dernier 29 jours (30 jours tous les quatre ans). L'année commence le 21 mars ou le 20 les années bissextiles: c'est la fête du Nouvel An, le Nowruz. Les noms des mois ont leur racine dans la mythologie persane: il s'agissait de noms d'anges, de dieux ou de fonctions divines, mentionnés ci-dessous entre parenthèses, mais certains ont aussi un sens actuel différent.

Printemps
Farvardin (nature et rayonnement divins de la réalité):
21 mars – 20 avril.
Ordibehesht (ange de la pureté, de la sainteté, du feu brûlant sur terre): 21 avril – 21 mai.
Khordâd (rectitude et perfection): 22 mai – 21 juin.
Eté
Tir (ange de la pluie et de la prospérité): 22 juin – 22 juillet.
Mordâd (vie éternelle): 23 juillet – 22 août.
Shahrivar (le pays de Ahura Mazda): 23 août – 22 septembre.
Automne
Mehr (Mithra): 23 septembre – 22 octobre.
Abân (ange de l'eau): 23 octobre – 21 novembre.
Azar (ange du feu): 22 novembre – 21 décembre.
Hiver
Dei (attribut divin de création): 22 décembre – 20 janvier.
Bahman (ange du Bien): 21 janvier – 19 février.
Esfand (gardien de la prospérité): 20 février – 20 mars.

Comme pour le calendrier islamique, l'ère persane débute le 21 mars de l'Hégire, en l'an 622 de notre ère. Pour obtenir approximativement une année chrétienne à partir d'une année du calendrier persan, ou l'inverse, il suffit d'ajouter ou de soustraire 621. L'année 2005 correspond à l'an iranien 1384 (2005 – 621 = 1384 ou 1384 + 621 = 2005).

►Institution mythique de la fête zoroastrienne de Sadeh, célébrant le feu. Illustration du *Livre des rois* de Ferdowsi, vers 1520-1522. Metropolitan Museum of Art, New York.

Le calendrier arabe

Basé sur un cycle lunaire, il compte douze mois, mais 354 jours. Il débute l'an 622 de notre ère: c'est la date de l'Hégire, qui marque la fuite du Prophète Muhammad de La Mecque à Médine.

❶ Muharram (le «mois sacré»).
❷ Safar (le mois «vide»).
❸ Rabi al-awwal (le premier mois du printemps).
❹ Rabi al-akhir (le second mois du printemps).
❺ Djumada al-awwal (le premier mois de sécheresse).
❻ Djumada al-akhir (le second mois de sécheresse).
❼ Radjab (le «mois révéré»).
❽ Shaaban (le «mois de la division»).
❾ Ramadan (le mois du jeûne).
❿ Shawwal.
⓫ Zul-qaada (le mois de la paix).
⓬ Zul-hidja (le mois du pèlerinage).

Entre le calendrier arabe et les calendriers occidental et persan, il y a un décalage de dix à onze jours par année. Pour convertir approximativement une date du calendrier islamique en date du calendrier occidental, il faut procéder au calcul suivant. On divise l'année musulmane par 33, 7: on soustrait ensuite le résultat obtenu de l'année musulmane, puis on ajoute 622. Exemple: 807 (date musulmane de la mort de Tamerlan). 807: 33,7 = 23, 95; 807 − 23,95 = 783,05; 783,05 + 622 = 1405 (date de l'ère chrétienne).

Le calendrier occidental

L'Iran a repris le nom français des mois, mais ceux-ci sont prononcés «à l'iranienne», avec notamment un léger roulement des «r»: *jânvyeh, fevryeh, mârs, âvril, meh, juân, juyeh, ut, septâmbr, oktobr, novâmbr, desâmbr.*

La semaine

▶Le roi sassanide Bahrâm Gur contemple la représentation des sept pavillons abritant ses sept épouses: chaque épouse, provenant d'une région différente du monde, a sa couleur, correspondant à une planète astrologique et à un jour de la semaine. Illustration des *Sept portraits* de Nezâmi, Shirâz, 1410. Fondation Gulbenkian, Lisbonne.

Le premier jour de la semaine est le samedi (*shanbeh*). En persan, le nom des jours s'obtient en les numérotant de un à cinq à partir du dimanche (*yek + shanbeh = shanbeh* plus un = dimanche). Les jeudi et vendredi correspondent à nos samedi et dimanche. Le vendredi est le jour de la prière publique de midi: tout est fermé, bien que certains petits magasins puissent ouvrir le matin ou l'après-midi. Le jeudi, les bazars ou les banques sont ouverts jusqu'à mi-journée. Dans les traditions islamiques, le vendredi jouit d'une importance symbolique particulière, comparable au chabbat (samedi) pour les juifs et au dimanche pour les chrétiens. Ce jour, disent des hadiths, Dieu a créé Adam, l'a introduit au paradis, et l'en a chassé. D'autres hadiths précisent les attitudes particulières à adopter pendant cette journée: vêtements et parfums à porter, actes et prières à accomplir, respect envers l'imam et son prêche à la grande mosquée.

Les fêtes

Les fêtes religieuses sont au temps ce que les lieux de pèlerinage sont à l'espace. L'Iran est à la fois modelé par la géographie sacrée des tombeaux et des villes saintes et par des fêtes religieuses qui donnent au temps et à la vie un caractère symbolique. Il existe trois types de fêtes: préislamiques, musulmanes, nationales.

Le Nowruz

Le Nowruz ou Nouvel An est le premier jour du mois de farvardin. Célébrée à l'équinoxe de printemps, le 21 mars (le 20 les années bissextiles), cette fête remonte à un passé mythique et zoroastrien. Selon plusieurs traditions, le 21 mars correspond au jour de la création et à la mise en mouvement de l'univers, puis à l'apparition du premier roi (Kyumars) et au couronnement de Djamshid, un roi mythique auquel on attribue généralement la création de cette fête. Célébré par les Achéménides, puis par les Sassanides, le Nowruz ne disparut pas avec l'Islam, qui lui donna un autre sens. C'est le jour du Nouvel An,

▶Hâdji Firuz, personnage symbole de joie festive du Nowruz.

dit une tradition, qu'Abraham détruisit les idoles et que naquit le Prophète Muhammad. Les festivités du Nowruz durent environ deux semaines, jusqu'au 2 avril (13 farvardin), dernier jour des célébrations. La veille du dernier mercredi avant le Nowruz (*chahârshanbeh-suri*), comme à la Saint Jean, les gens sautent par dessus des feux en disant: «Je te donne ma pâleur et je te prends ta rougeur». A la veille du 21 mars, chaque famille iranienne dispose sur une nappe (*sofreh*) sept objets commençant par la lettre «sin». Ce sont les «sept sin» («*haft sin*»): pomme (*sib*), pièce de monnaie (*sekkeh*), verdure (*sabzeh*), ail (*sir*), gelée à base de

►La nappe du Nowruz. Peinture de Hossein Ehya, XXᵉ s. Bibliothèque du palais du Golestân, Tehrân.

blé germé (*samanu*), rue sauvage (*sepand* ou *esfand**), vinaigre (*serkeh*). On inclut aussi, ou on remplace l'un de ces éléments, par des olives de Bohême (*sendjed*), du sumac (*somâq*), du *sohân* (*325*), du pain *sangâk*. On dépose également le Coran, des pâtisseries, des œufs, des fruits, des poissons rouges dans un bocal, un miroir, une bougie et le repas de cette veillée. Le 13ᵉ jour, perçu comme néfaste, les familles sortent de leur maison pour aller pique-niquer en plein air, dans la campagne ou les parcs. Pendant toute la période de fête, les familles et les amis se rendent visite et les plus anciens donnent des cadeaux aux plus jeunes.

Les fêtes religieuses suivent le calendrier lunaire arabe et ne correspondent donc pas à des dates fixes du calendrier occidental. Fondées sur le calendrier persan, plusieurs fêtes commémorent les grandes dates de l'histoire iranienne du XXᵉ s. et en particulier de la République islamique.

Les fêtes islamiques et nationales

Les fêtes islamiques

9 muharram: veille du martyre de l'Imam Hosseyn à Karbala.

10 muharram: jour d'âshurâ, martyre de l'Imam Hosseyn (en 680).

20 safar: Arbain, le 40ᵉ jour après le martyre de l'Imam Hosseyn: des survivants se rendirent sur les lieux du massacre pour se recueillir.

28 safar: mort du Prophète Muhammad (en 632).

30 safar: mort de l'Imam Rezâ, VIIIᵉ Imam (en 818).

17 rabi al-awwal: naissance du Prophète Muhammad (vers 571) et de l'Imam Djafar al-Sâdeq, VIᵉ Imam chiite (vers 699/702).

3 djumada al-akhir: mort de Fatima (en 632), fille du Prophète Muhammad et épouse de l'Imam Ali.

13 radjab: naissance de l'Imam Ali, Iᵉʳ Imam chiite (vers 600).

26 radjab: jour où le Prophète Muhammad fut investi de sa vocation prophétique.

3 shaaban: naissance de l'Imam Hosseyn, IIIᵉ Imam chiite (en 626).

15 shaaban: naissance de l'Imam Muhammad al-Mahdi, XIIᵉ Imam chiite et Imam caché (disparu en 874).

1 ramadan: 1ᵉʳ jour du jeûne musulman, qui dure un mois lunaire entier.

21 ramadan: martyre de l'Imam Ali, Iᵉʳ Imam (en 661).

1 shawwal: fin du jeûne.

25 shawwal: mort de l'Imam Djafar al-Sâdeq, VIᵉ Imam (en 765).

11 zul-qaada: naissance de l'Imam Rezâ, VIIIᵉ Imam chiite (en 770).

10 zul-hidja: fête de Ghorban, qui a lieu lors du pèlerinage à La Mecque: les pèlerins sacrifient un mouton en souvenir du sacrifice qu'Abraham dut faire de son fils Ismael.

18 zul-hidja: jour où le Prophète Muhammad désigna l'Imam Ali comme son successeur.

Les fêtes nationales

1er au 11 février (12 au 22 bahman): «Dix Jours du Fadjr» («Lever du Soleil»), où l'on célèbre la naissance de la République islamique d'Iran.

1er février (12 bahman): retour d'exil de l'âyatollâh Khomeyni (en 1979).

11 février (22 bahman): Journée de la République islamique de 1979.

20 mars (29 esfand): nationalisation du pétrole (en 1951).

1er avril (12 farvardin): Journée de la République islamique. Ce jour de 1979, les Iraniens votèrent par référendum pour une république islamique.

4 juin (14 khordâd): mort de l'âyatollâh Khomeyni (en 1989).

5 juin (15 khordâd): jour de la révolte populaire de Qom, suite à l'arrestation de l'âyatollâh Khomeyni (en 1963).

8 septembre (17 shahrivar): Journée des Martyrs de la Révolution.

Le cycle de la vie

Les naissances Le taux de natalité, comme de mortalité, dépend des régions: il est moins élevé dans les régions développées du centre et du nord, que dans les provinces rurales et plus pauvres. La tradition des familles nombreuses, le recul de la mortalité, le progrès social et médical ont fait augmenter la population dès la Deuxième Guerre mondiale, mais la natalité a baissé depuis 1986, en particulier dans les villes modernes et les milieux éduqués et occidentalisés. Si l'Islam interdit l'avortement, la contraception est autorisée pour les couples mariés.

Les familles iraniennes sont généralement nombreuses: on compte environ cinq enfants en moyenne, mais certaines familles citadines se limitent aujourd'hui à deux ou même à un seul enfant. Sept jours après la naissance de l'enfant, la famille se réunit pour un repas de fête. Le grand-père, l'oncle ou le père récite l'appel à la prière dans l'oreille de l'enfant, prononce son nom et éventuellement un vœu pour son futur. Les garçons sont circoncis* à l'hôpital quelques jours après la naissance, ou quelques années plus tard, avant la puberté.

Les prénoms féminins sont souvent poétiques: Sahar (l'aube), Bahâr (le printemps) Setâreh (étoile), Afsaneh (légende). Les prénoms masculins appartiennent généralement à l'Islam (Mohammad) et au chiisme (Ali, Hosseyn, Rezâ et Djafar sont des noms d'Imams). Le *Livre des rois* de Ferdowsi est une source inépuisable de prénoms typiques, et certains prénoms sont empruntés à l'histoire ancienne, comme Atossa, Cyrus ou Dâryush. Autrefois, les noms musulmans comportaient dans l'ordre les éléments suivants: la paternité («père ou mère d'un tel») – le (pré)nom – la filiation («fils ou fille d'un tel») – l'origine ethnique ou régionale (clan, famille, région, localité) – un surnom (facultatif).

▶Illustration de Djâmi, Hérat, 1522. Bibliothèque du palais du Golestân, Tehrân.

L'éducation Hérodote (I, 136) rapporte qu'on enseignait trois choses aux enfants de l'aristocratie: monter à cheval, tirer à l'arc, dire la vérité. A l'époque islamique, et encore aujourd'hui pour les étudiants en religion, les cours se donnaient dans les institutions religieuses et les madrasas. Les premières écoles laïques et occidentalisées apparaissent au XIXe s. Fondées par des réformateurs iraniens ou tenues par des communautés chrétiennes et juives, elles offraient un accès à la modernité et aux méthodes d'enseignement occidentales. Elles supplantèrent et firent peu à peu disparaître les écoles traditionalistes (*maktabkhâneh*) tenues par des religieux. L'alphabétisation et la scolarisation ont fait des progrès rapides et importants au XXᵉ s. Les écoles et les universités publiques sont gratuites. Aujourd'hui, les enfants entrent à l'école dès l'âge de six ans et suivent un cursus de

■Kordestân.

cinq puis de trois ans, identique dans tout l'Iran. Ils entrent ensuite au lycée (*dabirestân*), d'une durée de trois ans et qui se conclut par un diplôme. La première année est un tronc commun, mais dès la deuxième année, les étudiants choisissent une branche d'étude dans les sciences humaines, les sciences expérimentales ou dans le domaine des mathématiques, de la physique et de l'ingénierie. A la suite du lycée, il est possible de suivre une année préuniversitaire facultative. L'entrée à l'université (*dâneshgâh*) est conditionnée à un examen difficile et sélectif. Pour la plupart des branches, les études universitaires suivent un déroulement identique: il faut quatre ans pour obtenir une licence, deux ans pour une maîtrise, deux autres années pour un D.E.A. (Diplôme d'Etude Approfondie), et quatre ans pour un doctorat. En médecine, les étudiants suivent une formation générale de sept ans puis une spécialisation de plusieurs années. Pendant toute leur scolarité, garçons et filles sont séparés, mais les classes sont mixtes à l'université.

Au mausolée de Fatima. Qom.

Dans le Coran, la femme est un être humain à part entière, soumise à Dieu, égale de l'homme dans l'absolu bien que soumise à lui dans la société, possédant des droits et des devoirs.
Dans l'histoire, elle a pourtant été considérée très diversement, selon le point de vue (presque toujours masculin) posé sur elle: populaire, juridique, théologique ou mystique. Présence de la beauté et de la miséricorde divines pour les soufis et les poètes, vénérée comme mère et éducatrice, la femme est aussi l'expression de l'âme charnelle et instable, des désirs profanes ou mondains, auxquels s'opposent la loi et la spiritualité. D'où sa place paradoxale en terre d'Islam:

La femme

●Un roi sassanide (Bahram II?) et son épouse. Bas-relief de Barm-e Dilak, IIIᵉ s.

tantôt adulée (comme image de sagesse, de foi, de vertu), tantôt perçue comme une image ambiguë du monde et des tentations, tantôt soumise (au père, au mari, au frère), recluse dans le harem*, limitée dans ses actions et sujette à des restrictions de droit plus ou moins explicables par le contexte social. La femme, par exemple, ne reçoit que la moitié d'un héritage: non qu'elle soit considérée comme un demi-homme, mais parce que c'est à l'homme que revient le devoir d'entretenir sa famille. Traditionnellement, la femme s'occupe du domaine privé et des enfants, alors que l'homme, responsable du bien-être financier de la famille, domine le monde du travail et du pouvoir. Pourtant, la femme iranienne a su s'installer dans la vie publique, en dépit des obstacles, des réticences et des mentalités. Sa condition actuelle est certainement l'une des plus privilégiées du monde musulman. Dès la fin du XIXe s., les filles furent de plus en plus scolarisées; aujourd'hui, elles fréquentent régulièrement l'université. Très actives dans la société, les femmes travaillent dans les administrations, l'enseignement, les hôpitaux, l'agriculture ou la réalisation de tapis. De plus en plus de femmes sont ingénieurs ou médecins, deux métiers qui, avec celui d'avocat, sont les plus considérés aujourd'hui. La guerre Iran-Irak a obligé les épouses à travailler pour remplacer leurs maris partis au front ou décédés, et dans le contexte actuel de crise économique, le salaire de la femme est un second revenu nécessaire aux familles. Les femmes possèdent le droit de vote et s'investissent de plus en plus en politique et dans des associations féminines.

■Danse de mariage chez les Turkmènes. Gonbad (nord-est de l'Iran).

Le hidjab

En 1981, la République islamique imposa le port obligatoire d'un manteau et d'un foulard couvrant le corps et la chevelure: le hidjab*. Cette obligation est toujours ressentie par les pays occidentaux comme une atteinte aux droits et à la liberté de la femme, et comme le nœud d'un conflit entre modernité et tradition. Pour une majorité des Iraniens, en revanche, le voile islamique est l'affirmation d'une identité, d'une tradition et d'une appartenance. Il est non seulement une forme de pudeur et une marque de spiritualité, mais également le signe d'une dignité sociale. La femme se marie vierge, et l'épouse incarne la fidélité à un honneur, à une lignée familiale, à une réputation. Les regards d'hommes étrangers sur la fille non mariée ou sur l'épouse peuvent devenir rapidement une gêne et une source de mésinterprétation: d'où un vêtement qui protège la femme, et qui protège l'homme de lui-même, en atténuant l'ambiguïté des jeux de regards. La dissimulation des cheveux s'explique aussi par un vécu symbolique du corps, car le vêtement est en quelque sorte l'âme de l'homme. Dans la poésie mystique, la chevelure est associée à l'ivresse de l'amour, sensuel ou mystique, à une musique du corps et de l'univers, et même à une contemplation de Dieu. Les cheveux sont chargés d'une grande puissance symbolique et émotionnelle, inimaginable pour les Occidentaux, mais vivante dans le regard des Iraniens.

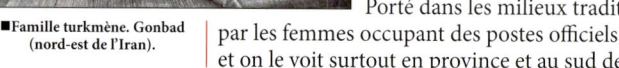

►Leila visite Madjnun dans le désert. Illustration de Djâmi, Hérat, 1522. Bibliothèque du palais du Golestân, Tehrân.

Le manteau islamique n'a pas empêché les Iraniennes de s'imposer dans la société, d'être les maîtresses de leur foyer, de s'épanouir et de vivre. Il est aussi une garantie d'indépendance et une clé pour l'ascension sociale dans la République islamique. Il y a mille manières de porter le manteau, et chacune révèle un statut ou une fonction sociaux. Le tchador est un grand voile noir, plus rarement coloré, que les femmes mettent par-dessus leur manteau et leur foulard. Porté dans les milieux traditionnels et religieux ou par les femmes occupant des postes officiels, il n'est pas obligatoire et on le voit surtout en province et au sud de Tehrân. A l'intérieur

■Famille turkmène. Gonbad (nord-est de l'Iran).

des foyers, les vêtements sont généralement occidentaux, pour les hommes comme pour les femmes. Les vêtements traditionnels, très colorés et qui varient beaucoup selon les régions et les ethnies, ne sont généralement portés que lors des fêtes, chez les nomades ou dans certains villages.

Le mariage

La fille doit se marier vierge et l'Islam ne permet pas le concubinage, si bien que les couples sont nécessairement mariés. Les filles vivant seules et indépendantes sont rarissimes. En Islam, le monachisme n'existe pas et le célibat est mal considéré, sinon proscrit. Pour une fille, l'âge moyen du mariage se situe entre 20 et 22 ans, pour les hommes aux alentours de 24 et 25 ans: il est plus bas dans les campagnes qu'en ville, et à Tehrân, sous l'influence occidentale, les jeunes ont tendance à se marier de plus en plus tard. Si l'idéal peut être un mariage d'amour, on se marie souvent par intérêt et pour accomplir un devoir social. Les mariages sont la plupart du temps arrangés par les familles, mais les jeunes, de plus en plus, souhaitent pouvoir choisir eux-mêmes leurs partenaires. Le musulman peut avoir quatre épouses légitimes, mais la polygamie est presque inexistante. Le chiisme connaît un mariage de plaisir, qui peut durer un jour comme un mois: consacré par un contrat, il n'a d'autre but que la satisfaction sexuelle.

►Zâl et Rudâbeh prononcent leurs vœux de mariage. *Livre des rois* de Ferdowsi, Esfahân (?), XVIIᵉ s. Bibliothèque du palais du Golestân, Tehrân.

Les fiançailles donnent lieu à une réunion des deux familles à l'occasion d'une cérémonie suivie d'un repas et de danses. Quelques mois plus tard, le mariage se déroule l'après-midi ou le soir dans la maison de la fille. Assis ou à genoux, le couple est entouré d'objets symboliques, parfois d'origine zoroastrienne (flammes, miroir), qui évoquent le bonheur, la prospérité et l'harmonie du couple: un miroir, un Coran, un tapis de prière, des chandeliers, un encensoir, et des plats contenant de la nourriture (fromages, fruits, herbes, pain, bonbons, sucre) sont posés sur une nappe (*sofreh*). On répand sur des braises des graines de rue sauvage (*esfand**) pour éloigner les influences mauvaises des conjoints. La cérémonie est conduite par un mollâ ou un notaire ayant suivi des études religieuses. A trois reprises, il demande à la jeune fille si elle souhaite prendre pour époux l'homme placé à côté d'elle. C'est seulement à la troisième fois qu'elle répond oui (*bale*). Puis il demande l'acquiescement du fiancé, mais en ne lui posant qu'une seule fois la question. Pendant cette cérémonie, des femmes tendent une toile au-dessus du couple et y répandent du sucre. Le mariage conclu, les époux échangent les alliances et reçoivent les cadeaux des familles. Chaque époux trempe un doigt dans du miel

Reconstitution d'une nappe de mariage. Musée ethnologique, Palais du Golestân, Tehrân.

et le passe dans la bouche de son conjoint. La soirée se poursuit par des danses et un grand repas. Dans les familles traditionnelles et dans les salons publics, hommes et femmes sont séparés pendant les festivités. La nuit de noces se déroule dans la maison du couple. Juridiquement, le mariage est scellé par un contrat qui énumère tous les biens que l'homme donne à son épouse en cas de divorce, afin de lui assurer un revenu (*mehriyeh*). En principe, l'homme apporte au ménage la maison ou l'appartement et une voiture, alors que la famille de l'épouse achète l'aménagement intérieur (tapis, meubles, appareils ménagers, cuisinière) qui constitue la dot.

■Des femmes turkmènes apportent des présents à la mariée au son d'un tambourin. Gonbad (nord-est de l'Iran).

L'incompatibilité des partenaires de mariages arrangés et les difficultés financières expliquent le nombre et l'augmentation des divorces.

La mort

En 1996, l'espérance de vie était de presque 63 ans. Si les rites funéraires sont partout musulmans, ils peuvent varier selon les régions, les niveaux sociaux des familles ou les propres souhaits des individus. Le corps du mort est lavé et enveloppé dans un drap blanc sans coutures. Le corps est ensuite porté en procession au cimetière: les hommes et les femmes suivent le cercueil en groupes séparés. Dans la terre, la tête du défunt est tournée vers La Mecque. Tout de suite après le décès, et pendant quelques jours, la famille du mort organise des réunions funéraires à son domicile: on prie, on récite le Coran et on offre des fruits et des pâtisseries aux personnes venues présenter leurs condoléances. A la mosquée, un mollâ fait l'éloge du mort et un discours de circonstance. Une semaine, puis quarante jours après le décès, la famille proche

Chehelcherâgh, disposé dans la rue lors de la mort d'un garçon non encore marié. Tehrân.

se réunit autour de la tombe et distribue de la nourriture aux gens. Pendant la semaine suivant le décès, les parents du mort ne vont pas travailler, et ils ne quittent leurs vêtements de deuil qu'une année plus tard, à l'occasion d'une cérémonie.

Les sports et les jeux

Les échecs

Inventé en Inde, ce jeu fut connu en Perse vraisemblablement à la fin de l'époque sassanide (VIe-VIIe s.). La Perse et les Arabes l'ont ensuite transmis à l'Occident au Moyen Age, comme en témoigne l'expression «échec et mat» (*Schachmatt* en allemand) qui vient du persan *shâh* (roi) et *mât* (il est mort). Plus qu'un divertissement ou un jeu de stratèges, les échecs sont une image du cosmos, avec ses dualités et ses dynamiques plurielles, une

►Le vizir Bozorgmehr et le jeu d'échecs. *Livre des rois* de Ferdowsi. Hérat, 1430. Bibliothèque du palais du Golestân, Tehrân.

science et un miroir de l'âme. Un texte mazdéen dit que c'est avec l'aide des dieux que le roi sassanide Ardashir Ier devint plus victorieux aux échecs. Les écrivains persans d'époque islamique ont fait des échecs un emblème de la condition humaine.

Dans le *Livre des rois*, Ferdowsi raconte qu'un roi de l'Inde envoya un jeu d'échecs au roi sassanide Khosrow Ier (531-579). Le cadeau était assorti d'un défi en forme d'énigme: le roi, aidé de ses conseillers, devait comprendre les règles du jeu et le rôle de chaque pièce: le guerrier à pied (notre pion), l'éléphant (notre fou), la tour, le cheval (notre cavalier), le vizir (notre reine) et le roi. S'ils échouaient, le roi de l'Inde ne verserait plus de tribut, et en réclamerait un au roi d'Iran, car la science, écrivait-il, est supérieure aux richesses. Seul le vizir Bozorgmehr parvint à découvrir le sens du jeu; puis, il inventa le backgammon (*nard*), qu'il envoya au roi de l'Inde avec le même défi. Ce rival du jeu d'échecs dérouta les brahmanes et le roi de l'Inde dut alors verser un tribut au roi d'Iran.

Roi des jeux, jeu de rois, le polo est l'un des plus anciens sports du monde. Son origine est obscure, mais on le fait naître en Asie centrale ou en Perse aux alentours du ~VIe s. Dans son *Livre des rois* (XIe s.), Ferdowsi évoque à plusieurs reprises ce jeu, appelé *chogân* en persan. A l'époque islamique, il fut prisé des rois et des princes, et plusieurs auteurs écrivirent des traités sur ses règles et ses vertus. Souvent représenté dans les peintures, le polo devint une métaphore courante des écrivains, notamment chez Omar Khayyâm. Kharaqâni (963-1033), un soufi iranien, comparait les créatures à la boule de polo sur le mail de la toute-puissance divine: c'est Dieu qui fait mouvoir la boule et la conduit au but qu'Il souhaite. Au Moyen Age, le polo fut pratiqué autant à Byzance qu'en Chine et au Japon. On raconte que Tamerlan fit jouer sa cavalerie avec des têtes de vaincus. Créée sous Shâh Abbâs Ier (1587-1629), la place royale à Esfahân demeure le plus beau témoignage de ce jeu chevaleresque, fait de rapidité, de force, d'adresse et de stratégie (*331*). Les conquérants musulmans avaient apporté le polo en Inde dès les premiers siècles de l'Islam, mais c'est au XVIe s., avec les Moghols, qu'il y devint le sport royal le plus apprécié. C'est dans ce pays que les Anglais le découvrirent dans les années 1850. En 1869, le jeu fut introduit en Angleterre, puis, la décennie suivante, en Australie, aux Etats-Unis et en Argentine. Au XXe s., il devint pour un temps une discipline olympique et le dernier chah d'Iran était très attaché à le préserver. Les règles, la surface du terrain, les maillets des joueurs étaient quelque peu différents de ce qu'ils sont aujourd'hui, mais le but du jeu est demeuré le même: deux équipes de cavaliers s'affrontent et doivent, à l'aide d'un maillet, frapper une balle pour la placer dans les buts adverses.

Littéralement, le zurkhâneh est une maison (*khâneh*) de force (*zur*). Présente dans la plupart des villes, et parfois dans chaque quartier important, elle est le théâtre d'exercices de lutte. D'origine préislamique (Ferdowsi la mentionne dans son *Livre des rois*), la lutte traditionnelle fut convertie aux valeurs de l'Islam: on dit que le Prophète et les Imams Hassan et Hosseyn la pratiquaient. Les lutteurs ont leurs saints patrons, qui leur offrent un modèle à la fois physique et spirituel. Etroitement associé au chiisme et à l'identité culturelle iranienne, la lutte fut particulièrement à l'honneur à l'époque safavide, et la

«Le roi de Babylone inventa le jeu d'échecs D'après tes mouvements savants, ô ma jolie!»

«Nous sommes les pièces d'un jeu, le Ciel est le joueur.»

Omar Khayyâm (XIe-XIIe s.)

Le polo

▶Jeu de polo. *Livre des rois* de Ferdowsi, XVIe s. Musée Rezâ Abbâsi, Tehrân.

Le zurkhâneh

République islamique l'encourage. Elle n'est pas tant un sport qu'un rite de chevalerie, dans lequel le contenu mystique est fortement présent:

l'endurcissement du corps, la maîtrise de soi, la noblesse du combat sont solidaires et forment un art de vivre complet. Elle est toujours pratiquée aujourd'hui, et on peut aisément assister à des séances à Esfahân ou à Tehrân. La salle, surmontée d'une coupole, comprend une arène octogonale; autour, des niches dans le mur ou des galeries surélevées sont réservées aux spectateurs. La cérémonie suit un protocole symbolique, conduit par un guide (*morshed*): ce dernier domine la salle, rythme les exercices collectifs avec un tambour et chante des vers épiques généralement tirés du *Livre des rois*. Vêtus le plus souvent d'un pantalon court, les lutteurs d'un zurkhâneh sont hiérarchisés, en fonction de leur expérience et de leur qualité: on distingue le novice, le débutant, l'athlète, le guide. La séance de lutte est précédée par des exercices d'assouplissement, au cours desquels les athlètes manient des massues pouvant peser quarante kilos ou des boucliers de près de soixante kilos. Les lutteurs se saisissent par la ceinture du pantalon, et le vainqueur doit faire toucher le sol aux omoplates de son adversaire.

Zurkhâneh. Esfahân.

La chasse

Née en Mésopotamie, la chasse à courre est présente dans toute l'histoire iranienne. Divertissement royal, elle est une image de la

guerre contre le mal, une éducation physique et morale, un symbole de souveraineté et même une épreuve initiatique. La victoire sur l'animal reflète une victoire sur soi, et elle révèle ou souligne la puissance du roi. Comme chez les Assyriens, qui ont sculpté leurs chasses sur des bas-reliefs, les rois achéménides aimaient chasser les fauves, et cette tradition s'est maintenue au moins jusqu'au XIXᵉ s., notamment parmi les Bakhtyâris du Khuzestân. La chasse était une occupation favorite des Sassanides, et leur art a souvent représenté le roi à cheval pourchassant du gibier (49). Bahram V (421-439) fut surnommé «l'onagre»

Le roi sassanide à la chasse. Tâq-e Bostân, VIᵉ-VIIᵉ s.

(«Gur»), un âne sauvage devenu symbole de l'amante dans la poésie. Ferdowsi raconte qu'une femme posa à Bahram V ce défi: avec ses flèches, couper les cornes d'une gazelle mâle pour en faire une femelle, et planter deux flèches sur la tête de la gazelle femelle pour en faire un mâle. A l'époque islamique, plusieurs savants et poètes ont écrit sur la chasse, ses principes et ses qualités, et la peinture persane a souvent idéalisé les exploits des héros. La chasse est aussi une image spirituelle: Dieu chasse et capture les créatures pour les ramener à Lui.

Les sports modernes

La plupart des sports occidentaux sont connus en Iran, où ils sont beaucoup plus répandus chez les hommes que chez les femmes. Le jeu collectif le plus populaire est le football. Les hommes, beaucoup plus rarement les femmes, peuvent pratiquer la gymnastique, la marche, la natation, les arts martiaux, le body building. Le ski est réservé aux classes sociales aisées: l'Iran compte une vingtaine de pistes de skis, mais les mieux équipées se trouvent au nord de Tehrân, dans les montagnes de l'Alborz. Les paysages sauvages de l'Iran permettent de nombreuses randonnées, et les innombrables montagnes du Plateau iranien sont un terrain de rêve pour les alpinistes. Tehrân possède plusieurs centres de sport modernes (Azâdi, Enqelab, etc.), avec des terrains pour les jeux de balle (football, volleyball, basketball), des piscines et des équipements pour l'athlétisme.

►Stade Azâdi. Tehrân.

La cuisine

Moins connue que d'autres cuisines orientales, la cuisine iranienne est de remarquable qualité. Les restaurants ne permettent guère d'en apprécier toutes les saveurs, car leur carte se limite le plus souvent à des kabâbs* (kébabs), voire à quelques plats occidentaux sans grand intérêt. C'est dans les familles iraniennes que l'on peut déguster la richesse d'une cuisine savoureuse et digeste, raffinée sans sophistication, d'une simplicité subtile et demandant souvent de longues préparations.

Dans l'Antiquité, les repas royaux étaient accompagnés de danses, de chants, de spectacles artistiques ou athlétiques. Ils revêtaient aussi une importance symbolique. La table du roi achéménide était approvisionnée des produits de tout l'empire: en goûtant aux mets venant de plusieurs horizons, le roi rendait tangible l'espace de son empire et son pouvoir sur le temps.
Aujourd'hui, le repas est encore un moment privilégié de convivialité. Certains plats sont intimement liés à des fêtes comme le Nowruz, des saisons de l'année et des événements comme un mariage, une naissance ou un enterrement. Les Iraniens aiment pique-niquer dans les parcs, sur des tapis, à l'ombre des arbres et au bord des cours d'eau. L'Islam a imposé la coutume d'offrir de la nourriture aux pauvres, pendant toute l'année, ou à l'occasion de fêtes religieuses (mois du Ramadan ou mois du martyre de l'Imam Hosseyn). La Perse a son poète culinaire: né à Shirâz, Bushâq (mort en 1424/27) a écrit un divan* («le Trésor de l'appétit»), où, pastichant parfois des poètes illustres, il ne parle que des mystères et des joies de la gastronomie. Les nomades se nourrissent principalement de viande de mouton, de produits laitiers (lait de chèvre, yogourt, beurre) et des céréales qu'ils cultivent.

Cuisine et culture

►Pique-nique dans un jardin. Couverture laquée d'un manuscrit de Djâmi, 1593. Bibliothèque du palais du Golestân, Tehrân.

A table

Dans les familles modernes et plus ou moins occidentalisées, comme dans les restaurants, les repas se prennent à table. Dans les familles traditionnelles et en province, on mange assis en tailleur sur le sol couvert de tapis ou sur une petite estrade (*takht*): les plats sont disposés sur une nappe que l'on déplie au milieu de la pièce et des convives. Hommes et femmes mangent séparément dans certaines familles traditionnelles. A midi, les repas se prennent entre 12h et 14h; le soir, entre 20h et 23h, souvent assez tard. Les Iraniens utilisent la cuiller et la fourchette, jamais le couteau.

Les ingrédients

Serviteurs portant des fruits, une carafe, de la vaisselle pour des plats chauds. Décor de la maison Nârendjestân-Qavâm, Shirâz, entre 1879 et 1886.

Contrairement aux plats indiens ou indonésiens, la cuisine iranienne n'est pas très épicée. Son goût est équilibré, fin, délicat, jouant subtilement du doux et de l'acide, et utilisant parcimonieusement les poivres et les épices fortes. Elle utilise principalement le safran produit en Iran et le safran des Indes ou curcuma, ainsi que l'aneth, la cannelle, l'estragon, la menthe, le thym, l'ail, l'origan, le sumac ou le paprika. Les cuisiniers emploient également de la farine de riz, des pois trempés, du verjus (jus acide extrait de raisins verts), des essences de fleurs (roses, fleurs d'oranger et de cognassiers), des écorces d'agrumes et de mandarines, des citrons verts.

Sur les tables traditionnelles, des oignons accompagnent le pain, et un panier contient un choix d'herbes que l'on consomme au cours du repas: de la menthe (*na'nâ*), du basilic (*reihân*), du *kangar* (une variété de cardon qui pousse au printemps dans les régions montagneuses d'Iran), de l'estragon (*tarkhun*), une sorte de poireau (*tare*), du cresson (*shâhi*) et des radis roses (*torobche*).

Dans la tradition iranienne, héritée de l'ancienne médecine musulmane, beaucoup d'ingrédients passent pour être bénéfiques pour la santé, s'accorder à tel tempérament et à telle saison. Les Iraniens parlent souvent des aliments en employant des termes (chaud, froid) qui appartiennent à l'alchimie et qui définissent les propriétés et les effets corporels ou psychiques des repas et de leurs ingrédients. Les dattes, les bananes, les pistaches, les aliments sucrés, les noix sèches ou le chocolat sont dits chauds, alors que les noix fraîches, les amandes, les grenades, les produits contenant de la vitamine C ou les poissons sont dits froids. Dans un plat ou dans l'alimentation quotidienne, un équilibre doit être trouvé entre les aliments «chauds», qui donnent de l'énergie et de la vitalité, et les aliments «froids», qui font baisser la tension et purifieraient le sang.

Serviteurs portant des victuailles. Persépolis, ~Vᵉ s.

Les plats

Les mets sèchement énumérés ci-dessous ne présentent que quelques-unes des principales spécialités iraniennes. Les ingrédients mentionnés peuvent changer d'une cuisine, d'une région, d'une ville ou d'un village à l'autre. Il n'existe heureusement pas de cuisine standard en Iran (hormis dans les «fast food» à l'américaine installés dans les grandes villes), et les lignes qui suivent ne sont qu'un amuse-bouche littéraire.

Les fruits (*miveh*) et les légumes (*sabzi*)

Les fruits sont nombreux, et les Iraniens en mangent en toutes occasions: avant les repas pour se mettre en appétit, après les repas pour favoriser la digestion, ou au cours de la journée. C'est d'Iran que sont originaires de nombreux fruits cultivés en Occident: la pêche, par exemple, dont le mot vient du latin *persica*, «fruits de Perse». Une corbeille de fruits trône sur toutes les tables iraniennes. On trouve des pommes, des dattes et des concombres toute l'année, mais d'autres fruits sont plus saisonniers: des grenades en automne, des oranges, des mandarines et des citrons doux en hiver, des *tut* (une sorte de mûre) à la fin du printemps, des kiwis toute l'année, sauf en été. Le printemps et l'été offrent une pléiade de saveurs et de couleurs: raisins, cerises, fraises, pêches, poires, abricots, prunes, pastèques, melons, melons d'eau, etc. Les fruits secs sont très répandus, de même que des pâtes de fruits (*lavâshak*) plus ou moins acides, généralement en forme de feuilles plates. L'Iran connaît de nombreuses confitures (*morabbâ*) confectionnées avec des oranges, des cerises, des noix, des melons, des carottes ou des pétales de fleurs. En accompagnement des plats, on trouve presque toujours des fruits, des légumes ou de l'ail macérés dans du vinaigre de cidre ou de raisin (*torshi*). Servi comme amuse-bouche, le *zeytun-e parvardeh* est préparé avec des olives et une sauce à base de grenade et de noix. Les aubergines (dont on fait un délicieux caviar, *kashk-e bâdendjân*) et les courgettes sont utilisées dans les *khoresh*, les betteraves ou les navets dans les soupes. Spécialité du Nord, le *mirzâ qâsemi* se prépare avec des aubergines, des tomates, de l'ail et des oignons. Relativement peu présentes, les pommes de terre sont parfois préparées sous forme de frites. Des pistaches, des noisettes, des amandes, des graines de tournesol et de courge sont servies en apéritif.

Fruits. Peinture du palais Chehel Sotun, Esfahân, XVIIe s.

Le yogourt (*mâst*)

Originaire d'Asie centrale, le yogourt est omniprésent. Il accompagne les mets, il est servi en soupe ou utilisé pour mariner de la viande. On le voit également dans des desserts et dans des salades composées de concombres, d'aneth et d'oignons verts.

▶Yogourt.

Les pains (*nân*)

On trouve plusieurs pains traditionnels, et même quelques pains imités de l'Occident (baguettes, ballons). Généralement, les pains sont plats et empilés les uns sur les autres. Les boulangers les cuisent en les plaquant sur les parois d'un four. Fréquent dans les restaurants et les familles, le pain *lavâsh* est très mince et se conserve bien pendant plusieurs jours. Fait avec de la farine complète, plus épais que le *lavâsh*, le *sangâk* se consomme frais: il est cuit dans un four tapissé de petits cailloux, qui lui donnent une texture particulière. Egalement plus épais, le *tâftun* est de forme circulaire, alors que le *barbari*, d'origine turque, est de forme allongée et rayé sur la longueur. Il existe plusieurs pains typiques d'une ville ou d'une région, comme le pain au beurre (*shirmâl*) de Hamadân.

▶*Sangâk.*

Les fromages (*panir*)

Il existe plusieurs variétés de fromages fabriqués avec du lait de mouton, de vache ou de chèvre, et produits surtout à l'ouest de l'Iran. Dans les bazars des villes, on trouve principalement un fromage blanc assez salé.

▶*Abgusht.*

Les soupes (*âsh*)

Il y a de nombreuses variétés de soupes déclinées en de multiples spécialités: soupes aux fruits secs ou aux fruits acides, aux oignons, aux lentilles, au yogourt (*âsh-e mâst*), aux fruits (pommes,

►*Ash-e reshteh.*

fruits secs, grenades, coings, etc.). *Ash-e reshteh* est préparé avec des pâtes, des herbes, des pois, des lentilles, des oignons et un produit laitier (*kashk*). *Ash-e sholeghalamkâr* est composé d'herbes, de pois chiches, de lentilles, de haricots secs, de viande et d'oignon. Il y a une soupe à l'orge, où l'on retrouve également des pois chiches, des lentilles, des haricots secs, des oignons ainsi que du riz. Pour préparer le *âbgusht*, on cuit ensemble du mouton ou du veau, des pois cassés, des haricots blancs, des tomates, des pommes de terre. Le jus est servi comme une soupe (*âbgusht* ou *dizi*), alors que la viande et son accompagnement (*gusht-e kubideh*) sont consommés à part: on les broie avec un petit pilon jusqu'à former une pâte que l'on déguste avec du pain. Simple ou raffinée, *kallehpâcheh* est une soupe préparée avec la tête, le ventre et les pieds d'un agneau. *Halim-e gusht* est une soupe consistante, prise généralement au petit déjeuner: préparée avec de la viande et du blé, on la consomme en la saupoudrant de sucre.

Le riz (*berendj*)

►*Bâqâli polo.*

La plupart des plats se composent de riz blanc, aux grains longs et durs, accompagné de viande grillée (*kabâb*) ou de ragoût (*khoresh*). Le riz cuit à l'iranienne possède généralement une croûte (*tahdig*) que l'on obtient en plaçant sur le fond de la casserole du beurre et de l'huile, ou une fine couche de pain *lavâsh* ou de rondelles de pommes de terre. Souvent aromatisé au safran, le riz simple est appelé *chelo*; lorsqu'on lui associe des légumes, des fruits, du yogourt ou des viandes on l'appelle *polo*. Le *chelo kabâb* est de la viande en brochette servie avec du riz. Il existe aussi un riz sucré (*shirin polo*), généralement préparé pour les fêtes et les grands événements. Contrairement au riz courant, le

►*Zereshk polo.*

riz *kateh* n'est pas égoutté, si bien qu'il absorbe toute l'eau de la cuisson. On mêle au riz des petits fruits rouges, les épines-vinettes, dans le *zereshk polo*, des haricots et de l'aneth dans le *bâqâli polo*, des haricots, des tomates ou des carottes dans le *lubiyâ polo*.

Les pâtes

Les Iraniens consomment très peu de pâtes, dont il existe deux sortes: les pâtes italiennes, que les Iraniens appellent «macaronis», et les pâtes iraniennes (*reshteh*), que l'on trouve surtout dans des soupes.

Les viandes (*gusht*) et les kabâbs

Les viandes privilégiées sont le mouton et l'agneau, le poulet, des produits de la chasse, parfois du veau et du bœuf. Le porc est proscrit par l'Islam, pour des raisons historiques d'hygiène et pour des motifs symboliques, cet animal étant signe d'impureté.

Sous forme de brochette, le kabâb («viande grillée») est l'un des plats favoris des Iraniens. On le trouve dans tous les restaurants, où il est généralement servi avec du riz: c'est le *chelo kabâb*. Il y a de nombreuses variétés de kabâbs, mais les suivants sont les plus connus.

Le *kabâb-e barg* est une brochette de mouton ou de veau, qui a macéré dans un mélange d'huile, de poivre et d'oignon avant d'être grillé. Le *kabâb-e kubideh* est une brochette de

►*Kabâbs.*

viande hachée. Appelé *shishlik* par les Turcs, le *shish kabâb* est une brochette de côtes de mouton. Le *djudjeh kabâb* est préparé avec du poulet, avec ou sans os, et qui a macéré plusieurs heures dans une sauce composée de jus de citron, d'huile d'olive, d'oignon, de sel et de poivre. Il existe aussi des kabâbs mixtes (mouton et poulet), connus sous différents noms (Bakhtyâri, Special Kabâb, Soltâni, etc.). Les viandes sont également utilisées dans des ragoûts, les *khoresh*. Plusieurs plats sont préparés avec de la viande hachée, des légumes et du riz (*kufteh*). Le *tahchin* se présente sous la forme d'un gateau compact de riz au safran et de poulet.

►*Khoresh-e qeimeh.*

Les khoreshs

Les khoreshs sont des formes de ragoût ou de sauces consommés avec du riz simple. Exigeant une longue préparation, ils sont plutôt rares dans les restaurants, et c'est dans les familles que l'on peut véritablement les savourer. Il en existe de très nombreux, selon les régions, les saisons, les ingrédients disponibles et les cuisiniers. Ils sont préparés avec de la viande (mouton, poulet), des légumes, des fruits et un assaisonnement variable. Les plus répandus sont le *khoresh-e bâdendjân* (avec de la viande et des aubergines); le *khoresh-e fesendjân* (avec du poulet ou de la viande hachée, une sauce préparée avec de la grenade et des noix réduites en poudre); le *khoresh-e qormeh sabzi* (avec de la viande et une sauce de légumes verts, préparée avec des oignons, des pois, des épinards, des haricots secs rouges et du persil); le *khoresh-e qeimeh* ou *qa'meh* (avec de la viande hachée, des pois cassés jaunes et des pommes de terre); le *khoresh-e karafs* (avec de la viande et du céleri); le *khoresh-e âlu* (avec de la viande hachée ou du poulet, des pruneaux secs et des pois); etc. Certains khoreshs sont propres à une région ou à une ethnie, comme le *khoresh-e khalâl*, une spécialité de Kermânshâh avec du mouton, du jus de tomate, de l'huile spéciale à base de lait, des amandes effilées.

►*Khoresh-e qormeh sabzi.*

►*Khoresh-e fesendjân.*

Les poissons (*mâhi*)

Les poissons pêchés dans le golfe Persique sont plus appréciés, et plus chers, que ceux de la mer Caspienne. Dans les provinces de la Caspienne, le poisson blanc (*mâhi-ye sefid*) est l'un des plus connus. Dans le Golfe, des crevettes et plus d'une douzaine de poissons sont consommés régulièrement. La truite est l'un des principaux poissons pêchés dans les rivières du pays et produits dans des centres d'élevage.

►Esturgeon.

Le caviar

Pêché dans la Caspienne, l'esturgeon est un poisson au long nez qui peut mesurer deux mètres de long. Il compte plusieurs espèces, dont l'une est appelée béluga en russe. L'esturgeon est consommé, mais ce sont les œufs de sa femelle, le caviar, qui font son prix. Largement exporté, le caviar iranien est, aux dires des connaisseurs, le meilleur du monde. Sa production est nationalisée et répond à des critères de qualité et de pêche stricts. Depuis la fin de l'U.R.S.S., les anciennes républiques soviétiques qui bordent la Caspienne pratiquent ou laissent faire un braconnage et une contrebande qui produisent un caviar de qualité inférieure, et qui mettent surtout en danger le renouvellement de l'esturgeon.

Légumes et fruits farcis (*dolmeh*)

Plusieurs plats sont composés d'aubergines, de tomates, de coings, de feuilles de vigne ou de pommes farcis de viande et de riz.

Viande et légumes avec des œufs (*kuku*)

Chauds ou froids, ces plats sont préparés avec des œufs, de la viande et des légumes, ou seulement avec des œufs et des légumes.

Salades (*sâlâd*)

Les salades les plus répandues sont un mélange de salade verte, de concombres et de tomates. La salade dite de Shirâz est préparée avec des tomates et des concombres coupés en petits morceaux, des oignons râpés, du jus de raisin vert ou de citron, de la menthe séchée ou en poudre. La salade *borani* est préparée avec du yogourt, des concombres, des aubergines, des épinards ou des betteraves. Selon les goûts, on ajoute aux salades des raisins secs ou des morceaux de noix. La salade russe se voit fréquemment, et certains restaurants, sous l'influence de la cuisine européenne, proposent des buffets de salades.

Les desserts

►*Shol-e zard.*

►*Baghlâvâ.*

Il serait impossible d'énumérer les pâtisseries, les biscuits et les douceurs (*shirini*) qui, dans tout l'Iran, inaugurent ou concluent les repas. En voici quelques-uns parmi les plus connus. Le *shir berendj* se présente sous la forme d'un pudding, composé de riz, de lait et d'eau de rose. Un peu analogue, le *fereni* se compose également de lait, de farine de riz, de sucre et d'eau de rose. Le *halvâ* est préparé en faisant frire de la farine dans de l'huile et en la mélangeant à du safran, du sucre et de l'eau de rose. Réalisé notamment pour des cérémonies religieuses, le *shol-e zard* est fait de riz, de safran, d'eau de rose et d'amandes effilées: on le décore avec des pistaches en poudre ou avec de la cannelle. De consistance gélatineuse, le *masghati* contient de l'amidon, de l'eau de rose et des amandes effilées. Le *sekandjabin* est un sirop à la fois doux et acide: préparé avec de la menthe, du vinaigre et du sucre, il se déguste avec des feuilles de laitue. Beaucoup de pâtisseries sont à base de miel et d'amandes, parfois de dattes et de noix de coco. Servi pour le Nowruz et d'autres fêtes, le *baghlâvâ* est un gâteau de pâte feuilletée et d'amandes. Généralement consommé les soirs de ramadan, le *zulbiyâ* se présente comme un écheveau de filaments d'amidon et de yogourt frits dans de l'huile, puis trempés dans un sirop de sucre et d'eau de rose. Les glaces sont modernes: une seule, au safran, est traditionnelle (*bastani-ye zaferâni* ou *bastani-ye sonati*). Certains biscuits connaissent une fabrication industrielle, comme le *kolucheh* dans la province du Gilân, un biscuit rond au goût de noix de coco ou de noix.

Les boissons (*nushâbeh*)

Une boisson typique, servie froide, est le *âbdugh* ou *dugh*, un mélange de yogourt, d'eau et de sel. Les jus de fruits traditionnels et les sirops (*sharbat*) sont préparés avec des fruits, parfois avec de l'eau de rose ou des arômes de fleurs. A base de sisymbre ou herbe aux chantres, le *khâkeshir* détiendrait des propriétés médicinales: il régulariserait le transit intestinal et serait particulièrement bénéfique pendant les grosses chaleurs. Il existe plusieurs eaux (*âb*) minérales non gazeuses, des bières sans alcool, et de nombreuses limonades imitées du Fanta et du Coca-Cola, comme le Zam Zam du nom d'une eau paradisiaque et d'un puits sacré de La Mecque.

Le samovar et les verres à thé traditionnels. Esfahân.

Bien que l'un des quatre fleuves paradisiaques soit de vin, le Coran ne

Buveurs. Palais Chehel Sotun, Esfahân, XVIIᵉ s.

permet pas la consommation de boissons alcoolisées et la République islamique les a interdites, même si on peut en obtenir dans des arrière-boutiques ou des hôtels de luxe. Le **vin** est pourtant présent dans toute l'histoire iranienne. Depuis une haute antiquité et durant toute la période islamique, le vin fut essentiel aux banquets royaux et aristocratiques, tout en pouvant jouer un rôle dans des rites sacrés: le roi achéménide s'enivrait une fois l'an à l'occasion des fêtes consacrées à Mithra. Dans son *Livre des rois*, Ferdowsi parle fréquemment des fêtes des rois et des héros, qui ponctuent leurs combats et qui associent, dans un jardin, la musique, les chants, les coupes de vin et la beauté féminine. Chez les mystiques de la confrérie des Qalandaris, le vin est un élément rituel et un symbole de la connaissance mystique, et l'ensemble de la poésie persane emploie la métaphore du vin pour évoquer les plaisirs terrestres ou l'ivresse de la contemplation de Dieu (*185*). Marco Polo a évoqué le vin de Perse que les «Sarrasins» consomment après l'avoir fait bouillir. Au XVIIᵉ s., J.-B. Tavernier écrivait que Shirâz est

Salon de thé traditionnel. Esfahân.

■L'hospitalité: la nappe, le pain, le thé. Gonbad (nord-est de l'Iran).

renommée «par ses excellents vins qui sont les meilleurs de toute la Perse». A la veille de la Révolution islamique, le guide Nagel évoquait, parmi les vins rouges, «le 1001 de Hamadan, le Chakani d'Azerbâidjân, le khoullar foncé de Chiraz». Servi dans des petits verres, le thé (*chây*) est pour les Iraniens ce que le café est aux Italiens ou aux Français: on parle, on marchande, on revit autour d'un thé. A l'époque safavide, pourtant, le café était plus répandu, et c'est seulement au XIXᵉ s. qu'il fut remplacé par le thé noir importé de Russie et produit aujourd'hui dans les provinces de la Caspienne.

TEHRAN ET SA PROVINCE

TEHRAN, 242

LA PROVINCE, 257

LA VILLE, 242
LE BAZAR, 245
LES PALAIS, 247
LES EDIFICES RELIGIEUX, 251
LES MUSEES, 252

DAMAVAND, 257
LA VILLE DE DAMAVAND, 258
REY, 258
VARAMIN, 260

◄——— ►Peinture sur livre (*Moraqqa'-e Golshan*), Tabriz, XVIe s. Bibliothèque du palais du Golestân, Tehrân.

TEHRAN

Capitale de l'Iran et de la province de Tehrân
Altitude moyenne: 1191 m
Habitants: 8'244'759 (2011)

▶Le nord de Tehrân
(Shemirân) en 1892. Peinture
de Mehdi al-Hosseyni.
Musée des Beaux-Arts,
Sa'd Abâd, Tehrân.

Aujourd'hui métropole et capitale de l'Iran moderne, Tehrân est mentionnée pour la première fois au Xe s. Ce qui était alors un gros village était connu pour ses habitations souterraines, ses riches jardins, son climat agréable et ses eaux claires. Adossé aux montagnes de l'Alborz, alimenté par des qanâts*, il était situé près de Rey, une capitale seldjoukide détruite par les Mongols en 1220, et dont les ruines sont aujourd'hui sous la banlieue sud de la Tehrân moderne. Rey dévasté, nombre de ses habitants se réfugièrent à Tehrân, qui devint progressivement la plus grande localité de la région. En 1404, un ambassadeur espagnol en voyage vers la cour de Tamerlan, Clavijo, en parle comme d'une ville dépourvue de muraille. Tehrân prend son essor au XVIe s., en devenant un lieu de villégiature des rois. En 1554, Shâh Tahmâsp Ier ordonne la construction d'une citadelle, d'un rempart pourvu de 114 tours (le nombre des sourates du Coran), d'un bazar. La ville souffrit de l'invasion afghane (1725-28), puis fut rénovée par Karim Khân Zand (1760), avant que le premier roi qâdjâr, Aqâ Muhammad Khân, ne la choisisse pour capitale et ne s'y fasse couronner. Au XIXe s., Tehrân se présentait comme une cité où les coupoles et les minarets polychromes des mosquées émergeaient des jardins. On y entrait par douze portes monumentales décorées de céramiques. A partir

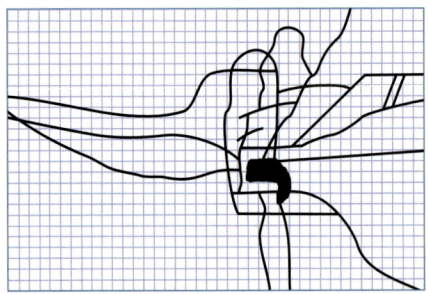

Tehrân au milieu du XIXe s.

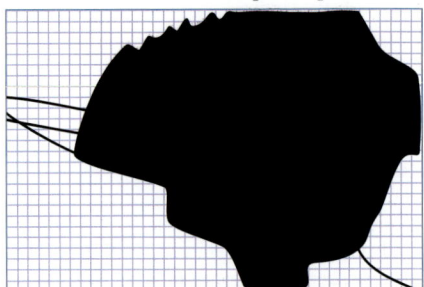

Tehrân à la fin du XXe s.

de 1930, une nouvelle ville prend forme: les anciennes portes et les murailles sont détruites, des avenues percées, et la Tehrân de jadis disparaît rapidement. Des immeubles administratifs, des hôtels et des restaurants à l'occidentale sont construits. La population croît rapidement: de 200'000 habitants en 1900, la ville passe à 2'719'000 en 1966, puis à 6'475'000 en 1991. Depuis les années 1970, la création d'une vaste banlieue (le «Grand Tehrân») a contribué à faire exploser la population. Au début du XXIᵉ s., Tehrân et sa banlieue abriteraient entre 12'000'000 et 15'000'000 de personnes.

Capitale depuis 1786, Tehrân est toujours un centre politique, administratif, international, culturel, même si certaines villes de province tendent à acquérir une puissance et une autonomie nouvelles. C'est à Tehrân que l'on trouve les équipements les plus modernes, la pensée la plus occidentalisée, la culture publique la plus importante et la plus

▶Tehrân au XIXᵉ s.
Bibliothèque du palais
du Golestân, Tehrân.

variée. Tehrân possède deux aéroports, l'un à la périphérie ouest (Mehrâbâd) pour les vols intérieurs, l'autre à plus de 40 km au sud (Imam Khomeyni) pour les vols internationaux. Ville sans mémoire ni traditions pour certains, Tehrân n'est pas un miroir du pays, mais sa complexité révèle les contradictions d'un Iran tiraillé entre la modernité, le nationalisme, la tradition, l'Islam chiite et l'Occident.

La ville s'étend des contreforts de l'Alborz à la plaine, sur un dénivelé qui passe de 1700 m au nord à 1200 m au centre et à 900 m au sud. Des quartiers résidentiels s'étendent également à l'est et surtout à l'ouest. Autrefois résidence des rois, le nord comprend les quartiers

La géographie urbaine

riches et occidentalisés, où se dressent de hauts et luxueux immeubles. L'air y est plus frais et plus pur. Les quartiers du sud sont plus pauvres, populaires et traditionnels.

Deux avenues ont une importance à la fois historique et structurelle. Conçue sous le règne de Rezâ Pahlavi, la longue **avenue de Vali-e Asr** relie les anciens palais de Sa'd Abâd, sur les flancs de l'Alborz, à la gare, située au-dessous du Grand Bazar. Longue d'environ 20 km, elle est ponctuée de plusieurs places importantes

▶Tehrân au XIXᵉ s. Peinture de
Mahmud Khân Sabâ, 1871.
Bibliothèque du palais
du Golestân, Tehrân.

(Tadjrish, Vanak et Vali-e Asr). Plantés dans des canaux le long des trottoirs, des platanes embellissent cette large rue à six voies. Elle est bordée par un grand parc (Pârk-e Mellat), les édifices de la radio-

Le nord de Tehrân au début des années 2000.

Le centre de Tehrân vu d'avion.

télévision iranienne (I.R.I.B.), et par de riches commerces, qui se concentrent surtout autour et au-dessus de la place Vali-e Asr. Orientée est-ouest, l'**avenue Enqelâb** sépare le nord du sud de la ville. Elle est prolongée, à l'ouest, par l'avenue Azâdi qui aboutit au monument moderne le plus célèbre de l'Iran: la tour Azâdi, au centre de la place du même nom. Elle est bordée au nord par l'université de Tehrân, fondée en 1935, et au sud par le théâtre moderne de la ville, une construction circulaire aux arcs traditionnels (*211*) de l'époque Pahlavi (1971). Aujourd'hui, avec l'expansion des banlieues, un nouveau centre-ville s'est constitué autour de cette avenue: dans sa partie sud, le Grand Bazar côtoie les principaux musées et monuments historiques, le Parlement, les édifices administratifs construits sous les Pahlavis, les résidences du Guide de la Révolution et du Président de la République.

Pour réguler ou dompter un **trafic** dense, des autoroutes de contournement et de vastes artères ont été construites, mais qui ne suffisent pas à supprimer des embouteillages journaliers. Toujours en construction au début des années 2000, le métro de Tehrân n'offre pas assez de lignes pour résoudre les problèmes de déplacement dans la cité. Très fréquentés par les Iraniens, plusieurs grands **parcs** offrent des havres de verdure, de fraîcheur et de calme. Parfois pourvus d'un petit lac artificiel et d'un zoo, ils comprennent des places de jeux, de sport et de pique-nique (*71*). Au nord, au pied des montagnes qui se dressent majestueusement au-dessus de la ville, **Darakeh** et **Darband** sont des lieux privilégiés de promenade. Depuis ces villages paisibles, des chemins jalonnés de restaurants serpentent entre les montagnes de l'Alborz. Au départ de Velendjak, entre Darakeh et Darband, une télécabine permet d'accéder au mont Tochâl, qui culmine à 3933 m et surplombe la ville et sa plaine.

Tehrân des Pahlavis / Tehrân de la République islamique

Plus qu'une autre ville d'Iran, Tehrân porte la trace des bouleversements du XXᵉ s. Rezâ Shâh Pahlavi et son fils transformèrent la ville traditionnelle du XIXᵉ s. en cité moderne, quadrillée de grandes avenues pour les voitures. L'esthétique adoptée au cours de leur règne était imitée de l'Occident, mais plusieurs édifices témoignent du goût des souverains pour l'histoire antique de l'Iran: dans le centre-ville, des édifices administratifs imitent les chapiteaux de colonnes de Persépolis ou les bas-reliefs des Sassanides. Le monument Pahlavi le plus célèbre est la **tour Azâdi** («Liberté»), à l'ouest de la ville, non loin de l'aéroport Mehrâbâd. Construite en 1971 pour la célébration des 2500 ans de la monarchie, elle s'appelait «Shâhyâd» («Souvenir du roi») avant la Révolution islamique. Elle est un exemple audacieux et réussi d'une architecture qui puise sa modernité dans les formes traditionnelles: ses quatre arches évoquent les iwans*, et leurs décors d'alvéoles s'inspirent des muqarnas*. Son sous-sol abrite un petit musée, où quelques œu-

vres en céramique, en bronze ou en verre, évoquent
les périodes préislamique et musulmane de l'Iran.
A la Révolution, les rues sont rebaptisées: l'avenue
«Shâh Rezâ» devient «Enqelâb» («Révolution»),
l'avenue «Shâh» («Roi») devient «Djomhuri»
(«République »), l'avenue «Pahlavi» devient «Vali-e
Asr» (le «Maître du temps», une référence au XIIᵉ
Imam). Plusieurs avenues prennent le nom de mollâs
qui ont joué un rôle important dans l'avènement
de la Révolution: Tâleqâni, Motahhari, Beheshti.
On apercevra des peintures murales représentant

La tour Azâdi.

l'Imam Khomeyni et le Guide suprême Khâmene'i ou des slogans
révolutionnaires (68, 69, 72). Des peintures anti-américaines ornent les
murs de l'ancienne ambassade américaine, théâtre d'une longue prise
d'otages en 1979-81. Aujourd'hui reconvertie en installation militaire,
elle est située à l'intersection des avenues Tâleqâni et Dr. Mofateh.

La visite

Pour les voyageurs occidentaux, Tehrân est une ville d'arrivée et
de départ, non de séjour. Elle possède peu d'édifices anciens, et
l'urbanisme moderne n'a guère le souci de les préserver. Immense,
polluée, bruyante, dotée d'un trafic infernal qui
semble extérioriser la violence cachée de la société,
elle possède pourtant des musées remarquables et
quelques monuments qui valent, sinon le détour, du
moins un coup d'oeil. Rares en province, où elles sont
généralement d'ordre privé, les activités culturelles
sont nombreuses à Tehrân, mais les expositions, les
conférences ou les concerts sont difficiles à dénicher
sans l'aide d'un autochtone. Les cinémas et les théâtres
ne proposent jamais de films ou de pièces étrangers en
langue originale. Au nord de la ville, un vaste espace

Le Grand Bazar.

d'expositions (**International Trade Fair**) accueille des foires annuelles
et diverses manifestations (foires du livre, du tapis, etc.).

L'ancienne cité royale: les palais et le bazar

Peu de maisons traditionnelles témoignent de la vie aristocratique
et commerçante des siècles passés. Les principales sont situées
dans le centre, où l'on peut voir parfois de belles façades délabrées,
mal entretenues et mal mariées aux aménagements modernes. Les
maisons Imam Djom'eh (Av. Nâser Khosrow) et Vosuq ou Qavâm
(Rue Panzdah-e Khordâd) furent construites au XIXᵉ s., avec un décor
de plâtre, de miroirs et de bois peint.
Encore visible, l'ancien cœur de la cité est le palais du Golestân et le
Grand Bazar; la citadelle a disparu, tout comme les anciens quartiers
résidentiels bâtis aux alentours. Le bazar a perdu nombre de ses
bâtiments originels, mais on peut encore admirer quelques belles
coupoles marchandes, un hammam et des caravansérails de l'époque
qâdjàre (72). Il comprend une ancienne mosquée royale (Masdjed-e
Imâm Khomeyni) et une petite église arménienne (Saint Thaddée). Le
Grand Bazar de Tehrân a conservé une influence politique considérable:
il est encore le pouls et le thermomètre économiques du pays.

▢Une ancienne porte de
Tehrân, vers 1900.

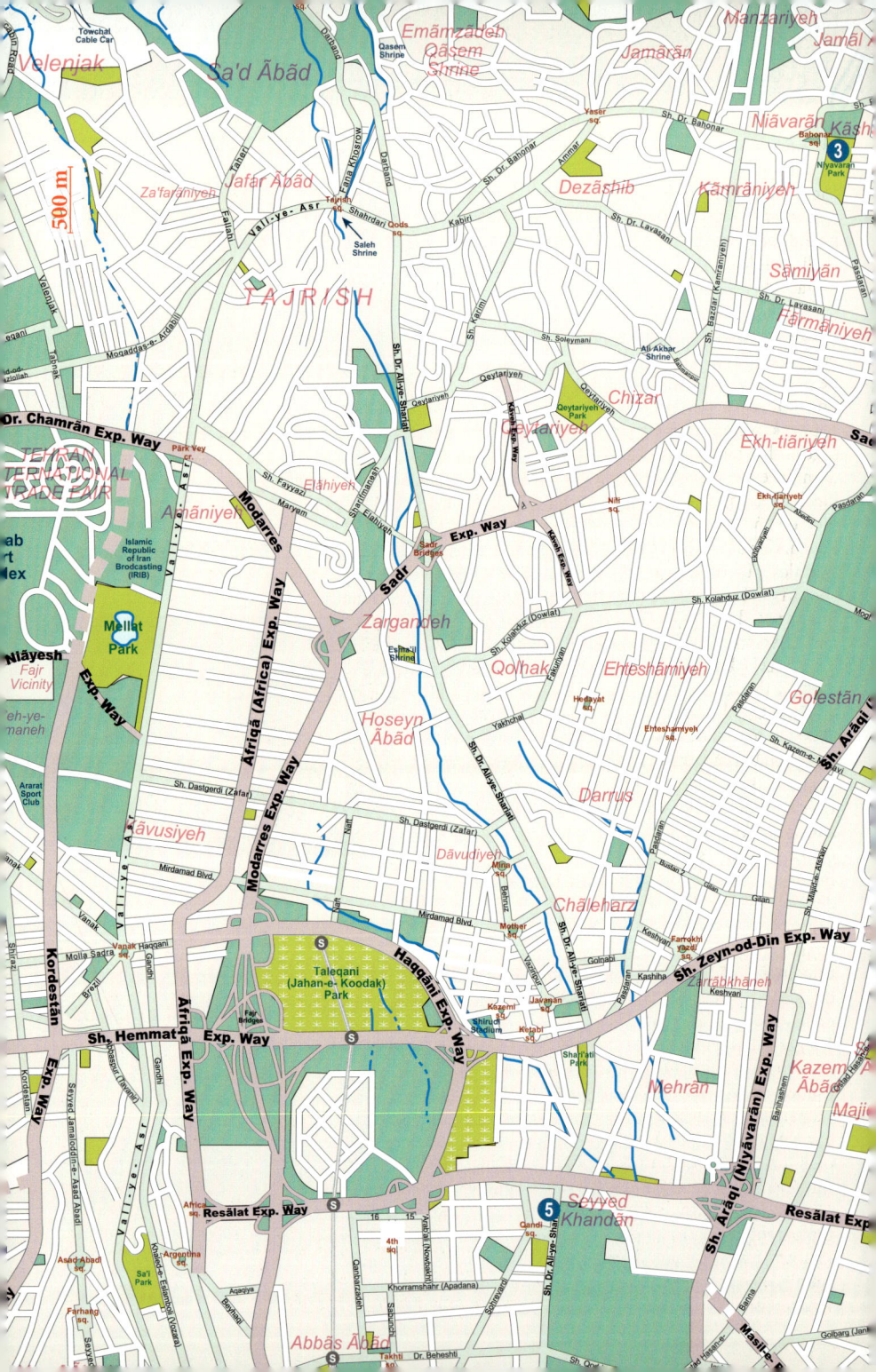

❶ Le palais du Golestân

Le plus bel ensemble de palais a été fondé par les Safavides, puis complété par Karim Khân Zand au XVIIIᵉ s. Les bâtiments actuels remontent à l'époque qâdjâre (XIXᵉ s.) et plusieurs ont été détruits par les Pahlavis. Situés en pleine ville, ils entourent un grand espace de jardins et de bassins.

En face de l'entrée, précédée d'un bassin, la **salle du trône de marbre** (Iwân Takht-e marmar) a plus ou moins conservé son aspect originel. Cet iwan tapissé de miroirs, de vitraux et de peintures fut construit par Karim Khân, puis transformé par le Qâdjâr Aqâ Muhammad. Le premier souverain Pahlavi s'y fit couronner en 1925. En 1806, un trône en marbre a été sculpté sous Fath Ali Shâh. Autrefois appelé «Trône de Salomon» – un prophète biblique archétype du roi sage –, il se compose d'une plateforme soutenue par des anges, des démons et des colonnes torsadées. L'iwan était anciennement fermé par un velum. Les jours de réception, les courtisans s'alignaient au pied de l'iwan et le roi se présentait à eux en vêtement d'apparat. De

Bassin et trône de marbre.

l'iwan, on accède à une pièce décorée de peintures murales, où des portraits de rois et des scènes festives sont inspirés de l'esthétique européenne (13). A l'extrémité droite de l'édifice, se trouvent les restes des appartements privés de Karim Khân Zand, le régent de Shirâz (**Khalvat-e Karim-Khâni**). Construits vers 1760, ils furent en grande partie détruits ou restaurés au XIXᵉ s. par Nâser od-Din Shâh (1848-1896). Il n'en reste qu'une salle à coupoles surélevée, ouverte sur l'extérieur, et qui abrite un bassin, un trône de marbre et la pierre tombale de Nâser od-Din Shâh.

Le trône de marbre
(Iwân Takht-e marmar).

Construit de 1874 à 1882, le **Tâlâr-e Salâm** ou **Musée royal** fut conçu à l'origine comme un musée d'inspiration européenne par Nâser od-Din Shâh, premier souverain iranien à effectuer un voyage en Europe. Plus tard, il fut affecté aux cérémonies de salutations et le dernier chah d'Iran s'y fit couronner en 1967. Il abritait le diamant Daryâ-ye Nur et le Trône du Paon, aujourd'hui au Musée National des Joyaux (255). Au premier étage, la **«Salle des miroirs»** (Tâlâr-e Ayneh) est un chef d'œuvre du décor en mosaïque de miroirs. A gauche de l'entrée principale, un musée de peintures (Negâr Khâneh) présente des portraits de rois et de princes qâdjârs et des scènes de la vie iranienne: peints à l'huile, à la gouache ou à l'aquarelle, leur esthétique est d'inspiration européenne et naturaliste. On peut voir quelques œuvres de Kamâl ol-Molk. A droite du Musée royal, le Tâlâr-e Adj fut construit par Nâser od-Din Shâh pour recevoir les cadeaux diplomatiques. Installée dans son Howz khâneh* (salle du bassin), une exposition

▶Salle des Miroirs.
Peinture de Kamâl
ol-Molk, 1895.

réunit des peintures à l'huile européennes du XIXᵉ s. A droite du Tâlâr-e Adj, le **Emârat-e Bereliân**, également construit par Nâser od-Din Shâh,

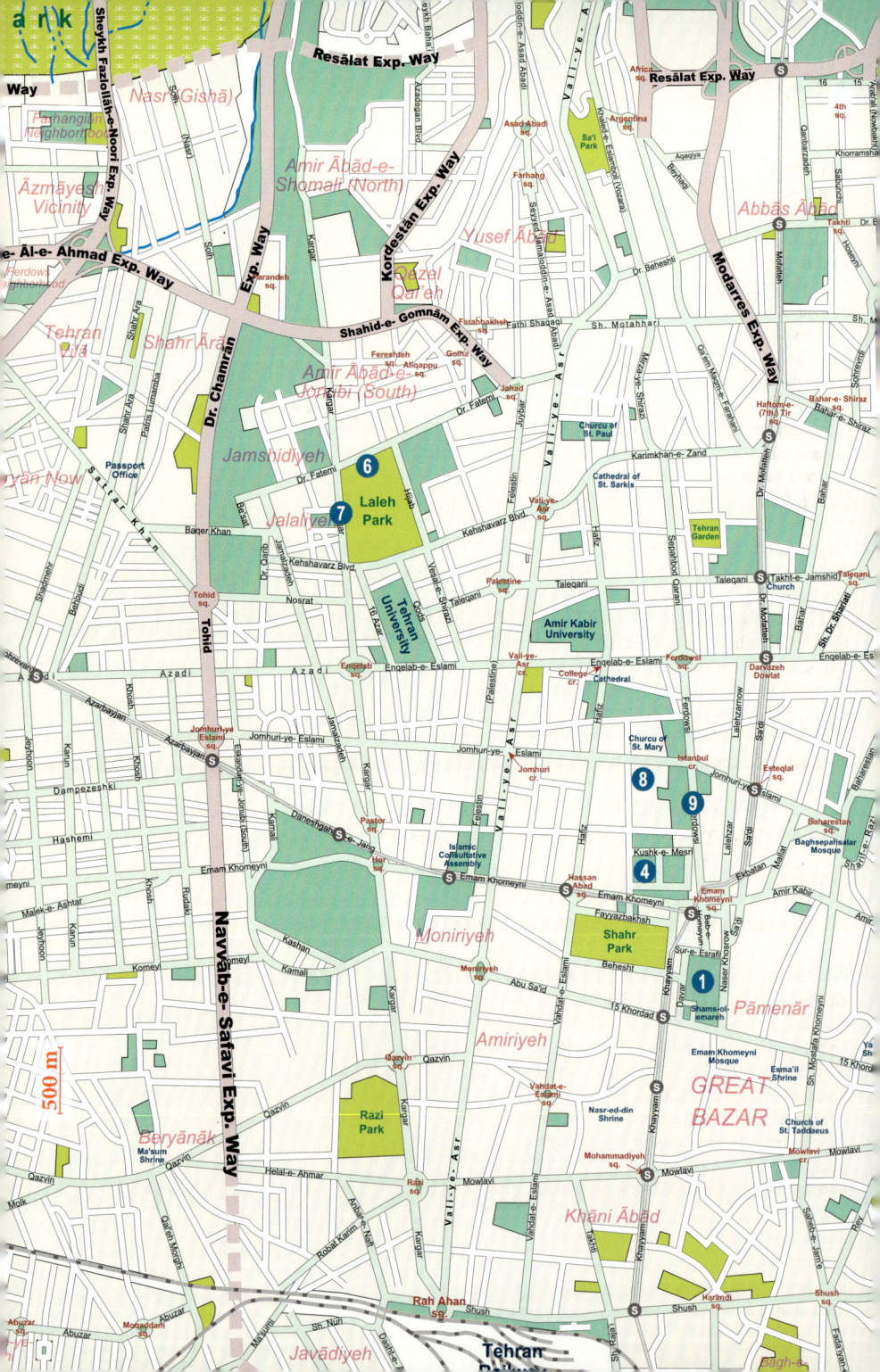

fut employé par les Pahlavis pour des cérémonies officielles. Construit de 1865 à 1867, le **Shams al-Emâreh** est reconnaissable à ses deux belles tours, très hautes pour l'époque, et que l'on peut bien voir depuis la rue Nâser Khosrow. Son iwan surélevé et ses salles sont décorés de stuc sculpté et de mosaïques de miroirs (*64*). A gauche du Shams al-Emâreh, un long mur est couvert de céramiques typiques du goût qâdjâr: leurs compositions ne se répètent jamais et font alterner les vases à fleur et des arabesques florales plus ou moins naturalistes et baroques avec la représentation naïve de paysages et de villes européens (*15, 168*).

Shams al-Emâreh.

Construit par Fath Ali Shâh, puis réaménagé par Nâser od-Din Shâh, le **palais Bâdgir** (Emârat-e Bâdgir), richement décoré, doit son nom aux tours d'aération (*bâdgir**) qui dominent son jardin. Une salle en sous-sol abrite une collection d'anciennes photographies de l'Iran. A côté de la «maison de la tente» (Châdor Khâneh), où l'on gardait les tentes destinées aux déplacements des souverains, la **Salle de Diamant** (Tâlâr-e Almâs) tient son nom de son décor de miroirs. Elle fut construite sous Fath Ali Shâh et sa décoration transformée par Nâser od-Din Shâh. On peut y voir des porcelaines de France et d'Angleterre offertes à Fath Ali Shâh.

Un haut mur orné de céramiques relie la Salle de Diamant au **Palais Blanc**, partiellement de marbre blanc. Construit par Nâser od-Din Shâh pour accueillir les cadeaux que lui faisait le sultan ottoman Abdol Hamid, il est maintenant un **musée ethnologique**. Le rez-de-chaussée présente des objets de la vie quotidienne et sociale: on peut aussi y voir la reconstitution d'une maison de thé et d'une cérémonie de mariage, des instruments de musique, des objets de derviches ou des documents calligraphiés (contrats de mariage, ordres royaux). Au 1er étage, on trouvera des vêtements traditionnels portés à l'époque qâdjâre et par les nomades, des objets rituels employés lors des commémorations du martyre de l'Imam Hosseyn, des outils agricoles et artisanaux (*148, 229*).

Bâdgir.

❷ Musées et palais de Sa'd Abâd

Au nord de la ville, dans un quartier déjà occupé par les souverains qâdjârs, Sa'd Abâd fut réaménagé dès les années 1920 par les Pahlavis qui en firent leurs résidences d'été. Il ne faut guère s'attendre à des palais des «Mille et une Nuits»: il s'agit de 18 luxueuses villas à l'occidentale, dispersées dans un immense parc de 110 hectares (*65*). La relative banalité de l'architecture dissimule des intérieurs meublés à l'européenne. Neuf d'entre elles ont été transformées en musées, souvent pauvres et décevants.

Orné à l'extérieur de marbre vert, le **Palais Vert** (Sabz Palace Museum) est le plus ancien et le plus beau du site

Salle de réception du Palais Vert.

(65). Il fut construit par Rezâ Shâh en 1922-29. Il surplombe le parc de Sa'd Abâd et sa terrasse laisse voir, entre les arbres, les contreforts de l'Alborz et la ville dans le piémont. A l'intérieur, un escalier est décoré d'archers néo-achéménides et mène à une salle de réception célèbre pour ses mosaïques de miroirs (470). Autour sont disposées une salle à manger privée, une chambre à coucher, une salle d'attente et un bureau, meublés à l'européenne et ornés de reliefs en stuc, de mosaïques de miroir et de tapis. Le sous-sol a été refait en 1973: destiné aux réunions privées, il comprend deux chambres à coucher, une salle de réception et une salle à manger (65). Dominant le Palais Vert, le palais Ahmad Shâhi ne se visite pas.

Le **Palais Blanc** est aujourd'hui le **Musée de la Nation** (Mellat Palace Museum). Il fut construit de 1931 à 1936 et utilisé dès 1939. Il comprend deux hauts étages, dont les grandes salles s'articulent autour d'un patio carré central. Du marbre de Yazd ou d'immenses tapis recouvrent les sols et sont conjugués à un ameublement européen. Des tableaux, des céramiques et des sculptures sont dispersés un peu partout. Au 1er étage, dans la lanterne du plafond, des peintures murales représentent des scènes de chasse inspirées des épopées iraniennes. A l'extérieur, une paire

Palais Blanc.

de jambes en bronze est tout ce qu'il reste d'une statue de Rezâ Shâh, fondateur des Pahlavis (65). Installé dans le petit palais de Farahnaz Pahlavi, le **musée de la calligraphie** (Mir Emâd Museum) présente, sur deux étages, des œuvres qui vont du XVIe au XXe s., dans un style traditionnel et moderne. Deux pavillons ont été consacrés à deux peintres célèbres du XXe s.: Hosseyn Behzâd (164) et Klara Abkar, une peintre arménienne, qui ont tous deux rénové l'esthétique traditionnelle de la miniature grâce à l'influence de l'art européen des XIXe et XXe s. Des tanks, des avions et des canons annoncent de loin le **musée militaire**. Outre une collection de fusils, d'épées, d'armures, de médailles et de bannières, il comprend une intéressante reconstitution des uniformes iraniens, depuis les Achéménides jusqu'aux Qâdjârs. Un ancien

Palais Blanc. Intérieur du 1er étage.

palais princier accueille un Musée d'histoire naturelle, où l'on peut voir des animaux empaillés et des trophées de chasse des Pahlavis. Dans le palais Shams, un **musée anthropologique** met en scène des objets et des reconstitutions de la vie populaire des campagnes, des villes et des bords de mer. Situé juste à l'extérieur de l'enceinte du parc, partiellement bâti en marbre noir, le Palais Noir a été reconverti en **Musée des Beaux-Arts**. Il réunit des peintures ayant appartenu à Farah, la dernière impératrice d'Iran. Une grande partie des œuvres iraniennes date de l'époque qâdjâre, notamment des tableaux à l'européenne de Kamâl ol-Molk, mais on peut également voir quelques peintures safavides (dont l'une de Mohammad Zamân), des œuvres du XXe s., de tendance moderne ou traditionnelle, et un grand nombre de tableaux européens du XVIIe au XXe s.

Palais Shams.

❸ Palais Niâvarân

Au nord de Tehrân, le quartier de Niâvarân fut déjà occupé par les rois qâdjârs qui le choisirent comme lieu de plaisir et de repos. Nâser od-Din Shâh (1848-1896) fit construire un palais d'été, le **Sâhebqarâniyeh**, transformé sous les Pahlavis et converti en musée après la Révolution. Il contient quelques belles salles, comme le howz khâneh* (une «salle au bassin») au rez-de-chaussée et une salle des miroirs au premier étage. Au-dessus du Sâhebqarâniyeh s'étend un vaste parc avec deux autres palais. Le **pavillon Ahmad Shâhi** fut édifié dans les dernières années de la domination qâdjâre,

Grand Palais de Niâvarân.

puis restauré sous les Pahlavis. Les derniers princes y vécurent et on y expose maintenant leurs objets personnels, notamment les jouets du prince héritier. Commencé en 1958 et occupé dès 1968, le **grand palais de Niâvarân** possède deux étages de pièces et une mezzanine, disposés autour d'une cour intérieure recouverte d'un toit. Son architecture est d'inspiration occidentale et moderne, même si elle intègre des éléments traditionnels, comme les colonnades ou la cour centrale. Des tapis, des porcelaines, quelques peintures et un ameublement de style européen ornent les salles de séjour et les appartements privés. A l'ouest du Sâhebqarâniyeh, le **Djahân-Namâ Museum** regroupe

Howz khâneh du palais Sâhebqarâniyeh.

des œuvres ayant appartenu à l'impératrice Farah. Dans trois salles plutôt modestes, des œuvres antiques, précolombiennes, africaines ou islamiques côtoient des icônes et des peintures d'artistes modernes, iraniens ou occidentaux (Gauguin, Klee, Picasso, etc.).

La Tehrân religieuse

Au milieu d'innombrables mosquées modernes, Tehrân compte deux **mosquées** historiques, toutes deux dans l'ancien centre historique de la ville. L'une d'elles (mosquée Imam Khomeyni) se trouve dans le bazar. Construite entre 1808 et 1813 par Fath Ali Shâh, elle est l'ancienne mosquée royale de la ville. Plus belle encore, la mosquée-madrasa Sepahsâlâr (ou Motahhari) borde la même rue que l'ancien Parlement iranien. Egalement d'époque qâdjâre (1879-90), elle se signale de loin par six minarets ornés de céramiques (97).

Tehrân est riche de nombreux **mausolées** et **Imâmzâdehs**: certains peuvent être de fondation ancienne, mais leurs formes actuelles sont qâdjâres ou modernes. Plusieurs se trouvent aux alentours du Grand Bazar. Au nord de la ville, l'Imâmzâdeh Sâleh est à côté de la place Tadjrish et près d'un bazar pittoresque. Fondé vers les XIIIe-XIVe s., son architecture et ses décors ont été entièrement refaits au début du XIXe s.

Au sud de Tehrân, sur la route de Qom, le mausolée de l'Imam

Mosquée Imam Khomeyni.

Décor de la mosquée-madrasa Sepahsâlâr (Motahhari).

Khomeyni poursuit la longue tradition des tombeaux spirituels. Relié au centre ville par une ligne de métro, il fut commencé en 1990 et des édifices étaient toujours en construction au début des années 2000. La châsse se trouve dans une grande salle à colonnades, couronnée, à l'extérieur, par un grand dôme doré entouré de quatre minarets. La tombe est le centre d'un complexe, qui comprend des mosquées, des écoles coraniques, des bibliothèques (145). A côté du mausolée de l'Imam Khomeyni, le cimetière de Behesht-e Zahrâ est le plus grand d'Iran: il accueille notamment près de 200'000 soldats morts pendant la guerre Iran-Irak. Plusieurs communautés religieuses non-musulmanes vivent à Tehrân. La plupart des églises arméniennes visibles aujourd'hui datent des XIXᵉ ou XXᵉ s. L'une des principales, la Kelisâ-ye Hazrat-e Sarkis (1964-70), se trouve sur l'avenue Karim Khân-e Zand: son architecture mélange des éléments traditionnels (coupole, arcature des fenêtres) et l'esthétique moderne (88). Dans la rue Mirzâ Kuchak Khân, entre les avenues Hâfez et Ferdowsi, un temple du feu jouxte une école zoroastrienne. Construit sous les Pahlavis, il conjugue des styles européens, des décorations achéménides (chapiteaux des colonnes) et des symboles zoroastriens. En face du temple, de l'autre côté de la rue, se trouve une église arménienne (Kelisâ-ye Hazrat-e Maryam).

Musées

L'Iran est un pays de sites, non de musées, et c'est à Tehrân que l'on trouve l'ensemble de musées le plus beau et le plus intéressant. La ville en compte beaucoup, mais d'un intérêt souvent mineur, si bien que seuls les principaux sont mentionnés ici. Pour les anciens palais royaux transformés en musées, on se reportera plus haut: palais du Golestân (247), de Sa'd Abâd (249) et de Niâvarân (251).

❹ Musée Archéologique ou Musée National de l'Iran ou Musée Irân Bâstân

S'il ne fallait voir qu'un musée à Tehrân, c'est celui-ci. Il regroupe des chefs-d'œuvre de l'art iranien, répartis dans deux bâtiments distincts: l'un consacré aux civilisations préislamiques, l'autre à l'art d'époque musulmane.

►Bronze du Lorestân, ~800-~700. Musée National de l'Iran, Tehrân.

Partie préislamique

Construit par l'archéologue français André Godard en 1937, il est le premier musée fondé en Iran. De style néo-sassanide, sa façade à iwan imite le palais de Ctésiphon en Irak (49). Disposés sur un seul étage, les objets sont présentés dans un ordre chronologique, qui va de la préhistoire aux Sassanides (IIIᵉ-VIIᵉ s.). Dans les premières vitrines, les poteries, les figurines, les cylindres, des objets en os ou en pierre proviennent des plus anciens villages d'Iran: Suse, Hasanlu, Sialk, Marlik, etc. Un espace à part est réservé à la culture du Lorestân (~IIIᵉ-~Iᵉʳ mil.), surtout connue pour ses bronzes aux formes inédites et uniques dans les cultures iraniennes. Un taureau en terre cuite et des petits tuyaux en verre proviennent de Choghâ

Zanbil, ville sacrée des Elamites du ~XIVe s. Au fond, un relief achéménide (~Ve s.) issu de la trésorerie de Persépolis montre le roi sur son trône donnant audience à un Mède. Il introduit une série d'importants vestiges achéménides du ~Ve s.: une statue de Darius Ier faite en Egypte et trouvée à Suse, des décors de briques émaillées, des tablettes de fondation en cunéiforme, des éléments de colonne, divers objets dans des vitrines. Les témoins de la période grecque des

Le roi achéménide (sans doute Darius Ier ou Xerxès Ier) sur son trône, accueillant un dignitaire mède. Bas-relief de Persépolis, ~Ve s. Musée National de l'Iran, Tehrân

Séleucides sont plus pauvres: quelques figurines de divinités grecques, une inscription de Nahâvand de ~193, trois dieux grecs sculptés dans un bloc de pierre. L'époque parthe est mieux représentée par des reliefs en pierre, deux couvercles de tombeau en céramique, de la vaisselle, et surtout par une statue de bronze en ronde-bosse (122): découverte à Shami dans les monts Bakhtyâris, elle représente sans doute un prince et date du ~Ier ou du Ier s. Les dernières pièces exposées appartiennent à la dernière dynastie régnante avant l'arrivée de l'Islam, les Sassanides. Outre de la vaisselle, des objets en bronze ou en verre, on verra des restes de décor architectural: des pièces de stuc sculpté venant de Rey (Ve s.), des mosaïques du palais de Bishâpur (IIIe s.), un chapiteau.

Partie islamique

Situé dans un bâtiment plus récent, le musée d'art islamique occupe deux étages sur trois. Une salle de conférences se trouve au rez-de-chaussée. Le musée est construit selon un plan traditionnel: une cour centrale, couverte d'un toit, est bordée par trois grandes salles d'exposition. Au 1er étage, les objets, datant du IXe au XIXe s., sont présentés de façon thématique. Le patio central et son pourtour sont principalement consacrés à l'art du livre. Au centre de la cour, autour d'un espace qui reproduit l'enceinte d'une mosquée, des vitrines contiennent des Corans enluminés. Autour de la cour sont exposés des livres poétiques ou scientifiques, souvent illustrés de peintures, ainsi que des calligraphies, des portraits, des dessins de fleurs ou d'animaux à l'européenne. Des collections thématiques occupent les quatre coins extérieurs de la cour intérieure: des lampes en bronze, en céramique ou en verre; des instruments employés par les astronomes, comme les astrolabes et les zodiaques; des œuvres en verre et des instruments médicaux; des boîtes laquées et du matériel pour écrire de l'époque qâdjâre. Dans les trois salles, on découvrira des textiles (tapis, rideaux, vêtements, surtout en soie, parfois en coton et en laine), puis de remarquables pièces en céramique émaillée, et enfin des chandeliers, de la vaisselle, des encensoirs et des bracelets en bronze.

►Mihrab en céramique lustrée, provenant de l'Imâmzâdeh Ali ibn Djafar, Qom, XIVe s. Musée National de l'Iran, Tehrân.

Au 2e étage, les œuvres font l'objet d'une présentation chronologique, organisée autour de la cour et dans trois grandes salles contiguës. La visite se fait dans le sens contraire des aiguilles d'une montre. L'exposition commence par des décors de stuc des IXe et Xe s., dont la technique a été héritée des Sassanides et des Parthes. Au mur, une

▶Paon en acier et en or, XIXᵉ s.
Musée National de
l'Iran, Tehrân.

Calligraphie, 1862.
Musée Rezâ Abbâsi, Tehrân.

peinture murale du Xᵉ s., trouvée à Neyshâbur, représente un chasseur à cheval tenant un faucon (166). La première salle est consacrée à l'époque des Turcs seldjoukides, dont la domination aux XIᵉ et XIIᵉ s. a favorisé l'éclosion et la diffusion de l'esthétique iranienne: on peut voir des décors de stuc, des mihrabs*, des Corans et une porte en bois. A la sortie de la salle, à droite, sont présentées des œuvres en bronze et en céramique et, accroché au mur, un décor calligraphique en pierre. Des décors en stuc des XIᵉ-XIIᵉ s. proviennent de l'ancienne cité de Rey, rasée par les Mongols. Une deuxième salle évoque les XIIIᵉ et XIVᵉ s. des Mongols et des Timourides. Outre un grand minbar* en bois de 1369 provenant d'une mosquée du Fârs (142) et diverses pièces en céramique, on peut voir deux mihrabs* du premier quart du XIVᵉ s.: l'un en stuc d'Esfahân, l'autre en céramique émaillée de Qom. A l'extérieur, en face de la salle, un coffret en bois de 1319 avoisine une double page d'un grand Coran du XVᵉ s. Plus loin, un tapis de fleurs, en coton et en laine, vient de Kermân et date du XVIIᵉ s. Après quelques œuvres des XIVᵉ et XVᵉ s., tels un mihrab* en marbre et une frise calligraphique en mosaïque de céramique émaillée, une troisième salle est consacrée à la dernière grande époque de l'art iranien: la dynastie des Safavides (1501-1732). Des textiles et des miniatures entourent des porcelaines chinoises provenant du tombeau dynastique d'Ardabil. Des calligraphies, des vêtements de coton, deux portes (dont l'une en marqueterie) de l'époque qâdjâre (1779-1925) terminent la visite. Tout autour de la cour, des vitrines exposent des monnaies appartenant aux dynasties musulmanes, des Abbassides aux Qâdjârs. Généralement dépourvues de figurations, elles portent calligraphiées la date d'émission et des versets coraniques: preuves que la monnaie, en Islam comme dans l'Antiquité, véhiculait les valeurs spirituelles qui unifient la société et donnent sens à ses relations et à ses activités.

Près du Musée National

Sur l'avenue Imam Khomeyni, se dresse une porte décorée de céramiques, construite en 1922 par Rezâ Shâh (**Darvâzeh Bâgh-e Melli**). Elle donnait accès à un édifice qâdjâr occupé par le Ministère de la Guerre, précédé d'un vaste espace réservé aux défilés militaires. Sous les Pahlavis, plusieurs bâtiments furent ajoutés, parfois de style néo-achéménide: ils sont occupés à présent par des ministères. Deux musées se trouvent dans les proches environs. Le **musée Malek**, à l'intérieur du périmètre des ministères, présente surtout des monnaies, des tapis, des peintures (sur livres ou à l'huile) et des timbres. Le **musée de la Poste**, sur l'avenue Imam Khomeyni, à droite de la porte

Porte Darvâzeh Bâgh-e Melli.

historique, retrace l'histoire de la poste iranienne à travers d'anciens objets utilisés par les postiers et des timbres.

❺ Musée Rezâ Abbâsi

Du nom d'un célèbre peintre safavide, ce beau musée propose des œuvres d'époque préislamique et musulmane. Le rez-de-chaussée est réservé à des expositions temporaires. Le 1ᵉʳ étage est consacré à l'art du livre islamique: on peut voir des miniatures illustrant surtout le *Livre des rois*, des Corans enluminés, divers livres calligraphiés, des peintures qâdjâres. Le 2ᵉ étage offre principalement des céramiques (du IXᵉ au XVIIᵉ s.) et des œuvres en métal. Le 3ᵉ étage réunit des œuvres d'époque préislamique, du ~IIᵉ mil. à l'époque sassanide (IIIᵉ-VIIᵉ s.).

❻ Musée du Tapis (Gandjineh-ye farsh-e Irân)

Fondé en 1978, ce musée réunit des tapis provenant notamment des palais du Golestân et de Sa'd Abâd. Situé dans le parc Lâleh («Tulipe»), au-dessus de l'université de Tehrân, le bâtiment assez plat a la forme d'un métier à tisser. L'exposition permanente se trouve au rez-de-chaussée, et le premier étage accueille des expositions temporaires. Les tapis présentés, citadins ou nomades, vont du XVIᵉ s. au XXᵉ s.

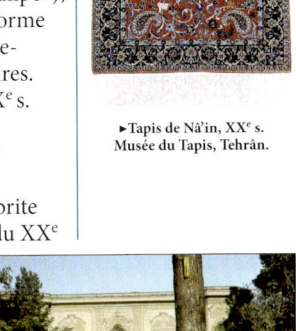

►Tapis de Nâ'in, XXᵉ s. Musée du Tapis, Tehrân.

❼ Musée d'Art Contemporain (Gandjineh-ye honarhâ-ye mo'âser)

Dans le parc Lâleh, une autre construction moderne de 1977 abrite une collection de peintures et de sculptures d'artistes iraniens du XXᵉ s., inspirés par l'art contemporain occidental (66).

❽ Musée du Verre et de la Céramique (Abgineh)

Ce beau petit musée se trouve dans une maison qâdjâre (XIXᵉ s.) précédée d'un jardin et comme égarée parmi les édifices modernes. On peut y voir, très bien mises en valeur, des œuvres en céramique et en verre, de l'époque préislamique jusqu'au XIXᵉ s., ainsi que des pièces en cristal européennes des XVIIIᵉ et XIXᵉ s.

Musée du Verre et de la Céramique, Tehrân.

❾ Musée National des Joyaux (Gandjineh-ye dja-vâherat-e melli)

Installée dans un bunker souterrain de la Banque Centrale de la République islamique d'Iran, cette collection de bijoux et de pierres précieuses est l'une des plus inestimables du monde (*63, 66, 171*). Fondée en 1955, elle réunit les bijoux accumulés depuis l'époque safavide (XVIᵉ s.): ils proviennent autant des achats des souverains, des butins de guerre que des cadeaux des pays étrangers. Turquoises extraites des mines de Neyshâbur, perles du golfe Persique, diamants d'Inde ou d'Afrique du Sud, émeraudes d'Inde, de Colombie ou du Brésil: ces milliers de pierres précieuses, isolées ou mises en valeur sur des objets de la cour, étaient des emblèmes et l'assise économique de la royauté. Elles sont aujourd'hui la garantie monétaire de l'Iran, et un reflet unique des richesses passées et présentes. L'exposition se tient dans une unique salle, mais une vitrine, à côté de l'entrée, contient l'une de ses pièces maîtresses: le «Trône du soleil», appelé aussi le «Trône du paon» (Takht-e Tâvus), rutilant d'or et d'émaux et orné de 4'527 pierres précieuses. Créé par des joailliers d'Esfahân au début du XIXᵉ s., il porte le nom de la femme favorite de Fath Ali Shâh (Tâvus) et se trouvait au palais du Golestân. Des historiens l'ont parfois

►Diamant «Dariâ-ye Nur». Musée National des Joyaux, Tehrân.

►Globe terrestre.
Musée National des
Joyaux, Tehrân.

►Couronne de Farah, créée
par Van Cleef & Arpels.
Musée National des
Joyaux, Tehrân.

►Trône du paon.
Musée National des
Joyaux, Tehrân.

considéré comme le trône du Grand Moghol ramené de l'Inde par Nâder Shâh en 1739 et disparu après l'assassinat de ce roi. La salle se visite dans le sens des aiguilles d'une montre; la numérotation entre parenthèses est celle des vitrines.

Plusieurs vitrines présentent de luxueux objets quotidiens des Qâdjârs: narguilés*, couvre-plats, boîtes, vaisselle, montres, tabatières, chasse-mouches pour les chevaux, etc. ainsi que des bijoux (aigrettes pour les hommes, diadèmes pour les femmes, broches, épingles), tous vêtus d'une robe d'or, d'émail et de pierres précieuses (n°1-4, 7, 8, 10, 20-23, 29, 31-33). Quelques vitrines sont réservées à des objets décorés de pierres particulières: turquoises (n°5), perles (n°13), rubis et spinelles (n°11), émeraudes (n°27 et 30). La vitrine n°19 contient des vêtements de l'époque qâdjâre, accompagnés de dagues et de poignards. Une vitrine abrite d'extraordinaires diamants, isolés ou montés, qui vont d'un demi-carat à 152,16 carats et qui ont été taillés de 62 manières différentes. Quelques-uns sont colorés (noirs, jaunes ou rouges), comme les gros diamants d'Afrique du Sud achetés par Nâser od-Din Shâh: cinq d'entre eux, baptisés les «Jonquilles Iraniennes», pèsent entre 114,8 et 152,16 carats (n°24). Des épées et des armes somptueuses sont dispersées dans la salle (n°6, 9, 12, 25, 28), dont un sabre de Nâder Shâh, surnommé le «Sabre du Conquérant»: l'un de ses côtés est orné de 1869 diamants (n°19). On peut voir également des pièces de monnaie, des médailles et des insignes (n°14 et 20). La vitrine n°15 contient une canne tenue par le chambellan en tête des cortèges royaux, des épées d'apparat, une cape de couronnement des Pahlavis en soie, perles et fils d'or. Au fond de la salle, un trône portatif (le trône de Nâderi) a été réalisé sous le règne de Fath Ali Shâh (1798-1834): sa structure en bois est couverte de plaques d'or et d'émail, et illuminée par 26'733 gemmes (n°17). La vitrine n°26 est consacrée aux bijoux de la famille Pahlavi, principalement de Farah, troisième épouse du dernier chah, mais aussi des sœurs et de la mère de Mohammad-Rezâ. Une série de vitrines est disposée en allée au centre de la salle. Les vitrines n°34 à 36 présentent des couronnes et des sceptres ayant appartenu aux Qâdjârs et aux Pahlavis. La couronne Kiâni, réalisée pour le couronnement de Fath Ali Shâh, servit aux rois qâdjârs et pèse plus de 4 kg (n°36). Datant de 1925, la couronne utilisée par les Pahlavis est ornée de 3380 diamants et de 368 perles (n°34). Une couronne, créée en 1967 par Van Cleef & Arpels à Paris, fut portée par l'impératrice Farah (n°35). Une pièce célèbre est le Dariâ-ye Nur (la «Mer de Lumière»), un diamant de 182 carats (n°34). Il appartint à Nâder Shâh, tout comme le Kuh-e Nur («Montagne de Lumière») qui se trouve aujourd'hui à Londres dans les Joyaux de la Couronne britannique. Dans la vitrine n°37, un globe terrestre sur pieds terminé en 1874 est composé de 51'366 pierres précieuses: les mers sont en émeraudes, la majorité des pays en rubis, une partie de l'Afrique en saphirs, l'Iran, l'Angleterre, l'Asie du Sud-Est et l'équateur en diamants, mais, comme l'avoue la brochure de l'exposition, les artistes étaient plus doués en joaillerie qu'en géographie.

LA PROVINCE DE TEHRAN

Le mont Damâvand et l'Alborz

Au nord de Tehrân

Représenté sur les billets de 10'000 rials et des bouteilles d'eau minérale, le mont Damâvand fait partie de la chaîne de l'Alborz, au nord de l'Iran (7). Escaladé par les Européens dès le XIXe s., son sommet est le plus haut d'Iran (5647 m): il est presque toujours couvert d'un chapeau de neige, et souvent orné d'un collier de nuages. Si le temps et la pollution le permettent, on peut le voir depuis Tehrân. Sa formation géologique est relativement récente, car plusieurs auteurs arabes font mention d'une activité volcanique qui a cessé aujourd'hui. Il fournit beaucoup de minéraux, le meilleur soufre d'Iran et des eaux minérales utilisées pour les bains et comme boisson.

Le mont Damâvand est surtout riche en légendes, qui témoignent d'une poétique subtile des lieux et, plus profondément, d'une géographie sacrée. Le navire de Noé se serait échoué sur le Damâvand après la décrue. La montagne recèlerait la pierre philosophale des alchimistes. Dans le *Livre des rois* de Ferdowsi, le tyran Zahhâk est vaincu par Fereydun et enchaîné dans une grotte au sommet: toujours vivant selon la tradition populaire, les fumées et les grondements de la montagne seraient son haleine et ses gémissements. Selon un autre récit, lors d'une guerre mythique qui opposait l'Iran au Turan*, les ennemis décidèrent de faire la paix. Pour déterminer la

►Le mont Damâvand.

frontière qui les sépare, ils demandèrent à Arash, le meilleur archer iranien, de tirer une flèche depuis le sommet du Damâvand: le lieu où elle arriverait marquerait la frontière. Arash mourut après avoir transmis toute son énergie à une flèche qui, avec l'aide des dieux, vola de l'aube à midi et donna à l'Iran un vaste territoire.

♦ Tour funéraire de Sheikh Shibli, Damâvand.

Plus généralement, c'est l'**Alborz** qui joue un grand rôle dans la symbolique iranienne. Il est un lieu clé du *Livre des rois*. L'oiseau Simorgh* possède son nid dans ses hauteurs: il y recueillit et y éleva le futur père du héros Rostam, Zâl, abandonné enfant par son père (*190*). Le roi Key Kâvus construisit dans les montagnes des palais précieux, où se déroulaient des fêtes et des festins dans un éternel printemps. Dans la cosmologie mazdéenne, l'Alborz est «la première montagne du monde» (Avesta) et l'origine des autres montagnes de la terre: elle est une frontière de l'univers et un plan intermédiaire entre notre réalité et les dieux. Elle entoure la terre entière et les astres tournent autour d'elle: ses sommets touchent la lumière infinie et elle s'enracine profondément dans le sol. Dans le soufisme, l'Alborz correspond à la montagne Qâf, qui est l'axe cosmique reliant les mondes, et la frontière entre le visible et l'Invisible.

▶ Zâl et le Simorgh. Illustration du *Livre des rois* de Ferdowsi, XVIᵉ s. Museum für Islamische Kunst, Berlin.

La ville de Damâvand

Plusieurs cités et villages sont nichés sur les contreforts et les vallées de la montagne. La plus importante est Damâvand, une cité rurale de fondation très ancienne. On peut y voir une mosquée fondée au XIᵉ s. (avec un minaret de cette époque) et trois tours funéraires: la tour octogonale de Sheikh Shibli, la plus ancienne (XIIᵉ s.), l'Imâmzâdeh Shams od-Din, construit au XIIIᵉ s., et l'Imâmzâdeh Abdollâh, d'époque sans doute ilkhânide (vers 1300), mais coiffé d'un cône en céramiques bleues modernes.

Rey

Au sud de Tehrân

Cette petite ville, aujourd'hui dans la banlieue sud de la capitale, eut une importance historique considérable. Elle est située dans une zone fertile occupée à l'époque néolithique déjà (~Vᵉ mil.). A la croisée des routes entre l'ouest et l'est du pays, elle fut une étape de la route de la soie. Mentionnée dans la Bible (Tobie I, 14), Rey l'est aussi dans l'Avesta: Ahura Mazda en fit un lieu sacré de la Perse. Appelée Ragha ou Raghès dans l'Antiquité, elle joua un rôle dans l'histoire achéménide, séleucide et sassanide. A l'époque islamique, elle devint un centre

Source de Cheshmeh-ye Ali: citadelle préislamique et relief qâdjâr.

de production important de céramiques (*168*) et un foyer de culture, où sont nés plusieurs hommes célèbres comme le calife abbasside Harun al-Rashid ou le philosophe et médecin Razès. Cité brillante et

renommée sous les Abbassides, elle déclina dès le XIe
s. avant d'être détruite par les Mongols en 1220. Rey ne
fut redécouverte qu'au XIXe s. Outre des céramiques,
les archéologues ont retrouvé les vestiges de plusieurs
mausolées, d'une madrasa et d'une grande mosquée.
De l'ancienne cité de Rey, on peut encore voir les ruines
restaurées d'une citadelle préislamique. Située sur une
colline, elle surplombe la source d'eau de **Cheshmeh-
ye Ali**. Les gens y lavent les tapis, en particulier avant
le Nowruz, car l'eau posséderait la vertu de faire briller
les couleurs. Au-dessus de la source, dans la roche, le
Qâdjâr Fath Ali Shâh fit graver un relief à la place d'un
relief sassanide: on peut voir le souverain assis sur un
trône, entouré de dignitaires, dans une iconographie
qui tente de renouer avec l'art des reliefs sassanides et
achéménides. De l'autre côté de la colline, Fath Ali Shâh
avait fait graver un autre relief, aujourd'hui disparu.
La **tour Toghrol** est le principal vestige islamique de
Rey. Cette tombe circulaire au plan étoilé fut construite
en 1139-40 pour l'un des principaux souverains

Tour Toghrol.

seldjoukides, Tughril Ier. Malheureusement, le
toit a disparu et des «restaurations», au
XIXe s., ont fait disparaître ses décors.
Aujourd'hui encore, Rey conserve
une importance spirituelle
particulière. Un descendant du
IIe Imam Hassan, **Hazrat-e Abd-
ol Azim,** fut assassiné en 860
dans la ville: son beau mausolée,
près du bazar, est toujours un
haut lieu de pèlerinage. Dans sa
forme actuelle, il date de l'époque
qâdjâre et abrite encore deux
autres tombes d'Imâmzâdehs. A
l'extérieur de la ville, le **mausolée
de Bibi Shahrbânu** est construit

▶Plat en céramique, Rey, XIIe s.
Musée National de l'Iran, Tehrân.

à flanc de montagne. En dépit d'une fondation ancienne (Xe s.), les
bâtiments, maintes fois restaurés au cours des siècles, ne présentent
guère d'intérêt. Le tombeau revêt pourtant une grande importance:
la tradition dit qu'il appartient à une fille du dernier roi sassanide
Yazdegerd III devenue l'épouse de l'Imam Hosseyn. Cette union
manifeste une constante de la culture iranienne: inclure l'héritage du
passé préislamique dans la foi et l'histoire d'un Islam iranien (95).
Au sud de Rey, sur la route de Qom, un grand **caravansérail** (Deir-e
Gachin) témoigne de l'importance d'une route de pèlerinage qui,
par Rey, reliait les tombeaux des Imams Ali et Hosseyn en Irak au
tombeau du VIIIe Imam à Mashhad. Fondé par les Sassanides, il fut
reconstruit par les Seldjoukides (XIIe s.) puis par les Safavides. Au sud-
est de Rey, sur la route de Varâmin, se dressent les restes partiellement
restaurés d'un **palais sassanide**, construit sur une colline (Tapeh Mil).

▶Décor de stuc. Rey, XIIe s.
Musée National de
l'Iran, Tehrân.

Mosquée du Vendredi.
Détail de l'iwan principal.

Plan de la mosquée
du Vendredi.
❶ Portail d'entrée.
❷ Cour.
❸ Iwans.
❹ Salle à coupole.

Varâmin

Autrefois chef-lieu commerçant
d'une région qui produit des
tapis typiques, cette petite ville
conserve quelques édifices
anciens remarquables. Une
mosquée du Vendredi,
d'abord, fondée sous le règne
du Ilkhân Uldjâitu en 1304-
1316, et achevée sous le règne
de son fils, Abu Said Bahadur,
vers 1322-23 et 1326-27. Elle

►Kelim de Varâmin.

fut restaurée le siècle suivant, sous les Timourides, en 1413-14.
Elle est un exemple type de la mosquée à quatre iwans, diffusée par

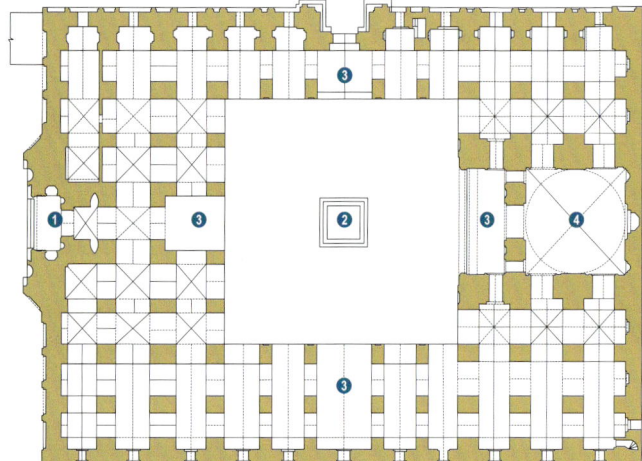

les Seldjoukides aux XIᵉ-XIIᵉ s., puis développée par les Mongols.
L'esthétique caractéristique des Mongols a imprégné l'architecture:

Iwan principal de la
mosquée du Vendredi.

les volumes élégants et élancés marquent
un net élan vertical, souligné par un
décor en stuc et par des céramiques
turquoise alternant avec des motifs de
briques. Coiffée d'une belle coupole, la
salle de prière contient un mihrab en stuc
qui daterait du XVᵉ s. Détruit par des
inondations au XVIIᵉ s., le côté ouest de la
mosquée a été reconstruit dès 1994.
Deux autres monuments de Varâmin
remontent à l'époque mongole. La
tombe de Bordj-e Alâ od-Dowleh fut
terminée en 1289. L'intérieur de cette
tour est circulaire, mais l'extérieur adopte la forme d'une étoile à 32
saillants. Juste au-dessous d'un dôme en forme de cône, des nœuds

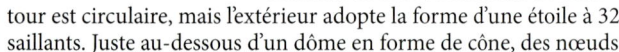

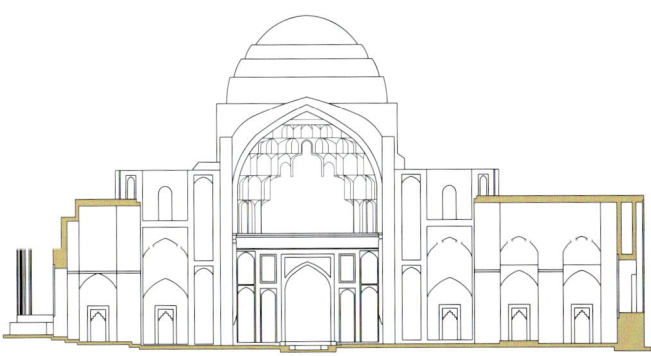

géométriques et des calligraphies koufiques* sont recouverts d'émail turquoise. De plan octogonal, restauré tardivement, l'**Imâmzâdeh Yahya** est décoré à l'intérieur de céramiques et de stucs, datant encore de l'époque de la construction (1261-63). Plusieurs décors de céramique émaillée et un mihrab de 1264-65 se trouvent dans des musées étrangers.

Les abords de la ville conservent encore un Imâmzâdeh safavide (Imâmzâdeh Djafar Pishvân) de 1548 et des restes d'enceinte que l'on a pu dater de l'époque sassanide ou du début de l'Islam (VIIIe s.) (Qal'eh Iradj).

Tombe Bordj-e Alâ od-Dowleh.

L'OUEST DE L'IRAN

LA PROVINCE
D'AZARBAIDJAN
OCCIDENTAL, 264
LA PROVINCE
D'AZARBAIDJAN
ORIENTAL, 270
LA PROVINCE
D'ARDABIL, 278
LA PROVINCE
DU KORDESTAN, 282
LA PROVINCE
DE ZANDJAN, 284
LA PROVINCE
DE QAZVIN, 288

LA PROVINCE
DE KERMANSHAH, 292
LA PROVINCE
DE HAMADAN, 300
LA PROVINCE
DE MARKAZI, 304
LA PROVINCE
DE LORESTAN, 306
LA PROVINCE
DU KHUZESTAN, 308
LES PROVINCES
DE CHAHARMAHAL ET
DE KOHGILUYEH, 320
LA PROVINCE D'ILAM, 321

◄──── Portail d'entrée de la mosquée Bleue, Tabriz, 1465.

LA PROVINCE D'AZARBAIDJAN OCCIDENTAL

ORUMIYEH, 264
LE LAC D'ORUMIYEH, 264
MAKU, 265
KHOY, 265
TAPEH HASANLU, 265

MAHABAD, 266
ZIWIYEH, 266
LE ROYAUME D'URARTU, 267
TAKHT-E SULEYMAN, 267
ZENDAN-E SULEYMAN, 269

ORUMIYEH
Capitale de la province d'Azarbâidjân occidental
Altitude: 1280 m – Habitants: 680'228 (2011)

◆Mihrab de la mosquée du Vendredi d'Orumiyeh.

A moins de 15 km du lac d'Orumiyeh, cette ville compte peu de monuments historiques. Autrefois incluse dans le royaume d'Urartu, elle ne joua aucun rôle important à l'époque islamique. La **mosquée du Vendredi** (Masdjed-e Djâme') possède un beau mihrab ilkhânide de 1278, mais les édifices ont été remaniés plusieurs fois au cours du temps, jusqu'au XXe s. Construit à l'époque seldjoukide (1180), le **Seh Gonbad** est une tour funéraire en brique, sans coupole, munie d'une porte encadrée d'un décor. Appartenant aux chrétiens «Assyriens» (86), l'**église** de Naneh Maryam est de fondation sassanide (VIe-VIIe s.?).

Aux alentours d'Orumiyeh

Outre le lac d'Orumiyeh (Urmia), on peut voir dans la région une citadelle urartéenne (267) et un bas-relief sassanide: il montre le roi sassanide Ardashir Ier (224-241) et son fils Shapur Ier recevoir la soumission des Arméniens.

Le Lac d'Orumiyeh (Urmia)

Le plus grand lac d'Iran est long de 130 à 140 km, large de 15 à 50 km, et sa profondeur moyenne est de 5-6 m. Comme la Mer morte, il possède une très forte teneur en sel, qui atteint environ 25% en été. Egalement riche en minéraux, l'eau ne gèle jamais et aucun poisson ne peut y vivre, mais elle est bénéfique pour le traitement de maladies. Le lac compte 102 îles. La plus importante, Kabudân, est un Parc National de 3175 hectares, riche en faune et en flore. Tout autour du lac, en été surtout, de nombreux oiseaux sont visibles depuis les berges et sur les îles: pélicans, flamants, canards, oies sauvages, etc. Dans la presqu'île de Shâhin, Hulagu, le chef mongol, fit bâtir une forteresse qui aurait abrité le butin pillé à Bagdad mais qui, aujourd'hui, se réduit à des ruines insignifiantes. Mort en 1265, Hulagu y serait enterré avec plusieurs jeunes femmes, sacrifiées pour l'occasion selon la coutume mongole.

►Lac d'Orumiyeh.

Mâku

Proche à la fois de la Turquie, de la République d'Azerbaïdjan et de l'Arménie, la ville est nichée dans une gorge, disposée sur une pente au pied d'une montagne. Dans l'Antiquité, la région fertile de Mâku fit partie des royaumes d'Urartu puis d'Arménie. A l'époque islamique, elle devint un lieu stratégique important, notamment lors des conflits qui opposèrent les Ottomans et les Safavides aux XVIᵉ et XVIIᵉ s. Cette ville d'environ 173'000 habitants détient peu de vestiges du passé, hormis des **maisons qâdjâres** et d'anciennes **fortifications** visibles au-dessus de la ville.

♦Palais de Bâghcheh Djuq.

Proche de Mâku, le palais de **Bâghcheh Djuq** ou «Maison du Sardâr» fut construit à la fin de l'époque qâdjâre (XIXᵉ s.) pour le seigneur local (*sardâr*). D'apparence occidentale, l'architecture et le décor de cette grande maison à deux étages mêlent des traditions iraniennes à des influences baroques, anglaises et russes. Depuis Mâku, on peut se rendre à l'ancien monastère arménien de Saint Thaddée (*277*) et à la citadelle urartéenne de Sangar (*267*).

Khoy

Ville commerçante sur la route de la soie, elle fut une ville stratégique dans la guerre opposant les Ottomans et les Safavides. Les mines de sel de la région ont influencé le nom de la ville (*khoy* signifie «sel» en kurde). Si le **bazar** actuel date des Zands et des Qâdjârs, son porche d'entrée est d'époque safavide. Composée d'une seule salle octogonale précédée d'un iwan, la **mosquée Motaleb Khân** fut fondée à l'époque ilkhânide (XIIIᵉ-XIVᵉ s.), mais elle a été reconstruite sous les Qâdjârs (v. 1839-40). L'**église arménienne** de Saint Sarkis, avec un plan basilical à trois nefs parallèles, a été édifiée selon certains entre le IVᵉ et le IXᵉ s., puis restaurée en 1120 et au XVIIᵉ s. On peut encore voir des restes de murailles construites au XIXᵉ s. sur l'ordre du roi qâdjâr Fath Ali Shâh.

Tapeh Hasanlu

Près de Naqadeh, à la croisée de plusieurs routes de montagne, la butte artificielle de Hasanlu est le site le plus important d'une région couverte de tapehs*. La découverte de céramiques montre qu'elle était habitée depuis ~5500. Sur cette colline large de 200 m et haute de 25 m, plusieurs édifices constituent des jalons importants de l'architecture iranienne préislamique. Au niveau V (~1300-~1100), les archéologues ont découvert une formule inspirée de la Grèce archaïque et de l'Anatolie hittite: une grande salle au foyer encadré par deux colonnes de bois – première forme d'une architecture qui donnera naissance à de vastes salles de

Au nord de la province

▫Forteresse de Mâku.

Aux alentours de Mâku

Entre Mâku et Orumiyeh

◖Portail du bazar de Khoy.

Au sud du lac d'Orumiyeh

●Vase en or de Hasanlu, ~Xᵉ-~IXᵉ s. Musée National de l'Iran, Tehrân.

● Vue aérienne de
Tapeh Hasanlu.

réunion hypostyles. Vers ~1100, une importante citadelle est construite au sommet, avec un rempart circulaire et des tours carrées. Edifiées à la même époque, plusieurs constructions possèdent des pièces hypostyles (*116*). La façade du palais sud, l'un des quatre édifices résidentiels, est d'inspiration syrienne: elle comporte un portique à colonnes de bois flanqué de deux stèles de pierre. A l'intérieur, une salle hypostyle de 18 m sur 24 précède une antichambre, avec un escalier donnant accès à l'étage. La citadelle dominait une ville et une nécropole (où l'on a retrouvé nombre de céramiques) qui s'étendaient sur le flanc nord. La forteresse fut prise et incendiée par les Urartéens au ~IXe s. Parmi les 300 squelettes retrouvés, témoignant de la bataille passée, un guerrier tenait un vase en or décoré de divinités, aujourd'hui au Musée National de l'Iran à Tehrân (*265*).

Mahâbâd

A moins de 20 km de cette ville, une importante tombe mède est creusée dans la roche (*299*).

Ziwiyeh

Non loin de la ville de Saqqez, la colline de Ziwiyeh abritait une forteresse du royaume des Mannéens, qui dominaient depuis le ~IXe s. une large partie de l'actuelle province du Kordestân. Allié des Mèdes contre les Assyriens, ce royaume de Manna fut occupé par les Scythes au ~VIIe s., alliés des Assyriens. En 1947, des fouilleurs clandestins découvrirent un trésor, dont André Godard put racheter une partie pour le Musée National de l'Iran, à Tehrân. Il comprenait des objets en or (pectoraux, bijoux, pommeaux

●Pectoral en or, Ziwiyeh,
~VIIIe-~VIIe s.
Musée National de
l'Iran, Tehrân.

d'épée, etc.) et en argent, des plaques en ivoire sculpté venant d'Assyrie, des céramiques de type assyrien et urartéen, des motifs décoratifs, des flèches et des éléments de mors scythes. L'hétérogénéité stylistique des objets, les conditions obscures de leur découverte, ont fait naître des hypothèses contradictoires. Les datations oscillent entre le ~IXe et le ~VIIe s. L'esthétique témoigne d'apports assyriens, urartéens, babyloniens, mèdes, scythes, parfois grecs et mannéens – précieux reflet des échanges entre les populations de cette époque. Plusieurs fouilles de la forteresse, avant et après la Révolution islamique, ont confirmé l'importante occupation du site, sans pour autant élucider l'origine d'un trésor d'une très haute qualité.

▶Ivoire sculpté, Ziwiyeh,
~VIIIe-~VIIe s.
Musée National de
l'Iran, Tehrân.

●Griffon en or, Ziwiyeh,
~VIIIe-~VIIe s.
Musée National de
l'Iran, Tehrân.

Le royaume d'Urartu

Du ~IXe au ~VIIe s., le royaume d'Urartu s'étendait sur un territoire qui se trouve aujourd'hui en Arménie, en Iran et en Turquie, et qui eut pour centre le lac de Van en Turquie. Sa prospérité reposait sur l'agriculture et l'élevage de chevaux. Il atteignit son apogée au milieu du ~VIIIe s. et fut conquis vers ~590 par les Mèdes et les Scythes. Au ~VIIe s., les Arméniens, des Indo-Européens, s'installèrent parmi les Urartéens et formèrent plus tard l'un des peuples de l'Empire achéménide. Peuple mystérieux, les Urartéens ne sont ni des Sémites, ni des Indo-Européens. Appelé Ararat par la Bible (Jérémie LI, 27), leur royaume fut régulièrement en conflit avec l'Assyrie, dont il a pourtant reçu l'influence dans les domaines artistique, militaire et politique. Les Urartéens ont été des spécialistes des objets en bronze et en fer (sculptures, objets mobiliers, armes), qui ont partiellement influencé l'art du bronze de la Grèce archaïque. On leur doit également une architecture imposante, dont s'inspireront les constructions monumentales en pierre de taille des Achéménides (Pasargades, Persépolis). Construites sur des rochers stratégiques, leurs forteresses à l'apparence cyclopéenne étaient les jalons d'une armée puissante. L'Azarbâidjân iranien conserve plusieurs témoignages de la présence des Urartéens, qui étendirent leur domination jusqu'au lac d'Orumiyeh. Situé à une cinquantaine de kilomètres de Khoy, le site de **Bâstâm** est le plus important. Près de ce petit village s'étendait une ville fondée par Rusa II (~678-~654). Une grande citadelle (800 x 400 m) se trouve sur une crête rocheuse, au-dessus de la ville. Munie de deux portes, ses murs sont construits en pierres de taille très bien assemblées et ponctués de tours. Le premier niveau de la citadelle abrite des écuries et des casernes, le second un temple carré, des salles de réception et des entrepôts, et le troisième le palais du gouverneur. On peut mentionner deux autres citadelles urartéennes, bâties au sommet de montagnes: celle de Sangar, près de Mâku, et celle de Sarmas, près d'Orumiyeh.

Bâstâm. Vue des fortifications sud.

● Vue aérienne de Takht-e Suleymân.

Takht-e Suleymân

Dans la région de Takâb

Occupé depuis l'époque achéménide, ce site construit sur un ancien volcan devint l'un des lieux les plus sacrés de l'Iran sassanide. Une tradition veut que Zoroastre y soit né, et que le sanctuaire ait été fondé par un roi mythique, Key Khosrow. Après son couronnement, chaque roi sassanide y effectuait un pèlerinage à pied, depuis Ctésiphon en Irak. Sur un plateau qui domine d'une vingtaine de mètres la plaine environnante, une enceinte ovale de 1200 m est percée de deux portes et ponctuée de trente-huit tours circulaires. La porte d'entrée principale est au sud: elle est décorée sur son fronton de sept petites niches alignées. Une autre porte, flanquée comme l'autre de deux tours, se trouve au nord. A l'intérieur de l'enceinte, un lac profond (65 m), salé

Plan de Takht-e Suleymân.
① Entrée sud.
② Lac.
③ Temple du feu.
④ Temple de Anahita (?).
⑤ «Iwan de Khosrow».
⑥ Salle à colonnes.
⑦ Constructions mongoles.

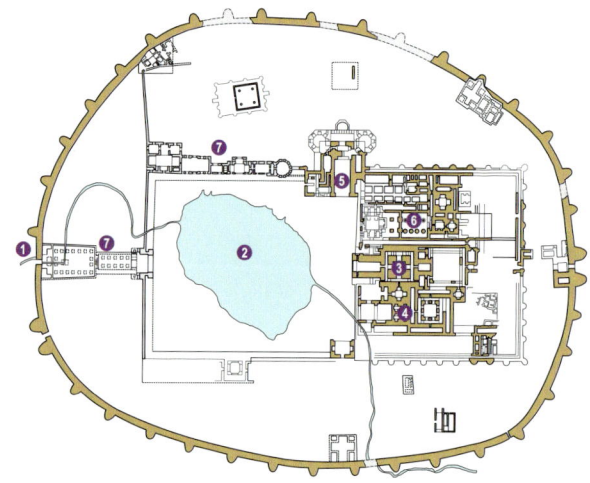

et très riche en minéraux, alimente deux ruisseaux. Au nord du lac, un grand **temple du feu** est reconnaissable à son plan cruciforme: il est précédé, au nord et au sud, d'un iwan. Entre ses murs brûlait l'un des feux royaux les plus importants de l'empire: le feu dit de l'étalon (Atur-i Gushnasp), identifié grâce à des sceaux d'argile. Aux alentours, plusieurs salles hypostyles et cours intérieures faisaient sans doute office de salle de réunion, de trésorerie, de salle d'archives, de magasins ou de logis. Accessible depuis le coin nord du temple du feu, un édifice carré cruciforme possède une vasque en son centre: la présence de l'eau, autre élément sacré, peut indiquer qu'il s'agissait d'un temple dédié à Anahita.

Lac.

Takht-e Suleymân fut détruit par l'empereur byzantin Héraclius, en 624. A l'époque islamique, le lieu fut appelé Shiz et évoqué à plusieurs reprises par des auteurs arabes. Dans son *Livre des rois*, Ferdowsi en fait un lieu de culte secret, dans lequel, bien des siècles avant notre ère, le Dieu unique était déjà adoré. Pour Ferdowsi, comme pour nombre de soufis, l'Islam n'a fait que renouveler des vérités déjà présentes dans le Zoroastrisme. Au XIIIe s., le roi ilkhânide Abâqâ (1265-1282) fit construire autour du lac un palais de chasse, en employant et même en restaurant quelques ruines sassanides. Un spécialiste, A. S. Melikian-Chirvani, estime que les Mongols ont voulu ainsi reconstruire le palais de Key Khosrow, fondateur mythique de l'ancien sanctuaire, et représentant symbolique

Vue générale.

d'une religion éternelle et universelle, dont chaque religion est un témoignage. Outre des monnaies sassanides, les archéologues ont retrouvé des céramiques et des carreaux émaillés datant du IXe au XIIIe s. Le site fut surnommé le «trône de Salomon» (Takht-e

Temple du feu.

Suleymân) par la tradition populaire, qui interprétait les ruines comme un ancien palais de Salomon. Près de l'entrée sud, les archéologues ont reconstitué un tronçon de muraille. A l'intérieur du site, quelques découvertes archéologiques et des photographies sont exposées dans le volume reconstruit d'une salle d'assemblée mongole.

Zendân-e Suleymân

A quelques kilomètres de Takht-e Suleymân, la montagne de Zendân-e Suleymân est un ancien volcan en forme de cône, occupé depuis ~900. Au sommet, des édifices servaient sans doute de lieu de culte, peut-être lié à l'eau encore présente dans le cratère. Des murs d'enceinte furent construits au début de l'époque islamique (VIIe s.). Comme souvent en Iran, la tradition populaire a fait de la région une géographie mythique et a surnommé le site la Prison («Zendân») de Salomon («Suleymân»).

Salle à colonnes.

▶Vue aérienne de
Zendân-e Suleymân.

LA PROVINCE D'AZARBAIDJAN ORIENTAL

TABRIZ, 270

DJOLFA, 274

MARAND, 274

KALEYBAR, 275

AHAR, 275

KANDOVAN, 275

MARAGHEH, 275

MYANEH, 277

HASHTRUD, 277

L'AZARBAIDJAN ARMENIEN, 277

TABRIZ
Capitale de la province d'Azarbâidjân oriental
Altitude: 1362 m – Habitants: 1'545'491 (2011)

«Je n'ai pas vu à Tauris [Tabriz] beaucoup de palais et de maisons magnifiques; mais il y a d'aussi beaux bazars qu'en lieu de l'Asie; et il fait admirablement beau voir leur vaste étendue, leur largeur, leurs beaux dômes et les voûtes qui les couvrent, le grand peuple qui y est durant le jour, et la quantité de marchandises dont ils sont remplis.»

Jean Chardin (XVIIe s.)

On ignore l'ancienneté exacte de la ville, peut-être fondée à l'époque sassanide (IIIe-VIIe s.), ou plus tôt encore. Son histoire connue commence après la conquête arabe: une tradition veut qu'elle ait été fondée par la femme du calife abasside Harun al-Rashid. Au XIe s., l'historien persan Miskawayh décrit ses habitants comme «braves, martiaux et riches». Florissante grâce au commerce, Tabriz fut promue capitale par le Mongol Ghâzân Khân en 1295. Il y fait construire de splendides monuments, aujourd'hui tous ruinés. La ville devient alors un centre commercial, fréquenté par des marchands italiens, qui en font un relais pour leurs affaires en Asie. Tabriz perdit son importance sous les Timourides, puis redevint la capitale des Turcomans du «Mouton Noir», dont l'un des souverains fait construire le joyau de la ville: la «mosquée Bleue» (XVe s.). Les Safavides la choisissent comme première capitale, et Shâh Ismâil Ier y impose le chiisme. La guerre avec l'Empire ottoman oblige les Safavides à transférer leur capitale à l'est, à Qazvin puis à Esfahân. Au XVIe s., la ville est plusieurs fois occupée par les Ottomans, qui pillent ses richesses et déportent à Istanbul des artistes qui y apporteront la culture persane et favoriseront l'âge d'or de l'art ottoman. Jusqu'au XVIIIe s., et malgré un traité de paix signé en 1639, la ville continue d'être la proie du conflit intermittent entre la Perse et les Turcs. En 1722, elle accueillit le safavide Tahmâsp II, chassé d'Esfahân par les Afghans: couronné, il est déposé dix ans plus tard par Nâder Shâh qui occupe la ville en 1729 et la reprend définitivement aux Ottomans. Lieu de résidence des héritiers du trône sous les Qâdjârs (XIXe s.), elle devient la victime des rivalités entre la Perse et les Russes, qui l'occupent en 1827-1828. Carrefour commercial sur la route de la mer Noire, elle trouve une nouvelle prospérité grâce à son ouverture sur la Russie et l'Empire ottoman. Cité cosmopolite, où se côtoient Arméniens, Turcs, Persans et Russes, elle fut, au XIXe et au début du XXe s., un centre culturel, commercial et spirituel dynamique. Elle inaugura l'ère de l'imprimerie au XIXe s. avant Tehrân, et fut le foyer de la Révolution constitutionaliste de 1906. Créée

Mosquée Bleue. Portail d'entrée.

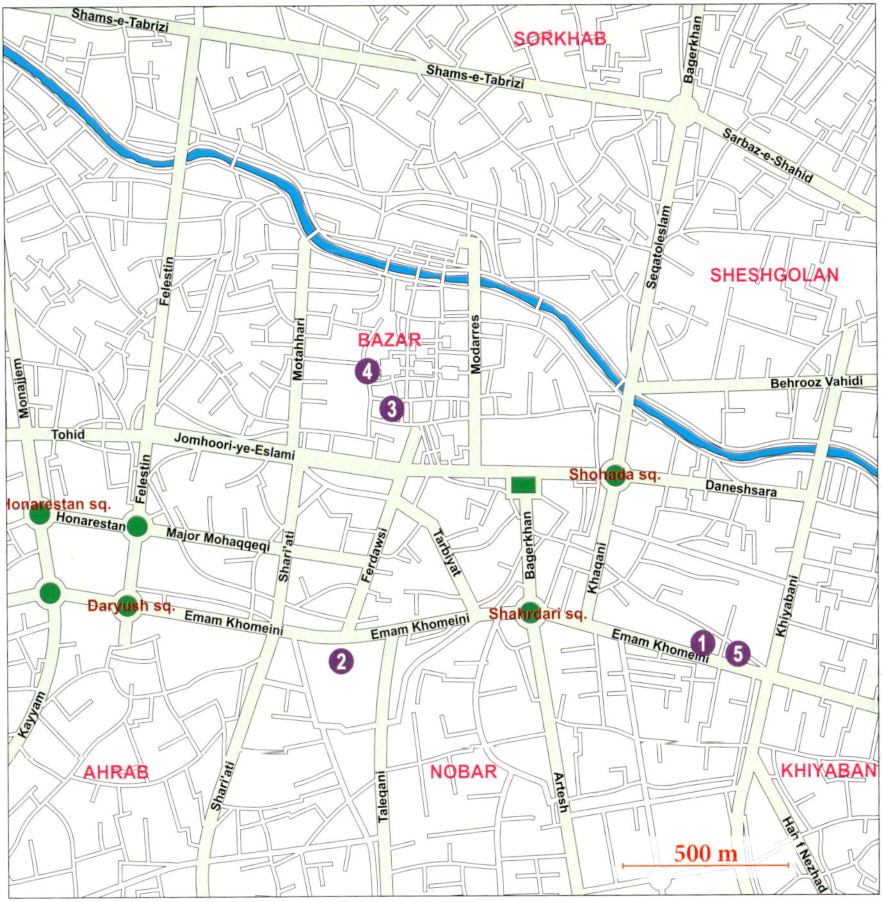

Map labels: Shams-e-Tabrizi, SORKHAB, Shams-e-Tabrizi, Bagerkhan, Sarbaz-e-Shahid, Seqatoleslam, SHESHGOLAN, Felestin, Motahhari, BAZAR, Modarres, Behrooz Vahidi, Monajjem, ❹, ❸, Tohid, Jomhoori-ye-Eslami, Shohada sq., Daneshsara, Honarestan sq., Honarestan, Felestin, Major Mohaqqeqi, Shari'ati, Ferdowsi, Tarbiyat, Bagerkhan, Khaqani, Khiyabani, Daryush sq., Emam Khomeini, Emam Khomeini, Shahrdari sq., Emam Khomeini, ❶ ❺, ❷, Kayyam, AHRAB, Shariati, Taleqani, NOBAR, Artesh, KHIYABAN, Hari f Nezhad, 500 m

en 1860, la première ligne téléphonique relia Tabriz à Tehrân. Lorsque la Révolution soviétique de 1917 mit fin au commerce avec la Russie, Tabriz fut reléguée au rang de capitale provinciale, sans importance politique et économique majeure. En 1978, elle fut le théâtre d'émeutes meurtrières, qui marquèrent un tournant dans le renversement du régime du chah. Elle est maintenant une ville industrielle et universitaire. On y parle surtout l'azeri, un dialecte turc truffé de mots persans.

▸*Kufteh tabrizi.*

Arts et traditions

Noués avec le nœud turc, les tapis de Tabriz sont d'une esthétique assez variée: tapis à médaillon principalement, mais également aux motifs de vases, d'animaux ou tapis figuratifs, encadrés par des

Mosquée Bleue. Portail d'entrée.

bordures de heratis et des cartouches remplis d'un texte poétique ou coranique. Les bazars de Tabriz vendent les productions d'autres centres de tissage réputés de l'Azarbâidjân. Heris et les villages qui l'entourent sont connus pour des tapis à médaillon central, entouré d'arabesques traitées sur un mode plutôt géométrique. En cuisine, Tabriz a plusieurs spécialités: un plat avec de la viande hâchée, du riz, des pois, des œufs, des noix et des herbes (*kufteh tabrizi*), une sorte de *dolmeh* (feuille de vigne farcie avec du riz et des légumes), une soupe (*âsh-e dugh*) et des pâtisseries, notamment un type de nougat différent du *gaz* d'Esfahân. En musique, la province partage avec la République d'Azerbaïdjan la tradition des *âshiq*, des troubadours chantant des chansons d'amour avec un instrument à cordes.

▶Tapis de laine, Tabriz, XVIIᵉ s. Musée du Tapis, Tehrân.

Mosquée Bleue.

La mosquée Bleue ou **Masdjed-e Kabud**

Construite par un souverain turc des «Moutons Noirs», Djahân Shâh (1439-67), achevée en 1465, cette mosquée se visite moins pour son architecture que pour son décor en mosaïque de céramique émaillée, l'un des plus beaux de l'art islamique 1. Le plan inhabituel de la mosquée s'expliquerait par le souci d'adapter le plan général des mosquées persanes (une cour entourée de salles hypostyles) au climat froid de la région. Une grande salle à coupole est entourée sur trois côtés (nord, est, ouest) de galeries surmontées de voûtes ou de petites coupoles. Au nord, elle est flanquée d'un portail d'entrée; au sud, du mausolée à coupole de Djahân Shâh, autrefois tapissé de céramiques au bleu profond rehaussé de motifs peints en or. Dans la robe d'émail qui pare le portail et les murs intérieurs, les nuances de bleu prédominent, accompagnées de noir, de vert, de brun-rouge, d'or. Les motifs, aux lignes parfois en relief, sont essentiellement floraux, parfois d'inspiration chinoise (œillets, pivoines, arbres, éléments de paon et de phénix). Gravement endommagée par un tremblement de terre en 1779, laissée en ruine pendant plus de 150 ans, la

Décor de céramique. Mosquée Bleue.

Plan de la mosquée Bleue.
❶ Portail d'entrée.
❷ Salle à coupole principale.
❸ Mausolée.

Mosquée Bleue. Intérieur

mosquée fut restaurée à plusieurs reprises au XXᵉ s. (*91, 168, 169, 262, 469*).

Plusieurs fois capitale, Tabriz fut meurtrie par des guerres, des épidémies et des séismes dévastateurs. A l'image de tant d'autres villes, ses monuments ne sont pas à la hauteur de son passé. La **forteresse de Tabriz** (Arg-e Alishâh) ❷ est en réalité une mosquée, dont il ne reste qu'un massif imposant de 40 m de hauteur, autrefois flanqué d'une madrasa et d'une zâwiya*. Elle fut construite sous les Mongols vers 1310 par un vizir d'Uldjâitu. On exécutait autrefois les criminels en les jetant du haut des murs: selon une légende, une femme fut sauvée par ses vêtements qui formèrent un parachute. Le **parc Elgoli** ou Bâgh-e Melli est le jardin le plus célèbre de Tabriz. Il fut commencé à la fin du XIVᵉ s. et rénové à l'époque qâdjâre. Il se compose d'un lac artificiel quadrangulaire. Sur une presqu'île s'avançant au milieu de l'eau, un pavillon de style safavide a été (re)construit en 1970. Le lac est entouré de parcs et de restaurants qui en font le plus bel espace de promenade de la ville. De fondation ancienne mais inconnue, la **mosquée du Vendredi** ❸ conserve des parties seldjoukides, un mihrab ilkhânide et des voûtes safavides. L'intéressant **bazar** est de fondation ancienne: il a été décrit depuis le Xᵉ s. par de nombreux savants musulmans (Yâqut, Mustawfi) et voyageurs européens (Marco Polo, Clavijo, Chardin) ❹. Ses édifices actuels, pourtant, ne remontent pas au-delà du XVIIIᵉ s. et ses parties les plus belles sont le Mozafariyeh.

Tabriz compte une importante communauté arménienne qui fréquente toujours six **églises**, de fondation parfois ancienne, mais d'une importance artistique mineure.

Les autres monuments

Plan originel de la «forteresse».
❶ Massif.
❷ Madrasa.
❸ Zâwiya.
❹ Mur.
❺ Cour avec bassin.

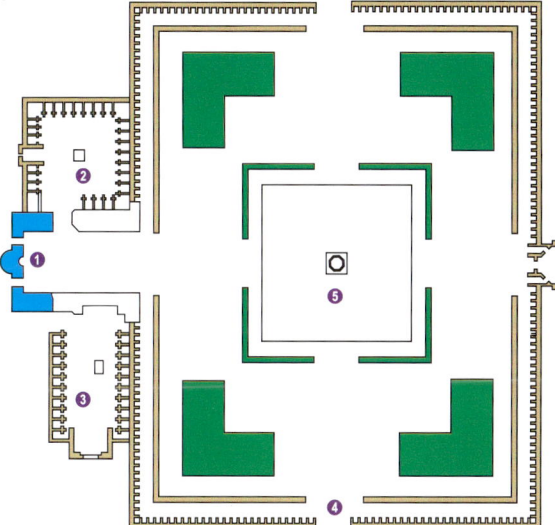

Reste du mur fortifié de la «forteresse».

►Parc Elgoli.

On signalera deux monuments qâdjârs: le pont Adji Châi, dans la périphérie nord, et, en ville, une tour d'alerte pour les incendies (Bordj-e Atash Neshâni). Le **cimetière** moderne **de Sho'arâ** (1988) réunit de nombreuses personnalités, artistes, soufis, scientifiques et théologiens, comme le poète Shahryâr (1906-1989). L'édifice occupé par la **municipalité de Tabriz** est une curiosité: il fut construit en 1933 par des Allemands dans un style européen (Shahrdâri Tabriz).

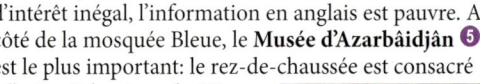
♦Bazar.

Les musées

Tabriz compte plusieurs musées qui ont les qualités mais surtout les défauts des musées de province: souvent bien présentés, les objets sont pourtant peu nombreux et d'intérêt inégal, l'information en anglais est pauvre. A côté de la mosquée Bleue, le **Musée d'Azarbâidjân** ❺ est le plus important: le rez-de-chaussée est consacré à l'art préislamique, le 1ᵉʳ étage à la numismatique et à l'art islamique. Construite en 1868, la **Maison de la Constitution** (Khâneh-ye Mashruteh) abrita les constitutionalistes de 1906: on y expose aujourd'hui des documents relatifs à cette période (*64*). Une autre maison qâdjâre du XIXᵉ s. (Salmâsi) a été convertie en musée des instruments de mesure (**Museum of Sandjesh**). Un **musée du Coran**, avec des manuscrits calligraphiés, a été installé dans une ancienne mosquée, construite sous les Safavides en 1576-77, puis reconstruite en 1794-95 après le violent tremblement qui dévasta la ville en 1779. Une maison de l'époque des Zands et des Qâdjârs (XVIIIᵉ s.-1925) est maintenant occupée par l'Université d'Art Islamique de Tabriz.

Maison de la Constitution.

♦Mihrab. Mosquée de Marand.

Cheminée. Maison Salmâsi.

Sur la route Djolfâ - Tabriz

Djolfâ

Depuis cette petite ville, près de la frontière avec la République d'Azerbaïdjan, on peut se rendre à l'**église arménienne de Saint Stephanos** (*277*), à un hammam du XIXᵉ s. dans le village de Kordasht, à la ville fortifiée de Kordasht (70 km à l'est) et à une tour funéraire octogonale d'époque ilkhânide (XIVᵉ s.), dépourvue de dôme, au nord de Kharvânaq (Bordj-e Dozâl).

Marand

Ville de fondation préislamique, Marand possède une **mosquée du Vendredi** avec un mihrab en stuc d'époque ilkhânide (1330-31). Un **caravansérail** (Shâh Abbâsi) se trouve au sud de la ville, sur la route de Tabriz. Isolée sur une colline, une **église arménienne** se trouve dans la région située entre Marand et Tabriz (Kelisâ-ye Sohrul) (*277*).

Kaleybar

●Forteresse de Bâbak.

A quelques kilomètres de cette ville, une impressionante forteresse fait corps avec la montagne, à 2600 m d'altitude (**forteresse de Bâbak**). Le site fut sans doute occupé à l'époque sassanide déjà. Il fut le bastion d'une rébellion contre les troupes abbassides menée par Bâbak, chef militaire et spirituel des Khurranis (*51*), entre 816 et 837.

Ahar

Quelques objets de derviches sont présentés dans la **tombe du Sheikh Shahaboddin Ahari**, construite sous le règne de Shâh Abbâs Ier (1587-1629).

Kandovân

La province compte plusieurs beaux **villages**: Oshtobin près de Kaleybar ou Sis près de Shabestar, mais le plus intéressant est Kandovân. Comme en Cappadoce, plusieurs maisons sont creusées dans des cônes de tuf volcanique, hérissés sur le flanc d'une colline.

Marâgheh

Dotée d'un climat doux et humide, traversée par plusieurs rivières, la région de Marâgheh est connue pour ses cultures de fruits et ses pâturages. Fondée sans doute à l'époque préislamique, la ville acquit une grande importance après la conquête arabe. Etape sur la route vers la Mésopotamie, elle fut dominée un temps par des rois kurdes avant d'être conquise par le mongol Hulagu en 1256. Pendant quelques décennies, la ville devint une capitale ilkhânide de l'Azarbâidjân, un centre culturel brillant, un haut lieu du Christianisme et une cité de sciences célèbre pour son observatoire astronomique. Elle perdit son statut et son rayonnement lorsque les Mongols transférèrent leur capitale à Soltâniyeh puis à Tabriz.

Du plus grand **observatoire astronomique** du monde musulman, l'histoire n'a gardé que des ruines insignifiantes. Sur le site même, il n'y a pratiquement rien à voir, si ce n'est, la nuit, les mêmes étoiles que l'on observait il y a plus de sept siècles. C'est Hulagu qui fit construire l'édifice dès 1259, à la demande et sur les plans de Nâsir al-Din Tusi. Plusieurs savants éminents y travaillèrent. Publiés entre 1265 et 1272, leurs travaux furent traduits en Europe dès 1652. L'observatoire servait aussi de centre d'enseignement réputé, qui a même accueilli des étudiants chinois. Il a été détruit au début du XIVe s. et les archéologues n'y ont découvert que quelques éléments de décor en céramiques.

Au nord-est de la province

●Kandovân.

Au sud de la province

►Astronomes dans l'observatoire de Marâgheh. Peinture sur livre, 1596. Bibliothèque du palais du Golestân, Tehrân.

L'observatoire de Marâgheh

Gonbad-e Kabud.

Situé sur une colline au nord de la ville, l'observatoire proprement dit était une tour de 28 m de diamètre, traversée de part en part par un couloir orienté nord-sud. Dans cette salle rectangulaire, une suite de marches servait de support à un cadran gradué en forme de fragment d'ellipse, dont le bas était près de la porte et le haut au centre de l'édifice. Un trou dans la coupole laissait entrer la lumière extérieure, permettant les mesures. Les archéologues ont pu retrouver trois marches de cette rampe et un tronçon du rail de pierre, sur lequel était fixé le cadran métallique. On a aussi retrouvé d'autres restes de bâtiments: l'un servait sans doute de bibliothèque et aurait accueilli près de 400'000 ouvrages. Dès 1420, Ulugh Beg, petit-fils de Tamerlan, construisit un observatoire à Samarkand, selon le même modèle que celui de Marâgheh. Des pièces creusées au sud de la colline de l'observatoire seraient des églises ou des temples de Mithra, créés peut-être à l'époque sassanide (IIIᵉ-VIIᵉ s.).

Les tombeaux

Les cinq tours funéraires de Marâgheh occupent une place importante dans l'histoire du décor en céramique. Trois d'entre elles portent des touches de turquoise, typiques de l'époque seldjoukide; deux autres tombeaux (l'un est ruiné) caractéristiques de l'époque mongole possèdent une parure de couleurs émaillées plus diversifiée et ambitieuse. Les tombeaux sont dotés d'une crypte souterraine, sans décor, accessible depuis une porte extérieure. Daté de 1147-48, le **Gonbad-e Sorkh** (le «Tombeau rouge») est le plus ancien. De plan carré, il est construit en briques rouges et ses angles sont flanqués d'une colonne. Il était autrefois coiffé d'un toit pyramidal à huit côtés. Il aurait été destiné à un prince kurde de la dynastie d'Ahmadi, qui fonda un

Gonbad-e Ghaffariyeh.

petit royaume dans la région au XIIᵉ s. Une légende veut que le **Gonbad-e Kabud** (le «Tombeau bleu») ait été construit pour la mère de Hulagu, alors qu'il date de 1196-1197, avant l'invasion mongole. Son plan est décagonal: chaque côté est décoré de motifs géométriques, entouré de deux colonnes encastrées, coiffé d'une arcade et, au sommet, d'une frise de muqarnas* (*168*). A côté, un tombeau, faussement attribué à la sœur d'Hulagu (**Gonbad-e Khâhar-e Hulagu**), fut construit en 1168-69. Surnommé le «tombeau circulaire», son entrée est percée dans une surface rectangulaire et surmontée d'un décor.

A la différence des autres, le **Gonbad-e Ghaffariyeh** («Tombeau de Ghaffariyeh») fut construit à l'époque mongole, en 1328. De plan carré, il a perdu sa coupole. Ses céramiques, plus importantes et plus riches en couleurs (bleu, noir, blanc), et ses nombreuses surfaces décorées témoignent de l'évolution du décor et de l'esthétique entre le XIIᵉ et le XIVᵉ s. Il aurait appartenu à Shams al-Din Karasunkur, un émir qui régna en vassal des Mamelouks sur la Syrie. Réfugié en Perse en 1311, il mourut à Marâgheh. Un cinquième mausolée (Djoi Bordj), construit vers 1330, s'est effondré en 1938.

A côté du tombeau moderne d'un mystique du XIVᵉ s., Ohadi Marâghehi, un petit musée réunit des céramiques, des monnaies, des objets en verre et en métal datant de la période mongole. Une mosquée qâdjâre (Mollâ Rostam) possède une salle hypostyle aux colonnes et au plafond de bois peint.

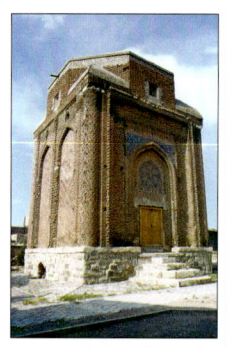

Gonbad-e Sorkh.

Plusieurs **temples de Mithra** se trouvent dans la région de Marâgheh: l'un, dans le cimetière du village de Verdjuy, à 4 km au sud, a été sans doute taillé dans la roche à l'époque sassanide, puis utilisé comme couvent de derviches et comme mosquée après l'arrivée de l'Islam.

Myâneh

La petite ville de Myâneh est connue pour son **pont** (Pol-e Myâneh), construit au XIVᵉ s., mais refait sous les Qâdjârs (XIXᵉ s.). Un autre pont qâdjâr (Pole-e Dokhtar) se trouve à environ 20 km au sud de la ville, sur la route de Zandjân. Dans la région, on signalera également une forteresse du XIIIᵉ s. mais de fondation sassanide, Qal'eh-ye Dokhtar.

Hashtrud

Près de cette ville, une forteresse, de fondation parthe et réaménagée par les Sassanides, est juchée sur une montagne (Qal'eh Zahhâk).

L'Azarbâidjân arménien

Situé au sud de Mâku, le **monastère de saint Thaddée** est le lieu d'un pèlerinage annuel, en juillet, consacré à l'apôtre Thaddée. Selon la tradition, il évangélisa une première fois la région au Iᵉʳ s. et y fut martyrisé, avant que saint Grégoire, plus de deux siècles plus tard, ne convertisse définitivement l'Arménie. Le site fut occupé depuis le Vᵉ s. au moins par des édifices plusieurs fois restaurés entre le XIIIᵉ et le XVIᵉ s. Une église en pierre sombre («Kelisa ghara»: «Eglise noire») fut reconstruite en 1329 et restaurée en 1680-85. En 1811-20, une autre église fut construite à ses côtés. En pierre blanche-jaune, elle est décorée de bas-reliefs représentant des figures religieuses, des scènes du *Livre des rois* et du *Khamseh* de Nezâmi, ainsi que des animaux. L'ensemble est entouré par une enceinte et par plusieurs édifices et dépendances destinés à l'accueil des pèlerins et autrefois à la vie des moines. Le deuxième site d'importance est le **monastère de Saint Stephanos**, près de Djolfâ, non loin de la frontière avec la République d'Azerbaïdjan. Il fut fondé au moins au Xᵉ s., mais les bâtiments actuels, tout comme la forte enceinte et les tours qui les protègent, ont été bâtis et plusieurs fois restaurés entre le XVIᵉ et le XIXᵉ s. L'église, à croix grecque inscrite, fut commencée au XVIᵉ s. et achevée en 1643-55. Des peintures murales à l'intérieur furent ajoutées en 1826-27. Le clocher à baldaquins surmonté d'une rotonde date de 1720. Dans le décor, l'art iranien a inspiré les arcs brisés et les alvéoles sur les pendentifs, alors que les stalactites de la porte ouest et la chaîne sculptée sur la façade ont été influencées par l'esthétique seldjoukide (*127*). Les apôtres ont été sculptés dans les arcs aveugles du tambour de la coupole à ombrelle. L'Annonciation, la Crucifixion, la Résurrection et la lapidation de saint Etienne sont représentés sur les pignons orientés vers les points cardinaux. Le complexe comprend encore des habitations (cellules des moines, résidence des supérieurs, hôtellerie), une bibliothèque, et des bâtiments assurant l'autonomie vitale des moines (réfectoire, cuisine, etc.). Dans les montagnes entre Marand et Tabriz, **l'église de Sohrul** fut construite au XIXᵉ s.: elle possède un clocher à saillants et une belle coupole sur pendentifs*.

Au sud-est de la province

✥ Monastère de saint Thaddée.

Monastère de Saint Stephanos.

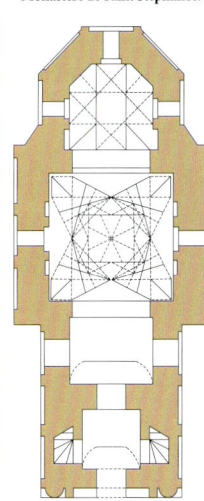

Plan de l'église de Sohrul.

LA PROVINCE D'ARDABIL

La province d'Ardabil est située entre la mer Caspienne à l'est, la République d'Azerbaïdjan au nord, et la province d'Azarbâidjân à l'ouest. Ses paysages sont essentiellement montagneux et la province possède l'un des climats les plus froids de l'Iran. Un volcan éteint haut de 4811 m, le mont Sabalân, fournit plusieurs sources d'eau minérale chaude, utilisée pour traiter les troubles digestifs et les problèmes de foie ou de reins. Elles sont exploitées dans le centre thermal de Sar Eyn, à quelques kilomètres d'Ardabil.

ARDABIL
Capitale de la province d'Ardabil
Altitude: 1350 m – Habitants: 485'153 (2011)

Mausolée de sheikh Safi.

La tradition populaire donne une belle étymologie au nom de la province et de sa capitale. Autrefois, l'Iran était noyé par les eaux, et le roi Salomon les canalisa vers la mer Caspienne avec l'aide de deux démons: Ard et Bil, d'où «Ardabil». On ne sait rien de l'histoire préislamique de la ville, même si une tradition attribue sa fondation au roi sassanide Péroz (459-484). Après avoir été détruite par les Mongols en 1220, elle fut choisie comme centre spirituel par Safi al-Din, fondateur de l'ordre soufi des Safavides (XIIIe s.). Son lointain descendant, Shâh Ismâil Ier, fonda dans la même ville la dynastie royale des Safavides (1499), qui allait règner en Iran pendant plus de deux siècles. Plusieurs fois évoquée par des voyageurs européens entre le XVIIe et le XIXe s., Ardabil fut un lieu de commerce important, réputé pour son marché

Mausolée de sheikh Safi.

de soieries. Nâder Shâh se fit couronner dans la région en 1736. La ville fut occupée brièvement par les Ottomans en 1725-30, et par les Russes en 1826-28, qui pillèrent plusieurs de ses richesses.

Arts et traditions | Ardabil fut et est encore un important centre de création de tapis. Leur esthétique géométrique ressemble partiellement aux tapis du Caucase, mais ils s'en distinguent par la représentation stylisée d'animaux ou de personnages. La province est aussi connue pour son miel et une patisserie, *halvâ-ye syâh*.

La ville des Safavides | Cité soufie puis cité royale des Safavides, Ardabil devint la ville funéraire de la dynastie. Son principal monument est un complexe funéraire, dont le noyau est la tombe du sheikh Safi al-Din, fondateur de la lignée. Essentiellement construit entre le XVIe et le XVIIe s., cet ensemble est accessible à travers un long jardin: au bout, un portail orné de céramiques ouvre sur une petite cour, sorte d'antichambre avant la cour principale.

▶ Tapis d'Ardabil, 1539-40.

Au nord de cette cour, un iwan précède une salle de prière ou **Masdjed-e Djannat Sarâ**, fondée vers 1540. Elle fut utilisée pour les cérémonies de derviches, puis comme mosquée. De plan octogonal, sa pièce centrale, autrefois couronnée d'un dôme, comprend 16 colonnes en bois disposées en carré. Sur le côté sud-est de la cour, le **Qandil Khâneh** ou Dar-o Hafâz se compose d'une pièce principale, rectangulaire et à deux étages, bordée de grandes niches sur ses deux longs côtés. Fondé au XIVe s., il fut restauré et décoré entre 1602 et 1628. Il fut utilisé pour des cérémonies rituelles et la méditation du Coran. Les murs sont décorés de peintures florales sur stuc. Le sol était autrefois recouvert d'un tapis, sans doute le fameux **tapis à médaillon dit d'Ardabil**

Reconstitution du tapis d'Ardabil dans le Qandil Khâneh.

(XVIe s.), aujourd'hui au Musée Victoria et Albert de Londres. Le plafond, effondré et reconstruit, devait être peint du même motif que ce tapis. Lors des rituels collectifs, le sheikh Safi se tenait à l'extrémité sud de la salle, dans un espace semi-circulaire surmonté d'une coupole semi-hémisphérique. Au début des années 2000, plusieurs noueurs travaillaient encore à la réalisation d'une copie du tapis. Depuis le Qandil Khâneh, il est possible d'accéder à l'intérieur des tombeaux et du Chini Khâneh. Le sheikh Safi est enterré au sud du Qandil Khâneh, dans une tour circulaire coiffée d'un dôme, construite vers 1334-44 et restaurée notamment en 1949. Elle est surnommée le **dôme Allâh Allâh**, car son fût de briques est incrusté de briques

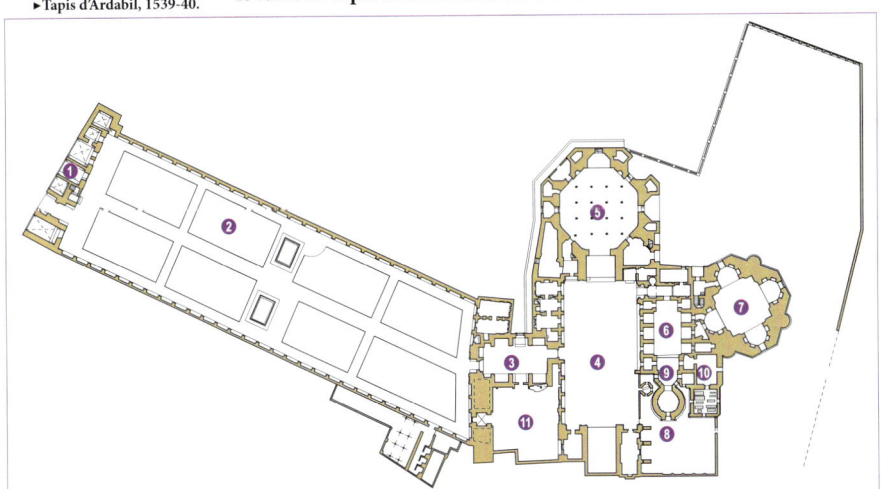

Plan du mausolée de sheikh Safi.
1. Entrée (1926).
2. Jardin.
3. Petite cour.
4. Grande cour (XVIe s.).
5. Masdjed-e Djannat Sarâ.
6. Qandil Khâneh.
7. Chini Khâneh.
8. Tombe de sheikh Safi, dôme Allâh Allâh.
9. Tombe de Shâh Ismâil Ier.
10. Haram Khâneh.
11. Chella khâneh (XIVe s.).

Qandil Khâneh (à gauche)
et dôme Allâh Allâh.

émaillées dessinant le nom Allâh (الله) en lettres koufiques* carrées (*60*). L'intérieur comprend également les tombes du fils de sheikh Safi (Sadr al-Din Musâ, mort en 1392), du père de Shâh Ismâil Iᵉʳ (Sheikh Haydar, mort en 1488) et d'un quatrième personnage, sheikh Ebrâhim, mort en 1447. **Shâh Ismâil Iᵉʳ**, premier souverain de la dynastie, est enterré à côté du dôme Allâh Allâh, dans une petite salle surmontée d'une coupole peinte. Le cénotaphe est un chef-d'œuvre d'incrustation d'ivoire, de lapis lazuli, de bois et d'or.

Bien que fortement restauré, le **Haram Khâneh** («Maison du Harem») a été fondé du vivant de sheikh Safi. Celui-ci y a vécu et les femmes safavides y rencontraient leurs invitées. Le Haram contient dix tombes d'hommes et de femmes, parfois non identifiés, de la famille safavide.

Entre 1607-08 et 1611, Shâh Abbâs Iᵉʳ fit don de 1162 pièces de porcelaine chinoise au mausolée: des assiettes, des bols et des vases, allant du XIVᵉ au XVIIᵉ s., aux décors céladon, bleu et blanc ou polychrome. Pour les exposer, il fit construire le **Chini Khâneh** («la Maison des porcelaines»). Surmonté d'une coupole, son plan est un octogone

Qandil Khâneh.

irrégulier. Les murs sont admirablement décorés de stuc peint et creusés de petites niches qui abritaient la vaisselle de Chine. La majeure partie des porcelaines (805 pièces) a été transférée au Musée National de

Intérieur du dôme Allâh Allâh.

Tehrân, et seulement 80 à 90 pièces demeurent dans le Chini Khâneh, transformé en musée. En 1827, les Russes emportèrent la plupart des manuscrits de la bibliothèque du mausolée, conservés aujourd'hui au Musée de l'Hermitage à Saint-Pétersbourg.

Le père du sheikh Safi al-Din, sheikh Djebrail, est enterré à **Kalkhorân**, à quelques kilomètres d'Ardabil. Son mausolée se compose d'une tour funéraire (sans doute du XIVᵉ s.), entourée d'un édifice quadrangulaire avec une entrée en forme d'abside, ajouté au début du XVIᵉ s. et décoré en 1620-21.

Les autres monuments

L'ancienne **mosquée du Vendredi** (Masdjed-e Djâme) fut construite au XIIᵉ ou au XIIIᵉ s., mais elle est aujourd'hui ruinée et défigurée par des constructions modernes: il ne reste que la base de son minaret,

Chini Khâneh.

une partie du tambour de la coupole, quelques murs. Le bazar est également de fondation ancienne (il fut mentionné au Xe s. déjà), bien que ses édifices actuels remontent pour l'essentiel aux XVIIIe et XIXe s. On peut signaler un hammam qâdjâr de la fin du XIXe s. (Aqâ Naqi).

Hormis sa capitale, la province d'Ardabil ne compte aucun monument d'importance, mais quelques sites peuvent être vus en passant. De nombreux **ponts** safavides ou qâdjârs enjambent la rivière Qarahsu et se trouvent notamment à Kalkhorân, Nir ou Sâmyân. A **Meshkin Shahr**, une inscription sassanide date du règne de Shapur II (309-379). D'époque islamique, il subsiste les ruines d'une citadelle et une tour funéraire circulaire ilkhânide (vers 1330), au décor de céramiques endommagé.

Dans la province

♦ Tour funéraire de Meshkin Shahr.

LA PROVINCE DU KORDESTAN

■Jeune fille kurde
(région de Sanandadj).

Les Kurdes, qui ont donné leur nom à la province, peuplent un vaste espace entre l'Azarbâidjân et la province de Kermânshâh. Connus pour leur hospitalité, leur droiture et leur esprit chevaleresque, leur origine est obscure, même s'ils semblent déjà être mentionnés plusieurs siècles avant notre ère. D'origine iranienne, les populations kurdes sont très différenciées et ont sans doute intégré des éléments ethniques étrangers. Malgré sa longue histoire et quelques témoignages d'une occupation ancienne, la «province des Kurdes» ne possède que peu de monuments historiques. Elle est surtout appréciée pour ses paysages, comme le lac de Zarivar entouré de forêts, et ses traditions vivantes: les danses et les musiques ainsi qu'un artisanat consacré essentiellement aux tapis et aux textiles.

SANANDADJ
Capitale de la province du Kordestân
Altitude: 1350 m – Habitants: 375'280 (2011)

Même si son nom n'apparaît qu'au XVe s., Sanandadj a un passé plus

Près de Sanandadj.

ancien, mais dont les traces ont entièrement disparu. Prospère sous les Safavides – son bazar actuel fut fondé à cette époque –, elle fut saccagée au XVIIIe s. L'ancien nom de Sanandadj, Senneh ou Sinna, a donné son nom à un genre de tapis typique, dans lequel des motifs herati ou boteh sont répétés en rangée régulière sur un champ de couleur bleu, noir ou blanc ivoire. Le principal édifice religieux est une **mosquée du Vendredi**, construite en 1813-14 par un gouverneur de la ville, Amanollâh Khân (1797-1825), à qui l'on doit un important développement de la ville. Un iwan extérieur, l'iwan intérieur, surmonté de deux petits minarets (reconstruits en 1925), et la cour, bordée de douze chambres pour des étudiants en théologie, sont ornés de carreaux de céramique émaillée aux dominantes bleues et jaunes. Les colonnes de pierre de la salle de prière sont décorées de torsades sur le fût et de chapiteaux de muqarnas*. Les deux tiers du Coran ont été calligraphiés un peu partout dans la mosquée. La ville compte plusieurs **résidences** de l'époque qâdjâre (Assef, Moshir, Amdjadol Ashraf, Vakil ol-Molk). L'une des plus intéressantes, la maison Habibi, abrite le seul musée archéologique et anthropologique de la province (Musée de Sanandadj).

►Tapis senneh en laine,
2e quart du XIXe s.
Musée du Tapis, Tehrân.

Aux alentours de Sanandadj | Deux ponts se trouvent à quelques kilomètres de la ville: le pont safavide de Qeshlâq et le pont

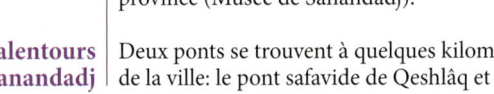

Mosquée du Vendredi de Sanandadj.

qâdjâr du Sheikh. Egalement proche de la ville, la **maison palatiale** de Khosrow Abâd fut fondée au XVIIIe s. et agrandie sous les Qâdjârs au XIXe s. Elle conserve un décor de stuc et de miroirs.

Dans les alentours de **Bidjâr**, un ancien château se trouve près du village de Qam Choqây. Fondé à l'époque préislamique, sans doute au ~Ier mil., il fut occupé par les Mèdes, les Parthes et les Sassanides, puis encore à l'époque islamique. La ville de Bidjâr est connue pour des tapis épais et lourd, dont le décor toujours floral utilise beaucoup les heratis. Au sud de Marivân, **Orâmân** est l'un des villages les plus intéressants de la province: ses maisons sont contruites en gradin sur la pente d'un massif montagneux.

Dans la province du Kordestân

☙Orâmân.

LA PROVINCE DE ZANDJAN

ZANDJAN
Capitale de la province de Zandjân
Altitude: 1648 m – Habitants: 388'796 (2011)

Laverie.

Formée de montagnes et de plaines, vivant surtout d'agriculture, la province de Zandjân ne comporte qu'un monument important: l'extraordinaire mausolée mongol de Soltâniyeh. Comme beaucoup d'autres villes iraniennes, la capitale de cette province est de fondation ancienne, mais ses monuments sont récents. On ne signalera que sa **mosquée du Vendredi** édifiée en 1826-28, avec son plan classique et ses décors de céramique, et son grand **bazar**, également construit à l'époque qâdjâre en 1790-98, où l'on pourra acheter les spécialités de l'artisanat local (couteaux, tapis, chaussures). Construite en 1926 dans le style qâdjâr, une ancienne **laverie** publique a été transformée en musée ethnologique (Rakhtshuy khâneh ou Musée de Zandjân). Dans une grande et longue salle voûtée, de l'eau circule dans des canaux rectilignes parallèles aux murs. Des personnages grandeur nature sont habillés de costumes traditionnels et reproduisent les gestes quotidiens des laveuses. Deux **ponts** qâdjârs se trouvent près de la ville: l'un construit à la fin du XIXe s. (Mirbahâ al-Din), l'autre en 1915 (Sardâr).

Iwan nord-est de la mosquée du Vendredi.

Entre Zandjân et Takestân

Soltâniyeh

Un peu à l'écart de la route reliant Zandjân à Abhar, cette localité conserve le témoignage le plus beau et le plus spectaculaire de la présence mongole en Iran. Soltâniyeh («la ville du sultan») fut fondée à la fin du XIIIe s. par l'Ilkhân Arghun, puis développée par son fils Uldjâitu, ou Sultan Mohammad Khodâbandeh. Devenue capitale, la ville concurrençait Tabriz et possédait des édifices grandioses, aux dires d'un historien persan contemporain, Mustawfi.

Le Pape y installa un archidiocèse, et Uldjâitu, fraîchement converti au chiisme, voulut y apporter les dépouilles des

Motif en stuc peint de la seconde galerie.

Imams Ali et Hosseyn, enterrés en Irak. Entre 1307 et 1313, il fit construire un grand mausolée, de plan octogonal, surmonté d'une coupole parmi les plus hautes d'Iran. Centre de prière, d'étude et de séjour, le tombeau disposait d'une fondation pieuse pour son entretien. Toutefois, le souverain ne put obtenir les dépouilles des Imams et revint semble-t-il au sunnisme, si bien que le mausolée lui fut attribué: la décoration, qui évoquait les Imams chiites, fut alors refaite.

Décor intérieur.

Mal située, la ville périclita lentement après la chute des Mongols. Elle fut saccagée par un fils de Tamerlan à la fin du XIVᵉ s., réduite à un village au XIXᵉ s. et grandit à nouveau au XXᵉ s.

Restauré par le roi safavide Tahmâsp Iᵉʳ (XVIᵉ s.), le mausolée était autrefois ceint de murailles, dont on peut voir encore des vestiges, et entouré de plusieurs édifices aujourd'hui ruinés, visibles au pied du monument. Avec ses formes élancées, privilégiant les verticales, son

La seconde galerie.

décor coloré de céramiques et de stuc peint, sa monumentalité légère, son dôme ovoïde, ses iwans effilés, ses petits minarets et ses murs percés de baies, l'architecture est typique de l'esthétique ilkhânide. Le mausolée possède trois galeries superposées, qui courent le long des huit côtés de l'édifice.

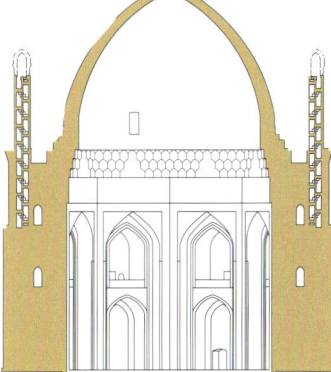

⤷Mausolée d'Uldjâitu.

La première est intérieure et domine l'immense salle octogonale, dont chaque côté est occupé par une niche majestueuse et de remarquables décors, malheureusement endommagés. La

Coupe et plan du mausolée d'Uldjâitu.
❶ Salle à coupole.
❷ Salle funéraire.

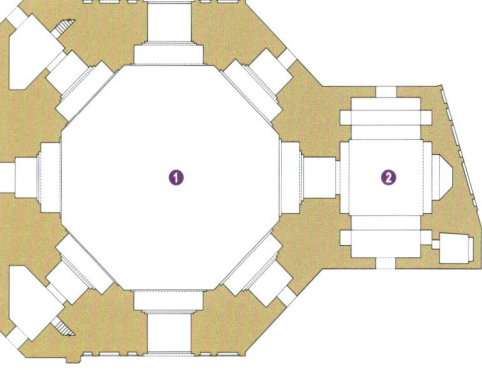

Motif en stuc peint de la seconde galerie.

seconde galerie, dont on peut voir les grandes arcades au rythme ternaire sur les faces extérieures du mausolée, s'ouvre sur la plaine environnante: ses voûtes sont décorées de splendides motifs de stuc peint en rouge (*136*). La dernière galerie ceinture la coupole: sur les huits angles du pourtour octogonal se dressaient autrefois des minarets, dont il ne reste souvent que des tronçons. En forme d'ogive, revêtu de céramiques turquoise (couleur symbolique du Ciel), le dôme a un diamètre de 25,50 m et culmine à 50 m de hauteur. On l'a comparé à la coupole de la cathédrale de Florence, construite par Brunelleschi un siècle plus tard. Sur l'un des côtés sud, une salle rectangulaire pourvue d'une petite coupole faisait office de chambre funéraire et conservait le cénotaphe du souverain mongol. Le décor, externe et interne, est d'une extraordinaire variété dans le matériau et les techniques utilisés: il est peint, sculpté dans des briques, du stuc, de la pierre ou du bois, composé de céramiques. Il est aussi remarquable par la variété des motifs et leurs compositions: la parole coranique ou les noms saints sont encadrés et comme réverbérés par les symboles du rayonnement de Dieu et de l'harmonie divine de la création (médaillons, étoiles, rosaces, entrelacs, etc.).

Barrière en pierre ajourée.

Aux abords de Soltâniyeh

Deux tombeaux se trouvent non loin du mausolée d'Uldjâitu. Construit vers 1310, le premier (mausolée de **Chalabi Oghli**) accueille un important soufi turc, Barâq Bâbâ (1257/58-1307/08). Coiffé d'un dôme, le mausolée en briques est de forme octogonale: à l'intérieur, la tombe du maître

♦ Mausolée de Chalabi Oghli.

est placée au centre, celles de ses disciples autour, selon un ordre symbolique qui reflète la position spirituelle de chacun. A côté du mausolée, un khânqâh* de 1332-33 comprend principalement une cour bordée, sur deux côtés, de chambres voûtées. Au milieu d'un champ, un autre mausolée

● Mausolée de Mollâ Hassan Kâshi.

fut construit par Shâh Tahmâsp Ier en 1565-66 pour un théologien et poète contemporain, **Mollâ Hassan Kâshi**. Ponctuellement décoré de céramiques, l'édifice a la forme d'un pavillon octogonal (*144*), surmonté d'un dôme paré de céramiques.

Dans la province

Viar

Ce village conserve un temple des deux premiers siècles de notre ère et un curieux **bas-relief** de l'époque ilkhânide (XIVe s.): un motif de dragons encadré par deux niches.

Abhar

Deux **mausolées** sont à signaler dans cette petite ville: l'un, de plan carré surmonté d'un dôme, appartient à Mowlânâ Qotbeddin Abhari et fut édifié entre le XIIe s. et le début du XIVe s.; l'autre, pourvu d'une salle octogonale surmontée d'un tambour cylindrique et d'un dôme conique, fut fondée au XVe s., mais décoré ultérieurement (Imâmzâdeh Zeidolkabir).

●Mosquée du Vendredi, Qorveh.

Qorveh

Les maisons du village de Qorveh ont été construites sur la roche, de part et d'autre d'une rivière. La mosquée du Vendredi possède une salle à coupole construite dans les années 1020, restaurée en 1180, et bordée de trois salles de prière plus tardives.

Mâhneshân

Près du village d'Arzekhârân se trouvent les restes d'une forteresse de pierre, fondée vers les XIe-XIIe s. (Qal'eh-ye Mehr).

Sodjâs

Fondée à l'époque seldjoukide, une mosquée se compose d'une salle à coupole et d'une salle de prière unique. On peut voir un mihrab ilkhânide, passablement endommagé.

LA PROVINCE DE QAZVIN

Qazvin, 288   Lambasar, 291
Lowshan, 290   Kharaqan, 291
Alamut, 290

QAZVIN
Capitale de la province de Qazvin
Altitude: 1302 m – Habitants: 464'323 (2011)

Voisine de Tehrân et des régions de la Caspienne, la province de Qazvin s'étend au sud des montagnes de l'Alborz. Sa capitale fut sans doute fondée au milieu du IIIᵉ s. par le roi sassanide Shapur Iᵉʳ. A l'époque sassanide, puis au début de l'ère islamique, la ville fut en butte aux assauts des Daylamites*, un peuple de l'Alborz qui se convertit tardivement à l'Islam et ne fut pacifié qu'au IXᵉ s. Plus tard, elle affronta régulièrement les Assassins qui, du château d'Alamut, menaient des raids sur la ville. Par deux fois, en 1220 et en 1256, les Mongols sèment la mort et détruisent la ville. L'arrivée massive de Turcs modifia la

Iwan nord de la mosquée
du Vendredi.

composition d'une population majoritairement arabe dans les premiers siècles. Au XVIᵉ s., Qazvin tient le premier rôle lorsque Shâh Tahmâsp Iᵉʳ la choisit comme capitale des Safavides après Tabriz. Elle s'orne de palais et de jardins et vit du commerce avec l'Europe et la Russie du Sud. Un Carmélite pouvait écrire en 1607 qu'on trouve de tout à Qazvin, «comme dans chacune de nos villes italiennes». Dès la deuxième moitié du XVIIᵉ s., la ville décline et se dépeuple, pour redevenir un centre commercial et stratégique au début du XIXᵉ s. Relais indispensable du commerce de la Caspienne, elle produisait alors des soieries, des brocarts et des cotonnades. Après avoir été l'une des premières à bénéficier des inventions modernes (lignes télégraphiques, liaison d'une route pavée et de voitures avec Tehrân), elle perdit son importance après la Première Guerre Mondiale et nombre de ses habitants

Décor de l'entrée de la
mosquée du Vendredi.

►Kelim des Kurdes
Rashwan, semi-nomades
de la région de Qazvin.

émigrèrent dans la capitale. Autrefois, les cordonniers de Qazvin étaient réputés pour des chaussures en peau (chagrin); aujourd'hui, la ville est surtout connue pour ses tapis.

Les monuments religieux

La **mosquée du Vendredi** fut, dit la tradition, fondée par le calife abbasside Harun al-Rashid au VIIIe s., lors de son passage à Qazvin. Comme tant d'autres édifices, elle a été plusieurs fois réaménagée au cours des siècles. Il ne reste du temps de sa fondation que «l'arc de

Imâmzâdeh Hosseyn.

Haruni» au sud. La mosquée fut refondée à l'époque seldjoukide: il reste de cette période la salle à coupole, avec le mihrab (1106-1114). Les autres parties datent des Safavides: l'iwan nord et ses deux minarets (XVIe s.), l'entrée est et les iwans ouest (XVIIe s.) et sud (1658-59). L'iwan est et l'entrée ouest sont qâdjârs (XIXe s.), tout comme la plupart des céramiques du décor.

Dans le bazar, la **mosquée du Prophète** (Masdjed-e Nabi) fut fondée au XVIe s. et reconstruite en 1788-89 et 1805-6. Elle se signale surtout par son immense cour bordée de quatre iwans. L'**Imâmzâdeh Hosseyn** contient la tombe d'un fils du VIIIe Imam Rezâ. Fondé au XIVe-XVe s., il fut reconstruit sous les Safavides en 1559-60. A l'époque qâdjâre (XIXe s.), un portail d'entrée fut ajouté, l'iwan nord et la coupole intérieure décorés de mosaïques de miroirs, le dôme couvert de céramiques. A l'intérieur, le cénotaphe est un chef-d'œuvre de la marqueterie safavide. Le **hosseyniyeh⋆ Aminihâ**, de 1816, est en réalité la riche résidence d'un marchand qâdjâr, lequel consacra trois longues salles aux commémorations du martyre de l'Imam Hosseyn. On y donne toujours des représentations de ta'ziyehs⋆. Les murs et les plafonds sont décorés de stucs, de miroirs, de peintures et de vitraux à l'armature de bois. Construite à l'époque seldjoukide, la **madrasa Heydariyeh** fut à l'origine une mosquée. Sa salle à coupole et son mihrab datent de 1119-20. Le reste de la construction, avec ses chambres d'étudiants autour de la cour, est qâdjâr (XIXe s.). Le **mausolée de Mustawfi** (v. 1281-après 1339), un historien de Qazvin, date de l'époque mongole ou du XVe s. Surmontant une salle carrée, son dôme conique est couvert de céramiques turquoise.

Hosseiniyeh Aminihâ.

Mausolée de Mustawfi.

Les édifices profanes

De l'époque de Shâh Tahmâsp Ier (1524-1576), Qazvin conserve deux monuments: le **portail Ali Qâpu** et le **palais Chehel Sotun**, qui ne supportent guère la comparaison avec les édifices homonymes d'Esfahân. Le premier est un grand portail, flanqué d'arcades et très ponctuellement décoré de céramiques: il est aujourd'hui occupé par la police et on ne peut ni le visiter ni le photographier. Situé dans un parc, autrefois accessible par la porte d'Ali, le palais est un pavillon quadrangulaire de deux étages. Un petit musée a été installé dans

Palais Chehel Sotun.

une grande salle du premier étage, restaurée à l'époque qâdjâre. On peut notamment y voir des sceaux, des calligraphies, des portes en bois, et, sur les murs, les traces très effacées de peintures murales safavides. Le **bazar Vakil** contient plusieurs belles parties datant des Qâdjârs, notamment la mosquée du Prophète (Masdjed-e Nabi) et le hammam Safa de 1843-44. Un peu à l'écart du bazar, un beau **caravansérail** fut construit au XIXᵉ s., sur

Porte Kushk.

l'emplacement d'anciens jardins et palais safavides du XVIᵉ s. (Sad ol-Saltâneh). A l'époque qâdjâre (XIXᵉ s.), huit **portes** ornaient les entrées de la ville. L'urbanisme moderne n'en a préservé que deux: Darb-e Kushk ou Darvâzeh Kushk, et la porte de Tehrân, toutes deux ornées de céramiques aux motifs géométriques, floraux ou figuratifs.

Sur la route Qazvin - Rasht

Lowshân

Un **pont** historique, importante voie de communication, franchit la rivière de Shâh Rud: on le date du XVᵉ s. timouride et parfois de l'époque qâdjâre.

Au nord-est de Qazvin

Alamut – le château des Assassins

Ce nid d'aigle, perché à 1800 m dans l'Alborz, surplombe une vallée grandiose. Du château lui-même, il ne demeure que de misérables ruines, mais c'est son importance d'antan qui peut encore le faire vivre devant nos yeux. L'histoire commence avec Hassan-i Sabbâh ou «le Vieux de la Montagne» (mort en 1124), membre d'une secte chiite ismaélienne, appelée nizarite ou nizarienne, et dissidente des Fatimides d'Egypte (95). Après de nombreux voyages, il prend par la ruse le château d'Alamut, dans lequel il passa sa vie à lire, écrire et diriger ses fidèles. Les nizariens s'emparent d'autres forteresses et contrôlent plusieurs villes. Les Seldjoukides sunnites, qui dominent alors l'Iran, tentent de réagir, avec plus d'échecs que de succès. Aux répressions et aux condamnations théologiques, les nizariens ripostent par une tactique à laquelle ils doivent leur surnom en Occident: l'assassinat politique, qui atteint aussi bien des califes, des généraux et des gouverneurs que

•**Les ruines du château d'Alamut.**

des théologiens et des juges. L'une des premières victimes est le célèbre vizir Nizam al-Molk (1092). Marco Polo évoquera l'aura de légende entourant Alamut: un château, où les futurs meurtriers goûtaient aux vins, à des plats délicats et aux drogues, entourés de femmes, avant d'être envoyés pour un assassinat-suicide dont ils ne reviendront pas, mais qui devait leur assurer un paradis immortel. On a voulu faire dériver le mot «Assassins» du mot arabe *hashshâshin* (herbe séchée ou hashisch), mais il s'agit d'une hypothèse controversée. Cette réputation des ismaéliens

➤**Lac Ovân, vallée d'Alamut.**

nizariens, propagée aussi par leurs adversaires sunnites, a persisté jusqu'à nos jours: certains considèrent leur mouvement comme l'une des origines historiques du terrorisme islamiste actuel. Pourtant, les nizariens ne furent pas des sectaires obscurs, et malgré un extrémisme ponctuel, ils constituèrent un courant spirituel et initiatique très riche, dont la stratégie d'assassinat apparaît aussi comme un moyen d'autodéfense et un rite sacrificiel. Citadelle de sciences inexpugnable, le château d'Alamut possédait une bibliothèque remarquable, où étudia le scientifique et philosophe Nâsir al-Din Tusi (1201-1274). Hassan-i Sabbâh fut un savant et un ascète. L'un de ses successeurs, Hassan II (1162-1166), annonça une vérité ésotérique, appelée «la Grande Résurrection d'Alamut»: il se proclama calife de l'Imam caché (Ismail, VIIe Imam et futur Mahdi pour les ismaéliens) et abolit les lois musulmanes et non-musulmanes. Il entendait ainsi préfigurer le retour eschatologique d'Ismail, qui à la fin des temps reviendra sur terre pour révéler les significations ésotériques de toutes les révélations et annoncer une transfiguration de l'homme.

Kharaqân. Décor de briques.

L'aventure d'Alamut se termine avec les invasions mongoles, qui forcent les nizariens à négocier et à se soumettre. En 1256, le château d'Alamut est pris: ses ruines ne seront redécouvertes puis explorées qu'aux XIXe et XXe s. Le dernier imam d'Alamut est assassiné avec ses compagnons par les Mongols. Son fils survécut, et fonda une lignée d'imams dont sont issus les Agha Khân⋆, chefs spirituels des ismaéliens d'aujourd'hui.

Au XIIe s., les nizariens s'étaient également installés en Syrie, où ils se heurtèrent aux croisés, tentèrent d'assassiner Saladin et voulurent faire payer un tribut au roi Saint Louis. Leur domination fut démantelée par les Mongols et les Mamelouks au XIIIe s.

Kharaqân. Décor de briques.

Lambasar

De ce **château** fondé à l'époque préislamique, conquis par les Assassins en 1102, assiégé en vain par les Seldjoukides en 1117, pris par les Mongols en 1258 puis abandonné, on peut encore voir quelques ruines: des tours, des éléments de remparts, des réservoirs d'eau.

Kharaqân

En bordure du village de Hesar-e Vali-e Asr, à environ 30 km de Abgarm, se dressent deux **tours funéraires** isolées, toutes deux de l'époque seldjoukide: l'une (à l'est) date de 1067, l'autre (à l'ouest) de 1093. Leur base octogonale est surmontée d'une coupole à double coque⋆. Sur les murs extérieurs, avec des briques seules à peine illuminées de quelques éléments de turquoise, les artisans ont créé des motifs géométriques et calligraphiques extraordinaires de variété, de sobriété et de fausse simplicité (*56, 144*).

Sur la route Takestân-Hamadân

Kharaqân. Décor de briques.

LA PROVINCE DE KERMANSHAH

KERMANSHAH, 292

TAQ-E BOSTAN, 293

SAR-E POL-E ZAHAB, 294

QASR-E SHIRIN, 295

BISUTUN, 295

KANGAVAR, 297

GODIN TAPEH, 298

HARSIN, 298

LES TOMBES MEDES, 298

KERMANSHAH
Capitale de la province de Kermânshâh
Altitude: 1322 m – Habitants: 857'048 (2011)

«C'est une région magnifique, pleine d'arbres fruitiers et tout ce qui a trait aux plaisirs de l'existence.»

Diodore de Sicile (~Ier s.)

Habitée essentiellement par des Kurdes et des Lors (Lours), la province de Kermânshâh est louée depuis l'Antiquité pour sa beauté, sa riche agriculture de céréales et ses pâturages. Traversés par les montagnes du Zâgros, ses paysages sont spectaculaires, adoucis par les oasis et les plaines, encore riches en sites archéologiques inexplorés. Sa capitale actuelle se trouve sur la route qui reliait Babylone à Ecbatane dans l'Antiquité, et Bagdad et Hamadân à l'époque islamique. Aujourd'hui, elle est toujours un relais pour les pèlerins qui se rendent aux tombeaux des Imams Ali et Hosseyn en Irak, à Nadjaf et à Karbala.

Fondée à l'époque sassanide, Kermânshâh fut un lieu de villégiature des rois sassanides puis musulmans. Elle tient son nom («roi de Kermân») du roi sassanide Bahram IV (388-399), son probable fondateur, qui régna sur Kermân avant de régner sur l'empire. Conquise en 640 par les armées arabes, elle subit les destructions des Mongols au XIIIe s. Sous les Safavides (1501-1732), elle se retrouva sur la ligne de front du conflit avec l'empire ottoman et fut souvent meurtrie par des occupations ennemies. Devenue capitale du Kordestân iranien au XIXe s., elle souffrit des épidémies et de la tyrannie de ses gouverneurs, mais elle devint, dans les années 1880, une ville d'importance dans le commerce avec l'Angleterre et l'Irak. Avant la Révolution, Kermânshâh était un centre touristique, un rôle qu'elle a perdu après la guerre avec l'Irak. L'arrivée et l'installation de réfugiés et l'émigration de nombreux habitants vers la capitale ont quelque peu modifié la physionomie et l'esprit de la ville.

En plus des tapis et des chaussures traditionnelles, la ville et la province sont connus pour un khoresh* spécial, plusieurs patisseries (notamment les *kak*) et une huile fabriquée en agitant du lait plusieurs heures dans une peau de mouton.

▶*Khoresh-e khalâl.*

Le centre-ville Si Kermânshâh est surtout appréciée comme point de chute pour visiter des sites préislamiques importants, la ville elle-même ne compte que quelques édifices de l'époque qâdjâre (XIXe s.). Le plus

important est le **Tekiyeh Moaven ol-Molk**, destiné à
la représentation des ta'ziyehs*. L'ensemble comprend
une première cour, une salle à coupole entourée de
loges, et une deuxième cour plus vaste avec un jardin.
Il a été construit en 1920. Les édifices sont décorés de
céramiques, figuratives dans les cours et sur les murs,
géométriques dans la coupole. Leur thème principal est le
jour d'âshurâ*, au cours duquel l'Imam Hosseyn, fils d'Ali,
fut massacré avec sa famille à Karbala. Ces illustrations
religieuses sont conjuguées à des illustrations du *Livre
des rois* de Ferdowsi, des scènes de l'Ancien Testament,
des portraits de rois qâdjârs, des images de villes du monde et des

Tekiyeh Moaven ol-Molk.

animaux symboliques. Dans
la deuxième cour, un grand
panneau de céramiques
représente un derviche avec
un kashkul*, un chapelet, une
arme (*103*). Un grand bâtiment
à portique abrite un «musée
ethnologique», où sont exposés
quelques objets quotidiens de la
vie locale.

Tekiyeh Moaven ol-Molk.

La partie ancienne du **bazar** (Bâzâr Zargarâ) se trouve au nord de la
rue Modares. Au détour des allées voûtées, on peut découvrir une
école religieuse et une mosquée de 1868-69 (Emâd ol-Dowleh) et un
autre tekieh qâdjâr (Beiglar Beigi), de 1908.

Tâq-e Bostân

À l'extrémité nord de la ville de Kermânshâh, un célèbre site sassanide
est niché au pied des montagnes. Deux iwans ont
été creusés dans la roche et décorés de bas-reliefs.
Le plus important, à gauche, date sans doute de
l'époque de Khosrow II (591-628). Sur le fronton
surmonté de créneaux dentelés, deux déesses de
la Victoire ailées sont disposées symétriquement
autour d'un croissant: elles sont empruntées à
la symbolique et à l'iconographie romaines et
byzantines. De part et d'autre de l'entrée, des piliers
sont ornés de deux arbres de Vie, dont les rinceaux
associent les feuilles d'acanthe de l'art grec à des
motifs floraux de l'Inde. Au fond de l'iwan, dans la partie inférieure,

Statue équestre.

Iwans.

une grande statue en ronde-bosse
de 4,20 m de haut représente le
roi armé sur un cheval cuirassé
– symbole de la force royale et
puissante évocation des armées
sassanides qu'affrontèrent
Romains et Byzantins. Un
Senmurv* est gravé sur le cheval.
Pour la tradition populaire, la
statue équestre de Khosrow II –

Shapur III et Shapur II.

qui évoque sans doute le cheval préféré du roi, Shabdiz – témoignerait d'une punition divine: le roi fut transformé en pierre pour avoir déchiré une lettre du Prophète Muhammad l'appelant à l'Islam. Sur le registre supérieur du fond de l'iwan, Khosrow II, debout au centre, est entouré par la déesse Anahita (à gauche) et par Ahura Mazda (à droite), qui remet au roi l'anneau du pouvoir royal.

Les parois latérales de l'iwan ont été sculptées de **scènes de chasse**, autrefois peintes. A gauche, une chasse aux sangliers dans des marais peut se lire de gauche à droite (*232*); à droite, une chasse aux cerfs dans un parc demeurée inachevée peut se lire de droite à gauche. Figuré plusieurs fois dans différentes postures, le roi est plus grand que les autres personnages et sa tête est nimbée. Il est entouré d'éléphants montés, de personnages à cheval, de musiciens jouant dans des embarcations, de sangliers courant dans les roseaux, etc. Comparables à des peintures murales, ces reliefs vivants, finement

Chasse aux cerfs.

décorés, aux rythmes variés, mêlent plusieurs principes stylistiques. Certains éléments sont traités en perspective, d'autres en fonction d'une vision aérienne, dans laquelle les objets plus ou moins éloignés sont représentés les uns au-dessus des autres, et non les uns derrière les autres (un procédé que l'on retrouvera, à l'époque islamique, dans les «miniatures»). Plusieurs épisodes successifs sont montrés en simultané, afin de donner un tableau synoptique et intemporel de la chasse. Le réalisme de la scène côtoie un mode symbolique de représentation: la taille supérieure du roi, par exemple, souligne son importance. A l'époque islamique et qâdjâre, un relief coloré a été rajouté au-dessus de la scène de chasse, sur la paroi gauche: il représente trois princes du temps de Fath Ali Shâh (1797-1834).

Plus petit, l'**iwan de droite** ne représente qu'une seule scène sur son fond: Shapur III (383-388), à gauche, et son père Shapur II (309-379), à droite, tous deux sculptés debout et en position frontale. A droite des iwans, à hauteur d'homme, un **relief** a été gravé au IVᵉ s. Le roi Shapur II, au centre, reçoit l'anneau de pouvoir de Ahura Mazda (à droite). A gauche, le dieu Mithra est représenté pour la première fois. Debout sur une fleur de lotus, il tient un barsom* et sa tête est auréolée de rayons, qui symbolisent la lumière solaire du Divin. Shapur II et Ahura Mazda piétinent l'empereur Julien dit l'Apostat, vaincu par les Perses en 363: symbole d'une double victoire sur l'ennemi et sur le mal (*80*).

Entre Kermânshâh et Qasr-e Shirin

Sar-e Pol-e Zahâb

C'est dans les environs proches de cette ville que l'on pourra voir les premiers **reliefs rupestres** de l'Iran, gravés aux alentours de ~2000-~1900. Inspirés de l'art mésopotamien d'Akkad, on les doit aux Lullubis, une puissante tribu montagnarde du Zâgros. Sculpté assez haut dans la falaise, le plus important représente la victoire du roi **Anubanini** sur ses ennemis: il foule aux pieds un vaincu et fait face à la déesse mésopotamienne Innana ou Ishtar, reine du Ciel et déesse guerrière, dont l'étoile brille au-dessus de la scène. Sur un registre inférieur et derrière la déesse, des vaincus ont les mains liées derrière le dos (*117*). Ce thème symbolique aura une longue postérité, puisqu'il sera repris par les Achéménides au ~VIe s. (Bisutun) et par les Sassanides au IIIe s. (Naqsh-e Rostam, Bishâpur). Un autre relief, avec un cavalier et un homme, se trouve sur la même paroi rocheuse, plus bas. Deux autres reliefs se trouvent de l'autre côté du pont: l'un montre à nouveau le roi Anubanini piétinant un ennemi vaincu, l'autre un roi et une divinité. A moins de 20 km de Sar-e Pol-e Zahâb, en contrebas de la route principale qui la relie à Eslâmâbâd, un petit édifice sassanide se dresse au bord d'une route secondaire (**Tâq-e Garâ**). On ignore sa fonction exacte, mais on suppose qu'il s'agissait d'un relais. Egalement à l'écart de la route principale, en direction de Ridjâb puis de Zardeh (au nord), on trouvera une forteresse parthe et sassanide (Qal'eh Yazdegerd).

Tâq-e Garâ.

Qasr-e Shirin

Proche de la frontière irakienne, cette petite ville doit son nom («palais de Shirin») à un **palais** édifié par le roi sassanide Khosrow II (591-628) pour son épouse, la princesse arménienne Shirin. Il fut, selon un géographe arabe du XIIe s. (Yâqut), «l'une des merveilles du monde», bien qu'il tombât en ruine rapidement après l'arrivée des Arabes, au IXe s. La guerre Iran-Irak (1980-1988), qui a sévèrement touché la ville, n'a pas épargné le palais. Les bombardements ont également détruit la coupole d'un **temple du feu** sassanide (Chahâr Qâpu).

Reconstitution du palais de Qasr-e Shirin.

Bisutun

A une trentaine de kilomètres de Kermânshâh, sur la route de Hamadân, la montagne de Bisutun est située à côté d'une ancienne route royale achéménide. Dans l'une de ses failles, elle accueille le seul **bas-relief** isolé et l'**inscription** la plus longue de l'époque achéménide.

La montagne de Bisutun.

Gravé vers ~520, l'ensemble se compose d'une scène figurative sur un registre, entourée de textes en cunéiforme. Le relief commémore la victoire de **Darius Ier** sur ses ennemis et rivaux lors de sa prise du trône. Les mains liées derrière le dos, les prisonniers en file indienne font face à Darius Ier, qui tient un arc et lève la main droite en direction d'une représentation symbolique de Ahura Mazda qui domine la scène (*77*). Comme la plupart des inscriptions royales des Achéménides, le texte est en trois langues: vieux perse, élamite et

►Relief de Bisutun.

babylonien. Darius Ier y décrit longuement qui il est: il se proclame descendant de Achéménès, fondateur d'une lignée de rois. Par volonté du dieu Ahura Mazda, il règne sur 23 pays. Il parle ensuite de l'imposteur (Gaumâta) qui usurpa le trône, en se faisant passer pour le frère assassiné de Cambyse II: seul Darius Ier eut le courage de l'affronter et de le tuer, puis il prit le trône et rétablit l'empire. Il raconte longuement comment, par la force et l'aide de Ahura Mazda, il vient à bout de plusieurs rébellions qui éclatent dans les provinces: il envoie ses armées, châtie les meneurs qui s'étaient proclamés rois, tout cela en une année et 19 batailles. Le roi fut aidé des dieux, car il était juste: il n'opprimait personne, récompensait ceux qui aidaient sa dynastie et punissait ceux qui font le mal. Darius Ier explique qu'il fait graver cette inscription pour que ces faits soient manifestes à tous, et il demande à ce que personne ne la détruise, sous peine de devenir un adversaire de Ahura Mazda. Darius Ier mentionne les six hommes qui l'aidèrent à tuer l'imposteur et à prendre le trône. Pour finir, il raconte les campagnes militaires contre les Elamites et les Scythes, des infidèles qui n'adoraient pas Ahura Mazda. Dans la tradition populaire, les bas-reliefs furent attribués à Farhâd, l'architecte amoureux de Shirin (195). Au XIXe s., l'inscription de Bisutun fut une étape essentielle dans le déchiffrement du cunéiforme: un lieutenant anglais, Henry Rawlinson, parvint à déchiffrer la version élamite du texte et à ouvrir la compréhension des autres versions (218).

Le site de Bisutun comprend encore plusieurs témoignages de son importance cultuelle et politique au cours des siècles et même des millénaires, puisque des grottes de la montagne furent occupées à l'ère paléolithique déjà (entre ~40'000 et ~35'000). En contrebas du relief de Darius Ier, le **dieu grec Héraklès** (Hercule) fut sculpté en ~148. Il constitue l'unique œuvre datée de façon certaine de l'époque séleucide en Iran. Le dieu est représenté nu, étendu sur une peau de lion, tenant

Relief de Bisutun ❶
avec les textes
◻ babylonien
◻ élamite
◻ vieux perse

Plan général du site.
❶ Village de Bisutun.
❷ Ancien caravansérail.
❸ Caravansérail safavide.
❹ Relief de Darius Ier.
❺ Relief séleucide (Héraklès).
❻ Relief parthe sur un rocher isolé.
❼ Reliefs parthes.
❽ Imâmzâdeh.
❾ Pont safavide.
❿ Fortifications de Nâder Shâh (XVIIIe s.).
⓫ Installation préhistorique.
⓬ Ancien jardin royal sassanide.
⓭ Pont sassanide.
⓮ Route sassanide.
⓯ Barrage ou mur sassanide.
⓰ Vers le palais sassanide inachevé de Takht-e Shirin.
⓱ Surface aplanie.
⓲ Grotte paléolithique.

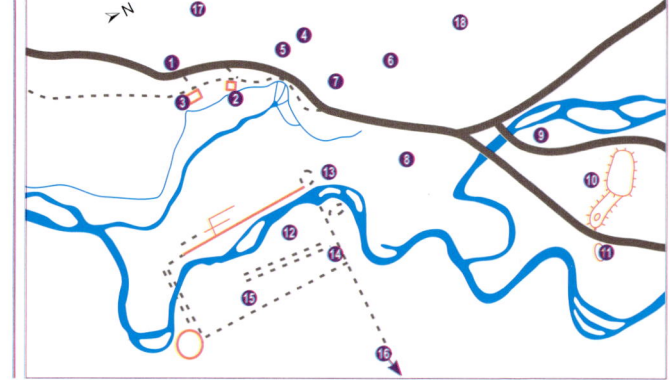

une coupe. Une massue est dressée au-dessus de ses jambes, et son carquois est suspendu à un arbre derrière lui (*121*). Une stèle porte une inscription grecque. A proximité, **deux reliefs** ont été gravés à l'époque parthe. L'un montre quatre satrapes rendant hommage à Mithridate II (~123-~88): il a été partiellement recouvert par une inscription de 1684-85. L'autre, du Ier s., montre une scène de bataille, qui célèbre sans doute la victoire du roi parthe Gotarzes II (40-51) sur Méherdate, un rival prétendant au trône. Un autre relief parthe, du Ier-IIe s., a été sculpté sur un rocher isolé: on y voit un prince ou un prêtre debout, une coupe à la main, à côté d'un autel et entouré de deux dignitaires. A l'époque sassanide (IIIe-VIIe s.), Bisutun accueillit un jardin royal

►Farhâd porte Shirin et son cheval à Bisutun. *Khamseh* de Nezâmi (*Khosrow et Shirin*). Shirâz, 1461. Palais du Topkapi, Istanbul.

Pont safavide.

(un paradeisos*), entouré d'un pont, d'un barrage et d'une route. Un palais est resté inachevé (Takht-e Shirin). Dans la falaise, une **immense surface** (200 m de long et 30 m de haut) fut aplanie à la fin de la période sassanide, en prévision de futurs bas-reliefs que l'invasion arabe ne permit jamais d'exécuter.

De l'époque islamique, il demeure les traces d'une occupation ilkhânide (XIIIe-XIVe s.), un ancien **caravansérail** (Xe s.?), un caravansérail de 1681-85 et un pont safavide.

Kangâvar

Fondée avant l'Islam, cette petite ville est surtout connue pour des ruines longtemps considérées comme un **temple de Anahita**. Au Ier s., un voyageur (Isidore de Charax) avait vu dans la cité un temple dédié à la déesse grecque Artémis, correspondant

Colonnes et mur ouest.

à la déesse Anahita dans le panthéon iranien. Dès le XIXe s., les archéologues tentèrent donc d'interpréter les vestiges actuels comme un temple grec de l'ère séleucide (~IIIe-~Ier s.). De nouvelles fouilles ont toutefois montré qu'il datait de l'époque sassanide (IIIe-VIIe s.), et qu'il peut s'agir d'un monument religieux ou d'un palais. Le site se compose de trois terrasses superposées et emboîtées. On y accède par le côté sud: long de 209 m, il est pourvu d'un escalier monumental à double volée. Sur le pourtour de l'édifice, se dressaient des rangées de colonnes lisses et massives, aux chapiteaux de style dorique*: la plupart gisent devant l'escalier, mais quelques-unes sont encore debout à l'ouest. Des fouilles sur les terrasses supérieures pourraient peut-être mettre à jour le temple d'Artémis aperçu par Isidore.

Entre Kermânshâh et Hamadân

Plan du site de Kangâvar.
❶ Entrée, escalier.
❷ Première terrasse.
❸ Deuxième terrasse.
❹ Troisième terrasse.
❺ Colonnes ouest.

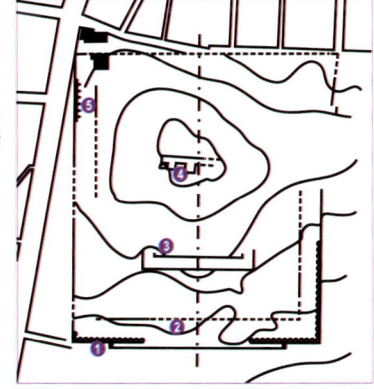

Godin Tapeh

Fouillée par une équipe américaine dans les années 1960, mais aujourd'hui recouverte, cette colline artificielle est un site archéologique majeur. Il a fourni beaucoup de céramiques remarquables, que l'on peut voir aujourd'hui au Musée National de l'Iran à Tehrân. Haute de 30 m, la colline est la superposition de douze époques, dont la plus ancienne date du ~V^e mil. Entre ~3200 et ~3000, des Elamites s'installèrent dans la région et construisirent un fort oval (niveau V). Après le niveau III (~2400- ~1300), le site fut abandonné pendant cinq siècles. Puis les Mèdes (~750-~550) construisirent une forteresse, qui comprenait un grand palais à colonnes, un arsenal et diverses dépendances (niveau II).

Godin Tapeh (niveau II).
❶ Le palais, composé de deux salles hypostyles.
❷ Partie centrale, avec les cuisines et diverses salles aux fonctions inconnues.
❸ Entrepôts de l'arsenal.

Entre Kermânshâh et Khorramâbâd (Lorestân)

Harsin

Fondée au IIIe s., cette petite ville proche de Bisutun possède quelques vestiges sassanides sans grand intérêt: quelques ruines et une surface préparée dans la roche pour un relief jamais réalisé. Dans les alentours se trouvent des tombes «mèdes» et l'un des plus anciens villages néolithiques, Gandj Dâreh (vers ~7500).

Les tombes mèdes

Dans la province de Kermânshâh, plusieurs tombes sont creusées dans le roc, parfois accompagnées d'un relief rupestre représentant des scènes rituelles. On les a attribuées aux Mèdes (~VIIe-~VIe s.), mais la recherche moderne tend à dater certaines d'entre elles de l'époque post-achéménide (entre le ~IVe s. et le IIIe s.). La majorité (une dizaine) se trouve en Médie*; deux autres se trouvent en Azarbâidjân et dans le Fârs. Leur taille varie: certaines sont assez grandes pour abriter des corps, sans doute des familles aristocratiques locales, d'autres ne semblent pouvoir accueillir que des ossements. Si l'entrée de certaines est un trou modeste, la façade des plus grandes reprend, de manière sommaire, celle des tombes royales achéménides de Naqsh-e Rostam et de Persépolis. A l'intérieur se trouve une chambre funéraire, parfois deux qui sont juxtaposées ou superposées. Près de Sar-e Pol-e Zahâb, la tombe de **Dokân-e Dâvud** est creusée dans une haute falaise verticale et surplombe un cimetière musulman. En dessous, un bas-relief montre un homme tenant un barsom*. Des spécialistes datent l'ensemble entre le ~VIIIe et le ~IVe s. Cette tombe est aujourd'hui vénérée par une branche marginale de l'Islam implantée dans la

Tombe de Dokân-e Dâvud.

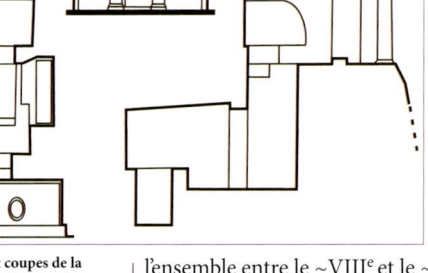

Plan et coupes de la tombe de Sahneh.

région, les Ahl-e Haqq. Le nom «Dokân-e Dâvud» («la boutique de David») vient d'une croyance locale, qui attribue cette tombe au roi David, dont elle fait un forgeron.

A **Sahneh**, l'une des deux tombes porte gravée, au-dessus de l'entrée, un disque ailé zoroastrien.

Sur une route secondaire qui relie Bisutun et Harsin, le site de **Eshâqvand** (ou Sakavend) comprend trois tombes et un bas-relief représentant un homme en train de prier devant deux autels du feu. En bordure de la même route, une autre tombe isolée se trouve près du village de Sorkha Deh.

A **Qizkapân**, une tombe présente une scène cultuelle (deux hommes de part et d'autre et en face d'un autel) encadrée par deux colonnes au chapiteau «ionique*»: on la date des époques achéménide, séleucide ou parthe.

Une tombe datée du ~VIIe s. est située dans la province de l'Azarbâidjân de l'ouest, près de **Mahâbâd** (Fakhrikeh ou Faghargah). Son entrée a la forme d'un portique à deux colonnes: elle donne accès à une antichambre, puis à une chambre funéraire, précédée par deux autres colonnes, et dont le sol a été creusé de trois cavités (*266*).

Dans le Fârs, une tombe est creusée dans la falaise près de **Kupân**:

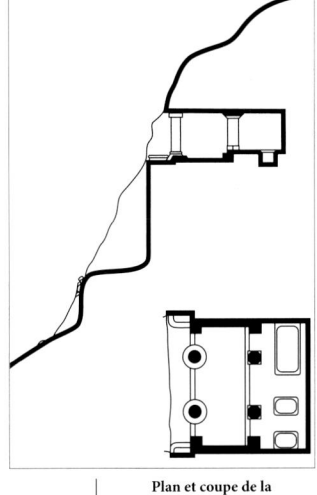

Plan et coupe de la tombe de Fakhrikeh.

quatre colonnes entourent l'entrée, surmontée d'une frise de créneaux dentelés. Elle est datée de l'époque achéménide (~VIe-~IVe s.) ou mède (~VIIe s.) (*372*).

Relief de la tombe de Qizkapân.

LA PROVINCE DE HAMADAN

HAMADAN, 300

GANDJ NAMEH, 302

GROTTE ALI SADR, 302

NUSH-I DJAN, 302

NAHAVAND, 303

HAMADAN
Capitale de la province de Hamadân
Altitude: 1775 m – Habitants: 548'378 (2011)

«La Médie est le plus important des Etats d'Asie tant par l'étendue que par le nombre de ses habitants, par les qualités de ses hommes et aussi de ses chevaux, dont elle fournit presque toute l'Asie.»

Polybe (~IIe s.)

Appelée Ecbatane dans l'Antiquité, Hamadân est située dans une plaine aux pieds des monts Alvand, qui traversent la province du nord-ouest au sud-est. La ville fut une fondation et la capitale des Mèdes (~VIIIe-~VIe s.); conquise par Cyrus II, elle devint une capitale des Achéménides (~VIe-~IVe s.). L'antique cité mède, rapporte Hérodote (I, 98), possédait sept remparts disposés de manière concentrique: les créneaux de chacun étaient d'une couleur différente (blancs, noirs, pourpres, bleus, orangés, argentés et dorés). La dernière enceinte de cet urbanisme symbolique protégeait le palais royal. La ville tirait son eau d'un réseau de qanâts*, dont la construction fut attribuée à Semiramis, reine légendaire d'Assyrie et de Babylonie, à l'origine des jardins suspendus de Babylone. Selon la Bible (Esdras, VI), l'Ecbatane achéménide abritait des archives. Après la conquête d'Alexandre le Grand (~IVe s.), les richesses pillées dans les palais achéménides y furent entreposées: découvert dans les années 1920, le trésor de Hamadân (des objets en or et en argent) en serait les restes bien pauvres (*120*). A l'époque parthe puis sassanide, entre le ~IIe et le VIIe s., Ecbatane fut une résidence d'été des souverains et un relais important du commerce entre la Mésopotamie et le monde oriental.

Conquise par les Arabes en 644, la ville subit nombre de vicissitudes dès le Xe s. Elle fut ravagée en 931 par les Daylamites*, des Alides* opposés au califat sunnite de Bagdad et venant de la province du Gilân, puis dévastée par un tremblement de terre (956). Pillée par des Turcomans en 1029 et les Seldjoukides en 1100, elle fut une capitale des seconds dans la seconde moitié du XIIe s. A deux reprises, les Mongols massacrèrent ses habitants (1221 et 1224). Dès le XVIe s., la ville fut un enjeu du conflit entre les Ottomans et les Safavides qui se disputaient un territoire allant du Caucase à la Mésopotamie. Ville moderne, Hamadân ne possède que peu de vestiges de son passé. Les principaux monuments se trouvent dans le périmètre du centre-ville, conçu selon un plan en étoile dans les années 1920.

►Bol en or, Hamadân, ~Ve s.
Musée National de
l'Iran, Tehrân.

Hamadân est le centre d'une importante région de fabrication de tapis aux motifs disparates. A une trentaine de kilomètres de Hamadân, Laledjin est un centre d'artisanat connu pour ses céramiques, l'un des principaux artisanats de la province.

Arts et traditions

Depuis 1984, des équipes iraniennes ont fouillé la **colline de Hegmataneh**, au nord de la ville actuelle et sur le site de l'ancienne cité mède et achéménide. Son emplacement exact ne fut identifié qu'en 1818. Les archéologues y ont découvert des restes de portes monumentales, des remparts de 9 m de diamètre, des tours carrées, des pièces, des écuries, des systèmes de canalisation d'eau, des socles de colonnes achéménides. Sur le site aménagé, on pourra voir plusieurs restes architecturaux, protégés par de grands toits métalliques, et différents objets d'époque préislamique ou islamique dans un petit musée. Un grand **lion de pierre** (Shir-sangi), presque méconnaissable (*121*), serait pour certains un symbole royal de l'époque mède; pour d'autres, il aurait été sculpté sur l'ordre d'Alexandre le Grand, afin de commémorer la mort de son ami Hephaistion en ~324 ou pour protéger la ville comme un talisman. Depuis des temps immémoriaux, les femmes de la ville le caressent pour demander l'exaucement de leurs vœux.

L'ancienne Ecbatane

Pièces d'habitation de l'ancienne Ecbatane.

Ce **mausolée** accueillerait les dépouilles d'Esther et de son oncle Mardochée, personnages d'un épisode célèbre de la Bible, consigné

dans le *Livre d'Esther*. Son historicité est controversée et il sert surtout à démontrer l'action de la Providence divine, même si beaucoup de détails sont exacts au point de vue de l'histoire et de l'archéologie. La juive Esther devient l'épouse du roi Assuérus, que l'on identifie généralement à Xerxès Ier (~486-~465). Avec courage, et sur la demande de son oncle Mardochée, elle intervient auprès du roi pour sauver la vie des juifs, menacés par le vizir Aman qui voulait les détruire. Aman est finalement pendu, et Mardochée, promu vizir, instaure la fête du Pourim («fête

Le mausolée d'Esther et de Mardochée

Mausolée d'Esther.

des sorts») pour commémorer l'événement. De ce tombeau daté par certains du XVIIe s., une tradition veut qu'il ait été construit par l'épouse juive du roi sassanide Yazdegerd Ier (399-421); une autre fait remonter la base rectangulaire de l'édifice et sa porte d'entrée en pierre à l'époque achéménide (~Ve s.) et sa coupole à la période mongole (XIVe s.) (*84, 85*).

♦Bordj-e Qorbân.

La plupart des édifices de la ville datent de l'époque qâdjâre (XIXe s.): le bazar, la mosquée du Vendredi (de 1838), avec une cour bordée de trois iwans et d'une entrée, ou la maison Shahbazian.
Le principal tombeau ancien de la ville est le **Gonbad-e Alavian**, une belle tour funéraire carrée, qui a perdu son dôme. Son

La ville musulmane

Gonbad-e Alavian.

destinataire nous est inconnu, tout comme les dates de construction exactes de l'édifice (sans doute du XIIᵉ s.). Comme dans nombre de mausolées d'Asie centrale, le corps se trouve dans une crypte (*463*), en dessous de la salle funéraire, dont les murs et le mihrab sont admirablement décorés de frises calligraphiques et de motifs floraux sculptés dans le stuc (*474*). Daté du XIIIᵉ-XIVᵉ s., le **Bordj-e Qorbân** est une tour funéraire dodécagonale au dôme conique pyramidal. Son fût est orné d'arcatures. En forme de tour funéraire dressée chacune au milieu d'une place, le **mausolée-musée d'Avicenne** (appelé Abu Ali en Iran), médecin persan mort à Hamadân en 1037 (*109*), et le **mausolée de Bâbâ Tâher**, poète mystique du XIᵉ s. (*193*), datent de 1951. Ils remplacent d'anciennes constructions: un tombeau encore restauré en 1877 (Avicenne), et une tour ruinée remontant sans doute au XIIIᵉ s. (Bâbâ Tâher).

Aux alentours de Hamadân | ## Gandj Nâmeh

Dans la périphérie de Hamadân, cette double **inscription achéménide**, taillée dans un rocher à flanc de montagne, fut surnommée le «livre du trésor» par la tradition locale, qui pensait que les cunéiformes livraient le secret d'un trésor. Sur la surface de gauche, Darius Iᵉʳ (~522-~486) a gravé ces mots dans trois langues (vieux perse, élamite, babylonien): «Un grand dieu est Ahura Mazda, qui créa cette terre, qui créa ce ciel là-haut, qui créa le bonheur des hommes, qui fit Darius roi, le seul roi parmi plusieurs, le seul seigneur parmi plusieurs. Je suis Darius le grand roi, le roi des

Relief de Gandj Nâmeh.

rois, le roi de pays ayant de nombreuses sortes d'êtres humains, le roi dans cette grande et vaste terre, le fils d'Hystaspe, un Achéménide». A droite, Xerxès Iᵉʳ (~486-~465) a ajouté une inscription, identique à la précédente, où il remplaça seulement le nom de Darius par le sien (*218*).

Au nord-ouest de la province | ## La grotte Ali Sadr

A environ 70 km de Hamadân, cette grotte naturelle est sans doute la plus belle d'Iran. Découverte dans les années 1950, d'une longueur évaluée entre 11 et 17 km, elle demeure partiellement inexplorée. On la visite

▶Grotte Ali Sadr.

sur des barques, qui glissent sur une eau claire et froide à travers des salles souvent majestueuses, aux voûtes tapissées de stalactites.

Au sud de Hamadân | ## Nush-i Djân

A une vingtaine de kilomètres au nord-ouest de Malâyer, aux abords de la route principale Malâyer-Hamadân, une **forteresse** fut construite au ~VIIIᵉ s. sur une éminence rocheuse de 37 m de haut.

Nush-i Djân. Vue générale.

Explorée de 1967 à 1974 par des archéologues anglais, elle constitue le témoignage visible le plus spectaculaire des Mèdes. Au centre de remparts bâtis au ~VIIe s. mais disparus, quatre édifices sont alignés: un fort, un «temple du feu», un palais et un temple. Le palais possède une grande salle, dont le toit était autrefois soutenu par trois rangées de quatre colonnes. Le fort a la forme d'une tour (22 m x 25 m): il contient quatre pièces rectangulaires qui servaient d'entrepôts et dont les murs à pilastres sont percés de meurtrières. Au centre, entre le fort et le palais, se dresse - selon certains - le plus ancien **temple du feu** connu. Attribué à une religion antérieure au Zoroastrisme, il a la forme d'une tour cruciforme de 8 m de haut. Précédé d'une antichambre, il est pourvu d'un autel, d'un bassin et d'un escalier intérieur permettant d'accéder à une terrasse au sommet.

Nush-i Djân. Salle hypostyle.

Nahâvand

Au nord-ouest de cette ville, le site de **Tapeh Giyân** a été occupé depuis le milieu du ~V^e mil. Les archéologues ont reconnu cinq niveaux d'occupation, jusqu'à la seconde moitié du ~IIe mil. On y a retrouvé peu d'architecture, mais un grand nombre de céramiques: poteries peintes décorées de bouquetins et de léopards stylisés (niveau V), figurines en terre cuite (niveau V), poteries typiques ornées d'oiseaux stylisés et de motifs de peigne (niveau IV).

▶Tête en terre cuite, Tapeh Giyân, ~IIe mil. Musée National de l'Iran, Tehrân.

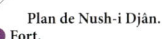
Plan de Nush-i Djân.
❶ Fort.
❷ Murailles.
❸ Temple du feu.
❹ Salle hypostyle du palais.
❺ Temple du feu ouest.

La région de Nahâvand fut le théâtre d'une bataille décisive entre les Arabes et les armées sassanides, en 642. Selon une légende rapportée par un auteur arabe, la forme d'un taureau et d'un poisson (figures talismaniques) apparaissait dans la neige des montagnes proches. Dans la ville même de Nahâvand, on peut voir un hammam de 1871-72, décoré en 1924-25, et doté d'une belle salle d'entrée (467).

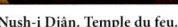
Nush-i Djân. Temple du feu.

LA PROVINCE DE MARKAZI

ARAK
Capitale de la province de Markazi
Altitude: 1753 m – Habitants: 536'572 (2011)

Hammam Chahâr Fasl.
Salle d'entrée.

Cette province partiellement montagneuse doit son nom (*markazi* = «centrale») à sa position centrale, à l'ouest de l'Iran. A la fois industrialisée et agricole, la province produit des tapis et des kelims*, notamment à Sâruq, Ferahân et à Sarabend. Fondée sous le règne de Fath Ali Shâh (1797-1834), sa capitale ne possède que des monuments du XIXᵉ s. comme le **bazar** ou le complexe **Sepahdâr**, formé d'une mosquée et d'une madrasa. Le plus intéressant est le **hammam des Quatre Saisons** (Chahâr Fasl), transformé en musée à la fois archéologique et ethnologique. D'une superficie de 1600 m², son espace compartimenté comprend une belle salle d'entrée ornée de céramiques, des bains séparés pour les hommes, les femmes et les non-musulmans, et différentes pièces fonctionnelles (réservoir, chauffage, etc.).

Au nord d'Arak

Sâveh

Hammam Chahâr Fasl. La fiancée aux bains.

Autrefois importante, cette ville caravanière, au nord de la province, fut rasée par les Mongols en 1220. Sa bibliothèque contenait des instruments scientifiques et des ouvrages d'astronomie inestimables. Ancien centre de production de céramiques, elle est maintenant connue pour des tapis. Sa belle mosquée du Vendredi fut fondée vers les VIIIᵉ-Xᵉ s. Elle se compose d'une cour, entourée de salles couvertes et bordée d'une salle à coupole au sud et d'un grand iwan à l'ouest. La salle à coupole fut construite au cours du XIᵉ s. et un beau minaret élevé en 1110-11.

Minaret de la mosquée
du Vendredi. Sâveh.

Fortement endommagée lors de l'invasion mongole, la mosquée fut restaurée vers 1306: les façades de la cour, rythmées par de petits iwans, et le grand iwan ouest furent construits à cette époque. Sous les Safavides, la salle à coupole fut refaite et décorée (1516-17), puis flanquée d'un iwan (1530-31). Construite sur un ancien temple du feu, une autre mosquée (Masdjed-e Meydân) conserve un minaret de 1061-62, le plus ancien minaret seldjoukide du pays (*129*), mais ses salles, ses iwans et sa salle à coupole ont été refaits à l'époque safavide (XVIe s.). La ville compte également un **Imâmzâdeh**

Mosquée du Vendredi. Mihrab.

(Soltân Seyyed Eshâq) fondé en 1277. Plusieurs **châteaux** se trouvent dans la région: Alvir, fondé à l'époque sassanide puis occupé après la conquête arabe, Esmâiliyeh et Ardemin, tous deux d'époque islamique.

Iwan sud, mosquée du Vendredi. Sâveh.

Tafresh
La mosquée Sheshnâv de cette petite ville possède une salle à coupole seldjoukide, précédé d'un iwan ajouté à l'époque safavide. Dans les environs, le village de Shâhvaraq conserve un Imâmzâdeh safavide du XVIe s. (Abolqâsem). De plan quadrangulaire, avec un iwan sur chaque côté, il est surmonté d'un dôme décoré de céramiques. Son cénotaphe date de 1577-78.

►Tapis de laine de Ferahân, fin du XIXe s, Musée du Tapis, Tehrân.

Khorheh (Kurrah)
Dans ce village près de Mahalât, deux **colonnes** effilées, surmontées d'un chapiteau grec de style ionique*, sont les vestiges les plus marquants d'un édifice autrefois interprété comme un temple séleucide dédié à Dionysos. Aujourd'hui, grâce à de nouvelles fouilles, on estime qu'il s'agit d'une résidence de l'époque parthe (IIe s.). On y a aussi retrouvé des céramiques et des aménagements sassanides. A l'époque islamique, le site a été transformé en cimetière et un Imâmzâdeh a été construit à 200 m au nord de l'édifice.

Au sud de la province

Khomeyn
Cette petite ville doit sa célébrité à la maison natale de l'âyatollâh Khomeyni, devenue musée. On peut aussi y voir une maison qâdjâre (Salar Mohtasham).

►Khorheh.

LA PROVINCE DE LORESTAN

KHORRAMABAD
Capitale de la province de Lorestân
Altitude: 1171 m – Habitants: 354'855 (2011)

La province de Lorestân (Luristan) doit son nom aux Lors (Lours) qui habitent les régions centrales des monts Zâgros, sur une sorte de diagonale entre les provinces du Lorestân et du Fârs. L'ancienne culture semi-nomade du Luristan est connue pour ses objets en bronze, produits entre le milieu du ~IIIe mil et le ~VIe s. (*38, 118, 252*). Capitale de la province, Khorramâbâd fut également le siège du pouvoir des souverains locaux, du XIIe s. au début du XVIIe s. Posé comme une couronne sur une éminence rocheuse, l'austère et massif **château**

►Bronze du Lorestân, début du ~Ier mil. Musée National de l'Iran, Tehrân.

►Bronze du Lorestân, ~VIIIe s. Musée National de l'Iran, Tehrân.

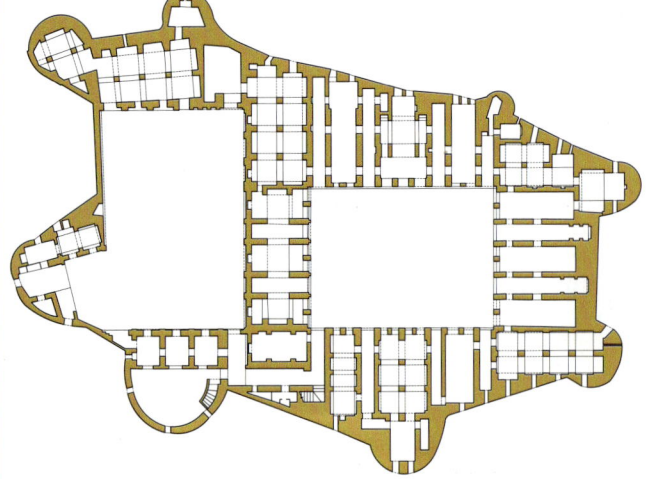

Plan du château de Falak ol-Aflak.

de **Falak ol-Aflak** atteste de son importance politique. Il fut construit à l'époque islamique, à une date inconnue, sur l'emplacement d'un ancien château sassanide, anciennement appelé Shapur Khast. Ses huit tours et ses murs de briques et de pierres surplombent la rivière de Khorramâbâd et surveillaient une voie de passage stratégique. Un musée réunissant des objets d'intérêt archéologique ou anthropologique occupe maintenant ses salles. Hormis le château, Khorramâbâd offre peu à voir: un **minaret** isolé en brique du XIIᵉ ou du XIIIᵉ s., sans aucune décoration, et une inscription seldjoukide sur une dalle dressée (XIIᵉ

Château de Falak ol-Aflak.

s.). A 2 km de la ville, il reste encore plusieurs arches d'un pont de fondation sassanide (IIIᵉ-VIIᵉ s.), restauré vers les IXᵉ-Xᵉ s.

Pont sassanide. Khorramâbâd.

Bâbâ Djân

Près de Nurâbâd, deux collines de ce site ont été explorées entre 1966 et 1970. L'une a révélé un ancien **village néolithique** de la fin du ~IIIᵉ mil. Sur ses ruines, un bâtiment carré, avec des tours d'angle et deux salles encadrant une cour centrale, fut contruit au ~IXᵉ s. Sur l'autre colline, les archéologues ont découvert un fort du ~VIIIᵉ s., comprenant un palais avec une chambre aux murs peints en rouge. Sans doute fondés par une tribu iranienne émigrée du nord, ces édifices furent pris et incendiés au ~VIIᵉ s., peut-être lors d'une expédition assyrienne menée par Sennachérib. Partiellement reconstruits, ils furent réoccupés jusqu'au ~VIᵉ s.

Au nord de la province

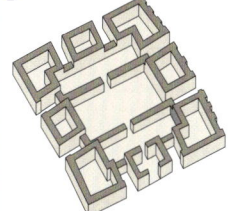

Plan du bâtiment carré de Bâbâ Djân.

Borudjerd

Fondée au IXᵉ s., la **mosquée du Vendredi** se compose d'une salle à coupole seldjoukide, restaurée au début du XVIIIᵉ s., flanquée d'un iwan et de deux minarets de 1795-6, et bordée d'une salle de prière nord de 1799. Centre de théologie, la **madrasa-mosquée Soltâni** ou du Shâh est qâdjâre (XIXᵉ s.): quelques décors de céramique colorent ses iwans.

Pont de Pol-e Dokhtar.

Sur la route entre Kuhdasht et Khorramâbâd, le **pont de Kashkanrud** (Pol-e Kashkanrud) conserve d'imposantes piles en pierre datant de l'époque sassanide. Le tablier, ruiné, fut construit aux XIᵉ-XIIᵉ s.

A l'ouest de Khorramâbâd

Pont de Kashkanrud.

Un autre **pont sassanide** se trouve près de la localité de Pol-e Dokhtar: érigé au IIIᵉ s. sous le règne de Shapur Iᵉʳ, il a également été restauré à l'époque islamique. Il reste une arche complète du côté de la route, et plusieurs piles sur l'autre bord de la rivière.

Au sud de la province

LA PROVINCE DU KHUZESTAN

AHVAZ, 308
SUSE, 308
LES SITES ELAMITES, 312
- CHOGHA ZANBIL, 312
- HAFT TAPEH, 314
- IZEH / MALAMIR, 314
LES SITES PARTHES, 315

- MASDJED-E SULEYMAN, 315
- TANG-E SARVAK, 316
LES VILLES SASSANIDES ET
ISLAMIQUES, 317
- IWAN-E KARKHEH, 317
- DJOND-E SHAPUR, 317
- SHUSHTAR, 317
- DEZFUL, 318

Au sud-ouest de l'Iran, le Khuzestân est bordé par l'Irak et la plaine mésopotamienne à l'ouest, les montagnes du Zâgros à l'est, le golfe Persique au sud. Il est traversé par le fleuve Kârun (920 km), le plus long et le seul cours d'eau navigable d'Iran. Riche en minéraux et en gaz naturel, la province détient surtout 70% des réserves pétrolières du pays, traitées et exploitées par de nombreuses usines de pétrochimie, comme celle d'Abâdân, l'une des plus grandes du monde. La province se compose de vastes plaines, occupées par des marais au sud, se prolongeant à l'ouest vers l'Irak et limitées par les monts Zâgros au nord et à l'est. Depuis des siècles, et aujourd'hui encore, son artisanat est connu pour ses textiles, ses vêtements et ses tapis.

AHVAZ
Capitale de la province du Khuzestân
Altitude: 20 m – Habitants: 1'133'003 (2011)

Située aux abords du Kârun, la capitale de la province a un important passé achéménide et sassanide. Cité commerçante sous les dynasties omeyyade et abbasside, elle subit la révolte et la domination d'esclaves noirs (les Zandjs), qui semèrent la terreur dans la région de 868 à 883 avant d'être vaincus. Au XVe s., sa ruine fut provoquée par l'effondrement d'un barrage construit à l'époque sassanide et sur les vestiges duquel un viaduc a été construit au XXe s. La ville doit sa renaissance au XXe s. à la découverte du pétrole et au chemin de fer transiranien, qui la relie à Tehrân. Cité stratégique sévèrement bombardée par les Irakiens, elle n'offre guère d'intérêt pour le visiteur, sinon d'être une halte commode pour visiter le nord d'une province très riche en sites préislamiques.

✱ Vue aérienne de Suse. En bas: le dôme du mausolée de Daniel. En haut: les ruines des palais achéménides et le château.

Suse (Shush)

Suse est l'une des plus anciennes villes de l'humanité. Fondée au début du ~IVe mil., elle ne fut délaissée qu'au XIIIe s.: elle a connu les dominations proto-élamite, élamite, achéménide, parthe, sassanide, musulmane, mais c'est comme capitale de l'Elam qu'elle a joué son plus grand rôle au ~IIe et au ~Ier mil.

Située dans une plaine riche en eau, où plusieurs tapehs* attestent d'une occupation dès le ~Vᵉ mil., Suse est le centre de l'Elam*. Elle est un trait d'union entre la civilisation élamite du Zâgros et le Plateau iranien à l'est, et les plaines de Mésopotamie à l'ouest: au long de son histoire, sa culture a oscillé entre ces deux sphères d'influence. Au début du ~IVᵉ mil., Suse est un village, constitué de petits hameaux, où les maisons possèdent des pièces organisées autour d'une cour. Outre des objets en cuivre et des sceaux, ses artisans fabriquent une remarquable poterie peinte d'un décor stylisé (*117*). Une terrasse en briques crues de 10 m de haut et de 80 m de long est construite partiellement sur d'anciennes maisons, et au centre de ce que l'on appelle l'Acropole.
A l'époque d'Uruk, une ville mésopotamienne qui sert de référence chronologique, Suse reçoit l'influence de la Mésopotamie et utilise comme elle le sceau-cylindre*, une céramique produite en série et un système de notation des nombres (milieu du ~IVᵉ mil.). De village, Suse se transforme peu à peu en ville à la fin du ~IVᵉ mil. Entre ~3100 et ~2600, la comptabilité se répand et la culture quitte la sphère mésopotamienne pour l'influence proto-élamite dans l'architecture, la céramique et la glyptique*. A cette époque, apparaît une écriture dite proto-élamite, demeurée indéchiffrée. Les Elamites utiliseront le cunéiforme plusieurs siècles plus tard. Vers le milieu du ~IIIᵉ mil., Suse fait partie du royaume d'Akkad, en Mésopotamie, et entre à nouveau dans la zone d'influence de la culture mésopotamienne. A la fin du ~IIIᵉ mil., après une tentative d'indépendance de la dynastie élamite d'Awan, Suse se libère définitivement du joug mésopotamien: les Elamites occupent Suse, mettent fin à la domination de la IIIᵉ dynastie d'Ur, et ses souverains se proclament rois «d'Anshân et de Suse».
Au ~IIᵉ mil., plusieurs dynasties élamites se succèdent et témoignent souvent d'une grande ambition politique et culturelle: les Simashkis (~2050-~1885), les Sukkalmahs (~1930-~1500), les Kidinuides (~1455-~1405), sans doute renversés par les Kassites de Babylonie, les Igihalkides (~1405-~1215), auxquels appartient le roi constructeur de Choghâ Zanbil, et les Shutrukides (~1215-~1105), qui mirent fin à la dynastie kassite en Mésopotamie et rapportèrent à Suse un butin fabuleux. Après l'apogée de cette dernière dynastie, Suse et les Elamites tombent dans une obscurité de plusieurs siècles. Les documents évoquent à nouveau la ville, à une époque (vers ~740) où les Elamites sont en

La période élamite

Plan général de Suse.
❶ Palais d'Artaxerxès II (époque achéménide).
❷ Tombe du prophète Daniel.
❸ Château des archéologues français (XIXᵉ s.).
❹ Palais de Darius Iᵉʳ (époque achéménide).
❺ Apadana (époque achéménide).
❻ Porte de Darius Iᵉʳ (époque achéménide).
❼ Acropole (période élamite).
❽ Ville royale (période élamite).
❾ Porte de la ville royale.
❿ Donjon: palais d'Artaxerxès Iᵉʳ (époque achéménide).
⓫ Ville des artisans (époques achéménide, séleucide, parthe, sassanide, musulmane).

Façade d'un édifice, d'après un sceau du ~IVᵉ mil.

conflit avec l'Assyrie. C'est Assurbanipal qui mit fin à une renaissance néo-élamite, qui dura environ un siècle. En ~646, le roi assyrien prend et détruit Suse, puis trois rois élamites règnent avant que l'Elam ne se fragmente en plusieurs principautés rapidement conquises par le fondateur de l'Empire perse: Cyrus II (~559-~530).

Les Achéménides

Plan d'une résidence du ~IIᵉ mil.

A l'époque achéménide, Darius Iᵉʳ (~522-~486) choisit Suse comme capitale royale. Le souverain y construit un palais sur une butte, dont on ne peut voir actuellement que des bases de colonnes (*14, 119*). Construit sur une terrasse partiellement artificielle, il se composait d'une porte monumentale qui s'ouvrait sur une grande cour, bordée par les appartements royaux (au sud) et une grande salle à colonnes (au nord), l'apadana*. Il était décoré de taureaux, de lions et d'archers en briques émaillées – une esthétique empruntée à Babylone. Découvert sur les lieux, un texte trilingue donne l'origine des matériaux employés et des artisans: les briques furent modelées sur place, les poutres de cèdre venaient du Liban, le bois yaka provenait du Gandhara et de Carmanie, les décors muraux furent apportés d'Ionie, l'or venait de Bactriane, le lapis-lazuli et la cornaline de Sogdiane, l'argent et l'ébène d'Egypte, l'ivoire d'Ethiopie.

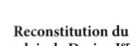
Reconstitution du palais de Darius Iᵉʳ.

Elément de colonne, apadana.

Les artisans étaient des Babyloniens, des Ioniens, des Mèdes et des Egyptiens. Le palais était, symboliquement, un condensé de l'empire, de ses peuples et des richesses spécifiques de chaque région. Deux autres palais achéménides furent construits, dont l'un par Artaxerxès II sur une rive du Shaur (~404-~358): il n'en reste pratiquement rien, mais on y a découvert des traces de peinture murale.

Chapiteau, apadana.

►Statue de Darius Iᵉʳ. Musée National de l'Iran, Tehrân.

D'Alexandre le Grand à l'Islam

En ~331, Alexandre conquiert Suse, prend son trésor mais ne détruit pas la ville; en ~324, il y épouse la fille de Darius III, Stateira. Sous les Séleucides, successeurs d'Alexandre, Suse est rebaptisée Séleucie de l'Eulaios, mais elle n'est plus que la capitale de la Susiane. L'urbanisme et la culture hellénistiques influencent alors le développement de la cité, qui vit d'un commerce important dont témoignent de nombreux textes administratifs en grec. En ~141, les Parthes envahissent la Mésopotamie. Centre commercial et agricole, Suse continue de croître, même si elle ne possède plus de fonction politique. Le déclin s'amorce à l'époque sassanide (IIIᵉ-VIIᵉ s.). Détruite par Shapur II au IVᵉ s., puis reconstruite, la ville perd peu à peu son importance et se réduit à une bourgade. Elle connaîtra un certain renouveau à l'époque islamique. Au plus fort de son extension, la Suse musulmane occupait un territoire de 4 km². Elle fut une ville religieuse et mystique, qui entra

Dôme de la tombe de Daniel.

en déclin au IXᵉ-Xᵉ s., puis fut abandonnée au XIIIᵉ s. suite à l'invasion mongole. Parmi ses édifices, totalement ruinés, on a retrouvé des maisons, un hammam, une grande mosquée et une sucrerie.

Malgré la destruction de la ville, le site ne disparut pas des mémoires. Connu sous le nom de Shush-e Daniel, il accueille un important pèlerinage à une **tombe** attribuée au **prophète Daniel**. Reconnu et vénéré par les musulmans, ce prophète biblique fut au service des rois de Babylone (~VIᵉ s.). Plusieurs passages du Livre de Daniel sont célèbres : Daniel interprète des songes du roi Nabuchodonosor II sur le destin des empires et Dieu le sauve de la fosse aux lions où le roi l'avait jeté. Fondé au XIIᵉ s., le mausolée a été reconstruit à la fin du XIXᵉ s. Il est surmonté d'une coupole conique, composée de plusieurs anneaux dentelés de grandeur décroissante, caractéristique de l'architecture du Khuzestân.

L'antique Suse fut repérée en 1851 par des Anglais et partiellement fouillée en 1853-1854. Puis, de 1884 à 1886, les Français Marcel et Jane Dieulafoy continuent l'exploration et ramènent au Louvre de Paris la frise des archers du palais de Darius Iᵉʳ. Dès 1897, le Français Jacques de Morgan initie des fouilles systématiques, poursuivies jusqu'en 1979 par d'autres archéologues, qui révèlent peu à peu les couches d'histoire: les palais achéménides (~Vᵉ s.), le butin de guerre des Elamites au ~XIIᵉ s. (le code d'Hammurabi), des tablettes rédigées en langue proto-élamite toujours indéchiffrée (fin du ~IVᵉ mil.), des nécropoles préhistoriques avec la belle céramique de Suse du ~IVᵉ mil. Les fouilles de la ville royale des Elamites, occupée depuis le début du ~IIIᵉ mil., ont révélé des constructions dont l'agencement aura une longue postérité. Ainsi, dans des palais du ~IIᵉ mil. des pièces sont groupées autour d'une cour centrale bordée d'une salle de réception allongée: une formule qui sera employée dans les palais achéménides, près de 1200 ans plus tard. Plusieurs temples, d'époques différentes, ont été retrouvés. Avec les statuettes d'orants, les nombreuses figurations sacrées du serpent, les textes religieux sur les cyclindres ou les tablettes, les bustes funéraires découverts dans des tombes creusées sous le sol des maisons, ils témoignent d'une vie religieuse intense et continue durant plusieurs millénaires (75-76).

Le monument le plus visible du site est le **château**, construit en 1898 par les archéologues français pour abriter leurs fouilles et y travailler à l'abri des pillards. De l'antique Suse, le vestige le plus

►Portrait d'Alexandre le Grand sur une monnaie séleucide, Suse. Musée National de l'Iran, Tehrân.

La tombe de Daniel

►Portrait funéraire élamite, Suse, ~IIᵉ mil. Musée du Louvre, Paris.

L'exploration de Suse

►Code d'Hammurabi, Mésopotamie, ~XVIIIᵉ s. Musée du Louvre, Paris.

Que voir à Suse?

La ziggurat.

significatif est l'apadana* achéménide, dont on ne verra pourtant que des débris de colonnes et de sculptures de taureaux. Le reste du site est plus ou moins réservé aux spécialistes. Quant au musée, il semble être là pour rappeler que l'essentiel des découvertes archéologiques se trouve à Paris, au Musée du Louvre (*75-76, 459*).

Les sites élamites

La ziggurat de Choghâ Zanbil (Dur Untash)

Elle est non seulement le principal vestige architectural des Elamites, elle est aussi, avec celle d'Ur en Irak, la ziggurat la mieux préservée de l'Orient ancien.

Dans une steppe semi-désertique, la ziggurat fut le cœur d'une ville sacrée, fondée par le roi élamite Untash-Napirisha (~1345-~1305). Surnommé «l'Agrandisseur de l'empire», il souhaitait donner une nouvelle unité au royaume d'Anshân et de Suse, fondé au début du ~IIe mil. Le «lieu saint» (Siyân-kuk) de Choghâ Zanbil réunissait les cultes et les dieux de toutes les provinces du royaume. Par une symbolique religieuse, il marquait ainsi une unité géographique et politique des peuples intégrés dans la confédération élamite. Les deux divinités principales étaient Inshushinak, dieu de Suse, et Napirisha (ou GAL: «Grand»), dieu d'Anshân. Entouré de trois enceintes, le complexe royal et sacré couvre près de 100 hectares. La première enceinte devait abriter une **ville** restée inachevée. Plusieurs palais ont

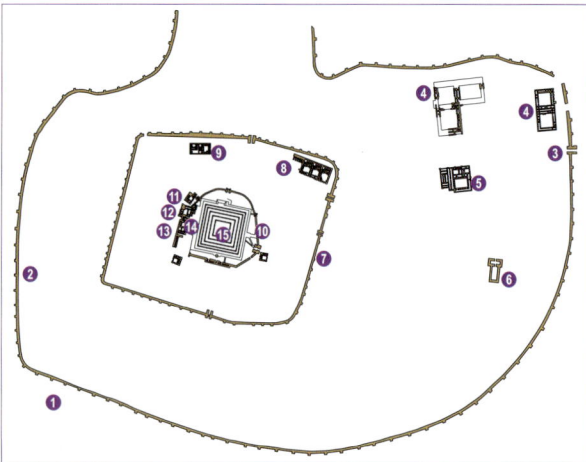

Plan général de Choghâ Zanbil.
① Enceinte extérieure.
② Réservoirs d'eau.
③ Porte royale.
④ Palais.
⑤ Tombes voûtées et palais funéraire.
⑥ Temple de Nusku.
⑦ Deuxième enceinte.
⑧ Temple dédié aux divinités Napratep.
⑨ Temple de Hishmitik et de Ruhuratir.
⑩ Enceinte de la ziggurat.
⑪ Temple de Napirisha.
⑫ Temple d'Ishnikarab.
⑬ Temple ouest de Kiririsha.
⑭ Temple est de Kiririsha.
⑮ Ziggurat.

été construits à l'est, à côté d'une porte d'entrée monumentale (la «porte royale») pourvue d'une grande cour. Un palais était destiné au culte funéraire de la famille royale, dont les cendres étaient gardées dans cinq pièces souterraines voûtées. Les deux autres palais servaient de résidence: ils se composent de plusieurs pièces disposées autour d'une cour quadrangulaire à ciel ouvert. A l'écart, un temple était consacré à Nusku, dieu babylonien du feu et messager de la deuxième plus importante divinité de Babylone, Enlil. La deuxième enceinte comprenait deux ensembles de temples: l'un, à l'est, était dédié à un groupe de divinités appelées Napratep; l'autre, au nord, était voué au culte de Hishmitik et de Ruhuratir. La troisième enceinte, enfin, comprend en son centre la ziggurat, entourée de plusieurs temples: le plus important est consacré au dieu Ishnikarab et à sa compagne Kiririsha.

Très bien restaurée, la **ziggurat** de Choghâ Zanbil est la seule ziggurat qui ne soit pas en Mésopotamie. Sa base mesure un peu plus de 100 m². Haute de quatre ou cinq étages, elle devait culminer à plus de 50 m. Sur les quatre faces, un escalier, tantôt voûté tantôt à ciel ouvert, menait à un temple situé au sommet: consacré à GAL, Inshushinak et Kiririsha, il a entièrement disparu. Des animaux en terre cuite émaillée (un taureau et un griffon) gardaient les entrées. Le premier étage comprend 34 pièces voûtées et, au sud-est, deux temples dédiés à Inshushinak.

En haut: temple originel, futur
1er étage de la ziggurat.
En bas: coupe de la ziggurat.

La plus ancienne ziggurat connue de Mésopotamie date de la fin du ~IIIe mil. La ziggurat de Choghâ Zanbil s'en est inspirée: comme ses modèles aujourd'hui en Irak, elle est entourée d'une enceinte, ses quatre angles sont orientés vers les points cardinaux, ses murs extérieurs sont ornés de piliers et de niches. Cependant, la construction élamite diffère de ses consœurs mésopotamiennes sur plusieurs points: la ziggurat élamite est carrée, ses murs sont verticaux, le corps de l'édifice est construit en brique crue, alors que les niches et les piliers plaqués sur les murs extérieurs sont en brique cuite. Les édifices mésopotamiens sont plutôt rectangulaires et leurs pentes inclinées. Entouré d'un parement en brique cuite, leur noyau central est composé de sable, d'argile et de blocage*. Surtout, les ziggurats de Mésopotamie sont des tours à étages, formées de plusieurs terrasses superposées, de taille chaque fois plus petite: elles sont bâties avec des couches de briques crues, dans lesquelles des strates de roseaux sont insérées régulièrement pour accroître la cohésion de l'ensemble. La ziggurat de Choghâ Zanbil, en revanche, est constituée par un immense pilier central, anciennement haut de 52 m. Cet axe central est ceinturé par quatre «anneaux» carrés, de volumes décroissants, et construits depuis le sol de manière concentrique. A l'origine, en effet, il existait un temple carré, composé d'une cour centrale à ciel ouvert bordée d'une enceinte de 105 m de côté et de 8 m de hauteur. Par la suite, le temple originel devint le premier étage d'une ziggurat dont les étages furent construits dans la cour.

Escalier de la ziggurat.

▶Taureau en terre cuite
émaillée, Choghâ Zanbil,
~XIVe s. Musée National
de l'Iran, Tehrân.

Comme tout temple, le complexe de Choghâ Zanbil est un univers en réduction, un microcosme symbolique, un lieu de jonction entre le culte des hommes et la présence des divinités. Comme la montagne, la pyramide et l'escalier, la ziggurat symbolise une relation directe entre le Ciel et la terre, la convergence du multiple vers l'unité, les degrés hiérarchisés de la réalité cosmique et divine. Son

Haft Tapeh. Vue sur la terrasse.

Chambre funéraire I
de Haft Tapeh.

pilier central est une image de l'axe cosmique qui relie le cosmos au divin. L'orientation des quatre angles vers les points cardinaux inscrit la ziggurat dans une symbolique spatiale, qui reflète une structure métaphysique du monde. Les différents étages représentent les paliers superposés de l'univers, alors que les escaliers peuvent symboliser la voie des hommes vers le Divin.

Les fouilles archéologiques ont livré plusieurs centaines de briques cuites, inutilisées, et souvent gravées du nom d'une divinité. Un vaste système hydraulique alimentait le complexe: un canal de 50 km amenait de l'eau tirée du fleuve Karkheh au nord de Suse dans un bassin de décantation, à l'extérieur nord de la troisième enceinte; puis neuf canalisations conduisaient l'eau dans un réservoir à l'intérieur de cette troisième enceinte.

La ville ne fut pas achevée et les successeurs du roi Untash-Napirisha régnèrent à Suse. Pourtant, Choghâ Zanbil ne fut pas désertée et elle ne fut détruite qu'en ~640, par le roi assyrien Assurbanipal. Pendant les siècles précédant sa redécouverte en 1935, et son exploration par Roman Ghirshman de 1951 à 1962, il ne resta de la ziggurat qu'une ruine en forme de panier renversé: d'où le surnom de «*choghâ zanbil*» («colline de panier») (*38, 74, 116*).

Haft Tapeh

A une vingtaine de kilomètres de Suse, ce site fut occupé depuis le ~VIe mil., mais il se signale principalement par des vestiges du milieu du ~IIe mil., l'une des époques les plus méconnues de la civilisation élamite. Les constructions de Haft Tapeh («Sept collines») occupent en réalité plus d'une dizaine de collines. Un temple, avec une grande cour intérieure, jouxte deux chambres funéraires voûtées qui contenaient chacune plusieurs squelettes. Dans la plus grande (chambre funéraire I) était enterré Tepti Ahar, roi élamite de Suse et d'Anshân au ~XVe s. Au sud-est de ce complexe, les archéologues ont mis à jour deux terrasses et les restes d'un palais. 600 tablettes avec des textes surtout administratifs ainsi que des statuettes d'hommes, de dieux et d'animaux ont été retrouvées.

Plan de Haft Tapeh.
1 Chambre funéraire I.
2 Chambre funéraire II.
3 Temple.
4 Terrasse I.
5 Terrasse II.

Izeh (Malamir)

Izeh est le nom persan d'une plaine autrefois appelée Malamir en arabe. Dans un rayon de 20 km autour de la ville, les Elamites gravèrent plusieurs images rupestres dans les monts Bakhtyâris qui bordent la plaine. Situées souvent près d'un cours d'eau, élément sacré des Elamites, elles ont pour thème la royauté et le culte aux dieux, même si aucune divinité n'est représentée. Leur datation a fait l'objet de nombreuses discussions.

▶Statuette élamite en céramique, Khuzestân, 2e partie du ~IIe mil. Musée National de l'Iran, Tehrân.

A **Shikaft-e Salmân**, au sud-ouest, quatre reliefs ont été gravés sur les deux côtés d'un ravin dominant une source: deux hommes en prière accompagnés d'une femme (37); le roi et la reine, avec, au centre, leur enfant, figuré plus petit; un roi avec une coiffure élamite; un roi en prière portant une longue robe. Vers les ~VIIᵉ-~VIᵉ s., un prince local, Hanni, vassal des Néo-Elamites régnant à Suse, a ajouté des inscriptions pour s'approprier ces reliefs. Egalement au sud-ouest, à **Shâh Savar**, des personnages sculptés sur deux registres rendent hommage à un souverain assis.

Relief parthe de
Hung-i Nauruzi.

A **Kul-e Farah**, au nord-ouest, plusieurs reliefs ont été gravés dans la roche. La majorité date certainement du ~IIᵉ mil. ou du début du ~Iᵉʳ mil., même si on a pu y voir des œuvres néo-élamites (~VIIIᵉ-~VIIᵉ s.). Deux faces d'un rocher montrent un cortège disposé sur quatre registres: il suit le roi, gravé plus grand que les autres personnages et officiant à un culte: il est porté par des personnages agenouillés aux bras levés, qui peuvent être des vaincus ou des vassaux. Un grand relief triangulaire représente un souverain présidant à un «banquet cultuel»: il est porté par quatre rangées de personnages qui évoquent le peuple, comme plus tard dans les reliefs achéménides.

D'autres reliefs montrent des souverains debout, en prière. Un relief est daté avec certitude du ~VIIᵉ-~VIᵉ s.: il représente le prince Hanni,

«Relief élamite de Kul-e Farah.

vêtu comme un roi assyrien, accompagné par trois musiciens, un ministre (nommé par une inscription) et des officiants; les victimes du sacrifice sont couchées à côté d'un autel du feu. A **Hung-i Nauruzi**, près d'un relief élamite du ~IIᵉ mil. avec des personnages rendant hommage à un roi, les Parthes ont représenté sans doute le roi Mithridate Iᵉʳ (~171-~138). A droite, il est entouré par trois dignitaires vêtus comme lui à la parthe (avec un pantalon), et, à gauche, par un cavalier vêtu à la grecque.

Dans cette région majestueuse, encore peu fouillée, on n'a pas découvert de villes, mais trois sanctuaires: deux sont de l'époque parthe, alors que celui de **Shami**, à moins de 50 km d'Izeh, remonte peut-être à l'époque séleucide. Le temple était rectangulaire et possédait un autel en brique au centre. On y a trouvé une statue de prince parthe et des sculptures de style hellénistique, toutes en bronze (121, 122).

Tombe néo-élamite d'Ardjân,
près de Behbahân.

Les sites parthes

Masdjed-e Suleymân

Près de la ville du même nom, Masdjed-e Suleymân (la «mosquée de Salomon») est un **lieu de culte préislamique**, autrefois couvert par un cimetière musulman. Il se compose d'une terrasse partiellement

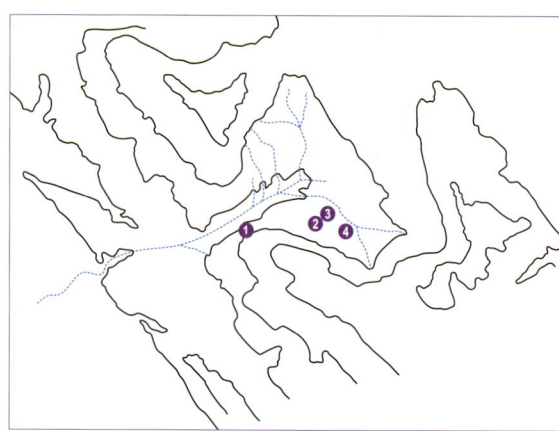

Plan des rochers gravés
de Tang-e Sarvak.

artificielle, qui fut peut-être fondée aux alentours du ~IIIe-~IIe s., sans doute à l'emplacement d'un poste militaire séleucide surveillant une route reliant le Golfe, le Khuzestân et le Plateau iranien. On accédait au lieu de culte, à l'angle est, par un escalier large de 25 m. La terrasse accueille deux temples: l'un dédié à Héraklès, l'autre sans doute à Athéna, déesse de guerre et de sagesse, protectrice des chevaux et de la cavalerie grecque. Les archéologues ont découvert une grande statue représentant Héraklès en train d'étouffer le lion de Némée ainsi que des figurines de cavaliers macédoniens. Lorsque le roi parthe Mithridate Ier conquiert la région au ~IIe s., le complexe est détruit, puis un grand temple est construit, avec une cour centrale carrée entourée de chambres de cultes. Le lieu fut abandonné à l'époque sassanide, vers le IVe s. A environ 20 km de Masdjed-e Suleymân, le site de **Bard-e Neshândeh** est un autre site sacré construit sur une terrasse artificielle dans les monts Bakhtyâris: il abritait des temples dédiés à Ahura Mazda, Anahita et Mithra. Plusieurs temples d'époque parthe ont par ailleurs été découverts dans la région d'Izeh / Malamir.

Vallée de Tang-e Sarvak

Relief du rocher II.
Tang-e Sarvak.

Au sein de l'Empire parthe, l'Elymaïde* (autrefois l'Elam) forma un royaume soumis par Mithridate Ier au ~IIe s., mais devenu plus ou moins indépendant les deux premiers siècles de notre ère. Izeh fut longtemps sa capitale. Difficile d'accès, cette vallée conserve quatre ensembles de bas-reliefs rupestres gravés à l'époque parthe. Eloignés les uns des autres de dizaines ou de centaines de mètres, ils datent pour la plupart des Ier et IIe s. Quelques reliefs portent des inscriptions, d'interprétation difficile, qui évoquent des divinités non zoroastriennes. Les motifs sculptés sont souvent des variations de thèmes identiques, religieux ou royaux: personnage devant un autel ou un bétyle, une pierre sacrée; hommage à un roi debout, assis sur un trône ou couché sur un lit (*123*); investiture royale; suite de personnages alignés; cavaliers. Leur esthétique est assez fruste, souvent malhabile, le relief peu profond, mais les détails sont parfois soigneusement rendus. Le caractère statique des scènes, la frontalité des figures et l'absence de naturalisme rattachent ces œuvres à l'art parthe.

Les villes sassanides et islamiques

Iwân-e Karkheh

Près du fleuve Karkheh, à environ 50 km au nord-ouest de Suse, cette ville fut construite sous le règne de Shapur II (309-379). Son urbanisme s'inscrit dans un rectangle de 4 km sur 1. Des fouilles

Chutes d'eau. Shushtar.

menées au milieu du XXe s. ont mis à jour un palais. Sa salle à coupole est bordée d'un couloir dont le voûtement, en berceaux transversaux, ressemble comme un frère à l'église romane de Tournus en France (*126*). On a également exhumé un pavillon à triple iwan* autrefois décoré de peintures murales exécutées sur une couche de mortier. Le site a été malheureusement détruit de façon irréparable lors de la guerre Iran-Irak (1980-1988).

Djond-e Shâpur (Gondishapur)

Dans la plaine de Suse, les pauvres ruines de l'ancienne cité royale de Djond-e Shâpur (Gondishapur) se trouvent à une quinzaine de kilomètres de Dezful, sur la route vers Shushtar. Refondée par Shapur Ier (241-272) sur un site parthe, agrandie par Shapur II (309-379), puis abandonnée aux Xe-XIe s., elle atteint par endroit une longueur de 3 km et une largeur de 2 km. Voulue comme une cité des sciences par les rois sassanides, elle accueillit de nombreux savants grecs (médecins, astronomes) et des chrétiens nestoriens. Elle fut la source d'une tradition médicale et hospitalière qui influença la médecine du monde musulman. Mani y aurait été supplicié en 275. A environ 6 km de la cité sassanide, le site néolithique de **Choghâ Mish** fut un lieu d'habitation important, florissant et très organisé, à la fin du ~IVe mil. et au début du ~IIIe mil.

►Vue aérienne des moulins de Shushtar.

Shushtar

Située sur une falaise surplombant le fleuve Kârun, Shushtar est connue depuis les temps préislamiques pour des ouvrages hydrauliques. Hormis quelques éclipses, l'importance stratégique et commerciale de la ville s'est maintenue pendant des siècles, même si elle a été supplantée par Ahvâz. Selon la tradition, elle fut

Polband-e Qaysar. Shushtar. A gauche, le pont à la fin du XIXe s. Gravure tirée de *La Perse, la Chaldée et la Susiane* de Jane Dieulafoy (1887).

♦Mosquée du Vendredi
de Shushtar.

fondée par Darius Iᵉʳ (~522-~486), qui y aurait fait construire un canal. Le roi sassanide Ardashir Iᵉʳ (224-241) décida la construction d'un **pont-barrage**, qui fut réalisé sous Shapur Iᵉʳ (241-272) par des soldats romains faits prisonniers à la bataille d'Edesse en 260. Autrefois long de 500 m, il ne reste aujourd'hui que 28 arches sur la rive gauche et 7 arches sur la rive droite (Polband-e Qaysar). Aux abords de la ville, le fleuve se partage en deux: un bras contourne la cité, alors que l'autre la traverse. Ce dernier est enjambé par un premier pont-barrage (Band-e Mizan), fondé à l'époque sassanide, puis, 300 m en aval, par un second de la même époque (Band-e Gargar). A cet endroit, l'eau disparaît sous les rochers pour rejaillir en cascades de l'autre côté du pont. Pour profiter de la force hydraulique, 40 **moulins à eau**, avec un système de puits, de réservoirs et de canaux ont été construits en contrebas du pont, au pied des falaises qui bordent alors la rivière et qui accueillent des alignements d'anciennes maisons. Jusqu'au milieu du XIXᵉ s., les moulins moulaient du blé pour Shushtar et toute sa région. Près du bazar, dans les vieux quartiers, la **mosquée du Vendredi** fut fondée par un calife abbasside en 866-899, al-Mu'tazz Bi'llâh, et achevée entre 1118 et

Restes de moulins sur le Dez. Dezful.

1135. Construite selon le plan arabe, elle fut remaniée et restaurée maintes fois au cours des siècles. Sa salle de prière hypostyle, avec ses gros piliers, est une réminiscence de l'architecture sassanide. Elle conserve un minbar en bois de 1053-54 et un mihrab seldjoukide du XIIᵉ s., avec des éléments de décor stuqué safavide. Le minaret date de 1419-20. Le château, qui domine le fleuve, remonte au XVIIIᵉ s.

►Le pont de Dezful au
milieu du XIXᵉ s.

Dezful

Cette ville de fondation sassanide (IIIᵉ s.) conserve les restes d'un **pont** de l'époque de Shapur Iᵉʳ (241-272), restauré plus tard à l'époque islamique. Comme à Shushtar, il fut construit par des prisonniers de guerre romains, emmenés en Perse à la suite de leur défaite à la bataille d'Edesse, où s'affrontèrent l'empereur Valérien et Shapur Iᵉʳ. En ville, le long du Dez, l'un des trois fleuves du Khuzestân, des restes de moulins à eau et de canaux sont encore visibles.

La **mosquée du Vendredi** fut peut-être fondée aux alentours du IXe-Xe s.: en témoigne sa salle de prière sud-est, qui porte l'influence des constructions sassanides (IIIe-VIIe s.). A plusieurs reprises, elle fut agrandie ou restaurée: la salle sud-ouest fut ajoutée au XIIIe s., la colonnade de la partie sud-est est safavide (1699-1700), les minarets de l'iwan sud datent du XIXe s. La mosquée fut restaurée en 1967. Pendant la guerre Iran-Iraq (1981), les parties nord et nord-est de la mosquée ont été détruites, et les réparations ont entièrement modifié le portique d'entrée.

◆Mosquée du Vendredi de Dezful.

LES PROVINCES DE CHAHARMAHÂL ET DE KOHGILUYEH

►Kelim Bakhtyâri.

La chaîne du Zâgros traverse ces deux provinces montagneuses, parsemées de quelques forêts. Toutes deux sont bordées par le Khuzestân à l'ouest, la province d'Esfahân à l'est. Ce sont les paysages qui font leur intérêt, non les monuments historiques, rares et souvent insignifiants. Capitale de la province de **Chahârmahâl va Bakhtyâri**, Shahr-e Kord est une ville de 280'837 habitants (2011), située à un peu plus de 2000 m d'altitude. Elle ne contient pratiquement que des monuments modernes ou restaurés à des époques récentes, les plus anciens remontant à l'époque qâdjâre (XIXe s.). La mosquée du Vendredi de Shahr-e Kord date de 1854-55. A l'extérieur de la ville, la mosquée de Châleshtor a été construite vers 1851-1853 et l'Imâmzâdeh Dastgerd, d'époque qâdjâre, conserve les inscriptions safavides. Ruinée, la mosquée de Hafshedjân date de l'époque seldjoukide (XIe-XIIe s.). Dans la province, on peut citer le château qâdjâr de Dezak, dont la résidence conserve quelques décors de plâtre et de miroirs. Plusieurs autres châteaux ont été occupés par le gouverneur (ou khân) des Bakhtyâris, l'une des principales tribus qui nomadisent entre les plaines et les régions montagneuses. Les traditions musicales et plusieurs danses (danses du bâton, du mouchoir ou de mariage) sont régulièrement présentées dans des festivals de la province.

La province de **Kohgiluyeh va Boyrâhmad** doit une partie de son nom à la tribu nomade des Boyrâhmad. Elle est plus riche en monuments anciens, même si leur intérêt est souvent limité. Le développement de sa capitale, Yâsudj (96'786 habitants en 2006), date seulement des années 1950, mais plusieurs sites archéologiques de la région témoignent d'une occupation ancienne. La colline de Tal Khosrow, au sud de Yâsudj, fut occupée depuis le ~IIIe mil. Fondée à l'époque sassanide (IIIe s.), Dehdasht conserve un Imâm-

◄Nomadisme des Bakhtyâris dans la province de Chahârmahâl va Bakhtyâri.

zâdeh safavide (Pandjeh Khal), mais à l'architecture et au décor pauvres. Une tombe, reconstruite à l'époque qâdjâre, a été attribuée par la tradition populaire au roi sassanide Shapur Iᵉʳ, fondateur de la cité. Entre Dehdasht et Behbahân, près de la localité de Pol-e Kheir Abâd se trouvent les ruines de deux ponts anciens restaurés sous les Safavides (1501-1732) et un temple du feu sassanide (IIIᵉ-VIIᵉ s.). La province compte plusieurs châteaux d'époque islamique. Entre Ganâveh et Do Gonbadân (Gachsârân), la tombe de Bibi Hakimeh, fille du VIᵉ Imam Djafar selon la tradition, est un lieu de pèlerinage important. Comme dans la province de Chahârmahâl va Bakhtyâri, les tapis et les kelims* constituent l'artisanat principal et les musiques des nomades sont une part importante des cultures locales.

▶Kelim Afshar.
Musée du Tapis, Tehrân.

LA PROVINCE D'ILAM

Située entre l'Irak et la plaine mésopotamienne à l'ouest et les contreforts du Zâgros à l'est, la province d'Ilâm est relativement pauvre en vestiges. Quelques ruines sassanides (temples du feu, citadelles, fondations de ponts) attestent d'une occupation ancienne, notamment dans la région de Dareh Shahr. On citera le temple du feu sassanide Atashkadeh Siâhkal, près de Zarneh, au nord-ouest d'Eyvân, et celui de Chahâr Tâqi-e Dareh Shahr, à l'est de Dareh Shahr, construit sans doute au début de l'époque islamique. Il demeure également les ruines de plusieurs forteresses, généralement datées pour leur fondation de l'époque sassanide: Qal'eh-ye Sâm, près du village de Chambur, dans la région de Shirvân Chardâvel, Posht Qal'eh, près du village du même nom, au sud d'Abdânân, Dej Sheikh Makân, située dans une vallée à l'est

◀Dareh Shahr.

de Dareh Shahr. Les monuments d'époque islamique, comme les mausolées, sont parfois de fondation ancienne, mais généralement d'époque qâdjâre dans leur architecture et leur décor actuels. On ne mentionnera que l'Imâmzâdeh Seyyed Ebrâhim près de Bardi dans la région de Dehlorân, fondé au XIIIᵉ s. sous Hulagu, et une tour funéraire ruinée de la même époque, qui possédait un minaret à chaque angle, Boqe Mehdi Sâleh, près de Mâjin, dans la région de Dareh Shahr. La capitale de la province, Ilâm (177'988 habitants en 2011) fut construite dès les années

◀Temple du feu sassanide de Siâhkal, près d'Eyvân.

1920. Les kelims* sont l'artisanat principal d'une province habitée par plusieurs tribus semi-nomades.

LE CENTRE DE L'IRAN

**LA PROVINCE
DE QOM, 324**

**LA PROVINCE
DE YAZD, 356**

**LA PROVINCE
D'ESFAHAN, 328**

**LA PROVINCE
DU FARS, 364**

Mosquée de l'Imam, Esfahân, 1612-1627.

LA PROVINCE DE QOM

QOM
Capitale de la province de Qom
Altitude: 928 m – Habitants: 1'095'871 (2011)

La province de Qom, la plus petite d'Iran, ne vit que pour sa capitale. A quelque 140 km au sud de Tehrân, elle est située à l'extrêmité occidentale du désert du Kavir et à 60 km à l'ouest d'un grand lac salé (Daryâcheh Namak). La ville fut fondée avant l'arrivée de l'Islam, mais son histoire ancienne ne nous est pas connue. Dans la région, les archéologues ont mis à jour des vestiges du ~V[e] mil. et découvert plusieurs chahâr tâq* sassanides (IIIe-VIIe s.). La fondation de la ville musulmane est attribuée à des partisans d'Ali, qui en font un haut lieu du chiisme. Cette vocation fut consacrée au IXe s. lorsque Fatima, la sœur du VIIIe Imam, mourut et fut enterrée dans la ville en 816-17. Déjà renommée pour ses écoles théologiques et ses fondations pieuses, elle accueillit désormais

●Lac salé de Qom.

un pèlerinage chiite, demeuré l'un des plus importants du pays. Après les massacres des Mongols en 1224 et les cruautés de Tamerlan le siècle suivant, Qom renaît rapidement et les souverains turcomans la choisissent comme résidence d'hiver pour la chasse. Sa fonction religieuse connaît un nouveau prestige lorsque les Safavides, au XVIe s., imposent le chiisme au pays et font reconstruire le mausolée de Fatima. Riche de centaines d'Imâmzâdehs* et de tombeaux de théologiens et de princes, Qom vit alors des dons royaux, de l'afflux des pèlerins et d'un artisanat remarquable. Les destructions causées au XVIIIe s. par les Afghans et un frère de Nâder Shâh ne portent pas atteinte à un rayonnement spirituel qui se poursuit sous les Qâdjârs avec la construction et la restauration de plusieurs monuments. Au XXe s., l'Imam Khomeyni enseigna dans cette ville traditionaliste qui devint le foyer de résistance à la politique moderniste du dernier roi Pahlavi. Aujourd'hui, Qom est une cité de savoir, à l'autorité intellectuelle considérable, où tous les étudiants en théologie aspirent à poursuivre leur formation et à enseigner.

△Mausolée de Fatima.

Avec ses centaines de mosquées, de madrasas et de tombeaux, ses milliers d'étudiants, ses femmes en tchador et ses mollâs, Qom demeure une ville secrète, à l'ambiance feutrée, à la spiritualité et à l'activité intellectuelle inaccessibles aux visiteurs occidentaux, d'autant que le principal centre d'intérêt (le sanctuaire de Fatima) est fermé aux non-musulmans. La ville n'est donc guère touristique, et plus qu'ailleurs, on y exige une tenue respectueuse de l'Islam. On pourra néanmoins voir le **bazar**, qui compte une belle coupole marchande (*timcheh-ye bozorg*). En dehors de Qom, plusieurs caravansérails, d'époque safavide ou qâdjâre, jalonnent les routes secondaires Qom-Kâshân, Qom-Sâveh et Qom-Rey. Ville théologienne, Qom n'ignore rien des biens et des nourritures terrestres: elle est connue pour une délicieuse pâtisserie aux amandes et aux pistaches (*sohân*), des tapis de soie de haute qualité et une production de céramiques, notamment des perles bleu-turquoise.

Portail du mausolée de Fatima.

Le mausolée de Fatima (Hazrat-e Fâtemeh al-Ma'sumeh)

Cour principale du mausolée de Fatima.

Comme à Mashhad, le tombeau originel du IXe s. a été agrandi, embelli et rénové au cours des siècles. Les bâtiments actuels remontent pour l'essentiel aux Safavides (XVIe-XVIIe s.) et au roi qâdjâr Fath Ali Shâh (1797-1834), qui fit rénover l'ensemble. Les décors de céramiques sont ponctuellement safavides, mais le plus souvent qâdjârs

△Chambre funéraire du mausolée de Fatima.

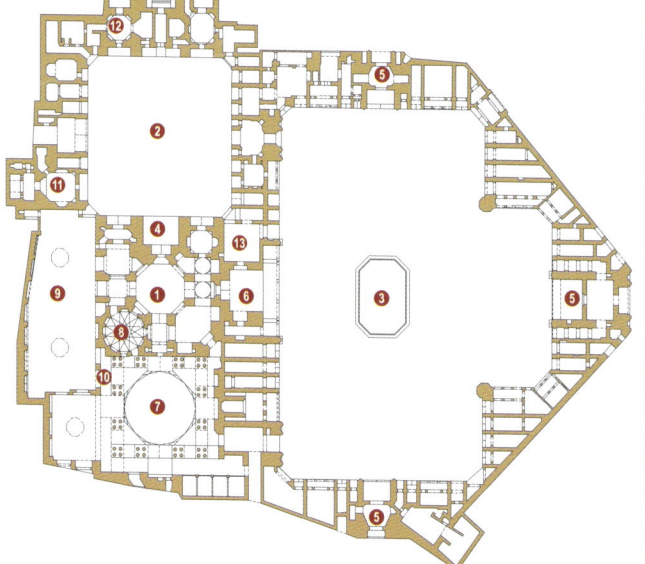

Plan du complexe sacré.
1 Tombe de Fatima.
2 Ancienne cour (safavide).
3 Nouvelle cour (qâdjâre).
4 Iwan d'or (1519-20).
5 Entrées.
6 Iwan aux mosaïques de miroirs.
7 Mosquée.
8 Tombe de Shâh Abbâs II.
9 Mosquée Bâlâ Sar.
10 Tombes de Shâh Suleymân et de Shâh Husseyn.
11 Tombe de Muhammad Shâh.
12 Tombe de Fath Ali Shâh.
13 Tombe de Shâh Safi.

Décor de céramique safavide.
Mausolée de Fatima.

ou modernes. Accessible depuis une grande cour, la salle du tombeau est reconnaissable à sa coupole recouverte d'or sous le règne de Fath Ali Shâh (*94, 96*). Elle est précédée par un porche soutenu par quatre hautes et fines colonnes et par un iwan, dont les muqarnas* et les murs brillent grâce à des mosaïques de miroirs (*181*). Deux minarets parés de céramiques se dressent sur l'iwan. Le tombeau est entouré de mosquées et de madrasas, formant une petite cité de science et gravitant comme des planètes autour du tombeau de la sainte. Plusieurs souverains sont enterrés dans le périmètre: les Safavides Shâh Abbâs II, Shâh Safi Ier, Shâh Suleymân, Shâh Husseyn, et les Qâdjârs Fath Ali Shâh et Muhammad Shâh. A deux pas de l'enceinte sacrée, un beau **musée** conserve les objets donnés au cours des siècles au sanctuaire: Corans, textiles, céramiques, pierres gravées, etc.

Mosquées et madrasas

La **mosquée Azam** est la plus importante des mosquées jouxtant le tombeau sacré. Elle fut construite en 1954 et décorée de céramiques traditionnelles. En ville, la **mosquée du Vendredi** fut reconstruite et décorée sous les Safavides

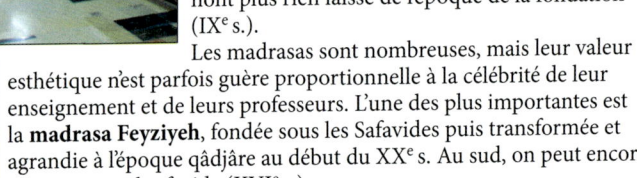

Mosquée Azam.

(salles de prière est, ouest de la salle à coupole), puis sous les Qâdjârs au XIXe s. (iwan nord et salles de prière nord, est et ouest). De l'ancienne mosquée du Vendredi (Masdjed-e Djâme' Atiq), les rénovations et transformations successives n'ont plus rien laissé de l'époque de la fondation (IXe s.).

Bibliothèque Marashi.

Les madrasas sont nombreuses, mais leur valeur esthétique n'est parfois guère proportionnelle à la célébrité de leur enseignement et de leurs professeurs. L'une des plus importantes est la **madrasa Feyziyeh**, fondée sous les Safavides puis transformée et agrandie à l'époque qâdjâre au début du XXe s. Au sud, on peut encore voir un portail safavide (XVIe s.).

Mausolées

Gonbad-e Sabz.

Plus de 300 **Imâmzâdehs*** sont enterrés dans la ville. Leur mausolée a souvent été rénové, refait ou redécoré au cours des siècles. Plusieurs ont été fondés à l'époque ilkhânide ou timouride (XIVe-XVe s.) et souvent redécorés de céramiques sous les Qâdjârs (1779-1925). Leur architecture immuable est une salle à coupole, coiffée d'un dôme aux formes diverses (bulbe, cône, cône pyramidal, etc.) et décorée de céramiques et de stucs. On peut citer l'Imâmzâdeh Ali Ibn Djafar (1307-1339), avec un dôme pyramidal à douze pans et un magnifique décor de stuc et de céramiques (*171, 253*); l'Imâmzâdeh Shâh Ebrâhim (1321, restauré en 1330-1365), au plan octogonal et au dôme pyramidal à douze pans; l'Imâmzâdeh Shâhzâdeh Ebrâhim (1321, restauré en 1402), au plan octogonal et au dôme pyramidal à seize pans; l'Imâmzâdeh Seyyed Sarbakhsh (2e moitié du XIVe s.),

décoré à l'intérieur de stuc peint; l'Imâmzâdeh Ahmad
Qâsem (1378), une tour funéraire au dôme bulbeux dotée
de décors de stuc; l'Imâmzâdeh Ismâil (XIVᵉ s.), une tour
funéraire coiffée d'un dôme pyramidal; l'Imâmzâdeh Shâh
Hamzeh (début du XVIᵉ s.), coiffé d'un haut dôme élancé
couvert de céramiques de la première partie du XXᵉ s.;
l'Imâmzâdeh Soltân Mohammad Sharif (XVᵉ-XVIᵉ s.),
une tour octogonale contenant un cénotaphe du XIVᵉ s.;
l'Imâmzâdeh Shâhzâdeh Abu Ahmad (date de fondation
inconnue), de plan octogonal avec un dôme pyramidal à
seize pans, conservant un décor de stuc et des céramiques
safavides. Trois tours funéraires polygonales du XIVᵉ s.
se trouvent dans le jardin de Gonbad-e Sabz. Deux sont
couronnées d'un dôme pyramidal à seize pans couvert de
céramique turquoise: les mausolées de Khwâdjeh Asileddin
(de 1360-61) et de Khwâdjeh Ali Safi (de 1390-91). Le
troisième mausolée, au nord, est surmonté d'un dôme de
briques et date de la fin du XIVᵉ s. ou du début du XVᵉ s.

Imâmzâdeh Seyyed Sarbakhsh.

Djamkarân

Petite ville à quelques kilomètres de Qom,
Djamkarân est connue pour une mosquée,
considérablement rénovée et agrandie dans les
années 1990-2000, dédiée au XIIᵉ Imam des chiites.
Disparu de son vivant en 874, cet Imam du Temps
apparaîtra avant la fin de notre monde pour
révéler la vérité universelle et unique des religions.
Toujours présent dans le cœur des fidèles, il se
manifeste miraculeusement en certains endroits.
Djamkarân est l'un de ces hauts lieux propices à
la rencontre de cet Imam caché par lequel tout
croyant entre dans l'essence secrète de son être et de Dieu.

◈ Mosquée de Djamkarân.

LA PROVINCE D'ESFAHAN

Esfahan, 328

Kashan, 347

Nush Abad, 351

Niasar, 351

Mashhad-e Ardehal, 351

Abyaneh, 351

Natanz, 352

Ardestan, 352

Zavareh, 353

Na'in, 353

Mohammadieh, 355

Varzaneh, 355

Golpayegan, 355

ESFAHAN
Capitale de la province d'Esfahân
Altitude: 1590 m – Habitants: 1'978'168 (2011)

Palais Ali Qâpu.

La place Royale, 331
- La mosquée de l'Imam, 332
- Mosquée Sheikh Lotfollâh, 334
- Palais Ali Qâpu, 334
Le bazar et ses environs, 335
- Minaret et mosquée d'Ali, 336
- La tombe de Hârun Velâyat, 336
La mosquée du Vendredi, 337
Les environs de la mosquée du Vendredi, 339
- Mausolées, 339
- Minarets, 339
L'avenue Chahâr Bâgh, 340
- Madrasa de la Mère du Shâh, 340

- Hôtel Abbâsi, 340
- Palais Hasht Behesht, 341
- Palais Chehel Sotun, 341
Les maisons traditionnelles, 342
Les ponts, 343
Le quartier arménien, 343
Les synagogues, 344
Les monuments qâdjârs, 344
Les musées, 344
En périphérie de la ville, 345
- La mosquée des Minarets Tremblants, 345
- Le temple du feu, 345
Aux alentours d'Esfahân, 345

Aujourd'hui, la ville moderne enserre le centre historique, mais on peut toujours voir des minarets et des dômes «dans des tons bleus, si puissants et si rares que l'on songe à des pierres fines, à des palais en saphir, à d'irréalisables splendeurs de féerie» (P. Loti). Il y a des villes d'Iran plus secrètes, plus mystiques ou plus subtiles, mais nulle n'égale en splendeur celle qui fut surnommée, à l'époque safavide, la «Moitié du Monde» (Nesf-e Djahân). De toutes les villes d'Iran, Esfahân est culturellement la plus riche et ses trésors ne se limitent pas aux sites sans cesse parcourus par les touristes.

«Départ au lever du jour, enfin pour Ispahan! Une heure de route, dans un sinistre petit désert, aux ondulations d'argile brune, – qui sans doute est placé là pour préparer l'apparition de la ville d'émail bleu, et de sa fraîche oasis.
Et puis, avec un effet de rideau qui se lève au théâtre, deux collines désolées s'écartent devant nous et se séparent; alors un éden, qui était derrière, se révèle avec lenteur.»

Pierre Loti (1900)

L'oasis d'Esfahân fut habitée depuis l'Antiquité, mais son histoire ancienne nous échappe et se réduit, pour l'instant, à des hypothèses, à des fragments de légendes et à quelques ruines. Par sa position centrale, la ville

Portail d'entrée du mausolée de Hârun Velâyat.

joua un rôle important dès la conquête arabe au VIIe s. Malgré des périodes troublées (notamment sous les Bouyides au Xe s.), la ville des premiers siècles de l'Islam ne cessa de grandir et de prospérer grâce à un commerce de soie et de textiles. Lorsque les Seldjoukides conquièrent l'Iran au XIe s., Tughril Ier en fait sa capitale dès les années 1050 et l'enrichit de nombreux monuments. Dès les années 1120, pourtant, Esfahân perdit peu à peu son influence, lorsque le sultan Sandjar déplaça le centre du pouvoir au Khorâsân. Plus ou moins préservée par les Mongols, la ville traversa des temps instables sous Tamerlan (qui y fit massacrer 70'000 personnes en 1387) et les Timourides. C'est avec les Safavides (XVIe s.) qu'elle retrouve une pleine importance à la fois politique, administrative, culturelle et commerciale. Troisième capitale des Safavides, après Tabriz et Qazvin, Esfahân est transformée dès 1598 par Shâh Abbâs Ier, qui conçoit pour la ville un plan d'urbanisme novateur qui ne sera pas entièrement exécuté. Au XVIIe s., la ville devient un centre philosophique, le foyer d'une école de peinture, une colonie dynamique d'émigrés arméniens. Selon un voyageur français du XVIIe s., Chardin, la ville comptait à cette époque 162 mosquées, 48

Minaret d'Ali.

Mosquée du Vendredi.

madrasas, 182 caravansérails et 273 hammams. Dans cette oasis de palais et de jardins, conçue comme un reflet du paradis, les rois organisaient des fêtes qui pouvaient durer plusieurs semaines. La fin des Safavides entraîne le déclin immédiat de la ville, qui est assiégée par les Afghans (1722), reprise par Nâder Shâh (1729), décimée par des famines et des épidémies, pillée par des brigands. Dépeuplée et délabrée, elle se redressa à la fin du XVIIIe s. Même si elle demeura un important centre commercial, elle avait perdu sa place politique et culturelle au profit de Shirâz (sous les Zands) puis de Tehrân (sous les Qâdjârs).

Porte en marqueterie safavide.
Palais Chehel Sotun.

Les habitants d'Esfahân ont toujours été réputés pour leur savoir-faire artisanal et pour leurs talents commerciaux, qui leur valent une réputation d'avarice et de mercantilisme. C'est d'Esfahân que des marchands italiens, au XVIe s., rapportèrent une teinture qui donna le célèbre «bleu vénitien». La promotion d'Esfahân au rang de capitale favorisa l'art du tapis, qui brilla sous le règne de Shâh Abbâs Ier (1589-1628) et au long du XVIIe s. Si l'on rencontre les thèmes du vase à fleurs, des animaux, des Arbres de Vie ou des niches de prières, le tapis à médaillon central entouré d'arabesques est le motif principal des tapis d'Esfahân, qui utilisent surtout les couleurs bleue, crème et vermillon. Aujourd'hui, les principaux artisanats sont les tissus imprimés (*173*), la marqueterie (*182*), la peinture sur feuille isolée (les «miniatures») ou sur os de chameau (*164*), le travail du métal et l'orfèvrerie. Préparé avec de l'eau de rose, une plante de montagne (*gazangabin*), des pistaches et du blanc d'œuf, le nougat (*gaz*) est la spécialité la plus connue d'Esfahân.

Les arts et les traditions

►Nougat (*gaz*).

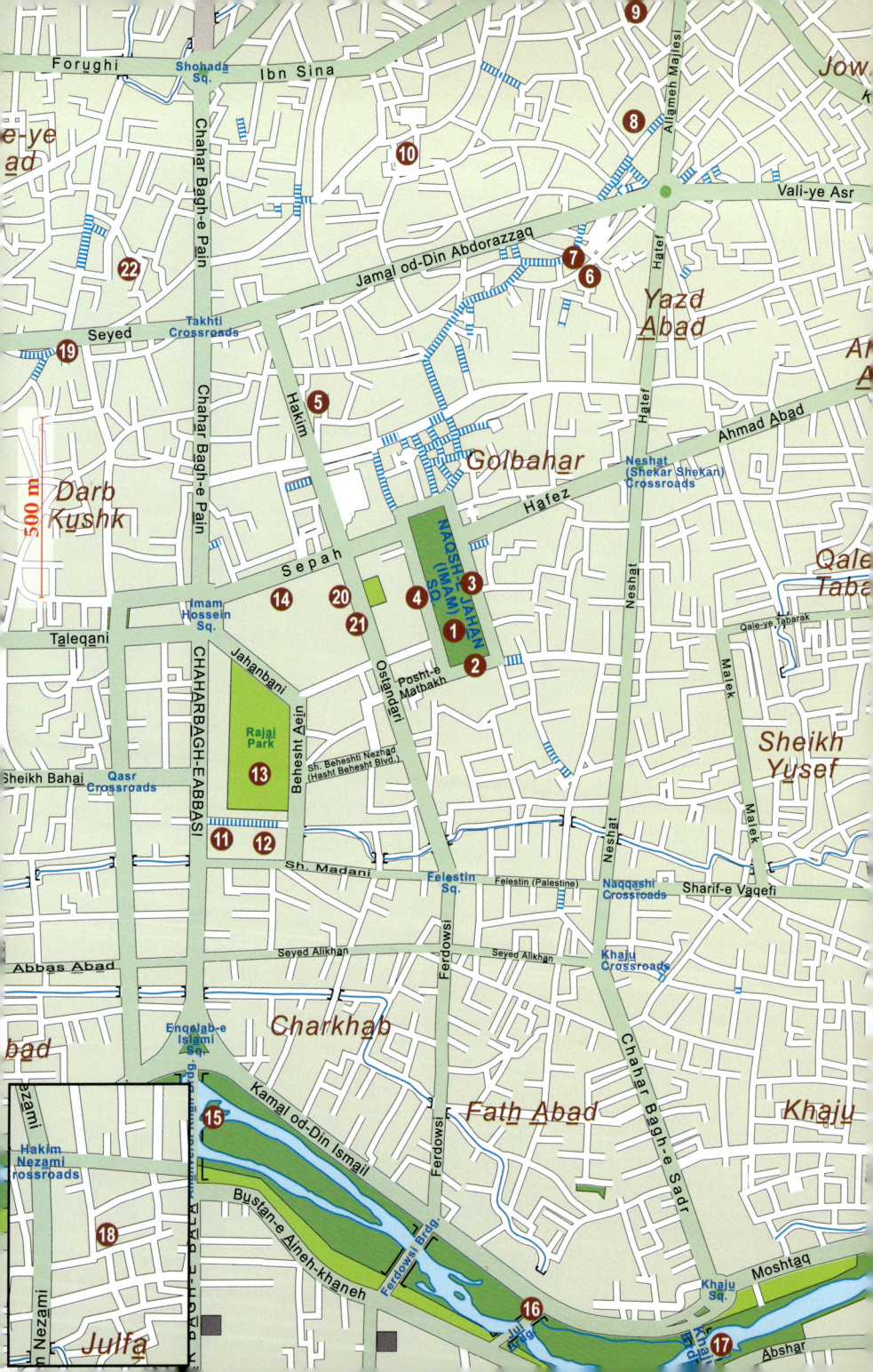

❶ La place Naqsh-e Djahân ou Place Royale (Meydân-e Shâh)

Autrefois appelée l'«Image du Monde» (Naqsh-e Djahân), cette place est le cœur de l'urbanisme conçu par Shâh Abbâs Ier (*61*). Mesurant 510 m sur 163, elle était destinée au jeu de polo, aux défilés militaires, aux marchés et aux manifestations religieuses, notamment aux ta'ziyehs*. A ses deux petites extrémités, deux bornes délimitent encore les buts utilisés dans le polo. Dans l'urbanisme musulman traditionnel, qui ignore les grandes places, elle est d'une nouveauté radicale; elle devance aussi nombre de réalisations des villes européennes. Selon un agencement typique de l'architecture iranienne (un espace rectangulaire à ciel ouvert bordé de quatre iwans), ses quatre côtés sont bordés par quatre édifices: deux mosquées (la mosquée de l'Imam et la mosquée Lotfollâh), un palais (Ali Qâpu) et le portail d'entrée du bazar. Ressemblant à une immense salle couronnée par la coupole du ciel, la place constituait un miroir de l'univers par son ordonnance, ses édifices et ses activités: ses marchés exprimaient la vitalité économique du royaume, ses cortèges militaires extériorisaient la puissance royale, ses jeux étaient le reflet des affrontements cosmiques et impériaux, alors que les rituels religieux sacralisaient l'espace et le temps de la cité. Aujourd'hui, les galeries de la place sont occupées par des commerces d'artisanat, où l'on vend à des touristes amadoués par un verre de thé «le dessin d'un oiseau au prix d'un oiseau vivant».

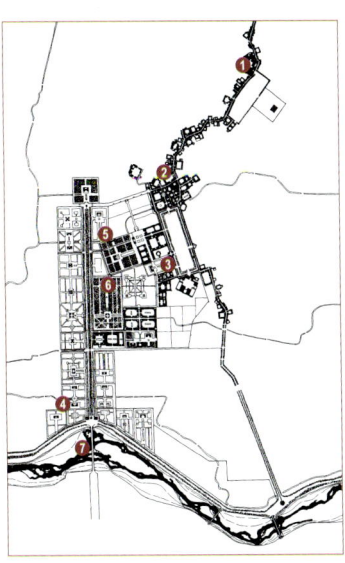

Plan de l'ancienne cité safavide.
❶ Mosquée du Vendredi.
❷ Bazar.
❸ Place Royale.
❹ Avenue Chahâr Bâgh.
❺ Palais Chehel Sotun.
❻ Palais Hasht Behesht.
❼ Pont Si-o Seh Pol.

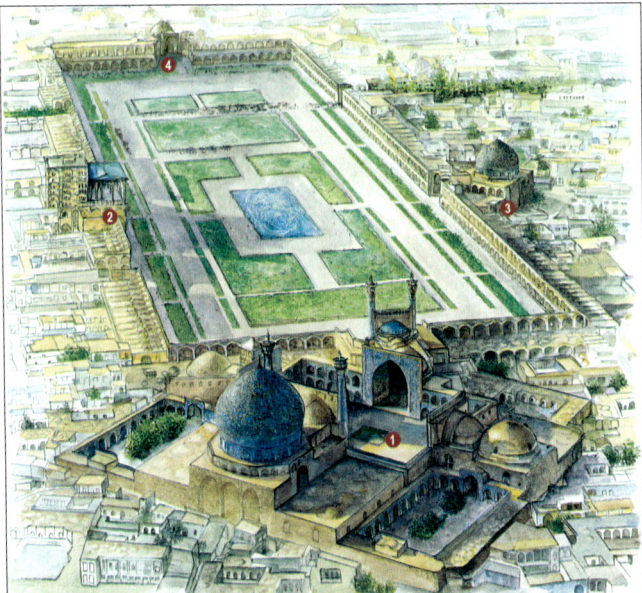

Axonométrie de la place Royale.
❶ Mosquée de l'Imam.
❷ Palais Ali Qâpu.
❸ Mosquée Sheikh Lotfollâh.
❹ Entrée du bazar.

❷ La mosquée de l'Imam (Masdjed-e Imâm) ou Mosquée Royale (Masdjed-e Shâh)

Avec son décor de céramiques aux tons bleus, turquoise et jaunes, ses soubassements de marbre d'Ardestân, ses lignes pures et ses proportions fondées sur le nombre d'or*, son unité esthétique exceptionnelle, elle est un joyau d'architecture, de décor et de symbolisme. Ordonnée par Shâh Abbâs Ier, sa construction commença en 1612 et s'acheva en 1627, juste avant la mort du souverain. Quelques décors furent encore ajoutés jusqu'à la fin du XVIIe s. On la doit à un architecte d'Esfahân, Ali Akbar Esfahâni. Une tradition, soulignant

Détail du portail d'entrée.

l'importance du lieu, veut qu'on y conserve la chemise ensanglantée de l'Imam Hosseyn, mais cette relique ne doit jamais être montrée, sauf si le pays est envahi, en quel cas elle peut être utilisée comme talisman. Muni de belles portes, le **portail monumental** fut achevé en premier, pour créer une symétrie avec l'entrée du bazar, à l'opposé de la place (*102, 170*). Bordé de deux minarets, ses muqarnas* sont décorés de mosaïques de céramiques. Dans le creux de l'iwan, deux paons (symbole royal) se font face (*134*). Dans le vestibule d'entrée, un désaxement de 45° entre la salle à coupole et son iwan a été rendu nécessaire pour aligner le portail d'entrée sur les galeries de la place, tout en orientant la mosquée vers La Mecque. Ce désaxement symbolise aussi la discontinuité entre le monde profane (la place) et l'espace sacral de la mosquée.

Aucune photographie ni description ne peuvent rendre compte de l'impression qui frappe le visiteur en entrant dans la **cour**: la respiration de l'espace, l'harmonie légèrement théâtrale des céramiques, la beauté à la fois grandiose, subtile et intime de l'ensemble (*142*). La mosquée adopte un plan classique: une cour rectangulaire bordée sur ses quatre côtés d'un iwan. Exceptionnellement, chaque iwan précède une salle carrée surmontée d'une coupole. Beaucoup plus grand que les trois autres, le dôme de la salle de la qibla* est le seul à être couvert de céramiques émaillées. Tous les murs visibles depuis la cour sont couverts d'un décor d'émail, contrairement aux mosquées antérieures, dans lesquelles de nombreuses surfaces

Portail d'entrée de la mosquée de l'Imam.

Axonométrie de la mosquée de l'Imam.
❶ Portail d'entrée.
❷ Cour et bassin.
❸ Iwan nord.
❹ Iwan est.
❺ Iwan ouest.
❻ Iwan sud.
❼ Salle du mihrab.
❽ Salles de prière hypostyles.
❾ Madrasas.

étaient laissées nues. Le décor est créé
de carreaux peints, et non de mosaïques
comme sur le portail extérieur. Les motifs
floraux prédominent, déclinés dans des
médaillons ou en arabesques, structurés
en motif rayonnant et étoilé, jaillissant de
vases. Des versets coraniques ou des noms
saints (Allâh, Ali, Muhammad) sont écrits
en koufique* sur les fûts des minarets,
et dans une écriture plus curviligne sur
les iwans et dans les salles à coupoles. Le
décor transfigure le sens des volumes et
l'équilibre des lignes. Il est toujours inséré

Mosquée de l'Imam.

précisément, rigoureusement composé, créé de plusieurs registres,
formant de véritables tableaux abstraits aux multiples interprétations
et correspondances. Au centre de la cour, un **bassin** rectangulaire est
destiné aux ablutions: ses proportions mathématiques régissent celles
de la cour et des iwans. Ce miroir d'eau reflète une mosquée irréelle et
la coupole du ciel: il est une image du cœur spirituel, miroir de la vision
de Dieu dans le soufisme.

Annoncées par un iwan, les **salles ouest** et **est** ont les mêmes
proportions et la même structure: il s'agit de deux salles carrées,
surmontées d'une coupole sur trompes*, pourvues d'un mihrab. L'iwan
et la salle sont tapissés de céramiques émaillées. Au-dessus de l'iwan
ouest, une petite guérite est réservée au muezzin pour l'appel à la
prière. Plus majestueux, flanqué de deux minarets, l'**iwan sud** précède

Cour.

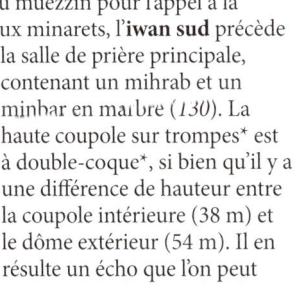

Salle à coupole.

la salle de prière principale,
contenant un mihrab et un
minbar en marbre (*130*). La
haute coupole sur trompes* est
à double-coque*, si bien qu'il y a
une différence de hauteur entre
la coupole intérieure (38 m) et
le dôme extérieur (54 m). Il en
résulte un écho que l'on peut
entendre en claquant des doigts
au centre de la salle (*101, 168*). De part et d'autre de la salle à coupole
sud, deux grandes **salles de prière hypostyles*** sont voûtées chacune de
huit petites coupoles. Dans la salle est, sur le mur opposé au mihrab, un
panneau de céramiques représente un jardin paradisiaque
et des animaux. Dans la salle ouest, ce qui ressemble à une
immense pelure d'oignon est destiné à la restauration de
la coupole sud. De part et d'autre des salles hypostyles, à
l'est et à l'ouest, deux **madrasas*** faisaient de la mosquée un
centre d'étude. Restaurées au XIXᵉ s., elles ne comportent
qu'un seul étage de pièces d'habitation. Depuis leur cour
rectangulaire ombragée par des arbres, la grande coupole
apparaît dans toute sa gloire: elle semble représenter en
miniature la coupole du ciel, que des poètes ont comparé à une mer
enveloppant l'île de notre monde (*322*).

Salle de prière hypostyle.

Mosquée Lotfollâh.

❸ Mosquée Sheikh Lotfollâh

Construite sous Shâh Abbâs Ier de 1602 à 1619, baptisée du nom d'un célèbre théologien, cette mosquée royale privée est dépourvue de cour et de minaret. Elle ne contient qu'une salle de prière précédée d'un corridor coudé, voûté d'une suite de coupoles, et somptueusement décoré de céramiques. A l'extérieur, un portail et une coupole sont également revêtus d'émail: leurs couleurs bleues et ocre jouent avec le soleil au gré des heures. A l'intérieur, les céramiques sont tantôt des carreaux peints, tantôt des mosaïques. Des boyaux torsadés et émaillés encadrent les arcs et les niches d'angle. Dans le mihrab*, une inscription nomme l'architecte, Ustad Mohammad Rezâ, «un homme humble et

Salle de prière de la mosquée Lotfollâh.

pauvre, anxieux de la miséricorde de Dieu». Les calligraphies de l'iwan et du dôme sont dues à Ali Rezâ Abbâsi. Le décor intérieur de la coupole semble illustrer le jaillissement des paradis et des mondes de la Lumière divine: un motif évoquant le soleil se trouve au centre, et neuf cercles de mandorles (sans doute les neuf sphères célestes) rayonnent autour de lui jusqu'au tambour percé de fenêtres aux ajours de céramique. Les rayons solaires dessinent parfois sur ce décor la queue d'un paon, un autre symbole de la création: l'univers est un éventail de couleurs et de beautés que Dieu déploie pour manifester les splendeurs cachées de son éternité (*105, 136, 158, 170*).

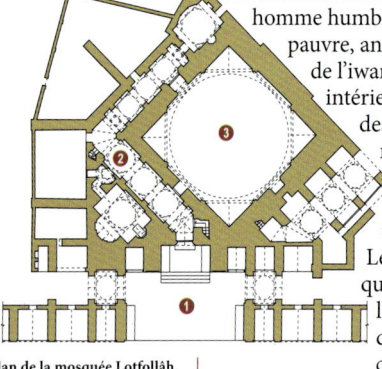

Plan de la mosquée Lotfollâh.
❶ Entrée.
❷ Corridor.
❸ Salle de prière.

❹ Palais Ali Qâpu (la «Haute porte»)

Construit au début du XVIIe s. sur un ancien pavillon timouride du XVe s., ce palais était la porte d'entrée d'un ensemble de palais et de jardins situés entre la place Royale et l'avenue Chahâr Bâgh. Son surnom (la «Porte d'Ali») vient d'une légende: Shâh Abbâs Ier aurait pris les portes du tombeau de l'Imam Ali en Irak pour les mettre à son palais (*146, 328*). Partiellement décoré de céramiques à l'extérieur, le palais comprend trois étages principaux. Le rez-de-chaussée était occupé par des administrations du souverain, et il servait également d'asile inviolable aux criminels. La galerie du premier étage accueillait dignitaires et spectateurs admirant les spectacles sur la place. Son toit est en bois marqueté et peint, incrusté de métaux précieux: ses motifs géométriques évoquent la voûte céleste et le monde des archétypes spirituels. Il est soutenu par dix-huit élégantes colonnes aux chapiteaux de muqarnas* peints, autrefois couvertes de miroirs. Au sol, un bassin était alimenté par trois jets

Palais Ali Qâpu.

d'eau. A l'intérieur, jouxtant la terrasse, une grande salle d'audience est ornée de peintures figuratives (*104*) ou de peintures d'arbres, de fleurs et d'oiseaux, à la symbolique paradisiaque (*154*). Autour de la salle, réservés aux réjouissances du roi et de la cour, des petits salons sont également ornés de peintures murales et des niches dans les murs abritaient des porcelaines ou des objets. Au dernier étage, une salle de musique possède un admirable décor de stuc aux propriétés acoustiques particulières. Tout en créant

Détail du plafond de la tribune.

un jeu savant de vides et de pleins, les formes découpées et peintes (bouteilles, flacons) dans le plâtre peuvent évoquer l'ivresse spirituelle aussi bien que les jouissances terrestres (*204*).

Coupe du palais Ali Qâpu.
1 Entrée.
2 Tribune.
3 Salle du trône.
4 Salle de musique.

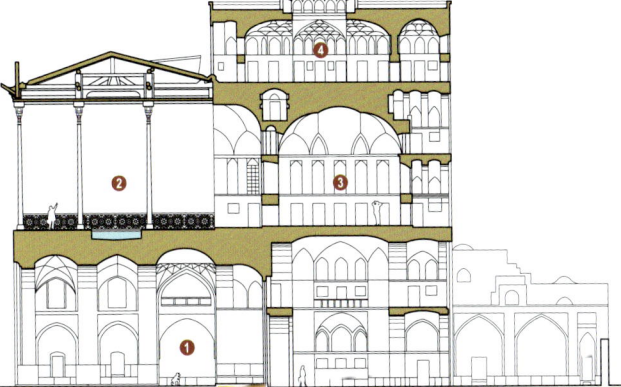

Au nord de la place de l'Imam, un portail annonce l'**entrée du bazar** royal (Qaysariyeh Bâzâr): il est décoré de peintures endommagées, représentant une chasse, une bataille et un banquet. Sur son fronton, deux sagittaires en céramiques émaillées se font face: une tradition astrologique veut qu'Esfahân reçoive l'influence bénéfique de ce signe. Construit sous Shâh Abbâs Ier au début du XVIIe s., agrandi au cours du temps, ce bazar est l'un des plus grands et des plus beaux d'Iran. Il est riche de commerces, de caravansérails et d'ateliers, mais aussi de madrasas, de mosquées et de hammams, qui laissent volontiers imaginer son importance à la fois économique, culturelle et spirituelle. Il possède une rue principale voûtée de coupoles, qui serpente sur environ 1,5 km: elle mène à la mosquée du Vendredi, qui formait l'ancien centre de la cité, lorsque Esfahân était la capitale des Seldjoukides. Bordée de plusieurs madrasas et mosquées safavides, cette rue peut se visiter en partant depuis la place royale. Pour cela, rendez-vous en face du portail d'entrée. Trois ruelles voûtées s'offrent à vous: à gauche vers le bazar des chaussures, tout droit vers un important carrefour surmonté d'une grande coupole, ou à droite. Prenez la ruelle de droite jusqu'à un carrefour bordé par l'entrée de la madrasa Abdollâh

Le bazar et ses environs: de la place Royale à la mosquée du Vendredi

Fronton du bazar.

Bazar. Arcade Malek.

(début du XVIIe s.). Tournez alors à gauche, puis poursuivez votre chemin sans jamais quitter la rue voûtée de coupoles et sans vous laisser distraire par les innombrables passages, portails et ruelles qui s'ouvrent sur ses deux côtés. Vous atteindrez l'**arcade Malek**, construite en 1904-05, puis quelques mètres plus loin, la madrasa Djaddeh (1647-48). En continuant, vous pourrez voir la **madrasa Sadr** (XIXe s.), l'une des plus importantes du bazar, puis la **mosquée Djârchi** (1610), avec de beaux restes de céramiques et de peintures murales. Plus loin, la rue se partage en deux: vous prendrez le chemin de gauche pour voir quelques mètres plus loin la madrasa Nimâvar de 1705; puis vous reviendrez sur vos pas pour emprunter la bifurcation de droite. La rue débouche ensuite sur une avenue moderne (Jamal od-Din Abdorazaq), qui a coupé le bazar en deux et qu'il faut traverser.

Portail Djordjir (mosquée Hakim), vers 985.

Encore plusieurs dizaines de mètres au milieu des échoppes et sous les cieux des coupoles (*150*) de briques et vous verrez, sur votre gauche, un portail dominant une place commerçante à ciel ouvert: c'est l'entrée de la mosquée du Vendredi. Plusieurs monuments religieux sont dispersés aux abords du bazar

Mosquée Hakim.

et de sa rue principale. La **mosquée Hakim** ❺, de plan classique à quatre iwans, fut construite en 1656 grâce au mécénat d'un médecin, Hakim Dâvud, sur le lieu d'une ancienne mosquée (Djordjir) fondée vers 985. Le **minaret d'Ali** ❻ date encore de l'époque seldjoukide (2e moitié du XIIe s.). Son décor est essentiellement de briques nues, rehaussé, près du sommet, par des entrelacs géométriques turquoise. Il mesurait à l'origine près de 50 m (*329*). La mosquée safavide adjacente date de 1521 (**mosquée d'Ali**). De l'autre côté de la rue, la **tombe de Hârun Velâyat** ❼ se signale par sa coupole couverte de céramiques. Construit en 1512, le mausolée de cet Imâmzâdeh, dont on ne sait rien, possède un portail décoré de splendides mosaïques de céramiques (*328*). A l'intérieur, des peintures murales qâdjâres représentent des

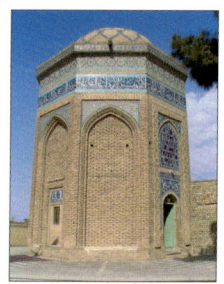

● Imâmzâdeh Djafar.

Imams et des anges. Des salles adjacentes sont utilisées comme hosseyniyeh*. Deux Imâmzâdehs* se trouvent de part et d'autre de l'avenue Hatef: l'**Imâmzâdeh Djafar**, tour funéraire octogonale coiffée d'un dôme, construite en 1325 mais trop restaurée, et l'**Imâmzâdeh Ismâil**, un complexe du XVIIe s.

Mausolée de Hârun Velâyat.

La **mosquée du Vendredi**  (Masdjed-e Djâme') contient les vestiges les plus anciens de la ville: elle est aussi l'une des mosquées les plus importantes d'Iran et même de l'art islamique. Sa longue histoire architecturale est exemplaire des évolutions esthétiques qui se sont épanouies pendant près de mille ans. Une première mosquée, de type arabe, existait déjà au VIIIᵉ s., sous les Abbassides. Au IXᵉ s., une autre mosquée fut construite au même endroit: elle fut agrandie le siècle suivant par les Bouyides. Au XIᵉ s., les Seldjoukides dominent le monde iranien et permettent le développement d'une nouvelle sensibilité architecturale: un minaret circulaire et non carré; le plan de la mosquée persane, où quatre iwans bordent les quatre côtés d'une cour centrale à ciel ouvert; des façades plus monumentales et des espaces intérieurs couronnés par des coupoles; une plus grande lisibilité dans l'imbrication des espaces,

La mosquée du Vendredi

Cour.

la proportion des volumes et le déploiement des structures; un décor employant le stuc sculpté, les dessins de brique, de l'émail turquoise. Aux salles déjà existantes, les Seldjoukides rajoutent deux salles à coupoles, l'une au sud (1072-1092), l'autre au nord (1088). Mais en 1121, un incendie provoqué par les Assassins ravage les parties anciennes, tout en épargnant les deux salles à coupoles édifiées quelques décennies plus tôt. La mosquée est alors reconstruite selon le plan persan, avec quatre iwans* ouverts sur une vaste cour quadrangulaire. Par la suite, jusqu'à la fin de l'époque safavide et au début de l'époque qâdjâre, la mosquée fut embellie par des céramiques émaillées, restaurée dans ses décors, agrandie par de

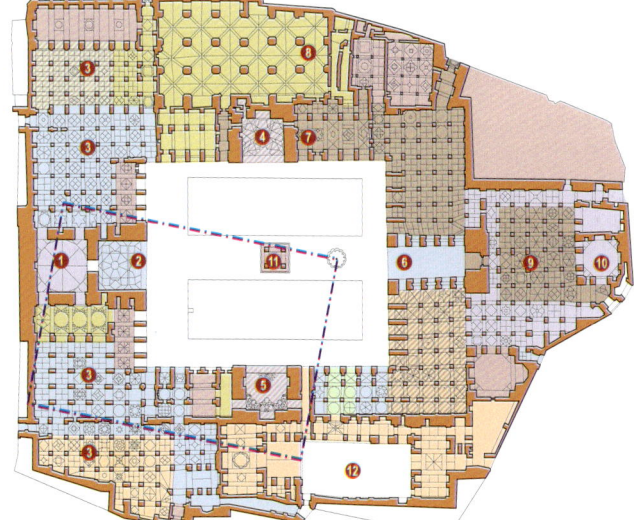

Plan de la mosquée du Vendredi.
1. Coupole sud et salle du mihrab.
2. Iwan sud.
3. Salles hypostyles sud.
4. Iwan ouest.
5. Iwan est.
6. Iwan nord.
7. Salle du mihrab d'Uldjâitu.
8. Salles d'hiver (*shabestân*).
9. Salles hypostyles nord.
10. Coupole nord.
11. Bassin aux ablutions.
12. Madrasa.

Mosquée arabe primitive.
Période bouyide.
Première période seldjoukide.
Seconde période seldjoukide.
Période mozaffaride.
Période ilkhânide.
Période timouride.
Période safavide.

Madrasa.

nouvelles salles de prière. Aujourd'hui, elle est un témoignage unique des différentes périodes décoratives et architecturales de l'Iran, dialoguant harmonieusement au sein d'une remarquable permanence des techniques artisanales, des styles et du sens des symboles.

A l'entrée, un couloir prépare le visiteur à la dilatation de l'espace provoquée par l'arrivée dans la vaste cour centrale (environ 55 x 65 m). Un bassin aux ablutions se trouve en son centre. L'**iwan* sud**, qui marque l'orientation vers La Mecque, est décoré de muqarnas* monumentaux: dans les alvéoles, des briques émaillés monochromes sont insérées dans le tapis de briques et dessinent des noms sacrés (Allâh, Muhammad, Ali, etc.) en écriture koufique*.

Coupole nord.

Le splendide décor en céramiques de l'iwan (sur les murs et les muqarnas), de même que les deux minarets qui le flanquent, datent du règne turcoman de Uzun Hassan (1453-1478), alors que les céramiques de la façade datent des Safavides (1531-32) (*135, 142*).

A l'intérieur, de part et d'autre de l'iwan et de la coupole sud, se déploient des salles hypostyles, voûtées de coupoles dont le décor en briques est parfois d'une grande variété dans les motifs et leurs réinterprétations (étoiles, toiles d'araignée, alvéoles, etc.) (*101*). Construites sous les Seldjoukides (XIIe s.), leur décor est créé de briques nues, sans couleurs ni fioritures. Ici et là, demeurent encore des bases de murs ou des traces de décors antérieurs aux reconstructions seldjoukides. La **coupole sud** (Gonbad-e Nizam al-Molk) est une coupole sur trompes* couronnant une salle carrée. Elle fut érigée entre 1072 et 1092 par le fameux vizir Nizam al-Molk. Son tambour est décoré d'une frise calligraphique

Salle de prière sud.

en koufique. Le mihrab* de la salle est safavide.

L'**iwan est** fut contruit à l'époque seldjoukide, mais son décor de muqarnas et son mihrab sont safavides. Derrière cet iwan, une **madrasa** fut construite en 1367-68 sous les Mozaffarides. L'**iwan ouest** fut commencé à l'époque seldjoukide (XIIe s.) et transformé sous les Timourides (XVe s.). Son décor de muqarnas* et les céramiques de son fronton ont été refaits en 1700-1701, sous le règne du dernier Safavide Shâh Husseyn (*136, 161, 329*). Son sommet est coiffé d'une guérite destinée à l'appel à la prière. Juste à droite de l'iwan, une petite porte permet d'accéder à la salle de prière et au **mihrab d'Uldjâitu**. Ce souverain ilkhânide fit exécuter

Iwan sud.

en 1310 l'un des plus beaux mihrabs de l'art musulman. Sculpté dans le plâtre, régi par des proportions fondées en partie sur le nombre d'or*, il est une polyphonie virtuose de frises calligraphiques et de motifs végétaux et géométriques (*142, 161*). De cette salle, on accède ensuite à des **salles de prière d'hiver** (*shabestân**), construites sans doute en 1448 sous les Timourides. De gros piliers sans décors supportent des voûtes d'arrêtes qui ressemblent à des tentes. Des pièces d'albâtre sont enchâssées dans les clefs de voûte.

Longue salle rectangulaire voûtée, l'**iwan nord** date de l'époque seldjoukide: ses sobres décors de briques sont du XIIe s., mais les céramiques émaillées de son fronton sont

Dos de l'iwan ouest.

Salle de prière d'hiver.

modernes (1958). La **coupole nord** (Gonbad-e Khâki) fut érigée en 1088. Plus fine et élancée que sa consœur du sud, cette coupole sur trompes* et sur plan carré est d'un équilibre et d'une harmonie extraordinaires. Décorée de motifs en briques très rares, on ne sait au juste quelles sont son origine et sa fonction précises: on évoque une ancienne porte de la mosquée, un édifice autrefois isolé, ou un monument de prestige construit par Tâdj al-Molk, un rival de Nizam al-Molk.

Plusieurs monuments se trouvent dans le quartier de Shahshahân, au nord, à l'ouest et à l'est de la mosquée du Vendredi. La plupart sont des mausolées, composés généralement d'une seule salle à coupole. La tombe de Shahshahân, du XVe s., est située sur la même place qu'une maison traditionnelle. Coiffé d'un dôme pyramidal, le **mausolée Bâbâ Qâsem** ❾ date de 1340. L'**Imâmzâdeh Darb-e Imâm** ❿ est un mausolée dédié à deux descendants d'Imams. Fondé au XVe s., il a été enrichi d'un nouvel édifice, d'une coupole et d'un autre portail au XVIIe s. (*464*). L'ancien portail fut achevé en 1453, au temps de la domination des Turcomans du «Mouton Noir»: chef-d'œuvre du décor en céramique émaillée, il mérite à lui seul la visite (*136*).

En circulant dans le quartier, on apercevra plusieurs **minarets** qui se dressent au-dessus des maisons basses. Celui de Sarebân date de la seconde moitié du XIIe s. et mesure environ 44 m: décoré de dessins en briques, très ponctuellement d'émail turquoise, il est le seul vestige d'une mosquée disparue. Le minaret de Chehel Dokhtarân («Quarante Filles») fut également érigé à l'époque seldjoukide, vers 1107-9. Les deux minarets de Dar ol-Zyafeh se dressent sur un portail: l'ensemble, construit à l'époque mongole au XIIIe ou au XIVe s., était sans doute l'une des portes de la ville. Un autre portail, également surmonté d'une paire de minarets (de Dardasht), date du XIVe s. Il faisait partie d'un complexe disparu, dont il ne reste qu'une tour funéraire de la même époque (Sultân Bakht-e Aqâ).

Les environs de la mosquée du Vendredi

Mausolée de Bâbâ Qâsem.

Le long de l'avenue Chahâr Bâgh

Construite en 1598 par Shâh Abbâs Ier cette allée, autrefois bordée de jardins *chahâr bâgh* (152), d'hôtelleries, de cafés et de zâwiyâs*, reliait les palais à des jardins situés de l'autre côté de la rivière. Aujourd'hui, la plupart de ces merveilles ont disparu et la rue actuelle, avec ses platanes et ses magasins modernes, n'est plus qu'une ombre du passé. Le long de l'ancien «Quatre jardins» (Chahâr Bâgh), il reste néanmoins quatre édifices, que l'on peut visiter au cours d'une promenade entre le pont aux 33 arches (Si-o Seh Pol) et le palais de Chehel Sotun.

▶Plaque en or et en argent sur la porte de la madrasa de la Mère du Shâh.

Madrasa. Portail d'entrée.

⑪ Madrasa de la Mère du Shâh ou Madrasa Chahâr Bâgh

Cette très belle madrasa fut construite entre 1704 et 1714 par le dernier roi safavide, Shâh Husseyn, et financée par sa mère, qui a donné son nom à l'édifice. Cette école de théologie est toujours en activité. On y entre par l'avenue Chahâr Bagh, par un splendide portail, donnant accès à un iwan d'entrée, orné exceptionnellement de céramiques aux tons jaunes. Comme toutes les madrasas, elle est construite autour d'une cour légèrement rectangulaire. Elle possède deux étages d'arcades, occupées par des chambres d'habitation, des bureaux et des locaux. Au milieu de ses quatre côtés, un iwan rompt la monotonie des arcades. Au sud, une mosquée est constituée d'une salle à coupole précédée d'un iwan bordé de deux minarets: l'ensemble est décoré de céramiques émaillées, aux tons bleus et aux motifs floraux, ultimes chefs-d'œuvre de l'art safavide (62, 103). A l'image des cloîtres chrétiens, la cour est un lieu de promenades, de réflexions et de discussions: elle est structurée par un canal et quatre parterres d'arbres et de fleurs. Anciennement, les revenus de la madrasa étaient assurés par un caravansérail, construit à côté de la madrasa, et transformé au XXe s. en un hôtel de luxe (l'hôtel Abbâsi).

Madrasa. Iwan d'entrée.

Cour de la madrasa.

⑫ Caravansérail de la Mère du Shâh ou Hôtel Abbâsi

L'hôtel le plus célèbre d'Iran était un grand caravansérail, aujourd'hui fortement restauré: sa cour est devenue un jardin, son iwan nord un salon de thé, ses deux étages d'arcades des restaurants, des salons et des chambres. Le décor intérieur est une imitation, souvent kitch, de l'esthétique traditionnelle safavide. Derrière l'hôtel et la madrasa, une longue rue voûtée forme le **Bâzâr-e Honar**, accessible depuis l'avenue Chahâr Bâgh, au nord de la madrasa.

Cour de l'hôtel Abbâsi avec vue sur la coupole de la madrasa.

⓭ Palais Hasht Behesht

Construit en 1669, puis remodelé par les Qâdjârs, ce palais-pavillon est
légérement rectangulaire (147). Sur ses quatre faces, des
iwans ouvrent le regard au jardin alentour. Son plan est
symbolique: la cour intérieure, octogonale, est surmontée
d'une coupole au décor d'alvéoles géométriques peintes
et d'une lanterne tapissée de miroirs. Quatre groupes de
pièces entourent cette cour au rez-de-chaussée, et quatre
autres identiques au 1er étage: d'où le nom des «Huit
Paradis» (Hasht Behesht), qui évoque une conception
cosmologique: celle de la lumière divine (lanterne) se
déployant en archétypes (alvéoles) pour rayonner dans les paradis
(pièces). Les peintures murales et les décors de miroirs ne sont souvent
que partiellement conservés, au rez-de-chaussée surtout.

Coupole centrale.

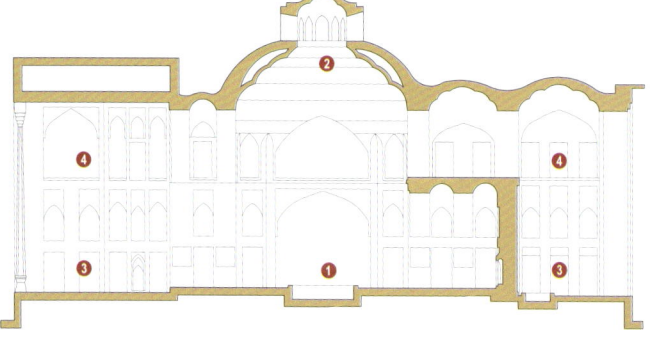

Coupe du palais Hasht Behesht.
❶ Cour intérieure.
❷ Coupole.
❸ Pièces du 1er étage.
❹ Pièces du 2e étage.

⓮ Palais Chehel Sotun

Trônant dans un jardin, cc palais fut construit par Shâh Abbâs Ier au
début du XVIIe s., terminé par Shâh Abbâs II en 1647,
puis restauré en 1707 après un incendie (147). On
l'appelle «quarante colonnes» («chehel sotun»), car les
vingt colonnes du portique se reflètent dans un long
bassin rectangulaire. Les colonnes soutiennent un
superbe plafond de bois peint et marqueté, évoquant
la voûte céleste (182). Des lions stylisés, emblème de
l'Imam Ali et symbole royal, bordent les angles d'un
petit bassin. L'iwan extérieur est tapissé de mosaïques
de miroirs. A l'intérieur, de chaque côté de l'iwan, des pièces sont ornées
de peintures murales idylliques ou illustrant des épisodes célèbres de la
littérature persane (61, 466). Réservée à des réceptions,
la salle principale est surmontée de trois coupoles (464).
Elle est décorée de peintures de styles et d'époques
différents, inspirées par la miniature traditionnelle
ou par le naturalisme européen. Les plus anciennes
représentent des couples s'adonnant aux plaisirs du vin
et de la musique: elles datent du début du XVIIe s. et
se trouvent à hauteur d'homme (19, 239). Au-dessus,
six grandes peintures murales datent du XVIIe s. (les peintures de fête

Le palais Chehel Sotun, dans
les Monuments modernes de la
Perse de Pascal Coste (1867).

Palais Chehel Sotun.

Plan du palais Chehel Sotun.
1 Portique à colonnades.
2 Iwan.
3 Salle principale.

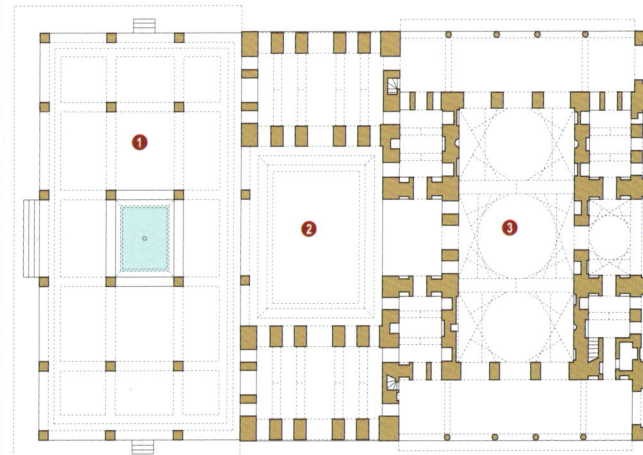

et de bataille aux extrémités gauche et droite) ou du XVIIIᵉ s. qâdjâr (les deux peintures de bataille centrales). Sur le côté opposé à l'entrée, on

Salle principale du
palais Chehel Sotun.

peut voir de gauche à droite: Shâh Tahmâsp Iᵉʳ reçoit à sa cour le roi moghol Humâyun, fils de Bâbur, chassé de l'Inde en 1543 (*211*); Shâh Ismâil Iᵉʳ, fondateur des Safavides, affronte les troupes ottomanes à la bataille de Chalderân (*166*); Shâh Abbâs Iᵉʳ (1587-1629) reçoit Wali Muhammad Khân, roi ouzbek du Turkestan. Sur le mur au-dessus de la porte d'entrée, on peut voir de gauche à droite: Shâh Abbâs II (1642-1666) accueille par un banquet un ambassadeur ouzbek; Nâder Shâh vainc, en Inde, le roi moghol Muhammad en 1739; Shâh Ismâil Iᵉʳ ou Shâh Abbâs Iᵉʳ vainc les Ouzbeks au nord-est de la Perse. Sur les murs extérieurs du palais, des ambassadeurs et des personnalités européens ont été représentés par deux peintres hollandais sous Shâh Abbâs II (*12*). A l'ouest du jardin, se trouve le portail isolé d'une mosquée bâtie en 1543 (**Masdjed-e Qotbiyeh**).

Les maisons traditionnelles

Esfahân compte 700 maisons traditionnelles, dont 550 sont encore habitées. Plus ou moins riches, grandes et décorées, elles datent de l'époque des Safavides, des Zands ou des Qâdjârs et constituent un extraordinaire patrimoine, encore peu connu des visiteurs. Plusieurs ont été rachetées par le gouvernement iranien et ont fait l'objet de restaurations. Parfois difficiles à visiter (il faut demander l'accord des propriétaires ou de l'Organisation du Patrimoine Culturel),

●Maison Alam (époque qâdjâre).

on citera les maisons Sheikh al-Islâm, Alam, Amin, Modjtahedzâdeh, Khoshnevis, Qodsiyeh, Haqiqi, Qazvinihâ, Homây, Angurestân.

Le long de la rivière

Le Zâyendeh Rud (la rivière qui «donne la vie») prend sa source dans les monts du Zâgros. Longue de 270 km, elle n'est pas navigable. Après avoir irrigé la plaine et l'oasis d'Esfahân, elle termine sa course dans des marais aux frontières du désert. Très bien aménagées, ses berges sont un lieu de promenade et de pique-nique favori des Esfahânis. Dans la ville, cette rivière, fréquemment sèche dans les années 2000-2010, est enjambée par plusieurs ponts historiques. Le **Pol-e Shahrestân** est le plus ancien: les pierres de ses piles remonteraient aux Sassanides (IIIe-VIIe s.), ses arches de briques aux Seldjoukides (XIe-XIIe s.). Long

Pont Shahrestân.

de 295 m, le **«pont aux 33 arches»** ❶❺ (Si-o Seh Pol) est aussi appelé le pont Allâhverdi Khân, du nom d'un général de Shâh Abbâs Ier qui le fit construire en 1602-1607. Plus modeste, le **Pol-e Chubi** ❶❻ a été construit en 1665. Le pont de **Mârnân** fut sans doute fondé à l'époque seldjoukide, mais

Pont aux 33 arches.

la construction actuelle date des Safavides. Le plus beau pont est le **Pol-e Khâdju** ❶❼ construit par Shâh Abbâs II en 1650. A la fois barrage et écluse, il permet de réguler le courant de la rivière et l'irrigation des jardins proches. En même temps, il offre, au son de l'eau, un but de promenade et un cadre de rencontres poétiques. Au milieu du pont, de chaque côté, un pavillon décoré de peintures permettait à la famille royale de contempler les spectacles aquatiques. Sous le pont, les arches offrent une excellente acoustique, utilisée quotidiennement par des musiciens et des chanteurs.

Pont Khâdju.

Plan du pont Khâdju.

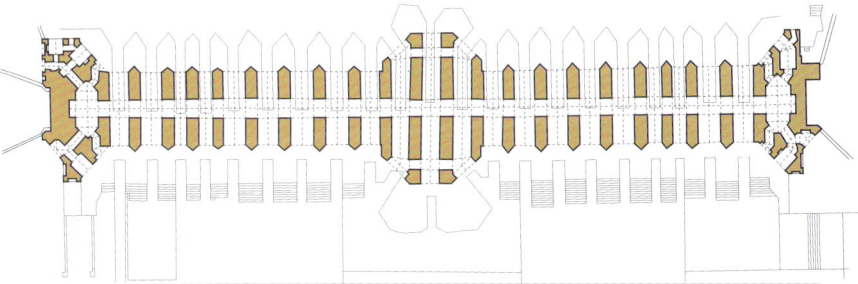

Le quartier arménien: la Nouvelle Djolfâ

En 1604-5, alors que la guerre entre l'Empire ottoman et l'Iran safavide dure depuis des décennies, Shâh Abbâs Ier décide de contrer l'avancée ottomane en Arménie par la tactique de la terre brûlée: il fait détruire des récoltes et des cités, et déporte des centaines de milliers d'Arméniens dans les villes iraniennes. Cet exode forcé fut tragique (des milliers périrent dans l'aventure), mais il eut aussi des conséquences positives: l'armée ottomane fut stoppée, l'Iran sauva son intégrité territoriale et les Arméniens déportés trouvèrent parfois une vie plus sûre et – pourquoi pas? – meilleure. Shâh Abbâs Ier désirait

Cathédrale de Vank.

►Contrat de mariage juif
(*ketoubbah*), Esfahân, 1859.

également employer la compétence des négociants arméniens. Il fit ainsi emmener 20'000 habitants de Djolfâ, une cité commerçante près de l'Araxe, à Esfahân, où ils s'installèrent dans un quartier baptisé la Nouvelle Djolfâ. Le roi projetait même de détruire les édifices sacrés d'Etchmiadzine, siège arménien du patriarche de l'Eglise, et de les rebâtir à Esfahân. En échange de ses bons et loyaux services, le roi octroya à la communauté une indépendance administrative et judiciaire et le monopole du commerce de la soie. Sa prospérité favorisa une étonnante floraison artistique et intellectuelle, dont témoignent encore treize églises.

La plus visitée est la **cathédrale de Vank** (1658-62) **18**. Construite en briques, son plan s'inspire des mosquées à coupole sur pendentifs* safavides. Les céramiques sont arméniennes par leurs thèmes religieux, et safavides par la technique et certaines scènes bucoliques. Les peintures murales intérieures sont de style italo-flamand ponctué d'influences russes: elles représentent des scènes de l'Ancien et du Nouveau Testament, ainsi que la vie de saint Grégoire l'Illuminateur (*461*). Le clocher extérieur, en forme de baldaquin, est typiquement arménien. A côté de la cathédrale, un musée présente quelques œuvres cultuelles remarquables, notamment des manuscrits enluminés (*128*).

Les douze autres **églises** datent presque toutes du XVIIᵉ s.: Saint-Grégoire-l'Illuminateur a été construite au XVIIIᵉ s., Saint-Etienne et Saint-Jacques ont été restaurées au XIXᵉ s. Leur esthétique est analogue: une architecture en briques mi-arménienne, mi-safavide, des peintures et des céramiques mi-orientales mi-européennes. Les plus intéressantes sont Sainte-Bethléem (1628) et Sainte-Marie-Mère-de-Dieu (1613).

Les synagogues

Bien que la communauté juive soit petite (environ 2000 âmes), Esfahân compte 16 synagogues qui doivent encore faire l'objet d'une mise en valeur. La plupart sont du XXᵉ s., quelques-unes datent de l'époque qâdjâre (1779-1925). Mullâ Neysân, Mullâ Yaqub, Hezekiah Haya, Vector Dâvud et Golbahâr sont les synagogues les plus anciennes.

Les monuments qâdjârs

Les chefs-d'œuvre seldjoukides et safavides d'Esfahân éclipsent les édifices d'époque qâdjâre, pourtant nombreux. On citera surtout la **mosquée-madrasa Seyyed** (*92*), construite dans les années 1830, avec ses quatre iwans ornés de céramiques et un beau mausolée à coupole de muqarnas* **19**. Dans le quartier, on pourra aussi voir l'ensemble **Ali Qoli Aqâ**, composé d'un hammam, d'une mosquée et d'un bazar déjà fondés en 1710 **22**.

Hammam Ali Qoli Aqâ.

Les musées

Installé dans des écuries et entrepôts safavides, le Musée des Arts Décoratifs **20** présente des pièces d'artisanat typiques de la ville. Juste à côté, le Musée des Arts Contemporains **21** occupe un édifice safavide remodelé par les Qâdjârs.

Fondée à l'époque mongole, la **mosquée des Minarets tremblants** (Menar Djonbân) fut d'abord la tombe d'un saint soufi, Amu Abdollâh Soqlâ, enterré sous un iwan construit en 1317. Au temps des Safavides (XVIIIe s.), deux minarets furent rajoutés qui ont donné leur nom et leur célébrité au sanctuaire: si on secoue l'un des deux en se hissant à son sommet, l'autre minaret se met à trembler. Plusieurs hypothèses ont été émises pour expliquer la transmission des vibrations dans la structure de l'édifice, mais aucune ne s'est imposée. A l'extérieur de la ville, sur une colline escarpée, se trouvent les vestiges d'un vaste ensemble de bâtiments et d'enceintes en briques, édifiés sur plusieurs niveaux, et mêlés à quelques constructions modernes. Le site est décrit comme un **temple du feu** (Atashgâh⋆), ce que confirment des textes anciens, mais des savants pensent qu'il peut s'agir également d'un palais fortifié d'époque sassanide ou même parthe. Le sommet, couronné d'un temple circulaire, offre un beau panorama sur l'oasis d'Esfahân et ses frontières montagneuses.

En périphérie de la ville

Mosquée des minarets tremblants.

Atashgâh.

L'excursion depuis le centre ville jusqu'au temple du feu permet de longer la rivière et de traverser une agréable campagne. Sur le parcours, des filets tendus par de hauts mâts signalent de loin un célèbre parc: le Bâgh-e Parandegân est une immense volière, où s'ébattent des volatiles en liberté conditionnelle.

En se rendant à l'aéroport, situé à l'extérieur d'Esfahân, on apercevra des **pigeonniers** dressés au bord des champs. Coiffées d'une petite tourelle, ces tours circulaires pouvaient accueillir environ 10'000 pigeons, qui entraient par des ouvertures au sommet. La fiente récoltée fournissait l'engrais nécessaire à l'agriculture. Beaucoup de pigeonniers remontent à l'époque safavide; certains sont endommagés, mais leurs ruines laissent parfois bien voir leur structure intérieure, composée d'un cylindre central entouré de plusieurs cylindres et d'un escalier tournant. Ils possèdent une seule porte d'entrée, et les murs intérieurs sont percés d'une multitude de petites niches pour accueillir les volatiles.

●Pigeonnier.

Intérieur d'un pigeonnier.

On peut encore découvrir de nombreux vestiges seldjoukides et ilkhânides dans des localités situées dans un rayon de 40 à 50 km autour de la ville. Il demeure plusieurs minarets seldjoukides: à Râhrovân (fin du XIIe s.) vers le nord-est, à Ziâr (2e moitié du XIIe s.), à Bersiân (1097-98) et à Gâr (1121-22) vers l'est. Ces minarets sont typiques de l'esthétique

Aux alentours d'Esfahân

●Portail d'entrée de la
mosquée d'Oshtordjân.

seldjoukide, qui s'est épanouie dans la seconde moitié du XIe
s. De forme effilée, d'une hauteur variant généralement entre
30 et 50 m, ils sont décorés avec des dessins de briques, surtout
géométriques (étoiles, entrelacs, etc.),
parfois épigraphiques, distribués en
bandeaux superposés. Parfois, des
éléments de céramique turquoise
rehaussent, au sommet, des lignes
géométriques ou calligraphiques.
A Pir Bakrân, se trouvent les restes
d'un **mausolée** d'un saint soufi, Pir
Bakrân, pourvu d'un iwan et d'un
mihrab en stuc du XIVe s. Près de
Falâvardjân, le village d'Oshtordjân

●Minaret de Ziâr.

conserve une **mosquée du Vendredi** fondée
au XIVe s. Elle comprend une cour bordée
d'une salle à coupole et de salles hypostyles.
Son portail d'entrée est décoré de céramiques
turquoise et bleues et surmonté de deux minarets «tremblants».
Composées pour l'essentiel d'une grande salle à coupole, les mosquées
de Dashti, d'Azirân et de Kâdj remontent également à la domination
ilkhânide (XIIIe-XIVe s.), alors que la mosquée du Vendredi de
Hafshuyeh, passablement ruinée, date de l'époque seldjoukide. A 50
km au nord d'Esfahân, sur la route de Qom, on verra une petite **ville
fortifiée** (Murcheh Khort).

Les caravansérails

De nombreux **caravansérails** environnent Esfahân et jalonnent les
routes reliant la ville à Natanz, Nâ'in, Kâshân ou Tehrán. On peut
citer le caravansérail de Mâdar-e Shâh, près du village de Mahyar
(entre Esfahân et Shâhrezâ), datant de la 2e moitié du XVIIe s., mais

♦Caravansérail de
Sheikh Ali Khân.

malheureusement défiguré à la fin du XXe
s. par des édifices annexes; le caravansérail
octogonal d'Aminâbâd (*150*), datant du règne
de Shâh Abbâs Ier, entre Shâhrezâ et Abâdeh;
le caravansérail de Murcheh Khurt, de l'époque
de Shâh Abbâs Ier, entre Esfahân et Delidjân; le
caravansérail de Kuhpâyeh, également du temps
de Shâh Abbâs Ier, sur la route entre Esfahân et
Nâ'in; le caravansérail de Sheikh Ali Khân, daté
de 1687-88, à 35 km au nord-ouest d'Esfahân.

LA PROVINCE D'ESFAHAN
KASHAN
Altitude: 945 m – Habitants: 293'806 (2011)

La cité de Kâshân fut fondée au plus tôt sous la dynastie sassanide (IIIᵉ-VIIᵉ s.). A l'époque islamique, la tradition veut qu'elle ait été développée par l'épouse du calife abbasside Harun al-Rashid (786-809). Une légende médiévale faisait venir les rois mages de Kâshân. Renommée sous les Seldjoukides pour ses intellectuels, ses administrateurs et ses calligraphes, elle fut relativement peu affectée par les dévastations des Mongols, des Timourides et des Turkmènes. Avec les Safavides, elle brille de tous ses feux: Shâh Abbâs Iᵉʳ l'enrichit de palais, de jardins et de bazars et se fait enterrer dans la ville, dans le même mausolée que son ancêtre Ibn Musa. Les Afghans, puis Nâder Shâh commettent déprédations et tueries, et un tremblement de terre dévaste la ville en 1779. Elle est reconstruite et restaurée par Karim Khân Zand (XVIIIᵉ s.) et par le Qâdjâr Fath Ali Shâh (XIXᵉ s.).

Au XIIᵉ s., la ville fut le centre de production de la céramique glaçée à lustre métallique (*57, 169*): aujourd'hui encore, le persan emploie le mot *kâshi* («de Kâshân») pour désigner les carreaux de céramique émaillée. Kâshân est aussi connue pour une série de tapis de soie du XVIᵉ s., aux motifs de chasse ou d'animaux ou à médaillons. Au printemps, on y fabrique l'eau de rose, utilisée dans les pâtisseries, les boissons et les parfums.

L'oasis de Kâshân fut habitée depuis la fin du ~VIᵉ mil. comme en

Colline de Tapeh Sialk.

témoigne le site néolithique de **Tapeh Sialk** en bordure de la ville actuelle. Fouillé par Roman Ghirshman entre 1933 et 1937, il se compose de deux collines. La plus ancienne, au nord, fut occupée dès la fin du ~VIᵉ mil. Sous le sol des maisons étaient aménagées des tombes. Le site fut abandonné vers ~3900; un

Au nord de la province

«Kâshân est une ville plus ornée que le sein des pieux personnages, plus soignée que les boucles des belles; ses édifices ressemblent aux joues des houris éclatantes de lumière.»

Heft Iklim (1593)

Arts et traditions

Un site vieux de 7000 ans

► Vase à bec verseur,
Sialk, ~Iᵉʳ mil.
Musée National de
l'Iran, Tehrân.

autre village fut alors construit sur la colline sud à la même époque. Habité jusqu'au commencement du ~IIIᵉ mil., il fut abandonné pendant plusieurs siècles, puis réinvesti par une population qui créa un cimetière de terre près de la colline sud au ~XIIIᵉ-~XIIᵉ s. (Nécropole A). Dans les premiers siècles du ~Iᵉʳ mil., un second peuple bâtit de grandes tombes en pierre, imitées du Lorestân, fermées par des dalles en pierre formant un dos d'âne (Nécropole B). Tapeh Sialk a fourni des céramiques remarquables, qui permettent de suivre l'évolution technique: réalisées d'abord à la main (~Vᵉ mil.), elles furent ensuite créées avec une tournette et un tour (~IVᵉ mil.). Les maisons elles-mêmes furent d'abord des huttes de roseau (fin du ~VIᵉ mil.), puis édifiées en briques crues, partiellement peintes en rouge (v. ~5000-~4500). Enfin, des briques moulées et cuites furent utilisées pour les maisons du village sud, au début du ~IVᵉ mil. (*36, 37, 117*).

Le centre ville: le bazar et ses environs

Si Kâshân eut une importante vie intellectuelle et spirituelle, les édifices qui l'ont abritée ou reflétée sont relativement récents. Construite en 1834-1849 pour un fameux théologien surnommé «Aqâ Bozorg», la **madrasa Aqâ Bozorg** ❶ est toujours en activité. Elle possède une cour centrale à deux étages, surplombée par une grande salle de prière à coupole, au décor rare et sobre (*106, 143*). Près de la madrasa, le **tombeau de Tâdjoldin** ❷, avec deux salles à coupole au décor de muqarnas*, fut construit entre l'époque seldjoukide et les Mongols. La **mosquée du Vendredi** ❸ possède encore un minaret de 1073-74 (*51*) et un mihrab en stuc seldjoukide, mais le reste de la construction date du XVIIIᵉ s. Plusieurs monuments religieux jalonnent le bazar: la **madrasa Imam Khomeyni** ❹, construite en 1806-14, et la **mosquée Meydân**, construite en 1438-70, sous la domination des Turcomans du «Mouton Noir», puis restaurée aux XVIIᵉ s. et XIXᵉ s. (*459*). Le **bazar** ❺ occupe le centre de la vieille ville. Au fil de ses rues et ruelles, on peut voir des coupoles marchandes, des caravansérails, des édifices religieux, des citernes et des bains. Achevée en 1868, la coupole marchande de **Amin al-Dowleh** est certainement la plus belle d'Iran. La coupole centrale est tapissée de muqarnas* au décor de briques et de céramiques émaillées. Son centre est percé d'une ouverture en dodécagone: elle crée un puit de lumière, éclairant la cour intérieure et les magasins qui la bordent. Sa symbolique évoque la lumière céleste réfractée par les archétypes spirituels (muqarnas) et inondant le cosmos terrestre (cour). Elle est flanquée de deux coupoles plus petites, de forme analogue. Deux

Madrasa Aqâ Bozorg.

anciens hammams peuvent se visiter: l'un de 1774-75 dans le bazar (**hammam du Khân**), transformé en salon de thé, l'autre du XIXᵉ s. dans le quartier des maisons traditionnelles (**hammam Soltân Amir Ahmad**). Plusieurs tours de glace (**yakhdâns***) se trouvent près de l'ancien château de Djalâli, fondé au XIᵉ s., et restauré au long des siècles, jusqu'au XIXᵉ s.

Amin al-Dowleh.

Si plusieurs villes iraniennes conservent d'anciennes résidences de marchands ou de princes, c'est à Kâshân que l'on trouvera le plus bel ensemble de maisons traditionnelles. Leur architecture s'ordonne autour de cours rectangulaires, bordées sur un ou deux étages de pièces et d'iwans, tous reliés par des passages, corridors, petites salles à coupoles ou escaliers: autant d'espaces subtilement imbriqués, adaptés aux réceptions officielles ou à la vie intime, au climat des quatre saisons, à tous les besoins du corps et de l'intériorité. Les maisons sont toutes ornées d'un décor somptueux et délicat de stuc, de peintures murales, de

La ville des maisons traditionnelles

Maison Borudjerdi.

vitraux, qui leur donnent parfois une allure théâtrale. Leurs tours d'aération rappellent que Kâshân se situe à la frontière du désert du Kavir. Des pièces souterraines, les iwans nord et les petites cours sont des havres de fraîcheur pour les étés, alors que les iwans orientés vers le soleil recueillent la chaleur durant l'hiver. A chaque

Maison Abbâsiân.

fois, la résidence est divisée en deux parties distinctes: l'une consacrée à l'accueil des hôtes (*birun*: extérieur), l'autre (*andarun*: intérieur) réservée à la vie privée de la famille. Quatre maisons construites à l'époque qâdjâre (XIXᵉ s.) peuvent se visiter dans un périmètre restreint: les **maisons Borudjerdi** ❻ (qui conserve des peintures murales de Kamâl ol-Molk et de Sani ol-Molk), **Tabâtabâi** ❼, **Abbâsiân** ❽, **Ameri** ❾ (devenue un hôtel) (*148-149, 181, 474*). Deux maisons (Manuchehri et Khâneh Irâni) ont été transformées en hôtels de charme.

Maison Tabâtabâi.

Vers le jardin de Fin

En se rendant au **jardin de Fin**, à la frontière ouest de la ville, plusieurs sites jalonnent la route. L'Imâmzâdeh Abu Lolo fut fondé au XIVe s., mais restauré et décoré à l'époque qâdjâre (XIXe s.). Son dôme est un cône à facettes couvert de céramiques émaillées, tout comme celui de l'**Imâmzâdeh Shâhzâdeh Ebrâhim**, le plus visité, construit sous les Qâdjârs en 1885 (*209*). Entre les deux Imâmzâdehs, on trouvera le site néolithique de Tapeh Sialk; puis, au bout de la route de Fin, en amont de la ville, un portail annonce le principal **jardin safavide** parvenu jusqu'à nous.

Imâmzâdeh Shâhzâdeh Ebrâhim.

Datant de l'époque de Shâh Abbâs Ier (1587-1629), il a été restauré et transformé au cours des siècles et ses pavillons d'époque ont disparu. Entouré d'une enceinte, son espace est rectangulaire. Près de son centre, un grand pavillon à coupole safavide refait au XIXe s. abrite un bassin carré, d'où partent trois canaux rectilignes. Comme une frontière liquide, un canal parallèle à l'enceinte entoure le jardin. Les arbres et les fleurs sont alignés à l'intérieur de plates-bandes quadrangulaires, qui forment un tapis géométrique: le symbolisme paradisiaque de la végétation s'inscrit dans celui, métaphysique, de la géométrie et des nombres. Adossé au mur ouest, un pavillon qâdjâr est décoré de peintures murales. Un hammam, où fut assassiné Amir Kabir, fut construit à l'époque safavide et agrandi sous les Qâdjârs. Un petit musée présente des céramiques, des textiles et des manuscrits.

Jardin de Fin.

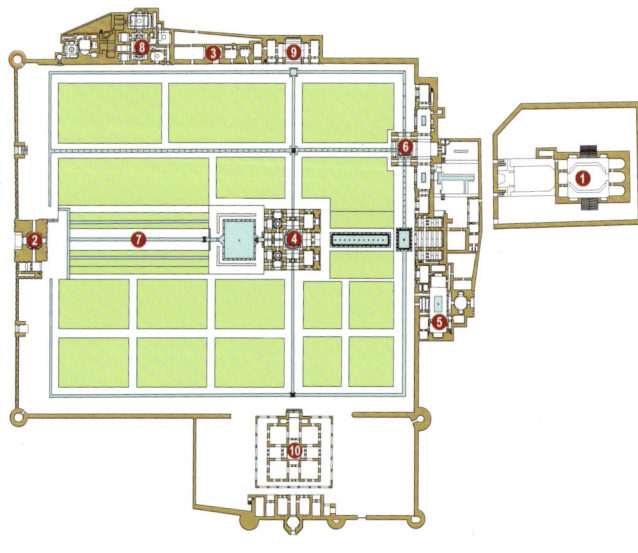

Plan du jardin de Fin.
1. Bassin et source.
2. Entrée.
3. Hammam qâdjâr.
4. Pavillon safavide.
5. Pavillon de Karim Khân.
6. Pavillon qâdjâr.
7. Canal central.
8. Hammam safavide.
9. Bibliothèque.
10. Musée.

Nush Abâd

A 7 km de Kâshân, une **cité souterraine** fut employée comme refuge contre les attaques. De fondation sassanide, elle comprend trois étages de pièces et de galeries (à 4-6, 12 et 21 m) reliées par des puits.

Niâsar

On découvrira un **temple du feu** sassanide (chahâr tâq*), daté du IIIᵉ s. et restauré à l'époque moderne (463). Dans les montagnes, une **grotte** fut creusée sans doute au début de notre ère, à l'époque parthe: disposées sur trois niveaux et reliées par des puits, ses pièces servaient probablement à un culte de Mithra (81).

Mashhad-e Ardehâl

Fondé sous les Seldjoukides, restauré sous les Safavides et surtout par les Qâdjârs, un important **mausolée** est dédié à un Imâmzâdeh mort martyr, Ali Ibn Imam Mohammad Bagher, fils du Vᵉ Imam. Début octobre s'y déroule une cérémonie appelée le «lavage du tapis», associée à la symbolique du martyre. Armés de bâtons, des hommes s'emparent d'un tapis du mausolée, symbolisant le tapis sur lequel fut assassiné l'Imâmzâdeh: ils l'emmènent à une rivière pour le laver, puis le ramènent à son sanctuaire.

Abyâneh

A l'écart de la route reliant Natanz à Kâshân, ce village traditionnel est sans doute le plus célèbre d'Iran. Ses maisons s'étagent sur le flanc escarpé d'une belle vallée, ponctuée de cultures, de vergers et de villages. Sa fondation est ancienne. Aujourd'hui en ruine, un temple du feu y fut construit à l'époque sassanide (Vᵉ-VIIᵉ s.) (78). Les rues sont étroites et les maisons collées les unes aux autres, parfois même superposées: le toit de certaines forme la terrasse des maisons supérieures. Construites en briques ou en pisé, elles possèdent parfois plusieurs étages, et quelques riches maisons ont des balcons en bois travaillé. Le village abrite plusieurs édifices historiques: des Imâmzâdehs*, des khânqâhs* et une mosquée du Vendredi, contenant encore un minbar* en bois de l'époque seldjoukide (1073-74) (470). Dans les rues, les femmes portent souvent des vêtements colorés. Les

Aux alentours de Kâshân

●Cérémonie du «lavage du tapis» à Mashhad-e Ardehâl.

Entre Kâshân et Natanz

●Abyâneh.

Dôme du mausolée du sheikh
Abd al-Samad al-Esfahâni.

habitants comptent de nombreux zoroastriens et parlent un dialecte proche de la langue parlée à l'époque sassanide (III⁰-VII⁰ s.).

Natanz

Nous possèdons très peu d'informations sur la ville, qui remonte au moins à l'époque sassanide, mais qui n'est pas mentionnée avant le XIII⁰ s. Elle se visite principalement pour trois monuments contigus, remontant à l'époque ilkhânide, et généralement réunis sous le nom de Masdjed-e Djâme' (**mosquée du Vendredi**). A l'extérieur, un **portail** est tout ce qu'il reste d'un khânqâh*, un couvent de derviches construit vers 1316-17.

Son décor de céramiques émaillées est une magnifique polyphonie de bleu et de turquoise (*98-99, 161*). A l'intérieur du complexe, le **mausolée** du sheikh Abd al-Samad al-Esfahâni (un soufi mort en 1299-1300) est daté de 1307. Il possède un dôme en forme de cône à huit facettes; à l'intérieur, sa salle unique est carrée, et si ses

Coupole du mausolée.

murs ont largement perdu leurs décors, une calligraphie sculptée dans le stuc court encore sous une coupole tapissée de muqarnas*. Incorporant une salle à coupole de 999-1000, la **mosquée du Vendredi** fut construite dès 1304, puis réaménagée jusqu'en 1325, date à laquelle fut érigé son minaret décoré d'une alternance de briques et de céramiques émaillées (*130*). La mosquée se compose de quatre iwans et elle ne conserve que de rares décors de calligraphies sculptées dans le stuc. Derrière le complexe, on découvrira les restes d'un temple du feu sassanide (chahâr tâq*). Natanz comprend encore deux mausolées (l'Imâmzâdeh Abdollâh et la tombe de Pir-i-Vaghef, d'époque mongole), un caravansérail de 1620-21 et une mosquée qui conserve un mihrab en stuc seldjoukide du XII⁰ s. (Masdjed-e Kucheh Mir). Sur les montagnes à l'ouest de la ville, on aperçoit les restes d'une citadelle du XV⁰ s. et un mausolée de 1592-93 que Shâh Abbâs Iᵉʳ fit construire pour un faucon (Gonbad-e Bâz).

Cour de la mosquée du Vendredi.

Entre Ardestân et Nâ'in | Ardestân

Fondée à l'époque parthe, la ville est surtout connue pour posséder l'une des plus anciennes mosquées de plan persan. Cette **mosquée du Vendredi** (Masdjed-e Djâme') fut fondée au IX⁰ s. déjà, semble-t-il sur un ancien temple du feu sassanide. Elle a connu de nombreuses périodes architecturales: l'édifice actuel remonte à l'époque seldjoukide (XII⁰ s.) dans sa structure fondamentale (une cour bordée de quatre iwans). L'iwan sud et sa salle à coupole datent de 1158-1160 et le minaret de 1160-61, alors que les trois autres iwans ont été reconstruits à l'époque safavide, en 1540 (iwan nord) et au XVII⁰ s. (iwans est et ouest). Postérieure à la mosquée

Mosquée du Vendredi.

Iwan. Mosquée d'Ardestân.

de Zavâreh, dans la localité voisine, elle constitue l'un des premiers exemples de mosquée à quatre iwans. L'admirable mihrab en stuc, daté de 1158, a été restauré à l'époque ilkhânide au XIIIᵉ ou au XIVᵉ s. Autour de la mosquée avaient été construits une madrasa, un caravansérail, un hosseyniyeh, une citerne et un hammam (*55, 126, 141*). La **mosquée Khosrow** date sans doute du XVIIIᵉ s.

Zavâreh

Cette ville connut ses heures de gloire sous les Seldjoukides. De cette époque, elle conserve un monument d'importance dans l'histoire architecturale de l'Iran: la plus ancienne mosquée datée qui adopte le plan persan, avec quatre iwans autour d'une cour à ciel ouvert et une salle du mihrab carrée surmontée d'une coupole sur trompes* (*465, 470*). Cette **mosquée du Vendredi** a été achevée en 1135-36 et son mihrab* en stuc date de 1156. Une autre mosquée (Pâmenâr) remonte également à l'époque seldjoukide (XIᵉ s.): son minaret (de 1068-69) est l'un des plus anciens d'Iran, mais l'intérieur de la mosquée ne conserve que de rares décors de stuc.

Nâ'in

A moins de 150 km d'Esfahân, près du désert du Kavir, Nâ'in se trouve sur la route des caravanes reliant Yazd à Esfâhan et à Qom. Aux abords de la vieille ville, une citadelle en ruines (Nârin Qal'eh) témoigne d'un passé préislamique de la ville, dont nous ignorons tout. De l'époque islamique, Na'in conserve d'anciens quartiers et une mosquée

Citadelle.

qui est un jalon majeur de l'architecture iranienne et musulmane. Elle est aussi connue pour ses tapis fins, dont la production ne commença pourtant qu'au début du XXᵉ s. Très proche du tapis d'Esfahân, son esthétique florale aime les médaillons centraux entourés d'arabesques et privilégie les

Aux alentours d'Ardestân

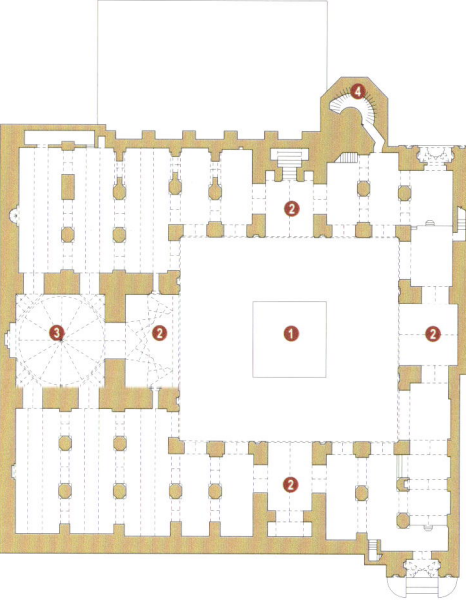

Plan de la mosquée du Vendredi de Zavâreh.
❶ Cour.
❷ Iwans.
❸ Salle à coupole.
❹ Minaret.

Bazar.

bleus foncés ou légers et les couleurs beige ou crème (174). Partiellement délabrée, la vieille ville est divisée en sept quartiers; en chacun d'eux se trouve un hosseyniyeh*, dévolu aux commémorations du martyre de l'Imam Hosseiyn. Le bazar à coupoles traverse l'un de ces quartiers. Située près de la rue marchande principale, la mosquée Bâbâ Abdollâh remonte pour sa fondation à l'époque ilkhânide, en 1301-02 (462). La **mosquée du Vendredi** est l'une des plus anciennes d'Iran. Fondée à l'époque

Le minaret de la mosquée du Vendredi.

abbasside et bouyide, elle a été restaurée ou reconstruite sous les Seldjoukides au XIe s. Comme la mosquée de Dâmghân, son architecture suit encore le plan de la mosquée dite arabe: sa cour, sans iwans, est bordée de salles hypostyles. Daté par certains du XIIe s., le minaret, au plan octogonal

Cour de la mosquée du Vendredi.

unique, remonterait au Xe s. Créé seulement en briques et en plâtre, le décor de la mosquée est sobre et épuré. La partie la plus remarquable est le mur de la qibla* et son mihrab*, décorés de rosaces, de rinceaux, de feuilles d'acanthe et de calligraphies koufiques* sculptés dans le stuc. Les motifs végétaux encadrés par des entrelacs ou inscrits dans des rosettes ou des étoiles s'inspirent des œuvres de Samarra, une capitale abbasside du IXe s., dont les décors de stuc, partiellement repris de la Perse sassanide, ont eu une grande importance sur le développement ornemental de l'art islamique. Le minbar en bois date de 1312 (472). Depuis la cour, un escalier mène à des

Iwan de la maison Pirniâ.

Plan de la mosquée
du Vendredi.
❶ Entrée principale.
❷ Minaret.
❸ Entrée nord-est.
❹ Cour.
❺ Salles de prière.
❻ Entrée de la salle de prière souterraine.
❼ Mur de la qibla.

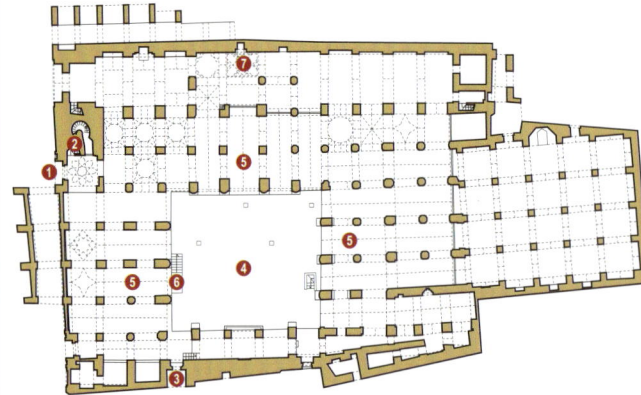

salles de prière souterraines employées en hiver. A côté de la mosquée du Vendredi, une belle maison safavide du XVIᵉ s. (Pirniâ) a été transformée en **musée ethnologique**. Il réunit d'anciens objets de la vie quotidienne, agricole et artisanale de la région d'Esfahân. Le magnifique iwan de la cour est décoré d'images en stuc peint inspirées des œuvres de Nezâmi et de Djâmi (*134, 202*). Une autre maison traditionnelle, d'époque qâdjâre (XIXᵉ s.), était en restauration au début des années 2000 (**Maison des Fâtemi**).

Mohammadieh

Citadelle de Mohammadieh.

A quelques kilomètres de Nâ'in, surplombée par une ancienne forteresse, Mohammadieh possède une mosquée (Bâlâ Mahalleh), fondée vers le Xᵉ ou XIᵉ s., et restaurée ultérieurement à plusieurs reprises. Cette localité est connue pour un tissu de feutre marron, généralement de poils de chameau, dont sont faits des manteaux (*abâ*) portés par des dignitaires religieux: ils sont fabriqués par des artisans dans des caveaux souterrains.

♦ Mosquée de Varzaneh.

Varzaneh

Au sud-ouest de Nâ'in, cette ville conserve une mosquée du Vendredi fondée sous le règne de Shâhrukh vers 1444-45, puis restaurée en 1688-89. Son minaret serait seldjoukide. Elle conserve quelques décors de céramique émaillée.

Golpayegân

La mosquée du Vendredi de cette ville conserve une salle à coupole seldjoukide du début du XIIᵉ s. Ses salles de prière, en revanche, ont été ajoutées au XIXᵉ s., sous le règne du Qâdjâr Fath Ali Shâh. En 2000, une ancienne citadelle, au plan carré et aux angles flanqués de tours, a été restaurée et transformée en hôtel.

Aux alentours de Nâ'in

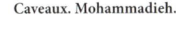

Caveaux. Mohammadieh.

Au nord-ouest de la province

♦ Mosquée de Golpayegân.

LA PROVINCE DE YAZD

Yazd, 356
Meybod, 361
Ardakan, 361
Taft, 361
Mehriz, 361

Fahradj, 361
Abarkuh, 361
Tabas, 362
La province des
zoroastriens, 363

YAZD
Capitale de la province de Yazd
Altitude: 1240 m – Habitants: 550'904 (2011)

«Iasd est en Perse même, très bonne et noble cité, et de grand commerce.»

Marco Polo (XIIIe s.)

Située au centre de l'Iran, Yazd est la plaque tournante des routes caravanières qui reliaient Esfahân, Kermân, Shirâz, Mashhad et, plus loin, l'Asie centrale, l'Inde et l'Irak. Carrefour des commerces et des voyages, Yazd est aussi à la croisée de deux mondes: installée dans le piémont d'une haute chaîne montagneuse, d'où elle tire son eau par des qanâts*, elle est aussi en bordure du désert du Kavir, une mer de sable et de limon salé. Fiancée du désert, cité de solitude, Yazd fut un refuge des zoroastriens, un asile des soufis et des savants, une ville de piété et de foi.

L'histoire ancienne de la ville est mal connue: on la dit avoir été fondée par Alexandre le Grand au ~IVe s., alors que d'autres opinions font remonter sa fondation au roi sassanide Yazdegerd Ier (399-421). On l'appela longtemps «la prison d'Alexandre»: selon une légende, le conquérant grec y aurait emprisonné des dignitaires achéménides qui auraient construit la cité après le départ d'Alexandre. Conquise par les Arabes en 642, elle devint une riche cité commerçante, connue pour ses textiles. Préservée par les Mongols (XIIIe s.), plus tard par Tamerlan (XIVe

Quartiers traditionnels.

s.), elle connut encore la prospérité sous les Safavides (XVIe-XVIIe s.). Elle connut des temps difficiles lors de l'invasion afghane (1722) et au XIXe s. Au XXe s., l'industrialisation de la filature et du tissage, l'implantation d'usines et la création de liaisons ferroviaires et aériennes redonnèrent une vitalité économique à la ville. Aujourd'hui, son artisanat est toujours connu pour ses textiles, principalement des tapis, et sa cuisine pour plusieurs délicieuses pâtisseries et douceurs (*baghlâvâ*, *sohan*, *pashmak*, *hâdjibâdam*, etc.).

La ville des zoroastriens

Jusqu'au milieu du XXe s., le quart de la population était zoroastrien, juif et chrétien, mais aujourd'hui ces communautés sont fortement minoritaires. Comme Kermân, Yazd conserve plusieurs traces d'une religion zoroastrienne encore vivante et toujours tolérée. Son grand

temple du feu (Atashkadeh), avec un portique à colonnades, ne ressemble plus guère aux édifices à coupole des Sassanides, même si le feu qu'il protège est alimenté depuis près de 1500 ans. Construit en 1934, son architecture est à la fois iranienne, européenne et moderne. Sur le fronton du temple figure le disque ailé anthropomorphique (*fravahr**), déjà visible dans l'art achéménide. Il est entouré de trois inscriptions: «Bonne Parole», «Bonne Pensée», «Bonne Action». A l'intérieur du temple, on peut

Temple du feu.

apercevoir, à travers une vitre, le feu sacré: dans un grand vase en métal, des bûches brûlent pour témoigner de la pureté, de la vérité et de la bonté divines. Un portrait moderne de Zoroastre est accroché au mur: son index levé symbolise l'unité de Dieu, et indirectement l'accord du Zoroastrisme avec l'Islam (*77*).

Autel du feu.

Au sud-ouest de la ville, deux **tours du silence** (*dakhmeh**) sont juchées sur deux collines au pied des montagnes. Datant de l'époque islamique, ces édifices circulaires servaient aux rites funéraires des zoroastriens. Les morts étaient considérés comme impurs, si bien que leur inhumation pouvait souiller la terre et les vivants. Dans l'Avesta, Ahura Mazda recommande à Zoroastre de déposer les corps morts sur des lieux élevés fréquentés par des animaux carnivores. Dans les tours du silence, les cadavres étaient dévorés par des rapaces. Les ossements

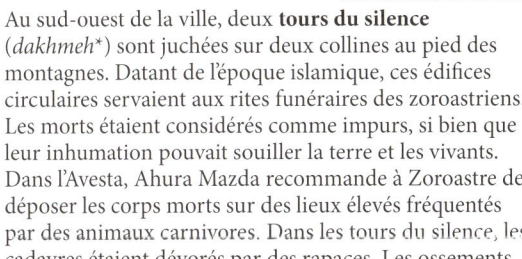

étaient ensuite placés dans des astodans*, des urnes en céramique et des cavités creusées dans la roche et scellées. Aujourd'hui, les tours du silence ne sont plus utilisées et les zoroastriens se font enterrer dans des cercueils étanches. En contrebas des deux tours du silence, plusieurs édifices

Constructions en contrebas des dakhmehs.

délabrés étaient autrefois destinés à la préparation des cadavres et aux rites mortuaires. A proximité, un vaste enclos moderne est «The Zoroastrian Cemetery in Yazd»

Dakhmeh.

La splendide **mosquée du Vendredi** est née de trois mosquées contiguës construites successivement. Près de deux mosquées fondées aux IXᵉ et XIᵉ s., Rokn od-Din construisit une salle à coupole (*101*) précédée d'un iwan entre 1325 et 1334. En 1375-6, le portail d'entrée (*10, 471*) et une salle de prière est, décorés de céramiques, furent construits. On ajouta des décors de céramique en 1406-07, la salle de

Les monuments islamiques

L'iwan de la salle de prière.

Iwan et coupole de la mosquée du Vendredi.

prière ouest et son portail en 1416-17, un mihrab dans la salle de prière est en 1485-6 (*qarâ't khâneh*). Les deux minarets surmontant le portail d'entrée furent élevés au XVᵉ ou au XVIᵉ s. Au cours du XIXᵉ s., des parties des trois mosquées furent détruites, la cour fut élargie, le portail nord reconstruit et l'ensemble amplement restauré, donnant à la mosquée l'unité visible aujourd'hui. Près de la mosquée du Vendredi existait autrefois un vaste complexe, comprenant une mosquée, une madrasa, une bibliothèque et un observatoire. Construite en 1326 par **Rokn od-Din**, la mosquée avait été surnommée la mosquée du Temps et de l'Heure (Masdjed-e Vaqt-o Sâ'at), car l'un de ses minarets accueillait un mécanisme d'horloge, entièrement disparu depuis mais décrit par des textes anciens. A chaque heure du jour, une perle tombait du bec d'un oiseau de bronze dans une coupe; à chaque heure de la nuit, une lampe sortait du mur. Le jour, un oiseau de bronze pivotait pour suivre le parcours du soleil dans le ciel et un drapeau apparaissait aux heures de la prière. Aujourd'hui, il ne reste de l'ensemble que la salle du mihrab de la mosquée: un édifice à coupole, dont l'intérieur est orné de peintures florales et calligraphiques au symbolisme astrologique, et qui accueille la tombe de son fondateur, Rokn od-Din (*131*). **Amir Chaqmâq** (1427/8-1446/7) appartenait à la dynastie des Mamelouks, qui régnait en Egypte: il se

Décor de l'iwan.

Plan de la mosquée
du Vendredi.
1 Portail d'entrée.
2 Cour.
3 Iwan.
4 Salle à coupole.
5 Salle de prière est.
6 Salle de prière ouest.

Mihrab de la mosquée
du Vendredi.

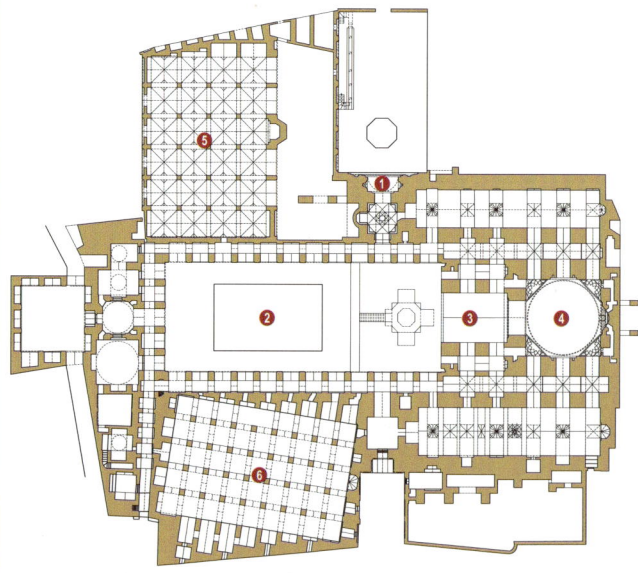

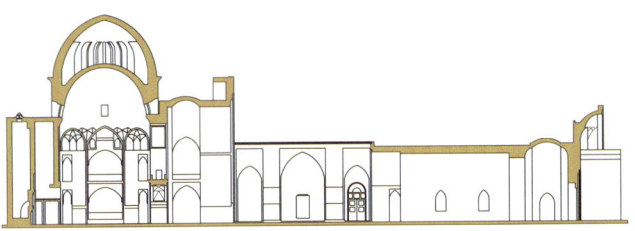

Coupe de la mosquée
Amir Chaqmâq.

mit au service des Timourides, leurs ennemis, et devint un gouverneur
de Yazd. En 1437-38, il fit construire une mosquée
à quatre iwans, décorée de céramiques émaillées et
d'un beau mihrab* (*135*). Plus tard, au début du XIXe
s., on construisit des galeries tout autour de la place
adjacente. Elles formaient un espace clos réservé aux
représentations des ta'ziyehs*. De ce **tekiyeh**, appelé
également Chaqmâq, il ne reste aujourd'hui qu'un
grand et large portail, couronné par deux minarets,
faussement décrit comme l'entrée du bazar. Posé sur

Coupole du mausolée de Rokn od-Din

la place, un
grand support
de bois est composé d'une
plateforme entourée de deux
parois en forme de feuilles.
Lors des rituels consacrés au
martyre de l'Imam Hosseyn,
au mois de muharram*, il
accueille le cercueil de Hosseyn,
porté en procession par des

Portail Amir Chaqmâq.

hommes (*208*). De même que nombre d'églises chrétiennes furent
construites sur d'anciens temples de l'Antiquité, plusieurs mosquées
ont été édifiées sur des temples du feu sassanides. C'est
le cas du **musallâ* Atiq**, construit sur un ancien chahâr
tâq* à l'époque safavide (XVIe s.). Deux grands mausolées,
composés d'une seule salle à coupole, se trouvent aux
abords d'une même place. Le **mausolée carré des Douze
Imams** (Maghbareh-ye Davâzdah Emâm) porte les dates
de 1036-37 (*144, 467*). Du XIIIe s., le mausolée octogonal
surnommé la **Prison d'Alexandre** (Zendân-e Iskandar) fut
par la suite intégré à un bâtiment à cour centrale, employé
comme école coranique et comme madrasa.

Zendân-e Iskandar et madrasa.

Au XXe s., les travaux d'urbanisme ont percé de larges avenues dans
le tissu traditionnel de la ville. Ils ont malheureusement détruit les
murailles du XIVe s., dont il ne subsiste que quelques vestiges. En
revanche, il reste plusieurs rues et édifices traditionnels dans le bazar,
l'un des plus anciens d'Iran. L'un de ses **hammams**, de la fin du XVIIIe
s., est aujourd'hui un restaurant traditionnel (Sonnati).
Comme dans toutes les anciennes villes d'Iran, les dédales de ruelles,
de passages voûtés et de petites places ne laissent guère soupçonner

**La vie à Yazd:
le bazar et les
maisons**

la beauté des maisons traditionnelles dissimulées par les murs nus, couleurs de terre, des ruelles. Yazd conserve plusieurs maisons d'époque qâdjâre (XIXe s.), toutes construites autour d'une cour rectangulaire accueillant un bassin et de la végétation. Leur décor est sobre, et leur

Maison Lârihâ.

architecture de murs épais, d'iwans, de cours et de tours d'aération rend vivable un climat avare en pluie, aux étés torrides et aux hivers froids. On peut citer les maisons Lârihâ, Mortâz, Arabhâ, Fâtehâ, Malek ou Shafi Pur. Certaines ont été transformées en hôtel: la maison Malek-o Todjâr, dans le bazar, et les hôtels Kohan Kâshâneh, Fahâdân et Golshan, dans les anciens quartiers. Une maison (Kolâh Duzhâ) abrite un **Musée de l'eau**. Les quartiers traditionnels sont hérissés de tourelles, qui valent à Yazd son surnom de «ville des **tours d'aération**» (bâdgir*). En captant le moindre souffle, elles apportent de la fraîcheur dans les pièces d'habitation. Dotée de six tours d'aération, la **citerne** Shish Bâdgir, d'époque qâdjâre, est la plus connue des 75 à 90 citernes encore existantes (*155*). Il ne reste qu'un seul palais historique à Yazd: le **Bâgh-e Dowlatâbâd**. Situé à l'extérieur des anciens quartiers, il fut construit en 1748 par le gouverneur de la ville, Mohammad Tâqi Khân Bafqi (1748-1799). L'édifice le plus intéressant de ce palais-jardin est un grand pavillon hexagonal à deux étages, bordant le sud du jardin, et réservé à l'accueil des hôtes. A l'intérieur, un bassin occupe le centre d'une pièce centrale sumontée d'une coupole et bordée de six alcôves. Sur son toit se dresse la plus haute tour d'aération de l'Iran (33,80 m) (*462*).

Coupole et salle du pavillon de Bâgh-e Dowlatâbâd.

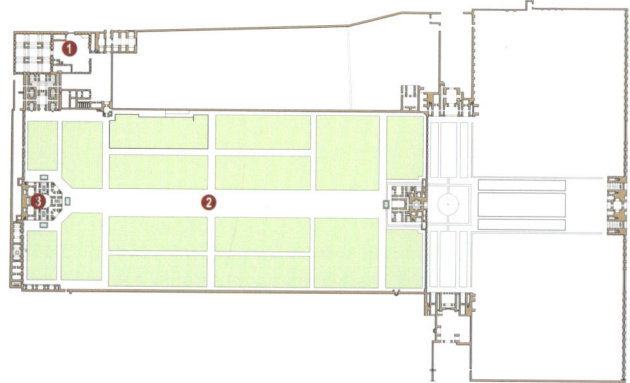

Plan de Bâgh-e Dowlatâbâd.
❶ Palais du gouverneur.
❷ Jardin.
❸ Pavillon hexagonal.

Meybod

Fondée à l'époque sassanide, berceau de la dynastie mozaffaride qui régna dans le Fârs et le Kermân au XIVᵉ s., cette petite ville conserve une citadelle d'époque islamique (Nârendj ou Nârin Qal'eh), des restes de fortifications surplombant de vieux quartiers et une mosquée (Firuzâbâd) fondée vers 1462-63.

Ardakân

Située à la lisière du désert, mentionnée pour la première fois au XIIIᵉ s., cette petite ville fut connue pour ses tapis et ses textiles. Outre ses anciens quartiers, on peut mentionner sa mosquée du Vendredi, la maison Ansâri, et un caravansérail safavide (Shâh Abbâsi) sur la route Ardakân-Yazd.

Mosquée du Vendredi. Fahradj.

Au nord de Yazd

Pigeonnier. Meybod.

Taft

En été, les habitants de Yazd viennent profiter du climat agréable de cette petite ville-oasis, submergée de verdure et traversée par une rivière. On n'y trouvera aucun monument ancien digne d'intérêt, mais plusieurs oratoires zoroastriens (145).

Au sud de Yazd

Mehriz

Cette localité et ses environs conservent plusieurs châteaux, comme celui de Khormiz, fondé à l'époque sassanide

Saryazd.

mais transformé à l'époque islamique, de Mehrpâdin, sans doute safavide, et surtout celui de **Saryazd**, d'origine sassanide, qui enclôt dans ses murs une véritable cité miniature. A une trentaine de kilomètres, sur la route vers Rafsandjân (une ville connue pour ses pistaches), se

Saryazd.

trouve le caravansérail safavide de Zeyn od-Din, transformé en hôtel dans les années 2000. Depuis Mehriz, il est possible de se rendre à Pir-e Nâraki, un lieu de culte zoroastrien (363).

Fahradj

A une trentaine de kilomètres de Yazd, sur la route de Bâfq, ce village à l'histoire ancienne conserve une mosquée de plan arabe, sans doute fondée vers les VIIIᵉ-Xᵉ s. Ses voûtes et ses gros piliers révèlent une influence sassanide.

A l'est de Yazd

Abarkuh

Située près d'un désert salé, cette petite ville fut une étape majeure des routes commerciales reliant l'Asie centrale, la Chine, l'Inde, le

Entre Shirâz et Yazd

Mihrab de la mosquée
du Vendredi.

golfe Persique et la Méditerranée. Elle connut ses heures de gloire entre le Xᵉ et le XIVᵉ s. Elle périclita lorsque les routes maritimes, ouvertes par les Européens, mirent progressivement fin aux voyages terrestres des marchands entre l'Orient et l'Occident. Durement frappée par l'invasion afghane de 1722, cette cité déchue conserve quelques vestiges épars de son importance passée. Sa **mosquée du Vendredi** date du XIVᵉ s. Elle possède une salle à coupole seldjoukide (XIᵉ-XIIᵉ s.) dans le coin sud, et un mihrab ilkhânide en stuc (1337-38) dans l'iwan sud-est. De la mosquée mongole de Nizamiyeh (1325), en revanche, il ne reste qu'un portail surmonté de deux minarets. Dans les vieux quartiers, une belle maison traditionnelle, d'époque qâdjâre, est dotée de plusieurs tours d'aération (**Maison Aqâzâdeh**) (*147*). A l'extérieur de la ville, sur une colline rocheuse, le **Gonbad-e Ali** domine la ville et la plaine. Daté de

Gonbad-e Ali.

1056 (comme l'indique une inscription calligraphiée au-dessus de la porte), son dôme coiffe une salle octogonale, couronnée de muqarnas à l'extérieur, mais au fût intérieur sans décor. La ville possède encore deux autres mausolées, mais maltraités par le temps: le tombeau dit de Tâvus al-Haramayn, datant de 1318, et celui de Pir Hanzeh Sabz Puch, reconstruit en 1930 et conservant un mihrab en stuc du XIIᵉ s. On pourra encore voir dans la ville des restes de fortifications et des yakhdâns*. Abarkuh est aussi connue pour un cyprès vieux de 4500-5000 ans, entouré de nombreuses légendes.

Maison Aqâzâdeh.

Au début des années 2000, sa hauteur était de 25 m, son tronc avait un diamètre de 4,5 m et son branchage une largeur de 18,5 m (*154*).

Sur la route Yazd-Tabas

Kharânaq

Dans un paysage superbe, un village en partie ruiné et déserté conserve plusieurs monuments anciens, notamment un pont, un minaret «tremblant» du XVIIᵉ s., un hammam, un caravansérail et une mosquée qâdjârs.

Au nord-est de la province

Tabas

En 1974, le «Guide Bleu» écrivait de Tabas qu'elle est «l'une des plus belles oasis de palmiers-dattiers de l'Iran qui, de leurs ombrages, abritent vergers et cultures maraîchères. Avec ses maisons de pisé à bâdgirs, ces cheminées «à rebours», sa forteresse décrépite, datant du XIᵉ s., – cette forteresse où régnèrent en maîtres les Assassins (2ᵉ moitié du XIᵉ s.), – sa médersa aux deux minarets seldjoukides (XIIᵉ s.) ou medresseh-

ψKharânaq.

yé-Do Manâr et surtout sa palmeraie, Tabas sera une étape à marquer d'une pierre blanche.» Malheureusement, un tremblement de terre ravagea la ville en 1978, ne préservant qu'une grande mosquée et quelques citernes. La cité, depuis, a été partiellement restaurée et on peut y admirer plusieurs jardins, comme le Bâgh-e Golshan. A l'ancienne perle du désert, Ya'qub Daneshdust a consacré deux grands livres, en persan, mais richement illustrés. Publiés à Tehrân par Cultural Heritage Organization et Soroush Press, le premier volume est consacré aux jardins (*Once there was a town called Tabas. The gardens of Tabas*, 1990), le second aux monuments (*Tabas the town that was. The monuments of Tabas*, 1997).

Chak Chak.

La province des zoroastriens

Plusieurs lieux cultuels zoroastriens sont disséminés dans la province: un important temple du feu et des tours du silence* à Yazd, des oratoires à Taft, des sépultures de sages (Sharif Abâd) à Ardakân, la tombe de Hadji Khezr à Kuh Bonân. Plusieurs lieux sacrés sont nés d'une légende. Au VIIe s., des membres de la famille royale sassanide, principalement des femmes, fuyaient les conquérants arabes. Acculés, ils furent sauvés par un miracle: ils disparurent dans la montagne, un rocher ou une grotte. Quelques siècles plus tard, leurs lieux de disparition furent redécouverts par un berger ou un enfant, inspiré par une vision, et devinrent l'objet d'un pèlerinage annuel, entre juin et août. On compte six lieux saints, généralement construits au pied d'une montagne: Pir-e Sabz, Pir-e Nâraki, Seti Pir, Pir-e Bânu Pârs, Pir-e Nârestuneh, Pir-e

Grotte de Chak Chak.

Herisht. De tous, **Chak Chak** ou **Pir-e Sabz** est le plus important. Isolé dans une région désertique et majestueuse près d'Ardakân, il se compose d'une grotte mi-naturelle mi-artificielle entourée de bâtiments pour l'accueil des pèlerins qui s'y rendent chaque année au mois de juin (du 14 au 18). Plaqué contre la montagne, le

Pir-e Nâraki.

complexe est accessible par un escalier en lacet. A l'entrée du sanctuaire, surplombé par un grand arbre, deux lanciers achéménides sont figurés sur la porte en métal. Les visiteurs sont invités à se déchausser et à porter une calotte blanche. Fermée par une demi-coupole, la cavité rocheuse forme une seule salle, que bordent un couloir et une petite pièce, tous deux ouverts sur le sanctuaire. Au fond de la grotte, dans une forme de niche, brûlent trois bougies (lumières de la bonne action, de la bonne parole et de la bonne pensée); au centre, une bûche se consume sur un autel du feu. C'est à cet endroit, dit la tradition, qu'une fille du dernier roi sassanide Yazdegerd III trouva refuge. Pourchassée par les Arabes, elle pria Ahura Mazda de la protéger. La montagne s'ouvrit alors et se referma sur elle. Aujourd'hui, dans le creux du rocher, on entend toujours le bruissement d'une source. L'eau fait «chak», «chak», «chak», … comme les larmes de chagrin versées par la montagne pour la princesse.

LA PROVINCE DU FARS

SHIRAZ, 364
NEYRIZ, 371
SARVESTAN, 371
IZAD KHWAST, 371
NURABAD, 371
LAR, 372
L'HERITAGE ACHEMENIDE, 372
- PERSEPOLIS, 372
- NAQSH-E ROSTAM, 378
- PASARGADES, 381

- SAR MASHHAD, 385
L'HERITAGE SASSANIDE, 386
- NAQSH-E ROSTAM, 386
- ISTAKHR, 386
- NAQSH-E RADJAB, 386
- LES RELIEFS RUPESTRES DU FARS, 386
- SARVESTAN, 387
- BISHAPUR, 387
- FIRUZABAD, 391
- LES TEMPLES DU FEU, 393

Le Prophète Muhammad aurait dit qu'il existe deux peuples élus: les Qurayshs chez les Arabes (d'où est issu le Prophète Muhammad) et les habitants du Fârs en Perse. C'est cette région du sud que le vieux perse appelait «Parsa» et les Grecs de l'Antiquité «Persis», d'où le français «Perse». Le Fârs fut le berceau des Achéménides, puis celui des Sassanides. Aujourd'hui province de l'Iran moderne, il conserve l'essentiel du patrimoine artistique légué par ces deux dynasties. Ses paysages sont une alternance de plaines parfois verdoyantes, de montagnes et de collines pierreuses piquetées de buissons ou de petits arbres (6, 29). Géographe du XIIe s., al-Balkhi écrivait que le Fârs «est un excellent pays, à la fois plaine et montagne, terrestre et maritime; on y trouve tout ce qui existe dans les régions chaudes ou froides».

SHIRAZ
Capitale de la province du Fârs
Altitude: 1490 m – Habitants: 1'549'453 (2011)

«Viens à Shirâz! De l'Esprit Saint l'effluve va y chercher les plus parfaits des gens. Qui oserait parler de l'Egypte et du sucre, en oubliant les doux visages de Shirâz?»

Hâfez de Shirâz (XIVᵉ s.)

✦ Arg-e Karim Khân.

Un stéréotype usé par la promotion touristique en fait la ville de l'amour, de la poésie, des roses et des rossignols. Pour peu que l'on oublie les conventions sucrées du cliché, ces associations peuvent révèler la pulsation intime de la ville qui a accueilli deux des plus grands poètes iraniens (Sa'di et Hâfez), tous deux soufis, amoureux, ivres, et génies littéraires.
Shirâz n'a pas le côté théâtral d'Esfahân, ni sa richesse et son harmonie: ses charmes et son atmosphère sont plus subtils, et donc plus profonds et difficiles à saisir. Elle est aujourd'hui une cité industrielle et universitaire (sa faculté de médecine est la plus réputée d'Iran), et ses monuments historiques ne remontent guère au-delà du XVIIIᵉ s.

La ville, pourtant, est de fondation ancienne, sans doute sassanide (IIIᵉ-VIIᵉ s.). Elle devint à l'époque islamique un centre d'enseignement théologique, un foyer de soufisme et de poésie. Miraculeusement épargnée par les Mongols, elle fut partiellement détruite par des inondations en 1630 et 1668, par les Afghans en 1723, puis encore éprouvée par deux violents tremblements de terre au XVIIIᵉ s. Plusieurs fois reconstruite, la cité doit sa physionomie actuelle à Karim Khân, fondateur de la brève dynastie des Zands. Souverain éclairé qui prit le titre de régent (*vakil*), il fit de Shirâz sa capitale et l'embellit au XVIIIᵉ s. Shirâz est traversée par une rivière, Roknâbâd, dont le lit est aujourd'hui souvent sec. Hâfez disait de son eau qu'elle «rend les gens éternels», comme Khezr, personnage mystérieux cité dans le Coran et devenu, dans le soufisme, le maître de l'initiation mystique.

Une maison qâdjâre dans le quartier historique.

Les tapis de Shirâz désignent les tapis et les gabehs* en laine produits par les Qashqâ'is, la tribu semi-nomade la plus importante du Fârs. Noués généralement sur des métiers horizontaux avec le nœud

Mosquée Vakil.

turc, ils adoptent de nombreux motifs géométriques stylisés et des couleurs vives, comme le jaune-or, le rouge, le vert et le bleu. C'est de Shirâz que viendrait le cépage à vin rouge du même nom, appelé aussi syrah, et cultivé depuis mille ans sur les côtes du Rhône. Spécialité de la ville, le *fâludeh* est un dessert préparé avec des filaments d'amidon de riz et du jus de citron.

Arts et traditions

►Kelim Qashqâ'i.

La ville de Karim Khân Zand (1750-1779)

La ville conçue par Karim Khân a perdu son unité d'antan, mais quelques-uns de ses principaux édifices existent toujours. La **citadelle du Régent** (Arg-e Karim Khân) ❶ est un palais fortifié en briques, de forme quadrangulaire. Ses tours d'angle sont décorées de sobres motifs géométriques. Des orangers et des canaux occupent le centre de la cour intérieure, bordée de trois iwans, d'un hammam (152) et de plusieurs salles ponctuellement décorées de peintures. Près de la citadelle, dans un jardin (**Bâgh-e Nazar** ❷), un pavillon octogonal fut édifié par Karim Khân pour des réceptions officielles. Décoré de peintures et de céramiques, aux motifs floraux, mythologiques ou religieux, il a été transformé en musée (**Musée Pârs**). Il abrite quelques œuvres d'époque préislamique et musulmane. Karim Khân avait été enterré dans une alcôve de ce pavillon, mais sa tombe fut violée par le premier roi qâdjâr, Aqâ Muhammad.

Salle de prière. Mosquée Vakil.

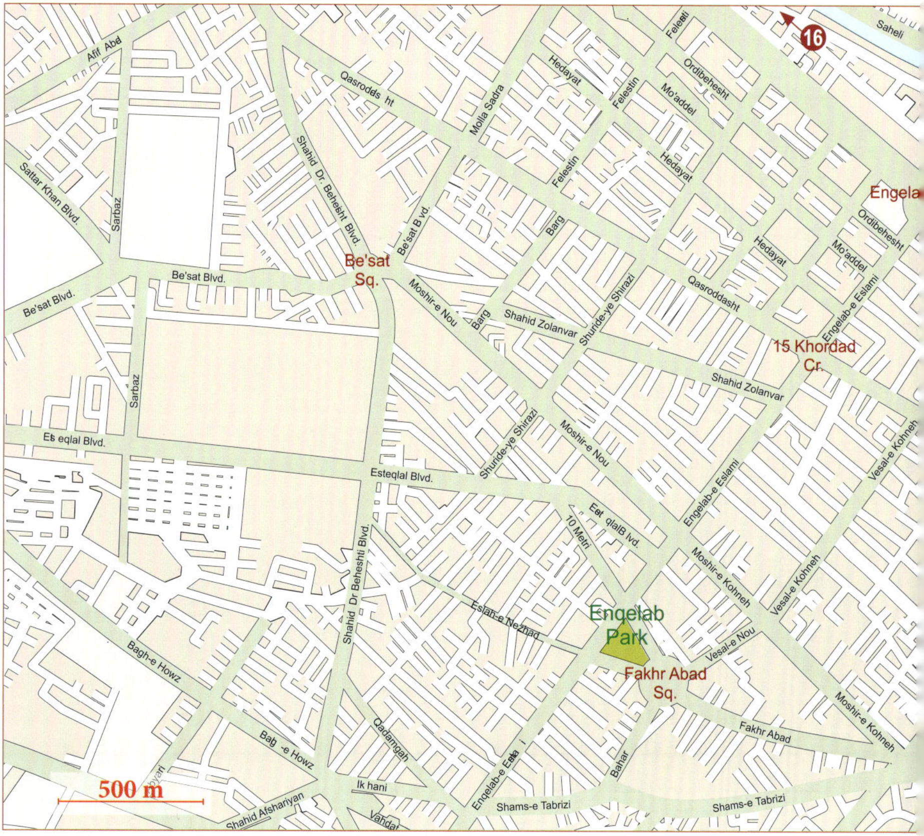

Sarâ-ye Moshir.

Comme dans d'autres villes iraniennes, le **bazar** ❸ est une cité dans la cité, autour de laquelle s'articulent plusieurs édifices d'importance. L'une des plus belles parties de ce marché aux ruelles couvertes de coupoles est le **Sarâ-ye Moshir** (1871): deux étages d'arcades décorées de céramiques abritent des échoppes et entourent une cour octogonale à ciel ouvert. De l'autre côté de l'avenue Karim Khân Zand se trouve le nouveau bazar (Bâzâr-e Now). A côté de l'entrée du bazar, la **mosquée Vakil** ❹ (ou mosquée du Régent) fut construite par Karim Khân en 1773, puis restaurée au XIXe s. Bordée de deux iwans en vis-à-vis, sa grande cour possède un long bassin rectangulaire. Dans la salle du mihrab*, les voûtes sont soutenues par cinq rangées de colonnes torsadées surmontées de très rares chapiteaux à feuilles d'acanthe stylisées. Les céramiques qui décorent les iwans et les minarets sont un souvenir de l'esthétique safavide, associée à la couleur rose qui fait son apparition à Shirâz au XVIIIe s. Juste à côté de la mosquée Vakil, un **hammam** ❺ est décoré de scènes figuratives à caractère religieux ou courtois, sculptées en léger bas-relief dans du stuc. Il est bordé par une citerne et une tour d'aération, également de l'époque de Karim Khân.

[Map of central Shirâz with numbered markers 1-18 and street labels including Azadi Park, Azadi Blvd, Qaem Sq., Shahid Haddadi, Sur Esrafil, Ferdowsi, Meshkin Fam, Golestan Blvd, Hafez, Javid, Sahi, Fardowsi, Sahli, Darvazeh Esfahan District, Shahid Emadi, Narges-e Shiraz, Karim Khan-e Zand Blvd, Rudaki, Saadi, Hejrat, 22 Bahman, Naser Khosrow, Bazar-e Nou, Takhti, Khiaban ariz, Keshavarz, Shohada Sq., Towhid, Piruz, Lotfali Khan Zand, Ayatolah, Karim Khan-e Zand Blvd, Rahnamai, Shahid Dastghaib Blvd, Ahmadi Sq., Lotfali Khan Zand, Darvazeh Saadi, Rahnamai Cr., Zeinatbiyeh, Salman Farsi Blvd, Safar, Sahli]

Ville de poésie, Shirâz est aussi une ville religieuse et une ville de pèlerinage. Le principal édifice sacré est le **mausolée de Shâh Cherâgh** ❻ («le Roi de Lumière»), consacré à un frère du VIIIe Imam, enterré à Mashhad. Un premier tombeau fut édifié au XIIe s., reconstruit au XIVe s. par une reine du Fârs, mais l'édifice actuel date du XIXe s. et des restaurations ont encore été effectuées au XXe s. Dans les années 2000, des édifices destinés à l'accueil des pèlerins furent encore construits autour du site. Le périmètre sacré se compose d'une immense cour rectangulaire, bordée sur un côté par le mausolée avec sa coupole bulbeuse et son long portique d'entrée à colonnades.

La ville religieuse

♦ Shâh Cherâgh.

Accessible depuis le mausolée de Shâh Cherâgh ou depuis le bazar, la Masdjed-e Djâme' Atiq est l'**ancienne mosquée du Vendredi** ❼ de la ville. Fondée au IXe s., plusieurs fois reconstruite (XVIe et XVIIe s.), mal restaurée en 1945, cette mosquée n'avait, selon un auteur du Xe s.,

Masdjed-e Djâme' Atiq.

►L'ancienne mosquée du Vendredi, représentée sur une peinture sur livre de 1528 attribuée à Behzâd. Bibliothèque du palais du Golestân, Tehrân.

«pas son égal dans les huit régions de la Terre» (al-Muqaddasi). En son centre, un édifice rectangulaire évoque la Kaaba de La Mecque et conservait des Corans. Daté de 1351, il a été restauré sous Shâh Abbâs Ier en 1625.

La **madrasa du Khân** ❽ fut fondée en 1615 par un gouverneur du Fârs, Imâm Quli Khân. Restaurée depuis, notamment à l'époque qâdjâre, elle est toujours en activité. Mollâ Sadrâ Shirâzi, l'un des philosophes les plus importants du XVIIe s., y enseigna: on peut encore voir sa chambre, au-dessus du portail d'entrée doté d'un vestibule octogonal. Des arbres et des fleurs font de la cour un asile de paix. Le portail extérieur et les iwans de la cour portent les décors les plus beaux (*106, 143*).

Construite entre 1876 et 1887, la **mosquée Nasir-ol-Molk** ❾ faisait partie d'un ensemble (maison, hammam) partiellement disparu. Comme la mosquée Vakil, elle possède deux iwans en vis-à-vis et l'une de ses salles de prière a des colonnes torsadées éclairées par des vitraux (*141*). Au nord-ouest de Shâh Cherâgh, de l'autre côté de la place en rond-point, la **mosquée Nouvelle** (Masdjed-e Now) ❿ fut fondée vers 1201-1218, restaurée et reconstruite au XVIe s., puis encore au XVIIIe et au XIXe s. après des tremblements de terre. De plan classique, son immense cour est bordée par quatre iwans. Près de la porte du Coran, le **tekiyeh Haft Tanan** ⓫ date de l'époque de Karim Khân (XVIIIe s.): il comprend un jardin avec sept tombes (d'où le nom du site: «Tekiyeh* des Sept Tombes») et un iwan décoré de peintures représentant notamment des derviches, Moïse et Abraham. Shirâz accueillait autrefois une importante communauté juive, et plusieurs églises témoignent de la présence de chrétiens arméniens. L'une d'elles remonte à l'époque safavide (1662): l'**Eglise de Sainte-Marie** ⓬. On signalera également la **mosquée Moshir ol-Molk** ⓭, construite en 1849-58 par un vizir du Fârs.

Mosquée Nasir ol-Molk.

Cour de la madrasa du Khân.

Auprès des poètes

Au milieu d'un jardin, le **tombeau de Hâfez** ⓮ se compose d'une petite coupole reposant sur huit colonnes, conçue par l'archéologue français André Godard en 1936. Elle abrite une dalle en marbre couverte de calligraphies, datant de l'époque Zand (XVIIIe s.). Il faut être aux heures de grande affluence pour voir ce que représente Hâfez dans le cœur des Iraniens. Ouvert à tous, inscrit sur tous les programmes touristiques, ce tombeau est pourtant un jardin secret, où l'on vient se recueillir, pleurer, rire, remercier, demander ou prier. Hâfez lui-même disait que sa tombe serait «le lieu de pèlerinage de tous les sages». Son divan* sert même de livre «oraculaire» et donne lieu à un petit rituel:

d'une main on tient le livre fermé de Hâfez, de l'autre on touche la dalle de marbre de son tombeau. Après une brève prière et la formulation d'une question ou d'un vœu, on ouvre le divan: le poème qui se présente alors constitue une forme d'oracle, de réponse ou de parole providentielle (*199*).

Situé en marge de la ville, le **mausolée de Sa'di**  a été construit en 1952 par André Godard. Le tombeau de cet autre natif de Shirâz fait pourtant l'objet de pèlerinages depuis des siècles. Ibn Battuta, voyageur arabe du XIVᵉ s., a raconté sa visite: «Près du mausolée se trouve une *zâwiya** que Saadi avait fait édifier dans ce lieu; elle renferme un joli jardin et se trouve près de la source du grand fleuve Rukn Abâd. Le cheikh avait fait construire là des petits lavoirs en marbre. Les habitants de Shirâz sortent de la ville pour visiter le mausolée, manger des plats préparés dans la *zâwiya**, laver leurs vêtements dans ce fleuve, puis reviennent chez eux.» Un bassin souterrain contient des poissons consacrés au poète: la croyance populaire disait qu'il était interdit de les pêcher sous peine de mourir immédiatement (*198*).

Bassin souterrain.
Tombeau de Sa'di.

Shirâz compte plusieurs parcs, mais le plus visité est le **jardin d'Eram** , créé à la fin du XVIIIᵉ s. par Mohammed Gholi Khân, un chef de tribu Qashqâ'i. En 1893, Nasir ol-Molk y fit construire un petit palais par l'architecte Mohammad Hassan, qui avait déjà construit la mosquée Nasir ol-Molk dans le centre historique. Le nom d'Eram (ou Iram) fait allusion à un jardin paradisiaque créé par un souverain de l'Arabie préislamique, et devenu, dans la littérature persane, un archétype de la beauté. Réputé pour sa collection de roses, lieu de promenade et de rencontre des étudiants, ce jardin est aujourd'hui rattaché à l'Université de Shirâz. Dans le **parc de Golshan** ou Afif Abâd, une maison qâdjâre, moins intéressante, a été convertie en musée militaire.

▶Un jardin disparu (Bâgh-e Now).
Gravure d'Eugène Flandin, 1851.

**L'art de vivre:
les jardins et
les maisons**

La **maison de Nârendjestân-Qavâm**  est l'une des plus belles maisons de Shirâz. Elle a été construite entre 1879 et 1886 par une riche famille commerçante, les Qavâms, qui prirent part à la vie politique de la ville depuis les Zands. Son sous-sol a été transformé en petit musée présentant des céramiques et des objets d'orfèvrerie. Dominant un jardin traversé de canaux, la maison possède un grand iwan tapissé de miroirs. Sur son fronton en céramique figure l'ancienne armoirie de l'Iran: le lion, le soleil et des anges portant une couronne royale. Sur les murs de soubassement,

Jardin d'Eram.

des bas-reliefs imitent ceux de Persépolis. A l'intérieur, les pièces sont décorées de mosaïques de miroirs, de reliefs en stuc, de peintures naturalistes à l'occidentale (portraits féminins, paysages, fleurs) (*13, 149, 234*). Si la maison Nârendjestân constituait la résidence officielle et un lieu de réception du gouverneur, sa famille vivait dans l'intimité de la maison **Zinat ol-Molk**, située juste à côté: un passage souterrain reliait les deux demeures ❶⑧.

Décor du plafond de l'iwan de la maison Nârendjestân-Qavâm.

En quittant Shirâz

Avant de partir en voyage, les musulmans passent au-dessous d'un Coran, pour se purifier et se protéger des dangers: Dieu est la meilleure sécurité de l'âme en route (*19*). C'est pour obéir à ce rite que les villes iraniennes possédaient une **porte du Coran**: un grand portail d'entrée, surmonté d'une chambre conservant le livre saint. Celle de Shirâz (Darvâzeh Qorân) se trouve à la frontière nord de la ville, sur la route en direction de Persépolis. Le monument visible aujourd'hui est la copie moderne (1949) d'un édifice fondé vers le Xᵉ-XIᵉ s. et restauré au XVIIIᵉ s. par Karim Khân Zand.

Décor néo-achéménide, inspiré des bas-reliefs de Persépolis. Maison Nârendjestân-Qavâm.

LA PROVINCE DU FARS

Neyriz

Mihrab de la mosquée du Vendredi de Neyriz.

Située non loin d'un lac salé, cette petite cité conserve une ancienne mosquée du Vendredi fondée au Xe s. avec une cour bordée de deux iwans en vis-à-vis. Elle conserve un ancien minaret (973-74 ?) et un beau mihrab en stuc.

Sarvestân

Si un palais sassanide se trouve dans la campagne environnante (*387*), le centre de cette petite ville abrite le mausolée d'un saint, construit entre 1281 et 1349. Imitant un chahâr tâq★, il se compose d'une seule coupole en briques, supportée par des colonnes en pierre, à la base bulbeuse et au chapiteau de muqarnas★.

Mausolée de Sarvestân.

Izad Khwâst (Yazd-e Khwâst)

A proximité du village moderne d'Izad Khwâst, les ruines d'un village fortifié épousent une longue crête rocheuse. Il remonte au moins à l'époque sassanide, car des arches d'un temple du feu ont été retrouvées incluses dans une mosquée. En contrebas, dans la vallée et au pied d'une paroi rocheuse, un caravansérail safavide date de l'époque de Shâh Abbâs Ier (1587-1629) (*150, 372*).

✛ Mil-e Ejdehâ. Nurâbâd.

Nurâbâd (Mamasâni)

Plusieurs sites préislamiques sont à signaler dans la région de cette petite ville. A l'ouest, une tour quadrangulaire en pierre de taille, Mil-e Ejdehâ, est considérée comme un **temple**

Entre Shirâz et Sirdjân (Kermân)

Entre Neyriz et Shirâz

Entre Shirâz et Esfahân

Entre Shirâz et Yâsudj (Kohgiluyeh)

GUIDE CULTUREL DE L'IRAN

Relief de Kurangun.

d'époque parthe (~IIᵉ-IIIᵉ s.) ou comme un astodan* d'époque sassanide (IIIᵉ s.). Près de Kupân, une **tombe**, Dav Dokhtar, a été sculptée dans la falaise, à l'époque mède ou achéménide (*299*). A proximité du village de Djin Djin, il reste des bases de colonne campaniformes d'un pavillon royal achéménide (~VIᵉ-~IVᵉ s.). Près du village de Seh Talu, des **reliefs rupestres élamites** ont été découverts en 1924 (**Kurangun**). Creusés au sommet d'une falaise, ils se composent de deux scènes. A gauche, trois rangées de personnages, de profil, ont été sculptées en diagonale au-dessus d'un escalier taillé dans la roche. A droite, au-dessus d'une petite plateforme, un couple de divinités est entouré de plusieurs personnages. Le dieu, couronné, est assis sur un trône en forme de serpent, dont il saisit la tête dans sa main gauche; de l'eau s'écoule d'une coupe qu'il tient dans la main droite. Ce lieu de culte a été daté de la première partie du ~IIᵉ mil.

Izad Khwâst.

Au sud de la province

Lâr

De fondation ancienne, cette cité connut son heure de gloire sous les Safavides (XVIᵉ-XVIIᵉ s.), lorsqu'elle devint un relais commercial sur la route vers la ville portuaire de Bandar-e Abbâs. On peut signaler les ruines d'une citadelle (Qal'eh-ye Ejdehâ), le bazar du XVIᵉ s. avec deux rues voûtées se coupant en croix, et plusieurs citernes, notamment d'époque safavide.

●Bazar de Lâr.

L'héritage achéménide

Au nord-est de Shirâz

Persépolis (Takht-e Djamshid)

A environ 60 km de Shirâz, près de **Marvdasht**, Persépolis est la seule cité royale achéménide à offrir des vestiges importants. On a longtemps cru qu'elle n'était qu'une capitale symbolique, uniquement destinée à la célébration du Nouvel An (Nowruz). Les nouvelles découvertes archéologiques ont nuancé ou corrigé ces idées. Persépolis («la ville des Perses» en grec) ou Parsa (en vieux perse) fut également un centre économique et administratif (*119*).

Plan de Persépolis. ───────►

❶ Escalier monumental.
❷ Porte des Nations.
❸ Allée des gardes.
❹ Caserne.
❺ Mur d'enceinte.
❻ Porte inachevée.
❼ Salle aux Cent Colonnes.
❽ Apadana.
❾ Escalier est de l'apadana.

❿ Escalier nord de l'apadana.
⓫ Tripylon.
⓬ Palais de Darius Iᵉʳ (*tachara*).
⓭ Palais de Xerxès Iᵉʳ (*hadish*).
⓮ Trésorerie.
⓯ Musée (harem).
⓰ Citerne.
⓱ Tombe d'Artaxerxès II.
⓲ Tombe inachevée d'Artaxerxès III.

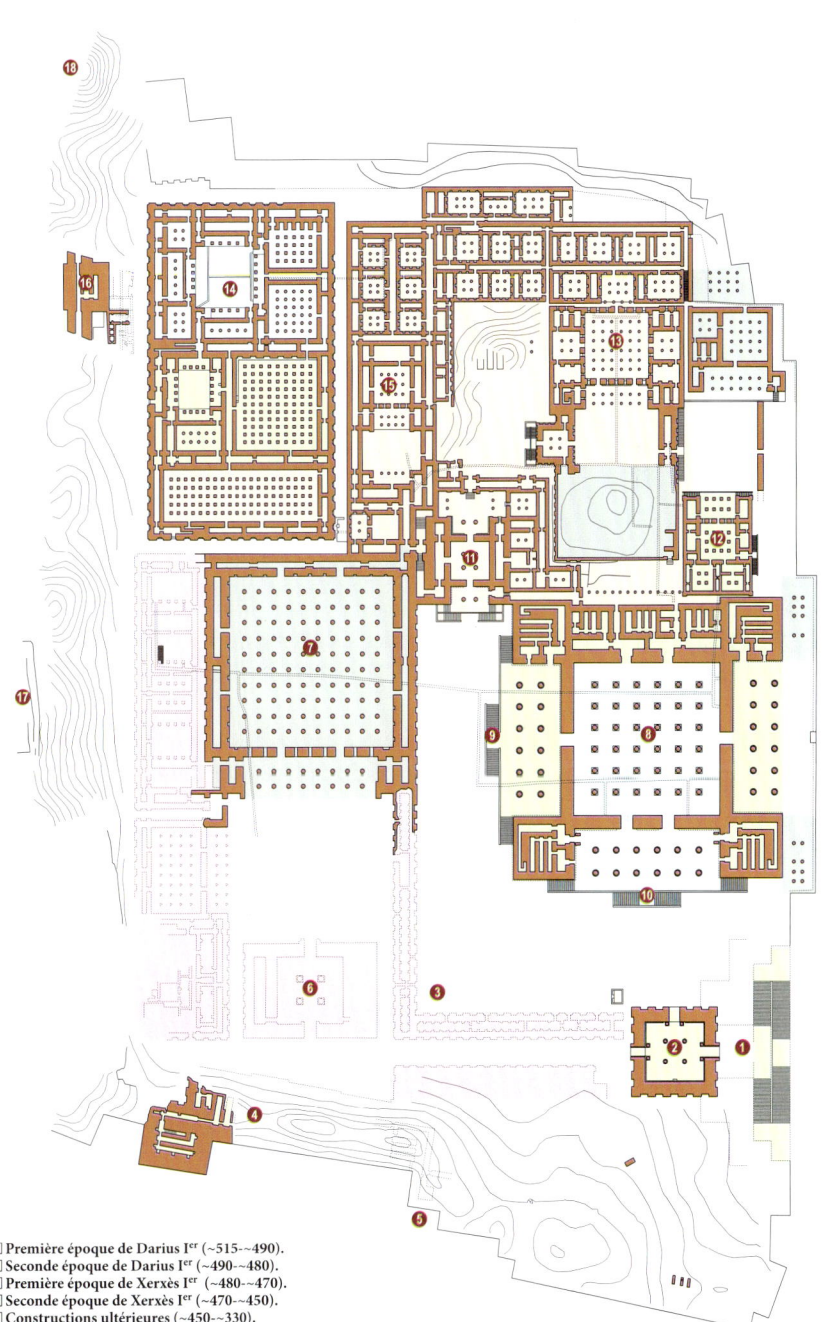

☐ Première époque de Darius Ier (~515-~490).
☐ Seconde époque de Darius Ier (~490-~480).
☐ Première époque de Xerxès Ier (~480-~470).
☐ Seconde époque de Xerxès Ier (~470-~450).
☐ Constructions ultérieures (~450-~330).

L'histoire | La construction de Persépolis a été inaugurée par Darius Ier (~522-~486), aux abords d'une plaine qui comprenait déjà une cité. Selon

un texte retrouvé sur un mur de soutènement, le roi entreprit la construction inspiré par Ahura Mazda. Comme Suse, Persépolis est aussi un lieu sacré, dans la mesure où la royauté s'exerce au nom d'un mandat divin. Sous le règne de Xerxès Ier (~486-~465) puis d'Artaxerxès Ier (~465-~424) des édifices et des décors sont terminés ou construits. Jusqu'à la conquête d'Alexandre, leurs successeurs ajoutent ou modifient le complexe, mais plusieurs bâtiments sont demeurés inachevés.

Escaliers.

En ~330, Alexandre le Grand conquiert le palais et s'empare d'un trésor inouï: Plutarque rapporte qu'il fallut 10'000 paires de mulets et 5000 chameaux pour le transporter. En mai de la même année,

le conquérant fait incendier les palais: geste politique, adressé à la population et aux élites perses, pour leur signifier la fin définitive de l'Empire achéménide. Avant leur déblaiement à partir de 1931, les ruines de Persépolis ne sont pas tombées dans l'oubli. Une tradition populaire faisait des ruines la mosquée de Salomon, construite par des djinns*. Une autre, qui a donné à Persépolis son nom persan actuel (Takht-e Djamshid), y voyait le trône de Djamshid, roi mythique évoqué par Ferdowsi. Des souverains musulmans calligraphièrent sur les pierres des poèmes, dans lesquels Persépolis apparaît comme un lieu spirituel, dépositaire du mystère de Salomon, roi idéal par sa justice et sa connaissance. En 1971, le dernier chah d'Iran célébra à Persépolis les 2500 ans de la monarchie iranienne. Des tentes somptueuses furent construites – il en reste quelques structures – pour accueillir des chefs de gouvernement du monde entier. Glorification de l'Iran pour les uns, scandale pour les autres,

Porte des Nations.

cette commémoration reposait sur une illusion: il n'y a aucune continuité entre les Achéménides et les Pahlavis.

L'esthétique royale | Le style architectural est une synthèse originale de bas-reliefs assyriens, de salles hypostyles iraniennes, de colonnes ioniennes, de linteaux de bois phéniciens et de portes monumentales babyloniennes. L'iconographie des bas-reliefs est une variation sur la royauté, sur la relation du roi au Divin et du roi aux peuples qu'il gouverne. Les vestiges de pierre sont toujours impressionnants, mais il faut aussi relever quelques ruines par l'imagination: les bas-reliefs que nous voyons aujourd'hui gris étaient peints de couleurs vives et incrustés de pierres précieuses; les bases de pierre soutenaient autrefois des forêts de colonnes, et du toit fait de longues poutres en bois tombaient des tentures colorées.

Décor de la salle aux Cent Colonnes.

Le site est construit sur une imposante terrasse partiellement artificielle de 15 m de haut. Le complexe était autrefois ceinturé d'un rempart en briques crues et de casernes. Dans une tour nord, les archéologues ont découvert quelque 30'000 tablettes administratives rédigées en langue élamite. On accède à la cité royale par deux escaliers monumentaux à double volée. A l'entrée, la «Porte des Nations» est décorée de taureaux ailés à tête humaine d'inspiration assyrienne. Elle fut sans doute commencée par Darius Ier et terminée par Xerxès Ier. Une allée rectiligne est ponctuée par des niches, dans

De la Porte des Nations à la salle aux Cent Colonnes

lesquelles se seraient tenus des gardes. A gauche de cette allée, les archéologues ont placé deux chapiteaux doubles découverts lors des fouilles (467): ils représentent des griffons*, surnommés Homâ* par les Iraniens et devenus les emblèmes de la compagnie aérienne nationale de l'Iran (Iran Air). Près de l'angle droit formé par l'allée, une porte inachevée révèle les procédés de construction achéménides. Commencée par Xerxès Ier, qui en fit sa salle du trône, et terminée par Artaxerxès Ier, la **salle aux Cent Colonnes** est annoncée par des

Salle aux Cent Colonnes et tombe d'Artaxerxès II.

taureaux monumentaux. De forme carrée, d'une superficie de 4800 m^2, elle possède dix rangées de dix colonnes, dont il ne reste que les bases. Les murs font alterner des structures en pierre et des parties en briques, aujourd'hui disparues. Sur chaque côté de la salle se dressent deux portes, dont les embrasures sont décorées de reliefs. On peut y voir des lanciers mèdes et perses alignés (40, 42) et des héros royaux tuant des animaux réels ou composites, symbole d'une victoire sur le mal ou le désordre. Une autre représentation montre le grand roi sur un trône et une plateforme, soutenus par une pyramide de personnages représentant les peuples de l'empire (43).

Des portes ouest de la Salle aux Cent Colonnes, on peut accéder à l'**apadana*** ou **salle du trône**, le principal édifice officiel de Persépolis. Commencée par Darius Ier et terminée par Xerxès Ier, cette vaste salle (la plus grande de l'époque) possédait également un plafond soutenu par de hautes colonnes, dont seules quelques-unes sont debout (41, 461). Sur le mur est de l'apadana, de part et d'autre d'un double escalier en saillie, des bas-reliefs représentent les délégués de 23 peuples soumis au roi achéménide, des guerriers perses, des dignitaires et des serviteurs. Les mêmes images se trouvent également sur le côté nord de la salle du trône, mais elles sont endommagées et incomplètes (plusieurs fragments se trouvent dans des musées). A gauche de l'escalier, sur trois registres superposés, les **délégations des peuples de l'empire** sont représentées avec leurs habits traditionnels, apportant au roi des rois des présents typiques de leur région. Un Arbre de Vie stylisé sépare chaque ambassade, menée par un huissier tantôt perse (avec une

L'Apadana

Apadana.

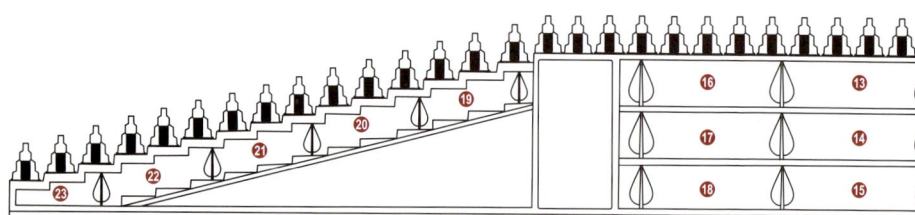

Les peuples de l'empire et leurs tributs.

① Mèdes (vaisselle, vêtements) (39).
② Elamites (lions, lionceaux, armes).
③ Arméniens (cheval, vaisselle) (86).
④ Ariens (chameau, vaisselle).
⑤ Babyloniens (buffle, vêtements, vaisselle).
⑥ Lydiens (chevaux, char, vaisselle, bracelets).
⑦ Drangiens ou Arachosiens (chameau, vaisselle, peau).
⑧ Assyriens (béliers, vaisselle).
⑨ Cappadociens (cheval, vêtements).
⑩ Egyptiens (taureau, vêtements).
⑪ Scythes ou Sakas (cheval, vêtements, bracelets).
⑫ Ioniens (vêtements, vaisselle).
⑬ Bactriens (chameau, vaisselle).
⑭ Gandhariens (buffle, lances, bouclier).
⑮ Parthes (chameau, vaisselle).
⑯ Sagartiens (cheval, vêtements).
⑰ Sogdiens / Chorasmiens (cheval, armes, bracelets).
⑱ Indiens (âne, haches, épices?).
⑲ Thraces, Scythes ou? (cheval, boucliers, lances).
⑳ Arabes (dromadaire, vêtements).
㉑ Drangiens (taureau, lance, bouclier).
㉒ Lybiens (chariot, chevaux, bouquetin).
㉓ Nubiens ou Ethiopiens (girafe?, défenses d'éléphant).

coiffe cannelée) tantôt mède (avec une calotte) (153). Le nombre et les noms des nations incluses dans l'empire varient selon les documents achéménides, et l'identification des peuples est parfois incertaine. L'emplacement des délégations traduit généralement leur importance: les Mèdes et les Elamites sont figurés en tête, alors que les Lybiens et les Ethiopiens sont en queue du cortège. Les représentations sont

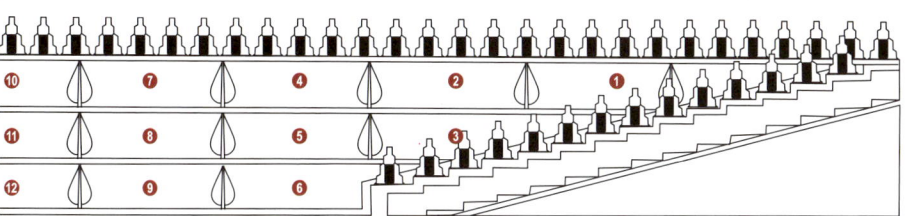

symboliques, non narratives, intemporelles. D'où le questionnement
des historiens: ces images évoquent-elles une cérémonie
ayant eu lieu à Persépolis, sont-elles au contraire une
vision symbolique du versement du tribut des peuples au
grand roi, ou peut-on accepter en même temps les deux
hypothèses?
A droite de l'escalier, des guerriers alignés, les Immortels,
ont été sculptés sur trois registres. Ils sont suivis de
deux scènes superposées, puis d'une grande inscription
cunéiforme: sur le registre du haut, des serviteurs portent
des ustensiles royaux et un trône d'apparat, conduisent
trois chevaux et deux chars de combat; sur les deux
registres inférieurs, des nobles perses et mèdes se tiennent
debout. Aux extrémités gauche et droite du mur, un lion
attaque un taureau, un motif sculpté à plusieurs reprises
à Persépolis: sa signification peut être royale (victoire
du roi sur le mal) et / ou astrologique (triomphe de la
nouvelle année, le Nowruz*, sur l'ancienne, du printemps
sur l'hiver, ou encore du jour sur la nuit). Ce motif a aussi
été sculpté deux fois, en miroir, sur le fronton de l'escalier:
il entoure deux groupes de lanciers mèdes et perses se
faisant face et surmontés d'un disque ailé.

▶Reconstitution de l'apadana.
Ch. Chipiez.

Les palais privés et les dépendances

Au sud de l'apadana, un escalier mène aux appartements privés des
rois. Les bas-reliefs gravés à l'intérieur de la rampe traduisent cette

transition entre les espaces
officiels du palais et ses parties
privées: des dignitaires portent
des fleurs de lotus, se tiennent
par la main, adoptent une
attitude moins codifiée et figée.
Une petite salle du
conseil a été appelée
«**Tripylon**» (en
grec: «édifice à trois

Palais de Darius Ier.

portes»), en raison des trois portes qui occupent trois
côtés sur quatre. Deux représentations ont été sculptées
sur les embrasures: le roi sous un dais (symbole du Ciel),
accompagné par deux serviteurs; le roi sur un trône,
soutenu par les représentants des pays et dominé par un
disque ailé anthropomorphique, que l'on considère généralement comme
le symbole de Ahura Mazda (466), mais qui a été aussi interprété

Palais de Xerxès Ier.

Lion et taureau. Relief du
palais de Darius Ier.

comme une figure du roi, un symbole du *khvarnah** ou un motif composite (*fravahr**).

Des palais privés, celui de Darius Ier (**tachara**) est le mieux conservé (*234*). Des héros tuant des monstres décorent les jambages des portes. Fortement ruiné, le palais de Xerxès Ier (**hadish**) conserve quelques bas-reliefs sur des jambages de portes, représentant surtout le roi sous un dais accompagné de deux serviteurs.

Trésorerie.

En contrebas, plusieurs édifices hypostyles constituaient la **trésorerie**. Au milieu des bases de colonnes, un grand bas-relief montre le roi achéménide donnant audience à un Mède: il est le pendant du bas-relief, mieux conservé et exposé au Musée National de l'Iran, à Tehrân (*253*). A l'origine, ces deux reliefs se trouvaient au centre du fronton des escaliers est et nord de l'apadana et furent déplacés dans la trésorerie par Artaxerxès Ier. A côté de la trésorerie, un long bâtiment reconstruit, autrefois le harem de Xerxès Ier, abrite un petit musée et l'administration du site.

Les tombeaux

●Tombeau de Naqsh-e Rostam.

Surplombant la cité royale, deux tombeaux ont été creusés dans le flanc de la montagne selon le modèle inauguré par Darius Ier à Naqsh-e Rostam. L'un est attribué à Artaxerxès II (~404-~358), l'autre, inachevé, à Artaxerxès III (~358-~338). Les restes d'une citerne sont encore visibles, en contrebas et à droite du tombeau d'Artaxerxès II. Au sud, quelques vestiges à l'extérieur du site seraient la tombe inachevée de Darius III, le dernier des Achéménides vaincu par Alexandre.

Naqsh-e Rostam

A quelques kilomètres de Persépolis, cet éperon montagneux est un lieu sacré de l'Iran préislamique. Vénéré des siècles durant, surnommé «l'image de Rostam» par la tradition populaire, il témoigne de cette continuité de l'histoire iranienne, où le futur est comme un présent où rayonne le passé. Naqsh-e Rostam fut choisi pendant deux millénaires pour abriter les symboles des dieux et des rois. Les Elamites y gravèrent des bas-reliefs, les rois achéménides en firent leur nécropole, et plusieurs reliefs royaux ont été gravés à l'époque sassanide.

Les tombes achéménides

❶ Darius Ier fit creuser sa tombe dans la falaise de Naqsh-e Rostam, inaugurant un nouveau mode d'inhumation des rois; trois de ses successeurs firent de même ❷,❸,❹. Comme celles de Persépolis, ces quatre tombes suivent un modèle unique, en forme de croix creusée verticalement dans la roche. La surface supérieure est pourvue d'un décor, fortement symbolique et hiérarchisé. Quatre colonnes engagées évoquent un palais royal: au centre, une entrée rectangulaire fait accéder à une chambre funéraire, vide depuis longtemps, et dépourvue de décorations. Au-dessus, et sur deux registres, trente personnages

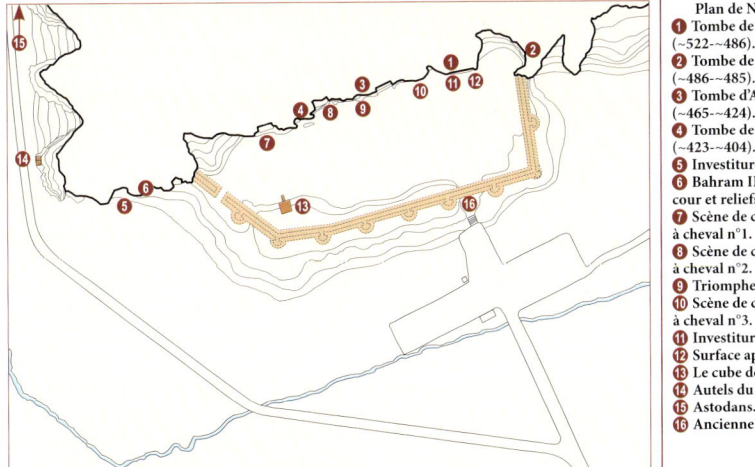

Plan de Naqsh-e Rostam.

① Tombe de Darius Ier (~522-~486).
② Tombe de Xerxès Ier (~486-~485).
③ Tombe d'Artaxerxès Ier (~465-~424).
④ Tombe de Darius II (~423-~404).
⑤ Investiture d'Ardashir Ier.
⑥ Bahram II entouré de sa cour et reliefs élamites.
⑦ Scène de combat à cheval n°1.
⑧ Scène de combat à cheval n°2.
⑨ Triomphe de Shapur Ier.
⑩ Scène de combat à cheval n°3.
⑪ Investiture de Narseh.
⑫ Surface aplanie.
⑬ Le cube de Zoroastre.
⑭ Autels du feu.
⑮ Astodans.
⑯ Ancienne muraille sassanide.

représentent les peuples de l'empire. Ils soutiennent une plateforme, sur laquelle le roi se tient debout sur un piédestal, un arc à la main, tourné vers un autel du feu. Dans la partie supérieure du relief, qui évoque le monde transcendant, figurent le dieu Ahura Mazda et un croissant de lune (76).

Vue générale des tombeaux.

Des gardes et des nobles, debout, ont été sculptés sur les côtés. Sur la tombe de Darius Ier, on peut reconnaître, grâce à une inscription, deux des sept conjurés qui aidèrent le roi à prendre le pouvoir: Gobryas et Aspathinès. Une inscription loue Ahura Mazda et évoque l'empire et les qualités du roi des rois. La tombe de Darius Ier est la seule à avoir une inscription qui identifie clairement son propriétaire; l'attribution des trois autres, bien qu'assez sûre, demeure hypothétique. Dès le règne d'Artaxerxès II, les rois se firent inhumer au-dessus de Persépolis.

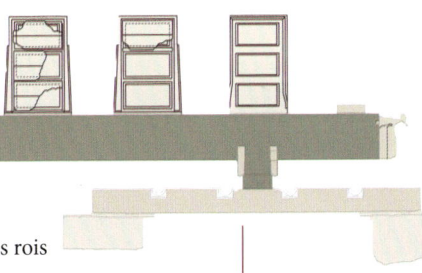

Plan de la tombe de Darius Ier.

⑤ **Investiture d'Ardashir Ier** (224-241), fondateur de la dynastie sassanide et vainqueur du dernier roi parthe, Artaban IV. De taille identique, Ardashir Ier (à gauche) et le dieu Ahura Mazda (à droite) sont représentés face à face: tous deux sont à cheval et habillés de vêtements analogues, pour suggérer l'égalité de statut entre la puissance divine et la royauté. Le dieu tend au roi un anneau enrubanné, signe de puissance, d'élection et de légitimité sacrées. Comme chez les Achéménides, le

Les reliefs rupestres

pouvoir est un don transcendant, accordé ou retiré par la Divinité.
Deux personnages sont piétinés par les chevaux: Artaban IV sous le cheval du roi, Ahriman, symbole du mal, sous celui du dieu. Cette symétrie est riche d'enseignements: la victoire sur l'ennemi est semblable à une victoire divine sur le chaos ou l'erreur. Une inscription trilingue (grecque, parthe, pehlevi*) sur le cheval d'Ahura Mazda

Relief sassanide de Bahram II et restes de reliefs élamites (en rouge).

permet d'identifier le roi et le dieu (*47*).

❻ **Bahram II entouré de sa cour et reliefs élamites**. Le roi Bahram II (276-293) est le seul à avoir fait représenter ce type de scène, dont on a trois autres exemples: le roi, au centre, est entouré par sa famille et des dignitaires, qui lui rendent hommage en levant la main et en pointant un index courbé.

De part et d'autre de Bahram II, on aperçoit encore les restes d'un orant (à gauche) et de deux divinités élamites, reposant sur deux serpents lovés (à droite). Ils datent sans doute du ~XVIIe s. A l'époque néo-élamite, vers les ~VIIe-~VIe s., deux figures furent ajoutées: un prince ou un roi debout (à droite du relief sassanide, sur le côté), et une reine dont il ne reste que la tête couronnée, à gauche du relief.

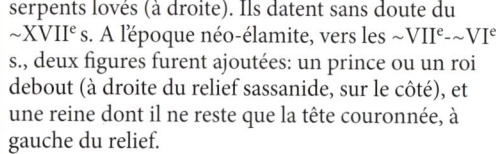

Hormizd II désarçonne son adversaire.

❼ **Scène de combat à cheval**. Le roi Bahram II frappe le cou de son adversaire avec une lance. Les images de duels équestres symbolisent, non une victoire particulière, mais le caractère triomphateur du roi, qui s'inscrit dans la lutte cosmique du bien contre les ténèbres. Ces reliefs n'évoquent sans doute pas non plus une bataille historique, mais des tournois royaux, dont les tournois du Moyen Age occidental se seraient inspirés.

❽ **Scène de combat à cheval**. Le roi Hormizd II (302-309) désarçonne son adversaire avec une lance.

❾ **Triomphe de Shapur Ier** (241-272) sur les Romains. A cheval, dominant les vaincus, le roi tient le bras de l'empereur Philippe l'Arabe (le geste signifie la capture), alors que l'empereur Valérien est agenouillé. Shapur Ier combattit les Romains à plusieurs reprises et vainquit trois empereurs: Gordien III (représenté à Bishâpur) fut tué, Philippe l'Arabe dut céder l'Arménie par un traité, et Valérien fut condamné aux travaux forcés en Perse, jusqu'à sa mort. A droite de Shapur Ier, on peut voir le buste de Kartir, haut prêtre zoroastrien, et une inscription personnelle où il

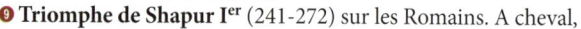

Victoire de Shapur Ier.

évoque son ascension sociale, sa foi et sa politique religieuse (*219*).

❿ **Scène de combat à cheval**. La scène comprend deux registres superposés, représentant le roi Bahram II (à gauche) terrassant son adversaire avec une lance.

⓫ **Investiture de Narseh** (293-302). Exceptionnellement, c'est la déesse Anahita, vêtue comme une reine, et non Ahura Mazda, qui remet au fils de Shapur Ier l'anneau de la royauté (*78*).

⓬ **Surface aplanie** à la fin de l'époque sassanide pour un relief qui n'a jamais été exécuté. Une inscription a été gravée au XIXe s.

⓭ Le **cube de Zoroastre** (Kaaba Zardosht) est une tour quadrangulaire et aujourd'hui à moitié enfouie. Elle est pourvue de fenêtres aveugles et d'une seule entrée surélevée, reliée par un escalier. D'époque achéménide, on trouve une tour semblable à Pasargades, mais fortement ruinée. Sa base fut dégagée par les archéologues au XXe s. et elle révèle le niveau originel du sol, bien plus bas que maintenant. Sa fonction a fait l'objet de plusieurs hypothèses. On l'a considérée comme un temple du feu, une bibliothèque de livres sacrés (comme l'indique une inscription de Kartir), une tombe royale d'un roi achéménide antérieur à Darius Ier, un temple dévolu à une divinité mazdéenne ou à Anahita, une tour d'observation pour les gardes et les prêtres, ou un observatoire astronomique. A l'heure actuelle, aucune interprétation n'est satisfaisante, et il est possible que l'édifice ait eu plusieurs fonctions successives ou simultanées. Il contient une chambre unique, qui mesure 5,30 m sur 3,75 m. Au IIIe s., Shapur Ier et le prêtre zoroastrien Kartir firent graver des textes relatant les exploits guerriers de l'un et la politique religieuse de l'autre (voir plus haut: relief du triomphe de Shapur Ier).

En dehors du périmètre du site, se trouvent deux petits édifices côte à côte, longtemps considérés comme des **autels du feu** ⓮. Aujourd'hui, on pense plutôt à un double tombeau-astodan*, avec une cavité pour les ossements, et qui daterait de l'époque sassanide. En principe, les autels du feu ne sont jamais en plein air, et il ne peut y en avoir deux l'un à côté de l'autre.

En poursuivant la route sur quelques kilomètres, on apercevra, sur la droite, des **astodans*** ⓯ zoroastriens: des niches creusées dans une paroi rocheuse, probablement à l'époque islamique (*79*).

Les monuments

Cube de Zoroastre.

Autels du feu.

Pasargades

Au ~VIe s., Cyrus II le Grand, fondateur de l'Empire perse, décida de créer une nouvelle capitale. Il choisit Pasargades pour au moins deux raisons: il y avait vaincu définitivement le dernier roi mède Astyage, et la région est aussi le berceau de la tribu la plus noble des Perses (les Pasargades), d'où étaient issus les Achéménides. Mais de cette ville de palais et de jardins, où chaque roi était investi de sa fonction par des prêtres, il ne subsiste que de pauvres vestiges dispersés dans la plaine. A environ 130 km de Shirâz, près du village de Mâdar-e Suleymân, Pasargades est pourtant une étape incontournable d'un voyage aux origines et au cœur de la Perse.

Comme plus tard à Persépolis, les édifices de Pasargades témoignent d'influences esthétiques diverses: les salles à colonnes héritées des

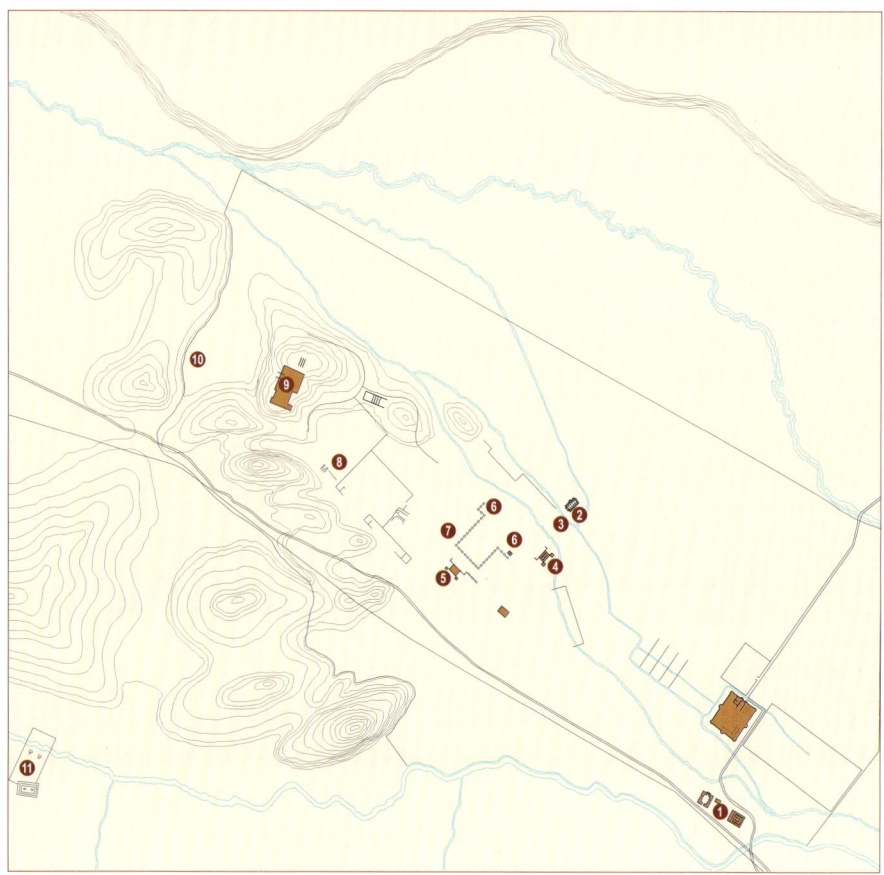

Plan général de Pasargades.
1. Tombe de Cyrus II.
2. Porte d'entrée.
3. Pont.
4. Palais d'audience.
5. Palais-résidence.
6. Pavillons.
7. Canalisations en pierre.
8. Prison de Salomon.
9. Plateforme.
10. Mur de fortifications.
11. Périmètre sacré.

Mèdes ont été associées à des décors élamites et mésopotamiens, et des tailleurs de pierre grecs ont laissé l'empreinte de leur savoir-faire. Les fouilles archéologiques ont livré un certain nombre d'objets de l'ère achéménide ou post-achéménide. On les a essentiellement retrouvés sur la plateforme appelée Tall-e Takht: des bijoux en or, divers objets en métal et en pierre, des poteries et des monnaies hellénistiques.

Le tombeau de Cyrus II (~559-~530)

Simple chambre funéraire construite sur un socle à six degrés, le tombeau était à l'époque achéménide entouré d'un jardin irrigué. L'origine de son architecture fait encore l'objet de discussions: on évoque une influence de la ziggurat mésopotamienne ou d'Urartu pour l'ensemble, une

Coupe du tombeau de Cyrus II.

influence grecque ou anatolienne pour la chambre funéraire à pignon, ou alors une inspiration soit mésopotamienne soit élamite pour le socle et une tradition iranienne locale pour le tombeau. L'entrée est au nord-ouest: un petit couloir de 90 cm de long fait accéder à la chambre funéraire, qui mesure 3,17 m de longueur et 2,11 m de largeur et de hauteur. A l'intérieur du toit se trouve un espace vide, dont on ignore la fonction.

Le tombeau a été violé, mais un auteur antique – Arrien (v. 95-v. 175) – écrivit qu'à l'intérieur de la chambre «était placé un sarcophage d'or où le corps de Cyrus avait été enseveli et, à côté du sarcophage, un lit avec des pieds en or travaillé; sa literie était constituée de couvertures de Babylone et, comme matelas, de pelisses pourpres; sur le tout, il y avait une robe perse et des tuniques également de fabrication babylonienne».

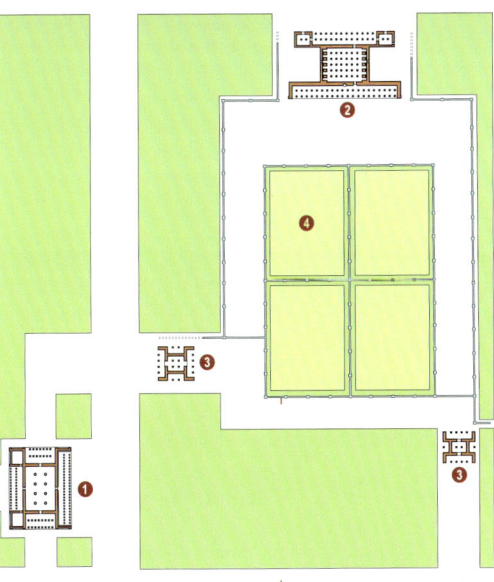

Plan des palais et des jardins.
1 Palais d'audience.
2 Palais-résidence.
3 Pavillons.
4 Jardin «chahâr bâgh».

Selon Quinte-Curce, Alexandre découvrit près du roi un bouclier réduit en poussière, une épée et deux arcs scythes. Plusieurs auteurs grecs parlent d'une inscription, dont il ne reste aucune trace: «O homme, je suis Cyrus le fils de Cambyse, qui fondai l'Empire perse, et qui fus Roi d'Asie. Ne m'envie donc pas ce monument.» Cambyse II, le fils de Cyrus II, institua un rituel autour du tombeau. Des mages, dont la fonction se transmettait de père en fils, sacrifiaient un cheval tous les mois. Alexandre le Grand conquit Pasargades après Persépolis. Il respecta le tombeau pour des motifs autant politiques que symboliques et personnels. Surnommé «l'ami de Cyrus», le conquérant grec souhaitait rallier l'aristocratie perse, et se présenter comme le lointain héritier du fondateur de l'Empire achéménide. A l'époque islamique, le tombeau fut appelé «la mosquée de la Mère de Salomon», et continua d'être un lieu de culte et de pèlerinage. Un petit mihrab a été sculpté dans la chambre funéraire à l'époque seldjoukide. Sur

Tombeau de Cyrus II.

le troisième degré du socle, près de l'angle sud, un compas a été gravé pour donner la direction de La Mecque. Au XVIIIe s., les femmes d'un village proche surveillaient le site et interdisaient son accès aux hommes, car elles pensaient que le monument contenait la dépouille de la mère de Salomon. Une tombe analogue, bien que plus petite, se trouve près de Sar Mashhad (385).

Palais R ou **Porte d'entrée**

Construit à l'époque de Cyrus II, cet édifice servait d'abord de porte d'entrée à l'ensemble des palais et de leurs jardins. Il comprend une salle rectangulaire à huit colonnes, percée de deux entrées principales et de deux petites portes latérales. Sur un jambage a été sculptée une figure symbolique encore énigmatique, appelée le «génie ailé»: un homme barbu est pourvu de quatre ailes (comme les génies assyriens), vêtu d'un vêtement élamite,

Le «génie ailé».

et coiffé d'une couronne égyptienne de type *hemhem*. Une inscription trilingue, aujourd'hui disparue, surmontait la figure: «Moi, Cyrus, le Roi, l'Achéménide». On ignore pourtant s'il s'agit d'une représentation symbolique de Cyrus II ou d'une allégorie de la domination impériale sur plusieurs pays.

Palais P.

Palais P ou **«Palais-résidence»**

Ce palais résidentiel a été fondé par Cyrus II, et sans doute achevé par Darius Ier: certaines pierres, en effet, ont été travaillées avec un ciseau à dents, un outil amené tardivement de Ionie en Iran. Le plan comprend une salle rectangulaire hypostyle, bordée au nord-ouest et au sud-est de deux portiques à colonnades, de taille différente. Les bases des colonnes, très finement taillées, et d'un type rarissime au Moyen-Orient, révèlent une influence de l'esthétique grecque (ionienne). Un reste de bas-relief, semblable à ceux de Persépolis, montre le roi accompagné d'un serviteur. Sur un pli de la robe du roi, une inscription: «Cyrus, le grand roi, un Achéménide».

Palais S ou **«Palais aux colonnes»** ou **«Palais d'audience»**

Datant de Cyrus II, ce palais se compose d'une salle hypostyle rectangulaire, bordée sur ses quatre côtés de portiques à colonnades. Des bas-reliefs, de style assyrien et fortement symboliques, ornaient les entrées. Il reste les parties inférieures de deux d'entre eux: l'un représente un homme suivi d'un monstre à serres d'aigle, l'autre un génie-poisson suivi d'un homme-taureau.

Autour des palais

Le complexe palatial comprenait un jardin royal, un «paradeisos*» dont la structure (quatre parterres entourés et structurés par des canaux)

Relief du palais S.

annonce les chahâr bâgh* ultérieurs (*152*). Les archéologues n'ont retrouvé que des canalisations en pierre, anciennement alimentées par la rivière Pulvar. De deux pavillons, il ne reste qu'un sol rectangulaire pavé de pierres. Un pont de bois reposant sur des colonnes en pierre franchissait un canal: sa datation est incertaine.

Prison de Salomon.

La Prison de Salomon (Zendân-e Suleymân)

Cette tour de l'époque de Cyrus II, dont il ne reste qu'un côté debout, est presque similaire au «cube de Zoroastre» de Naqsh-e Rostam (*381*). Seules de légères différences de mensuration et de forme les distinguent. Ces deux tours sont uniques, et leur fonction exacte n'a pas pu être déterminée. On a supposé qu'il s'agissait d'un temple du feu, d'une tombe royale ou d'un entrepôt pour des objets cultuels ou royaux.

La plateforme (Tall-e Takht)

Sur une colline surplombant Pasargades, les restes d'une plateforme sont appelées le «Trône de la Mère de Salomon» par la tradition locale. Elle accueillait sans doute un palais résidentiel, fondé par Cyrus Iᵉʳ, mais que Darius Iᵉʳ n'acheva pas, ayant transféré sa capitale à Persépolis. Le site a connu plusieurs extensions au cours des siècles. Aux édifices d'abord construits en pierre à l'époque de Cyrus II, ont été rajoutées des parties en briques (~VIᵉ-~IIIᵉ s.). Après avoir été détruits au ~IIIᵉ s., les édifices ont à nouveau été occupés aux ~IIIᵉ-~IIᵉ s., puis brièvement au début de l'ère islamique. Le sommet a été recouvert par les archéologues, mais il offre un beau point de vue sur la plaine. Un mur de fortification, extérieur à la plateforme, a été construit en briques soudées avec du mortier, aux environs de ~500.

Reconstitution des édifices de la plateforme.

Le périmètre sacré

Situé à l'extérieur du secteur des visites, à environ 1500 m au nord-ouest de la «Prison de Salomon», cet espace enclôt deux socles de pierre, dont l'un (au sud) est pourvu d'un petit escalier. Un parallèle a été fait avec le bas-relief de la tombe de Darius Iᵉʳ à Naqsh-e Rostam, où l'on voit le roi debout sur un socle vénérer un autel du feu (*76*): l'ensemble de Pasargades reproduirait cette scène: le roi se serait tenu sur le socle sud pour adorer le feu placé sur le socle nord. Il ne s'agit pourtant que d'une hypothèse, qui démontre une fois de plus le peu de connaissance que nous avons de la religion zoroastrienne à l'époque achéménide.

●Les autels du feu.

Sar Mashhad

Au sud-ouest de Shirâz

Outre un relief sassanide, on peut voir, au sud-est de cette petite ville, un monument analogue au tombeau de Cyrus II à Pasargades: le tombeau de Gur-e Dokhtar. Bâti en grosses pierres de taille, sa chambre funéraire repose sur un socle à trois gradins. Sa datation est controversée: on l'a attribué à Cyrus Iᵉʳ (v. ~645-~600), grand-père de Cyrus II, mais certains pensent qu'elle ne remonte pas au-delà du ~Vᵉ s.

L'héritage sassanide

Au nord-est de Shirâz

Naqsh-e Rostam

Plusieurs reliefs rupestres sassanides ont été sculptés sur le site de cette ancienne nécropole royale des Achéménides (*378*).

Istakhr (Takht-e Tâvus)

Dans la plaine située entre Persépolis et Naqsh-e Rostam, se trouvait une ancienne cité religieuse, où officiait un prêtre fondateur de la dynastie sassanide, Sassan. Aujourd'hui, il ne demeure plus rien de la ville détruite au début de l'époque islamique.

Naqsh-e Radjab

Situé entre Naqsh-e Rostam et Persépolis, ce site comprend

●Naqsh-e Radjab. Relief central.

trois reliefs rupestres du IIIᵉ s. Le **relief de gauche** montre Shapur Iᵉʳ (241-272) à cheval. Il est suivi par des dignitaires et des membres de la famille royale, dont le visage a été détruit (*125*). Le **relief du centre** montre l'investiture du premier roi sassanide, Ardashir Iᵉʳ (224-241). Le dieu Ahura Mazda (à droite) lui remet un anneau de pouvoir. Entre la Divinité et le roi, deux petits personnages sont représentés: il s'agit peut-être de Bahram Iᵉʳ, fils de Shapur Iᵉʳ, et du dieu Bahram, tenant

Naqsh-e Radjab. Relief de droite.

une massue, et qui correspond au dieu grec Héraklès. De part et d'autre de l'investiture, se tiennent un page et un dignitaire (à gauche), et deux femmes, certainement membres de la famille royale (à droite). A gauche du relief, une tête sculptée à part, à côté d'une inscription, représente le prêtre zoroastrien Kartir (IIIᵉ s.), qui acquit une autorité immense sous les règnes de quatre rois (*48*). Le **relief de droite** représente l'**investiture de Shapur Iᵉʳ**. Sa composition suit le modèle inauguré par Ardashir Iᵉʳ à Naqsh-e Rostam (le roi et la Divinité sont à cheval), mais elle est traitée selon une esthétique plus souple, fine et dynamique.

●Relief de Dârâbgerd.

Les reliefs rupestres du Fârs

Les principaux reliefs rupestres se trouvent à Naqsh-e Rostam, Naqsh-e Radjab et à Bishâpur. D'autres reliefs isolés, souvent de moindre importance, se trouvent dans le Fârs. A **Dârâbgerd**, où se trouvent les pauvres vestiges d'une cité sassanide, un relief montre Shapur Iᵉʳ (241-272) victorieux face aux Romains. A **Barm-e Dilak**, au pied d'une montagne couronnée par les vestiges d'une forteresse sassanide, Bahram II (276-293) tend une fleur de lotus à son épouse (*227*); un autre relief, inachevé, présente Bahram Iᵉʳ accompagné d'un dignitaire. A **Sarâb-e Bahrâm**, près de Bishâpur, Bahram II reçoit l'hommage de dignitaires; à **Sarâb-e Qandil**, accompagné de son fils Bahram III, il offre une fleur de lotus à son épouse et reine. A **Sar Mashhad**, le même roi défend la reine et son fils contre deux lions. Le relief montre également des personnages de la famille royale et le prêtre Kartir: ce dernier a fait graver, au-dessus de la scène, l'inscription la plus longue de l'art rupestre sassanide.

Sarvestân

**Entre Shirâz
et Neyriz**

Situé en rase campagne, à quelques kilomètres de cette localité, le palais ou le pavillon de Sarvestân a parfois été considéré comme un temple du feu construit au début de l'ère islamique. Daté du Ve s. ou d'une époque postérieure (IXe s.?), il possède une entrée principale à trois iwans et deux salles carrées, de taille différente, surmontées d'une coupole sur trompes*. A l'intérieur d'un plan rectangulaire, les pièces sont disposées de façon plus ou moins asymétrique. Les coupoles, en briques, reposent sur

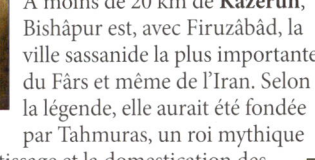

des murs de pierre (124).

Palais de Sarvestân.

Palais de Sarvestân. Détail d'une coupole.

Bishâpur

A l'ouest de Shirâz

A moins de 20 km de **Kâzerun**, Bishâpur est, avec Firuzâbâd, la ville sassanide la plus importante du Fârs et même de l'Iran. Selon la légende, elle aurait été fondée par Tahmuras, un roi mythique qui aurait enseigné aux hommes le tissage et la domestication des animaux. La découverte d'objets élamites montre que le site a connu une occupation ancienne, mais c'est le deuxième roi sassanide, Shapur Ier, qui en 266 fonda la ville de «Veh-Shapur» («La belle ville de Shapur»), devenue Bishâpur. Dès l'entrée, on apercevra les restes des fortifications, rythmées par des tours semi-circulaires, dont la hauteur originelle atteignait peut-être une dizaine de mètres. Inspiré par l'urbanisme grec, le plan de la cité est rectangulaire et disposé en damier. Emmenés en Perse après leur défaite face à Shapur Ier en 260, des prisonniers romains participèrent à la construction de plusieurs édifices. La ville fut détruite par les Arabes en 637, mais il subsiste, au milieu des quartiers ruinés, les restes d'un palais et d'un temple, situés dans la partie la plus importante – royale et sacrée – de la cité.

Niche de la salle d'audience
du palais de Bishâpur.
Musée du Louvre, Paris.

*Vue aérienne de Bishâpur.

Plan de Bishâpur.
❶ Salle d'audience du palais.
❷ Temple d'Anahita.
❸ Cour aux mosaïques.
❹ Iwan aux mosaïques.
❺ «Palais de Valérien».
❻ Enceinte.
❼ Mosquée d'époque islamique.

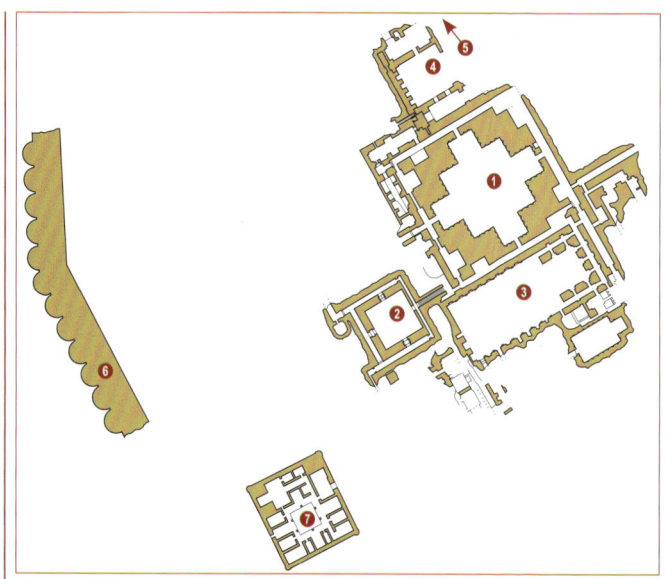

Le palais

Construit sous le règne de Shapur Ier (241-272), ce palais en pierres de taille possède une grande salle d'audience de plan carré: un iwan, au milieu de chaque côté, lui donne une apparence cruciforme. Au fond des quatre iwans, des portes mènent à des couloirs parallèles à la salle. Des archéologues ont supposé qu'une immense coupole la recouvrait, mais certains estiment que les dimensions de la salle (22 m x 22 m) rendent impossible une telle construction. Le long des murs, 64 niches accueillaient un décor de stuc sculpté et peint, aux motifs végétaux d'inspiration romaine (feuilles d'acanthe, rinceaux, grecques). Dans une cour et un iwan, le sol était couvert par des mosaïques d'inspiration gréco-romaine, représentant des têtes dionysiaques, des danseuses et des musiciennes (*125, 203*). De ce décor, aujourd'hui déposé dans des musées (notamment au Louvre à Paris), on ne verra que quelques traces de peinture rouge et d'éléments en stuc.

Reconstitution hypothétique de la coupole de la salle d'audience du palais.

Salle d'audience du palais.

Le temple

Sur le flanc ouest du palais, ce temple était dédié au culte de l'eau et probablement à la déesse Anahita. Construit en pierres de taille tenues par du mortier et des joints en fer, il est enfoui à environ 6-7 m au-dessous du niveau du sol. Il se compose d'une salle carrée ou cubique d'environ 14 m de côté,

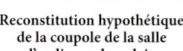

Extérieur du temple.

mais seul le mur nord-ouest a conservé sa hauteur originelle de 14 m. Au centre de la salle, un grand bassin de 40 cm de profondeur était alimenté par un réseau de canaux reliés à la rivière Shâpur. Au centre de trois côtés, une porte mène à des galeries entourant parallèlement la salle; la porte d'entrée, sur le quatrième côté, est reliée à l'extérieur par un escalier voûté,

Cour intérieure du temple.

aboutissant à l'un des couloirs qui entourent la salle d'audience du palais. Le toit a disparu: il était soutenu par des protomes* de taureau, dont un exemple est exposé dans la cour aux mosaïques (472).

Enceinte.

Un autre palais (dit Palais B ou palais de Valérien) se trouve à une centaine de mètres à l'est: on peut encore voir des marques de maçon sur les soubassements de pierre.

Autour du palais et du temple

A l'intérieur des murs en ruine, à quelques 500 m à l'ouest du temple, deux colonnes aux chapiteaux corinthiens furent dressées l'une à côté de l'autre. Sur le fût de l'une d'elles, une inscription en deux langues (en pehlevi parthe et en moyen perse sassanide) dédie ce monument votif à Shapur Ier.

Colonnes votives.

Les bas-reliefs

Au nord de Bishâpur, la vallée de Tang-e Chogân est l'écrin de la rivière Shâpur et de plusieurs témoignages de la royauté sassanide. Sur les deux côtés des parois rocheuses, six bas-reliefs ont été sculptés aux IIIe et IVe s. et une grande statue de Shapur Ier a été érigée dans une grotte. Visibles depuis Bishâpur, les ruines d'une forteresse sassanide jonchent une crête sud.

❶ Deux motifs sont illustrés sur ce relief partiellement effacé: l'**investiture royale et la victoire sur les Romains**. Shapur Ier (241-272), à droite, reçoit l'anneau du pouvoir de la main de Ahura Mazda. L'empereur Gordien III et Ahriman, principe du mal dans le Zoroastrisme, sont représentés étendus sous les chevaux respectifs du roi et du dieu. Au centre de la scène, l'empereur Philippe l'Arabe, agenouillé, est tourné vers Shapur Ier.

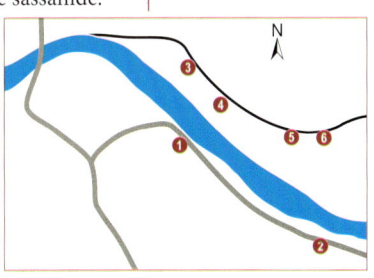
Plan de situation des bas-reliefs.

Triomphe de Shapur Iᵉʳ (n°2).

❷ Un autre relief montre **Shapur Iᵉʳ victorieux**. Au centre du relief, l'empereur romain Valérien est agenouillé devant son vainqueur. Une Victoire ailée, d'inspiration romaine, porte une couronne de laurier et vole vers le roi sassanide, dont le cheval piétine l'empereur Gordien III, tué lors d'une bataille. A gauche de la scène, des cavaliers perses sont alignés sur deux registres superposés; à droite, des fantassins perses sont disposés également sur deux registres, divisés en cinq compartiments.

❸ Le relief le plus imposant évoque encore le **triomphe de Shapur Iᵉʳ** sur l'empire de Rome. Le groupement des personnages et la division en registres sont des emprunts à l'esthétique romaine et semblent s'inspirer de la colonne trajane de Rome (IIᵉ s.), qui représente des troupes défilant victorieusement.

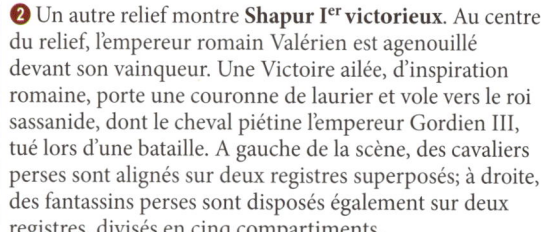

●Triomphe de Shapur Iᵉʳ (n°3).

Le roi sassanide, à cheval, figure au centre, comme dans le relief précédent: devant lui, à droite, l'empereur Valérien est agenouillé et une Victoire ailée le surplombe. A gauche, des cavaliers perses sont alignés sur cinq registres superposés. A droite, des soldats perses portent des éléments de butin, conduisent un éléphant et un cheval (registres 1 à 4); sur le registre du bas, des prisonniers sont alignés, mais leurs têtes ont été effacées.

La cavalerie perse. Triomphe de Shapur Iᵉʳ (n°3).

❹ A gauche, **Bahram II** (276-293), monté sur un cheval, accueille des bédouins d'Arabie, ses vassaux, venus à pied et accompagnés de chameaux et de chevaux.

❺ **Bahram Iᵉʳ** (273-276) reçoit l'investiture royale de Ahura Mazda (à gauche): le roi et la Divinité sont à cheval. Plus tard, Narseh (293-302) a rajouté une inscription en pehlevi*.

❻ Du IVᵉ s., ce bas-relief est divisé en deux registres. Au centre, **Shapur II** (309-379) est représenté de face, trônant, une épée et une lance dans les mains. A gauche du roi, sont alignés des dignitaires et des membres de la famille royale (en haut), des soldats et un cheval (en bas). A droite, des soldats perses emmènent des prisonniers (en haut), d'autres portent du butin et des têtes coupées des vaincus (en bas).

Relief de Shapur II.

La grotte de Mudân

Dans la vallée de Tang-e Chogân, une statue monumentale en ronde-bosse de Shapur Iᵉʳ (241-272) se dresse à l'entrée d'une grotte, qui passe pour être le tombeau du roi. Plus grande que nature (8 m de hauteur), ses pieds et ses bras sont brisés. Elle avait été découverte gisant sur le sol.

●Statue de Shapur Iᵉʳ.
Grotte de Mudân.

Firuzâbâd

A 3 km de l'actuelle Firuzâbâd, cette ancienne ville fut fondée
par Ardashir Ier (224-241), au lieu même où il vainquit le dernier
roi parthe, Artaban IV. Son premier nom, «Ardashir
Khurrah» («A la gloire d'Ardashir») ou Gur, fut remplacé
par «Firuzâbâd» au Xe s. Son plan circulaire, comme tracé
au compas, a un diamètre de 2 km. Il est exemplaire d'une
conception qui fait de la cité un miroir de l'univers et de
l'homme. Le cercle est d'une symbolique universelle: on
le retrouve dans le symbole d'Ahura Mazda, les couronnes
et l'anneau de pouvoir des rois. Il peut évoquer le Ciel,
les cycles astrologiques, l'infini et la perfection. Dans
l'enceinte, quatre portes étaient orientées vers les points
cardinaux: elles portaient les noms de Mithra (Soleil),
Bahram (Mars), Hormuz (Jupiter), Ardashir. Au centre
de la ville, se trouvaient des édifices royaux et sacrés;
entre les murailles et le quartier royal, les maisons étaient
distribuées en quartiers, reliées par des rues en cercles
ou rayonnant du centre à la périphérie. Le seul vestige

● Vue aérienne de l'ancienne
ville sassanide.

●Tour de Gur.

important est une tour
quadrangulaire, surnommée
«le minaret» (*minar*) par la tradition
locale. Sa partie haute est ruinée. Haute de
30 m, elle était située au centre exact de la
ville; aujourd'hui, elle domine des champs
et des terrains vagues. Tour d'observation,
symbole de pouvoir, marque symbolique
(tel un omphalos), elle était couronnée
d'un autel du feu et faisait peut-être partie
d'un temple ou d'un palais. Au nord-est de
la tour, également dans le périmètre royal,
une plate-forme carrée est tout ce qu'il
reste d'un temple du feu (Takht-e Nishin).

Dans l'enceinte de la Firuzâbâd sassanide, plusieurs Imâmzâdehs* ont
été construits à l'époque islamique.

Salle à coupole.

Parfois considéré comme un temple du
feu (Atashkadeh), ce palais fut construit
par Ardashir Ier (224-241) à quelques
kilomètres à l'extérieur de la
ville de Gur (*124*). Son plan
rectangulaire (104 m x 55 m)
peut être divisé en deux parties.
Un grand iwan (*468*), flanqué
de part et d'autre de trois salles,
forme un premier espace
destiné à la fonction publique
et officielle du souverain. Une
autre section, privée et résidentielle, se
compose de plusieurs pièces et de deux

Cour et iwan de la partie privée.

Plan du palais de Firuzâbâd.
1 Partie «officielle».
2 Salles à coupole.
3 Partie résidentielle.

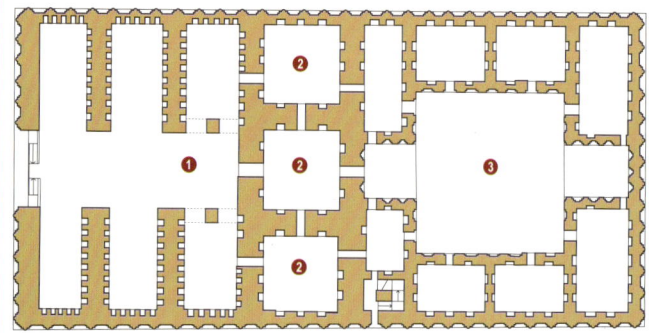

iwans disposés en vis-à-vis autour d'une cour centrale carrée. Entre les deux parties du palais, trois salles carrées, avec des coupoles sur trompes*, sont alignées et forment un rectangle transversal.

La forteresse de Qal'eh-ye Dokhtar

1re cour de la forteresse.

Plan de la forteresse de Qal'eh-ye Dokhtar.
1 1re cour.
2 2e cour.
3 Iwan.
4 Salle à coupole.
5 Escaliers.

A moins de 10 km de Firuzâbâd, le palais fortifié de Qal'eh-ye Dokhtar (la «forteresse de la fille») est construit sur une crête, surplombant la vallée de Tang-e Ab. Fondé par Ardashir I er (224-241), il n'a jamais été conquis et il en reste des ruines impressionnantes. Construit en moellons soudés par du mortier,

Qal'eh-ye Dokhtar.

il comprend trois terrasses superposées. Les deux premières sont des cours rectangulaires bordées de pièces, avec des salles de garde et des citernes. La terrasse supérieure comprend le palais, avec un grand iwan précédant une salle carrée à coupole entourée de pièces (49).

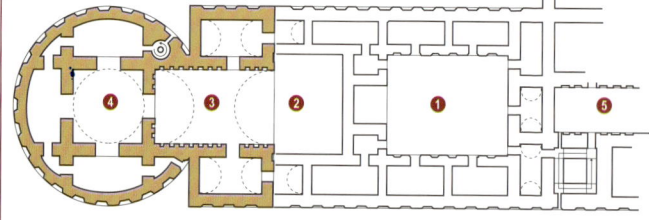

Les reliefs rupestres

Au-dessus de la rivière, en contrebas de la forteresse de Qal'eh-ye Dokhtar, deux reliefs ont été gravés sur la paroi rocheuse de la gorge de Tang-e Ab. L'un montre l'**investiture** royale d'Ardashir I er (224-241), fondateur de la dynastie sassanide. Le roi (à droite) et Ahura Mazda (à gauche), dont la forme entièrement humaine apparaît ici pour la première fois, se tiennent debout, face à face, autour d'un autel du feu. Le souverain reçoit du dieu un anneau, qui symbolise sa participation à la puissance divine et à sa norme de vérité. Quatre

● Investiture d'Ardashir Ier.

dignitaires, levant la main en signe de soumission et de respect, ont été sculptés à droite de la scène d'investiture. Large de 22,40 m, l'autre relief est divisé en trois scènes: il représente des paires de cavaliers et illustre la **victoire** militaire de la dynastie sassanide sur les Parthes. A gauche, un soldat sassanide fait tomber un soldat parthe de son cheval; au centre, Shapur Ier, fils d'Ardashir Ier, affronte Dardenban, grand ministre parthe; à droite, Ardashir Ier tue le dernier roi parthe, Artaban IV.

Le Fârs conserve encore de nombreux chahâr tâq* sassanides (48). Plusieurs se trouvent dans la plaine de Farâshband, à l'ouest de Firuzâbâd, accessible depuis la route Farâshband-Kâzerun. Parfois assez ruinés, ils datent généralement du Ve s. Le complexe sacré le

Les temples du feu

Temple du feu dans la plaine de Farâshband.

plus important se trouve au sud de Firuzâbâd, près du village de Konar-e Syâh. Il se compose d'un chahâr tâq et d'un autre sanctuaire: on a supposé que le premier abritait un feu visible par les fidèles, et le second un feu accessible seulement aux prêtres.

● Temple du feu. Djereh.

L'EST DE L'IRAN

LA PROVINCE DU
GOLESTAN, 396
LA PROVINCE DE
SEMNAN, 398
LA PROVINCE DU
KHORASAN, 404

LA PROVINCE DE
KERMAN, 416
LA PROVINCE DU SISTAN
VA BALUCHESTAN, 426

Bam et sa citadelle, fondée au début de notre ère.

LA PROVINCE DU GOLESTAN

La plaine de Gorgân est habitée par des Turkmènes, qui nomadisent sur une steppe herbeuse s'étendant à perte de vue et se prolongeant au Turkménistan. Les Guklans, les Tekkehs et les Yamuts sont les trois principaux clans, vivant de petites cultures, de l'élevage d'animaux et du nouage de tapis. Leur tradition se reflète dans la musique et les tapis dits turcomans, aux motifs géométriques de losanges, de cartouches et de *gol* (ou *gül*: fleur) s'épanouissant sur un champ rougeâtre.

❖Cimetière de Khâled Nabi, au nord-est de Gonbad-e Kâvus.

GORGAN
Capitale de la province du Golestân
Altitude: 120 m – Habitants: 343'977 (2011)

La capitale de la province fut fondée au VIIIᵉ s., par Yazid Ibn al-Muhallab, un conquérant arabe qui en fit une capitale et devint gouverneur du Khorâsân. Proche des vertes régions de la Caspienne, elle a souffert durant toute son histoire des invasions et des raids en provenance d'Asie centrale. Célèbre aux IXᵉ-Xᵉ s. pour ses jardins irrigués et ses soies, elle devint le centre d'un petit royaume indépendant aux Xᵉ-XIᵉ s. L'invasion mongole, qui ne laissa que des ruines et des morts, lui porta un coup sévère. Après sa conquête du Mâzandarân, Tamerlan fit ériger un palais sur une rive de la rivière Gorgân (Palais de Shâhsaman) en 1392-93. Au XVIIIᵉ s., la ville fut le centre de la dynastie qâdjâre, dont la tribu nomadisait dans la région et qui, après avoir pris le pouvoir, choisit une capitale relativement proche du nord: Tehrân. Au XXᵉ s., Rezâ Shâh Pahlavi changea l'ancien nom de la cité («Astarâbâd») en «Gorgân».

◆Minaret de la mosquée du Vendredi de Gorgân.

Les monuments

Outre les ravages des guerres, plusieurs tremblements de terre ont détruit les édifices historiques de la ville. Fondée à l'époque seldjoukide, la **mosquée du Vendredi** conserve un minaret du XIIᵉ s. Transformée aux époques timouride, safavide et Afshar, elle a été fortement restaurée à la fin du XXᵉ s. Dédié au frère de l'Imam Rezâ, le **mausolée Nur** est une tour funéraire dodécagonale au décor de briques, datée de l'époque seldjoukide ou mongole (1289). Son cénotaphe est de 1462-63, mais son toit est moderne. L'ancien **bazar** de la ville fut fondé à une date inconnue, mais il est l'un des plus

■Turkmènes. Région de Gonbad.

beaux des régions de la Caspienne. Le **Musée de Gorgân** présente quelques objets issus de fouilles archéologiques et possède également une section anthropologique.

Aq Qal'eh

En bordure de cette petite ville, un pont, sur la rivière de Gorgân, a été construit au XVe s., puis restauré à l'époque safavide (1501-1732).

Au nord de Gorgân

Sadd-e Iskandar («Mur d'Alexandre»)

Petite «muraille de Chine» de la Perse, le «mur d'Alexandre» est un rempart de briques construit à l'époque parthe (~IIe-~Ier s.) et développé à l'époque sassanide (IIIe-VIIe s.). Long de 175 km, ponctué de forts tous les 3 à 6 km et de petites cités ou d'installations plus importantes tous les 16 à 20 km, il longe la rivière Gorgân et protégeait la plaine de Gorgân contre les invasions de nomades venant d'Asie centrale. Au long des siècles, les eaux de la Caspienne se sont retirées des terres, si bien que le début du mur est aujourd'hui à 5 km de la côte. Il ne reste de cette puissante barrière qu'un petit talus.

Tracé du «mur d'Alexandre».

Turang Tapeh

Composé de plusieurs collines, ce site néolithique est le principal témoin de l'histoire ancienne de la région, lieu de passage des migrations à la croisée du Plateau iranien, terre de sédentaires, et de l'Asie centrale, terre de nomades. La première occupation du site, attestée par des tessons, remonte au ~VIe mil. Les principaux vestiges retrouvés (édifices en briques crues, tombes sous les maisons, une grande terrasse formant la base du tapeh* principal) datent du milieu du ~IVe mil. aux premiers siècles du ~IIe mil., époque à laquelle la cité est abandonnée. Le site est réoccupé dès ~800: successivement, les Achéménides, les Séleucides et les Parthes construisent des enceintes circulaires sur les ruines de la grande terrasse. Un fort quadrangulaire fut ajouté à l'époque sassanide (IIIe-VIIe s.), dans lequel on édifia, au VIIe s., un petit temple du feu aujourd'hui ruiné.

Gonbad-e Kâvus.

Râdkân

A l'extérieur de ce village, situé près de Kordkuy, une tour funéraire en briques est juchée sur une colline. Construite en 1016 pour un émir des Bawandides, son plan est circulaire et son toit conique.

Au sud-ouest de Gorgân

Gonbad-e Kâvus (Gonbad-e Qâbus)

Construit en 1007 pour Qâbus b. Wushmagir (977-1012/13), un souverain local de la dynastie ziyaride, ce mausolée est un magnifique exemple de tour funéraire construite en étoile et surmontée d'un dôme conique. Haute de 52 m, dépourvue d'escalier, sa structure cylindrique est scandée par dix saillants, un nombre qui évoque l'unité de Dieu. Les murs extérieurs ont pour seul ornement quelques bandeaux épigraphiques arabes en écriture koufique*. L'intérieur de la tour est un fût vide et obscur, sans décor. On n'y a découvert aucune tombe: une tradition – ni infirmée ni confirmée – veut que le corps de Qâbus se trouve dans un cercueil de verre au sommet.

Au nord de la province

Coupe et plan du Gonbad-e Kâvus.

LA PROVINCE DE SEMNAN

SEMNAN, 398

AHOVAN, 399

DAMGHAN, 399

CHESHMEH-YE ALI, 400

GERD KUH, 400

SHAHR-I QUMIS, 401

SHAHRUD, 401

BISTAM, 401

MIYANDASHT, 402

FORUMAD, 403

SEMNAN
Capitale de la province de Semnân
Altitude: 1171 m – Habitants: 163'391 (2011)

Arg-e Semnân.

Hammam Hazrat (Musée anthropologique).

Capitale d'une province située entre les montagnes sud de l'Alborz et le désert du Kavir, cette ville fut fondée à l'époque sassanide (IIIe-VIIe s.). A l'époque islamique, de nombreux sièges ont détruit la majorité de ses anciens monuments. Fondée sur un ancien temple du feu, peut-être déjà aux VIIIe-IXe s., la **mosquée du Vendredi** possède encore une salle à coupole et une salle de prière nord-ouest du XIIe s. seldjoukide, une salle de prière sud-est de la première moitié du XIVe s., une salle de prière nord-est de la fin du XIVe s., et un iwan timouride de 1425-26. Un minaret, coiffé d'une tourelle safavide, est daté de 1030-35 (93). Dotée de quatre iwans colorés par des céramiques, la **mosquée-madrasa Imam Khomeyni** fut construite entre 1815 et 1828-29 par Fath Ali Shâh. Fondé à l'époque timouride (XVe s.), restauré à l'époque qâdjâre (fin du XIXe s.), le **hammam Hazrat** ou Pahneh est maintenant un musée anthropologique. Des anciennes portes de la ville, seul subsiste le **portail Arg-e Semnân**. Il

Iwan de la mosquée du Vendredi.

fut construit sous le règne du Qâdjâr Nâser od-Din Shâh (1848-1896). Sur son fronton, des céramiques illustrent un passage célèbre du *Livre des rois*: le combat de Rostam avec le div* blanc. A 5 km au nord-est de la ville se trouve l'imposante **forteresse** de Sâru, d'époque islamique.

Entre Garmsâr et Semnân

Deux **caravansérails** safavides (XVIe ou XVIIe s.) se trouvent sur la route reliant Semnân à Garmsâr: l'un à Dehnamak, l'autre à Lâsdjerd. Dans le village de Sufiâbâd, se trouve le mausolée ilkhânide de Sheikh Alâ od-Dowleh Semnâni, l'un des plus grands mystiques de l'Iran.

Caravansérail seldjoukide de Ahovân.

Deux **caravansérails** se trouvent à **Ahovân**: l'un remonte à l'époque safavide (fin du XVIIe s.), l'autre fut construit au XIe s. puis restauré sous les Safavides. Sur la même route, le caravansérail de Qusheh fut construit sous Shâh Abbâs Ier et restauré à l'époque qâdjâre.

Entre Semnân et Dâmghân

Caravansérail safavide de Ahovân.

Dâmghân

Comme en témoigne le site de Tapeh Hissar, la région de Dâmghân fut occupée depuis l'époque néolithique. Une tradition veut que la ville elle-même ait été fondée par un roi mythique, Hushang, mais les spécialistes font remonter sa création à l'époque sassanide (IIIe-VIIe s.). Après la conquête arabe, Dâmghân subit les dévastations répétées des Mongols, des Timourides, des Ouzbeks et des Afghans, mais elle a néanmoins conservé plusieurs monuments anciens remarquables.

Minaret de la mosquée du Vendredi.

Datant vraisemblablement du milieu du VIIIe s., mais rénovée au cours des siècles, la **mosquée Târikhâneh** est l'une des seules grandes mosquées qui nous restent des débuts de l'Islam en Iran. Son architecture associe le plan de la mosquée arabe (salle hypostyle* avec une nef médiane plus large) à des éléments de construction sassanides (de fortes colonnes, dépourvues de base et de chapiteau, soutiennent des voûtes en berceau en forme d'ellipses légèrement brisées). Les piliers sont construits à l'aide de briques posées verticalement et horizontalement, en alternance. Le minaret circulaire, au décor de briques, fut rajouté en 1029 (*129*). Contrairement aux mosquées persanes, dont les coupoles s'élèvent dans le ciel, les mosquées de type arabe possèdent un toit plat, qui donne à l'édifice une horizontalité seulement brisée par le minaret. Cette horizontalité évoque l'égalité des croyants, tous égaux devant la mort et devant Dieu et qui ne sont supérieurs que par la piété et la sainteté. Le rythme intérieur des colonnades crée un espace homogène, unifié, dans lequel le centre est en quelque sorte partout: image de l'unité de Dieu, à la fois impalpable et présente en tout et en tous (*51*, *141*). La **mosquée du Vendredi** fut fondée à l'époque seldjoukide, ou plus tôt encore. Entièrement reconstruite à l'époque moderne (à l'exception de l'iwan ouest, plus ancien), elle conserve un minaret du milieu du XIe s. (ou 1106 ?).

Le Pir-e Alamdâr a été construit en 1026-27. De plan circulaire, surmontée d'un dôme, cette tour funéraire en briques conserve à l'intérieur une belle frise calligraphique en koufi*. Deux mausolées se trouvent l'un à côté de l'autre: la tour funéraire de Cheheldokhtar («Quarante filles») de 1054 (*160*), et l'Imâmzâdeh Djafar, grande construction à coupole seldjoukide du XIe s. Au nord-ouest de la ville,

Les mosquées

Mosquée Târikhâneh.

Pir-e Alamdâr.

Les mausolées

la tour funéraire circulaire de Bordj-e Mehmândust date de 1097.

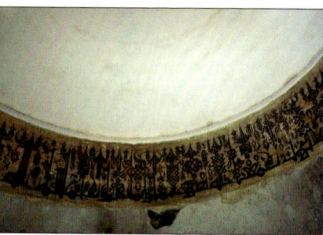

Calligraphie koufique. Pir-e Alamdâr.

Tapeh Hissar

Aux abords de la ville, traversé par la ligne de chemin de fer, le site néolithique de Tapeh Hissar a été fouillé en 1931-1932 par une équipe de l'Université de Pennsylvanie (*11*). L'ensemble est formé de plusieurs collines, habitées depuis le ~IVᵉ mil. Le premier niveau (~3900-~2900) a révélé des habitations en briques et en pisé, avec des tombes d'hommes et de femmes en dessous ou à côté des maisons, du cuivre fondu et différents types de céramiques au décor animalier. L'architecture domestique du deuxième niveau (~2800-~2400) recouvre les habitations précédentes. Elle a livré un riche mobilier funéraire de vases, d'armes et de cachets, des figurines humaines, des céramiques aux décors

Palais de Tapeh Hissar, vers ~2000.

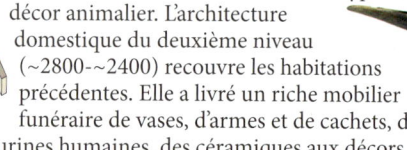

▶Vase à bec verseur, Tapeh Hissar, début du ~Iᵉʳ mil. Musée National de l'Iran, Tehrân.

d'animaux plus stylisés qu'auparavant et une céramique grise, dont l'apparition signale l'infiltration dans la région d'une nouvelle culture. La principale découverte du troisième niveau (~2400-~1900) est sans doute un palais, au nord des maisons. Brûlé lors d'une attaque, on y a retrouvé plusieurs squelettes, des pointes de flèches, un poignard et une coupe en or. Aux alentours du site se trouvent les ruines d'un palais et d'un temple du feu sassanides (IIIᵉ-VIIᵉ s.) et un caravansérail d'époque islamique, reconnaissable à son enceinte quadrangulaire et à ses tours d'angles.

Caravansérail islamique près de Tapeh Hissar.

Aux alentours de Dâmghân

Cheshmeh-ye Ali

Au nord-ouest de Dâmghân, la «Source d'Ali» fut choisie comme lieu de détente par plusieurs souverains. A l'extrémité d'un long bassin entouré de végétation, les Timourides (XVᵉ s.) construisirent un petit palais à deux étages et au toit plat. Le rez-de chaussée comprend un portail bordé de deux pièces et trois iwans ouvrant sur l'eau. Sur le bassin, au milieu de l'eau, un autre pavillon fut édifié sous le règne du Qâdjâr Fath Ali Shâh (1797-1834), originaire de Dâmghân. Coiffé d'un petit toit triangulaire, il possède deux étages de pièces: elles sont disposées autour d'un espace central, dont le toit est soutenu par deux colonnes de bois.

Cheshmeh-ye Ali. Pavillon qâdjâr.

Gerd Kuh

Plusieurs forteresses occupent les montagnes au nord de Dâmghân. La plus fameuse est celle de Gerd Kuh, occupée par les Assassins et conquise par les Mongols en 1256. Ses ruines s'étendent sur une montagne en forme de cylindre, évoquée par Ferdowsi au XIᵉ s.

Shahr-i Qumis (Hecatompylos)

Mentionnée par Pline l'Ancien, Hecatompylos («[la ville] aux cent portes») fut la capitale d'hiver des rois parthes, aux ~IIᵉ et ~Iᵉʳ s. A une trentaine de kilomètres à l'ouest de Dâmghân, cette cité ne fut fouillée qu'en 1967-1971, et le site, immense, doit encore être exploré pour livrer des informations plus précises sur les édifices restants. Des fouilles britanniques ont mis à jour des bâtiments religieux et résidentiels à un ou parfois deux étages. Construits en briques crues, voûtés selon différentes techniques, ils possèdent souvent un plan cruciforme et un escalier en leur centre. Certains ont été employés ultérieurement comme tombes collectives.

Montagne de Gerd Kuh
(au centre de l'image).

Shâhrud

Cette ville moderne ne contient que quelques monuments qâdjârs et un petit musée à la fois archéologique et anthropologique.

Bistâm (Bastâm)

Peut-être fondé à l'époque sassanide, ce village près de Shâhrud compte quelques monuments remarquables: une tour funéraire mongole cannelée (1308-9), une mosquée du Vendredi fondée aux IXᵉ-Xᵉ s. avec des parties ilkhânides (1306-7) et modernes, une citadelle seldjoukide (XIIᵉ s.).

Sur la route Dâmghân – Neyshâbur/Mashhad (Khorâsân)

♦ Mausolée d'Abu Yazid Bistâmi.

Bistâm abrite surtout la dernière demeure de l'un des plus grands soufis d'Iran. Mystique solitaire, imprégné de culture zoroastrienne et sans doute hindoue, Abu Yazid Bistâmi est connu pour une spiritualité d'ivresse, profonde et radicale. Son enseignement a souligné l'exclusivité et l'unité de Dieu que l'homme ne peut approcher qu'en annihilant son moi et en renonçant même aux paradis. Surnommé le Faucon et le Prince des Mystiques, il n'a laissé aucun écrit, mais près de 500 de ses paroles ont été mises par écrit après sa mort par ses disciples. Né et mort à Bistâm, il y avait installé une cellule de méditation qui était aussi son logement (97). Après la mort du maître, le site devint un lieu de pèlerinage. Une mosquée, construite sur le lieu au VIIᵉ-VIIIᵉ s., fut reconstruite en 1120-21,

Le tombeau d'Abu Yazid Bistâmi (777-848)

Iwan est.

Mihrab de 1299-1300.

puis redécorée ultérieurement, notamment d'un splendide mihrab* de 1299-1300. Au haut du minaret de 1120-21, sculptés dans des briques cuites, des faucons aux ailes déployées (symbole du saint) alternent avec des Arbres du Paradis: allusion à un essor spirituel qui va plus haut que les paradis pour atteindre la

Plan du complexe.
❶ Tombe d'Abu Yazid.
❷ Mosquée de 670-815.
❸ Cellule pour la
méditation,VIIIᵉ-IXᵉ s.
❹ Mosquée de 1120-21.
❺ Mausolée Alâ
al-Din, vers 1215.
❻ Tour funéraire
anonyme, XIIIᵉ s.
❼ Mosquée mongole,
XIIIᵉ-XIVᵉ s.
❽ Tombe attribuée à
Mohammad ibn Djafar ou
Imâmzâdeh Qâsem,
début du XIVᵉ s.
❾ Iwan est et galerie
d'entrée, 1313-14.
❿ Iwan ouest, début du XIVᵉ s.
⓫ Tombe de Qâzân Khân.
⓬ Iwan sud, XVIᵉ s.
⓭ Tombe de Mohammad-
A'zam Khân.

Décor de l'iwan est.

⬜	IXᵉ-Xᵉ s.
🟩	1120-1121.
🟪	1215.
⬜	XIIIᵉ-XIVᵉ s.
🟦	Date incertaine.
⬜	Moderne.

seule Unité divine. A l'époque mongole (XIIIᵉ-XIVᵉ s.), le site est aménagé et agrandi par des tours funéraires, une mosquée, des iwans. Deux Imâmzâdehs* et deux princes se firent construire leur tombeau près du saint:

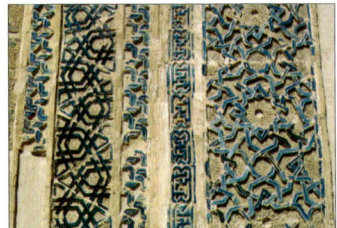

Décor de l'iwan est.

Alâ al-Din, dernier prince des Qurides, une dynastie iranienne qui régna au Khorâsân et en Afghanistan (v. 1000-1214), et Mohammad-A'zam Khân, prince de Kaboul au XIXᵉ s.

Myândasht

A quelque 100 km de Shâhrud, sur la route de la soie, ce site conserve un ensemble de trois caravansérails, collés les uns aux autres. Un premier caravansérail fut construit sous le règne de Shâh Abbâs Iᵉʳ et restauré vers 1874-75. Pour accueillir un

Caravansérail de Myândasht.

flot important de voyageurs et de pèlerins vers Mashhad,
un second caravansérail fut ajouté à l'époque qâdjâre (XIXe
s.): l'espace entre les deux constructions fut transformé, à la
même époque, en un troisième caravansérail.

Forumad

Proche de la province du Khorâsân, à une vingtaine de
kilomètres de la route principale, ce village abrite les
restes d'une mosquée fondée à l'époque seldjoukide (XIe-
XIIe s.) puis restaurée à l'époque ilkhânide (1320). Elle se compose
d'une cour rectangulaire, bordée de deux iwans en vis-à-vis.

Caravansérail de Myândasht.

LA PROVINCE DU KHORASAN

MASHHAD, 404

SABZEVAR, 410

NEYSHABUR, 411

QADAMGAH, 411

BODJNURD, 412

AKHENGAN, 412

TUS, 412

RADKAN, 412

ROBAT-E MAHI, 412

ROBAT-E SHARAF, 412

SARAKHS, 413

KALAT, 413

SANGBAST, 413

ROBAT-E SEFID, 414

TORBAT-E DJAM, 414

TAYBAD, 414

KARAT, 414

ZUZAN, 415

KHARGERD, 415

TORBAT-E HEYDARIYEH, 415

KASHMAR, 415

GONABAD, 415

FERDOWS, 415

QA'EN, 415

BIRDJAND, 415

► Tapis de laine, Qâ'en, XIXe s.
Musée du Tapis, Tehrân.

Habité notamment par une minorité de Turkmènes sunnites, le Khorâsân (littéralement: «l'Est») est la plus grande province de l'Iran. Autrefois, il désignait les territoires de langue persane, situés entre l'est du désert iranien, l'Indus et l'Amou-Daria. Le nord de la province est partiellement montagneux, riche en plaines propices à l'agriculture et à l'élevage (7): sa frontière septentrionale s'ouvre sur le Turkménistan et d'immenses espaces de steppes. Possédant une longue frontière avec l'Afghanistan, le sud embrasse une partie du désert du Lut: ses paysages sont généralement formés de plaines et de collines, à la végétation rare. A la croisée de l'Asie centrale, de l'Iran et de l'Afghanistan, le Khorâsân a eu une importance historique considérable: lieu de passage des invasions et des migrations d'Asie centrale, foyer de culture, il fut le berceau de nombreux savants et maîtres spirituels iraniens. La province a été divisée en trois parties: le Khorâsân du Nord, le Khorâsân Razavi, le Khorâsân du Sud.

MASHHAD
Capitale de la province du Khorâsân
Altitude: 985 m – Habitants: 2'772'287 (2011)

Première ville sainte du pays, l'histoire de Mashhad commence en 809, lorsque la localité de Nuqân vit mourir Harun al-Rashid, le fameux calife abbasside qui menait alors une campagne contre le Khorâsân. Dix ans plus tard, en 818, Ali al-Rezâ, le VIIIe Imam des chiites, mourut et fut inhumé dans la même ville que l'on appela peu à peu «Mashhad» (la «tombe du martyr»). Le sanctuaire attira des pèlerins de plus en plus nombreux et accueillit une vie intellectuelle et religieuse intense. Au cours des siècles, la ville dut faire face à des violences qui n'épargnèrent pas toujours les lieux sacrés: la tribu des Ghuzz en 1161, les Mongols en 1296, puis les Ouzbeks au XVIe s., pillèrent la ville et massacrèrent sa population. Dès le XVIe s., Mashhad devient le centre le plus important de la foi chiite imposée par les Safavides. Au XVIIIe s., Nâder Shâh en fit pour un temps sa capitale, de 1727 à 1735. Reliée à Tehrân par des bus, le train et l'avion, elle est aujourd'hui la deuxième plus grande ville du pays. Le pèlerinage attire annuellement 15 à 20 millions de personnes, principalement d'Iran, mais aussi des pays arabes ou du

► Tapis de laine, Mud, XIXe s.
Musée du Tapis, Tehrân.

Pakistan. Le sanctuaire est géré par une fondation privée remontant au XVIe s., l'Astân-e Qods-e Razavi (le Saint Mausolée de l'Imam Rezâ). Elle détient des usines, des hôpitaux, des bibliothèques et des propriétés foncières et immobilières à Mashhad et dans toute la province du Khorâsân. Sa puissance en fait un second pouvoir dans le pays. Depuis la Révolution, elle a connu un développement spectaculaire de ses activités, dans tous les domaines: industries, agriculture, développement du tombeau de l'Imam, œuvres sociales et charitables.

Comme tant d'autres provinces d'Iran, le Khorâsân est connu pour ses tapis, employant souvent les motifs du médaillon se détachant sur un fond d'arabesques aux tons rouge ou bleu foncés. Dans la province, Mohavelat, Mud, Birdjand, Dorokhsh, Gonâbâd, Kâshmar et Qâ'en sont des centres de production réputés. Mashhad est connue pour son cuir et on y vend le meilleur safran d'Iran, produit aux alentours de Qâ'en (Qâ'enât), au sud de la province.

❶ Le tombeau du VIIIe Imam Rezâ

Depuis la mort de l'Imam au IXe s., les souverains n'ont cessé d'entretenir, de restaurer, de développer et d'embellir sa tombe. Celle-ci fut

Arts et traditions

Plan du complexe sacré.
❶ Tombeau de l'Imam.
❷ Mosquée Gowharshâd.
❸ Ancienne cour.
❹ Nouvelle cour.
❺ Iwan d'or.
❻ Madrasa Parizâd.
❼ Madrasa Bâlâ Sar.
❽ Madrasa Du Dar.
❾ Madrasa Kheyrât Khân.
❿ Madrasa Mirzâ Djafar.

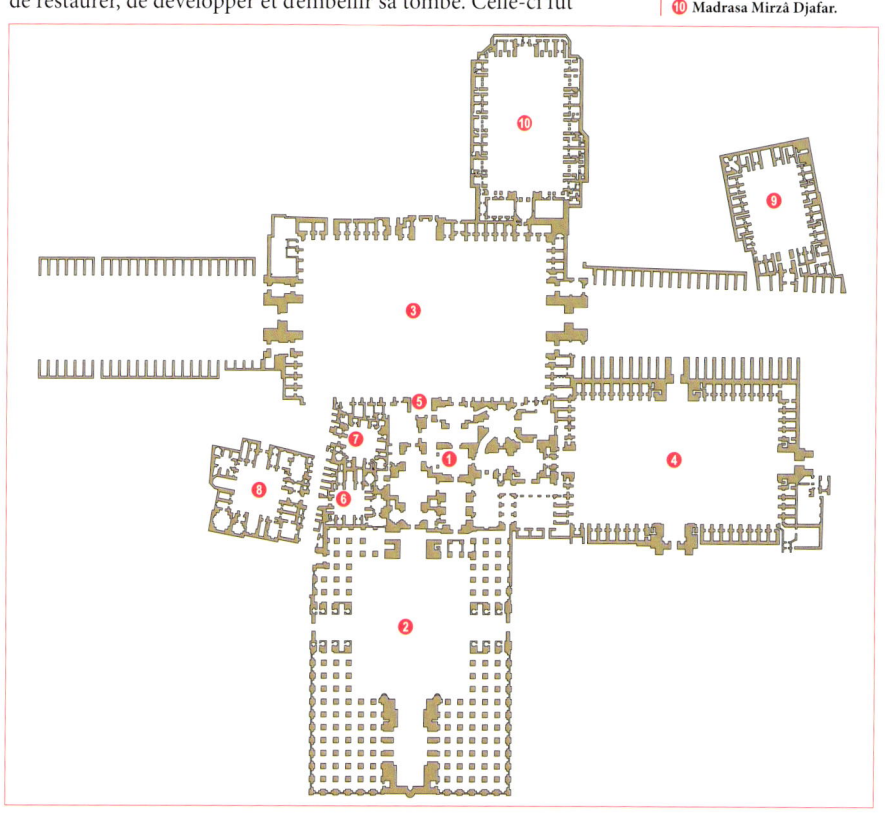

♦ Ancienne cour. A gauche,
le dôme doré signale la
tombe de l'Imam.

♦ Mur de la qibla de la
mosquée Gowharshâd.

♦ Iwan. Ancienne cour.

détruite à la fin du Xe s., puis reconstruite en 1009 par Mahmud de Ghazna, sous la forme d'une salle à coupole. Endommagée par les Ghuzz, la tombe fut construite à nouveau à la fin du XIIe s., puis à nouveau réparée par l'Ilkhân Uldjàitu (1303-16) après les destructions des Mongols. Au XIVe s., la tombe était bordée d'un minaret du XIe s. (couvert d'or au XVIe s.), d'édifices annexes, d'une mosquée du XIe s. (Bâlâ Sar) et d'une madrasa. L'intérieur de la tombe de l'Imam fut d'abord décoré avec du stuc peint et des céramiques: il sera peint à l'époque safavide (XVIIe s.), puis décoré de mosaïques de miroirs à l'époque qâdjâre (XIXe s.).

Le site connut un développement important sous les Timourides. Au sud de la tombe, la **mosquée de Gowharshâd** fut achevée en 1418 pour l'épouse du souverain Shâhrukh. De plan classique et caractéristique des Timourides, sa cour est à deux étages d'arcades: elle est bordée de quatre iwans, de salles de prières couvertes et d'une grande salle coiffée d'un dôme turquoise et précédée d'un iwan flanqué de deux minarets. Le complexe s'enrichit également de la madrasa Parizâd (début du XVe s.), de la madrasa Du Dar (1439), de plusieurs portails et d'un iwan (**l'iwan doré**) (*468*) ouvrant sur une cour (**l'ancienne cour**, Atiq ou Enqelâb), reconnaissable à sa fontaine au dôme doré. Sous les Safavides, les céramiques du dôme de la tombe furent remplacées par des feuilles d'or en 1526 puis en 1607 (*94*). L'ancienne cour, déjà bordée de l'iwan d'or, fut agrandie en 1612: trois nouveaux iwans occupèrent ses côtés nord, est et ouest. Au début du XVIIe s., plusieurs mausolées furent construits: le Gonbad-e Hâtem Khâni (vers 1609) et le Gonbad-e Allâhverdi Khân (en 1613), décorés de splendides céramiques. Nâder Shâh fit surtout restaurer l'iwan d'or en 1733-34, alors que le Qâdjâr Fath Ali Shâh fit construire une **nouvelle cour** (Azâdi) dès 1817-18, et ses successeurs ajoutèrent des décors de céramiques ou de mosaïques de miroirs.

En 1928, Rezâ Shâh Pahlavi ordonna la construction d'une route en anneau (le Falaka) autour du complexe, entraînant la destruction d'un bazar et de plusieurs édifices. Mohammad-Rezâ Pahlavi fit agrandir le Falaka et transformer ou restaurer plusieurs édifices. Depuis l'avènement de la République islamique, le site a connu une extension spectaculaire: des cours, des portails, des routes sous le sanctuaire et divers bâtiments ont été construits dès les années 1980. Dans le périmètre sacré, des **musées** présentent une remarquable collection de Corans enluminés, de tapis, de témoignages archéologiques et de divers objets offerts au sanctuaire au cours des siècles. Fondée au IXe s., la bibliothèque du sanctuaire est la plus ancienne d'Iran encore en activité.

Un pèlerinage à Mashhad

La tradition veut que les pèlerins aient été appelés par l'Imam Rezâ: à travers un songe, une voix intérieure ou, le plus souvent, par un désir irrépressible de se rendre au sanctuaire. Les gens font le pèlerinage pour formuler un vœu, remercier de son exaucement ou simplement prier en un lieu chargé d'histoire et de présence. Pour certains, le pèlerinage représente le voyage de leur vie. A l'entrée du périmètre, les hommes et les femmes entrent par des portes séparées. Ils sont rapidement fouillés, et par sécurité, les sacs doivent être déposés en consigne. Les non-musulmans peuvent accéder aux principaux édifices, mais ne peuvent visiter la tombe elle-même. Le tchador est obligatoire pour les femmes.

Avant d'accéder à la tombe, au centre du complexe, les fidèles font leurs ablutions. Puis, aux différentes entrées du mausolée, les pèlerins déposent leurs chaussures dans des casiers. A l'intérieur, les sols sont couverts de tapis et l'on y circule à pas feutrés, en se frayant patiemment un passage au milieu des croyants en prière ou assis le long des murs. Les hommes et les femmes entrent par des portes différentes, mais peuvent se rejoindre dans quelques espaces intérieurs. Le soubassement des murs est orné de marbre; les parties hautes, les voûtes et les coupoles sont tapissées de mosaïques de miroirs, illuminées par des lustres. Jamais aveuglants, ces myriades d'éclairs de lumière créent une ambiance d'infini et suggèrent la relation de tout croyant à l'Unité divine: Dieu est une seule lumière réfractée par les croyants, dont les âmes sont autant de miroirs plus ou moins purs. Comme beaucoup de tombes de saints ou d'Imâmzâdehs, celle de l'Imam Rezâ est une grande châsse grillagée, couleur or et argent, décorée de motifs floraux et de calligraphies travaillés en orfèvrerie. Elle est située dans une salle à coupole, coupée en deux par une barrière: les hommes sont d'un côté, les femmes de l'autre. Les croyants se poussent pour toucher ou baiser les grilles. La tombe se prolonge dans une salle au sous-sol: sur les grilles, des gens attachent des brins de tissu pour symboliser la formulation de leurs vœux. Dans les salles voisines de la tombe, les rares discussions à voix basse se mêlent aux rumeurs des foules, aux prières que les musulmans prononcent tantôt à voix haute, tantôt en murmurant. De temps en temps, des hommes lancent des formules sacrées ou des versets coraniques, auxquels l'assistance proche fait écho ou répond. L'atmosphère est à la fois recueillie, fervente, sobre et sereine. On voit sourire, mais on n'entend pas rire. Debout face à la tombe, des hommes, la main posée sur le cœur, ont les larmes aux yeux. Malgré la foule dense, une discipline tacite règne. Chacun respecte la prière et la solitude de l'autre; en même temps, une communion unit invisiblement

◆ Iwan sud. Mosquée Gowharshâd.

◆ Intérieur du sanctuaire.

Axonométrie de la mosquée Gowharshâd.

Map labels:
Qazi-e-Tabatabai
Sepahbod Qarani Blvd.
Hor-e-Ameli
Hojjat
Hojjat
Shahid Kolahduz
Majd Blvd.
Kuy-e-Vali-Ye-Asr
Ayatollah Motahhari
Movahhedin
Towhid.sq.
Towhid
Shahid Hashemi Nej
Khajeh Rabi
Shohada.sq.
Saheb-oz-Zaman
Saheb-oz-Zaman
Takhti.sq.
Saheb-Oz-Zaman.sq.
Saheb-oz-Zaman
Sana'i
Daneshgah
Sarab
Chhar Tabaqe
Sanabad
Sa.r.sq.
Sanabad
Sanabad
Sanabad
Modarres
Arg
Ebn-e-Sina
bagh-e-melli
Rahmani
Shahid Kolahduz
Daneshgah
Doctor Chamran
Pasdaran
Emam Khomeyni
Fala Gon
Talemni.sq. Ahmad Abad
Ahmad Abad
Molla Sadra
Doctor Shari'ati.sq.
Emam Reza.sq.
Enghelab-e-Eslami
Razi
Dahe Dey.sq.
Ahmad Abad
Falake-ye-Alandasht
Doctor Ali Shari'ati
Bordbari.sq.
Be'sat Blvd.
Shahid Doctor Beheshti
Emam Khomeyni

500 m

◆L'ancienne cour, la nuit.

les pèlerins, venus ici pour des raisons à la fois diverses et analogues. Un système de ventilation discret dispense de la fraîcheur et un parfum d'eau de rose. Partout, des hommes et des femmes sont agenouillés ou accroupis, lisant le Coran, se recueillant en silence, regardant vers un lointain intérieur, chuchotant quelques mots à leur voisin connu ou étranger. Dans toutes les salles, des Corans et des petites rondelles de terre cuite, sur lesquelles les chiites posent le front en se prosternant, sont entassés dans des casiers. Tous les milieux sociaux sont là, tous les âges aussi: des familles entières viennent prier, des enfants jouent dans les cours. Munis de plumeaux en guise de matraques, des gardiens circulent pour renseigner et réguler les foules. Aux heures de prière, le sol des cours est recouvert de tapis. La prière est diffusée par haut-parleurs. Jour et nuit, le sanctuaire

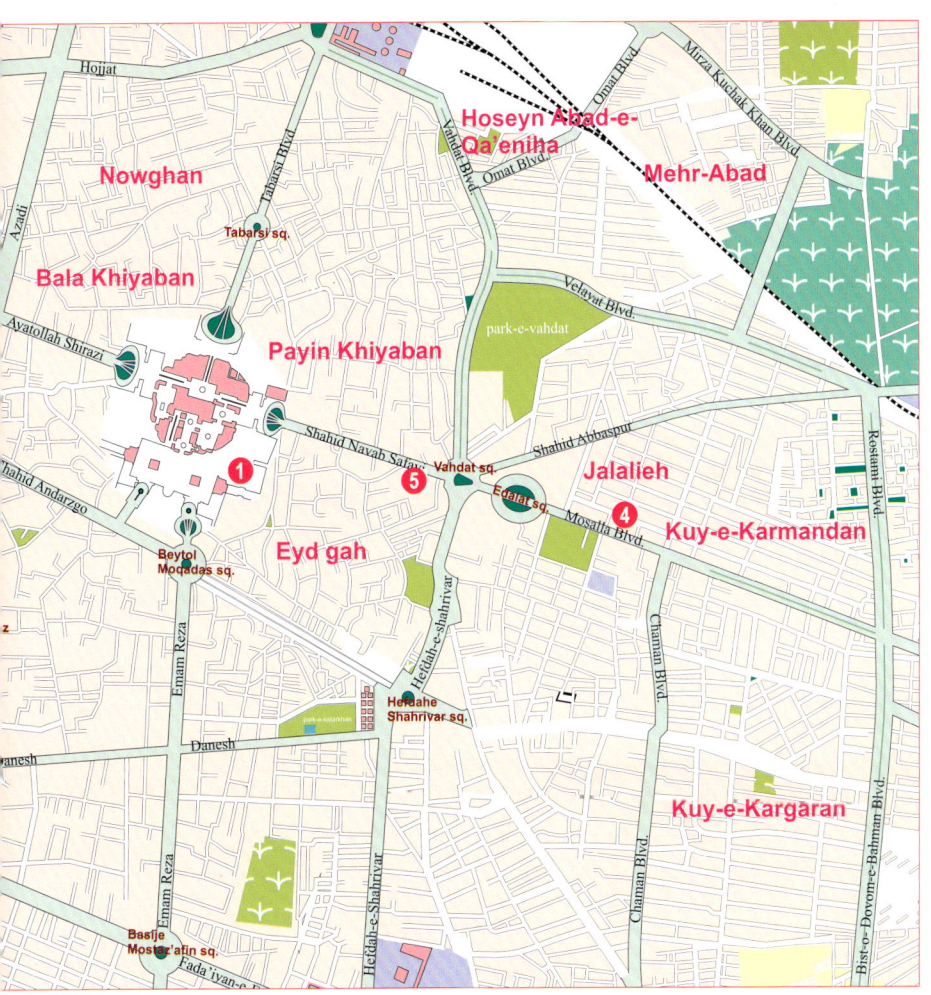

ne désemplit pas et les hôtels aux alentours sont toujours complets pendant les fêtes religieuses. Ouverts jusqu'à des heures tardives, les bazars ne cessent de s'animer d'une foule venue pour se ravitailler ou acheter des souvenirs religieux à l'esthétique doucereuse. Le soleil fait étinceler les coupoles et allume les céramiques du sanctuaire. La nuit, les édifices éclairés prennent des couleurs particulières, plus propices peut-être aux partages de solitude, à l'intimité d'une foi et aux rencontres intérieures.

En ville même, le **mausolée de Gonbad-e Sabz** ❷ (le «Dôme vert») est situé au milieu de la place du même nom. Il fut construit à l'époque de Shâh Abbâs Ier (v. 1603) et partiellement restauré à l'époque qâdjâre. Sa coupole repose sur un pavillon en forme d'octogone irrégulier:

A Mashhad

Masdjed-e Haftâd-o do tan.

l'extérieur est orné de céramiques modernes, mais l'intérieur est pratiquement sans décor. Dans la périphérie de la ville, la **tombe de Khwâdjeh Rabi** est également un pavillon en forme d'octogone irrégulier, surmonté d'une coupole, mais de taille plus grande. Enclos dans une vaste enceinte, entouré d'un jardin, il date aussi des Safavides (1617-22). L'ensemble est décoré de céramiques émaillées à l'extérieur, de delicates peintures florales sur stuc à l'intérieur. Construit en 1959, un **mausolée-musée** est dédié à **Nâder Shâh** ❸, roi de Perse entre 1736 et 1747: son mausolée, qu'il avait fait construire à Mashhad de son vivant, fut détruit à la fin du XVIIIe s. Dans une autre rue rayonnant depuis le sanctuaire sacré, l'avenue Mosallâ, on apercevra un **musallâ*** ❹ de 1676-77. Il

Intérieur du mausolée de Khwâdjeh Rabi.

se compose de deux salles à coupoles, encadrant une salle du mihrab annoncée par un iwan* imposant décoré de céramiques. Dans le bazar ❺, une **mosquée royale** avait été édifiée en 1451. Il n'en reste qu'un portail, flanqué de part et d'autre de deux arcades et d'un minaret ornés de céramiques (Masdjed-e Haftâd-o do tan).

Mausolée de Khwâdjeh Rabi.

Plan du musallâ.
❶ Iwan.
❷ Salles à coupole.
❸ Mur de la qibla.

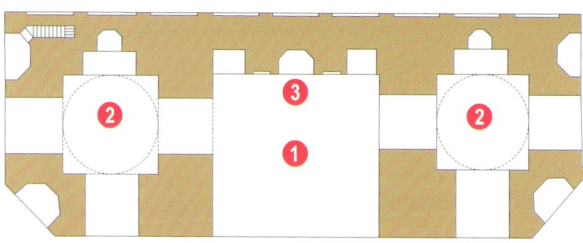

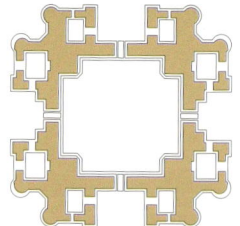

Plan de Khwâdjeh Rabi.

Sur la route
Shâhrud (Semnân)
– Mashhad

Sabzevâr

Entre 1338 et 1381, cette ville fut la capitale de l'Etat indépendant des Sarbedârs, de confession chiite, né lors de la désagrégation de l'Empire mongol. Malheureusement, la ville fut périodiquement dévastée: par les Mongols (XIIIe s.), les Timourides (XIVe s.) et les Ouzbeks (XVIe s.), si bien que ses monuments anciens ont disparu ou ont été restaurés à des époques récentes. On signalera l'Imâmzâdeh Yahya, d'époque qâdjâre (XIXe s.), et surtout un beau minaret seldjoukide en briques (2e moitié du XIe s.), à la sortie ouest de la ville.

Minaret de Sabzevâr.

Neyshâbur

Fondée par le roi sassanide Shapur Ier (241-272), Neyshâbur fut l'une des plus grandes villes du Khorâsân, avec Hérat, Merv et Balkh, villes de culture persane aujourd'hui en Afghanistan et au Turkménistan (Merv). Son nom vient de «New-Shahpuhr» ou «le beau Shapur». Surnommée la «Porte de l'Est» par les géographes arabes, elle se trouve non loin de mines de turquoise. Elle fut autrefois un centre culturel très peuplé, renommé pour ses céramiques (166, 167), profitant d'une région fertile et de nombreux marchés. Les malheurs pourtant se sont abattus dès le XIe s. sur la ville: une famine en 1011, plusieurs tremblements de terre, les pillages de la tribu des Ghuzz en 1153, la dévastation des Mongols en 1221 ont fait disparaître ses monuments anciens et l'on reléguée à l'arrière-plan. Chaque fois, la ville put survivre à ces épreuves et retrouver sa prospérité et son dynamisme culturel, mais elle n'a repris une importance timide qu'à la fin du XIXe s.

►Plat en céramique, Neyshâbur, Xe s. Musée National de l'Iran, Tehrân.

Les hommes de Neyshâbur

Deux grands hommes sont nés et ont vécu à Neyshâbur: Omar Khayyâm, savant et poète du XIe-XIIe s. (192), et Attâr, un maître spirituel et un poète du XIIe-XIIIe s. (193). Réalisée en 1963 par un architecte iranien (Houshang Seyhoun), la **tombe de Khayyâm** est formée par l'entrecroisement de plusieurs arches (193). Elle se trouve dans un grand parc, non loin de l'**Imâmzâdeh Mohammad Mahruq**, construit sous les Safavides en 1631-32. Habillé d'un beau revêtement de céramiques, il se compose d'une salle à coupole précédée d'un grand portail. A quelques kilomètres, la **tombe de Attâr** est également située dans un jardin, aux abords de la cité (194). Une légende veut que le soufi, décapité par un Mongol, ait pris sa tête sous son bras et marché un kilomètre en récitant un long poème mystique: il s'écroula là où se trouve maintenant son tombeau, construit au XVIIe s. et restauré au XXe s. Sa coupole et sa base octogonale sont décorées de céramiques. Kamâl ol-Molk, un peintre des Qâdjârs (163), est enterré dans un mausolée moderne de 1962, à deux pas du poète mystique. En ville même de Neyshâbur, peu de monuments peuvent retenir l'attention. Un **caravansérail** safavide (Shâh Abbâsi) a été transformé en centre d'artisanat et un petit musée installé dans l'une de ses salles (Musée de Neyshâbur). Dotée de deux iwans en vis-à-vis, la **mosquée du Vendredi** fut fondée à la fin du XVe s., restaurée sous Shâh Abbâs Ier en 1612-13, mais seuls quelques décors de briques des iwans sont encore d'époque.

Tombes de Attâr (à gauche) et de Kamâl ol-Molk (à droite).

Qadamgâh

D'une architecture typique des Safavides, le **mausolée de Qadamgâh** est un pavillon octogonal surmonté d'un dôme, paré de céramiques et entouré d'un jardin. Il fut construit sous le Safavide Shâh Suleymân (1666-1694). Enchâssée dans un mur, une pierre plate porte des empreintes de pieds que l'on attribue à l'Imam Rezâ.

Iwan de l'Imâmzâdeh Mahruq.

Aux abords de la route Mashhad – Bodjnurd

Bodjnurd

De cette ville célèbre pour ses chevaux turkmènes, on citera la maison qâdjâre de Mofakham et, à 60 km au sud, la citadelle safavide d'**Esfarâyen**, seul vestige de la ville ancienne appelée Belqeis.

Akhengân

Mausolée Hâruniyeh.

Isolée dans la plaine, à 22 km au nord de Mashhad, la tour funéraire de Akhengân est un édifice octogonal en briques, surmonté d'un cône à nervures couvertes de céramiques: elle est datée de l'époque timouride (XVe s.).

Tus (Ferdowsi)

A quelques kilomètres à l'écart de la route principale, cette petite ville semble avoir été fondée à l'époque achéménide déjà (~VIe s.), mais il ne reste aujourd'hui que des vestiges de la ville islamique, abandonnée au XVe s. On peut encore voir de longues murailles et les restes d'une citadelle. Au bord de la route, le **mausolée «Hâruniyeh»** se compose d'un iwan d'entrée et d'une salle à coupole sur trompes*. Dépourvu de décor de céramiques, l'ensemble date sans doute du milieu du XIIe s. La tradition locale l'a attribué au calife abbasside Harun al-Rashid (IXe s.), autrefois enterré près de l'Imam Rezâ, mais il est possible qu'il ait été dédié au théologien al-Ghazâli, né à Tus en 1058. L'ancienne Tus est aussi la ville natale de **Ferdowsi**, auteur toujours célébré d'une épopée en vers sur les rois préislamiques de la Perse (189). Son mausolée a été construit en 1934. Dressé sur un podium, au milieu d'un jardin, il a la forme d'un cube orné de colonnes de style achéménide et de vers du *Livre des rois* (192). Le sarcophage se trouve dans une vaste salle souterraine, ornée de bas-reliefs modernes illustrant des épisodes du *Livre des rois*. Dans le jardin, le pauvre **musée de Tus** offre quelques objets archéologiques.

Râdkân

♦Tour de Râdkân.

En périphérie de cette bourgade, se dresse une grosse **tour funéraire** (Mil-e Râdkân) datée de 1205-6 ou de 1280-1300. Surmonté d'un toit conique, le corps de l'édifice est rythmé par 36 colonnes engagées. De son ancien décor de céramiques émaillées, il ne reste que quelques traces de turquoise.

Sur la route Mashhad – Sarakhs

Robât-e Mâhi

A environ 80 km de Mashhad, on apercevra de la route un **caravansérail** en ruines de 1019-20.

Robât-e Sharaf

Mosquée de Robât-e Sharaf.

A 6 km du village de Shurlaq, ce splendide **caravansérail** royal fut construit en 1114-15 et 1154-55 sur la route vers Boukhara et Samarkand. Une enceinte de 62 x 100 m, flanquée de plusieurs tours, abrite deux cours intérieures: l'une rectangulaire, l'autre carrée, plus grande. Outre deux mosquées (avec des mihrabs en stuc) et une citerne souterraine, le caravansérail possède deux appartements royaux, situés au fond de la deuxième cour, de part et

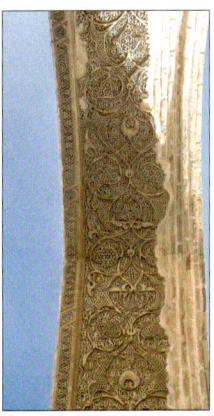

Décor de stuc, arc de l'iwan
principal de la deuxième cour.

d'autre d'une salle à coupole précédée d'un iwan. L'ensemble a conservé des décors de briques et de stuc (*54, 151*).

Sarakhs

Dans cette ville à la frontière avec le Turkménistan, se dresse le **mausolée** d'un soufi du Xe s., Sheikh Luqmân Bâbâ ou Sheikh Sarakhsi, un «fou de Dieu». Doté d'un portail décoré et d'une salle à coupole, l'édifice date de 1336.

◆Mausolée de Sarakhs.

Kalât (Kalât-e Nâderi)

Proche du Turkménistan, Kalât est au cœur d'une région montagneuse, accessible par une route qui offre des paysages souvent extraordinaires. Au milieu d'un jardin, le **palais Khorshid** («Soleil»), appelé aussi «Maqbara-ye Nâder» (le «tombeau de Nâder»), fut construit par Nâder Shâh. Le plan de l'édifice est un octogone irrégulier. Le corps de l'édifice est en briques, ses parements en pierre. Sur les murs extérieurs, des motifs floraux, des fruits et des oiseaux, parfois inspirés de l'Inde, ont été sculptés en bas-relief. Au milieu du toit plat se dresse un gros cylindre, décoré de nervures verticales qui semblent évoquer des rayons solaires. Dans les niches extérieures, des arcs polylobés sont typiques de l'esthétique moghole de l'Inde. A l'intérieur, une salle unique à deux étages d'arcades est voûtée d'une coupole et partiellement décorée de peintures murales et de calligraphies. Après la mort de Nâder Shâh, l'édifice fut occupé par les khans* de la région au moins jusqu'à la fin du XIXe s. Choisi par Nâder Shâh comme centre militaire puis comme trésorerie en 1741, Kalât conserve d'autres témoignages de la dynastie Afshar: une mosquée à quatre iwans (Kabud Gonbad), édifiée en 1742-48 et restaurée en 1834-35; une tour et un rempart à l'entrée de la gorge, pour surveiller l'accès au village; une inscription en persan et en turc, à environ 200 m du rempart; un barrage à quelques kilomètres au nord de Kalât.
Depuis Kalât, on peut atteindre Dargaz, où l'on verra un ensemble **architectural sassanide** orné de bas-reliefs en stuc (Bandiân) (*48*).

Au nord de Mashhad

Palais Khorshid.

Palais Khorshid. Intérieur.

Palais Khorshid, détail d'un décor.

Sangbast

A la périphérie ouest de la localité, le site se compose d'un **minaret** isolé et d'un **mausolée** carré, surmonté d'un premier étage octogonal puis d'un dôme. En briques, sans décor de céramiques, l'ensemble fut construit entre 997 et 1023 par un gouverneur de Tus, Arsalân Djâzeb.

Au sud de Mashhad

Robât-e Sefid

On verra près de ce village un grand **chahâr tâq*** appelé Bâz-e Hur, d'époque sassanide (IIIᵉ s.).

Torbat-e Djâm

Le principal monument de cette petite ville est dédié à l'un de ses natifs, sheikh al-Islam Ahmad Djâmi

♦ Mausolée et minaret de Sangbast.

(1049-1141). Fondée en 1235, la tombe de ce soufi devint le noyau d'un vaste centre de pèlerinage. A la salle à coupole du mausolée, qui servait également de mosquée funéraire, on ajouta plusieurs édifices au long des siècles: une mosquée, un khânqâh et une madrasa (ces deux derniers ont disparu depuis) au XIVᵉ s., puis une nouvelle mosquée au XVᵉ s. Pour bénéficier de la présence du saint, plusieurs personnalités se firent enterrer dans le complexe (*470*). L'ensemble conserve de remarquables décors (briques, stuc, céramiques).

Cour du mausolée
d'Ahmad Djâmi.

Plan du mausolée.
❶ Portail d'entrée.
❷ Cour.
❸ Tombe du sheikh.
❹ Gonbad-e Firuzshâhi
(1440-1).
❺ Iwan (1362-63).
❻ Salle à coupole (1236).
❼ Ancienne mosquée (1320-23).
❽ Nouvelle mosquée (1442-3).
❾ Mosquée Kermâni (1362-3).
❿ Mosquée Riwaq (1362-3).

Salle à coupole. Torbat-e Djâm.

Mausolée de Zeyn ed-Din
Abubakr Tâybâdi.

Tâybâd

En bordure de la ville, un **tombeau** de 1444-45 abrite les reliques d'un saint soufi Zeyn ed-Din Abubakr Tâybâdi mort à la fin du XIVᵉ s. L'ensemble comprend un bel iwan décoré de céramiques et une salle à coupole (*153, 222*).

Karat

Dressé sur une colline, un **minaret** isolé remonte à l'époque seldjoukide (2ᵉ moitié du XIᵉ s.). Il servait à l'appel à la prière, mais aussi de tour d'observation et de phare pour les caravanes et les voyageurs.

Zuzan

Avant Khargerd, en prenant la route vers Qâ'en, on pourra voir à 60 km le village de Zuzan, où se trouvent les restes d'une **madrasa** hanafite* ou une mosquée de 1218-9, avec deux iwans en vis-à-vis et de beaux décors épigraphiques.

Khargerd

Près de Khâf, ce village conserve une splendide **madrasa** de l'époque timouride, achevée en 1445, au plan classique à quatre iwans, avec deux étages de chambres. Elle possède un magnifique décor de céramiques et des salles à coupoles au décor de muqarnas (*133, 160, 462*). A quelques kilomètres, on pourra voir les **moulins à vent** de Nashtifân.

Minaret de Karat.

Torbat-e Heydariyeh

Cette petite ville abrite la **tombe** d'un mystique, Qotbedin Heydar, construite au XVe s., puis restaurée par deux fois à l'époque safavide (XVIIe s.). L'ensemble se compose de deux salles à coupoles flanquées d'un iwan: l'une des deux coupoles porte un décor d'étoiles peint.

Kâshmar

Deux monuments se trouvent dans les environs de cette ville, située à environ 70 km à l'ouest de Torbat-e Heydariyeh: la **tour funéraire** de Ali Abâd, du XIVe s., au toit conique et à la base cylindrique scandée par des colonnes engagées; le **minaret** isolé de Firuzâbâd, du XIIe s.

Décor d'une coupole. Mausolée de Qotbedin Heydar.

Gonâbâd

A environ 120 km au sud de Torbat-e Heydariyeh, Gonâbâd se signale par une **mosquée du Vendredi** de 1612-13: dépourvue de salle à coupole, elle possède deux iwans en vis-à-vis et un décor de briques.

Ferdows

Outre une madrasa safavide et une mosquée du Vendredi seldjoukide rénovée par les Safavides, on citera, à 12 km au sud de cette ville, une **citadelle** sassanide réoccupée à l'époque islamique (Qal'eh Kuh).

♦Tour funéraire de Ali Abâd.

Qâ'en

La **mosquée du Vendredi** de cette ville fut fondée sous les Seldjoukides et reconstruite par les Timourides en 1394-5. Elle possède un iwan unique imposant, restauré tardivement. A 3 km de la ville, on verra l'importante forteresse ismaélienne de **Qal'eh Kuh**.

Dans le Khorâsân du sud

Birdjand

D'une ville riche en monuments, on retiendra sa forteresse restaurée du XIVe s. (Qal'eh-ye Pâin Shahr), le Hosseyniyeh safavide de Navâb, le fort Kolâh Farangi du XVIIIe des Zands et la madrasa qâdjâre Shoktiyeh. Dans la région, l'imposante citadelle de **Furg** remonte au moins au XIIe s., alors que la citadelle de Qal'eh Rostam près de Khusf est de fondation sassanide.

⌘Citadelle de Furg.

LA PROVINCE DE KERMAN

KERMAN, 416
SHAHDAD, 420
SIRDJAN, 420
MAHAN, 420

BAM, 421
LES ANCIENNES CIVILISATIONS
DU KERMAN (TAPEH YAHYA -
DJIROFT), 424

KERMAN
Capitale de la province de Kermân
Altitude: 1749 m – Habitants: 621'374 (2011)

Forteresse sassanide.

Appelée Carmania par les auteurs de l'Antiquité, la ville fut sans doute fondée par le premier roi sassanide Ardashir Ier (224-241). Une tradition populaire, racontée par Ferdowsi et associée aussi à Bam, donne une étymologie légendaire à la ville. Un pauvre homme, Haftvâd, avait sept fils et une fille, qui filait du coton. La découverte d'un ver dans une pomme lui porta chance, car dès ce jour elle fila le double de ses compagnes. Sa famille s'enrichit grâce au ver de bon augure qui était soigneusement nourri et ne cessait de grossir. Extorqué par le prince de la ville, Haftvâd le renversa et s'empara du pouvoir. Il bâtit une citadelle sur la montagne, qu'il appela Kermân (de *kerm*: le ver), et qui abritait le ver devenu aussi grand qu'un éléphant. Par la ruse, le roi sassanide Ardashir Ier réussit à entrer dans la citadelle, à abattre Haftvâd et à tuer le ver, source de sa puissance. Aujourd'hui, sur deux crêtes montagneuses à l'est de la ville, les ruines de deux **forteresses** (Qal'eh-ye Ardashir et Qal'eh-ye Dokhtar) témoignent encore de l'ancienne cité sassanide.

En bordure du désert du Lut, la province du Kermân est excentrée et relativement isolée de l'ouest du pays. Tout au long de l'histoire, cet isolement favorisa le développement de rébellions et de velléités indépendantistes. Kermân fut un refuge des zoroastriens et elle abrite toujours une importante communauté de parsis*: une **tour du silence*** et les vestiges d'un ancien quartier zoroastrien se trouvent au nord de la ville. Pendant les premiers siècles de l'Islam, la ville connut une prospérité régulière et durable grâce à une riche agriculture. Relais stratégique du commerce entre la Perse, l'Asie centrale, l'Inde et la Chine, elle vécut aussi d'un important flux de marchandises: de nombreux caravansérails en témoignent encore, notamment sur la route vers Mashhad. La ville, toutefois, fut régulièrement la proie de pillards qui mirent à mal son agriculture et son commerce, et détruisirent parfois entièrement la province. La tribu des Ghuzz ravagea toute la région

Portail de la mosquée
du Vendredi.

au XIIᵉ s. et les périodes mongoles et timourides apportèrent leur lot de désordres (XIIIᵉ-XVᵉ s.). Du XVIᵉ au XIXᵉ s., Kermân subit les incursions des Ouzbeks et les invasions répétées des Baloutches et des Afghans. Le premier roi qâdjâr, Aqâ Muhammad, fit un siège cruel de la ville en 1794. Dès les années 1850, la ville connut à nouveau une paix et une prospérité relatives, qui favorisèrent une grande activité culturelle,

Place Gandj-e Ali Khân.

mais ne redonnèrent pas à Kermân l'importance qu'elle connut sous les Seldjoukides (XIᵉ-XIIᵉ s.) ou les Safavides (1501-1732).

Depuis l'époque safavide, la ville produit des châles, mais à présent, ce sont les tapis qui font sa réputation. Mentionnée pour la première fois au XVIIᵉ s. (le Moghol Akbar demanda deux tapis de Kermân), leur production semble avoir connu une éclipse avant de renaître au XIXᵉ s. D'abord imités des châles, les motifs des tapis se diversifièrent, parfois sous l'influence des thèmes et des goûts des acheteurs européens. Plusieurs localités de la province (comme Râvar) et la tribu nomade des Afshârs fabriquent des pièces de haute qualité.

►Kelim de Kermân.

Arts et traditions

►Tapis de laine, Kermân, XVIIᵉ s. Musée du Tapis, Tehrân.

Le bazar Vakil

Ce long bazar, jalonné de nombreux édifices historiques, remonte pour l'essentiel à l'époque safavide (1501-1732) et qâdjâre (1779-1925). Son centre est une grande place rectangulaire, **Meydân-e Gandj-e Ali Khân**, conçue comme une reproduction de la place Royale d'Esfahân

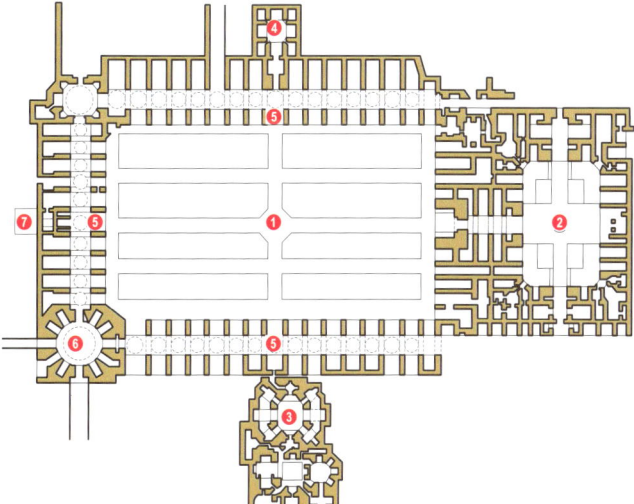

Bazar.

Plan de la place Gandj-e Ali Khân.
❶ Place.
❷ Caravansérail.
❸ Hammam.
❹ Hôtel des Monnaies.
❺ Galeries voûtées.
❻ Chahâr su.
❼ Réservoir d'eau.

**Coupe de la place
Gandj-e Ali Khân.**
1 Place.
2 Caravansérail.
3 Hammam.
4 Hôtel des Monnaies.
5 Galeries voûtées.

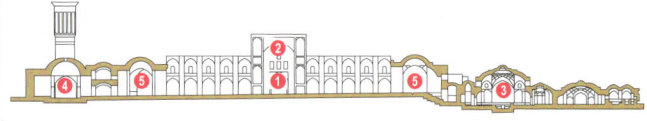

(*331*). Entourée de galeries voûtées et d'arcades, elle est bordée par deux portails décorés de céramiques: l'un, de 1598-99, est la porte d'entrée du caravansérail de Gandj-e Ali Khân, employé aussi comme madrasa, et à gauche duquel se trouve la petite mosquée de Gandj-e Ali Khân; l'autre, couronné d'une tour d'aération, est l'entrée de l'ancien «Hôtel des Monnaies» devenu un musée de numismatique. Au bord de la rue principale, le **caravansérail Vakil** est l'un des édifices marchands les plus beaux du bazar. Reconnaissable aux deux tours d'aération* qui coiffent son portail d'entrée, il date de l'époque qâdjâre (1870-71). Le bazar

Hammam Gandj-e Ali Khân.

conserve également plusieurs beaux hammams. Le plus important est le **hammam de Gandj-e Ali Khân**, construit par un gouverneur safavide en 1611-12. Décorée de peintures, l'entrée se trouve sur l'un des grands côtés de la place

Hammam Ebrâhim Khân.

Gandj-e Ali Khân. Les salles ont été transformées en musée ethnologique. Des scènes de bain, avec des figurines grandeur nature, ont été reconstituées et quelques vitrines exposent d'anciens objets utilisés par les baigneurs (*151, 152*). Deux autres bains, d'époque qâdjâre (XIXᵉ s.), méritent la visite: le **hammam Ebrâhim Khân**, à côté d'une

Hammam Vakil.

madrasa du même nom et de la même époque, et le **hammam Vakil**, de 1864, devenu un salon de thé (Châykhâneh Sonnati).

Les mosquées

Construite en 1349, la **mosquée du Vendredi** est la plus ancienne mosquée qui nous reste des Mozaffarides (1314-1393), une dynastie qui s'imposa dans le Kermân et le Fârs lorsque l'empire mongol se désagrégea en une multitude de petits royaumes. Elle est annoncée par un haut portail, décoré de céramiques émaillées et surmonté, depuis l'époque qâdjâre, d'une horloge. Le plan est classique: une cour rectangulaire bordée sur les quatre côtés d'un iwan. Plus important que les autres, dépourvu de coupole, l'iwan sud contient le mur de la qibla. La décoration a fait l'objet de plusieurs restaurations, à l'époque safavide surtout (XVIIᵉ s.), mais également sous les Zands et les Qâdjârs (XVIIIᵉ-XIXᵉ s.). L'iwan sud, avec son mihrab et le mur de la qibla couvert de mosaïques de céramiques émaillées, date du XVIᵉ s. (*446*). La **mosquée Malek** (ou mosquée de l'Imam) fut fondée sous les Seldjoukides, au XIᵉ s., puis restaurée en 1868-69. Mosquée classique à quatre iwans, dotée d'une grande salle à coupole (*465*), elle conserve

Mosquée Gandj-e Ali Khân.

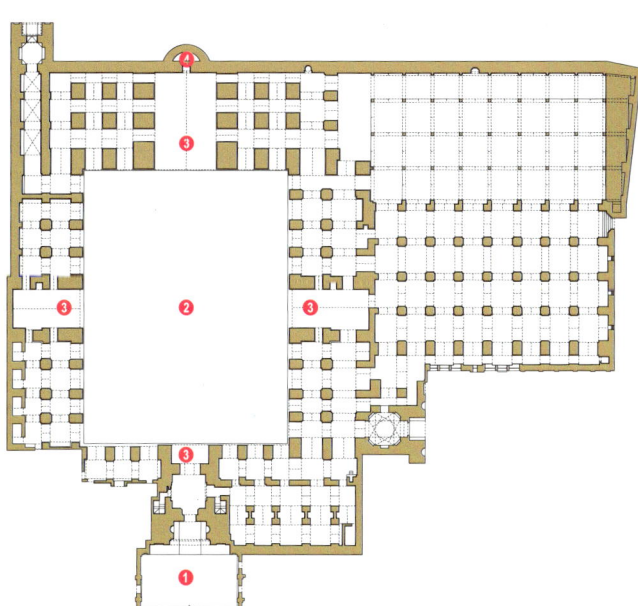

Plan de la mosquée
du Vendredi.
❶ Portail d'entrée.
❷ Cour.
❸ Iwans.
❹ Mur de la qibla.

Coupole d'entrée de la
mosquée du Vendredi.

des décors de stuc seldjoukides et le reste d'un minaret de 1084-97. Construite en 1390, sous les Timourides, la **mosquée Pâmenâr** possède encore un beau portail en céramiques émaillées. D'époque qâdjâre (XIXe s.), la **mosquée Chehel Sotun** et la **madrasa Ebrâhim Khân**

Portail d'entrée de la mosquée du Vendredi.

(1815-16) appartenaient à un courant spirituel chiite important de Kermân aux XVIIIe et XIXe s., l'école shaykhie.

Kermân possède plusieurs mausolées anciens. L'un des plus beaux, le **Gonbad-e Sabz** (le «Dôme vert»), a malheureusement été

endommagé dans un tremblement de terre en 1896. Datant de 1242, il jouxtait une madrasa du XIVe s., dont il reste le portail. Le **mausolée Khwâdjeh Atâbak** fut construit au milieu du XIIe s., sous la domination seldjoukide: son plan extérieur est octogonal, mais l'intérieur est carré. Le **Gonbad-e Djabaliyeh** ou Gonbad-e Gabr («Tombeau du Guèbre*») a suscité plusieurs hypothèses quant à son origine. De plan octogonal, surmonté d'un dôme, il est considéré comme un édifice sassanide et zoroastrien, restauré à l'époque islamique, ou comme un mausolée construit à l'époque islamique vers les XIe-XIIe s. Plus récent, le **Gonbad-e Moshtâqiyeh** (ou Seh Gonbad) est

Les tombeaux

Gonbad-e Djabaliyeh.

un ensemble de trois édifices à coupoles, dont deux sont couvertes de céramiques émaillées: ils datent de l'époque qâdjâre (XIXᵉ s.).

Les tours de réfrigération

Plusieurs **tours de réfrigération** (yakhdân*) sont dispersées dans la ville. La plupart datent de l'époque qâdjâre, mais l'une d'elles (Yakhdân-e Moayyedi) remonte à l'époque safavide.

A l'est de Kermân

Shâhdâd

Proche du désert du Lut (7), cette petite ville à une centaine de kilomètres de Kermân fut un ancien relais des routes commerciales vers le Khorâsân. Elle abrite le **tombeau** d'un descendant du VIIIᵉ Imam Rezâ (Imâmzâdeh Zeid), fondé sans doute au XIIIᵉ s., mais remanié et décoré ultérieurement, notamment sous les Safavides (1501-1732). Aux alentours de la ville, une **nécropole** du ~IIIᵉ mil. atteste d'une occupation ancienne de la région.

▶Oiseau en métal, Shâhdâd, ~IIIᵉ mil. Musée National de l'Iran, Tehrân.

▶Statuette, Shâhdâd, ~IIIᵉ mil. Musée National de l'Iran, Tehrân.

Entre Kermân et Shirâz

Sirdjân

Fondée à l'époque sassanide, l'antique Sirdjân fut une capitale du Kermân, de la conquête arabe (VIIᵉ s.) jusqu'au Xᵉ s. A la fin du XIVᵉ s., la ville fut assiégée et détruite par les Timourides. Les ruines, complètement abandonnées au XVIᵉ s., se trouvent à quelques kilomètres de la moderne Sirdjân: on peut encore voir sur une éminence rocheuse les restes d'une puissante **forteresse** (Qal'eh-ye Sang). A quelques kilomètres du château, la **tombe de Shâh Firuz** est un monument octogonal en forme de kiosque, coiffé d'un dôme et généralement daté de l'époque mongole (XIVᵉ s.). Dans le village de Sharif Abâd, près de Sirdjân, la **tombe de Mir Zobair** fut sans doute un ancien temple du feu transformé à l'époque islamique. Sa structure de base est carrée, surmontée d'un octogone puis d'un dôme. Il conserve de beaux décors en stuc de 1350-51.

◆Tombe de Shâh Firuz.

Entre Kermân et Bam

Mâhân

Entre Kermân et Bam, Mâhân s'impose par deux visites: le mausolée d'un saint chiite, devenu un haut lieu spirituel, et l'un des plus beaux jardins d'Iran. Descendant du Vᵉ Imam chiite, **Ni'mat Allâh Vali** (v.

Le jardin de Shâhzâdeh. Vue depuis le bas.

1329/31-1430-31) fonda l'ordre des Ni'mat-Allâhiyya, une confrérie mystique parmi les plus importantes aujourd'hui. Auteur d'un divan et de traités, on lui attribue également des prophéties. Il est enterré à Mâhân, avec son fils unique et plusieurs de ses descendants. Son mausolée fut fondé en 1437 par l'un de ses disciples, un roi musulman de l'Inde. Plus tard, il fut agrandi et restauré sous les Safavides en 1601 (dôme, décors, chambre de méditation couverte de calligraphies: *220*), puis sous les Qâdjârs au XIXᵉ s. (cours supplémentaires,

Le jardin de Shâhzâdeh. Vue depuis le haut.

décors). Comme nombre de mausolées devenus des centres spirituels, l'ensemble des bâtiments est conçu pour le recueillement, l'étude et l'accueil des pèlerins. En son cœur, la tombe est reconnaissable à son dôme décoré d'étoiles blanches entrelacées sur fond d'émail bleu; son iwan est flanqué de deux minarets qâdjârs. A l'intérieur, la coupole principale et ses niches d'angle sont décorées de peintures florales du XVe s. Autour, de grandes salles voûtées sont coiffées par des coupoles aux lanternes percées de fenêtres. Le mausolée est précédé de deux cours ornées de bassins, de cyprès et de fleurs: autant de symboles qui évoquent l'intériorité contemplative et les paradis que le soufi retrouve dans les profondeurs de son être, au fil de son voyage vers Dieu. Au premier étage d'un pavillon à cheval entre les deux cours est, des Corans enluminés et divers objets religieux sont exposés (98).

Coupoles du mausolée de Ni'mat Allâh Vali.

Le **jardin de Shâhzâdeh** (Bâgh-e Shâhzâdeh) est construit sur une colline aux pieds des montagnes, à quelques kilomètres à l'extérieur de Mâhân. Ce lieu de plaisance, véritable paradis au milieu d'une région aride, fut édifié sous les Qâdjârs à la fin du XIXe s. Protégé par une enceinte quadrangulaire, les battants ouverts de son portail laissent voir la mise en scène qui se clôt, au loin, par les sommets enneigés d'une chaîne montagneuse (152). Le jardin est construit sur un dénivelé: au centre, un canal rectiligne court depuis le sommet jusqu'à un bassin au pied de l'élégant pavillon d'entrée: une succession de terrasses crée une musique de chutes d'eau. De part et d'autre de la voie d'eau, une allée de promenade, ponctuée d'escaliers, est encadrée par une succession de pins et de cyprès et par des parterres de fleurs et de petits arbres. Au sommet, un palais surplombe l'ensemble du parc. L'eau provient des montagnes, traverse le parc de haut en bas, puis s'en va alimenter d'autres jardins de Mâhân.

Forteresse de Râyen, entre Kermân et Bam.

Bam (Arg-e Bam)

Construite dès le XIXe s., cette petite ville alimentée par des qanâts* est réputée dans tout le pays pour sa palmeraie et ses cultures de dattes, de citrons, d'oranges ou de mandarines. Elle est surtout connue pour coexister avec l'antique Bam, une extraordinaire cité de briques crues et de pisé*, couronnée d'une citadelle réputée inexpugnable pendant des siècles.

Les murailles de Bam.

A la croisée des routes reliant le sud-ouest de l'Iran aux provinces du Sistân va Baluchestân et à l'Afghanistan, l'ancienne Bam fut sans doute fondée à l'époque parthe, au début de notre ère, sur l'emplacement probable d'un fort achéménide. Relais de la route des épices entre l'Inde, l'Océan indien, la mer d'Oman et le golfe Persique, elle exportait des dattes, des cotonnades et des turbans. Si Bam n'a cessé d'être réaménagée et restaurée au cours du temps, beaucoup d'édifices, dans leur forme actuelle, remontent à l'époque safavide (1501-1732). Bam fut conquise par une tribu afghane en 1719, puis reprise par Nâder Shâh. En 1795, le premier roi qâdjâr, Aqâ Muhammad, captura le dernier membre de la dynastie Zand et massacra 600 de ses partisans. La ville fut progressivement désertée au XIXe s.

Plan de Bam.
1. Porte d'entrée sud.
2. Bazar.
3. Chahâr su.
4. Tekiyeh.
5. Maison.
6. Zurkhâneh.
7. Complexe Mirzâ Naim.
8. Caravansérail.
9. Mosquée du Vendredi.
10. Mosquée.
11. Hammam.
12. Réservoir d'eau.
13. Ecuries.
14. Entrée de la citadelle.
15. Caserne.
16. Caravansérail.
17. Maison du commandant.
18. Maison du gouverneur.
19. Tour d'observation.
20. Palais du gouverneur
(Chahâr Fasl).
21. Hammam et puits
du gouverneur.
22. Quartier nord.
23. Quartier juif.

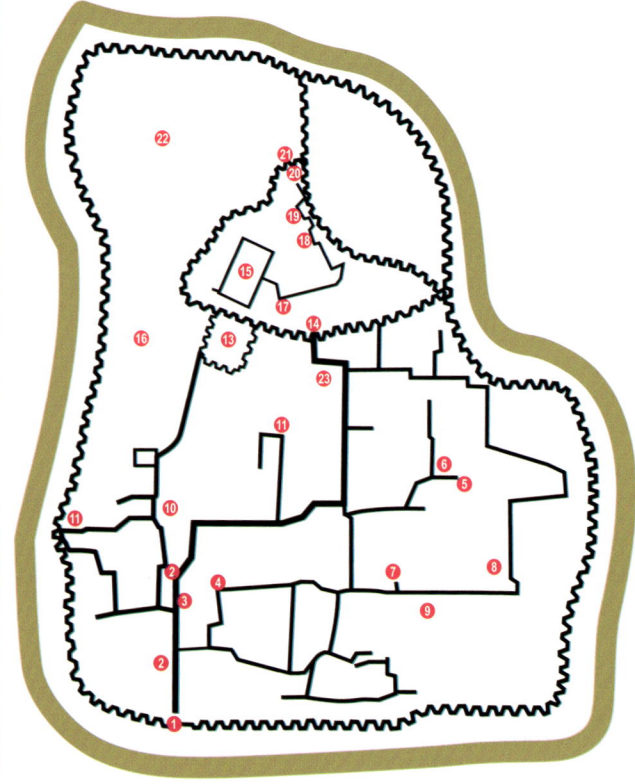

et restaurée à plusieurs reprises dans la seconde moitié du XXᵉ s. En Europe, elle avait été rendue célèbre par le film le *Désert des Tartares*, adapté de Dino Buzzati et réalisé par Valerio Zurlini (1976).

On accède à l'intérieur au sud, par le seul portail subsistant d'une cité qui devait en compter au moins quatre. Longue de près de 1800 m, ponctuée de 38 tours, l'enceinte crénelée qui entoure la ville fut fondée à l'époque préislamique, mais transformée ultérieurement. Immédiatement après l'entrée, le bazar principal, d'époque safavide, s'étend en direction de la citadelle (*149*). En

La citadelle.

allant vers la droite, vers l'est, on découvrira, après un dédale de rues et de ruines, une mosquée du Vendredi fondée au IXᵉ s. et remaniée tardivement. Elle se trouve à proximité d'un groupe d'édifices: le complexe Naim

Maison du gouverneur et tour d'observation.

(avec un théâtre religieux, une madrasa et un couvent de derviches), un zurkhâneh*, un caravansérail et l'une des riches maisons ayant appartenu à des commerçants de la ville. En se rendant vers la citadelle à travers le bazar, plusieurs édifices restaurés peuvent être vus au passage: un tekiyeh*, une maison familiale, une mosquée, et un autre caravansérail à l'ouest, entre les remparts de la ville et les premières fortifications de la citadelle. Divisée en sept districts, la ville était alimentée en eau par des puits et par des qanâts passant sous les murailles ouest.

Bazar.

Au nord, édifiée sur un rocher de 50 m de hauteur, la citadelle est sans

Ecuries.

doute le noyau originel de la cité. Sa première enceinte sépare le sud de la ville de sa partie nord. A l'intérieur, des écuries disposées autour d'une cour sont incluses dans un carré fortifié, qui forme une avancée dans la ville. Plus haut, le passage d'une deuxième enceinte permet d'accéder aux casernes et à la

maison du commandant de la garnison. La maison du gouverneur, son palais de fonction (Chahâr Fasl) et une tour d'observation quadrangulaire sont protégés par une troisième enceinte. Depuis le sommet de la citadelle, on peut mesurer l'étendue de la cité, dont les constructions restaurées sont comme des îlots parmi des ruines suggestives d'un monde disparu. Au-delà des murailles, dont on peut suivre longtemps les chemins de ronde, l'oasis et les cultures côtoient les premiers signes du désert du Lut (24, 139, 394). Près de cette ville morte, un grand complexe touristique a été construit, avec hôtels, jardins et restaurants, connus sous le nom de New Bam Citadel.

Vue de la ville depuis le sommet de la citadelle.

Le 26 décembre 2003, à 5h30, un violent séisme de 6,8 sur l'échelle de Richter a ébranlé Bam et sa région. Il a causé entre 40'000 et 50'000 morts et détruit presque complètement l'ancienne et la nouvelle Bam.

Post Scriptum

►Bam avant et après le tremblement de terre.

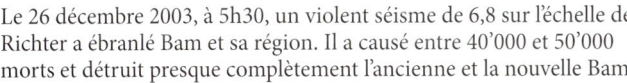

GUIDE CULTUREL DE L'IRAN

▶Aigle en chlorite,
Djiroft, ~IIIᵉ mil.
Musée National de
l'Iran, Tehrân.

▶Cylindre en stéatite,
Djiroft, ~ IIIᵉ mil.
Musée National de
l'Iran, Tehrân.

Les anciennes civilisations du Kermân

Dans le Kermân et le Sistân, les archéologues ont mis à jour plusieurs cités-États à la culture florissante et qui entretenaient des relations commerciales avec la Mésopotamie et le golfe Persique. Appelées par certains trans-élamites*, elles participaient d'une culture développée principalement en Elam, à l'ouest de l'Iran, et influencée par l'art mésopotamien. De nouvelles découvertes, dont celle de Djiroft, tendent à remettre en question ou à nuancer ces perceptions de l'histoire ancienne et à attribuer à ces civilisations de l'Est iranien une importance et une influence plus grandes. Au sud-ouest de Bam, deux sites jalonnant la rivière de Halil Rud en témoignent: Tapeh Yahya, fouillé de 1967 à 1973, et Djiroft, découvert en 2002 et peu à peu révélé par les archéologues iraniens.

Tapeh Yahya

Les fouilles de ce site situé aux abords du désert du Lut ont révélé six époques, du néolithique (~4500-~3900) à l'époque sassanide (Vᵉ s.). De ~3900 à ~3200, l'endroit fut le centre d'une région agricole prospère, à la croisée de plusieurs routes d'échanges, qui entretenait des contacts avec l'Iran de l'Ouest et produisait des objets en cuivre. Après une période proto-élamite (~3200-~2900) et un abandon de quatre siècles, le lieu fut réoccupé jusqu'à la fin du ~IIIᵉ mil. Durant cette période, des artisans y fabriquèrent des vases et des statuettes en chlorite, une pierre verte trouvée dans la région: elles furent exportées en Inde et en Mésopotamie. Le site fut ensuite abandonné, puis occupé de manière discontinue aux époques achéménide, parthe et sassanide.

▶Vase en chlorite,
Djiroft, ~IIIᵉ mil.
Musée National de
l'Iran, Tehrân.

▶Vue aérienne de Tapeh Yahya.

Djiroft

D'abord fouillé clandestinement, puis sauvegardé et exploré systématiquement par les archéologues iraniens dès 2002, le site dit de Djiroft, du nom d'une ville proche, constitue la découverte la plus remarquable du début du XXIᵉ s. Les archéologues ont notamment découvert des massifs de briques, identifiés comme des remparts, ainsi que des restes de quartiers résidentiels. Ils ont pu récupérer des fouilles illégales des milliers d'objets issus de tombes. La plupart sont des vases et des statuettes en chlorite, au décor animalier, figuratif, végétal ou architectural, auxquels s'ajoutent des objets en marbre (têtes d'hommes et d'animaux, vases, sceaux-cylindres), des poteries ou des objets en lapis-lazuli. L'ensemble est daté de la fin du ~IVᵉ mil. et du ~IIIᵉ mil. Un catalogue a été publié par Yousef Madjidzadeh, *Jiroft. The earliest Oriental civilization*, Editions Pishin Pajouh, Tehrân, 2003.

▶Coupe en chlorite,
Djiroft, ~IIIᵉ mil.
Musée National de
l'Iran, Tehrân.

Plusieurs œuvres ont été publiées dans un numéro spécial des *Dossiers d'Archéologie*, n°287, octobre 2003 («Jiroft, fabuleuse découverte en Iran»).

Frises ornementales sur une boîte (en haut) et une coupe de Djiroft (en bas), avec des façades d'édifices (en haut) et deux hommes portant chacun deux panthères, séparés par un scorpion.

LA PROVINCE DU SISTAN VA BALUCHESTAN

ZAHEDAN, 427

ZABOL, 427

KUH-E KHWADJEH, 427

DAHANEH GHOLAMAN, 428

SHAHR-E SUKHTEH, 428

SARAVAN, 429

IRANSHAHR, 429

BAMPUR, 429

CHAHBAHAR, 429

Au nord de la province, voisine de l'Afghanistan, le Sistân fut un pays des Sakas (des Scythes) et la Drangiane de l'Antiquité. Royaume du héros Rostam de Ferdowsi, la région fut autrefois riche et fertile. Mais Tamerlan au XIVe s., son descendant Shâhrukh le siècle suivant, firent détruire ses canaux d'irrigation: la province en fut déshéritée pour des siècles, jusqu'à nos jours. Aujourd'hui, le Sistân va Baluchestân demeure une région excentrée, délaissée, pauvre, occasionnellement dangereuse, car parcourue par des trafiquants de drogue et des brigands. Sa population se compose principalement de Tadjiks, un peuple iranien, de Baloutches et d'une population peut-être aborigène: les seyyeds, qui chassent dans les marais et qui pêchent sur les lacs à bord d'embarcations allongées en roseaux, presque identiques à celles utilisées au Pérou sur le lac Titicaca.

▶Un fort baloutche. Photographie vers 1900.

Appelé Maka à l'époque achéménide, le centre et le sud de la province forment le Baluchestân (le «pays des Baloutches»). Egalement nommé Makrân, il possède une longue frontière avec le Pakistan. De confession sunnite, les Baloutches sont des populations semi-nomades d'origine iranienne, cousins des Kurdes, installés en Iran à l'époque préislamique mais à des dates inconnues. Leurs migrations successives et leurs conflits avec les Ghaznavides et les Seldjoukides aux XIe-XIIe s. les ont progressivement repoussés dans le Sud-Est iranien et l'Ouest pakistanais.

≈Forteresse de Seh Kuhe.

Apparemment pauvre en vestiges, la province attend encore des explorations, des fouilles et des inventaires. Ses édifices en briques crues ont été détruits au cours de l'histoire et par les vents particulièrement corrosifs et violents, comme le «vent des 120 jours» qui souffle en été au Sistân. On peut néanmoins voir plusieurs sites préislamiques dans le Sistân et de nombreuses forteresses d'époque islamique dans la province entière. Les mosquées sont généralement de construction récente: quelques-unes empruntent des éléments décoratifs ou architecturaux au Pakistan et à l'Inde (arcs polylobés, bulbes, couleurs vives des murs), avec lesquels la province eut toujours des relations commerciales et culturelles. Le principal artisanat des Baloutches est la fabrication de tapis et de kelims* aux motifs variés, souvent proches des tapis turkmènes et reprenant des dessins dits afghans ou Boukhara. Les couleurs sont foncées et d'une gamme restreinte, les motifs surtout géométriques, polygonaux ou formés de fleurs très stylisées.

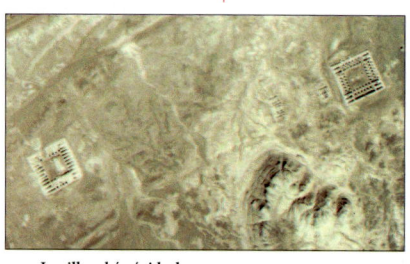

▶La ville achéménide de Dahâneh Gholâmân, vue du ciel. A gauche, le bâtiment n°15; à droite, un temple.

Les vents qui traversent la région ont permis la construction de moulins à vent uniques en Iran et visibles à la fois dans le Sistân et au sud du Khorâsân (112, 415).

ZAHEDAN
Capitale de la province de Sistân va Baluchestân
Altitude: 1370 m – Habitants: 575'116 (2011)

Principalement habitée par des immigrants de villes iraniennes, du Pakistan et de l'Afghanistan, cette cité est de fondation ancienne, mais elle ne comporte pratiquement aucun vestige. On peut signaler les ruines d'une ancienne forteresse, le bazar et un petit musée archéologique et anthropologique (Musée de Zâhedân).

► Peinture murale de
Kuh-e Khwâdjeh.

Zâbol

Centre du Sistân, cette ville n'offre aucun monument historique, mais plusieurs sites, dans la région, attestent d'une occupation ancienne: une cité néolithique (Shahr-e Sukhteh), une ancienne ville achéménide (Dahâneh Gholâmân), un complexe de l'époque parthe et sassanide (Kuh-e Khwâdjeh). Deux forteresses d'époque islamique se trouvent au sud-ouest de Zâbol, sur la route de Zâhedân: l'une à une vingtaine de kilomètres (Qal'eh-ye Seh Kuhe), l'autre (Qal'eh-ye Rostam) à environ 60 km.

Kuh-e Khwâdjeh

A l'est du Sistân, le lac Hâmun est alimenté par des rivières des montagnes afghanes, comme le Hilmand. Partiellement sec en été, il est plein en hiver et s'étend alors à la fois sur l'Iran et l'Afghanistan. Au bord de ce lac, sur un immense bloc de basalte de 90 m de hauteur qui devient une île en hiver, un ensemble d'édifices en briques fut peut-être fondé à l'époque parthe (~IIe s.), puis réaménagé et agrandi à l'époque sassanide (IIIe-VIIe s.). Des historiens ont proposé d'autres dates: IIe- IIIe s. pour le premier groupe d'édifices, début de l'époque

A l'ouest de Zâbol

► Décor de Kuh-e Khwâdjeh,
photographié par Ernst
Herzfeld dans les années 1920.

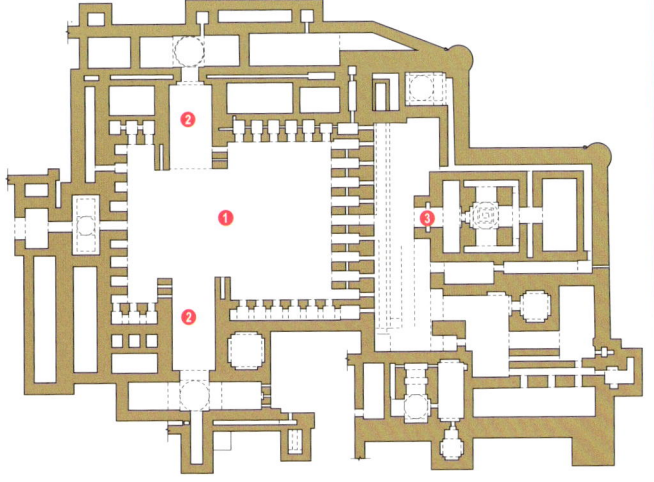

Plan de
Kuh-e Khwâdjeh.
❶ Cour.
❷ Iwans.
❸ Temple du feu.

Coupe de Kuh-e Khwâdjeh.
① Cour.
② Iwan.
③ Temple du feu.

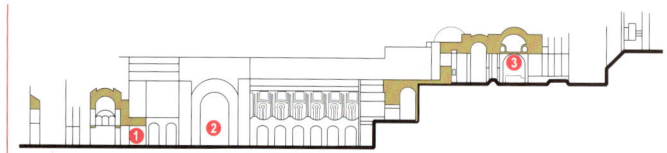

◊Vue du lac Hâmun et de Kuh-e Khwâdjeh, dans les années 1950.

islamique pour les bâtiments ajoutés dans un deuxième temps. L'ensemble présente un plan unique, autant pour la période parthe (plan différent des sites mésopotamiens des Parthes) que pour l'époque sassanide, où les éléments caractéristiques (chahâr tâq*, iwan*, voûtes) sont organisés selon une ordonnance particulière. L'interprétation est difficile: on a songé à un centre de pèlerinage, où seraient juxtaposés une partie religieuse (avec un temple du feu) et un palais. En 1925-1929, E. Herzfeld avait découvert des peintures murales, dont le style combinait diversement des influences iraniennes et grecques: on peut en trouver des reproductions dans Roman Ghirshman, *Iran: Parthes et Sassanides*, Gallimard, Paris, 1962, fig. 55 à 58. L'archéologue y a discerné trois styles: achéménide, grec et gréco-bactrien (mi-grec mi-oriental) (123). Il existait également des bas-reliefs en stuc d'époque sassanide.

✧Cour de Kuh-e Khwâdjeh.

Le site tient son nom (la «Montagne du Maître») d'un saint, descendant d'Abraham selon la tradition, enterré au nord. Des spécialistes font de cette montagne le Mont Usheyda, lieu d'apparition, selon l'Avesta, du Saoshyant, un messie qui rétablira la vérité dans les ténèbres de la fin des temps.

A l'est de Zâbol

Dahâneh Gholâmân

D'une superficie de 180 m sur 800, cette ville de briques crues remonte à l'époque achéménide (~VIᵉ-~Vᵉ s.). Aujourd'hui nommée Dahâneh Gholâmân («la Porte des esclaves»), elle fut sans doute l'ancienne Ktésias, capitale de la satrapie* de Drangiane. Au cours du temps, elle ne fut détruite que par le vent. Elle fut exhumée par des archéologues italiens dans les années 1960, dirigés par Maurizio Tosi. La plupart des édifices mis au jour sont des maisons au plan uniforme, caractéristique de la période achéménide et adapté au climat local. On a retrouvé les vestiges d'un temple carré, flanqué de tours d'angle. A l'intérieur, une grande cour était bordée de quatre salles à colonnes et d'une seule porte d'entrée au sud. Son centre était occupé par trois autels rectangulaires. Un autre édifice officiel possède une forme rectangulaire avec une cour centrale entourée de nombreuses pièces et de quatre portiques. Fait rare dans l'architecture achéménide, certains édifices étaient voûtés.

►Céramique, Shahr-e Sukhteh, ~2200-~2100. Musée National de l'Iran, Tehrân.

Au sud de Zâbol

Shahr-e Sukhteh («la Cité brûlée»)

Habité depuis la fin du ~IVᵉ mil., ce village néolithique devenu cité occupe plusieurs collines, hautes de 12 à 18 m. Il doit son surnom aux incendies qui ont ravagé son château et plusieurs édifices. Les maisons de briques, avec plusieurs pièces séparées par des murs, possédaient un toit plat de bois et de paille. Les fouilles archéologiques ont mis en évidence dix niveaux d'occupation, que l'on a pu diviser en quatre périodes. Les premières habitations sont fondées entre ~3200 et ~2900 (niveaux X à VIII). Entre ~2800 et ~2500 (niveaux VII à V), la cité abrite une société organisée, très active dans le commerce, l'artisanat, l'agriculture et l'élevage d'animaux. La période ~2500-~2300 recoupe les niveaux IV et III. Entre ~2300 à ~2000 (niveaux II à I), les vestiges se font rares: le plus important est un château, aux murailles massives, détruit par un incendie. La ville fut alors abandonnée et ses ruines ne furent explorées qu'au XXe s. Shahr-e Sukhteh est un exemple de ces cités dites trans-élamites*, qui entretenaient des relations avec la culture élamite à l'ouest du Plateau iranien: en témoigne une inscription, qui porte les mêmes signes d'écriture élamite que les inscriptions découvertes dans les provinces de Kermân (Tapeh Yahya) ou de Kermânshâh (Godin Tapeh). Relais d'une voie commerciale qui acheminait le lapis-lazuli de l'Afghanistan à la Mésopotamie, elle eut aussi des relations avec le Turkménistan et – vers la fin de son histoire – avec la culture de l'Indus. Au sud-ouest, un cimetière, le plus grand de cette période, contient entre 25'000 et 40'000 tombes. Généralement placés en position fœtale, les morts étaient enterrés avec des vêtements, de la nourriture, des objets religieux, des effets personnels, des outils: signes de rites mortuaires, d'une vie dans l'au-delà et d'une relation, aujourd'hui inconnue, entre le terrestre et les trépassés.

▶Vase en albâtre, Shahr-e Sukhteh, ~IIIe mil. Musée National de l'Iran, Tehrân.

▶Lapis-lazuli, Shahr-e Sukhteh, ~IIIe mil. Musée National de l'Iran, Tehrân.

Sarâvân
A l'est du Baluchestân, cette petite ville et ses alentours abritent plusieurs forteresses, telle celle de **Seb**, d'époque qâdjâre (XIXe s.).

Irânshahr
Cette ville de fondation ancienne – Alexandre le Grand y passa – est aujourd'hui une cité moderne, réputée pour être l'une des plus chaudes d'Iran. Sa principale attraction est une forteresse du XIXe s.

Bampur
De nombreuses citadelles sont disséminées dans la région d'Irânshahr. La plus intéressante, dans le village de Bampur, est construite sur une colline, déjà occupée par des habitations remontant au ~IVe ou au ~IIIe mil.

Châhbahâr
Ancien centre important de commerce, cette ville portuaire est située au bord de la mer d'Oman dans une région au climat tropical. Elle ne possède qu'un seul monument historique, lieu de pèlerinage important de la région: le **mausolée Gholâm Rasul**. Edifié sous les Seldjoukides (XIe-XIIe s.), puis décoré à l'intérieur de peintures murales sous les Safavides (XVIe-XVIIe s.), son architecture a été influencée par l'Inde. A une dizaine de kilomètres de Châhbahâr, une forteresse qâdjâre a été surnommée le «château portugais». Elle se trouve près de Teys, un village situé à l'emplacement d'une ancienne cité portuaire fondée quelques siècles avant notre ère.

Dans le Baluchestân

❖Bampur.

◆Mausolée de Gholâm Rasul.

AU BORD DE LA MER CASPIENNE

LA PROVINCE
DU GILAN, 432

LA PROVINCE
DU MAZANDARAN, 435

Taureaux ailés et Arbres de Vie. Coupe en or, Marlik, début du ~Ier mil. Musée National de l'Iran, Tehrân.

«Le Tabaristân fut pour les princes et pour les grands un refuge, un asile et une forteresse, par ses défenses naturelles et ses défilés difficiles à franchir; il était comme un trésor où ils mettaient en sûreté leurs richesses.»

Ibn Isfandyâr (XIIIᵉ s.)

*Château de Rud Khân.

Trois provinces bordent la Caspienne, la plus grande mer intérieure du globe: le Gilân, le Mâzandarân et le Golestân (396). Entre la chaîne de montagnes de l'Alborz et la mer, le Gilân et le Mâzandarân sont formés par de vastes plaines fertiles, arrosées toute l'année, par des collines et des montagnes couvertes de forêts luxuriantes, qui font songer à des paysages européens. Le bois y est abondant, et le Mâzandarân était autrefois appelé le Tabarestân, le «pays de la hache» ou pays des bûcherons. On trouvera des maisons typiques avec des vérandas et des toits en pointe (et non seulement plats). Construites en briques, elles utilisent aussi le bois pour la charpente, la structure et le décor. L'agriculture, la pêche (surtout le caviar), l'industrie, l'artisanat du bois, les textiles et les tapis sont les principales activités économiques de ces régions au climat chaud et humide.

Provinces aux traditions musicales et artistiques originales, baignés de mystères et de brouillards, le Gilân et le Mâzandarân furent longtemps abrités des invasions arabes, turques ou mongoles par le rempart de l'Alborz. Leur isolement donna à cette partie du pays une identité et une histoire particulières : le Gilân ne se convertit à l'Islam qu'au IXᵉ s., et le Mâzandarân était autrefois considéré comme un pays étranger et étrange, peuplé de démons (les *div*) et lieu d'épreuves pour le héros Rostam. Au XXᵉ s., le dernier roi Pahlavi fit de la côte de la Caspienne une «riviéra iranienne», et elle l'est demeurée après la Révolution islamique: des familles aisées de Tehrân s'y font construire de luxueuses villas et profitent des nombreux centres de loisirs entre Astârâ et Gorgân. Pour les Iraniens, habitués aux paysages désertiques, les provinces de la Caspienne sont un immense jardin: elles se visitent moins pour leurs monuments que pour leurs paradis verdoyants (30).

LA PROVINCE DU GILAN

RASHT, 432   RUDBAR, 433

MASULEH, 432   LANGRUD, 434

FUMAN, 433   LAHIDJAN, 434

RASHT
Capitale de la province du Gilân
Altitude: 0 m – Habitants: 698'014 (2011)

Ville commerçante, centre de la sériciculture et du commerce de la soie, Rasht joua souvent un premier rôle dans l'histoire du Gilân. Bon point de départ pour visiter les alentours, la ville ne possède pourtant aucun monument marquant. On peut signaler la **mosquée Safi** (ou Shahidiyeh) et ses décors de stuc, fondée sous les Safavides (XVIᵉ-XVIIᵉ s.), le **bazar**, la **maison** qâdjâre Abrishami, et le petit **Musée de Rasht**, qui présente notamment quelques pièces archéologiques découvertes dans les tapehs* de la région. Le **mausolée** moderne de **Mirzâ Kuchek Khân Djangali** (1880-1921) se compose d'un toit aplati à huit pans reposant sur huit piliers. Il contient la dépouille d'un chef indépendantiste, qui mena une révolte dans la province et proclama une éphémère République Socialiste du Gilân en 1920.

▷Maison Amini.
Musée du Patrimoine
rural du Gilân.

Dans la province

Musée du Patrimoine rural du Gilân

A 18 km de Rasht, au centre d'une superficie de 260 hectares, se trouve le premier écomusée d'Iran, ouvert en 2007. Il présente un remarquable ensemble de maisons traditionnelles, tout en conservant vivant le patrimoine artisanal, culturel, culinaire et agricole de la région.

Mâsuleh

Ce **village** de montagne, entouré d'une végétation abondante, est l'un des plus beaux exemples de l'architecture traditionnelle iranienne, inscrit au patrimoine mondial par l'UNESCO. Les édifices les plus anciens datent du XVIIᵉ s., mais leur conception remonte à des époques bien plus lointaines. Les

⊙Mâsuleh.

maisons, généralement à un ou deux étages, sont disposées en escalier sur la pente: le toit plat de certaines résidences est parfois la cour d'une maison située plus haut. Le village compte plusieurs mosquées et mausolées, et un bazar, étagé sur la pente, avec des rues formées par le toit des échoppes. Les habitants vivent surtout de l'élevage d'animaux et de l'artisanat, notamment du tapis et d'une chaussure traditionnelle.

Fuman

A une quinzaine de kilomètres de Fuman, au cœur de la forêt, se trouvent les vestiges du **château de Rud Khân**. Restauré à différentes époques, il fut sans doute construit à l'époque seldjoukide (XIᵉ-XIIᵉ s.), à l'emplacement d'un fort fondé peut-être déjà avant l'arrivée de l'Islam par les Sassanides. Ancienne place forte des Assassins (*290-291*), lieu de refuge des habitants de la

♦Mausolée de Zâhed Gilâni. Lâhidjân.

ville proche, il demeura des siècles durant une citadelle puissante quasi inviolée. Ses remparts ponctués de plusieurs tours abritent un système intérieur de stockage d'eau et s'organisent en deux sections principales: le quartier royal, servant surtout de résidence, et le secteur militaire, avec le foyer des officiers et la caserne.

Rudbâr

Dans les environs de cette ville se trouvent le **caravansérail** safavide (XVIᵉ-XVIIᵉ s.) de Shâh Abbâsi et le site préislamique de **Marlik**, principal témoignage de la civilisation nomade de Marlik, culturellement active entre le ~XIVᵉ et le ~XIIᵉ s. En 1961-1962, deux dizaines de tombes furent fouillées. Certaines appartenaient à des

▶Pont de Langrud.

▶Effigie en or d'un homme en prière, Marlik, ~IXᵉ-~VIIIᵉ s. Musée National de l'Iran, Tehrân.

▶Gobelet en or, Marlik, début du ~Iᵉʳ mil. Musée National de l'Iran, Tehrân.

princes et livrèrent des céramiques en forme de taureaux ou d'orants ainsi que de la vaisselle en or, dont l'esthétique s'inpire à divers titres du royaume de Mitanni, de l'Ēlam et de l'Assyrie.

Langrud

♦ Mosquée Akbariyeh.

Un joli pont, construit sous le règne du Qâdjâr Fath Ali Shâh (1797-1834), enjambe la rivière de Langrud. Une maison qâdjâre (Monadjem Bâshi) permet de prendre contact avec l'architecture particulière du Gilân.

Lâhidjân

Connue pour sa production de thé, cette petite ville abrite un musée consacré à l'histoire du thé en Iran. Dans les environs, outre une maison qâdjâre (Djahânsuz), deux monuments peuvent retenir l'intérêt. Le **mausolée Sheikh Zâhed Gilâni**, fondé au XVe s., est célèbre pour son curieux toit pyramidal couvert de céramiques safavides, surmontant une salle entourée de portiques à colonnades. La **mosquée Akbariyeh** fut construite en 1823-24, sous le règne de Fath Ali Shâh, puis restaurée à plusieurs reprises, jusque dans les années 1990. Elle se compose d'une seule salle de prière rectangulaire surmontée de trois coupoles.

LA PROVINCE DU MAZANDARAN

SARI, 435

FARAH ABAD, 435

DO AB, 435

RASKAT, 435

LADJIM, 436

BEHSHAHR, 436

CHESHMEH-YE EMARAT, 436

RAMSAR, 436

CHALUS, 436

NUR, 436

AMOL, 437

BABOLSAR, 437

BABOL, 437

♦Imâmzâdeh Abbâs. Sâri.

SARI
Capitale de la province du Mâzandarân
Altitude: 28 m – Habitants: 299'526 (2011)

Aux abords de la rivière Tidjin, cette ville fut sans doute fondée par les Sassanides (IIIe-VIIe s.), mais la tradition la fait remonter à l'époque légendaire du souverain Tahmuras chanté par Ferdowsi. Elle dut sa prospérité à ses soieries. Comme tant d'autres villes, elle fut ravagée par les Mongols au XIIIe s., puis par l'armée de Tamerlan le siècle suivant. A plusieurs reprises, elle fut la capitale du Mâzandarân, et elle l'est aujourd'hui encore. La ville compte quelques maisons typiques et plusieurs tours funéraires, surmontées chacune d'un toit conique pyramidal à huit pans du XVe s.: le mausolée carré de Bordj-e Soltan Zein ol-Abedin (cénotaphe de 1406), l'Imâmzâdeh Yahya (cénotaphe de 1445-46), de plan circulaire, et l'Imâmzâdeh Abbâs (cénotaphe de 1404-05), de plan octogonal.

♦Bordj-e Seyyed Zein ol-Abedin. Sâri.

Farah Abâd

Près de ce village, un complexe royal de plaisir et de chasse fut construit sous le règne de Shâh Abbâs Ier vers 1611-12 ou 1616-17. Détruit par des cosaques du tsar au XVIIe s., il n'en reste que quelques ruines. Seule la mosquée, sans décor, et sans doute utilisée comme école, a été restaurée.

Autour de Sâri

♦Tour de Mashhad Mir Bozorg. Amol.

Do Ab

A une vingtaine de kilomètres au sud-est de ce village, se trouvent les ruines du château de Kangalu, construit à l'époque islamique vers le XVIe s.

Raskat

Ce village conserve une tour funéraire du XIe s. (Bordj-e Raskat), appartenant à la dynastie Bawandide ayant régné dans la région depuis

⌘Bâdâb-e Surt, au sud de Sâri.

le VIIIe s. De plan circulaire, coiffée d'un dôme, elle est parée de plusieurs bandeaux décoratifs et épigraphiques en arabe et en pehlevi*.

Lâdjim

Ce village possède une tour funéraire des Bawandides, de plan circulaire et coiffée d'un dôme. Datée de la fin du Xe s. ou du début du XIe s. (1022-23?), elle est décorée de calligraphies arabes et d'inscriptions en pehlevi*.

Behshahr

► Jardins d'Ashraf. Dessin de Jules Laurens, 1848.

Sur un promontoire surplombant la ville, Shâh Abbâs Ier fit construire dès 1612 un **palais** et des **jardins**, qui subirent de nombreuses transformations au cours des siècles. Plusieurs voyageurs occidentaux, comme Pietro della Valle au XVIIe s., ont décrit les structures du jardin: des enfilades de cours, des plans d'eau, des cascades, des allées et des constructions (pavillons, palais, enceintes) disparues depuis. Ne restent des palais d'Ashraf (l'ancien nom de Behshahr) que le palais de Safi Abâd entouré d'un parc. Construit par Shâh Abbâs Ier, restauré au XIXe s., il fut entièrement reconstruit sous le règne de Rezâ Shâh Pahlavi (1925-1941).

Namak Abrud.

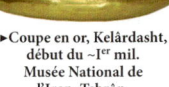

► Coupe en or, Kelârdasht, début du ~Ier mil. Musée National de l'Iran, Tehrân.

Cheshmeh-ye Emârat

A quelques kilomètres de Behshahr, un **pavillon** entouré d'un jardin fut construit par Shâh Abbâs Ier (1587-1629), mais ce palais quadrangulaire, endommagé, a perdu sa décoration et son premier étage.

Le long de la côte: de Râmsar à Sâri

Râmsar

Cette ville touristique a un long passé, mais aucun édifice n'en témoigne. A l'extrémité occidentale de la province, située entre les forêts et la mer, elle est une station balnéaire et un centre thermal. Certains édifices, construits sous les Pahlavis, mèlent l'influence persane et allemande. Entouré d'un jardin, un ancien **palais** des Pahlavis construit en 1937 a été transformé en Musée de la Caspienne. Jouxtant un hôtel plus récent, dominant des parcs, le Grand Hôtel de Râmsar date également de l'époque du premier souverain Pahlavi, Rezâ Shâh.

Châlus

Cette ville moderne, fondée à l'époque islamique, fut détruite par Tamerlan. Comme la cité proche de Nowshahr («Nouvelle ville»), elle est aujourd'hui un centre touristique, dépourvu de monuments anciens. A Namak Abrud, une télécabine se fraie un chemin dans la forêt jusqu'au sommet de la montagne.

♦ Imâmzâdeh Abdollâh. Lâdjim.

Nur

On peut signaler deux tours funéraires, au plan octogonal et surmontées d'un toit pyramidal: l'Imâmzâdeh Ebrâhim de 1445-46 (cénotaphe de 1560) et l'Imâmzâdeh Mohammad du XVIᵉ s. (cénotaphe de 1543-44). A l'extérieur, au sommet d'une montagne, une **citadelle** (Baladeh) a été construite vers les XIIᵉ-XIIIᵉ s.

Amol

Détruite par Tamerlan, Amol était, aux XIᵉ-XIIIᵉ s., réputée pour ses tissages et sa production de verre et de céramiques. A environ 25 km de la côte, elle fut une capitale du Tabarestân* aux VIIIᵉ-IXᵉ s. puis à l'époque safavide (1501-1732). La ville compte plusieurs mausolées, de fondation parfois ancienne, mais restaurés ou refaits à des époques récentes (XIXᵉ ou XXᵉ s.). Le principal est la tour carrée de **Mashhad Mir Bozorg**, dotée d'un cénotaphe de 1623 (*435*). Surmontée d'une coupole pyramidale à quatre faces, elle date de l'époque safavide (XVIIᵉ s.). Quelques céramiques émaillées ornent la coupole et les murs intérieurs. Sous les Qâdjârs (XIXᵉ s.), une peinture murale fut ajoutée dans la salle: elle représente le roi Salomon sur un cheval, entouré d'anges et commandant aux djinns* et aux forces de la nature. Un autre mausolée carré, connu sous le nom de Atashkadeh («Temple du feu»), fut construit au XVᵉ s. Restaurée en 1973-74, la mosquée Imâm Hassan Askari est de fondation ancienne mais indéterminée. La mosquée Aqâ Abbâs a été édifiée en 1732-33, mais restaurée après un incendie en 1917-18. Sur la route Amol-Nur, le **mausolée de Aqâ Shâhbâlu Zâhed** fut construit au XVᵉ s., avec un plan octogonal

♦Bordj-e Raskat. Raskat.

surmonté d'un toit conique pyramidal. Une **forteresse** fondée sans doute sous les Parthes, réaménagée au XIIᵉ-XIIIᵉ s., surplombe le village de Shâhandasht, à 75 km au sud d'Amol (Malek Bahman ou Qolâ).

Bâbolsar

De cette ville portuaire près de Bâbol, on ne peut citer que l'Imâmzâdeh Ebrâhim, une tour octogonale au toit conique pyramidal du XVᵉ s., avec quatre portes en bois du XVᵉ s.

♦Imâmzâdeh Qâsem. Bâbol.

Bâbol

Fondée à l'époque islamique, cette petite ville connut la prospérité sous les Safavides et les Qâdjârs. A moins de 40 km de la Caspienne, ses environs conservent plusieurs tours funéraires au toit conique pyramidal du XVᵉ s.: l'Imâmzâdeh Qâsem (cénotaphe de 1483-84) et l'Imâmzâdeh Soltân Muhammad Tâher (cénotaphe de 1470), tous deux au plan octogonal, le Gonbad-e Sarast, au plan carré, et le Boqeh Darvish Fakhroddin, de plan circulaire. Composée d'une seule longue salle de prière sans décor, la mosquée Kâzem Beik fut construite en 1681-82 et restaurée en 1690-91. On citera également le pont Mohammad Hassan Khân, sur la rivière de Bâbol: long de 140 m, il date du XVIIIᵉ s. Edifié au XIXᵉ s., le tekiyeh* Kidjâ possède des colonnes de bois sculptées et un plafond décoré d'animaux et de personnages peints, inspirés des épopées iraniennes.

♦Boqeh Darvish Fakhroddin. Bâbol.

LE GOLFE PERSIQUE

**LA PROVINCE
DE BUSHEHR, 440**

**LA PROVINCE
DE HORMOZGAN, 443**

● Port de pêcheurs. Golfe Persique.

►Le golfe Persique
vu par la NASA.

Vaste dépression entre l'Iran et la péninsule Arabique, le golfe Persique s'est rempli vers ~5000, lors du réchauffement qui a suivi la dernière période glaciaire. Au-delà du détroit d'Hormoz et du golfe d'Oman, il débouche sur la mer d'Arabie puis sur l'océan Indien. En Iran, le Golfe est bordé par trois provinces (Khuzestân, Bushehr, Hormozgân); sur la Péninsule arabique, il est bordé par le Koweït, l'Arabie Saoudite, le Qatar, les Emirats Arabes Unis, l'Oman. L'Irak est relié au Golfe par une étroite bande de terre, le Shatt al-Arab, et par le port de Bassorah, au bord du Tigre, lieux stratégiques à l'époque préislamique déjà et durant la guerre Iran-Irak (1980-1988). Les régions côtières du Golfe n'offrent pas de monuments exceptionnels. Sur ses côtes de sable ou de pierre sculptées par l'érosion se succèdent des ports, des villages de pêcheurs, des cités modernes, des palmeraies. En été, le climat torride et humide est rendu à peine supportable par la climatisation et les tours d'aération* érigées sur les maisons traditionnelles. Surnommés les «Bandaris» (de *bandar*: port), les habitants du Golfe vivent de la pêche, travaillent dans l'industrie chimique ou alimentaire, exploitent le pétrole et le gaz. Les tapis, les kelims* et les céramiques sont les principaux artisanats de ces régions.

Depuis toujours, et déjà avant l'Islam, le Golfe a été une plaque tournante d'échanges entre l'Iran, l'Arabie proche, plus loin avec l'Afrique et l'Inde. En Iran et sur les côtes de la Péninsule arabique de nombreux sites archéologiques témoignent de contacts commerciaux et culturels depuis des époques reculées. Dans la population souvent métissée, à la peau foncée, se rencontrent des types arabes, africains ou indiens. L'influence arabe perce dans la musique et la danse ou dans ces masques noirs ou colorés (le *borqe*) portés par les femmes mariées. Les Occidentaux (Portugais, Hollandais, Anglais) ont édifié plusieurs châteaux, qui témoignent de leur présence active, militaire et commerciale, depuis l'époque safavide (XVIe s.).

■Femme avec un borqe.
Ile de Minâb.

LA PROVINCE DE BUSHEHR

BUSHEHR, 440

RISHAHR, 441

KHARK, 441

BORAZDJAN, 441

SIRAF (BANDAR-E TAHERI), 442

BUSHEHR
Capitale de la province de Bushehr
Altitude: 4 m – Habitants: 221'016 (2011)

Capitale provinciale, Bushehr est déjà mentionnée au XIIIe s., mais elle grandit en importance et en notoriété au XVIIIe s. Nâder Shâh en fit le port d'une flotte de navires, qu'il fit construire avec du bois transporté depuis les forêts du Mâzandarân. La cité prospéra grâce au commerce, à ses liens étroits avec Shirâz, capitale des Zands au XVIIIe s., et à la présence des Compagnies des Indes Orientales anglaise et hollandaise qui avaient abandonné Bandar-e Abbâs. Jusqu'au début du XXe s., la ville fut le principal port de l'Iran. C'est dans la province de Bushehr que les Russes participent à la construction de la première centrale atomique d'Iran. D'un point de vue culturel, elle est certainement la ville la plus intéressante du golfe Persique, même

♦Maison qâdjâre
Mehrabân. Bushehr.

si elle ne conserve aucun monument marquant. On signalera surtout ses maisons traditionnelles qâdjâres (Rashidi, Mehrabân, Tabib, Dehdashti, Hadji Rais, Golshan) ornées de vitraux et de quelques beaux décors de plâtre et de bois.

La flotte royale à Bushehr, à la fin du XIXe s. Gravure tirée de *La Perse, la Chaldée et la Susiane* de Jane Dieulafoy (1887).

Rishahr

Dans la périphérie sud de Bushehr gisent les ruines de Rishahr, une cité fondée par le roi sassanide Ardashir Ier (224-241), peut-être à l'emplacement d'une installation élamite. A l'époque islamique, elle fut une cité commerciale importante du golfe Persique. Les Portugais y installèrent un comptoir et une forteresse aux XVIe et XVIIe s.

Khârk

En mer

Située à quelques dizaines de kilomètres de Bushehr, cette île a une longue histoire. Relais commercial depuis l'Antiquité, elle conserve plusieurs monuments historiques et abrite aujourd'hui d'importantes installations pétrolières. On y a découvert un temple dédié

►Mausolée Mir Mohammad. Khârk.

(selon des informations de Strabon et de Pline l'Ancien) à Apollon et à Artémis Tauropoulos, ou selon une autre interprétation à Poséidon, dieu de la mer. Daté de l'époque grecque (~IVe s.-~IIe s.), il n'en reste qu'une esplanade. Sur ses ruines, un temple du feu fut construit à l'époque sassanide, transformé en mosquée après la conquête arabe. On a retrouvé dans l'île de nombreux astodans* zoroastriens et des sépultures chrétiennes. Creusées dans le rocher, dotées d'une grande salle et d'un vestibule, deux grandes tombes collectives empruntent leur esthétique à la ville de Palmyre, une cité caravanière de Syrie: elles auraient appartenu à des commerçants palmyréens présents sur l'île les premiers

►Construction d'un bateau. Golfe Persique.

siècles de notre ère. Khârk conserve encore un monastère chrétien en activité à l'époque sassanide (IIIe-VIIe s.) et un château hollandais construit en 1748.

Borâzdjân

A l'intérieur de la province

Aux environs de cette ville, plusieurs sites attestent de l'importance ancienne de la région, depuis les Achéménides. D'un petit palais attribué à Darius Ier (~522-~486), près du village de Nazar Aqâ, il ne reste en tout et pour tout que les socles des colonnes (Bardak Syâh ou Sang-e Syâh). Tout aussi ruiné est le palais de Kurush (Cyrus), près du village de Charkhâb, construit sans doute sous le règne de Cyrus II le

Grand (~559-~530). Près de Tang-e Eram, des ruines plus intéressantes constituent les restes d'un palais ou d'un pavillon de chasse du roi sassanide Ardashir Ier, fondateur de l'antique cité de Rishahr.
Au sud de Borâzdjân, deux petites villes conservent les vestiges d'anciennes citadelles: l'une à Ahram ou Tangestân (Zar Khezer Khân); une autre, de fondation seldjoukide (XIe-XIIe s.), à Khormudj.

Le long de la côte

Sirâf (Bandar-e Taheri)

Pendant les premiers siècles de l'ère islamique, Sirâf fut un centre commercial prospère, qui concurrençait le port de Bassorah en Irak. Des parfums, des pierres précieuses, de l'ambre, du papier, de l'ivoire, de l'aloès, du bambou ou encore du bois de santal étaient convoyés par navire entre l'Inde, Ceylan et la Chine. Les habitants étaient réputés pour leur ardeur commerçante. Al-Idrisi, un historien arabe du XIIe s., écrivait qu'un marchand de Sirâf, bien que pieux, peut rester «vingt ans sans retourner dans ses foyers». En 976-8, un tremblement de terre dévasta la ville et entraîna son déclin, accéléré par les raids des pirates dans le Golfe et des problèmes politiques. Plusieurs habitants émigrèrent alors dans l'île de Kish. La ville, toutefois, conserva une certaine importance, au moins jusqu'au XIIe s. Sirâf était connue pour ses belles maisons à plusieurs étages, en briques cuites et en bois de teck, amené depuis l'Afrique de l'Est. Dans les ruines, les archéologues ont reconnu quatre palais construits à

□Fragment de panneau de stuc sculpté venant de Sirâf. British Museum, Londres.

✤Sirâf. Tombes.

l'époque sassanide (IIIe-VIIe s.) ou au début de l'époque islamique; des murailles; des luxueux quartiers résidentiels, avec des maisons bâties autour de cours intérieures, ceinturées par de hauts murs et dotées de tours d'aération; une mosquée du Vendredi du IXe s., construite selon le plan arabe en bordure d'un bazar couvert et sur les restes d'un édifice sassanide; des fours de céramiques sur un terrain au bord de la mer; une église nestorienne et, en dehors de la cité, au nord, des tombes creusées dans la roche, peut-être utilisées comme astodans*.

✤Sirâf. Mosquée du Vendredi.

L'ancienne Sirâf voisine avec la localité plus récente de Bandar-e Taheri, dominée par une forteresse construite entre 1912 et 1922, sur l'emplacement d'un fort plus ancien (XVIe s.?) mais détruit.

LA PROVINCE DE HORMOZGAN

Bandar-e Abbas, 443
Bandar-e Lengeh, 443
Minab, 444

Kish, 444
Hormoz, 444
Qeshm, 445

BANDAR-E ABBAS
Capitale de la province de Hormozgân
Altitude: 6 m – Habitants: 448'861 (2011)

Port stratégique, contrôlant le détroit d'Hormoz et l'entrée du golfe Persique, reliée au routes terrestres venant du Fârs et du Kermân, Bandar-e Abbâs était une cité de transit des marchandises entre l'intérieur du pays et l'île d'Hormoz. La ville doit son développement à Shâh Abbâs Ier (1587-1629). Avec l'appui des Compagnies des Indes Orientales anglaise, hollandaise et française, le souverain chassa les Portugais qui s'y étaient installés au début du XVIe s., puis en fit le port principal de la région et lui donna son nom (le «port de Abbâs»). La chute des Safavides en 1722 amorça le déclin soudain de la ville, victime des agressions afghanes, russes et turques, puis de l'abandon des Hollandais et des Anglais qui s'installèrent à Bushehr. Bandar-e Abbâs renaquit au XXe s., grâce à la construction d'un port moderne. Après la guerre Iran-Irak (1980-1988), elle devint un centre de production pétrolière après que Ahvâz, au Khuzestân, eut subi les dommages dus au conflit. La ville ne compte guère de monuments historiques. Pour des soldats indiens de l'armée britannique, un temple hindou fut édifié à la fin du XIXe s., avec un dôme hérissé de pignons: dans l'architecture de l'Inde, il symbolise la montagne cosmique et l'axe reliant les mondes au Divin. Désaffecté, il accueille aujourd'hui un petit musée anthropologique. A l'extérieur de la ville, on signalera plusieurs caravansérails au long des routes et le pont qâdjâr de Latidân, à environ 50 km à l'ouest.

►Temple hindou.
Bandar-e Abbâs.

Bandar-e Lengeh

Cette ville portuaire connut ses meilleures heures au XVIIIe s., sous le règne de Karim Khân, puis sous les Qâdjârs au XIXe s., avant de perdre son importance dans la première moitié du XXe s. La mosquée Malek ibn Abbâs fut construite en 1863. La partie supérieure de son minaret porte un décor de muqarnas* et de céramiques traditionnels, mais les arcades de sa cour et l'intérieur des salles de prière ont été influencés par l'Inde. Les maisons Fekri et Moallemi datent de l'époque qâdjâre (XIXe s.): dotées de cheminées d'aération, elles conservent un décor de

A l'ouest de
Bandar-e Abbâs

plâtre et de marqueterie. Les ruines d'un château construit au XVᵉ s. se trouvent à quelques kilomètres à l'est de la ville (Lashtân).

A l'est de Bandar-e Abbâs

Minâb

La ville de Minâb surplombe une crique où l'amiral d'Alexandre (Néarque) s'était arrêté lors de son retour de l'Inde. Elle se trouve à l'emplacement de l'ancienne ville de Hormoz (à ne pas confondre avec l'île du même nom), fondée sans doute par le roi sassanide Ardashir Iᵉʳ (IIIᵉ s.). Vers 1300, les habitants, sans cesse attaqués par des tribus, durent quitter la ville pour se réfugier dans une île qui fut appelée la «nouvelle Hormoz» puis simplement «Hormoz». Intéressante par son marché et ses palmeraies, Minâb ne possède plus qu'un seul témoin de l'ancienne Hormoz: les ruines de la forteresse de Hazareh.

■Bazar de Minâb.

Les îles

Kish

Atteignable depuis Bandar-e Abbâs ou Bandar-e Lengeh, Kish fut des siècles durant l'un des centres commerciaux les plus importants du golfe Persique. Mentionnés par de nombreux voyageurs au cours du temps, ses habitants cultivaient également des perles. Le roi de ce petit royaume insulaire régnait sur une grande flotte de navires, des palais et des jardins somptueux. Dotée d'un aéroport international, cette île est aujourd'hui une zone hors taxes, où les riches Iraniens vont faire du «shopping», se baignent dans une eau de cristal et se divertissent dans une atmosphère occidentale plus libre que dans le pays. Etouffant en été (les commerçants y organisent des soldes pour attirer les voyageurs), le climat est agréable en hiver. L'île est un mélange d'Orient et d'Occident, de passé et d'artifices. Les codes musulmans (hommes et femmes se baignent séparément sur les plages) se conjuguent avec un modernisme de surface et une relative permissivité (on peut entendre de la musique pop interdite sur le continent). On peut y voir les ruines de l'ancienne cité de Harireh, datée du XIIIᵉ-XIVᵉ s., et de l'artisanat dans une «cité» souterraine moderne (Kâriz).

✣Forteresse. Kalât, près de Chiruyeh.

Le reste de l'île n'est qu'une suite de curiosités: un hôtel de luxe (Dâryush) imitant l'architecture et les bas-reliefs de Persépolis, un bateau grec échoué sur la côte sud et de nombreux centres de loisirs et de détente.

L'ancienne Kish (Harireh).

◁Château portugais sur l'île d'Hormoz.

Hormoz

Atteignable depuis Bandar-e Abbâs, cette île aride, mais à la position stratégique, dut sa prospérité au commerce. Occupée déjà à l'époque préislamique, relais des transports de marchandises entre les ports du Golfe et les caravanes terrestres, elle fut peuplée vers 1300 par les habitants de la vieille ville d'Hormoz, l'actuelle Minâb, qui durent fuir les raids et les pillages répétés de tribus. Albuquerque, navigateur portugais nommé vice-roi des Indes, arriva dans l'île en 1507. Les Portugais s'en emparèrent en 1514, firent de ses rois des vassaux et transformèrent Hormoz en centre commercial. J.-B. Tavernier (XVIIe s.) écrit que «d'une ville mal bâtie [ils] en firent une très belle»; s'ils avaient pu en rester maîtres, disait-on, il y aurait eu de l'or et de l'argent aux portes et aux fenêtres. Avec l'aide des Anglais, Shâh Abbâs Ier chassa les Portugais en 1622. Supplantée par la ville portuaire de Bandar-e Abbâs, l'île se dépeupla et déclina. Elle vit aujourd'hui de la pêche et de l'exploitation du sel et d'oxydes de fer. On peut encore voir les restes d'une forteresse portugaise construite en 1507.

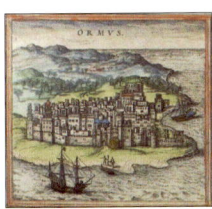

►L'île d'Hormoz représentée dans un livre de 1572 publié à Cologne (Georg Braun / Frans Hogenberg / Simon Novellanus, *Beschreibung und Contrafactur der vornembster Stät der Welt*).

❖Lâft. Qeshm.

Qeshm

Atteignable depuis Bandar-e Abbâs, cette île plate et peu montagneuse est longue d'environ 115 km, large de 10 à 35 km. Connue pour son bazar, elle possède plusieurs traces d'une ancienne occupation, notamment les restes d'une cité (Kharbas) remontant à l'époque sassanide (IIIe-VIIe s.). Dans les montagnes à environ 15 km de Qeshm, la ville principale, un espace creusé dans la roche fut peut-être un temple de Mithra. On peut voir les restes de deux forteresses en pierre de l'époque safavide: l'une près du village traditionnel de Lâft, avec son entrelacement de palmiers et de tours d'aération, l'autre près de Qeshm, construite en 1621 par les Portugais. La mosquée Sheikh Borkh, dans le village de Kusheh, fut fondée sans doute à l'époque seldjoukide et reconstruite en 1337-38, alors que la mosquée du Vendredi de Qeshm (ou mosquée Bibi) a été édifiée en 1788-89. Comme Kish, Qeshm est aujourd'hui une zone hors taxes.

■Ile de Qeshm.

BIBLIOGRAPHIE

Cette bibliographie sélective, classée par thèmes et partiellement commentée, reprend l'ordre de la table des matières. Tous les ouvrages sont en langue française: on a exceptionnellement mentionné des ouvrages en anglais pour leur importance ou lorsqu'il n'existe pas d'équivalent en français.

Pour faciliter la lecture, certains ouvrages ont été précédés d'un petit signe indiquant le degré d'accessibilité du livre:

* = première lecture: introduction accessible ou bonne première lecture.
** = livre plus spécialisé ou plus difficile.

Outils de recherche et ouvrages d'ensemble

L'Iran a été très étudié et bien étudié, mais il manque actuellement des ouvrages de synthèse récents en français. Les revues et les ouvrages spécialisés demeurent le seul moyen d'être informé des nouvelles découvertes et hypothèses.

Pour le lecteur désirant approfondir ses recherches, mentionnons deux outils indispensables. D'abord, la remarquable *Encyclopaedia Iranica*, éditée actuellement par Ehsan Yarshater et publiée par plusieurs éditeurs successifs. On peut la consulter sur Internet (www.iranica.com). L'*Encyclopédie de l'Islam* est également une œuvre collective publiée en plusieurs volumes, et qui regroupe, par ordre alphabétique, des articles sur tous les aspects de l'Islam (Nouvelle édition, Brill, Leiden, 1975-2005). On peut y trouver nombre d'informations sur l'Iran

et la culture persane. Par ailleurs, l'Institut Français de Recherche en Iran publie depuis 1978 une revue bibliographique: *Abstracta Iranica* (http://abstractairanica.revues. org). Œuvre de spécialistes, elle recense et commente régulièrement les ouvrages parus sur le monde iranien.

Plusieurs travaux d'importance ont été publiés en anglais. Paru dans les années 1930, le premier d'entre tous est *A survey of Persian art*, sous la direction de Arthur Upham Pope (réédition: 16 vol., Soroush Press, Tehrân, 1977-1993). Malgré son âge, il demeure une somme irremplaçable. L'université de Cambridge a publié une vaste histoire de l'Iran, qui réunit les contributions de plusieurs spécialistes: *Cambridge History of Iran*, 7 vol., Cambridge University Press, Cambridge, 1968-1991.

Le voyage en Iran

La Route de la Soie

* BEURDELEY Cécile, *Sur les routes de la soie. Le grand voyage des objets d'art*, Office du Livre, Fribourg, 1985.

** CHOISNEL Emmanuel, *Les Parthes et la Route de la Soie*, IFEAC - L'Harmattan, Paris, 2004.

* DREGE Jean-Pierre, *Marco Polo et la Route de la Soie*, Gallimard, Paris, 2000.

* PERNOT François, *Les Routes de la soie*, Artémis, Paris, 2001.

Voyageurs de l'Antiquité au XVIIIe siècle

CHARDIN Jean, *Voyage de Paris à Ispahan*, 2 vol., Maspéro, Paris, 1983.

HERODOTE, *L'Enquête*, Trad. Andrée Barguet, 2 vol., Gallimard, Paris, 1985.

POLO Marco, *La Description du monde*, Livre de Poche, Paris, 1998.

TAVERNIER Jean-Baptiste, *Les six voyages de Turquie et de Perse*, 2 vol., Maspéro, Paris, 1981.

◀——— Mur de la qibla de la mosquée du Vendredi de Kermân, XVIe s.

Voyageurs des XIXᵉ et XXᵉ siècles

BOUVIER Nicolas, *L'usage du monde*, Payot, Paris, 1992.

CHEVALIER Nicole (direction), *Une mission en Perse*. 1897-1912, Editions de la Réunion des Musées Nationaux, Paris, 1997 (le travail des archéologues français au tournant des XIXᵉ-XXᵉ s.).

GOBINEAU Arthur de, *Trois ans en Asie*, 2 vol., Grasset, Paris, 1923.

LOTI Pierre, *Vers Ispahan*, Christian Pirot, Saint-Cyr-sur-Loire, 1995.

NASER ED-DIN Shâh Qâjâr, *Journal de voyage en Europe (1873) du shâh de Perse*, Trad. Bernadette Salesse, Sindbad, Paris, 2000.

RAMADE Frédéric et BAILHACHE Alexandre, *La Perse des écrivains voyageurs*, Le Chêne, Paris, 1999.

STARK Freya, *La Vallée des Assassins*, Payot, Paris, 1991.

Quelques guides

LORBER Astrid, *Iran*, Hachette, Paris, 2006.

LOVEDAY Helen, *Iran*, Olizane, Genève, 1999 (bonne synthèse introductive).

MATHESON Sylvia A., *Persia. An archeological guide*, Yassavoli, Tehrân, 2001 (centré sur les sites préislamiques).

RASHAD Mahmoud, *Iran*, Dumont Kunst-Reiseführer, Cologne, 2000 (excellent).

SOURDEL-THOMINE J. et al., *Iran*, Nagel, Genève, 1978 (encore remarquable pour les informations culturelles).

YALE Pat / HAM Anthony / GREENWAY Paul, *Iran*, Lonely Planet, Victoria, 2001 (le meilleur pour les informations pratiques).

Beaux livres

BEAUMONT Hervé et HELD Suzanne, *Perse. Vision d'Empires millénaires*, Hermé, Paris, 1999.

KORBENDAU Yves et Thérèse, *Iran aux multiples visages*, ACR Edition, Courbevoie, 2000 (vaste panorama photographique).

MATHE Jean et CROZAT-MATHE Annie, *Iran, aux sources de la civilisation*, La Renaissance du Livre, Tournai, 1999.

POURJAVADY Nasrollah (edition), *The splendor of Iran*, 3 vol., Booth-Clibborn Edition, Londres, 2001 (somptueux).

CD-ROMs

Tous les CD-ROMs cités ici sont publiés en Iran et rédigés en anglais.

A glimpse of Iranian buildings and monuments, Hamid Imanirad, 1999 et ss. (série en plusieurs volumes consacrée à l'architecture iranienne).

IRANIA. Glory of the past. Vol. 2: 3rd millennium BC – 7th century AD, Vista Ara Cultural Institute, 1998 (utile, mais présentation médiocre).

IRANIA. Iran's historical monuments. Vol. 1: 7th century AD to the present time, Vista Ara Cultural Institute, 1998 (idem).

Firooze. Isfahan virtual tour, Pooyapendar, sans date (sur Esfahân, Nâ'in, Kâshân, Abyâneh).

Persia. Older than history, IranGardan, 2001 (bon, si l'on souhaite un panorama complet des provinces et des sites).

The splendor of Iran. 100 immortal monuments of human civilization in Iran, ARAN, 2002 (excellent; publié sous l'égide de l'Organisation du Patrimoine Culturel).

La documentation en anglais publiée en Iran

Plusieurs éditeurs iraniens (Yassavoli, Gooya, etc.) publient des beaux livres sur l'Iran, ses villes ou ses paysages. Les photographies sont généralement de bonne qualité, mais les textes (en anglais) pauvres en information. Quelques guides touristiques en anglais ont été publiés, parmi lesquels deux guides remarquables sur les provinces d'Esfahân et du Fârs (de Oksana Beheshti, Rowzaneh, Tehrân, 2005 et 2006).

Dans les années 2000, Cultural Heritage Foundation a publié des plaquettes, des brochures et des livres, principalement en persan et en anglais, sur les sites majeurs de l'Iran. Il faut également signaler une importante collection de livres sur l'architecture iranienne (*Ganjnâmeh – Encylopaedia of Iranian Islamic Architecture*, Tehrân): les quatre premiers volumes ont été publiés par Cultural Heritage Foundation, les seize autres par Rowzaneh et l'Université Shahid Beheshti. Ils sont consacrés aux mosquées, aux mausolées, aux bazars, aux maisons traditionnelles, aux palais et aux hammams.

Cartes

Deux livres de cartes routières publiés à Tehrân sont à recommander (échelle 1:1'000'000): l'un en persan publié par Gitâ Shenâsi (www.gitashenasi.com), l'autre en anglais publié par Transportation and Terminals Organization of Iran.

Visages d'un pays

FISHER W. B. (edition), *The Cambridge History of Iran. Volume 1: The land of Iran*, Cambridge University Press, Cambridge, 1968 (ouvrage collectif sur la géologie, la faune, la flore, le peuplement humain, la vie économique).

Encyclopédie de l'Islam, vol. IV, article «Iran» (les deux premiers chapitres sont consacrés à la géographie et au peuplement).

HOURCADE Bernard et al., *Atlas d'Iran*, RECLUS – La Documentation Française, Montpellier / Paris, 1998 (recueil de cartes présentant les réalités géographiques, humaines et économiques de l'Iran).

Histoire de la civilisation iranienne

Etudes générales

Encyclopédie de l'Islam, article «Iran».

GROUSSET R. / MASSIGNON L. / MASSE H. (direction), *L'âme de l'Iran*, Albin Michel, Paris, 1990.

L'Iran. Des Perses à nos jours, Fayard, Paris, 2012.

PORTER Yves, *Les Iraniens. Histoire d'un peuple*, Armand Colin, Paris, 2006.

ROUX Jean-Paul, *Histoire de l'Iran et des Iraniens. Des origines à nos jours*, Fayard, Paris, 2006.

L'Iran et l'histoire de la Mésopotamie

HROUDA Barthel et al., *L'Orient ancien. Histoire et civilisations*, Bordas, Paris, 1991.

JOANNES Francis (direction), *Dictionnaire de la civilisation mésopotamienne*, Robert Laffont, Paris, 2001.

ROAF Michael, *Atlas de la Mésopotamie et du Proche-Orient ancien*, Brepols, Turnhout, 1991.

De la préhistoire aux Sassanides

*AMIET Pierre, *L'Antiquité orientale*, P.U.F., Paris, coll. «Que sais-je?», 1999.

** AMIET Pierre, *L'âge des échanges interiraniens. 3500-1700 avant J.-C.*, Editions de la Réunion des Musées Nationaux, Paris, 1986.

* BRIANT Pierre, *De la Grèce à l'Orient: Alexandre le Grand*, Gallimard, Paris, 1992.

** BRIANT Pierre, *Histoire de l'Empire perse. De Cyrus à Alexandre*, Fayard, Paris, 1996.

* CHRISTENSEN Arthur, *L'Iran sous les Sassanides*, E. Munksgaard, Copenhague, 1944.

* GHIRSHMAN Roman, *L'Iran des origines à l'Islam*, Albin Michel, Paris, 1976.

* HUYSE Philip, *La Perse antique*, Les Belles Lettres, Paris, 2005.

** LECOQ Pierre, *Les inscriptions de la Perse achéménide*, Gallimard, Paris, 1997.

** POTTS D. T., *The archaeology of Elam*, Cambridge University Press, Cambridge, 1999.

* SERGENT Bernard, *Les Indo-Européens*, Payot, Paris, 1995.

* WOLSKI Józef, *L'empire des Arsacides*, Acta Iranica, Centre International d'Etudes Indo-iraniennes, Louvain, 1993.

De l'arrivée de l'Islam au XIXe siècle

** AIGLE Denise (édition), *L'Iran face à la domination mongole*, Institut Français de Recherche en Iran, Tehrân, 1997.

* BOMATI Yves et NAHAVANDI Houchang, *Shah Abbas: empereur de Perse: 1587-1629*, Perrin, Paris, 1998.

* ELISSEEF Nikita, *L'Orient musulman au Moyen Age*, Armand Colin, Paris, 1979.

* NARAGHI Ehsan, *Enseignement et changements sociaux en Iran du VIIe au XXe siècle*, Editions de la Maison des Sciences de l'Homme, Paris, 1992.

* ROUX Jean-Paul, *Histoire des Turcs*, Fayard, Paris, 2000.

* SOURDEL Dominique, *L'Etat impérial des califes abbassides: VIIIe-Xe s.*, P.U.F., Paris, 1999.

L'Iran du XXe siècle et la République islamique

** BONAUD Christian, *Imam Khomeyni, un gnostique méconnu du XXe siècle*, Al Bouraq, Paris, 1997.

* COVILLE Thierry, *L'économie de l'Iran islamique: entre ordre et désordres*, L'Harmattan, Paris, 2002.

* DIGARD J.-P. / HOURCADE B. / RICHARD Y., *L'Iran au XXe siècle*, Fayard, Paris, 2007 (excellente vision d'ensemble).

* DJALILI Mohammad-Reza, *Géopolitique de l'Iran*, Complexe, Bruxelles, 2005.

* HOURCADE Bernard, *Iran. Nouvelles identités d'une république*, Belin, Paris, 2002.

* MINOUI Delphine (direction), *Jeunesse d'Iran. Les voix du changement*, Editions Autrement, Paris, 2001.

* RICHARD Yann, *100 mots pour dire l'Iran moderne*, Maisonneuve & Larose, Paris, 2003.

* SATRAPI Marjane, *Persepolis 1 et 2*, 2 vol., L'Association, Paris, 2001 (une enfance sous la Révolution islamique racontée par la bande dessinée).

Les religions de l'Iran

Les religions iraniennes préislamiques
Etudes

* CURTIS Vesta Sarkhosh, *Mythes perses*, Seuil, Paris, 1994.

** DUCHESNE-GUILLEMIN Jacques, *Zoroastre*, G. P. Maisonneuve, Paris, 1948.

* LAMBERT Maurice, «La religion élamite», in Henri-Charles PUECH (direction), *Histoire des religions*, Tome I, «Encyclopédie de la Pléiade», Gallimard, Paris, 1970.

** MOLE Marijan, *Le problème zoroastrien et la tradition mazdéenne*, P.U.F., Paris, 1963.

** STAUSBERG Michael, *Die Religion Zarathushtras. Geschichte – Gegenwart – Rituale*, 3 Bände, Verlag W. Kohlhammer, Stuttgart, 2002, 2002, 2004.

* TARDIEU Michel, *Le manichéisme*, P.U.F., Paris, coll. «Que sais-je?», 1981.

* TURCAN Robert, *Mithra et le mithriacisme*, Les Belles Lettres, Paris, 1993.

* WIDENGREN Geo, *Les religions de l'Iran*, Payot, Paris, 1968 (panorama général).

* ZETLAOUI Monique, *Ainsi vont les enfants de Zarathoustra. Parsis de l'Inde et Zartushtis d'Iran*, Imago, Paris, 2003.

Textes sacrés

** *L'Avesta*, Trad. James Darmesteter, 3 vol., Adrien Maisonneuve, Paris, 1960 (réédition d'une bonne traduction du XIXe s.).

* *Les gathas: le livre sublime de Zarathoustra*, Trad. Khosro Khazai Pardis, Albin Michel, Paris, 2011.

** *Le Troisième Livre du Denkart*, Trad. Jean de Menasce, Klincksieck, Paris, 1973.

Les autres religions de la Perse

* *Esquisse de l'histoire du peuple juif*, in *Dictionnaire encyclopédique du Judaïsme*, Cerf / Robert Laffont, Paris, 1996.

** LE COZ Raymond, *Histoire de l'Eglise d'Orient. Chrétiens d'Irak, d'Iran et de Turquie*, Cerf, Paris, 1995.

Le monde de l'Islam
Textes fondateurs

Le Coran (parmi les nombreux essais de traduction: D. Masson, Gallimard, Paris, 1967; Jacques Berque, Albin Michel, Paris, 1995).

EL-BOKHARI, *L'authentique tradition musulmane (choix de hadith)*, Trad. G. H. Bousquet, Sindbad, Paris, 1964.

Dits de l'Imam Ali, Trad. Youssef Seddik, Sindbad / Actes Sud, Arles, 2000 (extraits de «La Voie du mieux-dire» du calife et Imam Ali).

Etudes générales

DERMENGHEM Emile, *Mahomet et la tradition islamique*, Seuil, Paris, 1955.

GARDET Louis, *L'Islam, religion et communauté*, Desclée de Brouwer, Paris, 1967.

GARDET Louis, *Les hommes de l'Islam. Approche des mentalités*, Complexe, Paris, 1984.

HATTSTEIN Markus et DELIUS Peter (direction), *Arts et civilisations de l'Islam*, Könemann, Cologne, 2000.

LEWIS Bernard (direction), *Le monde de l'Islam*, Payot & Rivages, Paris, 2003.

MIQUEL André, *L'Islam et sa civilisation. VIIe-XXe siècle*, Armand Colin, Paris, 1977.

Dictionnaires

AMIR-MOEZZI Mohammad Ali (direction), *Dictionnaire du Coran*, Robert Laffont, Paris, 2007.

CHEBEL Malek, *Dictionnaire des symboles musulmans*, Albin Michel, Paris, 1995.

Dictionnaire de l'Islam. Religion et civilisation, Encyclopaedia Universalis / Albin Michel, Paris, 1997.

SOURDEL Dominique et Janine, *Dictionnaire historique de l'islam*, P.U.F., Paris, 1996.

Etudes particulières

* COULSON Noël J., *Histoire du droit islamique*, P.U.F., Paris, 1995.
* DAKHLIA Jocelyne, *Le divan des rois. La politique et le religieux dans l'islam*, Aubier, Paris, 1998.
** GARDET Louis et ANAWATI M.-M., *Introduction à la théologie musulmane: essai de théologie comparée*, Vrin, Paris, 1981.
* MERAD Ali, *L'exégèse coranique*, P.U.F., Paris, coll. «Que sais-je?», 1998.
* MORABIA Alfred, *Le gihad dans l'Islam médiéval*, Albin Michel, Paris, 1993.
* MOTAHARI Mortada, *La question du hijab*, Al Bouraq, Beyrouth, 2000 (le point de vue théologique sur le voile des femmes).
* SCHIMMEL Annemarie, *L'Islam au féminin. La femme dans la spiritualité musulmane*, Albin Michel, Paris, 2000.
* WATT Montgomery W., *Mahomet*, Payot, Paris, 1989.

Le chiisme

** AMIR-MOEZZI Mohammad Ali, *Le guide divin dans le shî'isme originel. Aux sources de l'ésotérisme en islam*, Verdier, Lagrasse, 2007.
* AMIR-MOEZZI Mohammad Ali / JAMBET Christian, *Qu'est-ce que le shî'isme?*, Fayard, Paris, 2004.
* DAFTARY Farhad, *Les ismaéliens. Histoire et traditions d'une communauté musulmane*, Fayard, Paris, 2003.
** JAMBET Christian, *La Grande Résurrection d'Alamut*, Verdier, Lagrasse, 1990.
* RICHARD Yann, *L'Islam chi'ite. Croyances et idéologies*, Fayard, Paris, 1991.
* RICHARD Yann, *Le shi'isme en Iran. Imam et révolution*, Jean Maisonneuve, Paris, 1980.

Soufisme et philosophie

* BAKHTIAR Laleh, *Le soufisme. Expressions de la quête mystique,* Seuil, Paris, 1977.
* CORBIN Henry, *Histoire de la philosophie islamique*, Gallimard, Paris, 1986.
** CORBIN Henry, *La philosophie iranienne islamique aux XVIIe et XVIIIe siècles*, Buchet Chastel, Paris, 1981.
** CORBIN Henry, *En Islam iranien. Aspects spirituels et philosophiques*, 4 vol., Gallimard, Paris, 1971-1972 (l'œuvre capitale du principal iranologue français du XXe s.).
* GEOFFROY Eric, *Initiation au soufisme*, Fayard, Paris, 2003.
** LEWISOHN Leonard (edition), *The heritage of Sufism*, 3 vol., Oneworld, Oxford, 2003.
** MARQUET Yves, *La philosophie des Ihwân al-Safâ'*, S.E.H.A. / Archè, Paris / Milan, 1999.
** MASSIGNON Louis, *La Passion de Husayn Ibn Mansûr Hallâj*, 4 vol., Gallimard, Paris, 1975 (le grand œuvre de l'un des plus importants orientalistes français).
* NASR Seyyed Hossein, *Essais sur le soufisme*, Albin Michel, Paris, 1980.
* POPOVIC Alexandre et VEINSTEIN Gilles, *Les voies d'Allah. Les ordres mystiques dans le monde musulman des origines à aujourd'hui*, Fayard, Paris, 1996.
* SCHIMMEL Annemarie, *Introduction au monde du soufisme*, Dangles, Saint-Jean-de-Braye, 2004.
* VITRAY-MEYEROVITCH Eva de, *Anthologie du soufisme*, Albin Michel, Paris, 1998.

Sciences et techniques

* DJEBBAR Ahmed, *Une histoire de la science arabe. Entretiens avec Jean Rosmorduc*, Seuil, Paris, 2001 (une introduction vivante aux apports scientifiques du monde musulman).
** KRAUS Paul, *Jâbir ibn Hayyân. Contribution à l'histoire des idées scientifiques dans l'islam*, Les Belles Lettres, Paris, 1986.
* MOHEBBI Parviz, *Techniques et ressources en Iran. Du 7e au 19e siècle*, Institut Français de Recherche en Iran, Tehrân, 1996.
** RASHED Roshdi (direction), *Histoire des sciences arabes*, 3 vol., Seuil, Paris, 1997 (l'étude d'ensemble de référence).

Les arts de l'Iran

L'art avant l'Islam

* AMIET Pierre, *Elam*, Archée, Auvers-sur-Oise, 1966 (beau livre).
* GHIRSHMAN Roman, *Perse: Proto-iraniens, Mèdes, Achéménides*, Gallimard, Paris, 1963.
* GHIRSHMAN Roman, *Iran: Parthes et Sassanides*, Gallimard, Paris, 1962.
* GODARD André, *L'art de l'Iran*, Arthaud, Paris, 1962 (ouvrage classique, partiellement daté).
* HUOT Jean-Louis, *Iran I. Des origines aux Achéménides*, Nagel, Genève, 1965.
* LUKONIN Vladimir G., *Iran II. Des Séleucides aux Sassanides*, Nagel, Genève, 1967.
* PORADA Edith, *Iran ancien*, Albin Michel, Paris, 1963 (excellente synthèse, malheureusement non réactualisée).
** SCHIPPMANN Klaus, *Die iranischen Feuerheiligtümer*, Walter de Gruyter, Berlin / New York, 1971.
* SCHLUMBERGER Daniel, *L'Orient hellénisé. L'art grec et ses héritiers dans l'Asie non méditerranéenne*, Albin Michel, Paris, 1970.
* SEIPEL Wilfried (édition), *7000 ans d'art perse. Chefs-d'œuvre du Musée National de Téhéran*, Skira, Milan, 2003 (catalogue d'exposition).
** *Splendeur des Sassanides. L'empire perse entre Rome et la Chine*, Musées Royaux d'Art et d'Histoire, Bruxelles, 1993 (catalogue d'exposition, précédé d'excellentes études faisant le point actuel des connaissances et des débats).
** STOELINER Thomas / SLOTTA Rainer / VATANDOUST Abdolrasool (Herausgeber), *Persiens Antike Pracht - Bergbau - Handwerk - Archäologie*, Deutsches Bergbau-Museum, Bochum, 2004 (catalogue d'exposition, réunissant d'excellents articles sur l'Iran préislamique, traduits en anglais sur un CD).

La culture arménienne

* DER NERSESSIAN Sirarpie, *L'art arménien*, Flammarion, Paris, 1989 (synthèse bien illustrée).
** DONABEDIAN Patrick / THIERRY Jean-Michel, *Les arts arméniens*, Mazenod, Paris, 1987 (panorama complet).

L'art iranien d'époque islamique
Etudes générales

* BLOOM Jonathan / BLAIR Sheila, *Islamic arts*, Phaidon, Londres, 1997.
* CURATOLA Giovanni et SCARCIA Gianroberto, *Iran. 2500 ans d'art perse*, Hazan, Paris, 2004.
** GRABAR Oleg, *L'ornement. Formes et fonctions dans l'art islamique*, Flammarion, Paris, 1996.
* KESHMIRSHEKAN Hamid, *Contemporary Iranian art*, Saqi, Londres, 2013.
** MELIKIAN-CHIRVANI Assadullah Souren, *Le chant du monde. L'art de l'Iran safavide. 1501-1736*, Musée du Louvre / Somogy, Paris, 2007.
* MOZZATI Luca, *L'art de l'Islam*, Mengès, Paris, 2003.
** NASR Seyyed Hossein, *Islamic art and spirituality*, Golgonooza Press, Ipswich, 1987.
* RINGGENBERG Patrick, *L'univers symbolique des arts islamiques*, L'Harmattan, Paris, 2009.
* WULFF Hans E., *The traditional crafts of Persia*, The Massachusetts Institute of Technology Press, Cambridge Mass. / Londres, 1966 (une somme sur le savoir-faire et les techniques utilisés dans les artisanats).

L'architecture

** ARDALAN Nader / BAKHTIAR Laleh, *The sense of unity. The Sufi tradition in Persian architecture*, The University of Chicago Press, Chicago, 1973.
* BEAZLEY Elisabeth / HARVERSON Michael, *Living with the desert. Working buildings on the Iranian Plateau*, Aris & Phillips, Warminster, 1982.
* *Gardens of Iran. Ancient wisdom, new visions*, Tehran Museum of Contemporary Art, Tehran, 2004.
** GHARIPOUR Mohammad, *Persian gardens and pavilions. Reflections in history, poetry and the arts*, I. B. Tauris, Londres, 2013.
** HILLENBRAND Robert, *Islamic architecture: form, function and meaning*, Edinburgh University Press, Edinburgh, 1994.
* KHANSARI Mehdi / YAVARI Minouch,

Espace persan. Architecture traditionnelle en Iran, Pierre Mardaga Editeur, Liège, 1986.

* KHANSARI Mehdi / YAVARI Minouch, *The Persian bazar. Veiled space of desire*, Mage Publishers, Washington, 1994.

* KHANSARI Mehdi / MOGHTADER Reza M. / YAVARI Minouch, *The Persian garden. Echoes of paradise*, Mage Publishers, Washington, 1998.

* PORTER Yves / THEVENART Arthur, *Palais et jardins de Perse*, Flammarion, Paris, 2002.

* STIERLIN Henri, *L'architecture islamique*, P.U.F., Paris, coll. «Que sais-je?», 1993 (introduction d'ensemble).

* VOISIN Jean-Claude, *Châteaux et forteresses d'Iran*, Alhoda, Tehrân, 2013.

La calligraphie

** *Calligraphers and painters. A treatise by Qâdi Ahmad, son of Mîr-Munshî (circa A. H. 1015 / A.D. 1606)*, Trad. V. Minorsky, Freer Gallery of Art, Washington, 1959.

* MASSOUDY Hassan, *Calligraphie arabe vivante*, Flammarion, Paris, 1999 (présentation très bien illustrée, par un calligraphe contemporain né en Irak).

** SCHIMMEL Annemarie, *Calligraphy and Islamic culture*, New York University Press, New York, 1984 (ouvrage classique).

La peinture

** BARRY Michael, *L'art figuratif en Islam médiéval et l'énigme de Behzâd de Hérât (1465-1535)*, Flammarion, Paris, 2004.

* FLOOR Willem, *Wall paintings and other figurative mural art in Qajar Iran*, Mazda Publishers, Costa Mesa, 2005.

* GRABAR Oleg, *La peinture persane. Une introduction*, P. U. F., Paris, 1999 (la synthèse historique de référence actuelle).

* *Iranian modern art movement. The Iranian collection of the Tehran Museum of Contemporary Art*, Museum of Contemporary Art, Tehran, 2006.

* KEVORKIAN A. M. / SICRE J. P., *Les jardins du désir: sept siècles de peinture persane*, Phébus, Paris, 1983 (introduction et illustrations remarquables).

* *Masterpieces of Persian painting*, Tehran Museum of Contemporary Art, Tehran,

2005 (les peintures sur livre dans les musées iraniens).

** PORTER Yves, *Peinture et arts du livre*, Institut Français de Recherche en Iran, Tehrân, 1992 (sur l'élaboration technique des manuscrits).

RICHARD Francis, *Splendeurs persanes: manuscrits du XIIᵉ au XVIIᵉ siècle*, BNF, Paris, 1997.

La céramique et le métal

* ALLAN James W., *Persian metal technology, 700-1300 A. D.*, Ithaca Press, Londres, 1979.

* DEGEORGE Gérard / PORTER Yves, *L'art de la céramique dans l'architecture musulmane*, Flammarion, Paris, 2001.

** MELIKIAN-CHIRVANI Assadullah Souren, *Islamic metalwork from the Iranian world, 8th-18th centuries*, Victoria & Albert Museum, Londres, 1982.

** SOUSTIEL Jean, *La céramique islamique*, Office du Livre, Fribourg, 1985.

Le tapis

** AZAM-ZANGANEH Nadereh, *Le tapis persan aux XVIᵉ et XVIIᵉ siècles*, Payot, Lausanne, 1984.

* EDWARDS Arthur Cecil, *The Persian carpet. A survey of the carpet weaving industry of Persia*, G. Duckworth, Londres, 1960.

** FLOOR Willem, *The Persian textile industry in historical perspective, 1500-1925*, L'Harmattan, Paris, 1999.

** FONTAINE Patrice, *Le tapis persan ou le jardin de l'éternel printemps*, Editions Recherche sur les Civilisations, Paris, 1990.

** HELFGOTT Leonard M., *Ties that bind. A social history of the Iranian carpet*, The Smithsonian Institute Press, Washington, 1994.

* HOUSEGO Jenny, *Tribal rugs. An introduction to the weaving of the tribes of Iran*, Scorpio Publications, Londres, 1978.

** TANAVOLI Parviz, *Shahsavan. Tapis et tissus de nomades persans*, Office du Livre, Fribourg, 1985.

La littérature et la poésie

Etudes

** BALAY Christophe, *La genèse du roman*

persan moderne, Institut Français de Recherche en Iran, Tehrân, 1998.

** BALAY Christophe et CUYPERS Michel, *Aux sources de la nouvelle persane*, Editions Recherche sur les Civilisations, Paris, 1983.

* BRUIJN J. T. P. de, *Persian Sufi poetry. An introduction to the mystical use of classical poems*, Curzon, Richmond, 1997.

** FEUILLEBOIS-PIERUNEK Eve, *A la croisée des voies célestes. Faxr Al-Din 'Erâqi. Poésie mystique et expression poétique en Perse médiévale*, Institut Français de Recherche en Iran, Téhéran, 2002.

** FOUCHECOUR Charles-Henri de, *Le sage et le prince en Iran médiéval. Morale et politique dans les textes littéraires persans Xe-XIIIe siècles*, L'Harmattan, Paris, 1986.

** HADIDI Javad, *Les portes de l'eau*, Presses Universitaires d'Iran, Tehrân, 1997 (l'influence de la littérature persane dans la culture française).

* LEVY Reuben, *Introduction à la littérature persane*, Maisonneuve et Larose, Paris, 1973.

* MASSE Henri, *Essai sur le poète Saadi*, Paul Geuthner, Paris, 1919.

* MORTAZAVI Djamshid, *Symbolique des contes et mystique persane*, Jean-Claude Lattès, Paris, 1988.

** NOSRAT Shahla, *Tristan et Iseut et Wîs et Râmîn. Origines indo-européennes de deux romans médiévaux*, L'Harmattan, Paris, 2014.

* OLIAEI Shadi, *L'art du conteur dans les cafés traditionnels en Iran*, L'Harmattan, Paris, 2010.

* REZVANIAN M. H., *Grains d'humour et sagesse persane*, Maisonneuve et Larose, Paris, 1976 (proverbes persans).

* RINGGENBERG Patrick, *Une introduction au* Livre des rois *(Shâhnâmeh) de Ferdowsi*, L'Harmattan, Paris, 2009.

** VITRAY-MEYEROVITCH Eva de, *Mystique et poésie en Islam*, Desclée de Brouwer, Paris, 1972 (sur la poésie de Rumi).

Anthologies de la littérature persane

* MASSE Henri, *Anthologie persane. XIe-XIXe siècle*, Payot, Paris, 1997 (extraits de textes poétiques, romanesques, spirituels, biographiques, historiques).

* SAFA Z., *Anthologie de la poésie persane (XIe-XXe siècle)*, Gallimard / Unesco, Paris, 1987 (textes poétiques uniquement).

Quelques textes classiques

ATTAR, *Le Langage des oiseaux*, Trad. Manijeh Nouri, Cerf, Paris, 2012.

ATTAR, *Le Livre divin*, Trad. Fuad Rouhani, Albin Michel, Paris, 1990.

ATTAR, *Le Livre de l'épreuve*, Trad. Isabelle de Gastines, Fayard, Paris, 1981.

ATTAR, *Le Livre des secrets*, Trad. Christiane Tortel, Les Deux Océans, Paris, 1985.

DJAMI, *Youssouf et Zouleikha*, Trad. E. Bricteux, Librairie Orientaliste Paul Geuthner, Paris, 1927.

FERDOWSI, *Le Livre des rois*, Trad. Jules Mohl, 7 vol., Jean Maisonneuve, Paris, 1976.

FERDOWSI, *Le Livre des rois*, Sindbad, Paris, 1979 (extraits tirés de la traduction revue de J. Mohl, publiée de 1838 à 1878).

GORGANI, *Le Roman de Wîs et Râmîn*, Trad. Henri Massé, Les Belles Lettres, Paris, 1959.

HAFEZ DE CHIRAZ, *Le Divân*, Trad. Charles-Henri de Fouchécour, Verdier, Lagrasse, 2006.

OMAR KHAYYAM, *Cent un quatrains de libre pensée*, Trad. Gilbert Lazard, Gallimard, Paris, 2002.

NEZAMI, *Le Pavillon des sept princesses*, Trad. Michael Barry, Gallimard, Paris, 2000.

NEZAMI, *Les sept portraits*, Trad. Isabelle de Gastines, Fayard, Paris, 2000.

NEZAMI, *Le Trésor des secrets*, Trad. Djamchid Mortazavi, Desclée de Brouwer, Paris, 1987.

NEZAMI, *Le Roman de Chosroès et Chirin*, Trad. Henri Massé, Maisonneuve et Larose, Paris, 1970.

RUMI Djalâl-od-Din, *Mathnawî*, Trad. Eva de Vitray-Meyerovitch et Djamchid Mortazavi, Editions du Rocher, Monaco, 1990.

RUMI Djalâl-od-Din, *Rûbâi'yât*, Trad. Eva de Vitray-Meyerovitch et Djamchid Mortazavi, Albin Michel, Paris, 1993.

RUMI Djalâl-od-Din, *Odes mystiques*, Trad. Eva de Vitray-Meyerovitch et Mohammad Mokri, Seuil, Paris, 2007.

RUMI Djalâl-od-Din, *Le Livre du dedans*, Trad. Eva de Vitray-Meyerovitch, Sindbad, Paris, 1982.

SAADI, *Le Jardin des roses*, Trad. Omar Ali Shah, Albin Michel, Paris, 1991.

Œuvres modernes
DOWLATABADI Mahmoud, *Cinq histoires cruelles*, Trad. Michèle Brognetti, Gallimard, Paris, 2002.
HEDAYAT Sâdeq, *La Chouette aveugle*, Trad. Roger Lescot, José Corti, Paris, 1953.
IQBAL Mohammad, *Les Secrets du Soi – Les mystères du Non-Moi*, Trad. Djamchid Mortazavi et Eva de Vitray-Meyerovitch, Albin Michel, Paris, 1989.
Nouvelles persanes, Trad. Gilbert Lazard, Phébus, Paris, 1980 (choix de nouvelles d'écrivains du XXᵉ s.).

Textes philosophiques et mystiques
AVICENNE, *Le Livre de science*, Trad. Mohammad Achena et Henri Massé, 2 vol., Les Belles Lettres, Paris, 1986.
BISTAMI, *Les dits de Bistami*, Trad. Abdelwahab Meddeb, Fayard, Paris, 1989.
GHAZALI, *Le Tabernacle des lumières*, Trad. Roger Deladrière, Seuil, Paris, 1981.
JABIR IBN HAYYAN, *Dix traités d'alchimie*, Trad. Pierre Lory, Actes Sud, Arles, 1996.
JAMI, *Les Jaillissements de lumière*, Trad. Yann Richard, Les Deux Océans, Paris, 1982.
KHARAQANI, *Paroles d'un soufi*, Trad. Christiane Tortel, Seuil, Paris, 1998.
KUBRA Najm al-Dîn, *Les Eclosions de la beauté et les parfums de la majesté*, Trad. Paul Ballanfat, Editions de l'Eclat, Nîmes, 2001.
NASIR-E KHOSRAW, *Le Livre des deux sagesses*, Trad. Isabelle de Gastines, Fayard, Paris, 1990.
RUZBEHAN, *Le Jasmin des fidèles d'amour*, Trad. Henry Corbin, Verdier, Lagrasse, 1991.
MOLLA SADRA SHIRAZI, *Le Livre des pénétrations métaphysiques*, Trad. Henry Corbin, Verdier, Lagrasse, 1988.
SHABESTARI, *La Roseraie du mystère*, Trad. Eva de Vitray-Meyerovitch et Djamchid Mortazavi, Sindbad, Paris, 1991.
SOHRAVARDI, *Le Livre de la Sagesse orientale*, Trad. Henry Corbin, Verdier, Lagrasse, 1986.
SOHRAVARDI, *L'Archange empourpré. Quinze traités et récits mystiques*, Trad.

Henry Corbin, Fayard, Paris, 1976.

Textes divers
BIRUNI, *Le Livre de l'Inde*, Trad. partielle Vincent Mansour-Monteil, Sindbad, Paris, 1996.
IBN AL-MUQAFFA, *Le Livre de Kalila et Dimna*, Trad. André Miquel, Klincksieck, Paris, 1980.
Mille et une Nuits, Trad. André Miquel et Jamel Eddine Bencheikh, 3 vol., Gallimard, Paris, «Bibliothèque de la Pléiade», 2005-2006.
NIZAM AL-MULK, *Traité de gouvernement*, Trad. Charles Shefer, Sindbad, Paris, 1984.
AL-RAZI, *Guide du médecin nomade*, Trad. El-Arbi Mouchabir, Sindbad, Paris, 1980.
Sublimes paroles et idioties de Nasr Eddin Hodja, (recueillies par Jean-Louis Maunoury), Phébus, Paris, 2002.
TABARI, *La Chronique. Histoire des prophètes et des rois*, Trad. Hermann Zotenberg, 2 vol., Sindbad / Actes Sud, Arles, 2001 (traduction de la version persane, datant de l'époque samanide, de l'œuvre en arabe du célèbre historien).

Musique, théâtre, cinéma
Etudes
* CARON Nelly et SAFVATE Dariouche, *Iran*, Buchet / Chastel, Paris, 1966 (bonne introduction).
* DURING Jean, *Musique et extase. L'audition mystique dans la tradition soufie*, Albin Michel, Paris, 1988 (introduction d'ensemble à la conception soufie de la musique).
** DURING Jean, *La musique iranienne. Tradition et évolution*, Editions Recherche sur les Civilisations, Paris, 1984 (sur les musiciens, les instruments, les rapports entre tradition et modernité).
** DURING Jean, *Musique et mystique dans les traditions de l'Iran*, Institut Français de Recherche en Iran, Tehrân, 1990 (une somme sur la signification spirituelle de la musique).

Discographie
A Tehrân, l'Institut Mahoor a publié la collection de disques la plus remarquable sur les musiques d'Iran (www.mahoor.com).

Azerbaidjan. Musique et chants des âshiq, VDE-GALLO, 1989.

Azerbayjan, Musique traditionnelle, Chant du Monde, 1989.

Baloutchistan, Musiques d'extase et de guérison, 2 disques, OCORA, 1992.

Baloutchistan, Bardes du Makrân, Buda Records, sans date.

Hasht Behesht. A selection of Iranian regional music, 4 disques, Mahoor, 2005.

Iran, Bardes du Khorassan, OCORA, 1998.

Iran, Les maîtres de la musique traditionnelle (3 volumes: 1. Talâi – Musavi – Kiâni / 2. Karimi – Musavi / 3. Nâzeri – Talâ'i), OCORA, 1991-1992.

Iran / Kurdistan, Sharam Nazeri & Ensemble Alizadeh, World Network.

Iran, Mohammad Reza Shadjarian. Musique classique persane, OCORA, 1990.

Iran, Musique persane, OCORA, 1987.

Iran, Hassan Kassaï: le ney, Playa Sound, 1990.

Kurdistan, Zikr et chants soufis, 2 disques, OCORA, 1994.

La musique céleste d'Ostad Elahi. L'art du luth oriental tanbur, Le Chant du Monde, 2004.

Musique kurde d'Iran. Ali Akbar Moradi. Odes mystiques et musique profane, INEDIT, 2001.

Persian classical music: concert de Parisa au Royal Festival Hall, Playa Sound, 1995.

Persian Symphonic Music. Conducted by Manuchehr Sabhâi, Mahoor, 2001.

Religious Music of Iranian Shiites, 4 disques, Mahoor, 2009.

Tradition classique de l'Iran (3 volumes: I. Le zarb par Djamchid Chemirani / II. Le târ par Daryoush Talа'i / III. Le santour par Madjid Kiani), Harmonia Mundi, 1993.

Le théâtre et la danse

** CHELKOWSKI Peter J. (edition), *Ta'ziyeh: ritual and drama in Iran*, New York University Press, New York, 1979.

* FLOOR Willem, *The history of theater in Iran*, Mage, Washington, 2005.

* REZVANI Madjid, *Le théâtre et la danse en Iran*, Maisonneuve et Larose, Paris, 1962.

* VIROLLEAUD Charles, *Le théâtre persan ou Le drame de Kerbéla*, Adrien-Maisonneuve, Paris, 1950.

Le cinéma

* HAGHIGHAT Mamad, *Histoire du cinéma iranien 1900-1999*, Cinéma du réel – Bibliothèque publique d'information – Centre Georges Pompidou, Paris, 1999.

** KEY Hormuz, *Le cinéma iranien: l'image d'une société en bouillonnement*, Karthala, Paris, 1999.

L'art de vivre

La langue

BALAY Christophe et ESMAILI Hossein, *Manuel de persan. Volume 1: le persan au quotidien*, L'Asiathèque, Paris, 1997 (avec quatre disques).

FOUCHECOUR Charles-Henri de, *Eléments de persan*, Publications Orientalistes de France, Paris, 1981.

LAZARD Gilbert, *Dictionnaire persan-français*, Brill, Leiden, 1990.

Les fêtes et les rites

AGHAKHANI Nader, *Les «gens de l'air», «jeux» de guérison dans le sud de l'Iran*, L'Harmattan, Paris, 2014.

Encyclopaedia Iranica, article «Nowruz» (Online: http://www.iranicaonline.org/ articles/nowruz-index).

MASSE Henri, *Croyances et coutumes per-* sanes, 2 tomes, G.P. Maisonneuve, Paris, 1938 (les traditions populaires relatives au mariage, à la mort, à la nature, etc.).

Sports et jeux

Encyclopaedia Iranica, vol. V, article «Chess».

Encyclopédie de l'Islam, vol. XI, article «zurkhâna».

La cuisine

Les deux livres suivants proposent des recettes iraniennes plus ou moins adaptées aux produits trouvés en Occident:

BATMAN Nejmieh, *Ma cuisine d'Iran*, Grancher, 1984.

BATMANGLIJ Najmieh, *New food of life. Ancient Persian and modern Iranian cooking and ceremonies*, Mage Publishers, Washington, 2003.

Villes et sites

Choghâ Zanbil
GHIRSHMAN Roman, *Tchoga Zanbil. Tome I: La ziggurat / Tome II: Temenos. Temples. Palais. Tombes*, Mémoires de la Délégation Archéologique en Iran, P. Geuthner, Paris, 1966 et 1968.

Esfahân
BEHESHTI Oksana, *Travel guide to Esfahân, Kâshân and more*, Rowzaneh, Tehrân, 2005.
DIBA Darab / REVAULT Philippe / SANTELLI Serge (direction), *Maisons d'Ispahan*, Maison-neuve et Larose, Paris, 2002.
Encyclopaedia Iranica, vol. XIII et XIV, article «Isfahan».
GHOUGASSIAN Vazken S., *The emergence of the Armenian Diocese of New Julfa in the seventeenth century*, University of Pennsylvania, 1998.
RICHARD Francis, *Le siècle d'Ispahan*, Gallimard, Paris, 2007.
STIERLIN Henri, *Ispahan. Image du paradis*, Editions SIGMA, Genève, 1976.

Kâshân
BEHESHTI Oksana, *Travel guide to Esfahân, Kâshân and more*, Rowzaneh, Tehrân, 2005.

Kermân
Encyclopédie de l'Islam, vol. V, article «Kirmân».

Kermânshâh
Encyclopédie de l'Islam, vol. V, article «Kirmânshâh».

Mashhad
Encyclopédie de l'Islam, vol. VI, article «Mashhad».
RINGGENBERG Patrick, *Le sanctuaire de l'Imam Rezâ à Mashhad*, Candle & Fog, Tehrân / Londres, 2015.

Naqsh-e Rostam
SHAHBAZI A. Shapur, *The authoritative guide to Naqsh-e Rostam*, Safiran, Tehrân, 2015.

Pasargades
STRONACH David, *Pasargadae*, At the Clarendon Press, Oxford, 1978.

Persépolis
ROAF Michael, *Sculptures and sculptors*, Iran. Journal of the British Institute of Persian Studies, vol. XXI, Londres, 1983.
SHAHBAZI A. Shapur, *The authoritative guide to Persepolis*, Safiran, Tehrân, 2011.

Qazvin
Encyclopédie de l'Islam, vol. IV, article «Kazwin».

Qom
Encyclopédie de l'Islam, vol. V, article «Kum».

Shirâz
BEHESHTI Oksana, *Travel guide to Fars*, Rowzaneh, Tehrân, 2006.
Encyclopédie de l'Islam, vol. IX, article «Shirâz».
LIMBERT John W., *Shiraz in the Age of Hafez*, University of Washington Press, Washington, 2004.

Suse
AMIET Pierre, *Suse, 6000 ans d'histoire*, Editions de la Réunion des Musées Nationaux, Paris, 1988.
Dossiers Histoire et Archéologie, n°138, mai 1989: «Suse, dernières découvertes».

Tabriz
Encyclopédie de l'Islam, vol. X, article «Tabriz».

Tehrân
ADLE Chahryar et HOURCADE Bernard, *Tehrân, capitale bicentenaire*, Institut Français de Recherche en Iran, Tehrân, 1992.
PAKRAVAN Emineh, *Téhéran de jadis*, Nagel, Genève, 1971.

Yazd
Encyclopédie de l'Islam, vol. XI, article «Yazd».

L'ART IRANIEN HORS D'IRAN
Les sites d'époque islamique

L'influence de la culture iranienne d'époque islamique est visible de la Mésopotamie à l'Inde du Nord en passant par l'Asie centrale. On n'a retenu ici que quelques-uns des principaux monuments, influencés à des degrés divers par la Perse.

Irak
Si l'ancienne ville circulaire de Bagdad fondée en 762 a disparu, on peut encore voir dans la ville actuelle deux madrasas du XIIIe s. (Mustansiriya et Bichiriya) et le mausolée d'Omar Sohravardi. Situé dans le désert, le palais d'Ukhaydir, du VIIIe s., est le mieux préservé des palais abbassides. Construite au IXe s., la capitale royale de Samarra offre encore les ruines de palais et surtout de deux mosquées au plan analogue, avec des minarets en spirale (mosquées d'al-Mutawakkil et d'Abu Dulaf). Deux villes irakiennes sont des centres de pèlerinage chiite: Nadjaf, avec la tombe de l'Imam Ali, et Karbala, où est enterré l'Imam Hosseyn.

Ouzbékistan
Des cinq républiques d'Asie centrale, l'Ouzbékistan est la plus riche en monuments. Plusieurs fois capitale (sous les Samanides et les Ouzbeks Sheybanides), Boukhara conserve le mausolée des Samanides construit vers 900 (144), un minaret (Kalân) et une mosquée (Maghâk-i Attâri) du XIIe s., une madrasa bâtie par Ulugh Beg (XVe s.), des coupoles marchandes et plusieurs mosquées et madrasas des XVIe-XVIIe s. (mosquée Kalân (142), madrasa Mir-i Arab (143), ensemble Lâb-i Havuz, madrasa Abd al-Aziz Khân). Capitale de Tamerlan, Samarkand est surtout connue pour ses édifices timourides (XIVe-XVe s.): la nécropole royale de Shâh-i Zinda (145), le mausolée de Tamerlan (59),

la grande mosquée de Bibi Khanum (59) et la place du Registan, avec une madrasa construite par Ulugh Beg au XVe s. (59), et deux autres madrasas ajoutées au XVIIe s. Les madrasas, mosquées et palais de Khiva sont relativement récents (XVIIIe-XXe s.).

Turkménistan
Outre une ancienne capitale parthe, Nisa (46), on y verra le mausolée du sultan seldjoukide Sandjar à Merv (XIIe s.) (55) et les vestiges de Kohna Urgench ou Gur Gandj (56), une ville qui connut son heure de gloire sous le règne des Shâhs du Khwârazm* (XIIe s.).

Afghanistan
L'Afghanistan fut le centre du royaume turc des Ghaznavides aux XIe-XIIe s. et connut une riche période culturelle sous les Timourides au XVe s. Résidence d'été des Ghaznavides, Ghazna conserve les restes d'un palais et deux tours au plan en étoile. Les vestiges d'un autre palais ghaznavide se trouvent à Lashkar-i Bazar. Du XIIe s., le minaret de Jam est isolé dans une vallée. Hérat conserve de la période timouride la madrasa et le mausolée de Gowharshâd (59) et une mosquée du Vendredi. A Balkh, l'ancienne Bactres, on verra principalement une mosquée du XVe

Place du Registan, Samarkand, XVe et XVIIe s.

Taj Mahal, Agra (Inde), 1632-1648.

s. (Abu Nasr Pârsâ) et une madrasa du XVIIe s. (Sobhân Quli Khân). A Mazâr-i Sharif, le sanctuaire de Ali Bin Abi Talib, fondé au

XVe s., fait l'objet d'un important pèlerinage.

Pakistan

Frise en briques émaillées, Palais de Darius Ier, Suse, v. ~510. Musée du Louvre, Paris.

C'est l'Inde qui détient la majorité des monuments d'époque moghole, mais le Pakistan comprend plusieurs monuments remarquables du XVIIe s. moghol: la mosquée Badshahi, le mausolée de Jahangir, la mosquée de Wazir Khan, le fort et les jardins de Shalimar, tous construits à Lahore, la mosquée Mahabat Khân à Peshawar, la mosquée du Vendredi à Thatta.

Inde

Mélange d'influences persanes et indiennes, les riches monuments de l'Inde du Nord témoignent surtout de deux périodes dynastiques: le sultanat de Delhi (1206-1526) et l'Empire moghol (1526-1858), fondé par Bâbur. La mosquée Quwwat al-Islam et son minaret Qutb minar à Delhi (XIIe s.) ainsi que la mosquée d'Adhai-din-ka-Jhonpra à Ajmer (XIIIe s.) comptent parmi les édifices les plus importants de la première période. Les œuvres mogholes élevées du XVIe au XVIIIe s. sont les plus nombreuses: les palais et les jardins (les Forts Rouges de Delhi et d'Agra, la cité royale de Fatehpur Sikri), les mosquées (la mosquée du Vendredi de Delhi, la Grande Mosquée de Fatehpur Sikri), les mausolées (celui de Humâyun à Delhi, le Taj Mahal à Agra ou le Gol Gumbaz à Bijapur, édifié par un souverain turc rival des Moghols), sans oublier l'observatoire astronomique de Jantar Mantar à Delhi et le palais rajpout d'Amber, au Rajasthan, inspiré par la culture moghole.

Les musées

Admiré, collectionné, pillé, l'art iranien a été dispersé aux quatre coins de la planète. L'ancienne ville de Suse n'est plus tout à fait en Iran, mais au Musée du Louvre à Paris, où l'on peut admirer les décors de briques émaillées du palais achéménide de Darius Ier. Aujourd'hui encore, des fouilles illégales contribuent à faire s'évanouir les témoins d'une culture multimillénaire. Mais la diaspora de l'art iranien a également son revers positif: elle ne fait que poursuivre un rayonnement qui a toujours été la vocation historique de l'Iran. L'extrême dispersion des objets rend impossible le détail des musées. Pour l'art préislamique, les principaux musées

►Mihrab de la mosquée Meydân, Kâshân, 1226. Museum für Islamische Kunst, Berlin.

sont le Musée du Louvre (Paris) et le British Museum (Londres). On peut également citer The Oriental Institute Museum (Chicago) et le Musée de l'Hermitage (Saint-Pétersbourg), remarquable pour ses pièces d'orfèvrerie sassanide. De nombreux musées accueillent des collections de pièces iraniennes d'époque islamique (céramiques, calligraphies, peintures, textiles, métal, etc.). Parmi les principaux, on citera le Musée du Louvre (Paris), le Museum für Islamische Kunst (Berlin), le Metropolitan Museum of Art (New York), le British Museum (Londres) et le Musée de l'Hermitage (Saint-Pétersbourg).

L'IRAN SUR L'INTERNET

Culture iranienne

www.iranica.com
Encyclopaedia Iranica.
www.iranmiras.org
Organisation du Patrimoine Culturel Iranien.
www.ifriran.org
Institut Français de Recherche en Iran.
http://oi.uchicago.edu/research/projects/persia.html
Institut Oriental de l'Université de Chicago.
www.livius.org/persia.html
Livius: articles on Ancient History.
www.cais-soas.com/CAIS/frontpage.htm
The Circle of Ancient Iranian Studies.
http://archnet.org/library
ArchNet (images et études).
www.achemenet.com
Sur les Achéménides.
www.sasanika.com
Sur les Sassanides.
www.avesta.org/avesta.html
Sur le Zoroastrisme.
http://shahnama.caret.cam.ac.uk/new/jnama/page
Cambridge Shahnama Project.
www.asnad.org/en
Digital Persian Archive.

Musées iraniens

www.nationalmuseumofiran.com
Musée National de l'Iran, Tehrân.
www.rezaabbasimuseum.ir
Musée Rezâ Abbâsi, Tehrân.
www.golestanpalace.ir
Palais du Golestan, Tehrân.
www.niavaranpalace.org
Musée du palais de Niâvarân, Tehrân.
www.saadabadpalace.org
Musée du palais de Sa'd Abâd, Tehrân.
www.carpetmuseum.org
Musée du Tapis, Tehrân.
www.ir-tmca.com
Musée d'Art Contemporain, Tehrân.

www.aqm.ir
Musées d'Astân-e Qods-e Razavi.
www.gecomuseum.com
Musée du Patrimoine rural du Gilân.

Journaux et actualités culturelles

http://teheran.ir
La revue de Téhéran; en français.
www.tehrantimes.com
Tehran Times.
www.ibna.ir/en/
Iran Book News Agency.
www.chnpress.com
Cultural Heritage News Agency.

Géographie

www.gsi-iran.org
Geological Survey of Iran.
www.amar.org.ir
Statistical Centre of Iran.
www.tehrangis.com/atlas/index.html
Atlas de Tehrân.
www.irancarto.cnrs.fr
Etudes cartographiques de l'Iran.

Sites du gouvernement iranien

www.mfa.gov.ir
Ministère des Affaires Etrangères.
www.netiran.com
Informations générales.
www.irica.org
Douanes Iraniennes.
www.itto.org
Iran Tourism & Touring Organization.
www.salamiran.org
Ambassade d'Iran à Ottawa.
www.ambassade-iran.com
Ambassade d'Iran à Paris.
http ://users.skynet.be/ambassade-iran-bruxelles
Ambassade d'Iran à Bruxelles.

GLOSSAIRE

Mots arabes, persans ou turcs
Termes de civilisation

Si le terme que vous cherchez ne se trouve pas dans ce glossaire, regardez dans l'index thématique, l'index des noms ou l'index des lieux. Sur la transcription des mots persans, on se reportera au chapitre consacré à la langue.

Abâd – adjectif signifiant «cultivé» ou «habité» et se retrouvant dans de nombreux noms de lieux.

Adab – littéralement: «politesse». Le mot désigne également la littérature d'époque islamique traitant des bonnes manières et du savoir que doit posséder l'homme de culture.

Aghâ – voir **Aqâ**.

Agha Khân – titre du chef spirituel des chiites ismaéliens* (*291*).

Ahura Mazda – littéralement: le «Seigneur sage». Divinité suprême du Mazdéisme.

Alides – descendants et partisans d'Ali, quatrième calife de l'Islam et premier Imam des chiites.

Alim (pluriel: **ulamâ**) – détenteur de la connaissance religieuse: savant, exégète, juriste, théologien. Les ʿulamâs sunnites sont analogues aux mollâs* chiites. Ils acquirent une importance et un pouvoir croissants à l'époque seldjoukide (XIe-XIIe s.) et s'organisèrent par la suite en autorité religieuse hiérarchisée.

Allâh – Dieu. A l'origine, l'une des divinités de La Mecque, devenue le Dieu un de l'Islam. Il a 99 Noms qui révèlent ses attributs exprimables, comme le Miséricordieux, le Saint, le Créateur, le Juste, le Vivant, le Permanent, etc.

Amir – voir **Emir**.

Andarun – littéralement: «dedans», par opposition à *birun* («dehors»). Partie d'une maison traditionnelle réservée à la sphère privée et familiale (*147*).

Cathédrale de Vank, Esfahân, 1658-62

Anges – dans le Coran, créatures spirituelles, créées de lumière. Messagers et intermédiaires entre la terre et l'Invisible, ils adorent Dieu, guident les croyants, luttent contre le mal, animent la création, notent les bonnes et mauvaises actions des hommes. Ils symbolisent des archétypes et des énergies spirituels, la face pure et le maître intérieur de l'âme.

►Miʿrâdj. *Khamseh* de Nezâmi. Tabriz, 1505. The Keir Collection.

Apadana – salle du trône dans les palais achéménides (*375*).

►Reconstitution de l'apadana de Persépolis, ~Ve s. Ch. Chipiez.

Apotropaïque – qui possède une efficacité magique contre les démons.

Aqâ (ou **Aghâ**) – signifie généralement «monsieur», et parfois «maître».

Arc en carène ou **Arc persan** – le principal arc utilisé dans l'architecture iranienne d'époque islamique. Il adopte la forme d'un triangle plus ou moins courbe. On le construit grâce aux tangentes convergentes de deux cercles.

Arcs en carène de la mosquée Bâbâ Abdollâh, Nâ'in, 1301-02.

Arg – citadelle.

Ash – soupe.

Ash'arisme – pensée théologique, fondée par Ash'ari (873-935) et devenue l'une des plus importantes du monde musulman. De tendance rationalisante, elle est opposée sur bien des points au mu'tazilisme* et proche des écoles juridiques, notamment du hanbalisme*. Elle est notamment célèbre pour sa théorie de l'atomisme (96).

Ashurâ – voir **Muharram**.

Astodan – dans le Zoroastrisme, ossuaire où étaient déposés les ossements des morts dévorés par les animaux dans les dakhmehs*. Il peut s'agir d'un récipient en céramique ou d'une niche creusée dans la roche.

Atabeg – mot turc. Gouverneur d'une province ou tuteur d'un prince.

Atashgâh ou **Atashkadeh** – temple zoroastrien, où brûle le feu sacré, symbole du rayonnement divin.

Ayatollâh – littéralement: «signe de Dieu». Dans le chiisme, titre honorifique pour un docteur en religion de haut rang (96).

Bâdgir – tour d'aération (154).

Bâdgir. Bâgh-e Dowlatâbâd, Yazd, 1748.

Bâgh – jardin.

Bandar – port.

Bannâ'i – littéralement: «la technique du maçon ou du constructeur». Les décors bannâ'i sont des motifs géométriques ou calligraphiques en koufi* composés avec des briques émaillées d'une seule couleur et insérées dans un mur de briques nues.

Décor bannâ'i. Madrasa de Khargerd, 1445.

Barakah – grâce, bénédiction, présence ou influence spirituelles.

Barsom – faisceau de branches tenu par les prêtres mazdéens lors de rituels.

Basidji – combattant volontaire de la République islamique (69). Envoyés au front pendant la guerre Iran-Irak, ils ont par la suite été intégrés aux forces de police pour le maintien de l'ordre islamique.

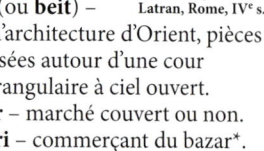

►Barsom. Trésor de l'Oxus, ~Vᵉ.~IVᵉ s. British Museum, Londres.

Basilique – édifice de l'Antiquité qui inspira la forme des premières églises. Son architecture est une salle rectangulaire, divisée en trois nefs par des colonnades et bordée sur un petit côté par une abside.

Basilique du Latran, Rome, IVᵉ s.

Bayt (ou **beit**) – dans l'architecture d'Orient, pièces disposées autour d'une cour quadrangulaire à ciel ouvert.

Bazar – marché couvert ou non.

Bazari – commerçant du bazar*.

Befarmâid – en persan: «je vous en prie», «s'il vous plaît». Sans doute la formule de politesse la plus fréquemment utilisée par un Iranien dans sa vie.

Beg (ou **Bey**) – mot turc, plus ou moins synonyme d'émir*.

Birun – littéralement: «dehors», par opposition à *andarun** («dedans»). Partie d'une maison traditionnelle musulmane, où sont accueillis les invités plus ou moins étrangers à la famille (*147*).

Bismallâh – première partie («Au nom de Dieu») de la formule «Au nom de Dieu le Clément le Miséricordieux» qui se trouve en tête de chaque sourate du Coran et qui est prononcée par les musulmans pour inaugurer toute action importante.

Blocage – technique de construction des murs. Entre deux parements de briques ou de pierre, on place des moellons et du gravier cimentés par du mortier.

Blocage.

Bordj – tour.

Borqe – masque en cuir porté par les femmes mariées dans le golfe Persique (*440*).

Cadi – juge musulman, dont la compétence touche le domaine civil et pénal et les questions solidaires de la religion (droit familial, héritages, etc.).

Calame – plume du calligraphe, taillée dans un roseau (*158-159*).

Calife – successeur du Prophète dans sa fonction politique, chef de la communauté musulmane. Après les quatre premiers califes légitimes (Abu Bakr, Umar, Uthman, Ali), il y eut des califats dynastiques: les Omeyyades (Damas, puis Cordoue), les Abbassides (Bagdad), les Fatimides (Le Caire).

Cella – dans un temple antique, salle où se trouve la statue de la divinité.

Cénotaphe – tombeau ne renfermant pas le corps du mort. Dans les mausolées orientaux d'époque islamique, un cénotaphe se trouve au niveau du sol, alors que le corps est

Crypte du Gonbad-e Alavian, Hamadân, XIIᵉ s.

enterré dans une crypte souterraine.

Chaféisme – école de jurisprudence musulmane, fondée par al-Shafi'i (767-820). Connue pour ses méthodes de raisonnement et ses définitions des sources de la tradition, elle fut souvent associée à l'ash'arisme*, parfois à certaines tendances soufies (*97*).

Chah – voir **Shâh**.

Chahâr bâgh – littéralement: «quatre jardins». Jardin d'origine persane, formé par deux canaux se coupant à angle droit: ils dessinent une croix délimitant quatre (*chahâr*) espaces de végétation (*bâgh*) (*152-153*).

Chahâr su(q) – littéralement: «quatre marchés». Espace voûté, ponctuant les bazars ou les quartiers et formant un carrefour entre quatre rues.

Chahâr tâq – littéralement: «quatre arcs». Edifice cubique, au plan cruciforme,

●Chahâr tâq, Niâsar, IIIᵉ s.

surmonté d'une coupole sur trompes*. Conçu par les Sassanides, on le trouve dans des palais, mais il servit surtout de lieu saint dans la religion zoroastrienne: au centre de la salle, sur un autel, brûle le feu sacré (*124*).

Chalcolithique – en Europe, période aux alentours du ~IIIᵉ mil., pendant laquelle les populations utilisaient principalement la pierre (*lithos*) et quelques objets en cuivre (*chalcos*).

▶Obsidienne, époque chalcolithique, ~Vᵉ-~IVᵉ mil. Musée National de l'Iran, Tehrän.

Chapiteaux grecs – si les chapiteaux d'époque islamique sont généralement décorés de muqarnas*, les chapiteaux achéménides, parthes et sassanides se sont fréquemment inspirés des trois ordres grecs apparus aux ~VIIe-~VIe s.

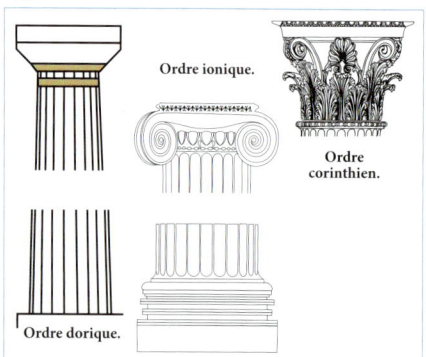

Ordre ionique.

Ordre corinthien.

Ordre dorique.

Chây – thé.

Châykhâneh – maison (*khâneh*) ou salon de thé (*chây*) (239).

Cheikh – voir **Sheikh**.

Chelo kabâb – riz (*chelo*) servi avec une brochette de viande (*kabâb*).

Cheshmeh – source, fontaine.

Chiisme – avec le sunnisme*, l'une des principales divisions religieuses de l'Islam. Né lors de la succession du Prophète Muhammad à la tête des musulmans, il se fonde sur la foi dans les Imams, descendants d'Ali et détenteurs de la tradition spirituelle. Voir **Duodécimain**, **Ismaélisme**, **Zeydisme**.

Circoncision – excision d'une partie ou de la totalité du prépuce. Le Coran et les hadiths n'en font pas une obligation, mais un acte rituel fortement recommandé, dont l'origine remonte à Abraham. Elle est une hygiène du corps en même temps que le symbole d'une purification spirituelle.

Cire perdue (moulage à) – technique de métallurgie. L'objet est d'abord sculpté dans de la cire, puis enrobé d'argile. Une fois sec,

l'argile forme un moule: par un trou, on coule le métal qui fait fondre le modèle en cire tout en adoptant sa forme. Une fois le métal froid, on brise le moule pour en retirer une pièce que l'on peut encore affiner.

▶Moule en pierre pour couler des pointes en métal, Suse, ~IIIe-~IIe mil. Musée National de l'Iran, Tehrân.

géographes persans, le monde connu se divisait en sept climats ou sept zones habitables: l'Inde, la Chine, le Khwârazm*, le pays de Rum*, le Maghreb et l'Egypte, le pays des Slaves et enfin la Perse, centre symbolique du monde.

Corinthien (ordre) – voir **Chapiteaux grecs**.

Coufique – voir **Koufique**.

Coupole à double coque – procédé architectural qui consiste à construire

Coupole à deux coques. Darb-e Imâm, Esfahân, XVe-XVIIe s.

autour de la coupole d'une salle une coupole extérieure de taille et de forme différentes. On obtient alors un dôme extérieur plus haut que la coupole intérieure: plus ou moins important, l'espace entre les deux est vide ou parfois occupé par une charpente en bois. Les plus anciens exemples connus datent du XIe s.

Coupole sur pendentifs – forme de salle à coupole, dans laquelle la transition entre le carré de la salle et le cercle de la coupole est assurée par des éléments triangulaires et plus ou moins concaves (les pendentifs)

Coupole sur pendentifs. Palais Chehel Sotun, Esfahân, XVIIe s.

Climat (en persan: *eqlim*) – pour les

construits dans les angles.

Coupole sur trompes – forme de salle à coupole, développée par les Sassanides (IIIᵉ-VIIᵉ s.), dans laquelle la transition entre le cercle de la coupole et le carré de la base est assurée par des niches d'angles concaves (les trompes), souvent décorées de muqarnas*

A gauche: Mosquée Malek, Kermân, XIᵉ-XIXᵉ s. A droite: trompe d'angle de la coupole. Mosquée du Vendredi, Zavâreh, 1135-36.

dans l'art islamique.

Croissant Fertile – région de plaines alluviales, entre l'est de la Syrie et l'ouest de l'Iran, avec pour centre l'Irak actuel. La région vit apparaître les premières civilisations sédentaires et agricoles et les premières cités-états.

Cunéiforme – écriture créée par les Sumériens et apparue vers ~3300. Elle fut appelée ainsi par les savants européens en raison de sa

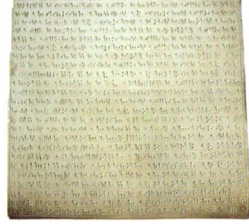

►Cunéiforme, Persépolis, ~Vᵉ s. Musée National de l'Iran, Tehrân.

ressemblance avec des coins (en latin *cuneus*) (*218-219*).

Dakhmeh – tour du silence. Edifice circulaire dont l'intérieur est à ciel ouvert. Les zoroastriens y déposaient leurs morts pour les laisser dévorer par les rapaces (*79, 357*).

Damasquinage – décor d'orfèvrerie créé en incrustant un fil d'or ou d'argent dans les creux d'un décor gravé dans le métal (*181*).

Daryâ – mer.

Daryâcheh – lac.

Dasht – champ, plaine, steppe.

Daylam – zone montagneuse de la province du Gilân. Ses habitants sont les Daylamites.

Derviche – du persan *darvish*: «pauvre». Membre d'une confrérie mystique ou religieuse. Voir **Faqir**.

Dhikr – littéralement: «mentionner» et «se souvenir». Dans le soufisme, prière ou oraison invocatoire et rituelle. Elle a pour fonction la réminiscence spiritualisatrice de Dieu.

Dhimmi – littéralement: «protégé». Adepte d'une religion du livre (juifs, chrétiens, zoroastriens), auquel la société musulmane garantit la liberté de culte, contrairement aux idolâtres (polythéistes, païens). Le dhimmi s'acquitte en principe d'un impôt spécial.

►Dirham en argent, époque omeyyade.

Dirham – ancienne monnaie musulmane en argent (drachme).

Distique – ensemble de deux vers poétiques.

Div – démon.

Divan ou **diwan** – deux significations: 1. Recueil de poèmes. – 2. Secteur de l'administration (poste, impôt, etc.).

►Rostam lutte contre le div blanc. Illustration du *Livre des rois* de Ferdowsi, 1430 (Manuscrit Bâysonqori). Bibliothèque du palais du Golestân, Tehrân.

Djangal – forêt.

Djihad – littéralement: «effort», généralement traduit par «guerre». Il désigne les efforts intellectuels, spirituels ou militaires accomplis par le croyant ou la communauté pour suivre les commandements de Dieu, propager et protéger la religion et la société musulmanes.

Djinn – créature psychique (démon ou «esprit»), créée de feu, plus ou moins positive ou malfaisante, vivant dans un monde parallèle à notre terre. Les djinns sont mentionnés dans le Coran et se rencontrent fréquemment dans les contes et le folklore.

Dorique (ordre) – voir **Chapiteaux grecs**.

Dugh – boisson traditionnelle, faite d'un mélange d'eau froide, de yogourt et de sel.

Duodécimain – se dit du chiisme qui

reconnaît douze Imams successeurs du Prophète: le premier est Ali, le douzième est l'Imam caché (*93-95*).

Eivan – voir **Iwan**.

Elam – au sens restreint, le sud-ouest de l'Iran, et plus spécialement la province du Khuzestân. Au sens large, le monde iranien d'époque élamite (~2500-~640), des monts Zâgros à l'ouest de l'Iran aux marges de l'Asie centrale et de l'Afghanistan.

Elymaïde – nom grec de l'Elam (Khuzestân).

Email – glaçure à l'oxyde d'étain formant une couche opaque sur la céramique. En mêlant l'étain à des oxydes métalliques, on obtient les émaux colorés qui forment le décor de la pièce (*170-171*).

Emâm – voir **Imam**.

Emâmzâdeh – voir **Imâmzâdeh**.

Emir – gouverneur, prince ou commandant militaire.

Engobe – substance terreuse liquide dont on recouvre la céramique pour cacher ses imperfections, faciliter l'adhérence de la glaçure à la pâte et créer un fond monochrome pour le décor (*170*).

Erfân – la mystique.

Esfand ou **espand** – graines de rue sauvage que l'on répand sur un petit brasero. Elles crépitent et donnent une fumée odorante qui purifierait l'air et chasserait le mauvais œil*.

Faïence – de la ville italienne de Faenza. Céramique à pâte argileuse recouverte d'une glaçure* rendue opaque grâce à de l'oxyde d'étain (*170*).

Falsafa – la philosophie.

Faqih – juriste en matière religieuse.

Faqir – en arabe: «pauvre». Membre d'une confrérie mystique, demandant le renoncement aux biens matériels. A donné le français «fakir». Voir aussi **Derviche**.

Farr – voir **Khvarnah**.

Fârsi – la langue persane.

Fatwâ – avis donné par un docteur de la loi musulmane sur un point de droit.

Fiqh – en Islam, jurisprudence canonique, fondée sur l'étude de la shari'a*, et régissant l'ensemble des questions relatives à la pratique religieuse et à la vie sociale et politique.

Fravahr – représentation symbolique d'origine achéménide, interprétée ainsi par les zoroastriens modernes: un homme (symbole de l'âme et de l'esprit) est debout. Il lève la main en signe de prière et tient

Fravahr. Persépolis, ~Ve s.

un anneau qui concrétise la promesse de faire le bien. Il est flanqué de deux ailes divisées en trois registres symbolisant la pensée, la parole et l'action. Il sort d'un cercle, symbole d'un

passage du mal au bien et d'une ascension vers le Divin. La partie inférieure de son corps représente le mal et les deux protubérances qui l'encadrent sont la dualité du bien et du mal.

Fresque – technique de peinture murale consistant à appliquer des couleurs à l'eau sur un enduit de plâtre encore frais (*a fresco*). Avant ou après l'Islam, les artisans iraniens ne l'on jamais pratiquée et ont toujours peint sur une couche de stuc sec.

Peinture sur stuc. Palais Chehel Sotun, Esfahân, XVIIe s.

Futuwwa – littéralement: la vertu du «jeune homme». En Islam, organisation spirituelle et initiatique reposant sur un esprit de fraternité et de chevalerie.

Gabeh – tapis épais, en laine, noué par la tribu Qashqâ'i, dans la province du Fârs. Le tapis doit son épaisseur et sa douceur aux nombreux fils de trame (jusqu'à une dizaine) placés entre chaque rang de nœuds.

Ghazal – chanson d'amour, poésie lyrique plus ou moins allégorique (*188*).

Glaçure – substance vitreuse, opaque ou

transparente, dont on recouvre la céramique pour la rendre imperméable.

Glyptique – dans l'Antiquité, art

▶Sceau-cylindre et son impression, Suse,~2100-~1900. Musée National de l'Iran, Tehrān.

de tailler des pierres. Le terme désigne les cylindres, les sceaux et les cachets sur

♦Mausolée des Douze Imams, Yazd, 1036-37.

lesquels on taillait un dessin en creux (ou en intaille): apposés sur de l'argile, ils y impriment des dessins en relief (*36, 117*).

Gonbad – monument funéraire surmonté d'une coupole, ou coupole de ce mausolée.

Griffon – animal symbolique à corps de lion et à tête et à ailes d'aigle.

Griffon. Persépolis, ~Vᵉ s.

Guèbre – du persan *gabr*: «infidèle». Zoroastrien. Voir **Parsi**.

Hadith – paroles, actions et traditions du Prophète Muhammad concernant tous les aspects de la vie des musulmans et de leur rapport à Dieu, à la religion, au monde et aux hommes. Avec le Coran, ils forment la shari'a (la Loi de Dieu) (*91*).

Hadj – le pèlerinage musulman à La Mecque. Une personne ayant effectué le pèlerinage est un hadji (hajji) (*92-93*).

Hâfez – littéralement: «celui qui connaît le Coran par cœur».

Haft rang(i) – littéralement: à «sept couleurs». Céramique des XIIᵉ-XIIIᵉ s. dont le décor polychrome est généralement composé de sept couleurs (bleu, vert, rouge, brun, noir, blanc, or).

Haft sin – les sept objets commencant par la lettre «s» et disposés sur une nappe pendant les festivités du Nouvel An ou Nowruz* (*225*).

Hajj – voir **Hadj**.

Hakim – sage, médecin.

♦Hammam Hâdjâqâtorâb, Nahâvand, XIXᵉ s.

Hâl – état ou sentiment plus ou moins spirituels (*102, 205*).

Hammam – bain public.

Hanafisme – école de jurisprudence musulmane, fondée par Abu Hanifa (699-767). Moins stricte que d'autres écoles, elle utilise beaucoup le principe de «l'opinion personnelle » (*ra'y*) (*97*).

Hanbalisme – école de jurisprudence musulmane, fondée par Ibn Hanbal (780-855). De caractère plutôt rigoriste et littéraliste, elle s'opposa fréquemment aux chiites, aux théologiens et aux soufis (*97*).

Haoma – boisson rituelle du Zoroastrisme que les prêtres préparent aujourd'hui en mêlant de l'eau bénite à des brins d'une plante.

Harem – parties privées d'un palais ou d'une maison, où seuls sont admis les hommes appartenant à la famille proche. Il désigne aussi un territoire sacré (La Mecque, Médine ou le tombeau de l'Imam Rezâ à Mashhad).

Hezbollâh – littéralement: «parti de Dieu». Noms de groupes islamistes du XXᵉ s. en Iran et au Liban.

Hidjab – en Islam, vêtement et voile couvrant les cheveux et le corps de la femme (*228*).

Homây (ou **Homâ**) – oiseau de proie. Symbole de bonheur, mentionné par Ferdowsi et Saʿdi, il présage l'accession d'un élu à la royauté.

Hosseyniyeh – édifice destiné aux manifestations religieuses chiites (*145*).

Houri – vierge promise au croyant musulman dans les paradis posthumes. Les houris symbolisent des essences spirituelles, l'union sexuelle étant l'image de la fusion mystique entre l'âme et Dieu.

Howz khâneh – dans une maison ou un palais traditionnels, pièce avec un bassin (*148*).

Salle hypostyle de la mosquée du Vendredi, Esfahân, XIIIᵉ-XIVᵉ s.

Humâ – voir **Homay**.

Hypostyle – se dit d'une salle dont le toit plat ou voûté est soutenu par des colonnes.

Ibn – fils de. Par exemple: Ibn Arabi signifie «fils d'Arabi».

Imam – personne qui dirige les prières collectives à la mosquée en se tenant devant les fidèles en face du mur de la qibla*: on l'écrit alors avec un «i». Dans le chiisme, l'Imam désigne les successeurs spirituels du Prophète et les descendants d'Ali. Dans l'ésotérisme chiite, l'Imam est aussi le maître spirituel, le guide initiatique et un visage de Dieu tourné vers l'homme (*93-94*).

Imam caché – dans le chiisme, le XIIᵉ et dernier Imam*. Disparu mystérieusement en 874, il est spirituellement présent et reviendra à la fin des temps pour restaurer la justice dans un monde chaotique (*93-94*).

Imâmzâdeh – deux significations: 1. Descendant d'un Imam* chiite. – 2. Le mausolée consacré à ce descendant (*94*).

Insh'Allâh – expression arabe: «Si Dieu le veut». Elle s'emploie après chaque évocation d'un événement futur, afin de rappeler que Dieu seul décide des destins.

Ionique (ordre) – voir **Chapiteaux grecs**.

Iran – littéralement: le pays «des Aryens».

Islam – littéralement: «soumission» (sous-entendue à Dieu).

Ismaélisme – courant du chiisme* reconnaissant sept Imams* successeurs du Prophète et descendants d'Ali (*95*).

A gauche: iwan du palais sassanide de Firuzâbâd, 220-241. ♦A droite: iwan d'or. Mausolée de l'Imam Rezâ, Mashhad, XVIIIᵉ s.

Iwan – salle rectangulaire voûtée en arc, s'ouvrant entièrement sur l'un des petits côtés et fermée sur les trois autres. D'origine parthe, apparu en Mésopotamie au Iᵉʳ-IIᵉ s., l'iwan devint un élément primordial de l'architecture iranienne d'époque sassanide puis islamique.

Jihad – voir **Djihad**.

Jinn – voir **Djinn**.

Kaaba – à La Mecque, cube de maçonnerie, recouvert d'un voile noir refait chaque année à l'occasion du pèlerinage. Elle symbolise la présence divine et le vrai culte du Dieu un et unique. Selon la tradition, elle aurait été construite par Abraham, vrai croyant soumis à

►La Kaaba dans une illustration de Djâmi, 1562-63. Bibliothèque du palais du Golestân, Tehrân.

Dieu selon le Coran (III, 67), et par son fils Ismaël, ancêtre des Arabes. Une pierre noire, d'origine météorique, est enchâssée dans l'un de ses angles.

Kabâb – viande grillée en brochette (*236-237*).

Kabud – bleu foncé et bleu azur. *Gonbad-e*

kabud («le dôme bleu») est une métaphore poétique pour le ciel.

Kâkh – palais.

Kalâm – la théologie.

Kâshi – céramique émaillée (*347*).

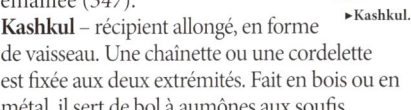

►Kashkul.

Kashkul – récipient allongé, en forme de vaisseau. Une chaînette ou une cordelette est fixée aux deux extrémités. Fait en bois ou en métal, il sert de bol à aumônes aux soufis.

Kavir – désert salé.

Kébab – voir **Kabâb**.

Kelim – tapis tissé, et non noué.

Khân – deux significations: 1. Chef de tribu, souverain (exemple: Gengis Khan), et plus tardivement gentilhomme. – 2. Caravansérail.

Khânqâh – édifice dans lequel les confréries mystiques se réunissent pour prier, méditer, écouter les paroles du maître ou exécuter des dhikrs* collectifs et des rituels musicaux. S'apparente au tekke ottoman. Voir aussi **Zâwiya**.

Khânat – territoire gouverné par un khân*.

Khâneh – maison.

Khâridjisme première secte du monde musulman, aujourd'hui très minoritaire, et qui s'opposa aussi bien au sunnisme* qu'au chiisme*. D'abord partisans d'Ali, les khâridjites firent sécession et conçurent une doctrine à la fois politique et religieuse faisant parfois appel à la violence et au meurtre religieux contre les infidèles et les incroyants.

Khatchkar – littéralement: «croix-pierre». Dans l'art arménien, stèle de pierre sculptée d'une croix (*128*).

Khodâ – Dieu.

Khodâ hâfez – littéralement: «Que Dieu vous garde». S'utilise pour dire «au revoir».

Khoresh(t) – ragoût (*235-237*).

Khvarnah (persan moderne : *farr*) – mot de l'Avesta. Dans le Mazdéisme, le khvarnah désigne la lumière de gloire de la Divinité qui inspire et sanctifie les saints, donne le pouvoir et l'intelligence au roi, protège et diffuse la bonne religion (*78*).

Khwârazm – région d'Asie centrale aux alentours de Khiva, aujourd'hui partagée entre l'Ouzbékistan et le Turkménistan et appelée Chorasmie par les anciens géographes grecs.

Koufi ou **koufique** – forme d'écriture calligraphique anguleuse (*159*).

Kuh – montagne.

Lâdjvardina – type de céramique des XIII-XIVe s., dont la couleur dominante est le bleu (*166*).

Lampas – forme de textile broché (*172*).

Lustre métallique – couche métallique, composée d'oxyde de cuivre ou d'argent, recouvrant une céramique déjà glacée et lui donnant un éclat métallisé (*171*).

Koufi fleuri. Mosquée Bleue, Tabriz, 1465.

Madjles – assemblée, parlement.

Madrasa (ou **medersa** ou **medreseh**) – en terre d'Islam, centre d'enseignement supérieur pour les sciences religieuses, les belles lettres ou les matières scientifiques (*143*).

Mage – prêtre zoroastrien (*79*).

Mahdi – en Islam, figure eschatologique qui apparaîtra à la fin des temps, avant le Jugement dernier et la Résurrection des morts. Il aidera le Christ à vaincre l'Antéchrist (le Dadjâl) et à rétablir la justice et l'ordre de Dieu. Les chiites duodécimains* l'identifient au XIIe Imam (voir: **Imam caché**).

Malik – roi. Le titre est souvent réservé à Dieu.

Malikisme – école de jurisprudence musulmane, fondée par Ibn Anas (710-796). Pour résoudre les problèmes de la loi et de ses applications, elle emploie notamment une démarche de réflexion visant à trouver une solution conforme à l'intérêt général de la communauté (*97*).

Maqâm – mode musical ou système mélodique dans la musique traditionnelle persane, arabe et turque (*205*).

Maqâma – la «séance», genre de la littérature arabe classique. Texte composé d'une suite de récits.

Masdjed – littéralement: «le lieu où l'on se prosterne». La mosquée.

Masdjed-e Djâme' – la «grande mosquée»

utilisée pour la prière collective du vendredi midi. Elle se distingue par sa taille, son architecture et la richesse de son décor des petites mosquées de quartier utilisées quotidiennement.

Mâshâallâh – expression arabe: «ce que Dieu veut». S'utilise pour dire «bravo» ou «grâce à Dieu».

Mathnawi – genre poétique persan (*188*).

Mauvais œil – influence négative, provoquée par les jalousies ou les haines, et qui provoque chez ses victimes des maladies, des accidents ou des pertes diverses. On s'en protège par des prières, des fumigations, des sacrifices ou encore en suspendant, dans les maisons ou sur soi, un œil en céramique bleue et turquoise.

Médie – pays des Mèdes, à l'ouest de l'Iran, correspondant plus ou moins aux provinces actuelles du Kordestân, de Hamadân et de Kermânshâh.

Mésopotamie – du grec *mesos* («au milieu») et *potamos* («fleuve»). Région entre les fleuves Tigre et Euphrate, aujourd'hui principalement en Irak. Elle fut le principal foyer des premières civilisations sédentaires: sumérienne et akkadienne, babylonienne, assyrienne, néo-babylonienne.

Mihrab de la mosquée du Vendredi de Zavâreh, 1156.

Meydân – la place.

►Minbar de la mosquée du Vendredi, Abyâneh, 1073-74.

Mihrab – dans une mosquée, niche dans le mur de la qibla* (*141*).

Minâi – voir **Haft rang(i)**.

Minaret – tour flanquant les mosquées et servant au muezzin* pour l'appel à la prière (*140-141*).

Minbar – chaire, souvent en forme de meuble à escalier, placée contre le mur de la qibla* à droite du mihrab* (*142*).

Mir – titre honorifique

persan donné aux princes et aux poètes.

Mi'râdj – voyage céleste et nocturne du Prophète Muhammad. Accompagné de l'ange Gabriel, et chevauchant la jument ailée Burâq, il se rendit de La Mecque à Jérusalem, puis, du lieu même où se trouve l'actuel Dôme du Rocher, il monta à travers les cieux jusqu'à Dieu (*89*).

Mithraeum (pluriel: **mithraea**) – temple des initiés au culte de Mithra (*82*).

Mausolée d'Ahmad Djâmi, Torbat-e Djâm, 1613-14.

Mobed – prêtre zoroastrien.

Mollâ – en Iran, titre honorifique donné aux docteurs de la loi chiite et aux personnages religieux.

Mosaïque – motif décoratif ou figuratif formé par l'assemblage d'éléments prédécoupés (pâte de verre, pierres, bois, etc.), assemblés comme un puzzle et maintenus par un mortier. Les plus anciennes mosaïques murales ont été découvertes dans

Mosaïque de miroirs. Palais Vert, Tehrân, 1925.

des temples sumériens (v. ~3000): des cônes d'argile colorés avaient été enfoncés dans les murs de brique nue. L'Iran islamique a utilisé exclusivement la mosaïque de céramiques émaillées, dès l'époque mongole et timouride (XIVᵉ-XVᵉ s.), et plus tardivement la mosaïque de miroirs. Apparu au ~VIIIᵉ s. en Asie Mineure, le pavement de mosaïque décorait les palais sassanides (IIIᵉ-VIIᵉ s.).

Mudjahid – combattant de la foi en Islam.

Muezzin – personne attachée à une mosquée

et chargée d'appeler à la prière cinq ou trois fois par jour.

Muharram – selon le calendrier lunaire islamique, premier mois de l'année. Le 10 muharram, l'Imam Hosseyn fut massacré avec sa famille à Karbala. Chaque année, les chiites commémorent le jour de ce martyre: c'est le jour d'âshurâ.

Muqarnas – niches ou alvéoles géométriques, curvilignes ou rectilignes, ressemblant parfois à des stalactites. Apparues sans doute aux IXᵉ-Xᵉ s. à l'est de l'Iran (Neyshâbur), elles se répandirent dans l'ensemble du monde

Muqarnas. Mosquée du Vendredi, Yazd, XIVᵉ s.

musulman dès le XIᵉ s. (*113*). Elles décorent les coupoles, les fenêtres, les iwans*, les portails, ainsi que les niches d'angle qui assurent la transition entre une coupole et la salle carrée (voir: **Coupoles sur trompes**). Image de la voûte céleste dans les coupoles (*352*), ils peuvent aussi évoquer, en créant un jeu changeant de réverbérations lumineuses, la relation entre l'Unité divine (la lumière) et la multiplicité mouvante de la création.

Musallâ – espace en plein air, bordé sur le côté orienté vers La Mecque par un mur avec un mihrab et parfois une salle à coupole. L'ensemble est utilisé pour les prières collectives, les réunions et les fêtes religieuses (*410*).

Mu'tazilisme – courant de pensée théologique musulman de tendance rationaliste. Il repose sur cinq principes: l'unité de Dieu et Sa justice, la responsabilité morale de l'homme

pêcheur, la réalité des peines posthumes (enfer, paradis), l'obligation de faire et de commander le bien (*96*).

Nâmeh – livre, lettre.

Nân – pain.

Narguilé (en persan: *qalyân*) – pipe à eau en forme de chandelier, munie d'un long tuyau.

Naskhi – forme d'écriture calligraphique fluide et curviligne (*159*).

Néolithique – période de l'histoire, débutant aux environs de -8000. Elle voit apparaître la domestication des animaux, l'agriculture et les premiers villages paysans (*35*).

Ney – flûte en roseau (*206*).

Nielle – décor d'orfèvrerie, formé par l'incrustation d'émail noir dans les sillons d'un décor creusé dans le métal (*180*).

Nombre d'or – nombre irrationnel: 1/2(1+√5), soit environ 1,618. Il donne naissance à une proportion géométrique

Le rectangle est divisé dans sa longueur par une ligne verticale selon la proportion dorée (1 à 1,618).

particulièrement harmonieuse, sans doute connue depuis une haute antiquité et que l'on trouve encore dans l'art persan.

Nowruz – littéralement: «Nouveau jour». Premier jour du printemps et de l'année iranienne, célébré le 21 ou le 20 mars (les années bissextiles) en Iran et dans plusieurs pays musulmans. Le Nouvel An était déjà fêté il y a plus de 2500 ans par les Babyloniens, les Assyriens et les Achéménides (*224-225*).

Nur – lumière. Dans le Coran (XXIV, 35), Dieu est lumière sur lumière et ses Révélations sont des lumières. Le thème de la lumière divine ou spirituelle est omniprésent dans la mystique, la culture et la symbolique musulmanes et persanes. Les anciennes religions de Perse (Zoroastrisme, Mithriacisme, Manichéisme) faisaient de

►Karim Khân Zand fumant le narguilé, XVIIIᵉ s. Musée Pârs, Shirâz.

même de la réalité divine une Lumière pure et éternelle.

Oulémas – voir **Alim**.

Paléolithique – «l'âge de la pierre». Période préhistorique précédant le néolithique*. Elle s'étend environ de ~2'000'000 à ~10'000, et se caractérise par le développement des premiers outils taillés dans la pierre.

Paradeisos – mot grec issu du vieux perse *pairi daeza* et à l'origine du mot français «paradis». Jardin de chasse royal, utilisé depuis les Achéménides jusqu'aux Sassanides (*152*).

Parsi – fidèle de la religion zoroastrienne.

Pâsdârân – dans la République islamique, «Gardien de la Révolution» (*69*).

Pehlevi – langue utilisée sous les Sassanides (IIIᵉ-VIIᵉ s.) et dont dérive le persan moderne. Le terme désigne soit la langue parthe, soit le moyen perse littéraire (*219*).

Pendentifs – voir **Coupole sur pendentifs**.

Péri – fée.

Perse – le sud de l'Iran, correspondant aujourd'hui à la province du Fârs. L'adjectif «perse» est utilisé pour parler de la culture iranienne préislamique (avant le milieu du VIIᵉ s.), l'adjectif «persan» pour la culture iranienne d'époque musulmane (dès le milieu du VIIᵉ s.).

Peshmerga – combattant kurde.

Pir – le maître spirituel dans le soufisme.

Pisé – terre argileuse mêlée à de la paille ou à des petits cailloux et utilisée comme matériau de construction.

Pishtâq – portail voûté monumental, développé à l'époque timouride (XIVᵉ-XVᵉ

Protome de taureau, Bishâpur, IIIᵉ s.

s.), et sans doute dérivé de l'architecture iranienne préislamique.

Plan basilical – voir **Basilique**.

Pol – pont.

Profession de foi – voir **Shahâda**.

Protome – buste de personnage ou tête d'animal utilisés comme élément décoratif.

Mur de la qibla. Mosquée du Vendredi, Nâ'in, Xᵉ-XIVᵉ s.

Qal'eh – forteresse.

Qanât – canal, en grande partie souterrain, aménagé pour apporter l'eau du pied des montagnes aux champs cultivés ou aux cités (*25*).

Qasr – palais.

Qibla – orientation vers La Mecque. Dans chaque mosquée, le mur de la qibla donne la direction de la ville sainte, vers laquelle se tournent les fidèles pendant la prière. Sur ce mur se trouvent toujours une niche (le mihrab*) et une chaire (le minbar*).

Rak'a – division de la prière musulmane, composée de la station debout, d'une

►Rhyton en or, époque mède, ~VIIᵉ-~VIᵉ s.
Musée Rezâ Abbâsi, Tehrân.

inclination et d'une prosternation (*92*).

Ramadan – selon le calendrier lunaire islamique, neuvième mois de l'année, durant lequel les musulmans doivent jeûner et s'abstenir de fumée et de relations sexuelles de l'aurore au coucher du soleil (*92*).

►Billets de 10'000 rials.

Rhyton – coupe pour boire, en forme de corne ou de tête d'animal.

Rial – monnaie iranienne moderne. On compte également en toman (10 rials = 1 toman).

Robât – édifice fortifié, situé en dehors des villes, destiné à la guerre sainte et à la réunion de confréries spirituelles. Il peut aussi servir de caravansérail et de refuge.

Rubâ'i (pluriel: **rubâî'yât**) – Poème de quatre vers, quatrain (*188*).

Rud(khâneh) – rivière.

Rum – ancien nom arabe, persan et turc pour l'Empire byzantin, l'Asie mineure et l'Europe.

Salâm alaykum – littéralement: «Que la Paix (le Salut) soit sur vous». S'utilise pour dire «bonjour».

Salât – en Islam, prière rituelle.

Samâ – concert, audition et danse mystiques dans les confréries soufies.

Samit – forme de textile lustré et satiné (*125, 172*).

▶Senmurv sur un vase sassanide, V^e-VIe s. Musée National de l'Iran, Tehrân.

Satrape – dans l'Empire achéménide, gouverneur d'une satrapie*.

Satrapie – division territoriale et administrative de l'Empire achéménide (*41-42*).

Senmurv – ancêtre du Simorgh*, le Senmurv est un animal fantastique présent dans l'art sassanide (IIIe-VIIe s.): il a une tête de chien, une queue de paon, des ailes et des pattes griffues.

Sériciculture – élevage des chenilles d'un papillon (le *Bombix mori*), dont le cocon donne les fils de soie (*172*).

Seyyed – descendant du Prophète Muhammad. Les théologiens seyyed portent un turban noir (par exemple l'Imam Khomeyni), alors que les autres

▶Roi. Peinture sur livre, attribuée à Behzâd, 1528-1529. Bibliothèque du palais du Golestân, Tehrân.

ont un turban blanc.

Shabestân – dans une mosquée, salle de prière hypostyle* à coupoles.

Shâh – dès l'époque achéménide, titre donné aux souverains de Perse.

Shahâda – attestation de foi en Islam: «Il n'y a pas de divinité si ce n'est Dieu» et «Muhammad est l'envoyé de Dieu» (*92*).

Shâhanshâh – roi des rois.

Shâhbânu – épouse du Shâh, impératrice.

Shahid – martyr ou témoin.

Shahr – ville.

Shahrestân – partie commerçante et résidentielle d'une cité traditionnelle musulmane.

Shamse – de l'arabe *shams*: soleil. Dans l'art décoratif, motif circulaire rayonnant, que l'on trouve dans les enluminures ou au centre des coupoles. Sa symbolique principale est celle

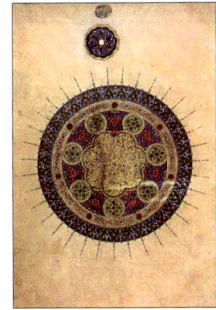
▶Shamse. *Livre des rois* de Ferdowsi, 1430. Bibliothèque du palais du Golestân, Tehrân.

du soleil divin, dont les rayons créateurs font surgir les mondes de sa lumière.

Shari'a – la Loi religieuse, constituée par le Coran et les hadîths⁴ (*91*).

Sheikh (ou **shaykh**) – à l'origine, ce terme désignait le chef de tribu et les grands défenseurs de l'Islam, et, par la suite, les notables, les clercs, les maîtres soufis et les saints.

Simorgh – oiseau fabuleux et surnaturel des mythes iraniens, apparu dans le *Livre des rois* de Ferdowsi. Les peintres se sont inspirés du phénix chinois pour le représenter. Les soufis, comme Attâr, ont fait de lui un symbole de l'homme spirituel, de l'amour divin et de l'immanence de Dieu (*194*).

Deux Simorgh dans un livre du XVe s.

Sofreh – nappe (*225, 229, 239*).

Soufisme – dimension mystique de l'Islam

surtout sunnite (*97-103*).

Sourate – «chapitre» du Coran qui en compte 114. Chaque sourate est divisée en plusieurs versets (*91*).

Stalactites – voir **Muqarnas**.

-stân – suffixe signifiant «le lieu de» ou «le pays de». L'Afghanistan, par exemple, est le pays des Afghans.

Stuc – plâtre. Dans l'art iranien, le stuc a été utilisé depuis l'époque achéménide (~VIe s.) jusqu'à nos jours dans le décor. Posé frais en plusieurs couches sur les murs, le plâtre était ensuite sculpté et peint.

Sultan – le pouvoir et celui qui le détient.

Stuc sculpté. Gonbad-e Alavian, Hamadân, XIIe s.

Sunna (ou **sounna**) – actions et paroles du Prophète (hadith*), servant de modèle et de guide pour la vie sociale et spirituelle des musulmans.

Sunnisme – de l'arabe *sunna*: traditions et coutumes (du Prophète Muhammad). Principale composante religieuse de l'Islam, opposée aux chiites* et aux khâridjites*, les sunnites se fondent sur le suivi fidèle de la loi donnée par le Prophète et sur la reconnaissance des quatre premiers califes* (*93-97*).

Suq – bazar, marché.

Ta'ârof – politesse, bonnes manières (*18*).

Tabarestân – ancien nom de la province du Mâzandarân, située au-dessous de la mer Caspienne.

Takht – trône.

Cour et tâlâr de la maison Ameri, Kâshân, XIXe s.

Coupe d'un tapeh.

Tâlâr – dans les riches maisons traditionnelles, grande pièce de réception richement décorée et donnant sur une cour intérieure (*148*).

Tang – gorge, défilé.

Tapeh (en arabe: **tell**) – colline artificielle, formée par les ruines d'édifices construits les uns au-dessus des autres à différentes époques. Chaque couche représente une époque: plus on creuse, plus on remonte dans le temps, les constructions sur le sol étant les plus anciennes.

Tâq – arc.

Tariqa – littéralement: «le sentier» ou «la voie». La voie spirituelle du soufisme. Désigne aussi la confrérie soufie.

Tawhid – Unité divine.

Ta'ziyeh – drame théâtral et rituel célébrant le martyre de l'Imam Hosseyn à Karbala (*208-210*).

Tchador – grand voile noir que les femmes revêtent par-dessus leur manteau et leur foulard. Il ne laisse dégagés que les pieds, les mains et le visage (*228*). Désigne aussi la tente.

Tekiyeh – théâtre, dans lequel est notamment représentée la «Passion» de l'Imam Hosseyn (*145*).

►Tekiyeh Dowlat, Tehrân. Peinture de 1880.

Tell – voir **Tapeh**.

Tépé – voir **Tapeh**.

Timcheh – dans le bazar, espace commercial surmonté d'une coupole.

Tirâz – deux significations: 1. Formes de robes luxueuses, ornées d'inscriptions brodées, portées par l'aristocratie régnante ou des dignitaires. – 2. Ateliers royaux où ces vêtements sont réalisés (*172*).

Toman – voir **Rial**.

Tour du silence – voir **Dakhmeh**.

Trans-élamite – expression de Pierre Amiet pour désigner les civilisations du ~IIIe mil. au ~XVIIe s. situées en dehors de l'Elam (au Kermân, au Sistân, etc.), mais rattachées culturellement à l'Elam grâce au commerce.

Transoxiane – partie de l'Asie centrale située au-delà du fleuve Amou-Daria, autrefois appelé Oxus (d'où «Trans-oxiane»: «au-delà de l'Oxus»).

Trompes d'angle – voir **Coupole sur trompes**.

Tughra – emblème et signature calligraphiés du souverain turc, seldjoukide ou ottoman.

Turan – l'Asie centrale.

Turcomans – voir **Turkmènes**.

Turkestan – littéralement: «le pays des Turcs». Vaste espace, habité par des peuplades turques, et que couvrent aujourd'hui les républiques d'Asie centrale et l'ouest de la Chine (Xinjiang).

Turkmènes – nom générique donné aux peuples nomades turcs d'Asie centrale.

Voûte en berceau. Takht-e Suleymân, époque sassanide.

Ulama – voir **Alim**.

Umma – en Islam, la communauté des croyants.

Vakil – régent.

Vizir – chef suprême de l'administration, ministre.

Voûte en berceau – construction en briques ou en pierres recouvrant un espace entre deux murs parallèles. Il en existe de nombreux types: la voûte en plein cintre (formée d'un demi-cercle), la voûte en berceau brisé (dessinant une sorte d'ogive), la voûte à berceaux transversaux (créée avec des voûtes dont l'axe du berceau est perpendiculaire aux murs).

Waqf – biens de diverses provenances (donations, héritages, revenus agricoles ou industriels, etc.) donnés de manière inaliénable à une mosquée, un mausolée, une madrasa ou une fondation charitable pour leur construction et leur entretien.

Welâyat – littéralement: «amitié». Dans le chiisme, la welâyat désigne la présence sainte, invisible et transcendante des Imams* (68). Intimes de Dieu, ils protègent et illuminent les fidèles sur terre en leur inspirant une connaissance spirituelle. Le cycle de la welâyat désigne le temps des douze Imams qui ont succédé au Prophète et qui détiennent la signification ésotérique de la religion.

Xvarnah (ou **xvarenah**) – voir **Khvarnah**.

Yâ – «ô!»; «salut». Exemple: «yâ Ali»: «ô Ali!», «qu'Ali m'aide!».

Yakhdân – édifice en forme de dôme, conservant de la glace dans son sous-sol et servant de grande glacière (154).

Zakât – en Islam, l'aumône légale (93).

Zâwiya – *ribât* en arabe, *khânqâh** en persan. Lieu de réunion, de prière et de retraite d'une confrérie soufie.

Zeydisme – courant chiite qui se réclame de Zeyd (mort en 740), demi-frère du Ve Imam*. Selon sa doctrine, l'Imam, successeur d'Ali, peut être tout homme pieux parvenant à s'imposer, éventuellement par la force militaire (95).

Ziggurat – sans doute de l'akkadien *zaqâru*: «construire en hauteur». Construction à étages mésopotamienne, apparue au ~IIIe mil. et bâtie en briques crues. Au sommet, accessible par des escaliers ou des rampes, se trouvait un temple. Sa fonction sacrée est d'unir le Ciel et la Terre (312).

Zurkhâneh – littéralement: «maison de force». Lutte traditionnelle (231-232).

Reconstitution de la ziggurat d'Ur, Irak, ~XXIe s.

REPERES CHRONOLOGIQUES

Les tableaux suivants n'ont qu'un seul but: résumer quelques lignes de crête de l'histoire iranienne. Ils ne sont nullement exhaustifs, et ils ne rendent pas compte de la complexité des événements, notamment lorsque plusieurs dynasties règnent simultanément sur différentes régions de l'Iran. D'autre part, certaines dates sont incertaines (notamment pour les époques reculées) ou difficiles à choisir: on peut faire commencer une dynastie par le début du règne de son fondateur ou par la conquête de son territoire. Certains qualificatifs (poètes, savants, etc.) sont lapidaires, mais comment résumer en un mot des hommes qui ont pu être en même temps écrivain, mathé-maticien, médecin, théologien et soufi? Il n'a évidemment pas été possible de citer tout le monde, si bien que les absents ne le sont que par manque de place. Les repères chronologiques ci-dessous permettront une vision comparative du développement des premières civilisations sédentaires.

Europe
~VIe mil.: néolithique.
v. ~4500-~4000: mégalithes en Europe occidentale.
~IVe mil.: introduction de la métallurgie.
~2900-~2000: chalcolithique (âge du cuivre).
~2000-~800: âge du bronze.
~750-~700: début du premier âge du fer.
~VIIIe s.: civilisation étrusque en Italie.
~IIIe: Rome s'impose en Italie et devient empire sous Auguste, à la fin du ~Ier s.

Afrique subsaharienne
Milieu du ~Ier mil.: agriculteurs sédentarisés de Nok au Nigéria: premières sculptures en terre cuite connues en Afrique.

Grèce
v. ~4500: néolithique.
~2700-~1200: civilisation de la Crète minoenne.
~1580-~1050: civilisation mycénienne.
~1050-fin du ~VIIIe s.: civilisation de la Grèce archaïque.
~VIIIe s.: premiers Etats grecs.
~480-~336: période classique.
~336-~30: période hellénistique.

Egypte
~VIIe mil.: néolithique.
v. ~3032-~2707: les deux premières dynasties (époque thinite).
v. ~3000: apparition de l'écriture hiéroglyphique.
~2707-~2170: Ancien Empire.
v. ~2680: première pyramide en pierre (Saqqara).
~2119-~1794/3: Moyen Empire.
~1550-~1070: Nouvel Empire (XIXe-XXe dynasties: les Ramsès).
~1070-~332: Basse Epoque.

Anatolie, Syrie, Palestine
~8000: site néolithique précéramique de Jéricho (Cisjordanie), improprement appelé «ville».
~7000: néolithique en Anatolie (Chatal Hüyük).
v. ~3000: fondation de Troie (Asie Mineure).
~2900/2800: fondation de Mari (Syrie).
~XVIIIe s.: formation de l'Empire hittite (Anatolie).
Fin du ~XIe s.: début de la royauté israélite en Palestine.

Inde
v. ~7000: installations néolithiques de Mehrgârh (Baloutchistan).
~VIe mil.: apparition de la céramique.
~2500-~1800: civilisation des cités de la vallée de l'Indus (Mohenjo-Daro).
~IIe mil.: arrivée des Aryens (Indo-Européens).
Vers ~1000: âge du fer.

~326: Alexandre sur l'Indus: première date certaine de l'histoire de l'Inde.

v. ~320-~183: premier grand empire de l'Inde (Maurya).

v. ~273-~232: premiers textes écrits en langue indienne (inscriptions gravées du roi bouddhiste Ashoka).

Chine

~VIe-~Ve mil.: néolithique.

v. ~1500-v. ~1100: Shang-yin, première dynastie royale authentifiée par l'archéologie; introduction du bronze.

Vers le ~XIVe s.: apparition de l'écriture chinoise.

~221/223: unification de la Chine: premier empire et premier empereur chinois (Qin).

Mésoamérique et Amérique du Sud

Vers ~2500: néolithique en Mésoamérique.

Vers ~1500: premiers villages agricoles au Pérou.

~XVe s.: civilisation olmèque au Mexique.

Vers ~900: civilisation de Chavin au Pérou.

GUIDE CULTUREL DE L'IRAN

Millénaires	Dynasties	Evénements politiques et sociaux
~8000	Néolithique ~8000-v. ~4500	v. ~8200: fin de la dernière glaciation (Würm I).
		v. ~7500: village de Gandj Dâreh (Kordestân).
~7000		
		v. ~6500: village de Tapeh Sârâb (Kermânshâh).
		v. ~6500-~3700: période d'Obeid en Mésopotamie.
~6000	Age du cuivre (chalcolithique) ~Vᵉ-~IVᵉ mil.	
		~5500-~5300: villages de Hasanlu (Azarbâidjân).
~5000		Fin du ~VIᵉ mil.: villages dans la vallée de la Susiane.
		~Vᵉ-~IVᵉ mil.: époque d'Uruk à Sumer (Mésopotamie).
		~Vᵉ mil.: habitats de Tapeh Sialk (Esfahân).
		~Vᵉ mil.: village de Godin Tapeh (Kermânshâh).
		v. ~4500-~3900: village de Tapeh Yahya (Kermân).
~4000	Période proto-élamite ~3100-~2700	v. ~4000: fondation de Suse (niveau I).
		~3900: Tapeh Hissar (Semnân)
		~3800-~3100: Suse, époque d'Uruk (niveau II).
		Milieu du ~IVᵉ mil.: Turang Tapeh (Golestân).
		Fin du ~IVᵉ mil.: Shahr-e Sukhteh (Sistân)
		~3100-~2800: Suse, époque proto-élamite (niveau III)
~3000	Elamites v. ~2500-~640	~IIIᵉ mil.: domestication du chameau.
		~IIIᵉ mil.: échanges inter-iraniens.
		~2800-~2350: dynasties archaïques en Mésopotamie.
		~2400-~2100: dynastie élamite d'Awan.
		v. ~2350-~2200: empire d'Akkad (Agadé) en Mésopotamie.
		~2200: domination des Gutis en Mésopotamie.
		~2111-~2004: IIIᵉ dynastie d'Ur en Mésopotamie.
		v. ~2100: royaume élamite du roi Puzur-Inshushinak.
		~2050-~1885: dynastie élamite de Simashki.

Arts et événements culturels

~VIIIᵉ mil.: métallurgie en Mésopotamie et en Anatolie.

~VIIᵉ mil.: figures d'argile animalières et féminines (Zâgros).

v. ~6500: la céramique se généralise au Proche-Orient.

v. ~5000: figures animalières et humaines dans la roche (Tapeh Yahya).
~Vᵉ mil.-début ~IVᵉ mil.: premiers temples construits (Mésopotamie).
~Vᵉ mil.: céramiques faites à la main et peintes (Tapeh Sialk).
~Vᵉ mil.: apparition de la glyptique en Mésopotamie.
~Vᵉ mil.: cuivre martelé et non fondu.
v. ~4500: tombes archaïques du Lorestân.
~IVᵉ mil.: céramiques faites au tour et peintes (Tapeh Sialk).
~IVᵉ mil.: cuivre fondu et coulé.
v. ~3500: apparition de la sculpture (vallée de la Susiane).
~3300-~3000: naissance des premières villes en Elam (Suse) et en Mésopotamie (Uruk).
Fin du ~IVᵉ mil.: écriture cunéiforme en Mésopotamie.
Fin du ~IVᵉ mil.: le sceau-cylindre remplace le cachet.
v. ~3000: premières mosaïques connues dans des temples sumériens.
~IIIᵉ mil.: les textes se multiplient: début de l'histoire enregistrée et datable.
~IIIᵉ mil.: écriture pictographique des Elamites.
~IIIᵉ mil.: maîtrise de la voûte en Mésopotamie et en Iran.
~IIIᵉ mil.: construction à étages (ziggurat?) d'Altyn Tapeh (Turkménistan).
~IIIᵉ mil.: la technique de la glaçure et de l'émail se développe en Mésopotamie.
~2600-~1700: métallurgie (bronze) et tombes voûtées dans le Lorestân.
~XXIᵉ s.: première ziggurat connue en Mésopotamie (Ur).

Millénaires	Dynasties	Evénements politiques et sociaux
~2000	Elamites v. ~2500-~640	v. ~2000: rois d'Ur chassés de l'Elam. Au cours du ~IIe mil.: Indo-Européens en Iran. ~XXe-~XVIIe s.: royaumes amorrites en Mésopotamie. v. ~1970/40: création du double royaume élamite qui unit Suse et Anshân. ~1930-~1500: dynastie élamite de Sukkalmah. ~XIXe s. (?): patriarche Abraham (Proche-Orient).
	Age du bronze moyen et récent v. ~2000-v. ~1400/1300	~1792-~1750: Hammurabi règne à Babylone. v. ~1760-~1594: Empire paléo-babylonien en Mésopotamie. ~XVIIe s.: disparition des civilisations «trans-élamites».
~1500		~1525-~1171: les Kassites en Babylonie. v. ~1500-~1370: royaume de Mitanni au sud de l'Arménie et au nord-ouest de l'Assyrie.
	Epoque médio-élamite v. ~1500-~1100	~1455-~1405: dynastie élamite des Kidinuides. ~1405-~1215: dynastie élamite des Igihalkides. ~XIVe s.: création de la civilisation de Marlik. ~XIVe-~XIIe s.: Empire médio-assyrien en Mésopotamie. v. ~1345-~1305: règne du roi élamite Untash-Napirisha.
	«Age du fer» ~XIVe-~VIe s.	~XIIIe s. (?): Moïse, prophète (Proche-Orient). ~1200-~1100: dynastie élamite des Shutrukides. ~1190-~1160: règne du roi élamite Shutruk-Nahhunte. ~1126-~1105: Nabuchodonosor Ier règne à Babylone.
~1000	Néo-Elamites v. ~750-~640	v. ~1100: éclipse de l'Elam pour plusieurs siècles. Début du ~Ier mil.: Indo-Européens en Iran. ~Xe s.-~612: Empire néo-assyrien en Mésopotamie. ~IXe s.: création du royaume d'Urartu (ouest de l'Iran). ~IXe s.: première mention des Mèdes. ~VIIIe s.: Scythes et Cimmériens en Asie occidentale. ~VIIIe s.: fondation d'Ecbatane (Hamadân), capitale des Mèdes. v. ~728-~675: Déiokès, roi mède.

Arts et événements culturels

1re partie du ~IIe mil. (?): relief élamite de Kurangun.
v. ~2000-~1900: relief d'Anubanini à Sar-e Pol-e Zahâb.
Début du ~IIe mil.: premières versions de l'Epopée de Gilgamesh (Mésopotamie).
Premiers siècles du ~IIe mil.: premiers textes astrologiques (Mésopotamie).

~XVIIe s.: relief élamite de Naqsh-e Rostam.
~XVIIe s.: premier récit du déluge (Mésopotamie).

Dès le ~XVIe s.: les Elamites utilisent une écriture cunéiforme.

~XVe s.: Haft Tapeh.

~XIVe-~VIIIe s.: nécropole A de Tapeh Sialk.
~XIVe-~XIIe s.: nécropole de Marlik.

2e moitié du ~XIVe s.: ville et ziggurat de Choghâ Zanbil.

~XIIIe-~VIe s.: métallurgie (bronze) du Lorestân.
~XIIIe s.: maîtrise du fer en Anatolie (Turquie).

~XIIe s.: reliefs rupestres élamites d'Izeh / Malamir.

v. ~1100-~800: citadelle de Hasanlu (niveau IV).
~Ier mil.: développement de la métallurgie du fer.

~VIIIe s.: forteresse mède de Godin Tapeh.
~VIIIe s.: Tapeh Nush-i Djân: citadelle et temple du feu mèdes.
~VIIIe s.: palais avec chambres peintes de Bâbâ Djân.

Siècles	Dynasties	Evénements politiques et sociaux
~700	Mèdes ~VIIᵉ-~VIᵉ s.	~VIIᵉ s.: les Scythes conquièrent la Médie puis sont chassés par les Mèdes.
		~675-~653: Phraortès, roi mède.
		~653-~585: Cyaxare, roi mède.
		~626-~539: Empire néo-babylonien en Mésopotamie.
		~612: les Mèdes détruisent l'Empire néo-assyrien.
~600		~VIᵉ s. (ou avant): Zarathushtra, prophète du Mazdéisme.
		~VIᵉ s.: naissance du Bouddhisme (Inde).
		~VIᵉ s.: Pythagore, philosophe grec.
		~587-~539: les juifs captifs à Babylone.
		~559-~530: règne de Cyrus II le Grand.
		~539: Cyrus II conquiert Babylone.
		~521-~486: règne de Darius Iᵉʳ.
~500	Achéménides ~559-~330	~Vᵉ s.: révoltes intermittentes de satrapies.
		~490-~478: guerres médiques.
		~470-~399: Socrate, philosophe grec.
		~485-~465: règne de Xerxès Iᵉʳ.
		~465-~424: règne d'Artaxerxès Iᵉʳ.
		~428/7-~347/6: Platon, philosophe grec.
~400		~401: mort de Cyrus le Jeune, révolté contre Artaxerxès II.
		~384-~322: Aristote, philosophe grec.
		~338: Artaxerxès III empoisonné par Bagoas.
		~330: Darius III est assassiné.
		~323: mort d'Alexandre à Babylone.
		~323-~281: guerre des diadoques, généraux d'Alexandre.
		~312-~281: règne de Séleucos Iᵉʳ Nicator.
~300	Alexandre le Grand ~330-~323 Séleucides ~312-~64	~IIIᵉ s.: Arsace Iᵉʳ, fondateur des Parthes Arsacides.
~200		~IIᵉ s.: constitution du royaume d'Elymaïde.
	Parthes Arsacides ~247-224	~171-~138: règne de Mithridate Iᵉʳ.
		~141: les Parthes prennent Babylone aux Séleucides.
		~123-~88: règne de Mithridate II.
		Vers ~110: Mithridate II envahit l'Arménie.
		Fin du ~IIᵉ s.-début du ~Iᵉʳ s.: naissance de la route terrestre de la soie.
~100		~53: Crassus battu à Carrhae par les Parthes.

Arts et événements culturels

~VIIe s.: Bastâm, ville urartéenne.
~VIIe s.: trésor de Ziwiyeh.
~VIIe-~VIe s.: reliefs néo-élamites de Naqsh-e Rostam.

~VIe-~IVe s.: trésor de l'Oxus (Tadjikistan).
~VIe s.: palais et tombeau de Cyrus II à Pasargades.

Fin du ~VIe s.: fondation de Persépolis par Darius Ier.
Fin du ~VIe s.: palais de Darius Ier à Suse.
Fin du ~VIe s.: bas-reliefs de Bisutun (Darius Ier).
~VIe-~Ve s.: ville de Dahâneh Gholâmân (Sistân).
~Ve s. (?): tapis de Pazyryk, aux motifs iraniens (Sibérie).
~Ve s.: tombeaux de Naqsh-e Rostam.
~Ve s.: trésor de Hamadân.
~Ve s.: inscription de Gandj Nâmeh.
~Ve s. (?): tombeau d'Esther, Hamadân.

~IVe s.: tombeaux de Persépolis.
~IVe-~IIe s.: temple grec sur l'île de Khârk.

Vers ~324 (ou plus tôt): lion de pierre, Hamadân.

Dès le ~IIIe s.: culture hellénistique en Perse.

Fin du ~IIIe s.: Hecatompylos, capitale parthe.

~IIe s.: édifice parthe de Khorheh.
~IIe s.: Nisa, capitale parthe (Turkménistan).
~IIe s. (?): fondation de Kuh-e Khwâdjeh.
~IIe-~Ier s.: «mur d'Alexandre», plaine de Gorgân.

~148: dieu Héraklès, sculpture de Bisutun.

~Ier s. (?): statue en bronze de Shami.

Siècles	Dynasties	Evénements politiques et sociaux
0	Parthes Arsacides ~247-224	Vers l'an 0: «Des mages venus d'Orient» rendent visite à Jésus-Christ. 30 (?): mort de Jésus-Christ. 2e moitié du Ier s.: évangélisation des Perses par saint Thomas (?). 51-78: règne de Vologèse Ier. 66: Tiridate Ier, frère de Vologèse Ier, roi d'Arménie.
100		IIe s.: des offensives romaines menacent les Parthes en Mésopotamie.
200		Début du IIIe s.: affaiblissement de la royauté parthe. 205-270: Plotin, philosophe grec néoplatonicien. 216-275: Mani, fondateur du Manichéisme. 224: Ardashir Ier vainc le dernier roi parthe. 224-241: règne d'Ardashir Ier. Dès 237: guerres entre les Sassanides et Rome. 241-272: règne de Shapur Ier. 2e moitié du IIIe s.: Kartir, grand prêtre zoroastrien. 2e moitié du IIIe s.: le Mazdéisme devient religion d'empire. 287: traité de paix entre la Perse et Rome.
300	Sassanides 224-651	309-379: règne de Shapur II. 330: Byzance (Constantinople), capitale de l'Empire romain. 340: persécution des chrétiens de Perse. 363: Shapur II vainc l'empereur Julien dit l'Apostat. 384: partage de l'Arménie entre Rome et la Perse. 391: Christianisme, religion officielle de l'Empire romain. Fin du IVe s.: le Mithriacisme est interdit et persécuté en Occident.
400		Ve s.: ambassades sassanides en Chine. 421-439: règne de Bahram V. 448: guerre entre les Sassanides et les Hephtalites. 451: Yazdegerd II veut convertir l'Arménie de force. 476: chute de l'Empire romain d'Occident: début du Moyen Age occidental. 484: les Sassanides versent un tribut aux Hephtalites. Dès 494: Mazdak propage sa doctrine révolutionnaire.
500		VIe s.: ambassades sassanides en Chine. 528/529: mort de Mazdak et fin de sa rébellion. 531-579: règne de Khosrow Ier. v. 560: Khosrow Ier vainc les Hephtalites. 591-628: règne de Khosrow II.

Arts et événements culturels	Artistes, savants, écrivains

Début de notre ère (?): fondation de Bam.
Dès le Ier s.: art gréco-bouddhique du Gandhara (Afghanistan).
Dès le Ier s.: «anti-hellénisme» et iranisation de la culture parthe.
Ier s.: développement de l'iwan dans l'architecture parthe.
Ier-IIe s.: tombes élyméennes de Gelâlak (près de Shushtar).
Ier-IIe s.: reliefs rupestres d'Elymaïde.

IIe s.: mithraeum de Dura-Europos (Syrie).
IIe s.: palais et temples de Hatra (Irak).

Période sassanide: fondations de Shirâz, Semnân, Kermân, Qazvin, Kâshân, etc.
IIIe s.: palais et ville de Firuzâbâd, forteresse de Qal'eh-ye Dokhtar.
IIIe s.: ville, palais, temple et bas-reliefs de Bishâpur.
IIIe s.: bas-reliefs de Naqsh-e Rostam et de Naqsh-e Radjab.
IIIe s.: fondation de la ville de Gondishapur.
IIIe s.: ponts-barrages de Shushtar.
IIIe s.: statue de Shapur Ier, grotte de Mudân.
IIIe s.: tissage de la soie en Iran.
IVe s. (?): début de la sériciculture en Iran.
IVe s.: bas-reliefs de Tâq-e Bostân.
IVe s.: fondation de la ville d'Iwân-e Karkheh.

Ve s. (?): palais de Sarvestân.
Ve s.: temples du feu (chahâr tâq) dans la plaine de Farâshband.
V^e ou VIe s.: édifices de Takht-e Suleymân.
VIe s. (?): palais de Ctésiphon (Irak).
VIe s. (?): le «Printemps de Khosrow», tapis.
VIe-VIIe s.: bas-reliefs de Tâq-e Bostân.

VIe s.: Barbad, musicien de Khosrow II.

VIe-VIIe s.: palais de Shirin, Qasr-e Shirin.

Siècles	Dynasties	Evénements politiques et sociaux
600		603: Khosrow II attaque l'Empire byzantin.
		632: mort du Prophète Muhammad.
		632-661: les califes successeurs du Prophète: Abu Bakr, Umar, Uthman, Ali; naissance du chiisme et du sunnisme.
		634-651: les Arabes conquièrent la Perse: début de l'islamisation des populations et de la culture.
		660-680: Mu'awiya, 1er calife omeyyade à Damas.
		680: l'Imam Hosseyn martyrisé à Karbala.
	Omeyyades 661-750	684-705: califat d'Abd al-Malik.
700		Vers 700: des zoroastriens émigrent en Inde.
		747: Abu Muslim se révolte contre les Omeyyades au nom des Abbassides dans le Khorâsân.
		750-1349: dynastie Bawandide dans le Mâzandarân.
		754-775: califat d'al-Mansur.
	Abbassides 750-1258	762: fondation de Bagdad.
		786-809: califat de Harun al-Rashid.
800		813-833: califat d'al-Ma'mun.
		818: mort du VIIIe Imam à Mashhad.
		820-873: les Tahirides règnent au Khorâsân.
	Samanides 819-1005 Bouyides 932-1055 Ghaznavides 977-1186	867-v. 1495: les Saffarides règnent au Sistân.
		874: disparition du XIIe Imam chiite.
900		927-1090: les Ziyarides règnent dans la région de Gorgân.
		935: les Samanides prennent le Khorâsân et le Sistân.
		945: les Bouyides occupent Bagdad.
		997-1030: règne de Mahmud de Ghazna.
1000		1018-1092: Nizam al-Molk, vizir.
		1038-1063: règne de Tughril Ier.
		1072-1092: règne de Malik Shâh.
	Seldjoukides 1038-1194	1074: réforme du calendrier persan par Omar Khayyâm.
		1090: les ismaéliens à Alamut.
1100		1118-1157: règne du sultan Sandjar.
		1149: fin des Ghaznavides en Perse.
		1157: mort du sultan Sandjar: l'empire des Grands Seldjoukides se disloque.
	Shâhs du Khwârazm 1194-1231	1167-1227: Gengis Khan.
		1172-1199: Shâhs du Khwârazm au Khorâsân et à Esfahân.

Arts et événements culturels

691-692: Dôme du Rocher (Jérusalem).
Fin du VIIᵉ s.: influence sassanide sur l'art islamique.
VIIIᵉ s.: apparition de l'écriture koufique.
VIIIᵉ s.: palais omeyyades de Syrie et de Jordanie.
Dès le VIIIᵉ s.: traduction arabe des textes scientifiques de l'Antiquité grecque.
706-715: mosquée arabe des Omeyyades à Damas (Syrie).
v. 750 (?): mosquée de type arabe de Dâmghân.

IXᵉ s.: manuscrits manichéens découverts dans le Turkestan chinois.
IXᵉ s.: fondation des tombeaux du VIIIᵉ Imam à Mashhad et de sa sœur à Qom.
832: « Maison de la Sagesse », Bagdad (Iraq).
870-892: palais et mosquées de Samarra (Irak).

v. 900: mausolée des Samanides à Boukhara (Ouzbékistan).
Xᵉ s.: épîtres ismaéliennes des «Frères de la pureté».
Xᵉ-XIᵉ s.: développement des mausolées.
Xᵉ s.: mosquée de type arabe de Nâ'in.
Xᵉ s.: développement de l'écriture naskhi.

XIᵉ s.: apparition de la céramique turquoise dans le décor architectural.
XIᵉ s.: multiplication des madrasas.
XIᵉ s.: développement de la poésie mystique.
1007: tour funéraire de Gonbad-e Kâvus.
1009: premier manuscrit illustré connu.
1067, 1093: tours funéraires de Kharaqân.

Entre le XIᵉ et le XIIᵉ s.: apparition de la mosquée persane.
XIIᵉ s.: mosquées du Vendredi de Zavâreh, d'Ardestân et d'Esfahân.
XIIᵉ s.: les céramistes utilisent le lustre métallique.
1114, 1154: caravansérail de Robât-e Sharaf.
XIIᵉ-XIIIᵉ s.: céramique minâi.
XIIᵉ-XIIIᵉ s.: agrandissement du tombeau de Abu Yazdi Bistâmi (Bistâm).

Artistes, savants, écrivains

?-641/649: Salmân, Persan proche du Prophète.

699-767: Abu Hanifa, fondateur du rite hanafite.
VIIIᵉ s.: Djâbir Ibn Hayyân, alchimiste.
710-796: Malik Ibn Anas, fondateur du rite malikite.
v. 720-756: Ibn al-Muqaffa, écrivain.
767-820: al-Shafi'i, fondateur du rite chaféite.
777-848: Abu Yazid Bistâmi, soufi.
780-855: Ibn Hanbal, fondateur du rite hanbalite.

v. 801-v. 866: al-Kindi, philosophe arabe.
820/25-911: Ibn Khordâdhbeh, géographe.
?-910/11: Djunayd, soufi.
v. 854-925/35: Abu Bakr al-Râzi, médecin.
857-922: Hallâdj, soufi.
870-950: al-Fârâbi, philosophe.
886-940: Ibn Muqla, calligraphe (Irak).
Xᵉ s.: al-Balkhi, géographe.
?-940: Rudaki, poète.
903-986: Abd al-Rahmân al-Sufi, astronome.
932-1030: Miskawayh, philosophe.
940-998: al-Buzadjâni, mathématicien.
v. 940- v. 1019: Ferdowsi, poète épique.
9/3-après 1050: Birûni, savant.
980-1037: Ibn Sinâ (Avicenne), philosophe et médecin.
XIᵉ s.: Bâbâ Tâher, poète et soufi.
XIᵉ s.: Gorgâni, poète.
XIᵉ s.: poètes de la cour de Ghazna (Afghanistan): Onsori, Farrokhi et Manuchehri.
1004-1075: Nâsir-e Khosrow, philosophe et poète.
v. 1048-v. 1123: Omar Khayyâm, savant et poète.
1058-1111: al-Ghazâli, théologien et soufi.
?-1131: Sanâ'i, poète.
v. 1145-1221: Attâr, poète.
1128-1209: Ruzbehân Baqli Shirâzi, soufi.
v. 1141-1209 (?): Nezâmi, poète.
1145-1234/35: Omar Sohravardi, soufi.
1145-1221: Nadjmoddin Kobrâ, soufi.
1155-1191: S. Y. Sohravardi, «philosophe de l'Illumination».

Siècles	Dynasties	Événements politiques et sociaux
1200	**Mongols et Ilkhânides 1215-1353**	1219-1220: les Mongols en Transoxiane et dans le Khwârazm. 1256-1265: règne de l'Ilkhân Hulagu. 1258: Hulagu pille Bagdad: fin des califes abbassides. 1271-1295: voyage de Marco Polo.
1300		Vers 1300: fondation de l'ordre soufi safavide. 1304-1316: règne de l'Ilkhân Uldjâitu. 1310: l'Ilkhân Ghâzân se convertit à l'Islam. 1314-1393: les Mozaffarides dans le Kermân et le Fârs. 1336-1405: Tamerlan (Timur Lang). 1369: Samarkand, capitale de Tamerlan. Dès 1370: grandes conquêtes de Tamerlan (Asie centrale, Perse, Mésopotamie, Russie, Inde, Anatolie).
1400	**Tamerlan et les Timourides 1370-1506**	1380-1468: les Turcomans du «Mouton Noir» (Qara Qoyyunlu) à l'ouest de la Perse, en Irak et dans l'Est anatolien. 1405-1447: règne de Shâhrukh au Khorâsân et au Sistân. 1430: Tabriz, capitale des Turcs du «Mouton Noir». 1453: les Ottomans prennent Constantinople: fin du Moyen Age occidental. 1453-1502: les Turcomans du «Mouton Blanc» (Aq Qoyyunlu) à l'ouest de la Perse. 1468: les «Moutons Blancs» renversent les «Moutons Noirs». 1470-1506: Hosseyn Bayqara règne en Perse orientale.
1500		1500-1506: les Sheybanides renversent les Timourides en Transoxiane. 1501: le chiisme devient la religion de Perse. 1501-1524: règne de Shâh Ismâil Ier. Début du XVIe s.: introduction des armes à feu. Dès 1514: guerre avec les Ottomans. 1524-1576: règne de Shâh Tahmâsp Ier. 1526: Bâbur fonde l'Empire moghol (Inde). 1555: Qazvin devient capitale. 1587-1629: règne de Shâh Abbâs Ier. 1598: Esfahân devient capitale.
1600	**Safavides 1501-1732**	1598-1623: grandes conquêtes safavides. XVIIe s.: voyageurs européens en Perse. 1639: traité de paix avec les Ottomans. 1642-1666: règne de Shâh Abbâs II. 1675: défaite des Turkmènes face aux Persans.
1700	**Afghans 1722-1729 Nâder Shâh 1736-1747 Zands 1750-1794**	1722: les Afghans prennent Esfahân. 1739: Nâder Shâh pille Delhi. 1750-1779: Karim Khân Zand règne sur le centre et le sud de la Perse. 1779-1797: règne de Aqâ Muhammad Qâdjâr. 1786: Tehrân devient capitale. 1797-1834: règne de Fath Ali Shâh.

Arts et événements culturels

2ᵉ moitié du XIIIᵉ s.: observatoire astronomique de Marâgheh.

XIVᵉ s.: épanouissement de la miniature.
XIVᵉ s.: Mir Ali, maître de l'écriture nastaliq.
XIVᵉ s.: mausolées ilkhânides de Qom.
1307-1313: mausolée de Soltâniyeh.
1307-08: mausolée de Natanz.
1325-1334, 1375: mosquée du Vendredi de Yazd.
1336: mausolée de Sarakhs.
1349: mosquée du Vendredi de Kermân.
Fin du XIVᵉ s.: parc Elgoli, Tabriz.
Fin du XIVᵉ-début du XVᵉ s: édifices de style persan à Samarkand (Ouzbékistan).
XVᵉ s.: motifs chinois dans les arts décoratifs.
XVᵉ s.: développement du décor de céramique dans l'architecture.
XVᵉ-XVIᵉ s.: céramique «bleu et blanc».
1445: madrasa de Khargerd.
1465: mosquée Bleue de Tabriz.

XVIᵉ s.: épanouissement du tapis floral.
1515-1535: *Livre des rois* de Shâh Tahmâsp Iᵉʳ, manuscrit illustré.
1539-40: tapis d'Ardabil.
2ᵉ partie du XVIᵉ s.: palais et portail de Qazvin.
XVIᵉ-XVIIᵉ s.: embellissement du complexe funéraire safavide d'Ardabil.
XVIᵉ-XVIIᵉ s.: jardin de Fin, Kâshân.
Début du XVIIᵉ s.: rénovation et agrandissement du mausolée de l'Imam Rezâ, Mashhad.

XVIIᵉ s.: palais, ponts, églises d'Esfahân.
1602-1619: mosquée Lotfollâh, Esfahân.
1612-1627: mosquée de l'Imam, Esfahân.
1632-1648: Taj Mahal (Inde).
1669: palais Hasht Behesht, Esfahân.

XVIIIᵉ s.: le ta'ziyeh devient un théâtre sacré.
1704-1714: madrasa de la Mère du Shâh (Esfahân).
1737: «palais Khorshid», Kalât.
Dès 1767: Karim Khân développe Shirâz: bazar, mosquée Vakil, forteresse.

Artistes, savants, écrivains

1201-1274: Nasir al-Din Tusi, astronome.
v. 1203-1283: al-Qazvini, encyclopédiste.
1207-1273: Rumi (Mowlânâ), poète et soufi.
1213 (?)-1292: Sa'di, poète et soufi.
v. 1247-1318: Rashid al-Din, historien.
1253-1324: Amir Khosrow, poète persan en Inde.
1261-1336: Semnâni, soufi.
v. 1281-après 1339: al-Mustawfi, historien.
1288-1320: Shabestari, soufi.
XIIIᵉ-XIVᵉ s.: Abu al-Qâsem, céramiste.
XIVᵉ s.: Mir Ali de Tabriz, calligraphe.
XIVᵉ s.: Djoneyd, peintre.
v. 1315/25-v. 1390: Hâfez, poète.
1329/31-1430-31: Ni'mat Allâh Vali, soufi.

1414-1492: Djâmi, poète et soufi.
1465-1535: Behzâd, peintre.
(?)-1506: Lahidji, soufi.

XVIᵉ s.: Soltân Muhammad, peintre.
?-1587/8: Mohtasham Kâshâni, poète.
?-1631: Mir Dâmâd, philosophe.
1572-1640: Mollâ Sadrâ, philosophe.
1554-1615: Mir Emâd, calligraphe.
1558-1628: Ali Rezâ Abbâsi, calligraphe.
1565-1635: Rezâ Abbâsi, peintre.
XVIᵉ-XVIIᵉ s.: poètes persans dans l'Inde moghole.

XVIIᵉ s.: Mohammad Zamân, peintre.

XVIIIᵉ s.: poètes néo-classiques.
? -1783: Ahmad Hâtef, poète.
v. 1748-1798: Nur Ali Shâh, soufi.
1753-1826: Sheikh Ahmad Ahsâ'i, mystique.
1797-1878/81: Hâdi Sabzavâri, philosophe.

Siècles	Dynasties	Evénements politiques et sociaux
1800	Qâdjârs 1779-1925	XIXᵉ s.: apparition des écoles laïques.
		1813 et 1828: l'Iran doit céder ses provinces du Caucase à la Russie.
		1848-1896: règne de Nâser od-Din Shâh.
		2ᵉ moitié du XIXᵉ s.: création du bahâisme, secte chiite devenue «religion» universaliste.
		1857: la Perse reconnaît l'indépendance de l'Afghanistan.
		1860: première ligne téléphonique.
		1890: révoltes populaires autour du monopole anglais du tabac.
		1896-1907: règne de Mozaffar od-Din Shâh.
1900		1906: premier Parlement.
		1906: première Constitution.
		1907: influence russe et anglaise sur l'Iran.
		1908: découverte du pétrole.
		1914-1918: Première Guerre Mondiale: l'Iran est neutre.
		1918: Anglais et Russes occupent l'Iran.
		1920: fondation du Parti communiste iranien (Tudeh).
	Pahlavis 1925-1979	1925: Rezâ Khân Pahlavi est couronné.
		1927-1938: construction du chemin de fer transiranien.
		Dès 1934: industrialisation de l'Iran.
		1935: la «Perse» devient «l'Iran» pour l'Occident.
		1935: fondation de l'Université de Tehrân.
		1939-1945: Deuxième Guerre Mondiale: l'Iran reste neutre.
		1941: Russes et Anglais envahissent l'Iran.
		1941: Rezâ Shâh abdique pour son fils Mohammad-Rezâ.
		1942: traité tripartite entre l'Iran, l'Angleterre et l'U.R.S.S.
1950		1949: le Dr. Mosaddeq crée le Front National.
		1951: nationalisation du pétrole par le Dr. Mosaddeq.
		1953: coup d'Etat contre le Dr. Mosaddeq.
		1962: réformes de la «révolution blanche».
		1964: Khomeyni est expulsé d'Iran.
		1967: le chah M.-R. Pahlavi est couronné.
		1971: fêtes de Persépolis.
		1973: réunion de l'O.P.E.P. à Tehrân.
		1975: accords d'Alger entre l'Iran et l'Irak.
		1978: révoltes populaires contre le chah.
	République islamique 1979-...	1979: la République islamique est proclamée.
		1979-1980: prise d'otages à l'ambassade américaine.
		1980: le dernier chah meurt au Caire.
		1980-1988: guerre Iran-Irak.
		1989: mort de Khomeyni; A. Khâmene'i lui succède.
		1989 et 1993: élections du président Rafsandjâni.
		1997 et 2001: élections du président réformateur Khâtami.
2000		2002-2003: les Américains en Afghanistan et en Irak.
		2005 et 2009: élections du président conservateur Ahmadinejâd.
		2013: élection du président Rohani; espoirs d'un rapprochement diplomatique avec l'Occident.

Arts et événements culturels

XIXe s.: palais du Golestân à Tehrân.
XIXe s.: premières traductions persanes de la littérature anglaise et française.
Milieu du XIXe s.: introduction de la musique polyphonique occidentale.
2e moitié du XIXe s.: premières fouilles archéologiques en Iran.
1868: tekiyeh Dowlat à Tehrân.
1885: Imâmzâdeh Shâhzâdeh Ebrâhim, Kâshân.
Fin du XIXe s.: création de l'imprimerie.
Fin du XIXe s.: naissance de la presse.
Début du XXe s.: épanouissement du théâtre, du roman et de la nouvelle.
1905: premier cinéma à Tehrân.
1911: création du Théâtre National.
1920: tekiyeh Moaven ol-Molk, Kermânshâh.
1926: laverie de Zandjân.
Années 1930: modernisation de Tehrân.
1931-36: palais Blanc, Saʿd Abâd (Tehrân).
1933: *La fille Lor*, film parlant.
1934: tombeau de Ferdowsi à Tus.
1934: Orchestre Symphonique de Tehrân.
1937: Musée National de l'Iran, Tehrân.
1940: station de radio de Tehrân.
1943-1979: revue littéraire *Sokhan*.
1946: premier congrès des écrivains iraniens, à Tehrân.
1949: Centre National du Film, cinémathèque.
1952: tombeau de Saʿdi, Shirâz.
1958: création de la télévision.
1958-1968: grand palais de Niâvarân.
1962: mouvement artistique Saqqâ-khâneh.
Années 1960-1970: barrages.
Dès les années 1960: construction d'habitations en rupture avec l'architecture traditionnelle.
Années 1960: destruction graduelle de l'urbanisme qâdjâr de Tehrân.
Années 1970: épanouissement d'un cinéma d'avant-garde.
1971: tour Azâdi («Shâhyâd») à Tehrân.
Fin des années 1980: cinéma d'auteur humaniste.
Années 1980-2000: développement du mausolée de l'Imam Rezâ, Mashhad.
Années 1990-2000: tombeau de l'Imam Khomeyni à Tehrân.

Artistes, savants, écrivains

1807-1853: Qaâni, poète.
1814-1866: Sani ol-Molk, peintre.
1849-1940: Kamâl ol-Molk, peintre.
1880-1951: Bahâr, poète.
1877-1938: Mohammad Iqbal, poète indien de langue persane.
1893-1997: Djamâlzâdeh, écrivain.
1894-1968: Hosseyn Behzâd, peintre.
1896-1951: Rashid Yâsemi, écrivain.
1897-1960: Nimâ Yushidj, poète.
1903-1951: Sâdeq Hedâyat, écrivain.
1906-1941: Parvin E'tesâmi, poétesse.
1906-1989: Shahryâr, poète.
1913-1990: Nâtel Khânlari, poète.
1925-2000: Ahmad Shâmlu, poète.
1928-1980: Sohrâb Sepehri, poète.
1928-1990: Akhavân Tâlet, poète.
1930: Mahmud Farshchiân, peintre.
1933-1985: G. Sâ'edi, auteur de théâtre.
1935-1967: Foruq Farrokhzâd, poétesse.
1937-1983: Farâmarz Pilârâm, artiste.
1937: Parviz Tanavoli, artiste.
1940: Abbâs Kiârostami, cinéaste.
1940: Mahmud Dowlatâbâdi, écrivain.
1940: Mohammad-Rezâ Shadjariân, chanteur.

1950: Parısâ, chanteuse.
1951: Hossein Alizâdeh, musicien.
1951: Shahrâm Nâzeri, chanteur.
1957: Mohsen Makhmalbâf, cinéaste.

1972: Asghar Farhâdi, cinéaste.

INDEX

Complément de la table des matières et du glossaire, ces trois index renvoient aussi bien à des textes qu'à des illustrations. Sur la transcription des mots persans, on se reportera au chapitre consacré à la langue (*221*).

INDEX DES THEMES

Abâ 355
Abgusht 236
Administration 18, 36, 41-42
Agriculture 25-26, 30-32
Alchimie 112, 169
Animaux (symbolique) 133-134, 194, 197, 334, 377, 401
Arbre de Vie 153, 240
Ash: voir Soupes
Astrologie / astronomie 82, 110-111, 196, 275, 335
Avâz 205
Avion 32-33, 375
*Bâdgir** 154, 249, 360, 440
Baghlâvâ 238
Bâqâli polo 236
Bastani: voir Glace
Bibliothèque du palais du Golestân (Tehrân) 50, 57-58, 87, 90, 93, 109, 113-114, 165, 176, 183-186, 189-192, 196, 198, 201, 207, 225-226, 228-230, 233, 240, 243, 275, 465, 468, 473-474
Bogomilisme 83
Bois (art du) 142, 181-182, 335, 432
Boissons 238
Boteh 178
Bouddhisme 14-15, 46, 83, 121
Bus 33
Café 165-166, 239
Calligraphie 50, 90-91, 114, 131, 135, 157-161, 171, 189, 198, 222, 253, 271, 368, 400, 446, 469
Canaux d'irrigation: voir *Qanât**
Catharisme 83
Caviar 237-238
Céramique islamique (objets) 57, 134, 153, 166-171, 259, 411
Céramique islamique (décor mural) 15, 59, 60, 62, 95, 99, 101-103, 130, 134-136, 138, 153, 158, 160-161, 168-171, 222, 234, 252-253, 270-272, 278, 284, 288, 292, 326, 328, 332-335, 340, 344, 346, 358, 368, 402, 406, 411, 414, 416, 418-419, 462, 469-471
Céramique préislamique 29, 36, 38-39, 45, 117, 119, 123, 203, 348, 400, 428
Chasse 29, 232, 294
Chat persan 28
Chây: voir Thé
Chehelcherâgh 230

Chelo: voir Riz
Chelo kabâb 236
Chiffres 111-112
Chiisme* 93-97, 103, 259, 325-327, 404-409
Chimie 112
Chlorite 424
Chogân: voir Polo (jeu)
Christianisme arménien 86-88, 127-128, 277, 343-344
Christianisme nestorien 14, 86
Confrérie mystique 99, 103, 136, 420
Couleurs (symbolique) 21, 120, 134-135
Coupole* 49, 62,101, 116, 124, 126, 127, 134, 136, 138, 142, 144, 151, 168, 194, 252, 280, 289, 311, 322, 328, 333, 334, 338, 339, 340, 341, 344, 349, 352, 359, 360, 387, 388, 391, 415, 421, 464, 465
Dabirestân 227
Daf 207
Dâneshgâh: voir Université
Dastgâh 205
Desserts 238
Dizi 236
Djâm-e Djam 194
Dolmeh 238
Dotâr 207
Dugh 238
Eau de rose 234, 238, 347
Echecs 230-231
Ecole 226-227
Economie 41-42, 48-49, 51, 71-72
Elam (religion de l') 75-76, 311-315
Epices 234
Fâludeh 365
Femme musulmane 104, 227-228
Fereni 238
Fesendjân: voir *Khoresh*
*Fravahr** 77, 295, 357
Fresque*: voir Peinture murale
Fromages 235
Fruits 30, 234-235
Gaz (pâtisserie) 329
Gaz (ressource naturelle) 32
Gazangabin 329
Ghasideh: voir *Qasida*
*Ghazal** 188, 199-201
Glace 238
Gol (*gül*) 178-179, 396

Gördes 176
Gushe 205
Gusht: voir Viandes
Hadith* 91, 97, 135, 152, 161
Haft rang 134, 166-171
Halim-e gusht 236
Halvâ 238, 278
Hashti 148
Herati 178, 283
Hodjat ol-eslâm 96
Hospitalité 17, 239
Howz khâneh 149, 251
Idjmâ 97
Idjtihâd 97
Industrie 32, 65, 113
Islimi 178
Ismaélisme 95, 290-291
Iwan 122, 124, 137, 141, 143, 148
Jeûne: voir Ramadan*
Joaillerie 63, 66, 255-256
Judaïsme 14, 84-85, 301, 344,
Kallehpâcheh 236
Kamâncheh 207
Kashk 236
Kelim 176, 179, 260, 320-321, 365
Khâkeshir 238
Kolucheh 238
Kufteh 237, 272
Kuku 238
Lampas 172
Lapis-lazuli 424, 429
Légumes 30, 234-235
Lubiyâ polo 236
Mâhi: voir Poissons
Maktabkhâneh 227
Manichéisme 14, 48, 82-84, 192
Mariage 229-230
Marqueterie 182, 254, 289, 329
Masghati 238
Mâst: voir Yogourt
Mathématique 111-112
Mazdakisme 49, 51
Mazdéisme 14, 39, 42, 76-80, 106, 267-269,
356-357, 363, 379-381, 385, 388-389, 391, 393,
416, 427
Médecine 109-110, 234
Mehrgân (fête de) 81
Mehriyeh 229-230
Métallurgie islamique 52, 107-108, 180, 254,
465, 469
Métallurgie préislamique 31, 38, 40-43, 45, 48-
49, 75-76, 118, 120-122, 125-126, 219, 241, 252,
265-266, 300, 306, 311, 420, 432-433, 436, 462,
472-473
Métro 33

Mihrab* 51, 135, 141-142, 161, 177, 253, 264,
274, 305, 334, 358, 362, 371, 401, 406, 446, 459,
472
*Minâi**: voir *Haft rang**
Miniature: voir Peinture sur livre
Miroir (symbolique) 99, 132, 181, 333, 407
Mithriacisme 80-81, 276, 351
Miveh: voir Fruits
Modjtahed 96
Monnaie 45, 48, 51, 122-123, 126, 219, 254, 311,
465
Morshed 232
Mort 79, 230, 429
Mosaïque* 43, 124-125, 134-135, 145-146, 168-
169, 181, 203, 247, 249-250, 272, 332, 341, 370,
388, 406-407, 418
Moulins 112-113, 318, 426
Muhaqqaq 160
Muqarnas 56, 99, 106, 128, 135, 136, 151, 170,
181, 244, 276, 282, 332, 334, 338, 341, 346, 349,
352, 362, 371, 402, 406, 415, 419, 421
Musée National de l'Iran (Tehrân) 29, 31, 36,
38, 40, 43, 45, 48-51, 53, 90, 107-108, 110, 117-
118, 120-123, 125-126, 142, 153, 157, 166-169,
181, 203, 211, 217, 219, 252-254, 259, 265-266,
280, 300, 303, 310, 313-314, 348, 400, 411, 420,
424, 428-429, 430, 432-433, 463-465, 473
Musées 182
Naissances 226
Nân: voir Pain
Nastaliq 160
Nestorianisme: voir Christianisme nestorien
Ney 206
Nomades 26-27, 155, 173, 175, 233, 306, 320-
321, 365, 396, 426
Nombre d'or* 132, 332, 338
Noria 25
Nouvel An: voir *Nowruz**
*Nowruz** (Nouvel An) 224-225, 372, 377
Orfèvrerie: voir Métallurgie
Orusi 149
Pain 235
Palmette de Shâh Abbâs 178
Panir: voir Fromages
Papier 159
Parlement 64, 68, 70
Peinture (divers) 63, 110, 164-165, 225
Peinture murale 12-13, 17, 60-61, 94, 104, 123,
154, 166, 205, 208-211, 235, 239, 336, 342, 344,
427, 461
Peinture sur livre 18, 30, 32-33, 44, 50, 52-53,
57-58, 82-83, 87, 89, 93, 96, 100, 101, 104, 107,
108-109, 111, 113, 127, 137, 138, 159, 161-163,
176, 183-185, 189-192, 194-198, 201, 207, 223,
226, 228-231, 258, 275, 297, 461, 465, 468, 473

GUIDE CULTUREL DE L'IRAN

Pèlerinages 92-94, 277, 325-326, 363, 368-369, 404-409
Pétrole 21, 32, 63, 65-67, 69-72, 112, 308
Plâtre: voir Stuc
Poissons 134, 225, 237, 303, 369, 384
Polo (jeu) 231, 331
Polo (riz) 236
Porcelaine 170, 280
Presse 187
Prière musulmane 92
Qalamkâr 173
Qasida 188
Qiyas 97
Radif 205
Radio 215
Ra'y 97, 467
Révolution blanche 66-67
Révolution constitutionaliste 64, 274
Révolution islamique 68-69
Rihani 160
Riqa 160
Riz 30, 236
Rose et rossignol 153
Royauté 42-44, 46, 48, 50, 52-53, 55, 58, 60, 146-147, 374, 380
Sabzi: voir Légumes
Safran 234, 405
Salades 238
Santur 206
Saqqâ-khâneh (mouvement artistique) 164
Sekandjabin 238
Senneh 176
Sept (*haft*) (éléments de symbolisme) 48, 81, 83, 95, 101, 108, 110, 132, 134, 166, 190, 196, 201, 203, 205, 212, 225, 226, 300, 416, 423
Setâr 206
Shanbeh 224
Sharbat 238
Shol-e zard 238
Sohân 324
Soie 14-15, 172-173
Sornâ 207
Soupes 235
Sports 231-233
Stuc (décor de) 97, 122-124, 132, 134-136, 142, 148, 161, 202, 204, 259, 264, 274, 280, 285-286, 349, 353-354, 362, 371, 388, 401, 412-413, 473

Symbolique 18, 99-101, 131-136, 141-142, 148, 153, 160-161, 165, 169, 176, 194-195, 199-201, 207, 215, 257-258, 313-314, 334
Tahdig 236
Tanbur 206
Tapis 20, 62, 86, 111, 172, 173-179, 199, 255, 260, 271-272, 279, 282, 288, 304-305, 320-321, 365, 396, 404-405, 417, 426
Târ 206
Tauqi 160
Taxi 33
Télévision 215
Tente (*châdor*) 27, 120, 144, 155, 249, 374
Thé 239, 434
Thuluth 160
Tombak: voir *Zarb*
Tombe 116, 119, 144-145, 298-299, 357, 378-379, 429
Torshi 235
Tour d'aération: voir *Bâdgir**
Tourisme 15-19
Trains 33
Turquoise 134, 170, 255, 411
Tut 234
Université 65, 107, 227, 244, 274, 364
Verre (art du) 55, 123, 141, 180-181, 370, 470
Vêtements (texte) 123, 172, 228-229
Vêtements (éléments iconographiques) 12, 18, 19, 26-27, 38-40, 42, 45-48, 60-61, 63, 77, 80, 83, 93, 104, 119, 122 , 125, 161, 163-164, 171, 184, 210, 224-229, 239-240, 282, 310, 315, 380, 427, 440, 471
Viandes 31, 233, 236-237
Vieux perse 218-219
Vin 19, 51, 185, 193, 199, 239, 341
Voitures 33
Voûte* 116, 119, 122, 124
Voyage 11, 19, 194
Yogourt 235
Zâr 208
Zarb 206
Zereshk polo 236
Zeytun-e parvardeh 235
Ziggurat* 38, 74-75, 312-314
Zoroastrisme: voir Mazdéisme
Zulbiyâ 238
Zurvanisme 48, 78

INDEX DES NOMS
(Figures historiques et littéraires, peuples, dynasties, artistes, savants, divinités, livres fondateurs, etc.)

Abâqâ (Ilkhân) 268

Abbâs Ier (shâh) (roi safavide) 61-62, 158, 181, 231, 275, 329, 331-332, 333-335, 340-344, 347, 350, 352, 371, 411, 436, 443, 445

Abbâs II (shâh) (roi safavide) 61, 326, 341, 343

Abbâs Mirzâ (prince qâdjâr) 159

Abbassides (dynastie musulmane) 22, 51-54, 57, 83, 85-86, 97, 109, 130, 146, 166, 180, 258, 308, 337

Abd al-Malik (calife omeyyade) 50, 222

Abd al-Samad al-Esfahâni (soufi) 352

Abdol Hamid (sultan ottoman) 249

Abkar (Klara) (peintre) 250

Abraham (patriarche) 89, 93, 224-225, 368, 428, 464, 468

Abu Bakr (Ier calife*) 89-90, 93

Abubakr Tâybâdi (soufi) 414

Abu Muslim (chef de la rébellion abbasside) 52

Abu Said Bahadur (Ilkhân) 260

Achéménès (roi achéménide) 40-41

Achéménides (dynastie préislamique) 13, 25, 39-45, 47-48, 76, 79, 117, 119-121, 150, 152, 155, 162, 183, 191, 211, 217-219, 224, 232-233, 252-253, 259, 267, 295-296, 298, 300-301, 310-311, 315, 356, 363-364, 372-385, 397, 428, 441

Adam (prophète) 30, 100, 200, 224

Afghans (peuple) 62, 242, 270, 324, 329, 347, 356, 362, 365, 399, 417, 421, 443

Afrâssiâb (roi mythique) 190-191

Afshar (dynastie musulmane) 62, 413

Afshâr (tribu) 417

Agadé: voir Akkad

Agar (servante d'Abraham) 89

Agha Khân* (chef spirituel ismaélien) 291

Ahmad Djâmi (sheikh) (soufi) 414

Ahmadi (dynastie) 276

Ahmad Shâh (roi qâdjâr) 65, 250-251

Ahriman (esprit du mal) 77-78, 380, 389

Ahura Mazda* (Dieu du Mazdéisme) 42, 47, 76-78, 80, 218-219, 258, 294, 296, 302, 316, 357, 363, 374, 378-381, 386, 389-392

Aisha (épouse du Prophète) 90

Akbar (empereur moghol) 106, 417

Akbar Esfahâni (Ali) (architecte) 332

Akhondzâde (Mirzâ Fath'ali) (écrivain) 211

Akkad (royaume de Mésopotamie*) 22, 37, 120, 218, 294-296, 302, 309

Alâ al-Din (prince quride) 402

Albuquerque (navigateur portugais) 445

Alexandre le Grand (roi macédonien) 5, 11-12, 33, 43-45, 85, 107, 120-122, 191, 196, 202, 300-301, 310-311, 356, 374, 383, 397, 429, 444

Ali (IVe calife* et Ier Imam* chiite) 50, 60, 89-90, 93-94, 98-99, 103, 131-132, 159, 165, 208-209, 225-226, 285, 334, 458

Alides* (descendants d'Ali) 300

Ali Khân (gouverneur) 418

Allâhverdi Khân (général safavide) 343

Alp Arslan (sultan seldjoukide) 54-55

Altdorfer (Albrecht) (peintre allemand) 12

Amanollâh Khân (gouverneur) 282

Amir Chaqmâq (gouverneur mamelouk) 135, 358-359

Amir Kabir (ministre qâdjâr) 63-64, 171, 350

Amu Abdollâh Soqlâ (soufi) 345

Anahita (déesse mazdéenne) 47, 78, 268, 294, 297, 316, 381, 388

Anglo-Iranian Oil Company 32, 66

Anquetil-Duperron (A. H.) (orientaliste français) 12, 80

Antigonides (dynastie macédonienne) 45

Antiochos de Commagène (roi du nord de la Syrie) 80

Antoine (homme politique romain) 46

Anubanini (roi élamite) 117, 294-295

Anvari (poète) 185

Apamée (reine séleucide) 45

Apollon (dieu grec) 80, 123, 441

Aqâ Muhammad (roi qâdjâr) 62-63, 242, 247, 335, 417, 421

Aqâsi (Qollar) (peintre) 208

Aq Qoyyunlu: voir «Moutons Blancs»

Arabes (peuple) 7, 26, 50-51, 53, 89, 93, 129-130, 204, 222, 364, 376, 390, 440 / voir aussi: Abbassides, Omeyyades

Arash (archer mythique) 257

Ardahang (livre peint de Mani) 83

Ardashir Ier (roi sassanide) 47, 126, 191, 230, 264, 318, 379-380, 386, 391-393, 416, 441-442, 444

Ardjâsp (roi mythique) 191

Arghun (Ilkhân) 284

Ariens (peuple d'une satrapie*) 376

Aristote (philosophe grec) 11, 43, 104-106

Arméniens (peuple) 47, 61, 86-88, 127-128, 211, 217, 250, 252, 264, 267, 270, 273, 277, 343-344, 368, 376

Arrien (historien grec) 11, 383

Arsace Ier (roi parthe) 45

Arsacides: voir Parthes

Arsalân Djâzeb (gouverneur) 414
Artaban IV (roi parthe) 47, 192, 380, 391, 393
Artaxerxès Iᵉʳ (roi achéménide) 12, 41, 309, 374-375, 378, 379
Artaxerxès II (roi achéménide) 41, 43, 80, 309-310, 378-379
Artaxerxès III (roi achéménide) 41, 43, 378
Artémis Tauropoulos (déesse grecque) 297, 441
Aryens (peuple indo-européen) 38
Asadi (poète) 184
Ash'ari (théologien) 96, 462
Asheq (poète) 186
Ashkânian: voir Parthes
Ashraf (sœur de M.-R. Pahlavi) 436
Ashtiyâni (I. Z.) (cinéaste) 213
Aspathinès (conjuré achéménide) 379
«Assassins» (secte ismaélienne) 55, 290-291
Assurbanipal (roi d'Assyrie) 38, 75, 310, 314
«Assyriens» (chrétiens) 86, 264
Astân-e Qods-e Razavi (Fondation du Sanctuaire de l'Imam Rezâ à Mashhad) 405
Astyage (roi mède) 40, 381
Athéna (déesse grecque) 316
Attâr (poète soufi) 185, 193-194, 411
Augustin (saint) 83
Averroès: voir Ibn Rushd
Avesta (livre sacré zoroastrien) 77, 80, 203, 219, 258, 357, 428
Avicenne: voir Ibn Sinâ
Awan (dynastie élamite) 37, 309
Azâde (princesse sassanide) 232
Azar (poète) 186
Azéris (peuple) 26
Bâbâ Tâher (poète soufi) 193, 302
Bâbak (chef militaire) 51, 275
Bâbur (empereur moghol) 59-60, 201, 341-342
Bacchus (dieu grec) 123
Bafqi (Mohammad Tâqi Khân) (gouverneur) 360
Bagoas (eunuque) 43
Bahâr (poète) 188
Bahram (dieu mazdéen) 386, 391
Bahram Iᵉʳ (roi sassanide) 82, 386, 390
Bahram II (roi sassanide) 227, 380, 386, 390
Bahram III (roi sassanide) 386
Bahram IV (roi sassanide) 292
Bahram V Gur (roi sassanide) 48, 198, 204, 232
Bakhtiâr (Shâpur) (ministre) 67
Bakhtyâri (tribu) 26, 66, 232, 320
Balkhi (al-) (géographe) 364
Baloutches (peuple) 26, 93, 204, 207-208, 426
Bani-Sadr (Abo'l-Hassan) (président) 69
Banu Musâ (frères) (savants) 113
Barâq Bâbâ (soufi) 286
Barbad (musicien) 195, 203
Bardiya (roi achéménide) 40

Bawandide (dynastie) 397, 435-436
Bayazid Iᵉʳ (sultan ottoman) 59
Beheshti (Mohammad) (théologien) 245
Behzâd (peintre du XVᵉ-XVIᵉ s.) 58, 137, 163, 473
Behzâd (Hosseyn) (peintre du XXᵉ s.) 164
Bessos (satrape*) 44
Beyzâi (Bahrâm) (cinéaste) 213, 215-216
Bibi Hakimeh (fille du VIᵉ Imam chiite) 321
Bibi Khanum (épouse de Tamerlan) 59, 458
Bibi Shahrbânu (épouse de l'Imam Hosseyn) 95, 259
Bible (livre sacré) 35, 76, 85, 87, 91, 93, 128, 185, 258, 267, 300-301
Bijen (héros mythique) 190
Biruni (al-) (savant) 105, 110
Bistâmi (Abu Yazid) (soufi) 97-98, 401-402
Bogomil (pope byzantin) 83
Bouvier (Nicolas) (écrivain suisse) 18
Bouyides (dynastie musulmane) 53-55, 130, 143, 209, 329, 337, 354
Boyrâhmad (tribu) 320
Bozorgmehr (vizir) 192, 230-231
Brunelleschi (architecte italien) 286
Bukhâri (al-) (traditionaliste) 91
Bundahishn (livre sacré zoroastrien) 77
Burâq (jument ailée du Prophète) 470
Bushâq (poète) 233
Bustân (œuvre de Sa'di) 185, 198
Buzadjâni (Abul-Wafâ al-) (mathématicien) 111
Buzzati (Dino) (écrivain italien) 422
Byzantins (peuple) 11, 48-50, 53-54, 59, 83, 87-88, 90, 93, 104, 107, 125-128, 130, 141, 146, 162, 166, 172-173, 192, 195, 231, 268, 293
Callisthène (historien grec) 11
Cambyse Iᵉʳ (roi achéménide) 40
Cambyse II (roi achéménide) 40, 383
Cavalli (Francesco) (musicien italien) 12
Chagatayides (dynastie mongole) 57, 59
Chagri Beg (sultan seldjoukide) 54
Chaldéens (chrétiens) 86
Chardin (Jean) (voyageur français) 12, 270, 273, 329
Chosroès: voir Khosrow
Cimmériens (ancien peuple) 39
Clavijo (Ruy González de) (ambassadeur espagnol) 242, 273
Compagnie des Indes Orientales 440, 443
Copernic (astronome polonais) 110
Coran (livre sacré de l'Islam) 19, 21, 45, 50, 55, 75, 82, 85, 89-92, 94, 96-97, 98-99, 101, 104, 108-109, 114, 130-132, 135, 141-142, 144, 147, 152, 157-158, 160-161, 165, 167, 174, 180-181, 185, 199-201, 204, 207, 217, 222, 225, 227, 229-230, 239, 242, 253-254, 272,

274, 279, 282, 286, 333, 365, 368, 370, 407-408, 461, 463-465, 467-468, 471, 473
Corbin (Henry) (orientaliste français) 95, 107
Coste (Pascal) (architecte français) 13, 341
Crassus (général romain) 46
Cyaxare (roi mède) 39
Cyrus Ier (roi achéménide) 385
Cyrus II le Grand (roi achéménide) 34, 40, 42, 44, 85, 119-120, 152, 187, 203, 300, 310, 381-385, 441
Cyrus le Jeune (satrape*) 43
Damascius (philosophe grec) 104
Daniel (prophète) 311
Daqiqi (poète) 189
Dardenban (vizir) 393
Darius Ier (roi achéménide) 12, 14, 40-41, 85, 119, 218-219, 226, 253, 295-296, 302, 310-311, 318, 374-375, 378-379, 381, 384-385, 441, 459
Darius II (roi achéménide) 41, 379
Darius III (roi achéménide) 41, 43-44, 80, 120, 191, 310, 378
Daylamites* (peuple du Gilân) 288, 300
Déiokès (roi mède) 39
Delkash (chanteuse) 213
Denkart (livre sacré zoroastrien) 77
Diadoques (généraux d'Alexandre) 45
Dieulafoy (Marcel et Jane) (explorateurs français) 13, 311, 441
Diodore de Sicile (historien grec) 11, 45, 292
Dionysos (dieu grec) 305
Div* (démon) 432
Divan* (œuvre poétique de Hâfez) 53, 199-201, 369
Djâbir ibn Hayyân (alchimiste) 108, 112
Djafar al-Sâdeq (VIe Imam chiite) 93, 112, 161, 225, 321
Djahân Shâh (roi des Qara Qoyyunlu) 272
Djâhel (personnage cinématographique) 213
Djâhiz (al-) (écrivain) 52-53
Djalairides (dynastie musulmane) 57
Djamâl d'Esfahân (poète) 185
Djamâlzâdeh (écrivain) 187
Djâmi (poète soufi) 100, 107, 185, 201-202, 207, 226, 228, 233, 355, 468
Djamshid (roi mythique) 113, 185, 189-190, 194, 224, 374
Djangali (mouvement indépendantiste) 64
Djazari (al-) (scientifique) 113
Djebrail (sheikh) (soufi) 280
Djoneyd (peintre) 162-163
Djunayd (soufi) 97
Douzième Imam (Imam caché) 93-94, 225, 245, 327
Druj (figure mazdéenne du mal) 78

Druzes (courant chiite) 95
Dukas (Paul) (musicien français) 13
Dumézil (Georges) (historien des religions français) 39
Du Ryer (André) (traducteur français) 12
Ebrâhim (Sheikh) (Safavide) 280
Ebrâhim Mirzâ (prince safavide) 182
Ehya (Hossein) (peintre) 225
Elamites (peuple) 36-38, 40, 75-76, 78-79, 85, 115, 117, 120, 218, 296, 298, 308-315, 372, 374, 376, 378, 380, 382, 384, 387, 424, 429, 441
Enlil (dieu babylonien) 312
Erâqi (soufi) 106
Eschyle (tragédien grec) 11, 17
Esfandiâr (héros mythique) 191
Esther (figure biblique) 85, 301
E'tesâmi (Parvin) (poétesse) 188
Euclide (mathématicien grec) 111, 192
Fârâbi (al-) (philosophe) 101, 105, 111, 204
Farah (dernière impératrice d'Iran) 66, 251, 256
Farangis (princesse mythique) 191
Farhâd (figure littéraire) 195, 296-297
Farrokhi (poète) 184
Farrokhzâd (Foruq) (poétesse) 188
Farshchiân (Mahmud) (peintre) 164, 210
Faruzia (épouse de M.-R. Pahlavi) 66
Fâtemeh al-Ma'sumeh (sœur du VIIIe Imam chiite) 94, 324-326
Fath Ali Shâh (roi qâdjâr) 63, 247, 249, 251, 255-256, 259, 265, 294, 304, 326, 347, 400, 406, 434
Fatima (fille du prophète) 89, 93, 95, 132, 225
Fatima (sœur du VIIIe Imam): voir Fâtemeh al-Ma'sumeh
Fatimides (dynastie musulmane) 95, 290
Fédayines (mouvement révolutionnaire) 67
Ferdowsi (poète épique) 103, 164, 184-186, 188-192, 220, 239, 374, 400, 412, 426, 435 / voir aussi Livre des rois
Fereydun (roi mythique) 190
Fitzgerald (Edward) (traducteur anglais) 13
Forughi (poète) 187
Foruzesh (Ebrâhim) (cinéaste) 216
Front National (parti politique) 66
Gabriel (ange) 89, 103, 207, 470
Gaddi (Agnolo) (peintre italien) 12
GAL: voir Humpan
Galien (médecin grec) 109
Galland (Antoine) (traducteur français) 12, 14
Garsivaz (personnage mythique) 191
Gauguin (peintre français) 251
Gaumâta (imposteur de la période achéménide) 296
Gayumarth: voir Kyumars

Geber: voir Djâbir
Gengis Khan (souverain mongol) 56-57, 59, 109
Ghaffâri (Abol Hassan): voir Sani ol-Molk
Ghaffâry (Farrokh) (cinéaste) 213
Ghaffâri (Mohammad): voir Kamâl ol-Molk
Ghalzai (tribu afghane) 62
Ghazâli (Ahmad) (soufi) 106
Ghazâli (al-) (théologien) 56, 98, 210, 412
Ghâzân Khân (Ilkhân) 270
Ghaznavides (dynastie musulmane) 54, 130, 165, 458
Ghirshman (Roman) (archéologue français) 13, 314, 347
Gholi Khân (Mohammed) (chef de tribu) 369
Ghuzz (tribu) 404, 411, 416
Gobineau (Arthur de) (écrivain français) 13, 35
Gobryas (conjuré achéménide) 379
Godard (André) (archéologue français) 13, 252, 266, 368, 369
Goethe (Johann W. von) (écrivain allemand) 13, 16, 199
Golestân (Ebrâhim) (cinéaste) 213
Golestân (œuvre de Sa'di) 198-199
Gordien III (empereur romain) 380, 389
Gordiya (guerrière sassanide) 192
Gorgâni (poète) 184
Goshtâsp (roi mythique) 191
Gotarzes II (roi parthe) 297
Gowharshâd (épouse de Shâhrukh) 406-407, 458
Grands Seldjoukides (dynastie seldjoukide d'Iran) 54 / voir aussi: Seldjoukides
Grecs (peuple) 11, 14, 29, 39-45, 52-53, 65, 80-81, 88, 94, 104-105, 107-109, 111, 121-124, 128, 130-131, 203-204, 211-212, 218, 222, 265-267, 293, 296-297, 305, 310, 315-317, 364, 372, 380, 382-384, 386-387, 428, 441
Grégoire l'Illuminateur (saint arménien) 87, 127
Guklan (tribu) 396
Guti (tribu élamite) 37
Haendel (Georg Friedrich) (musicien allemand) 12
Hâfez (poète soufi) 13, 53, 185, 188, 199-201, 364-365, 368-369
Haft owrang (œuvre de Djâmi) 107, 201-202
Haftvâd (figure littéraire) 416
Hakim Dâvud (savant) 336
Hallâdj (soufi) 97-98
Hamadâni (Ali) (soufi) 106
Hammurabi (roi de Babylone) 38, 311
Han (dynastie chinoise) 14
Hanifa (Abu) (juriste) 467
Hanni (prince élamite) 315
Hariri (écrivain) 52, 162
Harun al-Rashid (calife abbasside) 52, 109, 258, 270, 289, 347, 404, 412

Hârun Velâyat (saint) 94, 328, 336
Hassan (IIᵉ Imam chiite) 93-94, 132, 208-209, 231, 259
Hassan (Mohammad) (architecte) 369
Hassan II (chef ismaélien) 291
Hassan-i Sabbâh (chef ismaélien) 290-291
Hassan Kâshi (théologien) 286
Hâtami (Ali) (cinéaste) 213
Hâtef (poète) 186
Haydar (Sheikh) (Safavide) 280
Hedâyat (Sâdeq) (écrivain) 187
Hedjâzi (romancier) 187
Héphaistion (ami d'Alexandre) 301
Hephtalites (peuple des Huns) 48-49, 192
Héraclius (empereur byzantin) 50, 268
Héraklès (Hercule) (dieu grec) 121, 296, 316, 386
Hérodote (historien grec) 11, 26, 40, 76, 203, 226, 300
Herzfeld (Ernst) (archéologue allemand) 13, 428
Hiong-nou (peuple) 14
Hippocrate (médecin grec) 109
Hisham (calife omeyyade) 50
Hishmitik (dieu élamite) 312
Hollandais (peuple) 440-441, 443
Homây (figure littéraire) 162, 185
Homâyun (figure littéraire) 162, 185
Horde d'Or (dynastie mongole de Russie du Sud) 57
Hormizd II (roi sassanide) 380
Hormizd IV (roi sassanide) 49, 192, 195
Hormuz (dieu mazdéen) 391
Hosseyn (IIIᵉ Imam chiite) 51, 69, 93-94, 98, 132, 145, 166, 186, 189, 208-210, 225-226, 231, 233, 249, 259, 285, 289, 293, 332, 359, 458
Hosseyn Bayqara (souverain timouride) 59
Houang-ti (empereur mythique de Chine) 172
Hourrites (peuple de la Mésopotamie) 39
Hulagu (Ilkhân) 57, 264, 275-276
Humâyun (empereur moghol) 341
Humpan (dieu élamite) 76, 312
Hushang (roi mythique) 189, 399
Hussein (Saddam) (président d'Irak) 69
Husseyn (shâh) (roi safavide) 61, 326, 338, 340
Hutran (dieu élamite) 76
Hystaspe (roi achéménide) 302
Ibn Anas (juriste) 469
Ibn al-Bawwâb (calligraphe) 158
Ibn Arabi (soufi) 95, 98
Ibn Battuta (voyageur) 369
Ibn Hanbal (juriste) 467
Ibn Isfandyâr (historien) 432
Ibn Khaldun (historien) 58, 115
Ibn Khordâdhbeh (géographe) 108

Ibn al-Muhallab (gouverneur) 396
Ibn al-Muqaffa (écrivain) 183
Ibn Muqla (calligraphe) 157-158
Ibn Musa (Safavide) 347
Ibn Rushd (philosophe) 105
Ibn Sinâ (Avicenne) (savant) 101, 105, 108-109, 111, 204, 302
Ibrâhim Khân (Mirzâ) (photographe) 216
Idrisi (al-) (historien) 442
Igihalkides (dynastie élamite) 309
Ilkhânides (dynastie mongole) 56-58, 144, 258, 264-265, 268, 274-275, 284-286, 297, 326, 338, 346, 348, 352-354, 362, 398
Imam caché: voir Douzième Imam
Imâm Quli Khân (gouverneur) 368
Imâmzâdeh Abbâs 435
Imâmzâdeh Abdollâh (Damâvand) 258
Imâmzâdeh Abdollâh (Lâdjim) 436
Imâmzâdeh Abdollâh (Natanz) 352
Imâmzâdeh Abolqâsem 305
Imâmzâdeh Abu Lolo 350
Imâmzâdeh Ahmad Qâsem 327
Imâmzâdeh Ali ibn Djafar 171, 253, 326
Imâmzâdeh Darb-e Imâm 136, 339
Imâmzâdeh Dastgerd 320
Imâmzâdeh Djafar (Dâmghân) 400
Imâmzâdeh Djafar (Esfahân) 336
Imâmzâdeh Djafar Pishvân 261
Imâmzâdeh Ebrâhim (Bâbolsar) 437
Imâmzâdeh Ebrâhim (Qom) 326
Imâmzâdeh Ebrâhim (Shirâz) 95
Imâmzâdeh Hazrat-e Abd-ol Azim 259
Imâmzâdeh Hosseyn 289
Imâmzâdeh Ibn Imam Mohammad Bagher 351
Imâmzâdeh Ismâil (Esfahân) 336
Imâmzâdeh Ismâil (Qom) 327
Imâmzâdeh Mohammad Mahruq 411
Imâmzâdeh Mohammad (Nur) 436
Imâmzâdeh Pandjeh Khal 320
Imâmzâdeh Qâsem 402
Imâmzâdeh Sâleh 251
Imâmzâdeh Seyyed Sarbarkhsh 326-327
Imâmzâdeh Shâh Hamzeh 326
Imâmzâdeh Shâhzâdeh Abu Ahmad 327
Imâmzâdeh Shâhzâdeh Ahmad Qâsem 326
Imâmzâdeh Shâhzâdeh Hâdi 305
Imâmzâdeh Shâhzâdeh Ebrâhim 350
Imâmzâdeh Shams od-Din 258
Imâmzâdeh Soltân Mohammad Sharif 327
Imâmzâdeh Soltân Mohammad Tâher 437
Imâmzâdeh Soltân Seyyed Eshâq 305
Imâmzâdeh Yahya (Sabzevâr) 410
Imâmzâdeh Yahya (Sâri) 435
Imâmzâdeh Yahya (Varâmin) 261
Imâmzâdeh Zeid 420
Imâmzâdeh Zeidolkabir 287
Indo-Européens (peuple) 29, 38-39, 77, 80, 86, 218, 220, 267
Innocent IV (pape) 15
Inshushinak (dieu élamite) 76, 312
Iqbal (Mohammad) (écrivain) 186
Iradj (roi mythique) 190
Iraniens: voir Perses
Isaïe (prophète) 85
Ishnikarab (dieu élamite) 312
Ishtar (déesse sumérienne) 294
Isidore de Charax (voyageur) 297
Iskandar: voir Alexandre le Grand
Ismaël (fils d'Abraham) 89, 225, 468
Ismaéliens (courant chiite) 95, 290-291
Ismail (fils du VIe Imam chiite) 95
Ismâil Ier (shâh) (roi safavide) 60, 93, 185, 209, 270, 278-280, 342
Jebrail: voir Djebrail
Jâbir: voir Djâbir
Jafar al-Sâdeq: voir Djafar al-Sâdeq
Jahân Shâh: voir Djahân Shâh
Jâhel: voir Djâhel
Jâhiz (al-): voir Djâhiz (al-)
Jamâl d'Esfahân: voir Djamâl d'Esfahân
Jamâlzâdeh: voir Djamâlzâdeh
Jâmi: voir Djâmi
Jamshid: voir Djamshid
Jangali: voir Djangali
Jérémie (prophète) 85
Jésus-Christ (prophète) 7, 49, 86, 88-91, 108, 128, 157, 161
Joneyd: voir Djoneyd
Junayd: voir Djunayd
Justin (historien romain) 11
Justinien (empereur byzantin) 104
Kaempfer (Engelbert) (médecin allemand) 12
Kalâbâdhi (soufi) 97
Kâlântari P. (peintre) 165
Kalim-e Kâshâni (poète) 186
Kamâl ol-Molk (peintre) 163-164, 247, 250, 349, 411
Karim Khân Zand (régent) 62-63, 152, 168, 242, 247, 347, 350, 365-370, 443, 471
Kartir (prêtre mazdéen) 48, 219, 380-381, 386-387
Kassites (tribu élamite) 37-39, 309
Kavad Ier (roi sassanide) 48-49, 192
Kâveh (forgeron mythique) 190
Kâzemi (romancier) 187
Key Kâvus (roi mythique) 191, 258
Key Khosrow (roi mythique) 189, 190-191, 267-268
Khachikiân (Samuel) (cinéaste) 216
Khadidja (épouse du Prophète) 89
Khâdju Kermâni (écrivain) 162, 185

Khâmene'i (Ali) (Guide de la Révolution) 68, 70-71

Khamseh (romans de Nezâmi) 82, 89, 96, 111, 138, 162-163, 165, 195-196, 277, 297, 461

Khâqâni (poète) 185

Kharaqâni (soufi) 231

Khâridjites* (secte musulmane) 51

Khâtami (Mohammad) (président) 16, 71, 215

Khayyâm (Omar) (savant persan) 13, 56, 111, 184, 188, 192-193, 210, 231, 411

Khezr (figure coranique mystique) 100, 365

Khodâbandeh (Mohammad): voir Uldjâitu

Khomeyni (Ruhollâh) (Guide de la Révolution) 67-68, 145, 214, 251-252, 305

Khosravi (romancier) 187

Khosrow (Amir) (poète) 186

Khosrow Ier Anushirvan (roi sassanide) 49, 104, 124, 183, 192, 231

Khosrow II Parviz (roi sassanide) 12, 49-50, 79, 107, 162, 192, 195, 203, 293-295

Khwâdjeh Rabi (compagnon de l'Imam Ali) 410

Khwârazmi (al-) (savant) 111

Khwârazmshâhs: voir Shâhs du Khwârazm

Kiânî (Madjid) (musicien) 206

Kiârostami (Abbâs) (cinéaste) 214-216

Kidinuides (dynastie élamite) 309

Kimiâi (Massud) (cinéaste) 213, 216

Kimiâvi (Parviz) (cinéaste) 213, 216

Kindi (al-) (philosophe) 104-105

Kiririsha (déesse élamite) 76, 312

Klee (Paul) (peintre allemand) 251

Kobrâ (Nadjmoddin) (soufi) 106

Kobrâwiyya (conférie mystique) 99, 106

Kœchlin (Charles) (musicien français) 13

Kubilai (Grand Khan mongol) 15

Kuchek Khân Djangali (Mirzâ) (révolutionnaire) 432

Kurdes (peuple) 26, 62, 69, 93, 179, 206, 217, 276, 282, 288, 292

Kushan (empire) 45-47

Kushân (Esmâil) (cinéaste) 213, 216

Kyumars (roi mythique) 163, 189, 224

La Fontaine (Jean de) (écrivain français) 199

Lagides (dynastie égyptienne) 45

Lagrenée (peintre français) 12

Lahidji (soufi) 106, 200

Lakamar (déesse élamite) 76

Langage des oiseaux (mathnawi* de Attâr) 194

Le Bailly (écrivain français) 199

Leila (figure littéraire) 96, 196, 202, 213, 228

Livre des rois (épopée de Ferdowsi) 12-13, 32, 44, 50, 113, 163, 165, 189-192, 213, 216, 223, 226, 229-232, 257-258, 268, 277, 293, 398, 416, 465, 473 / voir aussi: Ferdowsi

Lohrâsp (roi mythique) 191

Lors (peuple) 292, 306

Lotfollâh (sheikh) (théologien) 136, 334, 471

Loti (Pierre) (écrivain français) 13, 328

Lours: voir Lors

Lullubi (tribu élamite) 37, 294

Luqmân Bâbâ (sheikh) 413

Madjnun (figure littéraire) 96, 163, 196, 202, 213, 228, 468

Mâhâni (al-) (mathématicien) 111

Mahmud de Ghazna (sultan ghaznavide) 54, 105, 189

Maimonide (philosophe juif) 105

Makhmalbâf (Mohsen) (cinéaste) 214

Makhmalbâf (Samira) (cinéaste) 214, 216

Malik Shâh (sultan seldjoukide) 54-56, 192

Mamasâni (tribu) 26

Mamelouks (dynastie musulmane) 276, 291, 358

Ma'mun (al-) (calife abbasside) 52, 107

Mani («prophète») 81-84, 165, 192, 204, 317

Manijeh (princesse mythique) 190

Mannéens (peuple) 266

Mans (Raphaël du) (Père) 12

Mansur (al-) (calife abbasside) 52

Manuchehr (roi mythique) 190

Manuchehri (poète) 136, 184

Mardochée (figure biblique) 84-85, 301

Marlowe (Christopher) (écrivain anglais) 12

*Mathnawi** (œuvre de Rumi) 197

Maurice (empereur byzantin) 49

Mausole (satrape*) 43

Mazdak (révolutionnaire) 49, 82, 192

Mèdes (peuple) 21, 39-40, 44, 85, 116, 124, 253, 266-267, 283, 298-301, 303, 310, 372, 375-378, 381-382

Medjmar (poète) 186

Méherdate (prince parthe) 297

Mehrdjui (Dâryush) (cinéaste) 213, 216

Mesrop Machtots (prêtre arménien) 127

Métastase (librettiste italien) 12

Mille et une Nuits (contes indo-persans) 12-14, 52, 183-184, 196

Ming (dynastie chinoise) 15

Mir Ali (calligraphe) 158

Mir Dâmâd (philosophe) 106

Mir Emâd (calligraphe) 158, 222

Mirzâ Taqi (vizir) 61

Mir Zobair 420

Miskawayh (philosophe) 105, 270

Mitanni (royaume préislamique) 39, 433

Mithra (dieu) 80-82, 211, 223, 239, 276, 294, 316, 351, 391

Mithridate Ier (roi parthe) 45, 80, 315-316

Mithridate II (roi parthe) 46, 80, 297

Modjahédines (mouvement révolutionnaire) 67

Moghols (dynastie musulmane) 60, 130, 256,

341, 417, 459
Mohammad-A'zam Khân (prince) 402
Mohl (Jules) (orientaliste français) 13
Mohtasham Kâshâni (poète) 186
Mollâpur (Dâvud) (cinéaste) 213
Mollâ Nasr Eddin (bouffon sage) 202
Mollâ Sadrâ Shirâzi (philosophe) 106, 326, 368
Mongols (peuple) 15, 21, 26, 53, 56-59, 86-87,
    96, 103, 109, 130-131, 146, 155, 162, 166, 168,
    174, 185-186, 193, 196, 198, 216, 242, 259-
    261, 264, 268, 270, 272-273, 275-276, 278,
    284-285, 288-289, 291-292, 300-301, 304,
    311, 324, 329, 339, 345, 347, 352, 356, 362,
    365, 396, 399, 401-402, 404, 406, 410-412,
    417-418, 420, 432, 435 / voir aussi: Ilkhânides
Montesquieu (écrivain français) 12, 19
Moradi (cinéaste) 212
Morgan (Jacques de) (archéologue français)
    13, 311
Morier (James) (écrivain anglais) 13
Mosaddeq (Muhammad) (homme politique)
    32, 66
Moshtâq (poète) 186
Motahhari (Mortezâ) (théologien) 25
«Moutons Blancs» (dynastie turcomane) 59,
    270, 339, 348
«Moutons Noirs» (dynastie turcomane) 59
Mowlânâ: voir Rumi
Mozaffar od-Din Shâh (roi qâdjâr) 64, 212, 216
Mozaffarides (dynastie musulmane) 57, 338,
    361, 418
Mozart (Wolfgang Amadeus) (musicien
    autrichien) 12
Mu'awiya (calife omeyyade) 50-51, 208
Muhammad (Prophète) 50, 75, 89-94, 96, 103,
    108-109, 132, 136, 140, 142, 147, 157, 161,
    213, 225, 231, 294, 461
Muhammad Shâh (roi qâdjâr) 63, 326
Muqaddasi (al-) (géographe) 368
Musâ (Sadr al-Din) (Safavide) 280
Musta'simi (Yâqut al-) (calligraphe) 158
Mustawfi (al-) (historien) 273, 284, 289
Mutazz Bi'llâh (al-) (calife abbasside) 318
Nabuchodonosor Ier (roi de Babylone) 38
Nabuchodonosor II (roi de Babylone) 39, 85,
    311
Nâderi (Amir) (cinéaste) 213-215
Nâder Mohammad Khân (roi du Turkestan*)
    342
Nâderpur (Nâder) (poète) 17
Nâder Shâh (roi d'Iran) 62, 216, 256, 270, 278,
    296, 324, 329, 342, 347, 360, 404, 406, 410,
    413, 421, 440
Nahunte (dieu élamite) 76
Nakisa (musicien) 195

Napirasu (reine élamite) 38
Napirisha: voir Humpan
Napratep (divinités élamites) 312
Naqshbandiyya (confrérie mystique) 99, 201
Narseh (roi sassanide) 78, 381, 390
Nasafi (Azizoddin) (soufi) 106
Nâser od-Din Shâh (roi qâdjâr) 63, 164, 210,
    214, 247-248, 251, 256, 398
Nâsir-e Khosrow (poète) 56, 184
Nasir ol-Molk (régent) 141, 368
Nassry (romancier) 187
Nasr Eddin Hodjâ: voir Mollâ Nasr Eddin
Nasr (seyyed Hossein) (universitaire) 107
Nâtel Khânlari (Parviz) (poète) 186
Néarque (amiral d'Alexandre) 11, 444
Neshât (poète) 186
Neyrizi (al-) (mathématicien) 111
Nezâmi (poète soufi) 5, 45, 89, 98, 103, 162-163,
    165, 185, 188, 194-196, 201-202, 210, 222,
    355 / voir aussi: *Khamseh*
Nietzsche (Friedrich) (philosophe allemand)
    13, 80
Ni'mat Allâh Vali (mystique) 98, 420
Ni'mat-Allâhiyya (confrérie mystique) 99, 420
Nizam al-Molk (vizir) 55, 143, 195, 290, 338-
    339
Nizariens (Nizarites) (courant chiite) 290-291
Noé (prophète) 257
Nur Ali Shâh (soufi) 98
Nurbakhsh (M.) (cinéaste) 213
Nusku (dieu babylonien) 312
Oarses (roi achéménide) 43
Ohadi Maraghehi (mystique) 276
Ohâniân (cinéaste) 212
Ohrmazd (dieu mazdéen) 77-78
Omeyyades (dynastie musulmane) 50-53, 83,
    85, 90, 93, 109, 139, 146, 180, 208, 210, 308
Onsori (poète) 184
O.P.E.P. (Organisation des Pays Exportateurs de
    Pétrole) 32
Orfi-e Shirâzi (poète) 186
Ottomans (dynastie musulmane) 22, 59-62, 64,
    69, 87, 97, 140, 163, 210, 265, 270, 278, 292,
    300, 342-343
Ouïgours (peuple) 83, 86
Ouzbeks (peuple) 60-61, 342, 399, 404, 410,
    417, 458
Owhadi (poète) 185
Pahlavis (dynastie musulmane) 13, 27, 65-67, 85,
    120, 131, 146, 182, 210-211, 244, 249-251, 256
Pahlavi (Mohammad-Rezâ) (roi Pahlavi) 15, 25,
    31, 66-68, 209, 324, 374, 432
Pahlavi (Rezâ Shâh) (roi Pahlavi) 65-66, 175,
    209, 243, 247, 249-250, 254, 396, 436
Panâhi (Djafar) (cinéaste) 216

Parthes Arsacides (dynastie préislamique) 14, 45-47, 80, 85, 87, 121-126, 141, 162, 173, 183-184, 189, 191, 277, 283, 297, 310, 315-316, 376, 379-380, 393, 397, 401, 427-428

Péroz (roi sassanide) 48, 278

Perses (peuple) 21, 39, 129, 364 / voir aussi: Achéménides, Baloutches, Bouyides, Kurdes, Parthes, Samanides, Sassanides, Tadjiks

Philippe (père d'Alexandre) 43, 191

Philippe l'Arabe (empereur romain) 380, 389

Phraortès Ier (roi mède) 39

Picasso (peintre espagnol) 251

Pilârâm (Farâmarz) (peintre) 158

Pillet (Maurice) (architecte français) 14

Pinikir (déesse élamite) 76

Pir Bakrân (soufi) 346

Pir Hanzeh Sabz Puch 362

Pir-i Vaghef (mystique) 352

Platon (philosophe grec) 94-95, 104, 107, 132, 207, 210

Pline l'Ancien (écrivain romain) 441

Plotin (philosophe grec) 95, 104

Plutarque (écrivain grec) 11, 374

Polo (Marco) (voyageur italien) 11-12, 15, 239, 273, 290, 356

Polybe (historien grec) 300

Pompée (général romain) 46

Pope (Arthur Upham) (archéologue américain) 13

Poros (roi) 44

Portugais (peuple) 440-441, 445

Poséidon (dieu grec) 441

Proclus (philosophe grec) 104

Proto-Elamites (peuple) 36-37

Ptolémée (astronome grec) 110

Ptolémée (lieutenant d'Alexandre) 11

Puccini (Giacomo) (musicien italien) 13

Puzur-Inshushinak (roi élamite) 37

Pythagore (philosophe grec) 132, 207

Qâbus b. Wushmagir (roi ziyaride) 397

Qâdjârs (dynastie musulmane) 26, 62-65, 106, 117, 130-131, 144, 146-148, 150, 153, 162, 164, 166-168, 175, 186-187, 209-212, 242, 245, 247, 249, 251, 254-256, 259, 265, 270, 274, 282, 284, 289-290, 293-294, 301, 307, 320, 324-326, 344, 347-350, 360, 362, 368-370, 39, 396, 398, 400, 402, 406, 411, 417-421, 434, 437

Qalandaris (confrérie mystique) 239

Qara Qoyyunlu: voir «Moutons Noirs»

Qâsem (Abu al-) (céramiste) 169

Qashqâ'i (tribu) 26, 365, 369, 466

Qavâm (famille de Shirâz) 369-370

Qays: voir Madjnun

Qazvini (al-) (géographe) 108

Qotbedin Abhari (mystique) 287

Qotbedin Heydar (mystique) 415

Quinte-Curce (historien romain) 11

Quraysh (famille de La Mecque) 50, 89, 364

Qurides (dynastie musulmane) 402

Racine (Jean) (écrivain français) 12

Rafsandjâni (Ali) (président) 71

Rahnemâ (Fereydun) (cinéaste) 213

Rakhsh (cheval de Rostam) 190

Rameau (Jean-Philippe) (musicien français) 12, 18, 80

Rashid al-Din (historien) 108-109, 185

Rawlinson (Henry) (orientaliste anglais) 218, 296

Râzi (Abu Bakr al-) (Razès) (médecin) 109, 258

Râzi (Fakhr al-Din) (théologien) 30

Renaud (Armand) (poète français) 13

Rezâ (VIIIe Imam chiite) 93-94, 225, 404-409

Rezâ Abbâsi (peintre) 18, 161, 163

Rezâ Abbâsi (Ali) (calligraphe) 158, 334

Rezâ (Ustad Mohammad) (architecte) 334

Richthofen (Ferdinand von) (géographe allemand) 14

Rimski-Korsakov (Nikolaï) (musicien russe) 13

Rokn od-Din (émir) 131, 358-359

Romains (peuple) 39, 45-48, 81, 86-87, 122-125, 130-131, 166, 172-173, 190, 192, 293-294, 318, 380, 386-390

Rostam (héros mythique) 190-191, 258, 290, 378, 398, 412, 426, 432, 465

Roxane (épouse d'Alexandre le Grand) 44

Rubâi'yât (quatrains de Khayyâm) 115, 192-193

Rudâbeh (reine mythique) 190, 229

Rudaki (poète) 184

Ruhuratir (dieu élamite) 312

Rumi (Djalâl-od-Din) (poète soufi) 194, 196-198, 206-207, 212

Rusa II (roi urartéen) 267

Ruzbehân Baqli Shirâzi (soufi) 98, 106

Sabâ (poète) 186

Sabâ (Mahmud Khân) (peintre) 243

Sabzavâri (Hâdi) (philosophe) 106

Saces (tribu) 46

Sa'di (poète soufi) 11-12, 26, 163, 185, 198-199, 369

Sadjâd (IVe Imam*) 93, 208

Sâ'eb-e Tabrizi (poète) 186

Safavides (dynastie musulmane) 12, 29, 58, 60-62, 85, 87, 93, 98, 103, 106, 130, 132, 135, 139, 144, 146-147, 151-153, 158, 162-164, 167-168, 174-175, 181-182, 185-186, 209, 232, 247, 250, 255, 259, 265, 270, 278-280, 282, 288-290, 292, 297, 300, 305, 320, 324-326, 329-345, 347, 350, 354, 356, 359, 366, 368, 371-372, 396, 398-399, 404, 406, 409-411, 414-418, 420-421, 435-437, 440, 443

Saffâh (al-) (calife abbasside) 52
Saffarides (dynastie musulmane) 53-54
Safi al-Din (soufi) 60, 278-280
Safi Ier (shâh) (roi safavide) 61
Safi II (shâh) (roi safavide) 62
Sahâb (poète) 186
Saint Louis (roi de France) 15, 291
Sakas (Scythes d'Asie centrale) 426
Saladin (roi ayyoubide) 291
Sâless (Shahid) (cinéaste) 213-214
Salm (roi mythique) 190
Salmân (compagnon du Prophète) 136
Salmanazar III (roi d'Assyrie) 39
Salomon (roi et prophète) 85, 194, 247, 269,
    278, 374, 383, 437
Sâm (roi mythique) 190
Samad (personnage cinématographique) 213
Samanides (dynastie musulmane) 54, 144, 180,
    184, 433
Sanâ'i (poète soufi) 56, 97, 184, 194, 197
San'ati (sculpteur) 162
Sanatizâdeh Kermâni (romancier) 187
Sandjar (sultan) 15, 55, 185, 329, 458
Sandokht (martyre chrétienne) 277
Sani ol-Molk (peintre) 50, 163, 349
Saoshyant (messie zoroastrien) 78, 428
Sarbedâr (dynastie musulmane) 57, 410
Sargon (roi d'Akkad) 37
Sargon II (roi d'Assyrie) 39
Sassan (prêtre) 47, 191, 386
Sassanides (dynastie préislamique) 11, 13-14,
    25, 47-51, 76, 78-79, 82, 85-87, 93, 104, 107,
    109, 116-117, 122, 124-126, 129-131, 139,
    141, 144, 146, 152, 162, 166-167, 171-174,
    180-181, 183, 189, 191-192, 195-196, 203-
    205, 211, 219, 224, 230-232, 244, 252, 259,
    264, 267-270, 276, 278, 281, 288, 292-295,
    297-298, 300-301, 305, 307, 310-311, 317-
    318, 320-321, 324, 343, 345, 351-352, 354,
    356, 359, 361, 364, 379-381, 386-393, 397-
    400, 411, 415-416, 421, 427-428, 441-442, 445
Sâzmân-e Mirâs-e Farhangi (Organisation du
    Patrimoine Culturel) 14
Scythes (peuple) 39, 45-46, 174, 189, 266-267,
    296, 376, 383, 426
Seldjoukides (dynastie musulmane) 54-56, 87,
    97, 130, 143, 146, 162, 166-167, 174, 184, 192,
    196, 242, 259, 260, 264, 276-277, 280, 289,
    290-291, 300, 305, 307, 329, 335-339, 343,
    345-348, 351-355, 362, 383, 396, 399-401,
    410, 415-416, 426, 458
Seldjuk (sultan seldjoukide) 54
Séleucides (dynastie préislamique) 45, 76, 85,
    87, 121-123, 183, 191, 258, 296-297, 299, 305,
    310, 315-316

Seleucos Ier Nicator (roi séleucide) 45
Semiramis (reine d'Assyrie et de Babylonie) 300
Sémites (peuple) 36
Semnâni (sheikh) (soufi) 98, 106, 398
Senmurv* (oiseau fabuleux) 125, 180, 293
Sennachérib (roi d'Assyrie) 307
Sepantâ (Abol Hussayn) (cinéaste iranien) 212-
    213, 216
Septime Sévère (empereur romain) 47
Seyyed (peuple) 426
Shabestari (soufi) 106
Shafi'i (al-) (juriste) 463
Shahaboddin Ahari (sheikh) 275
Shâhnâmeh: voir Livre des rois
Shâhrukh (roi timouride) 59, 355, 406, 426
Shahryâr (poète) 274
Shâhsavan (tribu) 26, 155
Shâhs du Khwârazm* (dynastie musulmane)
    56, 415, 458
Shâmlu (Ahmad) (poète) 187
Shams al-Din Karasunkur (émir) 276
Shams de Tabriz (soufi) 196
Shapur Ier (roi sassanide) 47-48, 79, 82, 192,
    264, 288, 307, 317-318, 321, 380-381, 386-
    390, 411
Shapur II (roi sassanide) 86, 281, 294, 310, 317, 390
Shapur III (roi sassanide) 294
Shayegan (Dariush) (universitaire) 107
Sheybâni (poète) 187
Shirdel (Kâmrân) (cinéaste) 213, 216
Shirin (princesse arménienne) 49, 162, 192,
    195, 295, 296-297
Shutrukides (dynastie élamite) 38, 309
Simashki (dynastie élamite) 309
Simorgh* (oiseau mythique) 134, 190-191, 194,
    258
Simplicius (philosophe grec) 104
Simut (dieu élamite) 76
Société des Nations 65
Sogdianos (roi achéménide) 41
Sohrâb (héros mythique) 190
Sohravardi (Shihâboddin Yahyâ) (soufi) 80, 106
Sohravardi (Omar) (soufi) 106, 458
Sokhan (revue littéraire) 186
Sol (dieu) 81
Soliman le Magnifique (sultan ottoman) 342
Somâ'i (musicien) 206
Sorayâ (épouse de M.-R. Pahlavi) 66
Sorush (poète) 187
Stateira (fille de Darius III) 310
Strabon (géographe grec) 441
Strauss (Richard) (musicien allemand) 13, 80
Sufi (Abd al-Rahmân al-) (astronome) 110, 162
Sukkalmah (dynastie élamite) 309
Suleymân (shâh): voir Safi II (shâh)

Sultan Valad (soufi) 197
Syâvush (héros mythique) 189, 191
Szymanowski (Karol) (musicien polonais) 13
Tabari (al-) (historien) 109, 174
Tâdj al-Molk (vizir) 339
Tadjiks (peuple) 426
Taghvâi (Nâsser) (cinéaste) 213
Tahirides (dynastie musulmane) 53
Tahmâsp Ier (shâh) (roi safavide) 60, 163, 175, 242, 285-286, 288-289, 342
Tahmâsp II (shâh) (roi safavide) 270
Tahmuras (roi mythique) 189, 387, 435
Tâleqâni (Ayatollâh) (théologien) 245
Tâlet (Akhavân) (poète)
Talmud de Babylone (texte judaïque) 85
Tamerlan (sultan turc) 12, 57-59, 62, 86, 146, 153, 163, 181, 185, 199, 231, 242, 276, 285, 324, 329, 356, 396, 426, 435-437, 458
Tang (dynastie chinoise) 14
Tavernier (Jean-Baptiste) (voyageur français) 12, 239, 445
Tayab (Manuchehr) (cinéaste) 213
Tekkeh (tribu) 396
Tepti Ahar (roi élamite) 314
Thaddée (apôtre) 277
Thomas (apôtre) 86, 277
Timourides (dynastie musulmane) 59, 87, 130, 163, 167-168, 174, 185, 201, 260, 270, 326, 329, 334, 339, 347, 358, 399-400, 406, 410, 412, 415, 417, 419-420, 458
Timur Lang: voir Tamerlan
Tiridate Ier (roi parthe) 47
Tiridate II (roi parthe) 87
Tosi (Maurizio) (archéologue italien) 428
Trajan (empereur romain) 47, 390
Tudeh (parti communiste) 66
Tughril Ier Beg (sultan seldjoukide) 54, 259, 329
Tur (roi mythique) 190
Turcomans*: voir Turkmènes*
Turcs (peuple) 54-55, 129, 190 / voir aussi: Azéris, Ghaznavides, «Moutons Blancs», «Moutons Noirs», Qâdjârs, Safavides, Seldjoukides, Shâhs du Khwârazm, Timourides, Turkmènes
Turkmènes* (peuple) 26-27, 59-60, 62, 93, 155, 163, 175, 179, 204, 217, 228, 230, 239, 270, 300, 324, 339, 347, 396, 404, 419
Tusi (Nâsir al-Din) (astronome) 110, 275, 291
Uldjâitu (Ilkhân) 57, 132, 136, 142, 161, 260, 284-286, 338
Ulugh Beg (gouverneur) 59, 276, 458
Umar (IIe calife) 50, 90, 93, 174, 192
Untash-Napirisha (roi élamite) 38, 312, 314
Ur (IIIe dynastie d') 37, 309

Urartéens (peuple) 38-39, 86, 264, 266-267
Uthman (IIIe calife) 50, 90-91, 93
Uzun Hassan (souverain des Aq Qoyyunlu) 59, 338
Valérien (empereur romain) 318, 380, 389-390
Valle (Pietro della) (voyageur italien) 222, 436
Varuna (dieu hindou) 80
Vayu (dieu mazdéen) 78
Verethragna (dieu mazdéen) 125
Véronèse (peintre italien) 12
Verus (Lucius) (empereur romain) 47
Vishtâspa (roi préislamique) 77
Vivaldi (Antonio) (musicien italien) 12
Vologèse Ier (roi parthe) 47
Voltaire (écrivain français) 12, 187, 199
Wali Muhammad Khân (roi ouzbek) 342
Walid Ier (al-) (calife omeyyade) 50
Watteau (Jean-Antoine) (peintre français) 12
Wou (empereur chinois) 14
Xénophon (écrivain grec) 203, 211
Xerxès Ier (roi achéménide) 12, 41, 253, 301-302, 374-375, 378-379
Xerxès II (roi achéménide) 41
Yaghmâ (poète) 187
Yamut (tribu) 396
Yâqut (encyclopédiste) 273
Yâsemi (Rashid) (poète) 188
Yâsemi (Shâpur) (cinéaste) 216
Yâssami (Siâmak) (cinéaste) 216
Yazdegerd Ier (roi sassanide) 79, 85, 192, 301, 356
Yazdegerd II (roi sassanide) 86-87
Yazdegerd III (roi sassanide) 50, 93, 192, 259, 363
Yazid Ier (calife omeyyade) 208
Yushidj (Nimâ) (poète) 187
Yussuf (nom arabe du prophète Joseph) 163, 166, 201-202
Zahed Gilâni (sheikh) (mystique) 433-434
Zahhâk (roi mythique) 190, 257
Zâl (héros mythique) 190, 229, 258
Zamân (Mohammad) (peintre) 163, 250
Zands (dynastie musulmane) 62-63, 146-147, 150, 168, 242, 247, 265, 274, 342, 347, 365-370, 418, 421
Zandjs (esclaves noirs) 308
Zarathushtra (prophète du Mazdéisme) 12-13, 18, 76-77, 80, 183, 267, 357, 381
Zeus (dieu grec) 45, 80
Zeyd (demi-frère du Ve Imam) 475
Zeydites (courant chiite) 95
Ziyarides (dynastie musulmane) 397
Zoroastre: voir Zarathushtra
Zuleykha (figure littéraire) 163, 166, 201-202
Zurvan (dieu mazdéen) 78

INDEX DES LIEUX
(Pays, provinces, localités, sites, montagnes, cours d'eau, etc.)

Abâdân (ville) 32, 70, 308

Abarkuh (ville) 147, 154, 361-362

Abdânân (ville) 321

Abgarm (village) 291

Abhar (ville) 286-287

Abyâneh (village) 78, 351, 470

Afghanistan (pays) 22, 37, 40, 42, 46, 50, 54-55, 57-59, 61, 63, 77, 121, 125-126, 129-130, 141, 165, 184, 196, 201, 217, 404, 411, 426-427, 429, 458

Afrâsiyab (ancienne Samarkand) 126

Afrique (continent) 27, 29, 35, 50, 53, 66, 81, 83, 97, 112, 255-256, 376, 440, 442

Agra (ville de l'Inde) 154, 459

Ahovân (village) 399

Ahram (ville) 442

Ahvâz (capitale du Khuzestân) 24, 33, 308, 443

Ajmer (ville de l'Inde) 459

Akhengân (tour funéraire d') 412

Alamut (château d') 288, 290-291

Alborz (chaîne montagneuse) 21-22, 24, 27, 30, 190, 233, 242-244, 250, 257-258, 288, 290, 398, 432

Alexandrie (ville d'Egypte) 43-44

Ali Abâd (tour funéraire de) 415

Ali Sadr (grotte) 302

Allemagne (pays) 64, 66, 274

Altyn Tapeh (site archéologique du Turkménistan) 115-116

Alvand (montagne) 300

Alvir (village) 305

Amber (ville de l'Inde) 459

Amérique (pays) 66-70, 72, 84

Aminâbâd (caravansérail) 150, 346

Amol (ville) 435, 437

Anatolie (région de Turquie) 30, 35, 38, 54, 383

Angleterre (pays) 63-66, 231, 440, 443

Anshân (ville élamite) 36-38, 40, 309, 312, 314

Aq Qal'eh (ville) 397

Arabie: voir Péninsule arabique

Arachosie (satrapie*) 376

Arâk (capitale de la province de Markazi) 304

Ardabil (capitale de la province d'Ardabil) 278-281

Ardabil (province) 60, 254, 278-279

Ardakân (ville) 361, 363

Ardashir Khurrah (nom sassanide de Firuzâbâd) 391

Ardemin (château de) 305

Ardestân (ville) 55, 126, 141, 332, 352-353

Ardjân (site préislamique) 118, 315

Arg-e Bam: voir Bam

Arie (satrapie*) 376

Arménie (pays) 22, 38-39, 46-50, 54, 60-61, 63, 83, 86-88, 127, 192, 195, 265, 267, 343-344, 376, 380

Arzekhârân (village) 287

Asaluyeh (centre d'exploitation du gaz) 32

Ashraf: voir Behshahr

Assur (ancienne cité d'Irak) 39, 75, 122

Assyrie (région de Haute-Mésopotamie*) 22, 38-39, 41, 55, 120, 203, 206, 218, 266-267, 300, 307, 310, 314-315, 374-376, 384, 433

Astârâ (ville) 432

Astarâbâd: voir Gorgân

Azerbâidjân occidental (province) 21, 27, 57, 61, 63-64, 66, 86, 217, 264-269

Azerbâidjân oriental (province) 21, 27, 51, 57, 61, 63-64, 66, 86, 127-128, 217, 270-277

Bâbâ Djân (site néolithique) 307

Bâbol (ville) 437

Bâbolsar (ville) 437

Babylone / Babylonie (ville / région de Mésopotamie) 22, 37-41, 44-47, 75, 82, 84-85, 122, 206, 266, 292, 300, 309-311, 312, 374, 376, 383

Bactres (ancienne Balkh, Afghanistan) 458

Bactriane (ancien nom d'une région d'Afghanistan) 37, 44-45, 47, 310, 376

Bâfq (ville) 361

Bagdad (capitale de l'Irak) 22, 52-54, 56-58, 86, 97, 104, 106-107, 109, 130, 139, 146, 158, 162-163, 166, 198, 264, 292, 300, 458

Bâgh-e Fin (jardin de Kâshân) 153, 350

Bâgh-e Shâhzâdeh (jardin de Mâhân) 152, 421

Bakhtyârıs (monts) 253, 314, 316

Balkh (ville d'Afghanistan) 77, 196, 458

Baluchestân: voir Sistân va Baluchestân

Bam (ville) 22, 24, 139, 149, 394, 421-423

Bampur (village) 429

Bâmyân (site bouddhique d'Afghanistan) 126

Bandar-e Abbâs (capitale de la province de Hormozgân) 27, 33, 440, 443

Bandar-e Bushehr (capitale de la province de Bushehr) 440-441, 443

Bandar-e Lengeh (ville) 440, 443-444

Bandar-e Taheri (village) 442

Bard-e Neshândeh (site préislamique) 316

Bardi (village) 321

Barm-e Dilak (relief sassanide) 227, 386

Bassorah (ville portuaire d'Irak) 97, 440, 442

Bâstâm (site urartéen) 267

Bastâm (province de Semnân): voir Bistâm

Behbahân (ville) 315, 321

Béhistoun: voir Bisutun

Behshahr (ville) 436

Bersiân (minaret de) 345

Bidjâr (ville) 283

Bijapur (ville de l'Inde) 459
Birdjand (ville) 405, 415
Bishâpur (ville sassanide) 124-125, 203, 387-390, 472
Bistâm (village) 97, 401-402
Bisutun (site préislamique) 42, 77, 120-121, 218, 195, 295-297
Bodjnurd (ville) 412
Borâzdjân (ville) 441
Borudjerd (ville) 307
Boukhara (ville d'Ouzbékistan) 54, 60, 105, 109, 144, 163, 184, 458
Bushehr (province) 32, 440-442
Bushehr: voir Bandar-e Bushehr
Caire (Le) (capitale de l'Egypte) 67, 95, 183
Carmania (nom antique de Kermân) 310, 416
Carrhae: voir Harrân
Caspienne (mer) 21, 24, 28, 30-31, 237, 432
Chahârmahâl va Bakhtyâri (province) 320
Châhbahâr (ville) 429
Chak Chak: voir Pir-e Sabz
Châlus (ville) 436
Châleshtor (ville) 320
Chambur (village) 321
Charkhâb (village) 441
Chatal Hüyük (site néolithique de Turquie) 35
Cheshmeh-ye Ali (Dâmghân) 400
Cheshmeh-ye Ali (Rey) 258-259
Cheshmeh-ye Emârat (palais safavide) 436
Chine (pays) 14-15, 50, 56-59, 83, 86, 126, 131, 159, 162, 166-167, 171-173, 185, 191, 206, 231, 275, 280, 361, 416, 442
Choghâ Mish (site néolithique) 317
Choghâ Zanbil (ville élamite) 38, 74-75, 115-116, 169, 312-314
Chorasmie (nom antique du Khwârazm*) 376
Croissant Fertile* (zone géographique) 35, 39
Ctésiphon (palais sassanide en Irak) 46, 49-50, 124, 174, 195, 252, 267
Dahâneh Gholâmân (ville achéménide) 428
Damas (capitale de la Syrie) 50, 54, 90, 98, 105, 130, 140, 181
Damâvand (montagne) 7, 21, 190, 257
Damâvand (ville) 258
Dâmghân (ville) 51, 129, 141, 160, 166, 399-400
Dârâbgerd (ville et relief sassanides) 386
Darakeh (village) 244
Darband (village) 244
Dareh Shahr (ville) 321
Dargaz (ville) 413
Daryâcheh Namak (lac) 324
Dasht-e Kavir (désert) 6, 21, 324, 349, 353, 356
Dehdasht (ville) 321
Dehlorân (ville) 321
Dehnamak (village) 398

Deir-e Gachin (caravansérail de) 259
Delhi (capitale de l'Inde) 153, 186, 459
Dez (fleuve) 22, 67, 318
Dezak (village) 320
Dezful (ville) 112, 318-319
Djamkarân (village) 327
Djereh (temple du feu) 393
Djin Djin (village) 372
Djiroft (site néolithique) 424
Djolfâ (ville) 274
Djond-e Shâpur (ville sassanide) 107, 109, 317
Do Ab (village) 435
Do Gonbadân (ville) 321
Dorokhsh (localité) 405
Drangiane (ancien nom du Sistân) 376, 426, 428
Dunhuang (site bouddhique de Chine) 126
Dura Europos (ancienne ville de Syrie) 47, 82
Dur Untash: voir Choghâ Zanbil
Ecbatane (ancienne Hamadân): voir Hamadân
Egypte (pays) 36, 66-67, 82-83, 119, 126, 136, 144, 170, 172, 181, 198, 202, 218, 253, 290, 310, 358, 376, 384
Elam (sud-ouest de l'Iran) 35-39, 75-76, 85, 115, 119, 123, 308-310, 316, 376, 424, 429, 433
Elbourz: voir Alborz
Elymaïde* (nom grec de l'Elam) 123, 316
Ephèse (ville d'Asie Mineure) 43
Esfahân (province) 328-355
Esfahân (capitale de la province d'Esfahân) 12-13, 14, 16, 24, 60-62, 67, 70, 84, 86-87, 92, 94, 98, 101-106, 109, 127-128, 130, 132, 134-136, 138-139, 142-143, 146-147, 150, 152, 154, 158, 161, 164-166, 168, 170, 173, 175, 177, 181-182, 185-186, 204, 205, 211, 231-232, 239, 255, 270, 272, 289, 322, 328-346, 356, 364, 461, 464, 466, 468, 471
Esfarâyen (ville) 412
Eshâqvand (village) 299
Etchmiadzine (ville sainte d'Arménie) 88, 344
Euphrate (fleuve) 11, 36, 44, 46, 208
Eyvân (ville) 321
Fahradj (village) 361
Fakhrikeh (tombe de) 299
Falâvardjân (ville) 346
Farah Abâd (village) 435
Farâshband (ville) 393
Fârs (province) 6, 16, 25, 29-30, 36, 40-41, 47, 48, 54, 57, 119, 125, 172, 180, 198, 306, 361, 364-393, 418, 443
Fatehpur Sikri (ville royale de l'Inde) 459
Ferahân (localité) 304-305
Ferdows (ville) 415
Fin (jardin de) 350
Firuzâbâd (ville du Fârs) 47, 116, 124, 139, 391-392, 468

Firuzâbâd (minaret, Khorâsân) 415
Forumad (village) 403
France (pays) 13, 64, 70
Fuman (ville) 433
Furg (forteresse) 415
Gachsârân: voir Do Gonbadân
Ganâveh (village) 321
Gandhara (région d'Afghanistan) 121, 310, 376
Gandj Dâreh (site néolithique) 117, 298
Gandj Nâmeh (inscription achéménide) 218, 302
Gâr (minaret de) 345
Garmsâr (ville) 398
Gaugamèles (plaine d'Assyrie) 44
Gaz (mosquée de) 346
Gerd Kuh (montagne) 400-401
Germigny-des-Prés (village de France) 126
Ghazna (ancienne ville d'Afghanistan) 184, 458
Ghulbiyân (site sassanide d'Afghanistan) 125
Gilân (province) 29, 432-434
Godin Tapeh (site néolithique) 116, 298, 429
Golestân (palais) 13, 15, 17, 168, 247, 249
Golestân (province) 396-397
Golpayegân (ville) 355
Gonâbâd (ville) 405, 415
Gonbad / Gonbad-e Kâvus (ville) 27, 144, 175,
    227-228, 230, 239, 397
Gondishapur: voir Djond-e Shâpur
Gordion (ville d'Asie Mineure) 43
Gorgân (rivière) 396
Gorgân (ville) 396
Grenade (ville d'Espagne) 153
Gur: voir Firuzâbâd
Gur-e Dokhtar (tombe de) 385
Hafshedjân (ville) 320
Hafshuyeh (mosquée de) 346
Haft Tapeh (site élamite) 116, 313-314
Halicarnasse (ville d'Asie Mineure) 43
Halil Rud (rivière) 424
Hamadân (province) 300-303
Hamadân (capitale de la province de Hamadân)
    39-40, 44, 84-85, 105, 120-121, 193, 218, 235,
    292, 300-302, 463, 473
Hâmun (lac) 427
Harireh (ancienne ville de Kish) 444
Harrân (ancienne ville de Turquie) 46
Harsin (ville) 298
Hashtrud (ville) 277
Hatra (ville parthe d'Irak) 122-123
Hecatompylos: voir Shahr-i Qumis
Hérat (ville d'Afghanistan) 59, 63, 130, 158, 163,
    185, 201, 411, 458
Heris (ville) 272
Hesar-e Vali-e Asr (village) 291
Hilmand (rivière) 427
Hira (montagne d'Arabie) 89

Hormoz (ancienne ville) 15, 444
Hormoz (île) 443-445
Hormozgân (province) 443-445
Hung-i Nauruzi (relief parthe de) 315
Ilâm (province) 321
Ilâm (capitale de la province d'Ilâm) 321
Inde (pays) 14, 22, 27, 38-39, 44, 46, 49, 54,
    57-63, 77-80, 86, 105-106, 111-112, 129-130,
    136, 141, 144, 153-154, 163, 173, 185-186,
    192, 198, 204, 206, 212, 217, 230-231, 234,
    255, 293, 342, 362, 376, 413, 416, 420-421,
    424, 426, 429, 440, 442-443, 459
Indus (fleuve de l'Inde) 37, 41, 44, 47, 50, 404, 429
Ionie (région d'Asie Mineure) 41, 120, 310, 374,
    376, 384
Irak (pays) 22, 26, 45-47, 50, 52, 54, 57, 59, 61,
    68-70, 82, 85-86, 90, 93-94, 96-97, 112, 116,
    122, 124, 143-146, 157, 163, 171, 174, 208,
    259, 267, 285, 292, 295, 308, 321-313, 321,
    356, 440, 442, 458
Irânshahr (ville) 429
Isfahan / Ispahan : voir Esfahân
Israël (pays) 68, 84-85
Issos (ville d'Asie Mineure) 12, 43
Istakhr (ville sassanide) 47, 386
Iwân-e Karkheh (ville sassanide) 126, 317
Izad Khwâst (village) 150, 371, 372
Izeh (ville) 314
Jamkarân: voir Djamkarân
Jéricho (site néolithique de Cisjordanie) 35
Jin Jin: voir Djin Djin
Jiroft: voir Djiroft
Jolfâ: voir Djolfâ
Jond-e Shapur: voir Djond-e Shapur
Jurjân: voir Gorgân
Kaaba* (sanctuaire de La Mecque) 89-90, 93,
    132, 368
Kaboul (capitale de l'Afghanistan) 402
Kabudân (île) 264
Kâdj (mosquée de) 346
Kalât (Kalât-e Nâderi) (village) 413
Kaleybar (ville) 275
Kalkhorân (village) 280-281
Kandovân (village) 275
Kangalu (château de) 435
Kangâvar (ville) 121, 297
Karat (minaret de) 414-415
Karbala (ville sainte d'Irak) 69, 94, 208-210,
    225, 293, 458
Karkheh (fleuve) 22, 314, 317
Kârun (fleuve) 22, 24, 308, 317
Kâshân (ville) 24, 51, 64, 106, 143, 148-149, 153,
    162, 166, 169, 172-173, 175, 177-178, 181,
    347-350, 459, 474
Kashkanrud (rivière) 307

Kâshmar (ville) 405, 415
Kavir: voir Dasht-e Kavir
Kavir-e Lut (désert) 21, 423-424, 426
Kazakhstan (pays) 22
Kâzerun (ville) 387
Kehak (village) 326
Kelârdasht (ville) 436
Kerbala: voir Karbala
Kermân (capitale de la province de Kermân) 15, 79,
    106, 151-152, 175, 211, 292, 416-420, 446, 465
Kermân (province) 37, 54, 57, 361, 416-425,
    429, 443
Kermânshâh (province) 116-117, 292-299, 429
Kermânshâh (capitale de la province de
    Kermânshâh) 70, 103, 207, 237, 292-293
Khâf (ville) 415
Khâled Nabi (cimetière) 396
Kharânaq (village) 362
Kharaqân (tours funéraires de) 56, 144, 291
Kharbas (ville sassanide) 445
Khargerd (village) 160, 415, 462
Khârk (île) 441
Kharvânaq (ville) 274
Khiva (ville d'Ouzbékistan) 111, 458
Khocho (ancienne ville du Xinjiang) 83, 86
Khomeyn (ville) 305
Khorâsân (province) 7, 21, 27, 30, 52-55, 57,
    59-61, 107, 172, 180, 185, 189, 201, 207, 329,
    396, 402, 404-415, 420, 426
Khorazm: voir Khwârazm
Khorheh (village) 305
Khormudj (ville) 442
Khorramâbâd (capitale de la province de
    Lorestân) 306-307
Khorramshahr (ville) 70
Khoy (ville) 265, 267
Khuzestân (province) 22, 24-25, 48, 54, 63, 69-
    70, 154, 172, 217, 232, 308, 319, 440
Khwârazm* (région d'Asie centrale) 55-58, 105
Kish (île) 442, 444
Kohgiluyeh va Boyrâhmad (province) 320-321
Kohna Urgench (ancienne cité du
    Turkménistan) 56, 458
Konar-e Syâh (village) 393
Konya (ville de Turquie) 98, 196
Kordasht (village) 24
Kordestân (province) 27, 30, 39, 57, 61, 66, 69-
    70, 117, 207, 227, 266, 282-283, 292
Kordkuy (ville) 397
Ktésias (ancienne capitale d'une satrapie*) 428
Kufa (ville d'Irak) 159, 208
Kuh Bonân (ville) 363
Kuhdasht (ville) 307
Kuh-e Khwâdjeh (site parthe et sassanide) 122-
    123, 427

Kul-e Farah (relief élamite de) 315
Kupân (village) 299, 372
Kurangun (relief élamite de) 372
Kurdistan: voir Kordestân
Kurrah: voir Khorheh
Kusheh (village) 445
Lâdjim (village) 436
Lâft (village) 445
Lâhidjân (ville) 181, 433-434
Lahore (ville du Pakistan) 153, 459
Laledjin (ville) 301
Lambasar (château de) 291
La Mecque (ville sainte d'Arabie) 50-51, 89-90,
    92, 110, 140, 142, 185, 191, 196, 208, 223,
    225, 230, 468 / voir aussi: Kaaba
Langrud (ville) 433, 434
Lâr (ville) 372
Lâsdjerd (village) 398
Lashkar-i Bazar (site d'Afghanistan) 458
Lashtân (château de) 444
Latidân (pont de) 443
Liban (pays) 95, 310
Lorestân (province) 38, 118, 203, 306-307
Lowshân (village) 290
Luristan: voir Lorestân
Lut: voir Kavir-e Lut
Lydie (région d'Asie Mineure) 40, 376
Macédoine (ancienne région de Grèce, de
    Bulgarie et de Serbie) 43, 45
Mâdar-e Suleymân (village) 381
Mahâbâd (ville) 299
Mahalât (ville) 305
Mâhân (ville) 98, 152, 420-421
Mâhneshân (ville) 287
Mahyar (village) 346
Mâjin (village) 321
Makrân (chaîne montagneuse) 22, 426
Maka (ancien nom de la région du Baluchestân) 426
Mâku (ville) 265
Malamir: voir Izeh
Malâyer (ville) 302
Mamasâni: voir Nurâbâd
Marâgheh (ville) 57, 110, 168, 185, 275-276
Marand (ville) 274
Marathon (ville de Grèce) 41
Marino (ville d'Italie) 81
Marivân (ville) 283
Markazi (province) 304-305
Marlik (site préislamique) 38, 118, 433-434
Marvdasht (ville) 372
Masdjed-e Suleymân (site préislamique) 46, 315-316
Mashhad (capitale de la province du Khorâsân)
    14, 33, 67, 71, 93-94, 96 107, 139, 145, 149-
    150, 158, 404-410, 468
Mashhad-e Ardehâl (village) 351

Mâsuleh (village) 432-433
Mâzandarân (province) 29, 95, 126, 435-437, 440
Mazâr-i Sharif (ville d'Afghanistan) 459
Mchatta (château omeyyade de Jordanie) 146
Meched: voir Mashhad
Mecque (La): voir La Mecque
Médie (royaume des Mèdes) 39-40, 121, 298, 376
Médine (ville sainte d'Arabie) 90, 97, 140, 147, 174, 223
Mehriz (ville) 361
Mcrv (ville du Turkménistan) 411, 458
Meshkin Shahr (ville) 281
Mésopotamie* (région d'Irak) 21-22, 35-38, 43-44, 46-47, 50, 58, 60, 70, 81, 83, 85, 107, 110, 115-119, 122, 147, 166, 170, 198, 203, 232, 275, 294, 300, 308-310, 312-313, 321, 382-383, 424, 428-429
Meybod (ville) 361
Milet (ville d'Asie Mineure) 43
Minâb (ville) 440, 444
Mohammadieh (village) 355
Mohavelat (localité) 405
Mossoul (ville d'Irak) 171, 458
Mud (village) 404-405
Mudân (grotte de) 390
«Mur d'Alexandre»: voir Sadd-e Iskandar
Myândasht (village) 402
Myâneh (ville) 277
Nadjaf (ville d'Irak) 69, 94, 96, 292, 458
Nahâvand (ville) 253, 467
Nâ'in (ville) 72, 134, 174, 202, 255, 353-355, 462, 472
Namak Abrud (village) 436
Naqadeh (ville) 265
Naqsh-e Radjab (site sassanide) 48, 125, 386
Naqsh-e Rostam (site préislamique) 47, 76, 78-79, 119, 219, 295, 378-381, 385-386
Nashtifân (village) 415
Natanz (ville) 98-99, 130, 161, 352
Nazar Aqâ (village) 441
Nemrud Dag (site préislamique de Turquie) 80
Neyriz (ville) 371
Neyshâbur (ville) 53-54, 56, 91, 109, 165-166, 171, 192-194, 255, 411, 471
Niâsar (village) 81, 351, 463
Niâvarân (palais de) 251
Ninive (ville assyrienne d'Irak) 39, 76
Nir (pont de) 281
Nisa (ville parthe du Turkménistan) 46, 122, 458
Nishapur: voir Neyshâbur
Nouvelle Djolfâ (quartier arménien d'Esfahân) 87, 127, 343-344
Nowshahr (ville) 436
Nuqân (ancien nom de Mashhad) 404
Nur (ville) 436

Nurâbâd (ville, Fârs) 371
Nurâbâd (ville, Lorestân) 307
Nush Abâd (village) 351
Nush-i Djân (site mède) 116, 124, 303
Obeid (El) (site néolithique de Mésopotamie) 35
Orâmân (village) 283
Ormus: voir Hormoz
Orumiyeh (lac) 24, 39, 264, 267
Orumiyeh (capitale de la province d'Azarbâidjân occidental) 264
Oshtobin (village) 275
Oshtordjân (village) 346
Ouzbékistan (pays) 56, 58-59, 105, 111, 144, 146, 184, 458
Oxus (fleuve) 120, 462, 474
Pakistan (pays) 22, 26, 141, 186, 404, 426-427, 459
Palmyre (ancienne cité de Syrie) 441
Paris (capitale de la France) 68
Parsa (ancien nom du Fârs) 40, 364
Parthie (satrapie*) 45, 376
Pasargades (cité royale achéménide) 34, 40, 42, 44, 119, 152, 267, 381-385
Pazyryk (site de la Sibérie du sud) 174
Pendjikent (ville d'Ouzbékistan) 126
Péninsule Arabique 22, 44, 50, 54 82, 89-90, 94, 97, 198, 369, 376, 390, 440
Persépolis (cité royale achéménide) 11, 25, 27, 39-44, 67, 76, 86, 119-121, 135, 153, 174, 213, 218, 244, 253, 267, 298, 370, 372-378, 385, 444, 461, 465-467
Persique (golfe) 21-22, 28, 31-32, 70, 440
Peshawar (ville du Pakistan) 459
Pir Bakrân (ville) 346
Pir-e Bânu Pârs (lieu sacré zoroastrien) 363
Pir-e Herisht (lieu sacré zoroastrien) 363
Pir-e Nâraki (lieu sacré zoroastrien) 363
Pir-e Nârestuneh (lieu sacré zoroastrien) 363
Pir-e Sabz (lieu sacré zoroastrien) 363
Plateau iranien (ensemble géographique) 21, 35
Platée (ville de Grèce) 41
Pol-e Dokhtar (pont) 277
Pol-e Dokhtar (village) 307
Pol-e Kheir Abâd (village) 321
Pompéi (ville antique d'Italie) 43
Posht Qal'eh (village) 321
Pulvar (rivière) 384
Qadamgâh (ville) 411
Qâ'en (Qâenât) (ville) 404-405, 415
Qâf (montagne symbolique) 258
Qal'eh-ye Dokhtar (forteresse sassanide) 49, 392
Qamechoqây (village) 283
Qarahsu (rivière) 281
Qasr-e Shirin (ville) 295
Qazvin (province) 288-291
Qazvin (capitale de la province de Qazvin) 163,

510 | GUIDE CULTUREL DE L'IRAN

270, 288-290
Qeshm (île) 445
Qizkapân (tombe mède de) 299
Qom (province) 324-327
Qom (capitale de la province de Qom) 24, 51, 67-68, 94, 96, 107, 145, 171, 181, 225, 227, 324-326
Qorveh (village) 287
Quchân (ville) 412
Râdkân (village, Golestân) 397
Râdkân (village, Khorâsân) 412
Rafsandjân (ville) 361
Ragha ou Raghès: voir Rey
Rahrovân (minaret de) 345
Râmsar (ville) 436
Rasht (capitale du Gilân) 432
Raskat (village) 435-437
Râvar (ville) 417
Rayy: voir Rey
Rey (ville) 14, 51, 95, 105, 109-110, 121, 162, 166, 184, 242, 258-259
Rishahr (ville sassanide) 441
Robât-e Mâhi (caravansérail de) 412
Robât-e Sefid (village) 414
Robât-e Sharaf (caravansérail de) 54, 151, 412-413
Roknâbâd (rivière) 365, 369
Rome (capitale de l'Italie) 82, 331, 390, 462
Rudbâr (ville) 433
Rud Khân (château de) 433
Russie (pays) 22, 57-58, 61, 63-64, 70, 72, 77, 83, 87, 175, 239, 270-271, 288
Sabalân (montagne) 278
Sabzevâr (ville) 410
Sa'd Abâd (palais de) 249-250
Sadd-e Iskandar («mur d'Alexandre») 397
Sagarthie (satrapie*) 376
Sahneh (ville) 299
Saint-Pétersbourg (ville de Russie) 280, 459
Salamine (ville de Chypre) 11, 41
Samarkand (ville d'Ouzbékistan) 44, 47, 58-59, 126, 130, 144, 153, 163, 168, 181, 185, 276, 412, 458
Samarra (ville d'Irak) 53, 144, 146, 354, 458
Sâmyân (village) 281
Sanandadj (capitale de la province de Kordestân) 26, 282-283
Sangar (citadelle urartéenne) 267
Sangbast (ville) 413
Saqqez (ville) 266
Saraband (village) 304
Sarâb-e Bahrâm (relief sassanide) 386
Sarâb-e Qandil (relief sassanide) 386
Sarakhs (ville) 413
Sarâvân (ville) 429
Sar-e-Pol-e-Zahâb (ville) 117, 294-295, 298
Sar Eyn (ville) 278
Sâri (capitale de la province du Mâzandarân) 435

Sarmas (citadelle urartéenne) 267
Sar Mashhad (relief sassanide) 385-387
Sâruq (village) 304
Sarvestân (village) 124, 371, 387
Sâveh (ville) 129, 134, 167, 304-305
Scythie (satrapie*) 376
Seb (forteresse de) 429
Seh Talu (village) 372
Séleucie-Ctésiphon (ville séleucide d'Irak) 82, 86
Séleucie de l'Eulaios (ville séleucide de Suse) 310
Séleucie du Tigre (ville séleucide d'Irak) 45-47, 122
Semnân (province) 398-403
Semnân (capitale de la province de Semnân) 217, 398
Senneh (ancien nom de Sanandadj) 282
Seti Pir (lieu saint zoroastrien) 363
Shabestar (ville) 275
Shâhandasht (village) 437
Shâhdâd (ville) 420
Shâhin (presqu'île) 264
Shahr-e Kord (capitale de la province de Chahârmahâl va Bakhtyâri) 320
Shahr-e Sukhteh (site élamite) 428-429
Shahr-i Qumis (ville parthe) 401
Shahr-i Sabz (ville d'Ouzbékistan) 146
Shahrezâ (ville) 346
Shâhrud (village) 401
Shâh Rud (rivière) 290
Shâh Savar (relief élamite de) 315
Shâhvaraq (village) 305
Shami (temple séleucide de) 121-122, 253, 315
Shâpur (rivière) 389
Sharif Abâd (village) 420
Shatt Al-Arab (estuaire du Sud irakien) 70, 440
Shaur (rivière) 310
Shikaft-e Salmân (reliefs élamites de) 37, 315
Shirâz (capitale de la province du Fârs) 13-14, 19, 24, 62, 84, 95, 105-106, 109-111, 141, 143, 146, 149, 152-153, 163, 168, 181-182, 185-186, 198-199, 209, 233-234, 238-239, 329, 364-370, 440, 471
Shiz: voir Takht-e Sulyemân
Shurlaq (village) 412
Shush: voir Suse
Shushtar (ville) 317-318
Siffin (rive de l'Euphrate, Syrie) 51
Sind (région de l'Inde) 376
Sirâf (ancienne ville musulmane) 166, 171, 442
Sirdjân (ville) 420
Sis (village) 275
Sistân va Baluchestân (province) 22, 27-28, 37, 53, 112, 190-191, 424, 426-429
Sodjâs (ville) 287
Sogdiane (ancienne région d'Ouzbékistan) 44-45, 126, 310, 376

Sohrul (église de) 277
Soltâniyeh (village) 57, 136, 144, 275, 284-286
Sorkha Deh (village) 299
Srinagar (ville de l'Inde) 153
Sufiâbâd (village) 398
Sumer (région de Basse-Mésopotamie*) 22, 36, 75, 218
Suse (ville élamite) 11, 13-14, 29, 36-41, 44, 70, 75-76, 80, 115-117, 119, 121-122, 166, 203, 308-312, 314-315, 459, 464, 467
Susiane (plaine de Suse) 35-37, 310, 317, 376
Syrie (pays) 35, 47-50, 52, 54-55, 82, 95, 97, 122-123, 126, 128, 146, 173, 181, 198, 266, 276, 291, 441
Tabarestân* (ancien nom du Mâzandarân) 432
Tabas (ville) 22, 362-363
Tabriz (capitale de la province d'Azarbâidjân oriental) 14, 20, 33, 57, 59-60, 67, 91, 106, 109, 147, 158-160, 163, 168-169, 175, 177, 185, 196, 199, 262, 270-274, 284, 288, 329, 469
Tachkent (capitale de l'Ouzbékistan) 47
Tadjikistan (pays) 120, 217
Tafresh (ville) 305
Taft (ville) 145, 361
Takâb (ville) 267
Takestân (ville) 284, 287
Takht-e Djamshid: voir Persépolis
Takht-e Suleymân (site sassanide) 267-269, 475
Talas (rive du lac Balkach, Kazakhstan) 159
Tal Khosrow (site préislamique) 320
Tang-e Ab (vallée) 392
Tang-e Chogân (vallée) 389
Tang-e Eram (village) 442
Tang-e Sarvak (vallée) 123, 316
Tangestân: voir Ahram
Tapeh Giyân (site néolithique) 303
Tapeh Hasanlu (site néolithique) 116, 265-266
Tapeh Hissar (site néolithique) 11, 399-400
Tapeh Mil (site sassanide) 259
Tapeh Sârâb (site néolithique) 117
Tapeh Sialk (site néolithique) 36-37, 117, 347-348
Tapeh Yahya (site néolithique) 217, 424, 429
Tâq-e Bostân (site sassanide) 80, 125, 203, 232, 293-294
Tâybâd (ville) 137, 153, 222, 414
Tchoga Zanbil: voir Choghâ Zanbil
Tehrân (province) 242-261
Tehrân (capitale de l'Iran) 13, 15-16, 27, 32-33, 63-72, 80, 84, 88, 96-97, 106, 120, 139, 145-146, 149, 158, 162, 168, 205, 210-213, 215-216, 220, 228-229, 232-233, 242-256, 270-271, 280, 288, 308, 329, 396, 432, 470, 474
Tell Halaf (site néolithique de Syrie) 35
Teys (village) 429
Thatta (ville du Pakistan) 459
Thrace (ancienne région couvrant la Bulgarie, la Turquie d'Europe et la Thrace grecque) 83, 376
Tidjin (rivière) 435
Tigre (fleuve) 11, 36, 44, 440, 470
Tochâl (montagne) 244
Torbat-e Djâm (ville) 414, 470
Torbat-e Heydariyeh (ville) 415
Tournus (ville de France) 126, 317
Transoxiane* (région d'Asie centrale) 54-55, 57-59, 105, 193
Turan* (Asie centrale) 22, 190
Turang Tapeh (site néolithique) 397
Turkestan* (Asie Centrale turque) 82, 173, 183, 192, 342
Turkménistan (pays) 115, 122, 190, 458
Turquie (pays) 22, 26, 30, 33, 38-39, 68, 80, 87, 127, 144, 196, 198, 206, 218, 265, 267
Tus (village) 192, 412
Um-Z'aatir (site sassanide d'Irak) 124
Ur (ancienne cité de Mésopotamie*) 115, 312, 475
Urmia: voir Orumiyeh
Uruk (ancienne cité de Mésopotamie*) 36, 46, 115, 122, 309
Usheyda (mont) 428
Van (lac de Turquie) 267
Varâmin (ville) 260-261
Varzaneh (ville) 355
Venise (ville d'Italie) 15, 59, 181, 329
Verdjuy (village) 276
Viar (village) 286-287
Vologesias (cité parthe d'Irak) 47
Xinjiang (région de Chine) 83
Yanik Tapeh (site néolithique) 115
Yâsudj (capitale de Kohgiluyeh va Boyrâhmad) 320
Yazd (province) 6, 25, 356-363
Yazd (capitale de la province de Yazd) 10, 14-15, 24, 67, 77, 79, 101, 131, 135, 144, 148, 154-155, 173, 208, 216, 250, 356-360, 462, 467
Yémen (pays) 49, 95, 192, 198
Zâbol (ville) 427
Zâgros (chaîne montagneuse) 21-22, 24, 26, 30, 32, 35, 37, 39, 117-118, 292, 294, 306, 308-309, 320-321, 343
Zâhedân (capitale de la province du Sistân va Baluchestân) 427
Zandjân (province) 284-287
Zandjân (capitale de la province de Zandjân) 284
Zarivar (lac) 282
Zarneh (ville) 321
Zavâreh (ville) 353, 465, 470
Zâyendeh Rud (rivière) 343
Zendân-e Suleymân (site préislamique) 269
Ziâr (minaret de) 345
Ziwiyeh (site préislamique) 266-267
Zohr-e Shir (temple du feu de) 48
Zuzan (village) 415

REMERCIEMENTS

La réalisation d'un tel livre fut à la fois une épopée et un poème et n'a été possible que grâce à une mosaïque d'aides et de compétences. C'est une joie de pouvoir remercier:

- mon épouse iranienne, Andia, qui fut la plus belle rencontre de mes séjours;
- ma belle-famille iranienne, qui m'a soutenu de son amour, de sa générosité et de sa sagesse;
- mes parents en Suisse, qui n'ont cessé de croire en ce travail et ont été mes mécènes les plus importants;
- MM. Rohani, Meschi et Yazdani de l'Organisation du Patrimoine Culturel, qui ont les premiers accueilli le projet et ont su le transmettre dans les meilleures mains;
- Mme Mohaghegh, les centres et les directeurs de l'Organisation du Patrimoine Culturel de toutes les provinces, qui m'ont accordé les autorisations de visite et de photographie dans le pays et m'ont accueilli avec la meilleure bienveillance;
- André Klaus, Guillaume Scheurer et Mina Baloutche de l'ambassade suisse de Tehrân, sans lesquels des contacts décisifs n'auraient jamais pu être pris;
- la maison d'édition Rowzaneh et son responsable S. A. Hamid Beheshti pour leur travail magnifique, et en particulier Oksana Beheshti, dont les talents multiples et la compétence hors pair ont permis de transfigurer la conception que j'avais de ce livre;
- Mme Sousan Khayam, qui m'a ouvert sa remarquable collection de photographies des peuples de l'Iran, dont j'espère voir bientôt la publication;
- Mme Ghavimi, professeur de l'Université Shahid Beheshti de Tehrân, qui m'a permis de consulter de précieuses sources documentaires;
- les personnes qui m'ont guidé dans leurs villes et leurs provinces, et en particulier Sâdeq Zohrehvandi et sa famille à Kermânshâh, Mohsen Malekian et sa famille à Nâ'in, Gh. Monhi à Tehrân, Farhad Sadadi à Tabriz, A. Kâbusi à Qom, Mohammad Almâsi à Zandjân, seyyed Abolqâsem Miremâd à Dâmghân;
- Mehrdâd Zarrâbi, qui m'a accompagné pendant de longs et difficiles voyages, et Akbar Razmdju pour ses aides multiples;
- l'hôtel Homâ qui m'a généreusement accueilli à Tehrân et n'a pas failli à sa devise;
- les musées qui nous ont autorisés à reproduire une ou plusieurs œuvres de leurs collections;
- les archéologues, historiens ou philosophes qui m'ont précédé dans l'étude de l'Iran et sans l'œuvre desquels ce livre n'existerait pas;
- Mojgan Barbé à Genève, pour son enthousiasme et son aide inappréciable;
- Marjan Saboori à Paris, pour son aide et ses encouragements;
- les personnes dont je n'ai jamais su le nom, mais qui, par leur aide ou leur sourire, m'ont aidé à découvrir une route, comprendre l'invisible ou trouver les mots justes.

Que toutes ces personnes ou ces institutions soient remerciées. Je porte l'entière responsabilité du contenu de ce livre, mais j'espère qu'ils y auront reconnu une part de l'amour et de la lumière qu'ils m'ont donnée.

Ce livre a reçu l'aimable soutien de l'hôtel Homâ de Tehrân.

Informations complémentaires, contact avec l'auteur:

www.patrickringgenberg.com
http://rediscoveriran.com